"博学而笃志,切问而近思。"
(《论语》)

博晓古今,可立一家之说;
学贯中西,或成经国之才。

复旦博学·复旦博学·复旦博学·复旦博学·复旦博学·复旦博学

## 主编简介

**郭明瑞**,法学博士,烟台大学法学院教授、博士生导师、山东省高等学校教学名师,兼任中国民法学研究会副会长。代表性著作有:《民事责任论》《担保法原理与实务》《民商法原理》等;代表性论文有:《关于无因管理的几个问题》《关于我国物权立法的三点思考》《21世纪民法发展若干问题》等。

**房绍坤**,法学博士,烟台大学校长、教授、博士生导师、全国高等学校国家级教学名师,兼任教育部高等学校法学类专业教学指导委员会委员、中国法学教育研究会副会长。代表性著作有:《用益物权基本问题研究》《继承法研究》《公益征收法研究》等;代表性论文有:《用益物权三论》《导致物权变动之法院判决类型》《民事法律的正当溯及既往问题》等。

博学 法学系列

# 合同法学

（第三版）

郭明瑞　房绍坤　主编

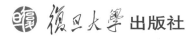
复旦大学出版社

## 内容提要

本书以《中华人民共和国合同法》及其司法解释为依据，吸收合同法学研究的最新成果，结合司法实务，根据法学专业本科生的学习特点和教学规律，系统阐述了合同法的基本知识、基本理论和基本制度。本书主要内容包括合同的订立、效力、履行、保全和担保、变更与转让、终止以及违约责任等合同法学的基本理论和制度，详细论述了买卖、供用、赠与、借款、租赁、融资租赁、承揽、建设工程、运输、技术、保管、仓储、委托、行纪、居间等《合同法》中规定的15类有名合同的概念、特征、分类、主要条款、当事各方的权利与义务等具体内容。全书重点突出，论述周详。体例包括"学习指南""导入案例""思考题""法律应用""讨论案例"，帮助学生夯实重点知识，启迪学生思考，注重实务训练，提高学生能力。并且配备电子课件，方便教师授课。本教材适合法学、工商管理、财经等专业师生使用，也是各类人员学习、运用合同法的理想读本。

**主　编**　郭明瑞　房绍坤

**撰稿人**（以姓氏笔画为序）
　　　　　马新彦　王　轶　李　霞
　　　　　房绍坤　郭明瑞　温世扬

# 作者简介

**郭明瑞** 法学博士,烟台大学法学院教授、博士生导师、山东省高等学校教学名师,兼任中国民法学研究会副会长。代表性著作有:《民事责任论》《担保法原理与实务》《民商法原理》等;代表性论文有:《关于无因管理的几个问题》《关于我国物权立法的三点思考》《21世纪民法发展若干问题》等。

**房绍坤** 法学博士,烟台大学校长、教授、博士生导师、全国高等学校国家级教学名师,兼任教育部高等学校法学类专业教学指导委员会委员、中国法学教育研究会副会长。代表性著作有:《用益物权基本问题研究》《继承法研究》《公益征收法研究》等;代表性论文有:《用益物权三论》《导致物权变动之法院判决类型》《民事法律的正当溯及既往问题》等。

**温世扬** 法学博士,中南财经政法大学法学院教授、博士生导师、《法商研究》常务副主编,兼任中国民法学研究会副会长、中国保险法研究会副会长、中国法学期刊研究会副会长。代表性著作有:《物权法要论》《比较民法学》《物权理论探索与立法探讨》等,代表性论文有:《略论中国民法物权体系》《取得时效立法研究》《财产支配权论要》等。

**马新彦** 法学博士,吉林大学法学院教授、博士生导师,兼任中国民法学研究会副会长、吉林省法学会民法学研究会会长。代表性著作有:《现代私法上的信赖法则》《美国财产法与判例研究》等,代表性论文有:《内幕交易惩罚性赔偿制度的构建》《一物二卖的救济与防范》《信赖原则在现代私法体系中的地位》等。

**王 轶** 法学博士,中国人民大学法学院教授、博士生导师、中国人民大学民商事法律科学研究中心副主任、教育部长江学者特聘教授,兼任中国民法学研究会常务理事、秘书长。代表性著作有:《物权变动论》《民法原理与民法学方法》等;代表性论文有:《民法价值判断问题的实体性论证规则》《论物权法的规范配置》《论民事法律事实的类型区分》等。

**李 霞** 法学博士,华东政法大学教授、博士生导师,华东政法大学家事法与妇女法研究中心主任。代表性著作有:《监护制度比较研究》《成年监护制度研究》《自治的神话:依赖理论》等;代表性论文有:《成年监护制度的现代转向》《禁治产制度的当代私法命运》《成年后见制度的日本法观察》等。

# 目 录

## 第一章　合同与合同法概述 …………………………………………… 1
- 第一节　合同的含义与种类 ……………………………………… 1
- 第二节　合同法的概念与基本原则 …………………………… 10

## 第二章　合同的订立 …………………………………………………… 19
- 第一节　合同订立的含义 ………………………………………… 19
- 第二节　合同订立的程序 ………………………………………… 21
- 第三节　合同成立的时间与地点 ………………………………… 31
- 第四节　合同的形式与内容 ……………………………………… 33
- 第五节　合同的解释 ……………………………………………… 41
- 第六节　格式条款 ………………………………………………… 44
- 第七节　缔约过失责任 …………………………………………… 46

## 第三章　合同的效力 …………………………………………………… 53
- 第一节　合同效力概述 …………………………………………… 53
- 第二节　合同的一般生效要件 …………………………………… 55
- 第三节　附条件与附期限的合同 ………………………………… 58
- 第四节　效力待定合同 …………………………………………… 62
- 第五节　无效合同 ………………………………………………… 66
- 第六节　可撤销合同 ……………………………………………… 71

## 第四章　合同的履行 …………………………………………………… 79
- 第一节　合同履行概述 …………………………………………… 79
- 第二节　合同履行的原则 ………………………………………… 81
- 第三节　合同履行的具体规则 …………………………………… 86
- 第四节　双务合同履行中的抗辩权 ……………………………… 88

## 第五章　合同的保全和担保 …………………………………………… 96
- 第一节　合同的保全 ……………………………………………… 96

第二节 合同的担保 ……………………………………………………… 103

## 第六章 合同的变更与转让 ……………………………………………… 130
第一节 合同的变更 ……………………………………………………… 130
第二节 合同的转让 ……………………………………………………… 133

## 第七章 合同的终止 ………………………………………………………… 143
第一节 合同终止概述 …………………………………………………… 143
第二节 清偿 ……………………………………………………………… 145
第三节 抵销 ……………………………………………………………… 150
第四节 提存 ……………………………………………………………… 154
第五节 债务免除与混同 ………………………………………………… 158
第六节 合同解除 ………………………………………………………… 160

## 第八章 违约责任 …………………………………………………………… 171
第一节 违约责任概述 …………………………………………………… 171
第二节 违约形态 ………………………………………………………… 176
第三节 违约责任形式 …………………………………………………… 182
第四节 违约责任与侵权责任的竞合 …………………………………… 195

## 第九章 买卖合同 …………………………………………………………… 202
第一节 买卖合同概述 …………………………………………………… 202
第二节 买卖合同的效力 ………………………………………………… 204
第三节 特种买卖合同 …………………………………………………… 214

## 第十章 供用电、水、气、热力合同 ……………………………………… 225
第一节 供用电、水、气、热力合同概述 ……………………………… 225
第二节 供用电合同 ……………………………………………………… 227

## 第十一章 赠与合同 ………………………………………………………… 231
第一节 赠与合同概述 …………………………………………………… 231
第二节 赠与合同的效力 ………………………………………………… 234
第三节 赠与合同的撤销 ………………………………………………… 235
第四节 附负担赠与合同 ………………………………………………… 236

## 第十二章 借款合同 ... 241
### 第一节 借款合同概述 ... 241
### 第二节 金融机构借款合同 ... 243
### 第三节 自然人间的借款合同 ... 245

## 第十三章 租赁合同 ... 248
### 第一节 租赁合同概述 ... 248
### 第二节 租赁合同的效力 ... 251
### 第三节 租赁合同的终止 ... 258

## 第十四章 融资租赁合同 ... 263
### 第一节 融资租赁合同概述 ... 263
### 第二节 融资租赁合同的效力 ... 265
### 第三节 融资租赁合同的终止 ... 269

## 第十五章 承揽合同 ... 273
### 第一节 承揽合同概述 ... 273
### 第二节 承揽合同的效力 ... 276
### 第三节 承揽合同的终止 ... 280

## 第十六章 建设工程合同 ... 283
### 第一节 建设工程合同概述 ... 283
### 第二节 勘察设计合同的效力 ... 286
### 第三节 施工合同的效力 ... 287
### 第四节 监理合同 ... 290

## 第十七章 运输合同 ... 294
### 第一节 运输合同概述 ... 294
### 第二节 客运合同 ... 297
### 第三节 货运合同 ... 302
### 第四节 多式联运合同 ... 307

## 第十八章 技术合同 ... 312
### 第一节 技术合同概述 ... 312
### 第二节 技术开发合同 ... 318

第三节　技术转让合同 ································································ 322
　　第四节　技术咨询合同和技术服务合同 ·········································· 325

# 第十九章　保管合同 ····································································· 331
　　第一节　保管合同概述 ································································ 331
　　第二节　保管合同的效力 ···························································· 332

# 第二十章　仓储合同 ···································································· 337
　　第一节　仓储合同概述 ································································ 337
　　第二节　仓储合同的效力 ···························································· 339

# 第二十一章　委托合同 ·································································· 343
　　第一节　委托合同概述 ································································ 343
　　第二节　委托合同的效力 ···························································· 345
　　第三节　间接代理制度 ································································ 348
　　第四节　委托合同的终止 ···························································· 350

# 第二十二章　行纪合同 ·································································· 353
　　第一节　行纪合同概述 ································································ 353
　　第二节　行纪合同的效力 ···························································· 355

# 第二十三章　居间合同 ·································································· 359
　　第一节　居间合同概述 ································································ 359
　　第二节　居间合同的效力 ···························································· 360

**参考书目** ··················································································· 364
**后　记** ····················································································· 365
**第二版后记** ·············································································· 366
**第三版后记** ·············································································· 367

# 第一章 合同与合同法概述

**【学习指南】**

重点在于把握合同与合同法的含义、合同法的基本原则;难点在于理解合同分类及其法律意义、合同法基本原则的功能。

**【导入案例】**

甲、乙双方经协商达成如下协议:甲用乙提供的原材料为乙修缮房屋,乙为甲运输一批货物,双方不再支付其他费用。后来,因甲修缮的房屋质量不好,双方发生纠纷,乙要求甲承担赔偿责任。通过本章的学习,分析甲、乙之间的约定是否成立合同关系,乙的请求应否予以支持。

## 第一节 合同的含义与种类

### 一、合同的含义

《中华人民共和国合同法》(以下简称《合同法》)第 2 条第 1 款规定:"本法所称合同是平等主体的自然人、法人、其他组织之间设立、变更、终止民事权利义务关系的协议。"这是法律对合同的定义。然而,合同是一个多含义的概念,在不同的场合使用的"合同"概念有着不完全相同的含义,相互间既有联系又有区别。一般说来,合同主要有以下含义:

#### (一) 合同是一种法律事实

法律事实是能够引起民事法律关系发生、变更、终止的客观现象。合同首先是作为法律事实来使用的,如订立合同。《合同法》第 2 条规定的定义就是从这一含义上说的。这一含义上的合同具有以下主要特征:

1. 合同是平等主体之间的双方或者多方的法律行为

众所周知,法律事实有自然事实与行为之分。行为又有事实行为与法律行为之别。法律行为还有单方法律行为与双方或多方法律行为的区别。合同作为一种法律事实,属于法律行为,并且不属于单方法律行为;既不是自然事实,也不是事实行为。合同作为双方或多

方的法律行为,有两个最显著的特点:

(1) 主体的平等性。合同是平等的自然人、法人、其他组织之间的协议,其主体地位是平等的。从而,合同只能是各方平等协商的结果,任何一方都不能将自己的意志强加给他方。如果当事人之间不具有平等的地位,其相互之间达成的协议即使称为"合同",也不属于我们这里所说的合同。如计划生育管理部门与自然人之间的计划生育合同就不属于我们这里所说的合同。也正因为合同的主体为平等的民事主体,所以,合同法上所说的合同又称为民事合同或民商事合同。

(2) 意思表示的一致性。双方法律行为须有双方的意思表示一致才能成立。合同是平等主体之间的协议,须有当事人各方之间的意思表示的一致。意思表示的一致要求各方就协议的内容达成一致,而非要求各方所追求的经济目的的一致。也正是在这一意义上说,合同是当事人之间的一种合意。

2. 合同是以设立、变更、终止民事权利义务为目的的

法律行为以设立、变更、终止民事权利义务为目的,以意思表示为要素。合同作为一种法律行为,当然须以设立、变更、终止民事权利义务为目的。换言之,只有当事人之间以设立、变更、终止民事权利义务为目的而达成的协议,才能称为合同;不是以设立、变更、终止民事权利义务为目的的协议,不能称为合同。合同的这一特征使其区别于好意施惠。好意施惠是一方当事人基于良好的道德风尚实施的使另一方受恩惠的行为。尽管在好意施惠的情形下,当事人之间也有"合意",但当事人之间并无设立、变更、终止民事权利义务的法律目的。民事权利义务有财产权利义务与身份权利义务之分。以设立、变更、终止财产权利义务为目的的法律行为称为财产法律行为,以设立、变更、终止身份权利义务为目的的法律行为称为身份法律行为。《合同法》第2条第2款规定:"婚姻、收养、监护等有关身份关系的协议,适用其他法律的规定。"依此规定,合同法上所称的合同仅指设立、变更、终止财产权利义务关系的财产法律行为,而不包括设立、变更、终止身份权利义务关系的身份法律行为。

**(二) 合同是一种法律关系**

有时候人们从合同为一种法律关系的含义上使用合同的概念,如履行合同。在此场合,合同是指依当事人双方的合意所设立的民事权利义务关系,即合同关系。

合同作为一种法律关系,其主要特征在于合同的相对性。也就是说,合同只在特定的当事人之间发生权利义务。合同的特定性主要表现在:

1. 合同主体特定

法律关系的主体包括权利主体与义务主体,任何法律关系的权利主体都是特定的,而义务主体则并非全为特定的。义务主体不特定的法律关系称为绝对法律关系,而义务主体特定的法律关系则称为相对法律关系。合同关系不仅权利主体即债权人为特定的,而且义务主体即债务人也是特定的。因此,合同关系属于相对的法律关系,债权人原则上只能向特定的义务人主张权利。

2. 合同内容特定

合同当事人享有的权利和负担的义务是特定的,一般是由当事人在合同中明确约定的。

3. 合同责任是特定的

合同责任特定,一方面表现在责任的范围、形式等可由当事人约定;更重要的表现在它只发生在特定的合同当事人之间,而一般不会由第三人承担责任。

当然,合同的相对性也有例外,并非说合同对于第三人就绝对不发生效力。例如,共有人之间分管共有物的协议(合同)就有对抗第三人的效力;第三人侵害合同债权的,也可能会承担侵权责任。

**(三) 合同是一种法律文书**

有时候人们是就合同为一种法律文书来使用合同概念。如有合同为证。于此含义上,合同是指确定当事人之间权利义务的证据。在这种含义上使用合同,强调的是合同具有证明当事人之间协议真实性的证明效力。

## 二、合同的种类

依据不同的标准,可以将合同分为不同的种类。合同分类的目的,是为了将各种各样的合同类型化,以准确认识各种合同不同的特点,正确适用法律。常见的合同分类有以下几种:

**(一) 双务合同与单务合同**

根据合同当事人之间权利义务的分配情形,可以将合同分为双务合同与单务合同。

双务合同是当事人双方相互负担对待给付义务的合同。也就是说,合同的每一方既是权利主体即债权人,又是义务主体即债务人,且一方当事人所负担的义务也正是另一方所享有的权利。例如,买卖合同的出卖人负有交付出卖物并转移所有权的义务,买受人享有取得出卖物所有权的权利,从这一角度说,出卖人为债务人,买受人为债权人;同时出卖人享有取得价款的权利,买受人负有支付价款的义务,从这一角度说,出卖人又为债权人,买受人为债务人。在买卖中,出卖人一方的义务正是买受人一方的权利,反之亦然。

单务合同是当事人双方并不负担相互给付义务的合同。在有的单务合同中,只有一方享有权利而不负担义务,另一方仅负担义务而不享有权利。例如,在一般赠与合同中,赠与人仅负担义务而不享有权利,受赠人仅享有权利而不负担义务。在有的单务合同中,虽当事人双方也都负担义务,但其义务并不具有相互对待给付的性质。例如,在附负担赠与合同中,受赠人也负担一定义务,但该义务与赠与人的义务并不具有对待给付的性质,一方的义务并非为另一方的权利。

区分双务合同与单务合同的法律意义主要在于:第一,履行义务的顺序要求不同。因双务合同的当事人互负对待给付的义务,因此,双方义务的履行顺序有意义,如当事人未明确义务的先后履行顺序,则双方应同时履行各自的义务,任何一方在未履行其义务前都无权要求对方履行。而单务合同因当事人相互不负对待给付的义务,因此,当事人义务的履行顺序并无意义。第二,风险负担不同。在双务合同中,非因当事人的原因致使合同不能履行的,义务人不负履行的责任,也无权要求对方履行;若一方已经履行而另一方不能履行,则不能履行的一方应将其所得返还给已经履行的一方。如买卖合同中非因当事人的原因使标的物毁损灭失的,出卖人不再负交付义务,也无权要求买受人支付价款;若买受人已经支付价款,则出卖人应将所收受的价款返还给买受人。而在单务合同中,如非因当事人的原因致使合同不能履行的,则不会发生风险负担即对方是否应履行义务的问题。第三,不履行合同的后果不同。在双务合同中,因双方负有对待给付义务,一方不履行合同或不适当履行合同的,守约方有权要求违约方履行或者承担其他违约责任;若守约方依法要求解除合同,违约方应将从对方取得的财产返还给守约方。而在单务合同中因双方不存在对待给付义务,一方违约时不发生对方要求违约方对待履行或返还财产的问题。

**(二) 有偿合同与无偿合同**

根据当事人取得权利是否须偿付代价，可以将合同分为有偿合同与无偿合同。

有偿合同是当事人取得权利必须支付相应代价的合同。也就是说，合同当事人一方取得利益，必须向对方当事人支付相应的代价；而支付代价的一方，必从对方取得相应的利益。这里的所谓代价实指财产利益的给付，可以是给付金钱，也可以是给付实物或者提供劳务。有偿合同应当适用等价交换原则，但"等价"并不要求一方取得的利益与对方支付的代价在经济上、价值上完全相等，只要求双方取得的利益达到公平合理的程度即可。由于商品交换遵循价值规律，因此，有偿合同是商品交易关系的最典型的法律形式，大多数合同都是有偿合同。买卖合同、租赁合同是典型的有偿合同。

无偿合同是当事人一方取得权利无须支付相应代价的合同。无偿合同因一方取得利益是不支付财产代价的，因而它不适用等价有偿原则，不属于商品交易关系的典型的法律形式。赠与合同、借用合同是典型的无偿合同。

合同是否有偿，取决于合同的性质。有的合同只能是有偿的或者无偿的，如果将合同的有偿性或无偿性改变，合同的性质也就发生根本变化。例如，买卖合同只能是有偿的，如变成无偿合同，则该合同不为买卖合同而为赠与合同；又如，借用合同只能是无偿的，如变成有偿合同，则该合同不能为借用合同而为租赁合同。有的合同可以是有偿的也可以是无偿的，是否有偿决定于当事人的约定或者法律规定。例如，自然人之间的借款合同、保管合同、委托合同，如当事人约定为有偿的，则为有偿合同；如当事人无特别约定，则为无偿合同。

合同的有偿或无偿与合同为双务或单务合同是紧密联系的。一般说来，双务合同即为有偿合同，单务合同就为无偿合同。但是，双务合同也可以是无偿合同，如无偿的保管合同就属于双务合同；单务合同也可以是有偿合同，如自然人间的有息借款合同就为有偿合同。因此，不能将有偿合同与双务合同、无偿合同与单务合同完全等同起来，合同的有偿无偿与合同的双务单务是两种不同的合同分类。

区分有偿合同与无偿合同的法律意义主要在于：第一，当事人的注意义务要求不同。在有偿合同中，当事人的义务受当事人间利益关系的影响，法律对当事人要求有较高的注意义务；而在无偿合同中，因一方仅支付代价却无利益取得，法律对其注意义务要求较低。例如，保管合同如为有偿的，因保管人收取保管费就承担较重的注意义务；如为无偿的，因保管人付出劳务却不收费，法律对保管人的注意义务要求就相对低。如我国《合同法》第374条就规定："保管期间，因保管人保管不善造成保管物毁损、灭失的，保管人应当承担损害赔偿责任，但保管是无偿的，保管人证明自己没有重大过失的，不承担损害赔偿责任。"第二，主体资格要求不同。由于有偿合同的当事人均需支付代价才能取得利益，因此，一方面有偿合同的当事人原则上应当具备完全民事行为能力，限制民事行为能力人非经法定代理人同意原则上不能订立有偿合同；另一方面，在有偿合同中，当事人的身份一般不具有特别的意义，如买受人为何人对于买卖合同的成立并无影响。而在无偿合同中，由于一方取得利益不支付代价，另一方仅支付代价而不能取得利益，因此，一方面法律对于无偿合同中取得利益的当事人的主体资格要求较低，如无完全民事行为能力人可以订立自己纯获利益的合同；另一方面无偿合同中纯受利益一方的身份对于合同的效力会有影响。例如，受赠人为何人对于赠与人是否决定赠与有直接影响，如赠与人对于受赠人误解可以构成重大误解。第三，债权人行使撤销权的条件不同。我国《合同法》第 74 条规定:"因债务人放弃其到期债权或者无偿转让财产,对债权人造成损害的,债权人可以请求人民法院撤销债务人的行为。债务人以明显不合理的低价转让财产,对债权人造成损害,并且受让人知道该情形的,债权人也可以请求人民法院撤销债务人的行为。"这说明,债务人通过无偿合同将财产转让给第三人的,只要该行为有害于债权人的债权,债权人就可以撤销该行为;而在债务人通过有偿合同将财产转让给第三人的情形下,除该行为有害于债权人外,还须债务人和第三人实施交易时存在损害债权人债权的恶意,债权人才可以行使撤销权撤销该行为。第四,构成善意取得的条件不同。在无权处分人处分他人财产将财产转让给第三人时,如果通过有偿合同转让,而受让人为善意的,可基于善意取得而取得标的物的所有权;但如果通过无偿合同转让的,则受让人不论是否为善意,均不构成善意取得,所有人有权要求受让第三人返还,第三人不能取得受让财产的所有权。

**(三) 诺成性合同与实践性合同**

根据合同的成立生效是否以交付标的物为要件,可以将合同分为诺成性合同与实践性合同。

诺成性合同又称为不要物合同,是只要当事人的意思表示一致就可以成立生效而不以标的物的交付为成立要件的合同。诺成性合同为合同的典型形态。大多数合同,如买卖、租赁、承揽等都为诺成性合同,自当事人意思表示一致时即告成立。

实践性合同又称为要物合同,是除当事人意思表示一致外还须交付标的物才能成立的合同。实践性合同并非合同的常态。一个合同是否为实践性合同,需以交易习惯或法律规定是否以交付标的物为成立要件而定。如,依我国《合同法》第 367 条规定,保管合同为实践性合同,但当事人另有约定的除外;又如,依交易习惯,借用合同也为实践性合同。

区分诺成性合同与实践性合同的意义主要在于:第一,合同的成立时间不同。诺成性合同自当事人意思表示一致时即可成立生效;而实践性合同仅有当事人的意思表示一致还不能成立生效,只有一方当事人交付标的物时,合同才能成立生效。如《合同法》第 367 条规定:"保管合同自保管物交付时成立,但当事人另有约定的除外。"《合同法》第 210 条规定:"自然人之间的借款合同,自借款人提供借款时生效。"第二,交付标的物的意义不同。在诺成性合同中,当事人一方交付标的物是其履行合同的行为,是当事人应履行的给付义务;而在实践性合同中,当事人一方交付标的物是合同的成立生效要件。实际上,在实践性合同中,当事人一方交付标的物具有双重意义,它既是合同成立生效的条件,又是当事人履行合同义务的行为。

**(四) 要式合同与不要式合同**

根据合同是否以特定的形式为要件,可以将合同分为要式合同与不要式合同。

要式合同是须采取法律规定的特定形式才能生效的合同。要式合同的特点在于,是否采取法律规定的特定形式为合同是否生效的条件。一般说来,法律所要求的形式为书面形式,但并非采用书面形式的合同就为要式合同。合同是否为要式合同,应当取决于法律的规定。

不要式合同是法律没有规定须采用特定形式,而是可由当事人自行约定采用何种形式的合同。不要式合同的特点在于,当事人可以根据合同的自由原则,自行约定合同的形式,而不受法律规定的限制。

在古代法中,合同以要式为原则,以不要式为例外。而在现代法上,合同以不要式为原则,以要式为例外。因此,在实践中大多数合同为不要式合同,只有对一些特别的交易,为便于国家监督管理,法律才要求当事人须采用特定的形式。我国《合同法》第10条规定:"当事人订立合同,有书面形式、口头形式和其他形式。法律、行政法规规定采用书面形式的,应当采用书面形式。当事人约定采用书面形式的,应当采用书面形式。"可见,除法律、行政法规规定或者当事人约定采用书面形式外,合同可采用任何形式。

在法律、行政法规规定合同应采用特定形式时,当事人未采用该特定形式的,其法律后果如何呢?这涉及要式合同中形式要件的效力,对此,有不同的观点。一种观点认为,法律规定的形式属于合同的成立要件,不采取法律规定的形式,合同不能成立。① 另一种观点认为,法律规定的形式属于生效要件,没有采取法律规定的形式,合同也是成立的,只是不能生效。② 还有一种观点认为,法律关于形式要件的规定是属于成立要件还是属于生效要件,应依据法律规定的涵义及合同的性质来确定。③ 我们原则上赞同后一种观点。正如有些学者所指出的,立法者在规定某种合同形式为法定形式时,可以赋予该法定形式四种不同的法律效力:一是证据效力,即法定形式作为合同存在的证明;二是成立效力,即法定形式作为合同的成立要件;三是生效效力,即法定形式作为合同的生效要件;四是对抗效力,即法定形式作为对抗第三人的要件。判定未采取法定形式的后果,要探究立法者的意图。④ 我国《合同法》第36条规定:"法律、行政法规规定或者当事人约定采用书面形式订立合同,当事人未采用书面形式但一方已经履行主要义务,对方接受的,该合同成立。"依相反解释,当事人没有采用法律、行政法规规定或者当事人约定的书面形式订立合同,也没有一方履行主要义务的,合同应为不成立。由于本条是规定在"合同的订立"一章中,按照体系解释的方法,形式要件应属于合同订立中的问题。可见,《合同法》对要式合同的形式要件采取了成立要件主义。⑤ 同时,该规定也说明形式要件仅具有证据效力,如果当事人虽未采用书面的法定形式但能够证明一方已经履行主要义务且对方接受的,合同也成立。当然,若法律规定当事人未采用特定的形式,合同不生效,则法定形式也就成为合同的生效要件。

**(五) 主合同与从合同**

根据两个合同相互间的关系,可以将合同分为主合同与从合同。

主合同是不依赖其他合同而能够独立存在的合同。主合同的特点就在于它能独立存在,不以其他合同的存在为存在前提。主合同是相对于从合同而言的,没有从合同也就无主合同,没有主合同也就无所谓从合同。从合同是指以其他合同的存在为存在前提的合同。从合同的特点就在于它不能独立存在,以主合同的存在为存在的前提。例如,为担保借款合同的履行而订立担保合同,借款合同与担保合同之间就有主合同与从合同之分:借款合同为主合同,担保合同为从合同。若未订立担保合同,借款合同也就不称为主合同。

区分主合同与从合同的法律意义主要在于,从合同的命运决定于主合同:主合同不能存在的,从合同也就不能存在;主合同转让的,从合同不能与主合同分开单独转让或存在;主

---

① 参见佟柔主编:《中国民法》,法律出版社1990年版,第342页。
② 参见隋彭生:《合同法论》,法律出版社1997年版,第27页。
③ 参见王利明、崔建远:《合同法新论·总则》(修订版),中国政法大学出版社2000年版,第42页。
④ 参见王家福主编:《中国民法学·民法债权》,法律出版社1991年版,第305页。
⑤ 参见郭明瑞、房绍坤:《新合同法原理》,中国人民大学出版社2000年版,第23页。

合同终止的,从合同也随之终止。但是,从合同的存在与否以及是否有效,一般并不影响主合同的存在及效力。

### (六) 预约合同与本合同

根据订立合同是否有事先约定的关系,可以将合同分为预约合同与本合同。

预约合同简称预约,是当事人约定将来订立一定合同的合同。本合同简称本约,是为履行预约而于将来订立的合同。预约与本约是相对而言的,没有预约也就没有本约,没有本约也就无所谓预约。例如,当事人预先约定于将来买卖商品房的协议就是预约,而将来订立的商品房买卖合同就是本约。

区分预约合同和本合同的法律意义在于,两者的法律效力不同:预约合同的效力在于当事人应依约定订立本合同,而不发生当事人之间的实体上的权利义务关系;而本合同的效力在于确定当事人之间实体上的权利义务关系。

### (七) 实定合同和射幸合同

根据合同订立时当事人的给付义务是否确定,可以将合同分为实定合同和射幸合同。

实定合同又称交换合同,是于合同订立时就已经确定当事人给付义务的合同。实定合同的特点在于,当事人的给付义务于合同订立时就已经确定地由双方负担,与其后是否发生偶然事件没有关系。大多数合同,如买卖、租赁、承揽、运输、保管、委托等合同,都属于实定合同。

射幸合同是在订立合同时当事人的给付义务尚未确定的合同。这类合同的特点在于,于合同订立时虽设定当事人的给付义务,但当事人的给付义务是否发生还决定于偶然事件的出现。例如,保险合同就是一种射幸合同。在保险合同订立时,仅仅确定地发生投保人承担保险费的给付义务,而保险人是否承担保险金的给付义务并不能确定,还取决于保险事故是否发生,即保险人的给付义务是以保险事故的发生为前提的。各种购买彩票的合同也都属于射幸合同。

区分实定合同与射幸合同的法律意义主要在于:实定合同一般以给付是否等价为价值判断标准,而射幸合同则不存在这个问题。也就是说,对于实定合同,当事人一般可以给付不等价即显失公平为由,提出撤销合同的请求;而对于射幸合同,当事人不能以给付不等价为由主张撤销合同。另外,实定合同的订立,法律一般无限制;而对于射幸合同,只有在法律许可的场合或领域才可订立。

### (八) 商议合同和格式合同

根据当事人能否对合同条款进行充分协商,可以将合同分为商议合同和格式合同。

商议合同是当事人可以就合同条款进行充分协商而订立的合同。这类合同的特点在于:当事人不仅有订立合同的自由,并且也有选择订约相对人和决定合同内容的自由;合同条款是双方充分协商达成的。商议合同充分体现合同的自由原则,是合同的主要形态。

格式合同又称为附合合同、附从合同、定式合同、标准合同、定型化合同,是当事人并不能就合同条款进行充分协商而订立的合同。这类合同的特点在于:(1) 合同的条款是由单方事先决定的。在格式合同中,合同的条款是由提供商品或服务的一方事先确定的,相对人不参与合同条款的拟定。所以,格式合同的条款具有"定型化"特点。当然,也有些格式合同的条款是由国家授权的机关或社会团体制订的。(2) 格式合同的相对人只有订约自由,而没有决定合同内容的自由。由于格式合同的条款是一方事先拟定好的,相对人只有决定是否订立合同的自由,而无与对方协商改变合同条款的自由,只能附从已制订的条款。当然,格式合同并非完全否定合同自由原则,因为相对人虽不能决定合同条款,但仍可决定是否订立合同和选择对方当事人。可见,格式合同仅是对合同自由原则的一种限制,而不是对合同自由原则的否定。(3) 格式合同具有广泛的适用性并有利于节省交易成本。格式合同适用于大量提供同类商品或服务的交易活动中,在这类交易中,拟定合同条款的是提供商品或者服务的特定的人,而相对方是欲购买该商品或者接受该类服务的不特定人。因此,在公共交通、供水、供电、供气、保险、邮电通讯等行业中,都广泛适用格式合同。也正因为在这些交易中,一方所提供的商品或服务为同类的,因此,采用格式合同,可以免去订立合同时的一一谈判,有利于节省交易成本。(4) 格式合同以书面明示为原则。格式合同一般是由提供商品或提供服务的一方当事人将合同条款事先印制于一定书面形式上,如车船票、保险单等,以便于对方了解和选择。因此,格式合同具有"标准"或"定式"的特点。

区分商议合同与格式合同的意义主要在于,对于格式合同需要特别规制。应当看到,格式合同是随社会经济的发展而产生的,它具有手续简便、节省交易费用和交易时间的优点。同时,格式合同也存在一定的弊端,如免除或限制条款拟定者的责任、加重合同相对人的责任、限制或剥夺相对人权利行使、不合理分配合同风险等。① 因此,各国无不通过各种手段对格式合同予以规制,以维护提供格式合同条款的相对人的利益。我国《合同法》一方面于第 39 条中规定"提供格式条款的一方应当遵循公平原则确定当事人之间的权利义务,并采取合理的方式提请对方注意免除或者限制其责任的条款,按照对方的要求,对该条款予以说明";另一方面于第 40 条规定"提供格式条款一方免除其责任、加重对方责任、排除对方主要权利的"条款无效,并于第 41 条对格式条款的解释作出特别规定。

**(九) 利己合同和利他合同**

根据当事人是为何人利益订立合同的,可以将合同分为利己合同与利他合同。

利己合同又称为"为订约人自己利益订立的合同",是订约当事人为自己设定权利,使自己直接取得和享有利益而订立的合同。这类合同的特点在于,合同仅在订约当事人之间发生效力,体现合同的相对性规则。由于合同是当事人追求某种利益的法律工具,因此,利己合同为合同的常态,大多数合同属于利己合同。

利他合同又称"为第三人利益订立的合同",是订约当事人一方不是为自己设定权利,而是为第三人设定权利,使第三人可直接取得和享有合同利益的合同。可见,利他合同的效力涉及第三人。在学说上,合同效力直接涉及第三人的合同统称为涉他合同。在涉他合同中,若是合同权利涉及第三人,则属于为第三人利益的合同即利他合同;若合同义务涉及第三人,则属于第三人给付合同。在各国法律上,一般不允许为第三人设定义务,而许可为第三人设定权利,因此,各国法上普遍承认利他合同。我国合同法上虽未明确规定利他合同,但无论在立法上还是实务上都承认利他合同的效力。在利他合同中,为第三人设定权利的一方为债权人,按约定应向第三人直接履行义务的一方为债务人,而第三人则称为受益人。

区分利己合同和利他合同的法律意义主要在于,利他合同有特别的效力。利他合同的特别效力主要体现在以下三方面:(1) 对第三人即受益人的效力。第三人不是合同的当事人,但于合同成立后直接享有合同权利。第三人享有的权利不是因其承诺或者债权人代理

---

① 参见金福海:《论定式合同的缺陷及控制途径》,载《烟台大学学报》1997 年第 2 期。

或转让取得的,而是第三人依利他合同直接取得的,是第三人依合同约定对债务人所享有的固有的权利。然而,订约当事人虽可为第三人设定权利,却不能强迫第三人接受该权利。因此,第三人的权利因其同意接受而确定。第三人接受合同所设定的权利的意思表示可以用各种方式,但第三人拒绝接受权利的,应向债权人或者债务人作出不予接受的意思表示。第三人拒绝接受权利的,视为其自始未取得权利,该项权利可以由为第三人利益订立合同的订约当事人享有,也可以由该订约人重新指定受益人或者免除债务人的履行义务。第三人接受为其设定的权利的,有权直接请求债务人履行义务,有权请求不履行义务的债务人承担违约责任,但第三人不享有变更或者解除合同的权利,即使合同有可撤销的原因,第三人也不得撤销合同,因为第三人并非合同当事人。通说认为,订约当事人只能为第三人设定权利,而不能设定义务。但这并不等于在利他合同中,第三人只能享有权利而不能承担义务,第三人在享受权利的同时,也应当承担与其实现权利有关的义务。(2) 对债权人的效力。利他合同的债权人有权请求债务人向第三人履行,但不能要求债务人向自己履行。债权人的该项请求权与第三人的权利是内容不同的两种权利,故两者并非为连带债权。在债务人不履行债务给债权人造成损失时,债权人也有权要求债务人承担违约责任,但债权人要求债务人对其承担的违约责任,不能与债务人对第三人承担的违约责任的内容相同。债权人作为合同当事人,在具备法定事由的条件下,可以解除合同,但须经第三人同意;否则,不得解除合同。(3) 对债务人的效力。债务人应依利他合同的约定向第三人履行义务。债务人向第三人履行义务,同时也是对债权人履行义务。债务人若不履行义务,则应向第三人及债权人承担违约责任。因为债务人向第三人履行的义务是由合同产生的,所以债务人对于因合同所产生的一切抗辩,均可对抗第三人,但非因合同而产生的抗辩,如对债权人抵销的抗辩,不得对抗第三人。

**(十) 有名合同和无名合同**

根据法律上是否已经确定了一定的名称,可以将合同分为有名合同和无名合同。

有名合同又称典型合同,是法律上已经确定了特定名称的合同。有名合同是合同的典型形式,其特点在于:法律对其确定了特定的名称和规则,为当事人订立和履行合同提供了便利。需要指出的是,法律对有名合同的规定,主要是规范合同的内容,并非代替当事人订立合同。从各国合同法的发展趋势看,有名合同的范围在不断扩大,但这并非意味着对合同自由的干预加强。我国《合同法》在分则中规定的 15 种合同都为有名合同,但其他法律中规定的合同,如《中华人民共和国保险法》(以下简称《保险法》)中规定的各种保险合同、《中华人民共和国担保法》(以下简称《担保法》)中规定的各种担保合同、《中华人民共和国合伙企业法》(以下简称《合伙企业法》)中规定的合伙合同等也都属于有名合同。

无名合同又称非典型合同,是法律尚未确定特定名称的合同。无名合同的特点在于,法律上没有确定其名称,并非指该合同没有名称。根据合同自由原则,当事人不仅可以根据法律的规定订立有名合同,也可以根据自己的特殊需要订立法律上还未予以规范(确定名称)的无名合同。当事人订立的合同,不论是否为法律已经确定名称的合同,只要不违背法律的禁止性规定和社会公共利益,就可以发生效力。有名合同的种类并非是固定不变的。一些无名合同开始不具有典型性,但随着交易的发展逐渐形成自己的规则,经法律确认后也就成为有名合同。从合同规范的内容看,无名合同主要有三种类型:一是纯粹的无名合同。这种无名合同以不属于任何有名合同的事项为内容,如在广告中广告商使用他人姓名的合同。

二是准混合合同。这种无名合同以一个有名合同规范的事项与另一个不属于任何有名合同规范的事项为内容,如当事人双方约定佣人提供劳务,雇主教其识字的合同。三是混合合同。这种合同由一个有名合同规范的事项与另一个有名合同规范的事项为内容,也就是说,合同是由两个有名合同的事项结合而成的。如在租赁房屋时,当事人双方约定承租人以提供劳务代替交付租金的合同。①

区分有名合同和无名合同的法律意义主要在于,处理这两类合同所适用的规则不同。对于有名合同,由于法律规定有统一的规则,因而对于有名合同应当直接适用法律的规定。而对于无名合同,由于法律无具体规定,故不能直接适用法律规定。对于无名合同如何适用法律规则,理论上有不同的观点。通说认为,对于纯粹无名合同,应当按照合同法的一般规则处理。对于混合合同和准混合合同的法律适用,主要有三种观点:一是吸收主义,即区分合同的主要内容和次要内容,由主要内容吸收次要内容,从而适用主要内容的有名合同规则。罗马法因不承认合同自由原则,故采取吸收主义,但因这种观点完全不考虑当事人订立混合合同的意图,且区分合同的主要内容和次要内容也极为困难,故没有被现代民法所采用。二是结合主义,即分解各种有名合同的规定而寻求其法律要件,以发现其法律加以调和统一,创造一种混成法而予以适用。这种观点忽视了各个有名合同具有独自的经济目的及社会作用,实践中也难以将有名合同的事项予以分解,且其机械地结合各事项的法则以定其适用,也有违当事人的意思。三是类推适用主义,即考虑当事人订约的经济目的及社会机能,就无名合同的事项类推适用有关各有名合同的特别规定。这种观点是各国民法的通说。② 我国合同法也采取了类推适用主义的观点,《合同法》第124条规定:"本法分则或者其他法律没有明文规定的合同,适用本法总则的规定,并可以参照本法分则或者其他法律最相类似的规定。"

## 第二节 合同法的概念与基本原则

### 一、合同法的概念与适用范围

合同法有形式意义的合同法与实质意义的合同法之分。形式意义的合同法是指以合同法命名的法律。在制定有民法典的国家,形式意义的合同法一般指的是法典中的合同法部分,在我国现行法上指的是《合同法》。实质意义的合同法,则是指调整合同关系的法律规范的总和。

但是,因各国法对合同范围的认识不一致,对于实质意义上的合同法的认识也就不一致,因而实质意义上的合同法也有广义与狭义之分。但学者中对于广义合同法与狭义合同法的范围认识也不一致。③ 我们认为,依我国《合同法》规定,广义的合同法是调整平等主体之间设立、变更、终止民事权利义务关系的法律规范的总称;狭义的合同法不包括调整平等主体之间设立、变更、终止人身权利义务关系的法律规范。我们这里所说的合同,是指狭义

① 参见史尚宽:《债法总论》,中国政法大学出版社2000年版,第10页。
② 参见曾隆兴:《现代非典型契约论》,三民书局1988年版,第4页。
③ 参见郭明瑞、房绍坤:《新合同法原理》,中国人民大学出版社2000年版,第38—40页。

的实质意义的合同法所规范的合同。

依据我们对合同法的定义,合同法主要具有以下特征:

**(一) 合同法具有财产性**

合同法所规范的是平等主体之间设立、变更、终止财产权利义务的法律行为,也就是说,合同法所调整的是财产关系。合同法不调整平等主体之间的人身关系,即使当事人通过协议设立、变更、终止身份关系,也不属于合同法的规范对象。因此,合同法属于财产法,具有财产性。

**(二) 合同法具有交易性**

民法的财产关系基本上可分为两部分:一是财产归属和利用关系;二是财产的流转关系。合同关系多为当事人之间进行交易的法律形式,在实务中,民事主体也正是通过合同的形式来实现物品的转让、权利让与、劳务的提供等交易。从这个意义上说,合同法为交易法,具有交易性。也正是基于这一原因,如何保护交易的安全和促成交易,保障交易的简捷,是合同法立法上应当考虑的重要问题。当然,合同所媒介的关系并非均为交易关系,如合伙合同关系就难说为交易关系,但不可否认,交易关系是合同法所调整的财产关系的基本和核心内容。

**(三) 合同法具有任意性**

合同既是当事人设立、变更、终止财产权利义务关系的协议,也就是当事人实现其经济目的的法律手段,又因合同关系具有相对性,因此,是否订立合同,订立何种合同,合同内容如何,均应由当事人基于自己的利益需要自由决定。这就决定了合同法规范一般只是为当事人提供一种行为模式,并非要求当事人必须遵守。合同法也不能如物权法那样实行物权法定。也就是说,合同法规范多为任意性规范,当事人可以依自己的意思排除其适用。正是在这一意义上,合同法为任意法,具有任意性。当然,这并非是说合同法中没有强行性规范。在现代社会中,各国法上无不对合同自由原则予以一定的限制,对合同自由予以限制的规范也就是强行性规范。

**(四) 合同法具有灵活性**

在市场经济条件下,交易关系日益频繁,灵活多样,这就决定了以调整交易关系为主的合同法具有灵活性,以适应交易关系发展的需要。合同法的灵活性主要表现在两个方面:一方面,合同法的容纳性强。合同法的规范多为指导性规定,这就为灵活多样的交易关系的正常进行提供了活动空间;另一方面,合同法的变化性快。为适应交易关系的发展变化,合同法必须适时地进行修改与完善。①

**(五) 合同法具有国际性**

由于交易关系不论是在国内还是国际间,通行着统一的规则,因此,随着世界经济一体化进程的发展,各国调整交易关系的合同法规范也就具有相当多的共性。一方面,从立法层面上说,合同法具有可移植性,一国的合同法可以直接引入他国的制度,从而导致各国的合同法可相互吸收,日趋统一;另一方面,随着国际交易关系的发展,国际间的各种规范合同关系的国际公约、条约的制定,对各国的合同法影响极大。如《联合国国际货物买卖合同公约》《国际商事合同通则》,为大多数国家接受,已成为包括我国《合同法》在内的各国合同法的重要渊源。也正是在这一意义上说,合同法具有趋同性、国际性。

---

① 参见郭明瑞、房绍坤:《新合同法原理》,中国人民大学出版社2000年版,第38—40页。

## 二、合同法的基本原则

### (一) 合同法基本原则的含义

合同法的基本原则是贯穿于整部合同法的根本准则,是制定、适用、解释和研究合同法的依据和出发点。

作为合同法的基本原则,应当具有以下特点:

第一,根本性。合同法的基本原则应是适用于合同法各项制度的根本准则,是制定、适用、解释和研究合同法的基本指导思想,须具有根本性。一方面,合同法的基本原则应反映合同法的基本价值;另一方面,合同法的基本原则应作用于合同法的全部领域,其效力贯穿于合同法的始终。一项准则,若仅对合同法的某一领域起作用,仅是适用于某项制度的,则不能称为合同法的基本原则。

第二,不确定性。合同法的基本原则应属于不确定的法律规范,而不能是确定的法律规范。一项合同法律规则,若预先设定确定的具体的事实状态,并规定该事实引发的法律后果,则该项规则不能称为合同法的基本原则。也正是在这一意义上,合同法基本原则只能是法律的一般性规定,或者虽不在法律中规定但体现在法律的具体规定中可从具体规定中抽象出来。

第三,指导性。合同法的基本原则虽不是合同法的具体法律规范,不确定具体的合同权利义务关系,但它应具有指导功能,能够指导和协调合同法的各项制度,能够规范人们的行为,以正确实施合同法。

第四,强行性。正因为合同法的基本原则具有根本性、指导性,因此,合同法的基本原则应具有强行性,也就是说,合同法的基本原则必须遵守,当事人不得排除合同法基本原则的适用。

合同法的基本原则在合同法的立法、实施、适用、解释等方面都具有重要作用。

首先,合同法的基本原则是合同立法的基本准则。在制定合同法时,立法者对合同各项制度的具体规定和安排,必须以基本原则为出发点,不能违背合同法的基本原则。可以说,一部合同法若能体现符合时代要求与市场经济发展需要的合同法的基本原则,则该法就是一部"良法",就能在维护市场信用和交易安全、促进市场经济发展等方面发挥好的作用。反之,若不能体现符合时代要求和市场经济发展需要的合同法基本原则,则就会是一部"劣法",就会阻碍市场经济的发展。

其次,合同法的基本原则是实施合同法的基本准则。合同法规范是行为规范,民事主体在进行交易、确立各种合同关系中应遵守合同法的规定。当然,因合同法的规范多为任意性规范,当事人可以排除其适用,但对于合同法中的强行性规定,当事人不得违反。合同法的基本原则就属于强行性的,当事人必须遵守。尽管合同法的基本原则具有不确定性,不能直接确定当事人之间的权利义务,但它可以指导当事人设立、变更、终止财产权利义务的行为。无论是当事人确立各种合同权利义务的行为,还是当事人履行合同的行为,都须遵行合同法的基本原则;若违反合同法的基本原则,则该行为不能发生效力。这也就是说,合同法的基本原则指导民事主体的行为,保障合同法的贯彻实施。

再次,合同法的基本原则是适用合同法的基本准则。合同法规范不仅是行为规范,也是裁判规范。也就是说,法院或仲裁机构裁判合同纠纷案件,须以合同法为法律依据。由于合同关系各种各样,合同案件千差万别,而对于合同案件不论多复杂,也不论有无具体规定,法院或仲裁机构均须予以裁判。法院或仲裁机构在裁判合同案件时,若缺乏具体规则,就只能也必须以合同法的基本原则为依据。从这一意义上,合同法基本原则具有补充合同法漏洞的作用。

最后,合同法的基本原则也是解释和研究合同法的基本准则。不论是当事人实施合同法还是法院或仲裁机构适用合同法,都会发生对合同法规则的解释和理解,也会发生对合同的解释。任何对合同法规则和对合同条款的解释,都应以合同法的基本原则为基础。也就是说,只有符合合同法基本原则的解释,才是准确和合理的;不符合合同法基本原则的解释就应是不准确和不合理的。

**(二)合同法基本原则的内容**

从《合同法》的立法条文看,《合同法》的第3条至第8条都是规定基本原则的。但这些原则并非全为合同法独有的或者是在合同中显得更加突出的,如平等原则、遵守法律和尊重社会公德原则;有的规定只是反映合同法某一原则的某一方面。从合同法的规定和合同法属性上看,合同法基本原则主要应包括以下内容:

1. 合同自由原则

合同自由原则,指当事人可自由自主地决定合同事项,而不受他人的任何干涉。

合同自由原则是由合同的性质所决定的,反映商品经济的本质要求。因为合同是平等主体之间设立、变更、终止民事权利义务关系的协议,换句话说,合同是平等主体之间平等协商的结果,这就要求当事人必须具有自主决定合同事项的自由,任何一方都不能将自己的意志强加给他人。从经济原因上说,商品交易不仅要求交易双方能够自主支配自己所有的财产,而且能够自主决定交易,只有实行合同自由原则,才能实现真正的平等的有效益的交易,促进商品经济的发展。在存在商品经济的条件下,在任何经济制度中几乎都不否认合同的重要作用,①也都承认合同自由为合同法的基本原则。我国《合同法》第4条规定:"当事人依法享有自愿订立合同的权利,任何单位和个人不得非法干涉。"这一规定是对合同自由原则的法律确认。

合同自由原则的内容主要包括:(1)订约的自由。所谓订约自由,指当事人可依自己的利益需要自由决定是否订立合同。在合同自由原则下,无论是订立合同还是不订立合同,完全是由当事人自己决定的,任何人不能强迫当事人订立合同或者不许当事人订立合同。订约自由可以说是合同自由原则的核心内容,没有订约自由,也就谈不上其他自由。(2)选择当事人的自由。选择当事人自由是当事人自主决定与何人订立合同的自由。选择与何人订立合同也就是选择交易伙伴。在市场经济条件下,与不同的交易伙伴交易会有不同的利益结果,因此当事人不仅有根据自己的利益需要决定是否交易、是否订立合同的自由,而且有自主决定与何人交易、与何人订立合同的自由。只有如此,当事人才能通过订约和履约,取得最佳经济效益。(3)决定合同条款的自由和选择合同方式的自由。合同条款也就是合同的内容,合同方式是合同内容的表现形式。在合同自由原则下,当事人可以自主地决定合同的条款,以设定自己的权利义务;可以自主地选择法律所规定的合同形式,以简便、快捷、安全地进行交易。(4)变更和终止合同的自由。当事人不仅可自主地订立合同,以设定其权

---

① 参见〔英〕A·G·盖斯特:《英国合同法与案例》,张文镇等译,中国大百科全书出版社1998年版,第4页。

利义务;还可以自主地决定变更或终止已订立的合同,以变更或解除其设定的权利义务。

合同自由原则是以主体的人格独立、平等为前提的。在古代社会,尽管也存在合同,但并未也不可能确立合同自由原则。只有在自由资本主义时期,在以亚当·斯密为代表的自由主义经济思想和"平等""自由"的理性哲学的基础上,才确立了合同自由原则。在近代社会,"合同自由一般被看作是合理的社会理想,据认为这种理想只是达到了可以假定当事人双方缔约权利的平等,而无损于社会的经济利益。"①但是,自20世纪以来,特别是在第二次世界大战以后,随着社会经济的发展,国家对经济的不干预政策发生了变化,以个人主义和绝对自由为基础的合同自由理论受到挑战,各国法普遍对合同自由原则予以限制。这种限制主要体现在以下方面:(1)利用强制缔约限制订约自由。在某些领域,特别是提供为公众服务的当事人,法律赋予其缔约的义务,只要对方当事人提出订约的要求,其不得拒绝。例如,从事公共交通运输的,在顾客提出订约要求时,没有特别重要的事由,必须与顾客订立合同,为顾客提供交通运输服务。(2)利用格式条款限制合同自由。格式条款,是当事人为了重复使用而预先拟定,并在订立合同时未与对方协商的条款。在现代社会中,格式合同适用日益广泛。在利用格式条款订立合同时,提供格式条款的相对人只有决定是否订立合同的自由,而一般没有决定合同内容和合同形式的自由。也正因为如此,法律对于格式条款予以特别的规制。(3)利用强行性规范限制合同自由。例如,为保护消费者利益,国家制定《消费者权益保护法》,特别规定消费者的权利和经营者的义务、责任。又如,《劳动法》中就劳动合同的形式和内容予以特别规定,限制用人单位的合同自由,以保护劳动者的权益。

正因为合同自由原则在现代社会受到限制,因此,有人提出"合同(契约)死亡"的观点。但是,必须清楚,对合同自由的限制只是现代合同法对古典合同法理论的变革,而不是对合同自由原则的否定。应当说,对合同自由的限制,是使合同自由从形式自由趋向实质自由的表现。对合同自由限制的目的,是为了实现合同正义,是为了实现真正的合同自由。因此,对合同自由的限制决不能成为合同法的基本原则,对合同自由的限制不能是导致"合同死亡",而是使合同在现代市场经济条件下"再生"。

2. 合同神圣原则

合同神圣原则,指当事人订立的合同是神圣不可违的,当事人必须信守而不得违反。

合同神圣观念古已有之。在古代法上,合同被认为是神授意的结果,必须履行。在近代法上,合同虽不被视为神意,但因是当事人自由自主订立的,法律须赋予当事人的自由意志以法律效力,当事人就必须守约,因此合同被认为是当事人之间的法律,如《法国民法典》第1134条第1项规定:"依法订立的合同,在订立合同的当事人之间有相当于法律的效力。"在现代社会,合同神圣原则不仅是承认当事人自由意志的效力的要求,而且也是贯彻民法的诚实信用原则,维护市场信用和交易秩序的要求。因此,各国法上普遍确认了合同神圣的原则。我国《合同法》第6条规定:"当事人行使权利、履行义务应当遵循诚实信用原则。"第8条规定:"依法成立的合同,对当事人具有法律约束力。当事人应当按照约定履行自己的义务,不得擅自变更或者解除合同。""依法成立的合同,受法律保护。"这是我国《合同法》上对合同神圣原则的确认。

合同神圣原则的内容主要体现在以下方面:(1)在订约中,当事人应信守自己的承诺,

---

① 参见[英]A·G·盖斯特:《英国合同法与案例》,张文镇等译,中国大百科全书出版社1998年版,第5页。

"言必信,行必果"。例如,在订约过程中,要约人应受要约的约束,承诺人不得变更要约的实质内容而为"承诺",当事人不得弄虚作假、恶意磋商,不得泄露或不正当地使用在订立合同中知悉的商业秘密。(2) 依法订立的合同必须履行。当事人必须"重合同、守信用",做到"订约必守",积极地、全面地履行合同义务,不得擅自变更或者解除合同。(3) 依法成立的合同,受法律保护。当事人任何一方违反合同的,都应依法承担违约责任,也就是"违约必究"。

合同神圣原则实际上是要求当事人不得以任何的个人事由否定依法订立的合同的法律效力,但并非指凡合同皆是神圣的。因此,一方面,只有依法订立即符合法律要求的合同才是必须信守的,才具有法律约束力;另一方面,法律可以根据维护社会公共利益和保护第三人利益的需要,规定合同无效的事由。同时,法律也允许当事人在具备某种特别情事的情形下变更或者解除合同,也允许因某些特别情事而不能履行合同时免除当事人的违约责任。

3. 合同正义原则

合同正义原则,指当事人在订约、履行中,应合理分配权利、义务、责任,体现公平正义的价值观念。

合同正义原则,是民法公平原则在合同法中的具体体现。《合同法》第5条规定:"当事人应当遵循公平原则确定各方的权利和义务。"该条就是要求实现合同正义,贯彻正义原则。正义包含公平但不限于公平,正义还包含公正、正当、平等的要求,体现着人类所追求的一种价值目标。在合同法中,合同正义包括个别正义与一般正义、形式正义与实质正义。合同的个别正义表现为具体合同关系的当事人所能得到的正义,如合同当事人的权利对等、合同风险的分担规则的合理设计等,就属于个别正义的范围。合同的一般正义表现为一般人所能得到的正义,如合同法承认强制缔约就属于实现合同的一般正义。合同的形式正义表现为在合同法上赋予当事人以平等的缔约权,合同当事人在合同中的法律地位是平等的,不因其经济势力、社会地位及行政权力不同而有所差异,如《合同法》第3条规定:"合同当事人的法律地位平等,一方不得将自己的意志强加给另一方。"这一平等原则也就是确认合同的形式正义。合同法的实质正义表现为合同法保证当事人的真意的实现以及合同权利义务的公平,对违背当事人的真意或者合同权利义务显失公平的合同给予否定性评价。[①] 可见,在合同法上,合同正义属平均正义,主要包含以下两项内容:

(1) 当事人之间给付的等值性。合同正义要求当事人之间的给付与对待给付之间应具有等值性。然而,给付与对待给付间是否等值,本身是一个价值判断问题,一般来说,难以采取客观的标准,而只能采取主观标准。也就是说,只要当事人主观上自愿以此给付换取彼对待给付,给付与对待给付之间就是等值的,法院或仲裁机构不能以自己的价值判断认定当事人自愿设定的权利义务不对等,而变更合同的内容。但是,如果客观的情形发生与当事人自愿设定权利义务时的客观情形不一致,则就应当按照客观的判断标准判断当事人之间的给付与对待给付是否等值,变动当事人之间的权利义务,以维护给付与对待给付间的等值性。例如,在买卖中出卖人交付的标的物不符合合同约定的质量标准的,买受人得请求减少价金;在合同订立后,订立合同时所依据的客观情形发生重大变更,致使依原合同内容履行会使当事人之间的权利义务显失公平的,法院得依诚实信用原则适用情势变更规则变更合同。

(2) 合同负担和风险的合理分配。合同正义要求在当事人间合理地分配负担和风险。

---

① 参见郭明瑞、房绍坤:《新合同法原理》,中国人民大学出版社2000年版,第82—83页。

合同负担与风险的分配涉及当事人各方利益,实际上也是一种利益分配。因此,合同负担与风险的分配是否合理,也就体现是否能实现合同正义。合同负担与风险的分配规则主要包括风险负担、附随义务的配置、违约赔偿责任的归责原则、免责条款的法律规制等。如我国《合同法》规定,除当事人另有约定外,买卖合同中的风险负担依交付而转移,风险负担与利益承受相一致;造成对方人身伤害的,以及因故意或重大过失造成对方财产损失的免责条款无效。又如,《合同法》对格式条款予以特别规制。这些规则都是为合同负担与风险的合理配置而设计的,体现着合同正义原则。

因为正义与自由均是法律追求的价值目标,因此,合同正义原则与合同自由原则都是合同法的基本原则,同时两者又是有联系的。一方面,合同正义原则是以合同自由原则为前提或基础的,没有合同自由也就谈不上合同正义,不论是合同当事人给付与对待给付的等值性的判断还是合同负担与风险的合理分配的判断,都要先以当事人自主自愿地约定为标准。在一般情形下,只有在当事人没有约定或者约定不明时,才以客观的正义标准作出判断。从这一意义上说,合同正义原则是对合同自由原则的补充。另一方面,合同自由原则又是以实现合同正义为目的的,合同自由不能违背合同正义的要求。若当事人仅以自由的形式而使他人不能自由地订约或者维系当事人之间的权利义务的等值或负担与风险的合理分配,则应以正义原则否定合同的效力,如免责条款无效的规则就是以合同正义原则限制合同自由原则的表现。从这一意义上说,合同正义原则又是对合同自由原则的限制。

4. 合同效益原则

合同效益原则,指当事人各方通过合同取得最理想的经济效益,满足其最佳利益需求。

合同效益原则是由合同的本质所决定的。合同是当事人基于自己的利益需要自愿交易的法律工具。当事人在自愿交易中必然要追求利益的最大化,通过交易各方都取得最佳的经济效益。因此,从全社会上说,合同是有效地利用资源,实现资源优化配置的手段;从当事人来说,合同是实现自己的利益需要,取得最佳效益的工具。合同的效益原则也就要求合同制度的设计能够实现合同的制度目的。

合同效益原则的内容主要表现在以下方面:

(1) 鼓励交易和促成交易。正因为通过当事人自愿订立的合同进行交易是最有效益的,合同效益原则要求鼓励和促成交易,也就体现为合同法规范应当为当事人订立合同提供各种方便,尽力促成合同的成立并维系合同的效力。例如,依最高人民法院《关于适用〈中华人民共和国合同法〉若干问题的解释(二)》(以下简称《关于合同法的解释(二)》)第1条的规定,当事人对合同是否成立存在争议,法院能够确定当事人名称或姓名、标的和数量的,一般应当认定合同成立,但法律另有规定或当事人另有约定的除外。合同法对于合同形式的要求,以不要式为原则,即使法律规定应当采取书面形式的合同,当事人未采取书面形式,若一方当事人履行了主要义务且对方接受的,合同仍然成立;合同法提供各种交易规范和标准术语,使当事人可根据这些交易规则和术语订立合同,以节省交易成本;合同法明确订约的程序和规则,以使当事人提高订约的成功率。又如,对于当事人之间订立的合同,只要不损害社会公共利益和第三人利益,就应当承认其效力,而不轻易因确认合同无效而使交易失败。依《合同法》规定,即使一方以欺诈、胁迫等手段或者乘人之危订立的合同,只要不损害国家利益,也只属于可撤销的合同,而不属于无效合同;即使无权代理或者限制民事行为能力订立的与其年龄、智力不相适应的合同,也不因主体的缺少资格就当然无效,而由当事人一方根据自己的利益决定合同的效力。

（2）保障合同的履行，以实现交易。只有使合同得到履行，交易目的才能实现，因此，合同效益原则要求合同制度有利于合同的履行，以实现交易。例如，合同的保全、担保，就是为保障合同履行而设计的；合同履行中的抗辩权可以避免当事人因对方不能对待给付而受到损失。又如，在合同的违约救济上，将继续履行作为违约方的责任；在一方违约的情形下，只有违约方的违约行为构成根本违约，才可解除合同。

（3）以效益为衡量行为合理性的标准。无论是在合同的订立、履行还是在违约后的救济上，都以是否有效益为衡量的标准。例如，在合同订立时，允许当事人约定免责条款和违约损害赔偿条款、合同争议的解决条款等，以使当事人事先就明确某种行为的后果，以根据自己的利益作出适当的有效益的安排；又如，在合同的履行上，在当事人未明确履行方式时，当事人应当按照经济合理的原则履行合同；再如，在合同解除时，合同已经履行的，根据履行情况和合同性质，当事人可以要求恢复原状、采取其他补救措施，并有权要求赔偿，当事人是否可要求恢复原状也应以经济上有无效益而定。《合同法》第119条中规定："当事人一方违约后，对方应当采取适当措施防止损失的扩大；没有采取适当措施致使损失扩大的，不得就扩大的损失要求赔偿。"该条赋予一方违约时另一方防止损失扩大的义务，也是为了避免更大损失，以提高经济效益，贯彻了合同效益原则。另外，在合同法理论上有"有效违约"说。按照该理论，当履约的成本超过各方所获利益时，违约较履行更有效益的，应当鼓励违约。这一理论的基础也是合同效益原则。

## 【思考题】

1. 如何理解合同的概念和特征？
2. 试述常见的合同分类及其分类的意义。
3. 合同法有何特征？
4. 我国合同法的基本原则有哪些？合同法的各基本原则有何具体体现？

## 【法律应用】

1. 下列合同中，既可以是有偿合同也可以是无偿合同的有哪些？（2002年司考题）
   A. 保管合同　　　B. 委托合同　　　C. 借款合同　　　D. 互易合同
2. 甲、乙双方达成协议，约定甲将房屋无偿提供给乙居住，乙则无偿教甲的女儿学钢琴。对于该协议，下列哪些说法是正确的？（2005年司考题）
   A. 属于无名合同　　　　　　　B. 属于实践合同
   C. 应适用合同法总则的规定　　D. 可以参照适用合同法关于租赁合同的规定
3. 甲公司未取得商铺预售许可证，便与李某签订了《商铺认购书》，约定李某支付认购金即可取得商铺优先认购权，商铺正式认购时甲公司应优先通知李某选购。双方还约定了认购面积和房价，但对楼号、房型未作约定。李某依约支付了认购金。甲公司取得预售许可后，未通知李某前来认购，将商铺售罄。关于《商铺认购书》，下列哪一表述是正确的？（2012年司考题）
   A. 无效，因甲公司未取得预售许可证即对外销售
   B. 不成立，因合同内容不完整

C. 甲公司未履行通知义务,构成根本违约
D. 甲公司须承担继续履行的违约责任

4. 美华商场为于某无偿保管一辆摩托车;出租车司机拉刘某到电影院;王某赠与张某一台电视机;赵某借给孙某1 000元钱且不要利息。下列判断中哪些是正确的?

A. 第一个合同是实践合同　　B. 第二个合同是实践合同
C. 第三个合同是实践合同　　D. 第四个合同是实践合同

5. 下列协议中,哪些协议不能适用合同法的规定?

A. 离婚协议　　　　　　　　B. 扶养协议
C. 有关计划生育的协议　　　D. 政府采购办公桌的协议

**【讨论案例】**

甲、乙外出旅游时在火车上相识,甲担心自己的行李丢失并坐过站,遂请求乙帮忙照看行李并在A站唤醒自己下车,乙同意。但火车到达A站时,甲沉睡,乙忘记提醒甲,导致甲未能在A站及时下车并为此支出了额外费用。同时,甲的行李也不知去向。于是,甲要求乙赔偿行李损失及坐过站而出去的额外费用。

请回答下列问题:(1)甲、乙之间的约定是否发生合同法上的合同关系?为什么?(2)乙应否赔偿甲的上述两种损失?为什么?

# 第二章
# 合同的订立

【学习指南】
重点在于把握合同订立与成立的关系、合同订立的要约和承诺程序、合同成立的时间和地点、合同的形式和内容、合同的解释;难点在于合同格式条款的认定、缔约过失责任的构成及赔偿范围。

【导入案例】
甲欲购买一台笔记本电脑,A 店要价 5 000 元,甲未买;甲又到 B 店,店主要价 5 100 元,甲未买;甲再到 C 店,店主要价 5 200 元,甲未买。之后,甲返回 A 店,要求以 5 000 元价格购买电脑,但店主不同意,要价 5 100 元。甲认为,A 店应以 5 000 元出卖,不应加价,双方争执不下。通过本章的学习,试分析甲与 A、B、C 店之间的缔约过程,甲与 A 店之间的电脑买卖合同是否成立。

## 第一节 合同订立的含义

### 一、合同订立与合同成立的关系

合同的订立又称缔约,是当事人为设立、变更、终止财产权利义务关系而进行协商、达成协议的过程。

《合同法》第 2 条中规定:"合同是平等主体的自然人、法人、其他组织之间设立、变更、终止民事权利义务关系的协议。"既然合同为一种协议,就须由当事人各方的意思表示的一致即合意才能成立。当事人为达成协议,相互为意思表示进行协商到达成合意的过程也就是合同的订立过程。《合同法》第 13 条规定:"当事人订立合同,采取要约、承诺方式。"依此规定,合同的订立包括要约和承诺两个阶段,当事人为要约和承诺的意思表示均为合同订立的程序。

合同的订立是当事人之间形成具体合同的过程,它应当符合以下条件:(1) 须有双方或多方当事人。合同为各方达成的协议,属于双方或多方的法律行为,因此,订立合同须由至少两方当事人参与,仅一方当事人不存在订立合同问题。订约当事人是否为双方或多方,决定于参与订约的人是否为相互独立的意思主体。在一般情形下,订约当事人各方的经济目的是相反的,但在某些情形下,订约当事人各方也可有相同的经济目的,但须能为相互独立的意思表示。(2) 须有当事人之间的意思表示的互动。合同订立是由独立的主体相互接触,互为意思表示,直到达成协议的过程。因此,合同的订立须有当事人互为意思表示,从要约、再要约,直到承诺。(3) 须为特定当事人之间为缔约而为意思表示。订立合同只能是在特定的人或者特定范围内的人之间进行,并且当事人须以缔约为目的进行接触,当事人之间相互所为的意思表示是为订约发出的。若不特定的人之间或者虽为特定人之间相互接触,进行协商,但并不是以订约为目的,则不属于合同订立问题。

合同的订立是缔约当事人间相互接触、协商的过程,是动态行为与静态结果的统一体。合同订立的动态行为是缔约人相互协商的过程。合同订立的静态结果是合同订立过程结束的状态,即动态行为的后果。合同订立过程结束会有两种后果:一是当事人之间达成合意,即合同成立,此可谓合同订立的积极结果,也是当事人订立合同的意图的实现;一是当事人之间不能达成合意,即合同不成立,此可谓合同订立的消极结果,也就是当事人订立合同的意图不实现,即订约不成功或失败。可见,合同的成立仅是合同订立的积极结果,仅表现合同订立过程结束时的一种静态状态。合同的订立与合同的成立是既有联系又有区别的:合同订立是合同成立的基础和前提,没有合同的订立,也就不会有具体合同的成立;合同订立是当事人为订约而进行相互协商的全过程,而合同的成立仅是缔约当事人达成合意的状态;合同的订立可有合同成立与不成立两种后果,而合同成立仅是合同订立的积极后果。

《合同法》第 44 条规定:"依法成立的合同,自成立时生效。""法律、行政法规规定应当办理批准、登记等手续生效的,依照其规定。"可见,合同的成立与合同的生效虽为不同的概念,但两者是密切联系的。合同的成立是当事人之间产生权利义务的基础,具有重要的作用:(1) 合同的成立旨在解决合同是否存在的问题。合同成立是合同订立过程的成功结果。如果合同不成立,合同订立失败,不发生具体合同,也就无所谓合同的履行、变更、解除或者终止等问题。(2) 合同的成立是认定合同效力的前提条件。只有成立的合同才会发生合同是否有效的问题。如果合同没有成立,当然也就谈不上合同的效力。(3) 合同的成立是区分合同责任和缔约过失责任的根本标志。合同订立过程中,因一方当事人的过失致使合同不成立即订约失败,造成他方损失的,过失方应当承担赔偿责任,但因合同关系尚不存在,这种赔偿责任只能属于缔约过失责任。只有在合同成立后,因当事人之间存在合同关系,一方违反合同的,才会发生合同的违约责任。

## 二、合同成立的要件

合同成立须具备一定的条件。从合同订立与合同成立、合同生效的关系上说,合同订立是合同成立的基础,合同成立是合同生效的前提;但有合同的订立未必就有合同成立,合同成立也未必就是合同生效。从合同成立是合同订立的积极的静态后果上说,合同的成立须具备以下两个条件:

### (一) 有两个以上的相互独立的订约当事人

有订约当事人是合同订立的要件,也是合同成立的要件。因为合同为双方或多方的法律行为,因此,也就须有双方或多方的当事人才能成立。当事人是否为合同当事人,决定于两个条件:一是相互间为独立的,如果虽有两个人参与,但两者不为独立的主体,则不会成立合同;二是当事人是以订约为目的相互为意思表示的,如果不以订约为目的,则也不会在其相互间成立合同。

**(二)订约各方须为意思表示且各意思表示一致**

订约当事人必为订约的意思表示,才能进入订约的程序。如果当事人间并不为订约的意思表示,当然不会有合同的成立。仅有当事人间的相互为意思表示,但各意思表示不能达成一致的,订约也就失败,也就不会有合同的成立。也就是说,只有各方订约的意思表示达成一致,合同才成立。所谓意思表示达成一致,也就是订约人之间就某一事项达成了可能产生法律效力的协议。因此,标的本身为意思表示的内容,并不构成合同成立的独立要件。

需要说明的是,从合同法的发展趋势上看,为适应鼓励交易、增进社会财富的需要,各国合同法为贯彻合同效益原则,大多减少了在合同成立方面的不必要限制,并且广泛运用合同解释方法促成合同的成立。这主要体现在:其一,在合同既可以作成立解释又可以作不成立解释的情况下,尽力解释合同已经成立;其二,允许法官依据一定的原则来解释或推断合同所隐含的条款;其三,在当事人已经履行义务的情况下,通过解释的方法促成合同成立。如我国《合同法》第36条规定:"法律、行政法规规定或者当事人约定采用书面形式订立合同,当事人未采用书面形式但一方已经履行主要义务,对方接受的,该合同成立。"第37条规定:"采用合同书形式订立合同,在签字或者盖章之前,当事人一方已经履行主要义务,对方接受的,该合同成立。"这些规定都体现了通过解释尽力促成合同成立的精神。

## 第二节 合同订立的程序

### 一、要约

**(一)要约的概念和条件**

《合同法》第14条中规定:"要约是希望和他人订立合同的意思表示。"依此规定,可以将要约定义为:要约是订约人一方以订立合同为目的,向对方当事人所作出的意思表示。要约是合同订立中的一个必不可少的阶段。在合同订立中,发出要约的人称为要约人,接受要约的人称为受要约人或者相对人。从性质上说,要约是一种意思表示,而不是法律行为,更不属于事实行为。因为要约是以订约即设立、变更、终止民事权利义务为目的的,而事实行为是不以发生民事法律后果为目的的。法律行为是以意思表示为要素的,但意思表示并不等于法律行为。有的认为,要约人在发出要约后,其行为要受到法律规范的制约,在性质上属于附条件的法律行为。这种观点是不正确的。要约作为一种意思表示是能够发生一定法律后果的,但这不等于说要约就是法律行为或附条件法律行为。要约的效力并不表现为在当事人之间发生民事权利义务的变动。要约是合同订立中的一个阶段,合同为双方或多方的法律行为,只有各方的意思表示一致才能成立,而要约仅是要约人一方的意思表示,因此,这就决定了要约不能是一种法律行为,当然也就不可能是附条件的法律行为。

要约是一种意思表示,但意思表示并非全为要约。只有具备一定条件的意思表示才为要约。关于要约的构成要件,学者中有不同的表述。根据《国际商事合同通则》第2.2条规定,一项订立合同的建议构成要约须具备两个条件:一是内容十分确定;二是表明要约人在得到承诺时受其约束的意旨。我国《合同法》第 14 条规定:"要约是希望和他人订立合同的意思表示,该意思表示应当符合下列规定:(一)内容具体确定;(二)表明经受要约人承诺,要约人即受该意思表示约束。"依此规定,要约的构成须具备以下条件:

1. 要约须是以订立合同为目的的意思表示

要约是希望和他人订立合同的意思表示,这说明要约人发出要约的目的在于订立合同。因此,只有以订立合同为目的的意思表示,才能构成要约。如果一方向他方发出提议,但该提议并不欲发生合同的法律后果,或者不是希望和他人订立合同,而是希望他人和自己订立合同,则该提议不属于要约。如何判断一方所发出的意思表示具有订立合同的目的呢?在英美法中,其决定因素包括:实际所用的言语或文字、当时的情形、要约的对象、要约表示是否明确。① 可见,判断一项意思表示是否构成要约,需要综合各方面的情形而定。依我国《合同法》的规定,要约须表明经受要约人承诺,要约人即受该意思表示的约束。如果一方发出的意思表示明确表明一经对方承诺,其即受该意思表示的约束,则该意思表示也就是以订立合同为目的的,该意思表示即为要约。当事人所发出的意思表示中是以类似的言语或文字表明表意人一经对方承诺即受该意思表示约束,或者虽未以类似的言语或文字表明该内容但依当时的情形等因素可以推定表意人已经决定订立合同,该意思表示即为有订约目的的,该意思表示也可构成要约。但是,如果表意人在其意思表示中明确表明即使对方承诺也不受该意思表示约束的,该意思表示只表明表意人可能与对方订立合同,则不能谓该意思表示有订约的目的,该意思表示也就不构成要约,只能属于要约邀请。

2. 要约须为特定人的意思表示

因要约的目的在于订立合同,而合同的订立至少须有双方当事人参与。尽管要约人可以是未来合同中的任何一方当事人,但一经承诺其必定为合同当事人,因此,要约人必须是特定的,即必须在客观上是可以确定的。只有要约人特定,受要约人才能对要约人为承诺而使合同成立。如果要约人不特定,则受要约人无法对其要约作出承诺,合同也就无法订立。要约人的特定有两种方式:一是通过表明要约人的身份而确定。例如,自然人表明自己的姓名、住址,提交身份证等证件;法人说明自己的名称、住所,提供法人证书等证明。二是通过订约行为表明自己为特定的人。例如,在自由市场交易时,要约人并不需要通过表明自己的身份来确定,而只须通过发出要约的订约行为就可以确定。

3. 要约须是向受要约人发出的意思表示

因要约是希望和他人订立合同的意思表示,因此,要约只能是向要约人希望与其订立合同的受要约人发出的意思表示。只有这样,要约一经受要约人承诺,合同即成立。如果特定的人不是向希望与其订立合同的人发出意思表示,则该项意思表示不会构成要约。既然受要约人是要约人希望与之订立合同的人,受要约人也就是要约人选定的人。在一般情形下,要约人只能是希望与特定的某人订立合同,因此,在一般情形下,受要约人也应为特定的人。但是,在某些特殊的情形下,受要约人也可以是不特定的人。例如,商品标价陈列、自动售货机的设置、行驶中的公共汽车或标有空车标志的出租汽车,就属于向不特定的受要约人发出要约。至于在何种情形下,受要约人可以是不特定的人,应依法律规定或交易习惯而定。

① 参见杨桢:《英美契约法论》(修订版),北京大学出版社 2000 年版,第 32—35 页。

4. 要约的内容须具体、确定且充分

所谓要约的内容具体、确定且充分,指的是要约的内容应包括足以使合同成立的具体的、确定的主要条款。因为要约一经承诺,合同即告成立,而合同的成立,必须具备得以履行的主要内容,即通常所称的合同的主要条款。一项意思表示,如不能包括合同的主要条款,则即使对方同意该意思表示,也不能发生合同成立的后果,该意思表示也就不为要约。要约的内容不仅须包括决定合同成立的主要条款,而且须是具体的、明确的,唯有如此,受要约人才能决定是否承诺;也唯有如此,经受要约人承诺后,合同才能得以履行。因此,一项意思表示如其内容不明确,也就不能构成要约。当然,要约的内容明确,是指可以确定,并不必须在要约中明确表示出来。如果能够根据法律规定或者交易习惯确定要约的有关内容,则该内容也是确定的。例如,在一般情形下,一方发出买卖某物的提议,若该物不能确定,该意思表示当然不为要约;价格不确定也不能为要约,但价格的确定不限于在要约中明确价格,能够依法律规定或者交易习惯确定价格的,也为价格确定。如依我国《合同法》规定,当事人就质量、价款或者报酬、履行地点等内容没有约定或者约定不明的,可以依其他方式确定。

(二) 要约与要约邀请的区别

在合同订立过程中,当事人各方自接触开始后,有时一方向对方发出的意思表示不能构成要约,但可构成要约邀请。因此,要约邀请虽不为合同订立中必经的一个阶段,但也常为合同订立的准备过程中或者说是合同正式订立前的一种现象。

要约邀请,又称为要约引诱或邀请要约,依我国《合同法》第15条规定,"要约邀请是希望他人向自己发出要约的意思表示。"可见,要约邀请是不同于要约又与要约相联系的概念。要约邀请与要约的联系在于,要约邀请是唤起要约的意思表示。要约邀请与要约的区别主要在于以下两点:

1. 两者的目的不同

要约是希望和他人订立合同的意思表示,也就是说,要约的目的在于与受要约人订立合同,要约的作用在于唤起受要约人的承诺,要约一经承诺,合同也就成立。而要约邀请是希望他人向自己发出要约的意思表示,也就是说,要约邀请的目的在于唤起他人对自己的注意,希望他人选择自己为订约当事人,要约邀请的作用在于唤起他人向自己发出要约,双方进入合同订立阶段。

2. 两者的性质不同

要约作为一种订约的意思表示,一经发出后就会产生一定的法律效力,要约人应受要约的拘束。要约人违反有效要约的,应承担相应的法律责任。而要约邀请是行为人订立合同的预备行为,不具有法律意义,行为人违反其发出的要约邀请也无须承担法律责任。

正因为要约与要约邀请有不同的目的和性质,区分两者也就有重要的现实意义。如何区分要约与要约邀请是一个比较复杂的问题。从各国的立法与司法实务看,区分要约与要约承诺主要根据以下标准:(1) 法律规定。如果法律对某种行为是要约或要约邀请有明确规定,则应依法律规定确定某行为是属于要约还是要约邀请。例如,我国《合同法》第15条中规定:"寄送的价目表、拍卖公告、招标公告、招股说明书、商业广告等为要约邀请。""商业广告内容符合要约规定的,视为要约。"依此规定,商业广告一般不为要约而为要约邀请,但若商业广告中的内容具体确定,表明经他人同意,广告人即受该商业广告约束的,则该商业广告视为要约,而不为要约邀请。又如,依我国台湾地区"民法"第124条规定,货物标定卖价陈列者,视为要约,但价目表的寄送不视为要约。(2)交易习惯。如果交易习惯认为某种行为为要约,则该种行为就视为要约,而不属于要约邀请。反之,亦然。例如,询问商品的价格一般不为要约,而为要约邀请;但于某地区交易习惯认为询问价格为要约的,则在该地区依交易习惯询问商品价格就应为要约而不为要约邀请。又如,我国《合同法》中未规定商品标价陈列属于要约邀请还是属于要约,依交易习惯,商品标价陈列视为要约,而不为要约邀请。但若商品仅是在橱窗中标价展出,则依交易习惯不能视为要约,而属于要约邀请。(3)当事人提议的内容。当事人的提议是否包括了足以使合同成立的主要条款,是区分要约与要约邀请的主要标准。如果一方向他人所发出的提议中包含使合同成立的主要条款,则该提议可视为要约;反之,若一项提议中不包含足以使合同成立的主要条款,则该提议不属于要约,只能为要约邀请。(4)当事人的意愿。当事人意愿是判断一项提议是否为要约的主观标准。也就是说,不论一方当事人所发出的提议的内容如何,只要该当事人主观上不视为要约的,也就不为要约。例如,一方向另一方发出的提议的内容尽管具体确定,包含足以使合同成立的主要条款,但该当事人明确表示不受此提议约束的,则该提议不为要约,而属于要约邀请。

(三) 要约的法律效力

要约的法律效力,是要约生效后的法律后果。因此,要约的法律效力主要涉及以下问题:

1. 要约生效的时间

要约自何时起生效,在理论上有不同的观点,主要有发信主义与受信主义。发信主义主张,要约人发出要约后,只要要约已处于要约人的控制范围之外,如要约函件的付邮、要约电报的发出等,要约即发生效力。受信主义主张,要约只有到达受要约人之时才能发生效力。因受信主义以要约到达受要约人为要约生效之时点,所以受信主义又称为到达主义。所谓要约到达,是指要约到达受要约人的控制范围之内,并非指要约为受要约人所阅知。大陆法国家,如德国、日本等均采受信主义。我国也采取受信主义,《合同法》第16条第1款规定:"要约到达受要约人时生效。"

由于当事人订立合同时可采用不同的形式,在确定要约是否到达受要约人上有不同的标准,因此,要约生效的具体时间也就不同。具体说来,口头要约一般自受要约人了解要约时生效;书面要约一般自要约送达受要约人时生效。送达受要约人,并非要求要约被交付到受要约人或者其代理人的手中,只要要约送达到受要约人可以控制并应当能了解的地方即可。如,将要约送达到受要约人的住所和信箱,尽管受要约人尚未开启其信箱,要约也为送达。依《合同法》第16条第2款规定,采用数据电文形式订立合同,收件人指定特定系统接收数据电文的,该数据电文进入该特定系统的时间,视为到达时间;未指定特定系统的,该数据电文进入收件人的任何系统的首次时间,视为到达时间。

2. 要约对要约人的效力

要约对要约人的效力是要约法律效力的重要方面,表现为要约人受要约的拘束,有的称之为要约的形式拘束力。

要约对于要约人是否有拘束力,各国法的态度不一。大陆法国家的立法上多规定要约对要约人具有拘束力。如《德国民法典》第145条规定:"向他方要约订立契约者,因要约而受拘束,但预先声明不受拘束者不在此限。"我国《合同法》中虽未明确规定要约对要约人的拘束力,但从要约对受要约人的效力上看,为维护受要约人的利益,要约对要约人理当有拘束力。对此,学者中并无争议,但在要约对要约人有何拘束力或者说要约对要约人拘束力的内容为何上,有不同的观点。一种观点认为,要约对要约人的拘束力,是指要约人不得撤回要约,即要约的不可撤回性。另一种观点认为,要约对要约人的拘束力是指要约人不得撤回、撤销或者对要约加以限制、变更和扩张。第三种观点认为,要约对要约人的拘束力是指要约人不得随意撤销或变更要约。我们认为,第三种观点是可取的。其理由在于:第一,要约对要约人发生拘束力,是以要约生效为条件的,而通说认为,要约的撤回是在要约没有生效的情况下为之的。要约人是否撤回要约并不涉及要约的效力问题,实际上,在要约生效前,要约人可随时撤回要约。我国《合同法》第17条中也规定:"要约可以撤回。撤回要约的通知应当在要约到达受要约人之前或者与要约同时到达受要约人。"所以,将要约对要约人的拘束力确定为要约不可撤回性的观点,是不可取的;第二,要约的限制、扩张,实际上就是对要约的变更,第二种观点将要约的限制、扩张与要约的变更并论也不可取。要约对要约人的效力确定为要约人不得随意撤销或者变更要约,是保护受要约人的利益,维护交易安全所必需的。因为受要约人收到要约后,可能会拒绝第三人发来的同样内容的要约或者不再向第三人发出要约,或者受要约人为承诺要约后的履行合同已作了准备,如果允许要约人随意撤销或者变更要约,就可能使受要约人遭受损失,不利于维护正常的交易安全。[①]

有的认为,要约人预先声明不受约束的,要约对要约人就没有拘束力,此为要约对要约人拘束力的例外。我们认为,我国《合同法》中仅规定"要约到达受要约人时生效",同时要求要约中应表明经受要约人承诺即受该意思表示约束,而未规定"要约人声明不受要约约束的,要约对要约人无拘束力",因此,若当事人表明自己不受其要约约束的,该意思表示不能构成要约,而只能属于要约邀请。

3. 要约对受要约人的效力

要约对受要约人的效力是要约效力的另一个方面,称为要约的实质拘束力,表现为受要约人于要约生效后即取得承诺的资格。因此,有的称要约对受要约人的拘束力为承诺适格。[②] 有的学者认为,要约生效后,受要约人具有的承诺的资格只是一种法律上的能力或资格。我们认为,实际上要约对受要约人发生的拘束力,固然是使受要约人取得承诺的资格,但这种资格不仅仅是一种能否承诺的能力,同时包含有受要约人可否承诺的权利。也就是说,要约对受要约人产生的不是限制受要约人为一定行为或不为一定行为,而是赋予受要约人可为一定行为或不为一定行为的权利,要约人的这种权利可称为承诺权。因此,承诺权的行使与否,完全由受要约人决定。如果受要约人对要约承诺,则合同即告成立;如受要约人对要约不予承诺,则合同不能成立,受要约人也并不对其不承诺而负担任何义务。即使要约人在要约中明确规定受要约人不承诺应为通知,不为通知即为承诺的,受要约人也不受该规定的拘束,也不负担不为承诺而应通知要约人的义务。因为要约人不能以自己的意思就使他人负担义务。

**(四)要约的消灭**

要约的消灭,是指要约不发生要约的效力,包括要约的不生效和要约的失效。要约不生效是要约对要约人和受要约人不发生法律拘束力;要约的失效是要约的效力终止,当事人不再受要约的拘束。

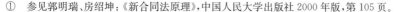

① 参见郭明瑞、房绍坤:《新合同法原理》,中国人民大学出版社2000年版,第105页。
② 参见史尚宽:《债法总论》,中国政法大学出版社2000年版,第21页。

### 1. 要约的不生效

要约人发出要约后,要约人撤回或者撤销要约的,该要约不发生效力。因此,要约不生效的原因包括要约被撤回和要约被撤销。

(1) 要约的撤回。要约的撤回,是要约人在发出要约后,于要约生效前,取消要约。可见,要约被撤回的后果是使要约不发生效力。因为要约是要约人自愿做出的希望与他人订立合同的意思表示,要约人发出要约后,因情形发生变化而使自己不希望与他人订立合同时,自应允许要约人取消发出的要约。这是合同自由原则的要求。由于要约的撤回,是在要约生效前作出的,对于受要约人的利益也不会有影响,因此,各国法上普遍许可要约人撤回要约。我国《合同法》第17条也规定:"要约可以撤回。撤回要约的通知应当在要约到达受要约人之前或者与要约同时到达受要约人。"《合同法》的这一规定说明:第一,任何要约都是可以撤回的;第二,撤回要约,只能在要约生效前作出;第三,撤回要约须以通知受要约人的方式作出;第四,撤回的通知须先于或者与要约同时到达受要约人,否则,不能发生要约撤回的效力。

(2) 要约的撤销。要约的撤销,是在要约生效后,要约人以自己的意思使要约溯及地不发生效力。对于要约生效后,要约人可否撤销要约,各国法的规定不同。在大陆法国家,法律一般规定,要约生效后,要约人不得随意撤销要约。我国《合同法》采取了同样的主流态度:一方面允许要约人撤销要约;另一方面又规定在某些情形下要约人不得撤销要约。《合同法》第18条规定:"要约可以撤销。撤销要约的通知应当在受要约人发出承诺通知之前到达受要约人。"依此规定,撤销要约也须采用向受要约人通知的方式,并且,不仅要约人在受要约人发出承诺的通知前才可撤销要约,而且撤销通知须于承诺发出前到达受要约人。如果撤销要约的通知于受要约人发出承诺的通知后到达受要约人,则不能发生撤销要约的效力。要约人撤销要约是有条件的,即受到一定限制,并非如撤回要约一样地可以自由作出。《合同法》第19条规定:"有下列情形之一的,要约不得撤销:(一)要约人确定了承诺期限或者以其他形式明示要约不可撤销;(二)受要约人有理由认为要约是不可撤销的,并已经为履行合同作了准备工作。"依此规定,在有上述两种情形下,即使要约人撤销要约的通知于受要约人承诺的通知发出前到达受要约人,该撤销通知也不能发生效力。至于是否有要约不得撤销的情形,应由受要约人负举证责任。

要约撤销的效力溯及到要约生效之时,即要约一经撤销,则视为要约自始不生效。要约的撤销,不以要约有瑕疵为条件,其作用是阻止要约发生效力。因此,要约的撤销与合同的撤销是既有相同之处又更有区别的。其相同之处在于,两者均以一方的意思决定,且均有溯及效力;其区别主要在于,要约的撤销是使有法律意义的意思表示溯及自始无效,不以该意思表示有瑕疵为条件,而合同的撤销是使法律行为溯及自始无效,以意思表示有瑕疵为条件。

### 2. 要约的失效

要约的失效,是已经发生效力的要约因一定事由导致其效力终止。一项要约于到达受要约人之时起生效,在发生一定法定事由时其效力也就终止。《合同法》第20条规定:"有下列情形之一的,要约失效:(一)拒绝要约的通知到达要约人;(二)要约人依法撤销要约;(三)承诺期限届满,受要约人未作出承诺;(四)受要约人对要约的内容作出实质性变更。"依此规定,要约失效的原因主要有以下几种:

(1) 要约被拒绝。要约被拒绝,即受要约人对要约人不予承诺。要约生效后,受要约人取得承诺的资格。受要约人可以承诺,也可以不予以承诺。如果受要约人不予以承诺,也就是不接受即拒绝要约。受要约人拒绝要约,要约也就再无拘束的效力。但是,因为要约是否被拒绝,只有在拒绝的通知到达要约人时,要约人才会知道。因此,自拒绝要约的通知到达要约人时起,对要约的拒绝才发生拒绝的效力,也就是说,要约自受要约人拒绝要约的通知到达要约人时起,要约的效力才终止。按照意思自治原则的要求,受要约人拒绝要约后也可以撤回其拒绝要约的通知,但撤回的通知应先于或同时于拒绝要约的通知到达要约人,否则不能发生撤回拒绝的效力,要约仍失效。

(2) 要约依法被撤销。要约依法被撤销的,要约的效力当然失去。但如上所述,要约依法被撤销的,要约的效力为溯及地消灭,即视为要约不生效。因此,要约依法被撤销应为要约不生效的原因,而不应为要约失效的事由。

(3) 承诺期限届满。承诺期限,是受要约人可以承诺的期限,也就是要约的有效期限。只有在承诺期限内作出的承诺才有承诺的效力,承诺期限届满后受要约人接受要约的,也不发生承诺的效力。因此,承诺期限届满,受要约人未作出承诺的,要约的效力也就当然地自动终止。承诺期限届满,受要约人未作出承诺的,实质上也是受要约人以默示的方式拒绝要约。要约中明确规定承诺期限的,该期限届满受要约人未作出承诺的,要约即失效。如果要约中未明确规定承诺期限的,要约于何时失效呢?一般认为,要约中未明确规定承诺期限的,对于口头要约,受要约人应当即作出承诺;对于书面要约,受要约人应在合理的期限内作出承诺。因此,要约以口头形式作出的,受要约人未立即承诺的,要约即失效;要约以书面形式作出的,受要约人未在合理的期限内作出承诺的,要约失效。所谓的合理期限,应为通常情形下受要约人足以决定是否承诺的期限。

(4) 受要约人对要约的内容作出实质性变更。受要约人对要约的接受应是完全同意要约的内容,而不能作出实质性的变更。如果受要约人对要约的内容作出实质性变更,该意思表示不为承诺,而实质上是对要约的一种拒绝,因此,要约的效力也终止。不过,受要约人以对要约的内容作出实质性变更的方式拒绝要约的,其意思表示可构成反要约,即一项新要约。

除上述事由外,要约人为自然人的,要约人发出要约后死亡或者丧失民事行为能力的,或者要约人为法人的,要约人发出要约后解散或被撤销的,要约的效力是终止呢?对此有不同的观点。有的国家的法律明确规定,要约人发出要约后死亡或者丧失行为能力的,要约的效力不受影响。我国《合同法》对此未作规定。有学者认为,要约人发出要约后死亡的,如果未来的合同需要由要约人本人履行,则要约人死亡将使要约自动失效;如果未来的合同无须要约人亲自履行的,则要约人死亡不影响要约的效力。这种观点是有道理的。但是,要约人已经死亡的,受要约人向何人为承诺呢?若使要约的效力不受影响,则无非是让要约的继承人继承要约人的资格。但根据继承法的规定,这种资格并不属于继承的客体,继承人无法继承。因此,我们认为,要约人于要约发出后受要约人作出承诺前死亡或者丧失行为能力的,因要约的主体已经不存在或者不适格,要约的效力自应终止。

## 二、承诺

### (一) 承诺的含义与特征

《合同法》第 21 条规定:"承诺是受要约人同意要约的意思表示。"依此规定,承诺是受要约人向要约人作出的同意按照要约内容订立合同的意思表示。同意要约的受要约人,称为承诺人。承诺既为对要约的同意,受要约人对要约作出承诺的,也就意味着要约人与受要约人之间的意思表示一致,合同也就成立。承诺是合同订立过程的最后阶段,就其性质上说,也属于有法律意义的意思表示,但不为法律行为。承诺为受要约人作出的意思表示,但并非受要约人作出的意思表示均为承诺。承诺须具备一定的条件才能构成,这些条件也可以看作是承诺的法律特征。

关于承诺的构成条件,学者的认识并不完全一致。我们认为,依《合同法》规定,承诺须具备以下条件:

1. 承诺须是由受要约人向要约人作出的意思表示

如前所述,受要约人是要约人选定的希望与之订立合同的当事人,要约的效力也是使受要约人取得承诺的资格,而不是使其他人也取得承诺的资格。因此,只有受要约人才有权作出承诺。即使受要约人为特定范围内的不特定人,该特定范围之外的人也不具有承诺资格。受要约人以外的第三人即便也作出同意要约的意思表示,该意思表示也不属于承诺,而只能属于一种要约。当然,受要约人作出承诺的,可以自己为之,也可以由受要约人的代理人为之。

受要约人不论是自己还是通过代理人作出承诺,只能向要约人或者要约人的代理人为之。因为若受要约人不是向要约人或其代理人为承诺的,要约人一方就无从知道受要约人是否接受要约,合同不能成立。如果受要约人一方是向要约人一方以外的第三人作出同意要约的意思表示,则该意思表示不构成承诺,而只能属于受要约人向该第三人发出的一个要约。

2. 承诺须在要约的有效期限内作出

前已说明,要约的有效期限也就是承诺的期限,是要约的存续期限。要约的有效期限届满,承诺人未为承诺的,要约就失去效力,要约人不再受要约的拘束,受要约人不再有承诺的资格。因此,承诺须在要约的有效期限内作出。如果受要约人是在要约有效期限届满后才作出同意要约的意思表示,则该意思表示不为承诺,而只能属于一种新要约。关于承诺期限的起算,《合同法》第24条规定:"要约以信件或者电报作出的,承诺期限自信件载明的日期或者电报交发之日开始计算。信件未载明日期的,自投寄该信件的邮戳日期开始计算。要约以电话、传真等快速通讯方式作出的,承诺期限自到达受要约人时开始计算。"

承诺不仅需在要约的有效期间内作出,而且应在规定期限内到达要约人。否则,不能发生承诺的效力。《合同法》第23条规定:"承诺应当在要约确定的期限内到达要约人。要约没有确定承诺期限的,承诺应当依照下列规定到达:(一)要约以对话方式作出的,应当即时作出承诺,但当事人另有约定的除外;(二)要约以非对话方式作出的,承诺应当在合理期限内到达。"

3. 承诺的内容须与要约的内容相一致

受要约人对要约承诺,不仅意味着受要约人具有与要约人订立合同的目的,而且意味着受要约人完全接受要约人提出的合同条件。因此,承诺的内容必须与要约的内容相一致,如果受要约人"承诺"的内容与要约的内容不一致,则只能说明受要约人有与要约人订约的目的,但不能说明受要约人接受要约人提出的条件。这种"承诺"不能起到使合同成立的作用,也就不为承诺。

承诺内容与要约的内容相一致,在英美法上称为"镜像原则",即要求承诺必须像照镜子一样照出要约的内容。在如何判断承诺内容与要约内容相一致上,理论上曾有不同的观点。有的认为,承诺须是无条件地接受要约的所有条件;有的认为,承诺的内容与要约内容的完全一致,是指承诺与要约的实质内容上相一致。从合同效益原则上考虑,为鼓励交易,增强效益,对承诺内容与要约内容相一致的判断标准,应有利于尽力促使合同成立。因此,承诺内容与要约内容的相一致,应是要求承诺与要约在实质内容上相一致,不仅不是要求承诺与要约的表述在言语或文字上完全相同,而且也不要求承诺的所有内容与要约的所有内容相一致。只要受要约人向要约人作出的同意接受要约的意思表示未改变要约的实质内容,该意思表示即可构成承诺。对此,《合同法》第30条规定:"承诺的内容应当与要约的内容一致。受要约人对要约的内容作出实质性变更的,为新要约。有关合同标的、数量、质量、价款或者报酬、履行期限、履行地点和方式、违约责任和解决争议方法等的变更,是对要约内容的实质性变更。"依该法第31条规定,承诺对要约的内容作出非实质性变更的,除要约人及时表示反对或者要约表明承诺不得对要约的内容作出任何变更的以外,该承诺有效,合同的内容以承诺的内容为准。

### (二) 承诺的方式

承诺的方式是受要约人向要约人送达承诺通知的形式。

关于承诺的方式,各国法上基本采取不要式原则,即对承诺的方式原则上不加以限制。我国《合同法》第22条规定:"承诺应当以通知的方式作出,但根据交易习惯或者要约表明可以通过行为作出承诺的除外。"依该规定,承诺的方式包括通知或行为。

以通知方式作出承诺,是受要约人以明示的方式即口头或书面地将承诺的意思传达给要约人。一般说来,承诺通知的形式应与要约的形式相同:要约是口头的,承诺通知也可以是口头的;要约是书面的,承诺通知也应采取书面形式。

以行为方式作出承诺,是受要约人以默示的方式表示承诺的意思。但只有根据交易习惯或者要约表明可以通过行为作出承诺时,承诺才可采用行为的方式,否则,行为不能为承诺的方式,即以行为表示"承诺"的,不构成承诺。例如,在自选商品的超市,顾客从货架上取下货物并去付款,就是以行为的方式承诺,而不必为承诺的通知。

### (三) 承诺的法律效力

1. 承诺的法律效力的含义

承诺的法律效力,是承诺生效后的法律后果。《合同法》第25条规定:"承诺生效时合同成立。"可见,承诺的法律效力也就在于使合同成立,承诺生效也就表示订约当事人之间达成合意。

2. 承诺生效的时间

既然承诺生效与合同成立的时间相一致,确定承诺的生效时间也就有着重要意义。但关于承诺生效的时间,各国法上的规定并不一致,主要有两种立法例。一种是到达主义,或称送达主义、受信主义,主张承诺的通知应于到达要约人时生效;所谓到达要约人,是指承诺的通知到达要约人的范围,至于要约人是否真正了解通知的内容则无关。另一种是投邮主义,或称发信主义、送信主义,主张受要约人以书面形式表示承诺的,承诺的通知投入邮筒或交付电信局即生效。

对承诺生效时间的两种不同主张,虽各有优势,但相较而言,到达主义更有利于交易安全。我国《合同法》采取到达主义,该法第 26 条第 1 款规定:"承诺通知到达要约人时生效。承诺不需要通知的,根据交易习惯或者要约的要求作出承诺的行为时生效。"依该条第 2 款和第 16 条第 2 款规定,采取数据电文形式订立合同的,收件人指定特定系统接收数据电文的,该数据电文进入该特定系统的时间,视为承诺到达的时间;未指定特定系统的,该数据电文进入收件人的任何系统的首次时间,视为承诺到达的时间。

3. 承诺的迟到

承诺的迟到,是指承诺于承诺期限届满后到达要约人。承诺的迟到包括迟发的承诺迟到和未迟发的承诺迟到两种情形。

迟发迟到的承诺,是承诺因受要约人在承诺期限届满后发出而迟到。迟发迟到的承诺,因是在承诺期限届满后发出的,不应发生承诺的效力,因而,迟发迟到的承诺原则上应视为一种新的要约。但如果要约人及时通知受要约人该迟发迟到的承诺有效的,则这种承诺仍为有效的。《合同法》第 28 条规定:"受要约人超过承诺期限发出承诺的,除要约人及时通知受要约人该承诺有效外,为新要约。"依此规定,迟发迟到的承诺是否有效,由要约人选择决定,但要约人决定承认该承诺有效的,须及时通知受要约人;若要约人未及时通知受要约人该承诺有效,该迟发迟到的承诺只能为新要约。

未迟发迟到的承诺,是受要约人在承诺期限内发出承诺通知但因送达原因而迟到的承诺。对于因送达原因造成迟到的承诺,因为受要约人并不知道承诺迟到,而是相信承诺会在规定期限内到达,因此,要约人如不承认该承诺,应立即通知受要约人,否则,该承诺有效。《合同法》第 29 条规定:"受要约人在承诺期限内发出承诺,按照通常情形能够及时到达要约人,但因其他原因承诺到达要约人时超过承诺期限的,除要约人及时通知受要约人因承诺超过期限不接受该承诺的以外,该承诺有效。"依此规定,未迟发迟到的承诺是否有效决定于要约人是否接受,但要约人不接受的,应及时通知受要约人;未及时通知的,则该承诺有效。

4. 承诺的撤回

承诺的撤回,是在承诺生效前受要约人撤回已发出的承诺通知。

对于承诺生效采取发信主义的国家,因承诺一经发出就发生效力,不发生承诺的撤回。而在承诺生效采取到达主义的立法例的立法上,在承诺未生效的情形下,受要约人可以撤回已发出的承诺。我国对承诺的生效时间采取到达主义,因此,在承诺生效前,受要约人可以撤回发出的承诺通知。《合同法》第 27 条规定:"承诺可以撤回。撤回承诺的通知应当在承诺通知到达要约人之前或者与承诺通知同时到达要约人。"受要约人撤回承诺也就是依自己的意思不使承诺生效,合同不能成立,因此,撤回承诺的通知在承诺通知已经到达要约人后到达的,因承诺已经生效,合同成立,该撤回承诺的通知也就不能发生使承诺不生效的效力。

### 三、交错要约与意思实现

#### (一) 交错要约

交错要约又称为交叉要约,是指订约当事人采取非直接对话的方式,相互向对方提出两个独立的且内容相同的要约。就合同订立的一般程序而言,先由一方发出要约,而后由另一方承诺,合同成立。而在交错要约的情形下,双方所发出的内容相同的两个意思表示并无先后之分。例如,甲向乙发出希望与乙订立合同的要约,在该要约到达乙之前,乙也向甲发出一个具有同样内容的希望与甲订立合同的要约。

交错要约可否成立合同？学者中有不同的观点。否定说认为，交错要约不能使合同成立。其主要理由是：双方互为要约时，只能导致接到对方要约的一方会同意的结果，而不能导致必须同意的结果。如果前一要约被接受，后一要约也就失去意义；如果前一要约被拒绝，后一要约的效力即终止。如承认交错要约可成立合同，则与合同为合意的要求不符合，因为当事人间并无承诺。另一种观点认为，交错要约可以使合同成立。其主要理由是：双方已有相同的意思表示，法律可以推定其必互有承诺的结果。我们认为，在交错要约中，双方都有希望与对方订立合同的意思表示，双方意思表示的内容又一致，可以认定双方达成合意，从促成交易上说，按照合同效益原则要求，应当认定合同成立。合同成立的时间，以后一要约到达对方的时间为准。

与交错要约相类似的情况是同时表示。所谓同时表示，是双方当事人采取直接对话的方式，同时作出内容相同的意思表示。例如，双方对于买卖条件都表示同意时，击掌成交。同时表示的效力与交错要约相同，可发生合同成立的法律后果。

**（二）意思实现**

意思实现，是指依习惯、事件或者要约人的声明，承诺无须通知的，根据客观的事实认定受要约人有承诺的意思，即受要约人通过一定的事实实现其承诺的意思。

如前所述，我国《合同法》第27条中也承认根据习惯或者要约表明受要约人可以通过行为作出承诺。根据此规定，只有在根据习惯或者要约的声明受要约人可通过行为承诺的情形下，才可认定意思实现。在意思实现中，受要约人的承诺意思是通过一定的事实认定的，因此，只有在存在可以认定为承诺的事实时，才能构成意思实现。所谓可以认定为承诺的事实，是指由外部可以推断的受要约人有承诺的意思即可。意思实现，一般是由受要约人的履行表示承诺的。例如，旅店管理员为一写信预订房间的人保留了一个房间，或一人坐进了在大街上出租的出租车。① 受要约人的沉默本身不等于承诺，但在例外的情况下，受要约人的沉默事实上也可以构成承诺。② 于此情形下，受要约人是通过不作为的行为表示承诺的意思的。

## 第三节 合同成立的时间与地点

### 一、合同成立的时间

合同成立也就意味着订约过程的结束。《合同法》第44条第1款规定："依法成立的合同，自成立时生效。"可见，合同成立的时间，在一般情形下还决定着合同生效的时间。因此，确定合同成立的时间具有重要的法律意义。

因承诺的法律效力也就在于使合同成立，因此，承诺生效的时间也就为合同成立的时间。《合同法》第25条明确规定："承诺生效时合同成立。"

如前所述，我国法采取到达主义，承诺自承诺通知到达要约人时生效。也就是说，于承

① 参见〔德〕海因·克茨：《欧洲合同法》（上卷），周忠海等译，法律出版社2001年版，第39页。
② 同上书，第40页。

诺通知到达要约人的时间为合同成立的时间。但在确定合同成立时间上有以下几点须特别注意：

第一，采用合同书形式订立合同的，应以最后签字或盖章的时间为合同成立时间或者以接受对方履行的时间为合同成立时间。《合同法》第32条规定："当事人采用合同书形式订立合同的，自双方当事人签字或盖章时合同成立。"依此规定，由于采取合同书形式订立合同的，自双方签字或盖章时合同才能成立，只有一方签字或盖章，合同不成立，因此，最后一方签字或盖章的时间才为合同成立的时间。应当指出，依《关于合同法的解释（二）》第5条规定，当事人在合同书上摁手印的，应当认定其具有与签字或盖章同等的法律效力。《合同法》第37条规定："采用合同书形式订立合同，在签字或者盖章之前，当事人一方已经履行主要义务，对方接受的，该合同成立。"依此规定，采用合同书形式订立合同，当事人未签字或盖章的，合同也可成立，其条件为一方已经履行主要义务，对方接受。因此，在此情形下，一方接受另一方履行合同主要义务的时间也就为合同成立的时间。

第二，当事人要求在合同成立之前签订确认书的，签订确认书的时间为合同成立的时间。《合同法》第33条规定："当事人采用信件、数据电文等形式订立合同的，可以在合同成立之前要求签订确认书。签订确认书时合同成立。"确认书，是一方应对方的要求对要约所作出的最终的、明确的、肯定的承诺。在要求签订确认书的情形下，在未签订确认书前，一方对另一方要约所作出的同意的意思表示仅是初步的同意，仅表示双方间达成初步协议，但一旦签订确认书，就表示双方达成确定的协议，其后双方仅是办理合同的签订手续。因此，合同实际上自签订确认书时成立，确认书的签订时间也就为合同的成立时间。

第三，在意思实现中，以受要约人作出意思实现的行为时为合同成立的时间。依《合同法》第26条第1款规定，承诺不需要通知的，根据交易习惯或者要约的要求作出承诺的行为时生效。因此，在意思实现的情形下，受要约人作出承诺的行为时间为合同成立之时。

第四，要式行为未采用规定形式的，以一方接受另一方合同主要义务履行的时间为合同成立时间。《合同法》第36条规定："法律、行政法规规定或者当事人约定采用书面形式订立合同，当事人未采用书面形式但一方已经履行主要义务，对方接受的，该合同成立。"依此规定，在应采用书面形式而未采用书面形式订立合同的，一方已经履行合同主要义务，对方接受的，合同仍成立，因此，一方接受另一方履行主要义务的时间也就为合同成立的时间。

## 二、合同成立的地点

合同成立的地点，也就是双方达成合意的地点。因合同履行的地点会关系到诉讼管辖和选择法律的适用等，因此，确定合同成立的地点也具有重要意义。

因合同的成立与承诺的生效是一致的，所以，合同的成立地点与承诺生效的地点有关。采用发信主义的，发信人所在地为承诺生效地，发信人所在地也就为合同成立的地点；而采取到达主义的，承诺通知到达的地点为承诺生效的地点，要约人所在地也就为合同成立的地点。我国法上是采用到达主义的，承诺通知到达要约人时生效。《合同法》第34条第1款规定："承诺生效的地点为合同成立的地点。"但在确定合同成立地点上，有以下问题应予以注意：

第一，依《合同法》第34条第2款规定，采用数据电文形式订立合同的，当事人约定合同成立地点的，以约定的地点为合同成立的地点。当事人没有另有约定的，以收件人的主营业地为合同成立的地点;没有主营业地的,以收件人的经营居住地为合同成立的地点。

第二,依《合同法》第 35 条规定,当事人采用合同书形式订立合同的,双方当事人签字或盖章的地点为合同成立的地点。依《关于合同法的解释(二)》第 4 条规定,合同约定的签订地与实际签字或盖章地点不符的,应认定约定的签订地为合同签订地;合同没有约定签订地,双方签字或盖章不在同一地点的,则应以最后一方签字或盖章的地点为合同签订地。

第三,以一方接受另一方已经履行合同主要义务认定合同成立的,应以接受履行的地点为合同成立的地点。

## 第四节　合同的形式与内容

### 一、合同的形式

#### (一) 合同形式的意义

合同形式是订约当事人各方达成协议的表现形式,是合同内容的外观和载体。

合同的形式与要约、承诺的方式有关,但并非一致。如在采用对话方式订约时,当事人是以口头方式发出要约和承诺的意思表示的,但当事人也可采用书面形式将合同内容记载下来。

从法制史上看,合同形式在不同的历史时期所处的地位和作用是不同的。在习惯法时期,人们之间的交易行为都有向神宣誓的严格程序和固定套语,只有完成了这些特定的形式,交易才能有效。到了古代法时期,这种繁琐的程式被法典化而获得了前所未有的效力,合同的形式不仅成为合同有效的必要条件,而且具有非常重要的意义。法律对合同形式的重视超过了对合同内容本身的重视。如果当事人没有履行规定的仪式或者说固定的套语,即使双方就合同的内容达成了合意,合同仍不能成立。反之,如果合同的形式要件符合规定,即使合同是在一方被欺诈的情况下完成的,也仍然受到保护,不能推翻该合同。① 可以说,重形式、轻意思成为古代合同法的一般原则,对合同形式采"要式主义"是古代合同法的一个典型特征。这是古代法时期人们重视交易安全而忽视交易效率的简单商品经济意识的反映。在近代法中,人们崇尚平等、自由,强调交易效率,在法律上确立了合同自由原则。合同自由的一项重要内容就是当事人选择合同形式的自由,合同的形式完全由当事人自由协商确定,法律不加以限制。也就是说,近代合同法注重当事人之间的合意,而对合同的形式则采取了"不要式主义"。对合同形式采用不要式主义,完全由当事人自由确定合同的形式,是近代合同法的一个重要特征,也是近代合同观念与古代合同观念的重要区别。现代合同法不再绝对强调合同自由,而对当事人的订约自由包括选择合同形式的自由予以一定的限制。但是,这种限制并没有改变重视当事人意思自治的合同观念。现代各国合同法在兼顾交易的安全与效率的基础上,对合同的形式普遍采取了"以不要式为原则,以要式为例外"的立法模式。

当然,现代法律重视当事人选择合同形式的意思并不等于完全否定合同的形式,更不等

---

① 参见李仁玉、刘凯湘、王辉:《契约观念与秩序创新》,北京大学出版社 1993 年版,第 86—87 页。

于说合同的形式无关紧要。对合同形式采取不要式主义,只是说合同的形式并非是决定合同成立的必要条件,当事人可任意选择合同的形式。实际上,任何合同的内容都须以一定的形式反映出来。我国《合同法》对于合同的形式也是采取以不要式为原则,以要式为例外的。在这种合同观念下,合同形式虽也具有重要意义,但不是决定合同是否成立的根本条件。例如,即使是法律、行政法规规定或当事人约定采用书面形式订立合同,书面形式也只能起到证明作用,即使当事人未采用书面形式,但能够证明一方已经履行合同主要义务,对方接受的,合同仍然成立。

**(二) 合同形式的种类**

根据不同的标准,合同形式可有不同的分类。根据《合同法》的规定,合同形式的分类主要有以下两种:

1. 书面形式、口头形式和其他形式

根据当事人合意的表现形式,合同形式可分为书面形式、口头形式和其他形式。

《合同法》第 10 条第 1 款规定:"当事人订立合同,有书面形式、口头形式和其他形式。"既然当事人可以采用书面形式、口头形式和其他形式订立合同,合同形式也就有书面形式、口头形式和其他形式。

书面形式的合同,是当事人以书面文字和数据电文记载各方合意内容的合同。书面形式的合同只能采用书面形式订立。这种合同的最大优点是发生纠纷时,当事人举证方便,因该种合同的内容有形的记载,有据可查,易于分清责任。因此,对于不能即时清结、关系复杂的合同,以采用书面形式为宜。

口头形式的合同,是当事人仅以口头语言而不用书面记载当事人合意的合同。口头合同是采用口头形式订立的,如当面交谈订约、电话订约。这种合同形式简便易行,在现实生活中大量存在。但是,在发生纠纷时,当事人只能以其他证据如购货发票等,证明合同的存在和内容,责任不易分清。因此,对于不能即时结清的、数额较大的交易,不宜采用口头形式。

其他形式的合同,是当事人既不用言语也不用其他有形的形式记载而是以其他形式表明当事人的合意的合同。依《关于合同法的解释(二)》第 2 条规定,其他形式为推定形式,是从当事人双方从事的民事行为中能够推定双方有订立合同的意愿。例如,在租赁期限届满后,承租人继续交付租金,出租人继续接受承租人交付的租金。在这种情形下,可推定当事人间订立一个延长租赁合同的合同。不过,其他形式的合同,只有在依据习惯或者当事人之间的特别约定可以不以承诺通知方式为承诺的情形下才可采用。

2. 约定形式和法定形式

《合同法》第 10 条第 2 款规定:"法律、行政法规规定采用书面形式的,应当采用书面形式。当事人约定采用书面形式的,应当采用书面形式。"依此规定,根据合同形式的确定根据,合同形式可分为约定形式和法定形式。

合同的约定形式,是当事人对于无法定形式要求的合同约定采用的合同形式。因为口头形式是最简单的形式,只要当事人没有特别约定不能采用,就可采用。因此,当事人之间约定合同形式实际上是就应当采用书面形式作出约定。在当事人约定采用书面形式的情形下,合同应当采用书面形式,当事人间仅达成口头协议一般还不足以使合同成立。

合同的法定形式,是法律、行政法规规定的合同应当采用的形式。从各国法律的规定看,除口头形式外,其他的合同形式都可由法律规定为法定形式,其中最主要的是书面形式。因此,我国法上也规定法律、行政法规规定采用书面形式的,应当采用书面形式。

合同的法定形式与约定形式是不同的,它不能由当事人自由选定,当事人只能根据法律的规定,采用规定的形式。同时,法定形式与约定形式又有相同之处,这表现为约定形式也是当事人应当采用的形式。在法律规定应采用书面形式或者当事人约定应当采用书面形式时,当事人应当采用书面形式。如果当事人未按照法律规定或者约定采用书面形式时,将会产生何种法律后果呢?依《合同法》第36条规定,法律、行政法规规定或者当事人约定采用书面形式订立合同,当事人未采用书面形式但一方已经履行主要义务,对方接受的,该合同成立。因此,法定或约定的书面形式仅具有证据效力,若当事人未采用规定的或者约定的书面形式,不能仅以口头协议证明合同的存在,但若能够证明一方已经履行合同主要义务且对方接受的,该合同仍成立。

## 二、合同条款

### (一) 合同条款的含义与种类

合同条款,是合同条件的表现和固定化,是确定合同当事人权利和义务的根据。就合同为一种法律文书的含义上说,合同条款也就是合同的内容。合同条款应当具体、确定、完整,如果合同条款含糊不清或有漏洞或相互矛盾,则应当通过合同的解释予以完善。

根据合同条款的作用和表现形式,合同的条款主要有以下几种分类:

1. 合同的主要条款和普通条款

根据合同条款在合同成立上所起的作用,合同条款可分为主要条款和普通条款。

合同的主要条款又称为必要条款,是合同成立所必须具备的条款。换言之,在订立合同中,当事人必须就必要条款达成协议,合同若欠缺必要条款,则合同不能成立。确定合同主要条款的依据主要有三:一是根据法律规定确定。凡法律规定某合同必须具备的条款,该条款就为该合同的主要条款;二是根据合同的类型和性质确定。凡合同类型和性质决定该类、该性质的合同须具备的条款也就为该类型、该性质合同的主要条款。例如,有偿合同决定必有价款或报酬的条款,价款或报酬就为有偿合同的主要条款;又如买卖合同决定了合同中必有标的物和价款条款,标的物和价款就为买卖合同的主要条款;三是根据当事人的要求确定。除法律规定或者合同性质所确定的主要条款外,凡当事人要求合同必须具备的条款也为主要条款。例如,货物的包装不是法律规定的或者买卖合同性质决定的买卖合同必具备的条款,但若当事人一方提出必须采用某种包装方式,否则不买,则有关货物包装的条款也就成为该合同的主要条款。

合同的普通条款又称一般条款,是合同主要条款以外的不影响合同成立的条款。普通条款又可分为通常条款和偶尔条款。通常条款一般是由法律或者交易习惯确定的条款,是不必经当事人协商而当然地成为合同内容的条款。例如,买卖合同的出卖人交付的标的物的质量应当符合规定的质量标准。这一义务性条款不论买卖合同当事人是否在合同中有记载,也不论当事人是否就此条款进行过协商,只要买卖合同成立,它就成为合同的内容。所谓偶尔条款,是须经当事人协商方能成为合同内容的一般条款。偶尔条款的特点在于须经当事人协商一致才能成为合同的内容,当事人在订立合同中未协商的,也可以在合同成立后由当事人继续协商。例如,关于货物包装,如果当事人就货物的包装有约定,则该约定就成为合同的条款;若当事人在订立合同时未就货物包装进行协商,则关于包装的条款不为合同的内容,当事人可于合同成立后继续协商;若协商一致,则按约定的办理;若协商不一致,则应认为当事人在合同中对于包装没有任何特别要求。

区分合同主要条款和普通条款的意义,仅在于这两种条款对于合同成立的影响力不同,而不在于孰重孰轻。不论是主要条款还是普通条款,对于明确当事人的权利义务都是极其重要的。因此,不能认为合同的主要条款属于重要条款,而合同的普通条款属于次要条款;更不能认为合同的普通条款可有可无。

2. 实体条款和程序条款

根据合同条款的内容,可将合同条款分为实体条款和程序条款。

合同的实体条款,是规定当事人实体权利义务的条款。如关于标的条款、质量条款、数量条款、价款或者报酬条款,关于履行期限、履行地点和履行方式条款,等等,都是用以确定当事人实体权利义务的实体条款。程序条款,是当事人为解决争议而规定的条款,故又称为解决争议条款。如关于仲裁条款,关于选择法律适用的条款,关于管辖法院的选择管辖条款,等等,都是为解决当事人的争议而约定的程序条款,与当事人的实体权利义务的确定无关。

区分实体条款和程序条款的意义主要在于:实体条款是确定当事人实体权利义务的依据,在合同无效、被撤销或者终止时,实体条款也就失去效力;而程序条款是确定争议解决方式方法的依据,依《合同法》第 57 条规定,合同无效、被撤销或者终止的,不影响合同中独立存在的有关解决争议方法的条款的效力。

3. 明示条款和默示条款

根据合同条款的表现形式,合同条款可分为明示条款和默示条款。

合同的明示条款,是当事人以口头言语或文字等方式明确表示的条款。合同的明示条款是合同存在的基础,没有明示条款,合同就不能存在。因此,凡属于合同的主要条款,都须为明示条款。默示条款,是合同中没有明确规定的,但根据法律规定、交易习惯、当事人的行为或合同的明示,是理应存在的条款。合同的默示条款不能单独存在,是以明示条款的存在为存在前提的,没有明示条款的存在,也就不能存在默示条款。因此,默示条款只能属于合同的普通条款。默示条款也可分为推定默示条款和法定默示条款。推定默示条款,是根据已有事实通过推定而确定的条款,主要包括以下四种:(1) 实现合同目的所必不可少的条款。只有推定这种条款的存在,合同才能实现其目的及功能。(2) 对于经营习惯来说是不言而喻的条款。也就是说,这种条款的内容实际上是公认的商业习惯或经营习惯。(3) 有关合同当事人过去交易的惯有规则的条款,亦即合同当事人在以往的合同关系中始终存在着同样的条款内容。(4) 有关某种特定的行业规则的条款。也就是说,某些明示或约定俗成的交易规矩在行业内具有不言自明的效力。法定默示条款是指直接根据法律的规定而确定的条款。就是说,只要符合法定条件,当事人就可以视其为合同条款。① 例如,《合同法》第 253 条规定:"承揽人应当以自己的设备、技术和劳力,完成主要工作,但当事人另有约定的除外。"承揽人应以自己的设备、技术和劳力完成主要工作,就为法定默示条款,只要当事人没有另外的约定,它就视为承揽合同的一项条款。

---

① 参见董安生等编译:《英国商法》,法律出版社 1991 年版,第 53—55 页。

区分明示条款和默示条款的法律意义主要在于两者所起的作用不同。在一般情形下，默示条款不具有优于明示条款的效力。也就是说，在一般情形下，默示条款不能改变明示条款。如果默示条款与明示条款发生矛盾，则应以明示条款为准。只有在存在当事人不得以协议排除其适用的某些法定默示条款的情形下，该法定默示条款才具有优于明示条款的效力。

4. 有责条款和免责条款

根据合同条款的责任内容，合同条款可分为有责条款和免责条款。

有责条款，又称为违约责任条款，是当事人在合同中约定当事人违反合同应承担的责任的条款。违约责任是违反合同的当事人应承担的民事责任。换言之，违反合同的当事人承担违约责任是合同法律效力所决定的。违约责任可由当事人事先约定，但并非违约责任必须由当事人明确约定。合同中没有明确约定违约责任条款不等于当事人违反合同不承担违约责任。只要违约责任没有依法被免除，不论合同中有无违约责任条款的约定，违反合同的当事人均应承担违约责任，不过，在没有约定违约责任条款时，违反合同的当事人只能依照法律规定承担责任。因此，在当事人没有明确约定违约责任的情形下，合同的违约责任条款实际上为默示条款。免责条款，是当事人在合同中约定的、排除或者限制其未来责任的条款。

区分有责条款和免责条款的法律意义主要在于免责条款具有以下特征：（1）约定性。合同的免责条款是合同当事人在合同中约定的，是合同的组成部分。只有免责条款成为合同的组成部分，才可能产生免责的效力。当事人只有证明免责条款已构成合同的一部分，才能援引该条款主张免责。（2）明示性。合同的免责条款只能是明示条款，而不能是默示条款。因此，只有当事人在合同中有明确约定时，才能存在免责条款。若当事人在合同中无免责的明确约定，不能推定存在免责条款。（3）预先性。当事人约定免责条款是为了排除或者限制未来的违约责任，因此，只有在违反合同以前由当事人协商一致确定的免除或者限制违约责任的条款，才为免责条款。若当事人是在一方违约后就违约方的责任达成免除或者限制的协议，则该协议不属于免责条款。（4）免责性。免责条款的目的在于排除或者限制当事人未来所应承担的违约责任。因此，免责性是免责条款的最重要的功能。免责条款基于免责的程度可分为限制责任条款和免除责任条款。前者是限制当事人责任的条款，后者是免除当事人责任的条款。不论是限制责任条款还是免除责任条款，因都会对当事人的违约责任产生重大影响，因此，法律对于免责条款设有严格的限制。依《合同法》第53条规定，合同当事人不得限制或免除造成对方人身伤害和因故意或重大过失造成对方财产损失的违约责任。

**（二）合同的提示条款**

如上所述，不同的合同所要求的主要条款是不同的，因此，法律不可能对各种合同的必要条款作出统一的规定。况且，合同当事人为明确相互权利义务，会根据具体情况和不同需要设置不同的合同条款。但有一些合同条款，是各种合同必须具备的必要条款；有一些条款对于明确当事人的权利义务或解决争议的方法特别重要，往往由当事人在合同中明确约定。为提请当事人注意合同内容的明确，《合同法》第12条规定："合同的内容由当事人约定。一般包括以下条款：（一）当事人的名称或者姓名和住所；（二）标的；（三）数量；（四）质量；（五）价款或者报酬；（六）履行期限、地点和方式；（七）违约责任；（八）解决争议的方法。"

"当事人可以参照各类合同的示范文本订立合同。"依该条规定的提示,合同一般包括以下条款,这些条款通常称为提示条款:

1. 当事人的名称或者姓名和住所

当事人是合同关系的主体,没有当事人,也就不可能成立合同。当事人的住所,既是明确当事人地址所需,也会涉及债务清偿地等事项。因此,当事人的名称或者姓名和住所是任何合同都必须具备的条款。

2. 标的

合同标的亦即合同法律关系的客体,是合同权利义务共同指向的对象。没有标的,权利义务也就失去目标,也就落空,当事人间也不可能确立合同关系。因此,标的也是任何合同都须具备的必要条款。需要注意的是,如前所述,合同的标的为给付行为,不能将标的混同于标的物,标的物仅是给付的对象,而不是合同权利义务共同指向的对象。

3. 数量和质量

数量和质量是确定合同标的的具体条件,也是使同类合同标的得以相互区别的具体特征。例如,同为提供劳务的,提供劳务的时间和质量要求,就是各不同合同标的相互区别的特征。以物为给付对象的,不仅应明确标的物的数量,还应明确计量方法、计量单位,并确定合理的磅差或尾差;对于标的物的质量应当明确技术指标、规格、型号以及质量标准等等。总之,标的的数量和质量应当明确、具体、清楚,以免履行中发生争议。

4. 价款或者报酬

价款或者报酬,是标的的价金,也是一方取得标的应向对方支付的代价。因此,有偿合同必须具备价款或者报酬条款。

5. 履行的期限、地点和方式

履行期限是当事人应当全面履行自己负担的合同义务的时间限制。履行期限可以为期间,也可以为期日,还可以为即时。当事人只有在履行期限内全面地履行了自己的义务,才为适当履行。因此,当事人是否在履行期限内履行义务,是确定当事人是否违约的重要标准。

履行地点是当事人依合同履行自己的义务的处所,它既关系到履行费用的负担,又关系到风险的负担。因此,合同中应明确履行地点。当事人只有在约定的履行地点履行义务,其履行才是正确的,否则也就应承担相应的责任。

履行方式是当事人履行合同义务的方法方式。履行方式,既关系到义务的履行是否正确,也关系到双方的利益分配和费用负担,因此,也应在合同中明确。当事人应按照约定的方式履行。例如,当事人约定一次性履行的,就不能分批履行;约定分批分期履行的,也不能一次性履行。

6. 违约责任

违约责任是当事人违反合同所应承担的民事法律责任。违约责任既是对违约方的违约行为的法律谴责,也是对守约方的救济措施。为避免在发生违约后当事人之间就违约赔偿发生争议,当事人可以事先在合同中约定违约责任。当事人既可以约定违约金,也可以约定损害赔偿额的计算方法,还可以约定承担违约责任的条件和免除责任的条件。

7. 解决争议的方法

解决争议的方法是当事人发生争议时解决争议的途径和方式。如当事人是通过仲裁还是通过诉讼解决争议,应当在合同中明确约定。如当事人在合同中未约定,则发生纠纷时应当通过诉讼解决争议。

### 三、合同权利义务

合同作为一种法律关系,其内容就为合同权利义务。合同权利义务是由合同条款确定的。因此,作为合同内容的合同权利义务与作为合同内容的合同条款是相互联系的,都是合同的不同含义中的合同内容。

#### (一) 合同权利

合同权利,是合同债权人一方依合同享有的请求债务人为一定行为的权利。合同权利为财产权,包括以下权能:

1. 请求给付权

请求给付,也就是请求债务人履行。合同权利人有权请求债务人按照合同约定或者法律规定履行义务,这是合同权利人实现其权利,实现订约目的的基本方式。因为合同权利人的利益只能通过义务人义务的履行才能实现,因此,请求给付权是合同权利的基本权能,也是合同权利的基本效力。

2. 受领给付权

受领给付权,又称接受履行权,是合同权利人接受义务人给付的权利。合同权利人不仅有请求给付的权利,并且又接受债务人给付的权利。由于权利人只有受领债务人的给付,才能实现其利益,因此受领给付权也为合同权利的基本权能,是合同权利的基本效力。受领给付权,是权利人保持从义务人的给付取得利益的原因或根据,因此,合同权利人得受领给付的效力又被称为合同权利的保持力。

3. 保全合同权利的权利

合同权利虽具有相对性,一般只对合同义务人发生效力。但是,在发生有可能损害合同权利的情形下,合同权利人有保全合同权利的权利,得对第三人行使代位权或撤销权。合同权利的保全权,虽不是合同中约定的,而是由法律直接规定的,但它是保障合同权利的实现的必要手段,因此,也为合同权利的法定权能。

4. 合同权利保护请求权

任何权利都是受法律保护的,尽管合同权利是当事人自行约定的,但只要它是依法约定的,在受到侵害时同样受法律保护。合同权利保护请求权,指的就是在合同义务人不履行或不适当履行义务时,权利人得请求国家机关予以救济,强制义务人履行或承担其他违约责任。合同权利保护请求权为合同权利的应有之义,因为它是在义务人不履行义务的情形下得请求通过强制执行程序强制义务人给付的权利,因此它是合同权利的执行力的表现。

5. 合同权利的处分权

合同权利一般不属于专属权,因此,权利人完全可以依自己的意愿自由处分自己的权利。权利人既可以通过免除义务人的义务来抛弃权利,也可以将自己的合同权利与对方相应的合同权利抵销,还可以将合同权利转让给第三人。可见,处分权也是合同权利的一项权能。

#### (二) 合同义务

合同义务是合同关系中义务人一方所负担的义务。合同义务是由当事人约定的,因此,

《合同法》第60条第1款规定:"当事人应当按照约定全面履行自己的义务。"同时该条第2款还规定:"当事人应当遵循诚实信用原则,根据合同性质、目的和交易习惯履行通知、协助、保密等义务。"依上述规定,合同义务既包括当事人约定的义务,也包括当事人依法律规定应负担的义务。合同义务包括以下方面:

1. 给付义务

给付义务是合同义务人依合同约定应向权利人为给付的义务。给付义务通常又主要分为以下两类:

(1) 主给付义务与从给付义务。主给付义务,是指合同关系所固有的、必备的,并以之决定合同类型的基本义务。例如,买卖合同中出卖人交付标的物并转移其所有权的义务,买受人支付价款的义务,就是买卖合同的主给付义务;又如,租赁合同中出租人交付租赁物给承租人使用的义务,承租人支付租金的义务,就是租赁合同的主给付义务。在双务合同中,当事人各自所负担的主给付义务,构成所谓的对待给付义务。从给付义务是合同义务人负担的主给付义务以外的给付义务。从给付义务是不能决定合同的类型、不影响合同的目的的义务,却是完全满足给付利益需要所必需的,具有补充功能,权利人可以独立诉请义务人履行的义务。例如,在商场中购物,出卖人负有的交付购物发票的义务,就属于从给付义务。从给付义务既包括当事人明确约定的给付义务,也包括法律明文规定的给付义务。例如,《合同法》第267条规定:"承揽人应当按照定作人的要求保守秘密,未经定作人许可,不得留存复制品或者技术资料。"承揽人的这一保密义务就属于法律明文规定的从给付义务。

(2) 原给付义务与次给付义务。原给付义务又称为第一次给付义务,是指合同关系原定的义务。如买卖合同的出卖人交付标的物并移转其所有权的义务(主给付义务)以及交付产权证明文件或者发票的义务(从给付义务),就为原给付义务。次给付义务又称为第二次给付义务,是在原给付义务的履行中因特殊事由而发生的义务。例如,因不履行原给付义务而发生的给付违约金的义务。通说认为,次给付义务虽使合同关系的内容改变或扩张,但也是基于原来的合同关系发生的,合同关系的同一性仍维持不变。但我们认为,所谓的第二次给付义务实质上是义务人不履行义务应承担的责任,与原给付义务在性质上是不同的。因此,次给付义务已不属于合同义务而是属于合同责任问题。

2. 附随义务

附随义务,有的称为附从义务,是指给付义务以外的当事人根据合同的性质、目的和交易习惯随合同关系的发展依诚实信用原则而产生的义务。如合同当事人根据合同的性质、目的和交易习惯依诚实信用原则应当履行的通知、协助、保密等义务,就均属于附随义务。附随义务就其功能来说,主要可分为两类:一为有辅助功能,即促进实现主给付义务,使权利人的给付利益获得最大的满足。如买卖合同中的出卖人负有应对出卖物为相应的包装的义务,以便于买受人携带;二为有保护功能,即维护对方当事人人身或财产上的利益不受损害。例如,出卖车辆的出卖人负有告知车辆不良状态的义务,以免买受人因不知车辆的不良状态而受损害。

附随义务是附随于主给付义务的,两者的区别主要在于:第一,主给付义务是自始就确定的,决定着合同的类型,直接影响着合同目的的实现。而附随义务是随合同关系的发展而产生的,不受特定合同类型的限制;第二,主给付义务在双务合同中构成对待给付,一方未履行主给付义务的,会发生履行中的抗辩权。而附随义务原则上不属于对待给付,不能发生履行中的抗辩权;第三,一方不履行主给付义务的,可构成根本违约,另一方有权解除合同。而一方不履行附随义务的,不构成根本违约,对方不能解除合同而仅得请求赔偿。

附随义务也不同于从给付义务,通说认为,两者的区别主要在于:附随义务是权利人不得诉请义务人履行的义务;而从给付义务为权利人得诉请义务人履行的义务。

此外,合同义务中还有一种所谓的不真正义务。不真正义务是强度较弱的义务,其主要特征在于相对人通常不得请求履行,而其违反并不发生损害赔偿责任,仅使负担义务的一方遭受权利减损或丧失的不利益。①

## 第五节 合同的解释

### 一、合同解释的含义

关于合同解释的含义,学者中有不同的理解。《合同法》第125条规定:"当事人对合同的有关条款理解有争议的,应当按照合同所使用的语句、合同的有关条款、合同目的、交易习惯以及诚实信用原则,确定该条款的真实意思。"依此规定,对合同的解释,是指对有争议的合同内容的解释,目的在于确定当事人的真实意思。从主体上说,合同解释既包括当事人的解释,也包括法院或仲裁机关的解释,但主要应指法院或仲裁机关的解释。因为合同当事人对合同的解释,属于当事人个人意思自治的范围,并不具有任何法律效力,法律对解释规则的确定仅在于要求当事人应依此规则解释,以求取得理解上的一致;从解释的范围上说,合同的解释仅指对有争议的合同条款的解释,当然这里的条款包括各种条款。因为如果当事人对于合同的内容的理解并无争议,也就不会发生纠纷,也没有必要对合同内容再作解释。

合同解释的目的,在于正确确定合同的内容,即正确地确定当事人的权利和义务,以便合理地解决合同纠纷。就其解释的客体与方法而言,合同的解释包括阐释性解释和补充性解释。

阐释性解释,也有的称为阐明性解释,是对有争议的合同条款所作出的解释,以求得合同内容的真实含义和准确理解。关于阐释性解释的对象或客体为何,理论上有不同的看法。我们认为,凡是对有争议的合同条款的解释,都为阐释性解释,因此,阐释性解释的客体应依争议条款的分歧情形而定,主要包括以下方面:(1)在合同成立与否或者生效与否发生争议时,解释的客体为合同的成立与效力;(2)在就合同的性质发生争议时,如所订的合同为买卖合同还是承揽合同发生争议,合同解释的客体就为合同的性质;(3)在合同用语或文句的理解上不一致时,解释的客体为有争议的语句的准确含义;(4)在当事人主张合同用语所表达的意思与真实意思不一致时,合同解释的客体应是当事人的真实意思。

补充性合同解释,是在合同欠缺某些条款或不完备致使无法确定当事人的权利义务时,对欠缺条款的解释,其解释的目的在于填补合同的漏洞。补充性解释的特点在于:第一,它不是根据现有的合同条款进行解释,而是根据现有的条款来确定应有的条款;第二,它主要适用于合同存在漏洞的情况,而主要不是合同条款本身在理解上发生争议,而是在缔约时由

---

① 参见王译鉴:《债法原理》,北京大学出版社2013年版,第88页。

于各种原因而未能在某一条款中作出特别规定，从而发生争议，这就需要依据补充的解释方法来填补合同的漏洞；第三，补充的解释方法仍然是要求法官努力探求当事人的真实意思，而不是要法官代替当事人订立合同。①

## 二、合同解释规则

合同的解释规则，也就是在进行合同解释时应遵行的原则。

从各国立法在合同解释的立场上看，历来存在着意思主义与表示主义两种不同的主张。意思主义认为，合同的解释应以当事人的主观意思为标准，而不能拘泥于文字。意思主义以主观标准解释合同的理论基础在于意思自治：既然合同是由当事人双方的意思表示一致而成立的，合同内容可由当事人自由决定，那就应当以当事人的真实意思来解释合同。表示主义认为，合同的解释应以客观表示出来的意思为标准，而不能根据当事人自己的意思解释。表示主义以客观标准为解释合同的方法，注重合同的文句，而不探讨当事人的真意，显然是对合同自由加以限制的表现。现代社会中由于国家对社会经济生活干预的不断加强，单纯采意思主义解释合同的观点越来越不合时宜，而转向重视以客观标准解释合同。我国《合同法》对合同的解释也是采用意思主义与表示主义即主观标准与客观标准相结合的。依该法第125条的规定，合同解释的具体规则或方法主要有以下几种。

### （一）文义解释

文义解释，是按照合同所使用的语句解释有争议的合同条款。

因为合同条款是由语言文字构成的，对合同条款的理解有争议，首先是表现为对合同条款中的词句有不同的理解。因为要确定合同条款的含义，就要对合同条款中的用语作出解释。《合同法》第125条中也规定："当事人对合同条款的理解有争议的，应当按照合同所使用的词句……确定该条款的真实意思。"

对合同条款中的用语进行解释，首先要按照词句的通常含义进行解释。也就是说，对于合同条款中的用语不能按照当事人一方的理解解释，而应当按照一个合理的人的标准的通常理解来解释。其次，如果当事人在合同订立时，赋予某一词句以特定含义，主张该词句有特定含义的当事人应负举证责任，应按照一个合理的人对该特定词句的含义的理解进行解释。

因为文义解释也是为确定争议条款的真实意思的，因此，如果以一个合理的人的标准来解释合同用语的含义时能够确定该合同条款的真实意思的，也就不必再作解释；如果以文义解释不能确定争议条款的真实含义时，就需要结合其他的解释规则，准确地确定合同条款的真实意思。

### （二）整体解释

整体解释又称体系解释，是指将合同的全部条款以及各个构成部分作为一个整体，从各个条款及各部分之间的体系关系上阐明有争议的合同条款的真实含义。

合同内容是由各个条款组成的，但各个条款并非是简单地堆集在一起，不仅每个条款是通过当事人的长期谈判而形成的，而且各个条款相互间有着有机的联系。因此，在对有争议的合同条款进行解释时，一方面应当考虑该条款的形成过程的各种资料，例如，来往信件、广

---

① 参见王利明、房绍坤、王轶：《合同法》（第四版），中国人民大学出版社2013年版，第231页。

告、传真、确认书、合同书、附件、备忘录等;另一方面应考虑该条款在整个合同中的地位及与其他条款相互间的联系,从整体上来理解合同条款的含义。

整体解释规则,可以说是各国合同法上普遍规定的一项解释规则。我国《合同法》也规定了整体解释规则,要求根据"合同的有关条款"解释有争议的条款。适用整体解释规则时,应注意以下问题:(1)不同文体的相同语句应作同一解释。《合同法》第125条第2款中规定:"合同文本采用两种以上文字订立并约定具有同等效力的,对各文本使用的词句推定具有相同含义。"(2)当事人在同一合同文本中有印刷条款与手写条款,且相互矛盾的,应按手写条款解释。(3)合同的特殊用语与一般用语相矛盾的,应按特殊用语解释。(4)合同中关于数量与价款有大写又有小写,且相互矛盾的,原则上应以大写为准。(5)合同中就某一事项有概括性用语又有列举性用语的,应依列举性用语确定该事项的范围。(6)合同中就某一事项在不同条款中均规定的,应以规定内容更具体的条款为准来确定该事项的含义。

### (三) 目的解释

目的解释,是指对于合同中有争议的条款,应根据合同目的解释该争议条款或用语的含义。

因为合同是当事人为达到一定目的而订立的,合同的条款及其用语都是为实现这一目的的手段,因此,在当事人就合同条款及其用语发生争议时,也就应当依当事人订立合同的目的来确定该条款及用语的真实含义。这样才能使解释的结果符合当事人订约时的意思。《合同法》第125条中明确规定,当事人对合同条款的理解有争议的,应当按照"合同目的",确定该条款的真实意思;"各文本使用的词句不一致的,应当根据合同的目的予以解释"。

目的解释规则要求在解释有争议条款时,应使合同条款的含义符合当事人双方订约的目的。例如,就合同的条款既可作有效的理解又可作无效的理解时,应解释为有效,因为当事人订约就是追求合同有效;当合同中某一用语所表达的意思与合同目的相悖时,应按照合同目的更正该用语;当合同内容不明或相互矛盾时,应按照合同目的予以统一协调来解释其含义;当合同中的用语依文义解释有不同意思时,应依符合合同目的的意思确定该用语的含义。

### (四) 习惯解释

习惯解释,是在当事人对合同所使用的文字或条款有不同理解时,按照交易习惯或惯例来确定该文字或条款的真实含义。

交易习惯或惯例,是人们在交易活动中长期形成的普遍认可和遵守的行为规则,具有普遍的指导意义。交易习惯或惯例不仅是交易双方均熟知的,而且也是同行业或同类交易的一般人都认可的,从而在对合同条款有争议时,按照交易习惯或惯例来确定该条款的真实含义,能够反映当事人的真实意思。因此,各国法上普遍确定交易习惯解释规则为合同解释的基本规则。我国《合同法》第125条也规定,应按照"交易习惯"确定有争议条款的真实意思。

依《关于合同法的解释(二)》第7条规定,在不违反法律、行政法规强制性规定的前提下,下列情形可以认定为"交易习惯":(1)在交易行为当地或某一领域、某一行业通常采用并为交易对方订立合同时所知道或应当知道的做法;(2)当事人双方经常使用的习惯做法。对于交易习惯,应由提出主张的一方当事人承担举证责任。

### (五) 诚实信用原则解释

诚实信用原则解释,是在当事人对合同条款有不同理解时,依诚实信用原则进行解释,以确定该条款的真实含义。

诚实信用原则是民法的一项基本原则,也是合同法的一项基本原则,当然也是合同解释中应遵行的基本原则。《合同法》第125条中规定,当事人对合同条款的理解有争议的,应当按照"诚实信用原则",确定该条款的真实意思。

诚实信用原则在解释合同中的作用,首先表现在合同漏洞的填补方面。这就是说,如果当事人在合同中缺乏规定或者条款本身不明确,则应当按照一个诚实守信的人所应当作出的理智的选择进行解释;其次,依据诚实信用原则解释合同。也就是说,在合同用语发生争议时,法官应当根据一个诚实守信的人所应当理解的含义来解释合同。① 诚实信用原则解释规则,一般是在以其他解释规则仍不足以确定争议条款的真实意思的情形下才适用的。也就是说,如果在以其他解释规则足以确定有争议条款的真实意思,则没有必要使用该规则。因此,诚实信用原则解释规则往往是与其他解释规则结合使用的。

## 第六节 格式条款

### 一、格式条款的含义和要求

#### (一) 格式条款的含义

格式条款又称为标准条款等,《合同法》第39条第2款规定,"是当事人为了重复使用而预先拟定,并在订立合同时未与对方协商的条款。"依此规定,格式条款有以下几方面的含义:

1. 格式条款是由一方预先拟定的

格式条款是由一方于订立合同前拟定的,而不是在双方基础上形成的。拟定格式条款的一方一般是固定提供某种商品或服务的单位,也有的是由政府的有关部门为固定提供某种服务或商品的单位制定,而由这些单位使用的,如运输合同中的价格等条款。由于格式条款是一方事先拟定的,因此,无论是何方先提出订立合同的建议,提供格式条款的一方总是处于要约人的地位。

2. 格式条款是为重复使用而拟定的

格式条款是为重复使用而不是为一次性使用而制定的。由于固定提供某种商品或服务的当事人无论向何人提供该种商品或服务都将遵行同样的条件,因此,该当事人将该条件标准化,而拟定出格式条款。格式条款的重复使用性,一方面决定了提供格式条款的一方作为要约人总是特定的,而受要约人是不特定的一定范围即需要该种商品或服务范围内的人;另一方面决定了使用格式条款有减少谈判时间和费用从而节省交易成本的优点。

3. 格式条款是当事人在订立合同时不必协商的

格式条款具有不变性、附合性。在订立合同过程中,提供格式条款一方并不与相对方就格式条款的内容进行协商,也就是说,格式条款的内容是不能改变的,相对方只能或是同意格式条款的内容与对方订立合同,或是拒绝接受格式条款的内容而不与提供方订立合同,而

---

① 参见王利明、房绍坤、王轶:《合同法》(第四版),中国人民大学出版社2013年版,第238页。

不可能与对方协商修改格式条款的内容。也正是在这一意义上,格式条款又称为标准条款、附合条款。订立合同时当事人是否可以协商,这是格式条款与其他条款的一个根本性区别。在实务中当事人利用事先拟定好的合同条款订立合同的情形较多,但事先拟定的合同条款未必均为格式条款。例如,利用示范合同订立合同就比较常见。《合同法》第12条第2款就规定:"当事人可以参照各类合同的示范文本订立合同。"合同的示范文本即示范合同就是事先拟定的。但示范合同对于订约当事人并无拘束力,当事人订约时仅是参照,可以就相关的条款进行协商,而格式条款是不存在协商余地的。

正因为以格式条款订立合同时,相对方只能对格式条款表示完全同意或拒绝,相对人在订约中实质上处于附从地位,而不是与格式条款提供方处于平等协商的地位,因此,为保障相对人的合法权益,防止格式条款提供方利用自己的优势地位损害相对人的利益,法律需要对格式条款予以特别的规制。

**(二) 对格式条款的要求**

《合同法》第39条第1款规定:"采用格式条款订立合同的,提供格式条款的一方应遵循公平原则确定当事人之间的权利和义务,并采取合理的方式提请对方注意免除或者限制其责任的条款,按照对方的要求,对该条款予以说明。"依此规定,法律对格式条款的使用有以下特别要求:

1. 格式条款应公平地确定当事人之间的权利义务

格式条款因是由一方事先拟定的,未经与对方当事人协商,且对方也不能与提供方协商,因此,从格式条款拟定上说,提供格式条款的一方在拟定格式条款时就应遵行公平原则,公平合理地确定当事人之间的权利义务,而不能将义务和责任全推给对方,将权利全留给自己。依《合同法》第40条规定,格式条款除因具有与其他非格式条款相同的无效原因而无效外,提供格式条款的一方免除其责任、加重对方责任、排除对方主要权利的,该条款无效。

2. 提请对方注意格式条款的内容并予以说明

由于采用格式条款订立合同时,相对方并不能就格式条款提出修改的要求,而只能完全同意或者拒绝,相对方往往对格式条款的内容注意不够或者不理解条款的内容,因此,提供格式合同的一方应当采取合理的方式提请对方注意免除或者限制其责任的条款,对方要求就该条款内容作出说明的,提供格式条款的一方须予以说明,以便相对人决定是否同意接受该条款。若提供格式条款的一方未以合理的方式提请对方注意,或者虽提请对方注意但未应对方的要求予以说明,则该条款不能发生效力。依《关于合同法的解释(二)》第6条规定,提供格式条款的一方对格式条款中免除或限制其责任的内容,在合同订立时采用足以引起对方注意的文字、符号、字体等特别标识,并按照对方的要求对该格式条款予以说明的,应认定为"采取合理的方式"。但提供格式条款一方应对已尽合理提示及说明义务承担举证责任。如果提供格式条款的一方当事人未尽提示和说明义务,导致对方没有注意免除或限制其责任的条款,对方当事人可以申请撤销该格式条款(《关于合同法的解释(二)》第9条)。

**二、格式条款的解释**

格式条款的解释,是在对格式条款的理解发生争议时,对格式条款的含义作出说明。

格式条款为合同条款,格式条款的解释,当然为合同解释的一项内容,自也应适用合同解释的一般规则。但格式条款与一般合同条款又有不同的特点,它并非是由当事人双方相互协商拟定的。因此,对格式条款的解释也必有特别的要求。《合同法》第41条规定:"对格式条款的理解发生争议的,应当按照通常理解予以解释。对格式条款有两种以上解释的,应当作出不利于提供格式条款一方的解释。格式条款与非格式条款不一致的,应当采用非格式条款。"依此规定,对格式条款的解释还应采用以下三项特殊规则。

**(一) 按照通常理解解释规则**

格式条款是由一方事先拟定并提供重复使用的,它不是针对特定相对人而是针对不特定的相对人制定的,因此,在发生争议时,不能按照提供格式条款的一方的特别理解来解释,也不能按照相对方在订立该合同时的特定情形下的理解来解释,而应当按照通常的理解来解释。所谓通常的理解,是指通常情形下会订立该合同的一般人的理解。

**(二) 作不利于格式条款提供方的解释**

对合同条款的解释,有所谓"用语有疑义时,对使用者为不利益的解释"的法谚,此也为各国法上通用的合同解释规则。格式条款因是由一方事先拟定的,且未经对方协商也不允许对方协商,因此,在格式条款按照通常的理解也会出现两种以上的解释效果时,应当作出不利于提供格式条款一方的解释,也就是应为对相对方有利的解释。这一方面体现提供条款的一方应对自己提供的条款的含义不清负责;另一方面也是为了保护格式条款提供方的相对方的利益,因为相对方总是处于一种弱势地位。

**(三) 非格式条款优于格式条款**

合同中既有格式条款又有非格式条款,且两者不一致的,应按照非格式条款优于格式条款的规则解释,亦即应采用非格式条款而否定格式条款。这是因为格式条款是由一方提供而未经协商的,非格式条款是由当事人双方协商一致的,如果格式条款与非格式条款不一致,实际上是当事人双方以其合意排除了格式条款的适用。在这种情形下,若采用格式条款,无疑是否定了当事人的真实意思,而采用非格式条款,则恰巧能反映当事人的真实意思。

# 第七节 缔约过失责任

## 一、缔约过失责任的含义

关于缔约过失责任的概念,法律上无一明确规定,学者中有不同的观点。我们认为,缔约过失责任,是缔约当事人因在缔约过程中有过失造成对方损失所应承担的民事责任。因为自缔约开始,缔约当事人之间就依诚实信用原则产生一定的义务,这种义务有学者称之为先合同义务。如果当事人一方因有过错而违反该义务,就应对由此给对方造成的损失负赔偿责任。又因为因缔约过失给对方造成的损失应为信赖利益即相信合同可有效成立的损失,因此,缔约过失责任也就是缔约当事人一方违反依诚实信用原则所应承担的先合同义务而给对方造成的信赖利益损失应负的赔偿责任。《合同法》第42条中规定"当事人在订立合同过程中有下列情形之一,给对方造成损失的,应当承担损害赔偿责任",第43条规定当事人"泄露或者不正当地使用""在订立合同过程中知悉的商业秘密""给对方造成损失的,应当承担损害赔偿责任。"通说认为,这是《合同法》上对缔约过失责任的明确规定。

关于缔约过失责任的性质或理论基础,理论上有侵权行为说、法律行为说、法律规定说以及诚实信用说等不同学说。由于缔约过失责任是因缔约过程中有过失而发生的责任,因此,它不同于违约责任,法律行为说显然难以说明缔约过失责任的性质。缔约过失责任虽是对因当事人的过失给他人造成损害的赔偿责任,但它也不属于侵权责任。因为缔约过失所违反的是缔约过程中基于诚实信用原则所产生的先合同义务,而侵权行为所违反的是不得侵害他人财产或人身的一般义务。我们认为,缔约过失责任是法律直接规定的既不同于违约责任又不同于侵权责任的一种独立的责任,法律规定缔约过失责任的根据在于当事人违反了缔约过程中基于诚实信用原则所产生的义务。

**二、缔约过失责任的构成**

关于缔约过失责任的构成条件,学者中也有不同的看法。依我国合同法的规定,我们认为,缔约过失责任的构成须具备以下条件。

**(一) 缔约一方当事人在缔约过程中违反缔约中的义务**

缔约过失责任是在缔约过程中因有过失所承担的责任。因此,缔约过失责任只能是缔约当事人一方违反缔约中的义务所承担的责任。这就要求:(1)当事人违反义务的时间应为缔约开始后至缔约结束前。如果当事人之间尚未进入缔约阶段,不会发生缔约中的义务,当然也就无所谓违反缔约中的义务的问题。只有在当事人双方进入缔约磋商阶段,才会发生缔约中的义务。缔约结束有两种情形:一是当事人双方订立合同即合同成立;二是订约失败。在合同依法成立后,当事人之间发生的义务不再属于缔约中的义务,因此,在合同成立后当事人违反义务而发生的责任不属于缔约过失责任。当事人之间订约失败后,双方不再磋商订约问题,其后一方违反义务给他方造成损失的,该当事人所违反的也不属于缔约中的义务,所应承担的也不属于缔约过失责任。合同虽然成立,但合同无效或者被撤销的,有过错的一方所承担的责任是否属于缔约过失责任呢?对此有不同的看法。一种观点认为,缔约过失责任包括因合同不成立、合同无效或被撤销的责任;一种观点认为,缔约过失责任不包括合同无效或被撤销后的责任。我们认为,如果合同的无效或被撤销是因一方违反缔约中的义务而发生的,该当事人所应承担的责任从性质上说应当属于缔约过失责任。但是,因《合同法》第58条、第59条对于合同无效或被撤销的法律后果有专门规定,因此,在合同无效或被撤销时应依该规定确定当事人的责任,而不必再引用《合同法》第42条、第43条作为裁判的依据。(2)缔约当事人所违反的是缔约中的义务。所谓缔约中的义务,或称先合同义务,是缔约当事人在缔约过程中基于诚实信用原则而发生的义务。这种义务具有以下特点:第一,它是法定的。缔约中的义务是法律为维护交易安全和保护缔约当事人的利益,直接对缔约当事人规定的义务,既不需要当事人事先约定,也不能由当事人以特约予以排除。第二,它是没有给付内容的。缔约中的义务是在合同成立之前发生的,不是也不能是以给付为内容的给付义务,而是以告知、说明、协作、照顾、忠实、保护为内容的义务。第三,它是一种附随义务。缔约中的义务是随缔约关系的发展而逐渐产生的义务,其目的在于促成合同的成立,因而具有附随性,但缔约中的义务的附随性与合同履行中的附随义务是不同的,合同履行中的附随义务是附随于给付义务的,目的在于促使合同债权的实现。第四,它非自始确定的义务。缔约中的义务不同于一般人所负担的不得侵害他人财产或人身的一般义务,既不是自缔约当事人一经接触就产生,也不是固定不变的,而是随着订约关系的发展基于诚实信用原则而逐渐发生的。

### (二) 缔约当事人违反缔约义务上有过失

缔约过失责任从归责原则上说属于过错责任,因此,只有在缔约当事人一方有过错时才会发生。如果缔约当事人没有过错,则无论如何不会承担缔约过失责任。如何判断缔约当事人的过错,有主观说与客观说不同的标准。我们认为,原则上应以客观说为当,即只要缔约当事人一方违反了其所负担的缔约中的义务,也就可推定该当事人有过错,至于该当事人是故意还是由于过失而导致义务的违反,则在所不问。如果违反缔约义务的当事人主张自己没有过失,则其应负举证责任。

### (三) 缔约相对人受有损失

民事责任一般以损害事实的存在为成立条件,缔约过失责任作为民事责任的一种,当然也就要求有损失的存在。这种损失的存在,是指因缔约当事人一方违反缔约义务的过失给缔约相对人一方造成损失。这就要求,一方面缔约相对人须受有损失;另一方面相对人的损失是因一方违反缔约义务造成的,即一方缔约义务的违反与对方损失之间有因果关系。通说认为,所谓相对方的损失,是指相对方因信赖合同的成立和有效,但合同却不成立或无效而受到的损失,即信赖利益损失。信赖利益的损失,既不是现有财产的毁损灭失,也不是履行利益的损失。信赖利益与债权人就合同履行时所可获得的履行利益或积极利益是不同的,信赖利益赔偿的结果,是使当事人达到合同未曾发生时的状态;而履行利益赔偿的结果,是使当事人达到合同完全履行的状态。① 信赖利益的损失主要表现为与订约有关的费用的支出,如订立合同的各种花费,准备履行合同所支出的费用等;也包括信赖人的财产应增加而未增加的利益,如因信赖合同有效成立而失去应得到的某种机会。但信赖利益必须是可以在客观预见范围之内的,只能是基于合理的信赖所产生的利益。

缔约当事人一方违反缔约中的义务给相对方造成信赖利益损失的,即应赔偿相对人的损失。但是,在通常情形下,缔约过失责任的赔偿数额不能超过履行利益。如果缔约过失责任与侵权责任发生竞合,相对方的损失超过履行利益的,则相对方应依侵权责任的规定请求赔偿。

## 三、缔约过失责任的类型

根据我国《合同法》第 42 条规定,缔约过失责任主要包括以下三种类型。

### (一) 假借订立合同,恶意进行协商

"假借订立合同。恶意进行协商",是指缔约当事人根本没有与对方订立合同的目的,借订立合同而故意与对方协商而损害相对人利益的行为。例如,甲得知乙欲与丙订立合营协议,甲本无与乙合营的意图,但为阻止乙与丙达成协议,就与乙进行协商合营的事宜,待丙与其他人达成合营协议后,甲与乙谈判终止,乙因此失去了与丙订约的机会而受到损失。甲因此而应承担的缔约过失责任就属于"假借订立合同,恶意进行协商"的缔约过失责任。

构成"假借订立合同,恶意进行协商"行为的条件主要有二:一是缔约当事人一方并无订约的目的。无订约的目的也就是无论如何不准备与对方订立合同,所谓"假借"也就是以订约为借口或理由与对方进行谈判;二是假借订立合同的当事人主观上有恶意,即假借的动机或目的是使对方受到损害。可见,当事人一方是否有恶意,是构成该行为的关键。如果当

---

① 参见王利明、房绍坤、王轶:《合同法》(第四版),中国人民大学出版社 2013 年版,第 55 页。

事人一方并无恶意但谈判失败而未能订约,则并不能构成"假借订立合同,恶意进行协商"的缔约过失行为。

**(二) 故意隐瞒与订立合同有关的重要事实或者提供虚假情况**

故意隐瞒与订立合同有关的重要事实或者提供虚假情况,属于一种欺诈行为。构成这种行为的条件包括:

1. 行为人客观上隐瞒了与订立合同有关的重要事实或者提供虚假情况

在订约过程中,当事人负有如实告知其真实情况的义务,以便使对方以决定是否订立合同以及如何确定合同的内容。当事人一方违反如实告知义务,就会使对方陷入错误的判断。当事人如实告知义务的内容是向对方如实地告知与订立合同有关的事实真相。违反如实告知义务有两种形态:一是隐瞒真实情况,即应向对方说明而未说明,至于是否属于应说明的事实,则应依诚实信用原则确定。例如,借款人应告知自己的财产状况而未告知真实情况,出卖人应告知其商品瑕疵的而未告知等;一是告知虚假情况,即作虚假陈述。例如,将伪劣商品说成是优质商品,将不具有履行能力表述为自己有足够的履行能力等。

2. 行为人主观上有故意

行为人客观上未将真实情况告知对方或者提供的情况与真实情况有出入,并非就构成欺诈行为。只有行为人主观上有故意且客观上告知的事实与真实情况又不符合时,才可构成欺诈行为。所谓有故意,是指行为人知道应告知事实真相且又清楚真实情况而不告知或告知虚假情况。行为人主观上有故意,表明行为人有意地使对方陷入错误,也就违反诚实信用原则。

3. 相对人因行为的欺诈而陷入错误的认识

因为订约是当事人双方的事情,只有因行为人故意隐瞒与订约有关的重要事实或者告知虚假情况使相对人陷入错误认识,从而遭受损失的情况下,才会构成缔约过失责任。如果仅是一方实施欺诈,而相对方并不因其故意隐瞒的重要事实或告知的虚假情况而陷入错误认识,即未上当受骗,如一方将伪劣商品故意说成为优质品,但对方并不因此就错误地认为该商品为优质品,则不能构成缔约中的欺诈。

**(三) 其他违背诚实信用原则的行为**

除上述情形外,订约当事人有其他违背诚实信用原则的行为,造成相对方损失的,也发生缔约过失责任。例如,在要约生效后,要约人擅自撤销要约或变更要约,而使对方遭受损失的,要约人应承担缔约过失责任。又如,依《关于合同法的解释(二)》第8条规定,依照法律、行政法规的规定经批准或登记才能生效的合同成立后,有义务办理申请手续的一方当事人未按照法律规定或合同约定办理的,应承担缔约过失责任。

《合同法》第43条规定:"当事人在订立合同过程中知悉的商业秘密,无论合同是否成立,不得泄露或者不正当地使用。泄露或者不正当地使用该商业秘密给对方造成损失的,应当承担损害赔偿责任。"当事人泄露或者不正当地使用在订约过程中知悉的商业秘密给对方造成损失应承担的赔偿责任是否为一种缔约过失责任的类型呢?对此有不同的看法。有的认为,当事人所承担的责任为侵权责任;有的认为,当事人所承担的责任为缔约过失责任。[①]我们认为,从体系上解释,《合同法》第43条是从缔约过失责任上来规定泄露或不正当使用

---

① 参见王利明、房绍坤、王轶:《合同法》(第四版),中国人民大学出版社2014年版,第60页。

他人的商业秘密的责任的。但是,该条中对泄露或不正当使用在订约过程中知悉的商业秘密的责任的规定并不限于缔约过失责任。如果合同有效成立,当事人泄露或不正当使用该商业秘密的,所承担的不应为缔约过失责任。如果合同不成立或无效,当事人泄露或不正当使用该商业秘密造成对方损失的,其行为既可构成侵权行为,也可构成缔约过失。若当事人泄露或不正当使用订约中知悉的商业秘密而使相对方遭受信赖利益损失,则该当事人应当承担缔约过失责任。但这种行为也可以归入"其他违背诚实信用原则的行为"。因此,泄露或不正当使用商业秘密,可不列为一种独立的缔约过失责任类型。

【思考题】

1. 合同的订立与合同成立有何区别与联系?
2. 要约与承诺有何特征?其有何效力?
3. 如何确定合同成立的时间和地点?
4. 如何理解合同的内容?
5. 合同的解释规则有哪些?
6. 何为格式条款?法律对格式条款有哪些特别规制?
7. 缔约过失责任的构成要件是什么?主要有哪些类型?

【法律应用】

1. 乙公司向甲公司发出要约,旋又发出一份"要约作废"的函件。甲公司的董事长助理收到乙公司"要约作废"的函件后,忘了交给董事长。第三天甲公司董事长发函给乙公司,提出只要将交货日期推迟两个星期,其他条件都可接受。后甲、乙公司未能缔约,双方缔约没能成功的原因是什么?(2002年司考题)
   A. 要约已被撤回    B. 要约已被撤销
   C. 甲公司对要约作了实质性改变    D. 甲公司承诺超过了有效期间

2. 甲企业与乙企业就彩电购销协议进行洽谈,其间乙采取了保密措施的市场开发计划被甲得知。甲遂推迟与乙签约,开始有针对性地吸引乙的潜在客户,导致乙的市场份额锐减。下列说法中哪些是正确的?(2002年司考题)
   A. 甲的行为属于正常的商业竞争行为    B. 甲的行为违反了先合同义务
   C. 甲的行为侵犯了乙的商业秘密    D. 甲应承担缔约过失责任

3. 甲公司得知乙公司正在与丙公司谈判。甲公司本来并不需要这个合同,但为排挤乙公司,就向丙公司提出了更好的条件。乙公司退出后,甲公司也借故中止谈判,给丙公司造成了损失。甲公司的行为如何定性?(2003年司考题)
   A. 欺诈    B. 以合法形式掩盖非法目的
   C. 恶意磋商    D. 正常的商业竞争

4. 甲公司于6月5日以传真方式向乙公司求购一台机床,要求"立即回复"。乙公司当日回复"收到传真"。6月10日,甲公司电话催问,乙公司表示同意按甲公司报价出售,要其于6月15日来人签订合同书。6月15日,甲公司前往签约,乙公司要求加价,未获同意,乙公司遂拒绝签约。对此,下列哪一种说法是正确的?(2005年司考题)
   A. 买卖合同于6月5日成立

B. 买卖合同于6月10日成立

C. 买卖合同于6月15日成立

D. 甲公司有权要求乙公司承担缔约过失责任

5. 2003年甲向乙借款3 000元,借据中有"借期一年,明年十月十五前还款"字样,落款时间为"癸未年九月二十日"。后来二人就还款期限问题发生争执,法院查明"癸未年九月二十日"即公元二〇〇三年十月十五日,故认定还款期限为二〇〇四年十月十五日。法院运用了哪几种合同解释规则?(2005年司考题)

A. 文义解释　　　B. 整体解释　　　C. 目的解释　　　D. 习惯解释

6. 某酒店客房内备有零食、酒水供房客选用,价格明显高于市场同类商品。房客关某缺乏住店经验,又未留意标价单,误认为系酒店免费提供而饮用了一瓶洋酒。结账时酒店欲按标价收费,关某拒付。下列哪一选项是正确的?(2007年司考题)

A. 关某应按标价付款　　　　　　B. 关某应按市价付款

C. 关某不应付款　　　　　　　　D. 关某应按标价的一半付款

7. 甲公司在与乙公司协商购买某种零件时提出,由于该零件的工艺要求高,只有乙公司先行制造出符合要求的样品后,才能考虑批量购买。乙公司完成样品后,甲公司因经营战略发生重大调整,遂通知乙公司:本公司已不需此种零件,终止谈判。下列哪一选项是正确的?(2007年司考题)

A. 甲公司构成违约,应当赔偿乙公司的损失

B. 甲公司的行为构成缔约过失,应当赔偿乙公司的损失

C. 甲公司的行为构成侵权行为,应当赔偿乙公司的损失

D. 甲公司不应赔偿乙公司的任何损失

8. 甲公司通过电视发布广告,称其有100辆某型号汽车,每辆价格15万元,广告有效期10天。乙公司于该则广告发布后第5天自带汇票去甲公司买车,但此时车已全部售完,无货可供。下列哪一选项是正确的?(2007年司考题)

A. 甲构成违约　　　　　　　　　B. 甲应承担缔约过失责任

C. 甲应承担侵权责任　　　　　　D. 甲不应承担民事责任

9. 喜好网球和游泳的赵某从宏大公司购买某小区商品房一套,交房时发现购房时宏大公司售楼部所展示的该小区模型中的网球场和游泳池并不存在。经查,该小区设计中并无网球场和游泳池。下列哪些选项是正确的?(2008年司考题)

A. 赵某有权要求退房

B. 赵某如要求退房,有权请求宏大公司承担缔约过错责任

C. 赵某如要求退房,有权请求宏大公司双倍返还购房款

D. 赵某如不要求退房,有权请求宏大公司承担违约责任

10. 张某和李某采用书面形式签订一份买卖合同,双方在甲地谈妥合同的主要条款,张某于乙地在合同上签字,李某于丙地在合同上摁了手印,合同在丁地履行。关于该合同签订地,下列哪一选项是正确的?(2010年司考题)

A. 甲地　　　　B. 乙地　　　　C. 丙地　　　　D. 丁地

11. 甲、丁同为儿童玩具生产商。六一节前夕,丙与甲商谈进货事宜。乙知道后向丙提出更优惠条件,并指使丁假借订货与甲接洽,报价高于丙以阻止甲与丙签约。丙经比较与乙

签约,丁随即终止与甲的谈判,甲因此遭受损失。对此,下列哪一说法是正确的?(2010年司考题)

A. 乙应对甲承担缔约过失责任
B. 丙应对甲承担缔约过失责任
C. 丁应对甲承担缔约过失责任
D. 乙、丙、丁无须对甲承担缔约过失责任

**【讨论案例】**

1. 甲公司因急需500吨直径12毫米的螺纹钢,于2012年3月21日分别向乙、丙、丁三家经营钢材的企业发出函件,称:"急需500吨直径12毫米螺纹钢,价格每吨2 500元,如有货,可在2012年4月15日前交货,货到后10日内付清货款。"丙于2012年3月23日收到函件,次日给甲回电称:"有现货,按来函价格等条件执行。4月15日前交货。"丁收函后给甲回电,要求将价格每吨调整为2 510元。乙收函后未予回函,而是于3月30日向甲发运了500吨螺纹钢,并于4月5日将货物运达。

请回答下列问题:(1)甲与乙、丙、丁之间的缔约过程如何进行的?为什么?(2)甲与乙、丙、丁之间是否成立合同关系?为什么?

2. 甲公司的仓库中存有4 000立方米的优质松木。2000年6月5日,甲公司给乙公司发信,询问乙公司是否愿意以860元/立方米的价格购买松木,并由甲公司代办托运,限3天内答复,过时不候。乙公司当时正急需松木,在收到信件后的第二天便回电话,表示愿意以甲公司提出的价格购买3 000立方米松木。第三天,双方又经过协商,将代办托运货物改为乙公司自提货物。6月12日,乙公司租用车辆,开到了甲公司的仓库。此时甲公司发现仓库里实际上只存有1 000立方米松木,并且松木一直在涨价,如果现在以860元/立方米的价格将松木卖出,会少赚很多钱。甲公司便提出,其发出的要约要求代办托运,并未规定由受要约人派车提货,现在乙公司派车前来,属于单方变更要约条件,应视为未接受甲公司提出的要约,乙公司的承诺只是一个反要约。此外,甲公司认为自己以发信的形式发出要约,那么乙公司也应以发信的形式作出承诺,而不应以电话的形式作出承诺。甲公司拒绝向乙公司交付松木。乙公司经反复请求无效后,向法院提起诉讼,要求甲公司交付3 000立方米松木并赔偿损失。

请回答下列问题:(1)本案中的要约、承诺如何认定?(2)甲、乙双方的合同是否成立?为什么?(3)甲公司提出的理由是否合法?为什么?

# 第三章 合同的效力

**【学习指南】**
重点在于把握合同的生效条件,了解效力待定合同、无效合同、可撤销合同的种类与效力;难点在于理解附条件与附期限合同及其效力。

**【导入案例】**
甲是已满18周岁的大一新生,自己从未购买过衣服。某日,甲去某服装店购买衣服,看中了一件休闲装,店主报价400元,甲未还价即购买了这件衣服。回校后与同学说起买衣服一事,恰巧另一同学也买了同样的衣服,价格为100元,且也是在同一服装店那里买的。于是,甲多次找店主要求退还300元,均遭拒绝。甲认为服装店存在欺诈行为,主张合同无效。通过本章的学习,试分析甲与服装店之间买卖合同的效力。

## 第一节 合同效力概述

### 一、合同效力的含义

#### (一) 合同效力的概念

合同的效力是指法律赋予依法成立的合同对当事人各方以及第三人的法律拘束力。《合同法》第8条中规定:"依法成立的合同,对当事人具有法律约束力。"合同具有法律拘束力并不意味着当事人的合意本身等同于法律或者说法律的效力是合意本身所具有的。合同的本质在于当事人的合意,体现的是当事人的意志,合同本身并不是法律,合同的法律约束力并非直接来源于当事人的约定,而是由法律所赋予的。

由于当事人订立合同的目的在于追求自身的利益,这就有可能使合同与国家意志和社会公共利益相违背。为了保障当事人的合法权益和维护交易秩序、公共利益,国家通过立法来加强对合同的干预,对已成立的合同作出评价。对于符合国家意志和社会公共利益的合同,法律对其作出肯定评价,赋予其拘束力;对于那些与国家意志和社会公共利益不符的合同,法律对其作出否定评价,合同不能发生当事人预期的法律效果。同时,当事人为了使合意符合国家意志的要求,实现其目的,也会尽量使订立的合同满足法律规定的生效要件。法律通过对符合生效要件的合同的承认,赋予当事人的合意以法律效力,促使当事人在合同的约束下,行使合同权利,履行合同义务。

(二) 合同效力的内容

合同的效力体现在合同对当事人各方和第三人的拘束力上。合同本质上是当事人之间的合意,合同有效成立后,当事人根据合同享有相应的权利,履行相应的义务。因合同产生的债权,本质上属于相对权,合同的权利人只能向该合同特定的义务人行使权利,而不能请求第三人履行合同上的义务,第三人也不得向合同的当事人主张合同上的权利和承担合同上的义务。但鉴于在合同履行中第三人非法干预债务的履行,或者与债务人恶意串通损害债权人利益的行为屡有发生,所以法律在赋予当事人依法行使合同权利的同时,还保护合同的权利,排除任何对合同权利的不法侵害。因此,合同的效力还包括排除第三人非法干预和侵害债权的效力。

合同对当事人的拘束力包括:(1) 当事人享有依法律规定和合同约定产生的权利,并依法受法律的保护。合同的权利包括请求给付的权利、接受给付的权利、抗辩权、代位权、撤销权、处分债权的权利、一方违约时的救济权利。(2) 当事人负有全面适当履行合同的义务。《合同法》第 8 条中规定:"当事人应当按照约定履行自己的义务,不得擅自变更或者解除合同。"当事人违反合同义务,不仅是违约行为,而且是违法行为,应当承担违约责任。

合同对第三人的约束力主要表现在:(1) 任何第三人不得随意侵害债权。在合同债权受到第三人侵害时,债权人得请求排除妨害并享有要求赔偿损失的权利。(2) 在合同债权人行使撤销权或代位权时,合同对第三人发生效力。(3) 在合同履行中,合同可以由第三人代替履行。

## 二、合同的成立与合同的生效

《合同法》第 44 条第 1 款规定:"依法成立的合同,自成立时生效。"

罗马法曾规定了"同时成立之原则",认为法律行为的成立与效力同时发生。长期以来,我国立法与司法实践对合同成立与生效以及相关的合同的不成立与无效未作出严格的区分,从而将合同的成立与生效等同起来。其实,如前所述,合同的成立和生效是两个既有联系又有区别的概念。当事人订立了合同,要实现合同产生的权利和利益,就要使合同发生效力;合同的成立是合同生效的前提,只有合同成立了才能谈得上合同有效无效等问题;合同成立只解决合同存在与否的问题,而合同成立后是否发生效力则是法律价值的判断问题。当然,对于那些依法成立而且符合生效要件的合同而言,合同自成立之时便产生法律拘束力。

一般地说,合同的成立与生效主要存在以下几个方面的区别:

第一,概念和性质不同。合同的成立是指合同订立过程的完成,当事人通过平等协商,对合同的主要条款达成合意。一旦当事人就合同的主要条款意思表示一致,即使意思表示存在瑕疵,合同仍然有效成立。合同生效是指合同符合法律的规定,从而产生法律拘束力。合同成立以后,是否发生效力取决于法律对合同的评价。如果合同不符合法律规定的生效要件,则合同不能发生法律效力。合同的成立主要体现当事人的意志,体现了合同自由原则,以当事人的合意为基本规定性。而合同的生效则表明法律对合同关系肯定或否定的评价,反映的是国家对合同关系的干预,以法律规范为其基本规定性。

第二,要件不同。合同的成立主要取决于当事人的意志,只要存在双方或多方当事人,且当事人就合同的主要条款意思表示一致,合同即告成立。当然,下列两种情况不影响合同的成立:一是当事人对非主要条款未达成合意;二是当事人的意思表示存在瑕疵。合同的生效应以合同的成立为前提,但除了当事人的合意之外,还应符合法律规定的生效要件。《中华人民共和国民法通则》(以下简称《民法通则》)第55条规定,一般民事法律行为应具备以下三个要件:一是行为人具有相应的民事行为能力;二是意思表示真实;三是不违反法律或社会公共利益。这是合同的一般生效要件。如果法律或当事人对合同的生效要件有特殊规定,则合同在满足了一般生效要件的基础上还应符合这些特殊的规定,合同才能发生法律效力。

第三,法律后果不同。合同成立主要涉及的是当事人之间的合意存否,因此,合同的不成立只能产生缔约过失责任;而合同的无效本质上是违反法律的问题,因此,合同无效不仅会产生缔约过失责任等民事责任,还可能引起行政责任甚至刑事责任。

第四,国家干预的程度不同。合同的成立反映的是当事人意思自治,体现了合同自由原则。合同不成立除非当事人提出主张,司法机关或仲裁机构不会主动予以干预;而合同的效力问题反映了法律对当事人意志的评价,体现了国家对合同关系的干预。无效合同因其违法性,即使当事人不主张,国家也应主动干预,以维护法律的权威和合同的严肃性。

第五,解释方法及意义不同。在合同的条款有遗漏或者不清楚的情况下,如果当事人已经就合同的主要条款达成了协议,就认为合同已经成立。对于不齐备或不明确的条款,允许法院通过合同解释的方法,探求当事人的真实意思,完善合同的内容。但是,合同的生效问题体现的是国家的干预,它不解决和完善合同的内容问题。如果合同的内容不符合法律规定的生效要件,那就意味着当事人的意志根本不符合国家意志,法院一般不能通过合同解释的方法使合同有效,只能依合同效力制度认定合同无效。

## 第二节 合同的一般生效要件

合同的生效要件是指已经成立的合同发生完备的法律效力所应具备的法律条件。《合同法》对合同的生效要件并没有直接作出规定,但合同是双方或多方当事人的民事行为,因此,有效的合同应符合一般民事法律行为应具备的要件。根据《民法通则》第55条的规定,合同的一般生效要件包括以下几项。

### 一、行为人具有相应的民事行为能力

任何合同都是以当事人的意思表示为基础,并且以产生一定的法律效果为目的的。因此,合同的当事人须具备正确理解自己行为性质的后果,独立表达自己意思的能力。也就是说,当事人必须具备与订立某项合同相应的民事行为能力。《合同法》第9条第1款明确规定:"当事人订立合同,应当具有相应的民事权利能力和民事行为能力。"这一规定与《民法通则》关于法律行为有效要件的规定是相一致的。

自然人原则上必须具有完全民事行为能力才有缔约能力,限制民事行为能力人和无民事行为能力人不得亲自缔约,应由其法定代理人代为签订合同。但是,限制民事行为能力人因可以从事与其年龄、智力相适应的民事法律行为,因此,对于与其年龄、智力相适应的合

同,限制民事行为能力人是有缔约能力的,可以自主订立。对于限制行为能力人超越缔约能力订立的合同,各国都规定并非为当然无效的合同,经过事后的追认,可以发生效力。无民事行为能力人不能独立进行民事活动,所需要从事的民事活动由其法定代理人实施。但这并不意味着所有的民事活动都须由法定代理人代理。最高人民法院《贯彻执行民法通则的意见》第6条规定:"无民事行为能力人、限制民事行为能力人接受奖励、赠与、报酬,他人不得以行为人无民事行为能力、限制行为能力为由,主张以上行为无效。"因此,无民事行为能力人在纯获利益而不承担义务的合同中,可以作为合同中受益的当事人,合同是有效的。

关于法人的缔约能力,通说认为,法人的行为能力是一种特殊类型的行为能力。法人有权从事活动的范围记载于经过登记核准的法人章程中。我国以往的司法实践曾认为,法人只能在其核准登记的生产经营和业务范围内活动,法人的缔约能力也以此为限。法人超越其经营范围和业务范围订立的合同往往被认定为无效合同。但是,将法人超越经营范围而订立的合同简单地视为无效,不仅不利于对善意相对人的保护,而且也不利于鼓励交易和保障经济活动。事实上,20世纪以来,许多大陆法系国家的公司法大都规定,公司的缔约行为超越范围时,如不能证明相对人为恶意,则合同仍为有效。在此情形下,仅发生有关负责人对公司的民事责任。我国《合同法》没有明确将超越经营范围而订立的合同规定为无效,而是于第50条规定:"法人或者其他组织的法定代表人、负责人超越权限订立的合同,除相对人知道或者应当知道其超越权限的以外,该代表行为有效。"这里所指的法定代表人超越权限包括两种不同的类型:一是法人内部的特别文件对于法定代表人的权限的限制;二是法人通过章程中关于经营范围的规定而对法定代表人活动范围的限制。在这两种情形中,都发生该限制对于第三人的对抗效力问题。合同法从保护善意第三人的角度,确认在第三人为善意时,合同有效。最高人民法院《关于适用〈中华人民共和国合同法〉若干问题的解释(一)》(以下简称《关于合同法的解释(一)》)第10条规定:"当事人超越经营范围订立合同,人民法院不因此认定合同无效。但违反国家限制经营、特许经营以及法律、行政法规禁止经营规定的除外。"

关于非法人组织的缔约能力问题,理论上存在不同的认识。非法人组织包括非法人企业、非法人经营体、非法人非营利团体等类型。 关于非法人组织的缔约能力主要有否定说与肯定说两种观点。否定说认为,非法人组织无法律上人格,不能以自己的名义参加民事活动,因而不能成为合同的主体,也不具有缔约能力。肯定说认为,非法人组织可有缔约资格,但其理由又有不同。也有的认为,由于非法人组织的出资者或开办者具有缔约能力,它们可以通过一般的授权而赋予非法人组织以缔约权限。这种情况下,非法人组织可以享有缔约的资格。但这不是以该组织的名义而为的缔约行为,而是一种职务代理行为。合同关系的主体仍然是非法人机构的出资者或开办者。也有的认为,非法人组织也具有缔约能力,可以独立订立合同。我们同意后一种观点。既然合同法上承认法人以外的其他组织也可为合同主体,它当然也就应有相应的缔约能力。当然,对于那些未经法人书面授权,或者未领取《营业执照》的非法人组织,则不能以自己的名义订立合同,不具有独立的缔约资格。

## 二、意思表示真实

意思表示是指向外部表明意欲发生一定私法上法律效果之意思的行为。 意思表示包

---

① 参见梁慧星:《民法总论》(第四版),法律出版社2011年版,第146—147页。
② 同上书,第172页。

括效果意思和表示行为两个要素。效果意思是指意思表示人欲使其表示内容引起法律上效力的内在意思要素;表示行为是指行为人将其内在意思以一定方式表现于外部,并足以使外界所客观理解的行为要素。① 意思表示真实是指当事人的表示行为真实地反映了其内心的效果意思,且其内心的效果意思形成是行为人自己的真实意愿,效果意思与表示行为相一致。合同的本质在于当事人的合意,因此,意思表示真实是合同生效的一个重要条件,也是意思自治原则的当然要求。

但现实情况中,很多原因会导致当事人的意思表示和其内心的真实意思不符,即意思表示不真实。意思表示不真实又称意思表示瑕疵,它包括意思表示不自由和意思表示不一致两种情况。意思表示不自由是指当事人的意思不是在自由的状态下形成和作出的,而是受了他人的不正当影响或干预,如受欺诈、受胁迫作出的意思表示。意思表示不一致是指当事人的表示行为与其内心的效果意思是相背离、扭曲的,如重大误解等。

在当事人意思表示不真实的情况下,如何确定当事人意思表示的效力呢? 对此,各国立法规定有所不同,主要有三种原则:第一,意思主义原则。该原则认为,内心意思是意思表示的来源,外在的表示行为应以当事人的内心意思为根据,故对不真实的意思表示,应认定当事人的外在表示行为无效。第二,表示主义原则。该原则认为,由于当事人的内心意思外人很难判断,故应以行为人的外在表示为准,以保护与其进行民事活动的相对人。第三,折衷主义原则。该原则认为,在意思表示不真实的情况下,应根据具体情况或以意思主义为原则,以表示主义为例外,或以表示主义为原则,以意思主义为例外,以兼顾表意人与相对人的利益。如果仅仅考虑当事人的内心意思是不妥当的,因为当事人的内心意思隐藏在内心深处,他人无法得知;如果丝毫不考虑当事人的外部表示,当事人则得随时以表示不真实主张合同无效,这会对相对人利益造成损害且有损交易的安全和效率。但如果仅仅以表意人的外部表示为准,那么在受欺诈、受胁迫或乘人之危的情况下所作的与内心意思不符而签订的合同仍然有效,不仅会严重损害表意人的利益,而且也纵容和助长了欺诈、胁迫等违法行为,与法律的公平、正义背道而驰。因此,采用折衷主义更为合理,这样根据具体情况既考虑行为人的内心意思,又考虑其外部表示,可兼顾相对人的利益和交易安全。

根据合同的本质和意思自治原则,我国《合同法》没有一概认定意思表示不真实的合同无效,而是根据具体情况作出了规定。如果合同违反了法律强行性规定和社会公共利益,则合同是无效的;如果合同不违反法律强行性规定和社会公共利益,仅仅涉及当事人的利益关系,则此类合同为可撤销的合同,由当事人决定合同的效力。

### 三、不违反法律或者社会公共利益

合同不违反法律或者社会公共利益,体现了法律对当事人合同自由的限制。合同作为当事人自由协商订立的产物,不仅要反映当事人的意志,还要受到强制性法规的合法性审查。这是当事人订立合同受法律确认和保护的前提条件。只有那些目的和内容符合法律的强制性规定的合同才能够得到法律的认可和保障;反之,那些目的和内容违反法律强行性规定的合同不仅得不到法律的认可和保障,还会发生当事人承担责任的问题。《合同法》第 7 条规定:"当事人订立、履行合同,应当遵守法律、行政法规,尊重社会公德,不得扰乱社会经

---

① 参见董安生:《民事法律行为》,中国人民大学出版社 2002 年版,第 168 页、第 169 页。

济秩序,损害社会公共利益。"

《合同法》对合同自由的限制体现在两个方面:一是合同不得违反法律的强行性规定。这里的法律不仅包括全国人民代表大会及其常务委员会制定的法律,还包括国务院制定的行政法规;二是合同不得违反公共利益。社会公共利益是一个不确定的概念,通常指不特定多数人的利益,凡是社会生活的政治基础、社会秩序、道德准则和风俗习惯等,均可包括在内。将不违反公共利益作为合同的有效要件,一方面可作为弹性条款以弥补立法的滞后与不足;另一方面也有助于强化人的伦理道德。

**四、合同标的须确定、可能**

合同的标的必须是确定的、可能的,合同才能发生法律效力。因为只有标的确定、可能,才能按照合同划分当事人的权利义务范围,当事人才能按照合同行使权利,履行给付义务。

标的的确定是指合同的标的自始确定,或可以确定。当合同的标的是给付特定物时,该标的物的确定性是毫无疑问的。但当其为给付种类物时,标的物的确定性就表现为物之类别的确定。至于种类物的质量,没有约定的,按照通常的交易习惯确定。对标的的确定性应作广义的解释,如果合同中包含了将来确定的方法,或者依照法律规定的方式,或依交易习惯或依照法院的解释可以确定时,就应认为标的确定。

标的的可能是指合同的给付是可以实现的,合同的权利义务在客观上有成为现实的可能性,如果标的无法实现,则不发生法律上的效力。标的的不能可分为事实不能与法律不能、全部不能与一部不能、客观不能与主观不能、永久不能与一时不能等。这里所指的标的不能是指事实上的、全部的、客观的、永久的不能。此外,标的的可能还指不得违反法律的强行性规定。违反法律的强行性规定即为学理上的"法律不能",如贩卖毒品的合同是不能发生法律效力的。

## 第三节 附条件与附期限的合同

### 一、附条件的合同

#### (一) 附条件合同的概念

附条件的合同,是指当事人在合同中约定一定的条件,以条件的成就与否来决定合同效力的发生或消灭的合同。也就是说,在附条件的合同中,合同生效或者解除取决于该条件的成就与否。《合同法》第 45 条第 1 款规定:"当事人对合同的效力可以约定附条件。附生效条件的合同,自条件成就时生效。附解除条件的合同,自条件成就时失效。"在附条件的合同中,合同已经具备了法律所要求的成立要件或者已经发生了效力,因为附有条件,所以合同要等到条件成就之时发生效力或失去效力。

按一般规则,合同自依法成立时生效,至终止时失效。但是,由于一些特殊原因,如经济状况、经营状况等,当事人希望设置一定的条件,等条件满足后,才让自己与他人之间订立的合同发生效力或者使合同失去效力。法律规定附条件的合同,在于尊重当事人的意思自治,更好地满足当事人的要求。因此,我国法律规定,除了法律明确规定的法律行为,如继承权的接受和放弃等民事行为不得附条件外,其他民事行为均可以由当事人设定条件,限制民事法律行为的效力。

附条件的合同不同于附负担的合同。负担是指法律行为的生效以履行一定的义务为前提,负担是当事人必须履行的义务。在附负担的合同中,对方不履行义务,通常构成违约行为,并且这种法律行为一经成立即发生效力。而在附条件的合同中,条件只是一种事实而不是义务,条件成就与否与违反法律行为的规定无关。因为条件是一种不确定的事实,不是法律上的义务,在以当事人一方的行为作为条件时,即使当事人的目的在于强制对方履行该行为,也并不因此承担成就其条件的义务。例如,甲与乙约定:甲分配到房屋,就请乙装修。甲乙之间的房屋装修合同是以甲是否分配到房屋为条件的,但分配房屋不是甲的义务。再如,甲与乙约定,如乙能戒酒就赠与其千元。甲乙约定的目的在于强制乙戒酒,但即使乙不能戒酒,也非违反义务,甲没有强制乙戒酒的诉权。但是,负担则不同,如在附负担的赠与协议中,履行负担是当事人的法律义务,如不履行负担,就应当返还赠与物,法院也可判决强制执行。

### (二) 条件的含义与要件

在附条件合同中,条件是当事人所约定的用以限制合同效力产生或消灭的特定事实。条件属于法律事实的一种,既可以是事件,也可以是行为。但并非所有的事实都能成为条件,成为条件的事实必须符合下列要件:

#### 1. 条件须是尚未发生的事实

条件必须是合同成立时尚未发生的事实。如果合同成立时作为条件的事实已经发生,这种条件事实就是确定的事实,不再决定着合同的效力。当事人将既成的事实作为条件时,如果该条件决定着合同的生效,则等于该合同为未附任何条件,如甲已经中奖,还与他人达成协议:"如我获奖,当赠与你一半。"此时等于没有条件,甲的真实意思是无条件赠与;如果该条件决定着合同效力的消灭,则说明当事人希望合同无效。

#### 2. 条件须是发生与否不确定的事实

条件是将来发生与否不能肯定的事实,即其是否发生只具有可能性,而不具有必然性。因此,完全不可能发生或一定发生的事实不能作为条件。如果把将来肯定发生的事实作为条件,则该事实实际上是期限而不是条件。如果当事人把根本不可能发生的事实作为合同的条件,若以该条件决定合同的生效,则表明当事人根本不希望订立合同;若决定合同的失效,则视为根本未附任何条件。

#### 3. 条件须是当事人约定的事实

由于合同所附的条件是当事人意思表示的一部分,所以条件须是当事人双方约定的事实。法律直接规定或按合同性质当然具备的限制条件,不属于"条件"。如果合同中附有此类条件,则视为未附任何条件。

#### 4. 条件须是合法的事实

当事人约定作为条件的事实不能违背法律和社会公共利益,否则为不法条件。关于附有不法条件的合同的效力,有的学者认为合同应认定无效;有的学者认为条件无效,而合同有效。我们认为,对此应区分对待。对于与条件分离后可独立存在且内容合法的合同应认定为有效;反之,则为合同无效。

### (三) 条件的种类

#### 1. 停止条件和解除条件

根据条件对合同效力产生的作用,可以将条件分为停止条件和解除条件。

停止条件又称延缓条件,是指决定合同效力发生的条件。在附停止条件的合同,合同已经成立,但当事人并不希望该合同立即生效,而是待所附条件成就之后,合同才发生效力;如果条件不成就,则合同不发生效力。例如,甲乙约定:若明天下雨,甲就赠与乙一把雨伞。明天下雨就是这个赠伞合同的停止条件。如果明天下雨,则条件成就,赠与合同发生效力;反之,赠与合同则不发生效力。

解除条件又称消灭条件,是指决定合同效力消灭的条件。在附解除条件的合同,合同成立后即发生效力。如果条件成就,合同的效力就归于消灭;如果条件不成就,合同则继续有效。例如,甲乙在租赁合同中约定:如果甲的儿子从国外回来,乙就把租赁的房子退还给甲。该租赁合同成立后便发生效力,当所附条件成就即甲的儿子从国外回来后,合同的效力就归于消灭;反之,租赁合同继续有效。

2. 积极条件和消极条件

根据条件是否以某种事实的发生为内容,可以将条件分为积极条件和消极条件。

积极条件又称为肯定条件,是以某种事实的发生为内容的条件。在附积极条件的合同,作为条件内容的事实发生了,视为条件已成就;如果作为条件的事实未发生,则视为条件未成就。例如,甲乙约定:如果明天下雨,甲就赠与乙一把雨伞。明天下雨即为积极条件,如果明天下雨,则条件成就;明天不下雨,则条件不成就。

消极条件又称否定条件,是以某种事实的不发生为内容的条件。在附消极条件的合同,作为条件的事实不发生,则条件成就;反之,则视为条件不成就。如甲乙约定:甲向乙交付机器一台,若一周内机器不发生故障,买卖合同生效。在此,不发生故障即为消极条件。

(四) 附条件合同的效力

当事人可以对合同附加条件,是意思自治原则的表现。合同附有条件的,合同的一方或双方,于条件的成就与否时就能获得一定利益。在附停止条件的合同中,一方或双方有希望在条件成就时取得权利,故有学者将这种权利称为"希望权"。而在附解除条件的合同中,条件成就,合同失效,权利将复归于原权利人,故有学者将其称为"复归权"。这两种权利都是对将来的权利或利益的期待,故有学者又将此两种权利统称为"期待权"。由于这种期待权因条件的成就,将从不确定的权利转化为确定的权利,并给当事人带来利益,因此,这种期待权是受法律保护的。在合同成立之后,条件成就之前,当事人不得为自己利益,不正当地促成或阻止条件的成就。

不正当地促成或阻止条件的成就,是指行为人违反法律、道德和诚实信用原则,以作为或不作为的方式促成或阻止条件的成就。因为按法律要求,作为条件的事实必须是按其自然进程发生或不发生,如果一方以不正当行为对条件的成就与否施加影响,可能会对对方当事人产生不公平的结果。因此,《合同法》第45条第2款规定:"当事人为自己利益不正当地阻止条件成就的,视为条件已成就;不正当地促成条件成就的,视为条件不成就。"合同一方于条件成就之前,侵害对方和其他利害关系人的期待权造成损害的,应负赔偿损害责任。

## 二、附期限的合同

### (一) 附期限合同的概念

附期限合同,是指当事人以确定到来的事实作为合同效力的发生或消灭依据的合同。《合同法》第46条规定:"当事人对合同的效力可以约定附期限。附生效期限的合同,自期限届满之时生效。附终止期限的合同,自期限届满时失效。"例如,双方当事人在合同中约定,一个月后甲方将房屋租赁给乙方,此合同便属于附期限的合同。

合同所附期限与合同的履行期限不同。合同的履行期限是双方当事人约定履行合同义务的时间。在合同履行期限到来之前,合同已经发生效力,当事人的权利义务已经发生,双方都应受到合同的拘束。但只有在履行期限到来之时,债权人才能请求债务人履行债务。否则,债务人可以予以拒绝。而在附期限的合同中,期限是对合同效力的限制。在所附期限到来之前,合同或没有发生效力或已经发生效力;期限届至,合同或生效或失效,双方开始享有权利承担义务或双方的权利义务终止。

**(二) 期限的特征**

1. 期限是当事人约定的而不是由法律直接规定的

期限应由当事人自由约定。法律所规定的期限,以及法院根据当事人情况所决定的期限,不属于附期限合同中的期限。

2. 期限须符合法律规定

合同所附的期限应当符合法律的规定。例如,对于合同债务的免除就不得附终期,而以票据作为结算方式的,出具的票据不得附有不确定期限。

3. 期限是将来确定要到来的事实

期限和条件都是合同的附款,合同所附的期限与合同中所附的条件一样,都可直接限制合同效力的发生或消灭,但作为条件的事实是否发生是不确定的,而期限是以确定的事实为内容的,期限的到来具有必然性。期限是以一定时间或期间的到来对合同的效力起限制作用,因此只有尚未到来且必然到来的时间才能作为合同所附的期限。例如,双方在合同中约定:第二天若下雨,则甲借雨伞给乙。由于第二天是否下雨是不确定的,因此,在这里当事人约定的是条件而不是期限。当然,期限的约定以具体的年月日表述为常见。但在特殊情况下,期限也可以是必然发生的某事实的发生时间。

**(三) 期限的种类**

1. 始期和终期

根据期限对合同的效力所起的作用,可以将期限分为始期和终期。

始期又称延缓期限或生效期限,是指已成立的合同发生法律效力的期限。在附始期的合同中,合同虽然已成立,但其效力仍然处于停止状态,待期限到来时,效力才发生。如合同中规定,"本合同自某年某月某日生效",该期限即为始期。至该期限到来后,当事人才能实际享有权利和承担义务。

终期又称解除期限,是指已生效的合同终止法律效力的期限。在附终期的合同中,合同已经发生效力,在期限到来之后,合同效力终止。

2. 确定期限和不确定期限

根据期限在当事人订立合同时能否确定,可以将期限分为确定期限和不确定期限。

确定期限是指期限到来的时间在订立合同时已明确的期限,如甲乙双方约定自 10 月 1 日起房屋买卖合同生效。

不确定期限是指期限到来的时间在订立合同时是尚未明确确定的期限。如甲乙约定战争结束后,乙将房屋出售给甲,这种期限称为不确定的期限。由于战争必有结束之日,但在订约时对战争结束的时间不可能确定,因此该期限属于不确定期限。

### (四) 附期限合同的效力

合同所附期限的目的在于在时间上限制合同的效力。所以附始期的合同,当期限到来时合同发生效力;附终期的合同,当期限到来时合同丧失效力。在期限来到之前当事人虽然未实际取得一定的权利或使一定的权利回复,但存在着取得权利或回复权利的可能性,因此与附条件的合同一样,当事人享有期待权,这种权利同样受法律保护。当期待权受到侵害时,受害人有请求损害赔偿的权利。

## 第四节 效力待定合同

### 一、效力待定合同的概念和特征

#### (一) 效力待定合同的概念

效力待定合同是指合同虽已成立,但因有效要件欠缺,是否能发生效力尚未确定,有待于其他行为或事实使其确定的合同。

效力待定合同不同于有效合同。有效合同是符合合同的有效要件发生法律效力的合同,而效力待定合同是因欠缺合同有效的要件,自身具有瑕疵,而不能确定是否发生效力的合同;如果有权人通过追认来消除该瑕疵,则合同就确定有效,否则就归于无效。可见,效力待定合同于合同成立时是否有效是不确定的。

效力待定合同不同于无效合同。无效合同欠缺有效要件是与合同制度的目的相抵触的,会侵害社会公共利益或他人利益,其瑕疵不可修复。因此,法律对此作出否定性的评价,令其绝对地、当然地不发生法律效力,不能因第三人的其他行为而发生效力,也无须以其他的行为再确定其不发生效力。效力待定合同虽欠缺有效要件,但对社会公共利益的损害相对轻微,与合同制度的目的不发生根本性的抵触,因此法律允许有权人通过追认消除该瑕疵。这既有利于保护相对人的利益,提高交易效率,节约交易成本,也体现了当事人的意志,符合意思自治原则,维护了交易安全。

效力待定合同也不同于可撤销合同。可撤销合同是因为当事人意思表示不真实,法律赋予当事人以撤销权。若合同被撤销,则合同归于无效;若合同没有撤销,则合同仍然有效。在尊重当事人意思、瑕疵的修复上,效力待定合同与可撤销合同两者具有共性。但可撤销合同在成立后、撤销前已经确定地发生了法律效力,而效力待定合同在成立后其有效或无效处于不确定的状态。

#### (二) 效力待定合同的特征

效力待定合同具有如下特征:

1. 合同已经成立,但本身有事后可以补正的瑕疵

效力待定的合同是已经成立的合同,不仅当事人已经就合同的主要条款达成一致,而且合同的内容亦不违反法律的强行性规定和社会公共利益。但合同本身存在着瑕疵,这种瑕疵主要是主体资格方面的瑕疵,可以通过事后的追认予以补正。

2. 合同成立时其效力未定

效力待定合同成立之时,因其主体资格方面存在的瑕疵,合同是否发生效力尚不确定,

既存在发生效力的可能性,也存在不发生效力的可能性。也就是说,合同是否发生效力还有待于其他事实的确定。

3. 效力待定的合同效力取决于第三人的追认

效力待定合同效力的发生取决于第三人的追认权的行使。也就是说,第三人对合同的效力有追认权,一旦有权人予以追认,合同发生效力;如果有权人拒绝追认,合同自始不发生效力。

所谓追认,是指追认权人明确地表示同意效力待定的合同有效的行为。追认是一种单方的意思表示,无需对方当事人的同意即发生法律效力。因此,追认权属于形成权。第三人追认或拒绝追认的意思表示应向效力未定合同的相对人作出。通常认为,追认应以明示方式作出,但如果有权人自愿履行则视为以默示方式作出追认。第三人的追认应当是无条件的,是对合同全部内容的承认。如果仅承认合同的部分条款而拒绝其余内容,相对人同意的,则合同部分有效,而其余条款无效;相对人未同意的,则视为拒绝追认。

为了平衡合同当事人之间的利益关系,使合同不确定的效力状态早日确定,法律规定了相对人的催告权和撤销权。

所谓催告权,是指相对人在得知其与对方所签订的合同存在效力未定的事由以后,得催促追认权人在一定期限内作出是否追认表示的权利。催告权的行使应满足下列要件:(1)合同效力尚未确定;(2)要求追认权人在合理期限内作出答复;(3)催告的意思必须向追认权人作出。

所谓撤销权,是指相对人依其单方意思表示使合同溯及地消灭的权利。它在性质上属于形成权。在合同被追认之前,善意的相对人享有撤销权。撤销权的行使应满足下列要件:(1)撤销权应在合同被追认之前行使。合同被追认之后,合同确定有效,不能被撤销。(2)相对人须为善意。即相对人在订立合同时不知道对方主体资格上存在瑕疵,亦即不知道对方系限制行为能力人、无权代理人和无权处分人。(3)撤销应以通知的方式作出。

## 二、效力待定合同的类型

### (一)限制民事行为能力人依法不能独立订立的合同

《合同法》第47条第1款规定:"限制民事行为能力人订立的合同,经法定代理人追认后,该合同有效,但纯获利益的合同或者与其年龄、智力、精神状况相适应而订立的合同,不必经过法定代理人追认。"

根据《民法通则》的规定,10周岁以上不满18周岁的未成年人和不能完全辨认自己行为的精神病人为限制民事行为能力人,可以从事与其年龄、智力和健康状况相适应的民事活动。限制民事行为能力人超出此范围之外订立合同的,须经法定代理人同意。未经法定代理人同意,限制民事行为能力人订立了依法不能独立订立的合同,就产生了缔约资格上的瑕疵,该合同就属于效力待定合同。

在限制民事行为能力人订立了依法不能独立订立的合同时,其法定代理人享有追认权,可以追认合同使该合同有效。当然,限制民事行为能力人取得民事行为能力后,也有权追认合同。该追认权的行使,由限制民事行为能力人的法定代理人以意思表示的方式向合同相对人为之。依《关于合同法的解释(二)》第11条规定,追认的意思表示自到达相对人时生效,合同自订立时生效。

法定代理人的追认权受除斥期间的限制,该期间为 1 个月。关于该期间的起算点,《合同法》未明确规定,而只是规定"相对人可以催告法定代理人在一个月内予以追认"。对此,学理上有两种解释:一是该 1 个月期间应从合同相对人向法定代理人催告之日开始计算;二是该 1 个月期间应从催告通知所确定的开始起算之日开始计算。若催告未明确追认开始时间,则以催告之日为准。我们认为,相比较而言,第二种解释更合理。

《合同法》第 47 条第 2 款规定:"相对人可以催告法定代理人在一个月内予以追认。法定代理人未作表示的,视为拒绝追认。合同被追认之前,善意相对人有撤销的权利。撤销应当以通知的方式作出。"可见,善意相对人享有催告权与撤销权。合同相对人在缔约后的一定期间内,有权催告法定代理人在 1 个月内是否追认。法定代理人在该期限内未作追认表示的,视为拒绝追认。善意相对人在合同被追认之前,也可行使撤销权,以通知的方式告知对方当事人要撤销合同。相对人撤销的意思表示一经作出,即发生撤销合同的效力。

**(二) 无权代理人订立的合同**

无权代理有广义与狭义之分。广义的无权代理包括狭义的无权代理和表见代理。表见代理人所订立的合同属于效力确定的合同,狭义的无权代理人所订立的合同属于效力待定合同。

《合同法》第 48 条第 1 款规定:"行为人没有代理权、超越代理权或者代理权终止后以被代理人名义订立的合同,未经被代理人追认,对被代理人不发生效力,由行为人承担责任。"可见,无权代理订立的合同包括三种情形:一是自始就不存在代理权,即行为人从未获得被代理人的授权,却以被代理人名义与相对人订立合同;二是行为人虽有代理权却超越代理权限范围与相对人订立合同;三是曾经有代理权,因一定事由代理权消灭后,仍以被代理人的名义与相对人订立合同。无权代理人所订立的合同因缺乏代理权而存在瑕疵,但这种瑕疵并非不可修正的。这是因为,无权代理人订立的合同不一定都违背被代理人的意志和损害被代理人的利益。有些合同可能对被代理人有利,如果一概宣布无效,在被代理人同意接受该合同的约束时,还需要被代理人同相对人之间进行新一轮缔约行为,这无疑增加了交易成本。而对于相对人而言,其与无权代理人订立合同只在追求合同发生效力与被代理人形成合同关系,而并非希望合同无效。所以,法律规定这类合同为效力待定合同,被代理人有权进行选择:可以进行追认,承认该代理行为,从而成为合同的主体;也可以拒绝追认,使合同对其不发生效力。依《关于合同法的解释(二)》第 12 条规定,被代理人已经开始履行合同义务的,视为对合同的追认。相对人也可以催告被代理人在 1 个月内予以追认。被代理人未作表示的,视为拒绝追认。合同被追认之前,善意相对人有撤销权。撤销应以通知的方式作出(《合同法》第 48 条第 2 款)。

表见代理是指无权代理人以被代理人的名义进行民事活动,虽无代理权但存在足以使善意相对人相信其有代理权的理由,因而该代理行为有效,产生的法律后果由被代理人承担。《合同法》第 49 条规定:"行为人没有代理权,超越代理权或者代理权终止后,以被代理人的名义订立合同,相对人有理由相信行为人有代理权的,该代理行为有效。"这就是关于表见代理的规定。表见代理本质上属于无权代理,但因为善意相对人有正当的理由相信行为人有代理权,并与其订立合同,为了保护善意相对人的利益,维持交易安全,《合同法》规定行为人的表见代理行为有效,其订立的合同是有效合同,而不属于效力待定合同。表见代理人订立的合同,直接对被代理人发生效力。被代理人不得以行为人事实上无代理权以及自己无过失等为理由,向相对人提出抗辩。但在被代理人承担了对自己不利的法律后果后,可以向表见代理人追偿损失。此外,相对人既可以主张狭义无权代理,向无权代理的行为人追究责任;也可以主张成立表见代理,向被代理人追究责任。

与表见代理相似的情形为表见代表。表见代表是代表法人或其他组织实施法律行为的行为人无代表权但有使他人相信其有代表权的事实。这主要表现为法人或者其他组织的代表人、负责人超越权限订立合同。法人或者其他组织往往通过章程或者其他文件对法定代表人或负责人的权利进行限制,但这种限制并非能为相对人知悉,如果相对人不知道,则该代表人、负责人超越权限订立合同就为表见代表行为。《合同法》第 50 条规定:"法人或者其他组织的法定代表人、负责人超越权限订立的合同,除相对人知道或者应当知道其超越权限的以外,该代表行为有效。"这一规定表明,除相对人知道或应当知道的情况之外,越权代表行为是有效的。因为法人的法定代表人或其他组织的负责人在以法人或其他组织的名义从事经营活动时,不需要法人或其他组织的特别授权。他们完全有资格代表法人或其他组织,他们执行职务的行为所产生的一切后果均应由法人或其他组织承担。对于第三人而言,第三人只认定法人的法定代表人或者其他组织的负责人就是代表法人或其他组织,一般不知也没有义务知悉法定代表人或者其他组织负责人的权限有哪些,不会怀疑他们的行为是否有专门的授权,况且法人或者其他组织的内部规定也不应对第三人有约束力,否则将不利于交易的安全,也不利于保护合同的相对人的利益。但在订立合同过程中,如相对人为恶意即相对人知道或者应当知道法定代表人或者其他组织的负责人超越权限而仍与之订立合同的,合同无效,由该法定代表人或负责人向相对人承担责任。

(三) 无权处分人订立的合同

无权处分人订立的合同是指行为人没有处分他人财产的权利而以自己名义与相对人订立了处分他人财产的合同。《合同法》第 51 条规定:"无处分权的人处分他人财产,经权利人追认或者无处分权的人订立合同后取得处分权的,该合同有效。"可见,无权处分人订立的合同属于效力待定合同。

禁止无权处分人处分他人财产是一条古老的原则,但考虑到合同可能事实上不违背所有权人的意志,所有权人愿意接受合同的约束,为了提高效率,节约缔约成本,维护交易的安全,法律规定无权处分人订立的合同为效力待定合同,权利人可以追认使合同发生效力,也可以拒绝追认使合同不发生效力。

无权处分人处分他人的财产的,其处分权有瑕疵。如果经权利人进行追认或行为人订立合同后取得处分权时,该权利瑕疵得以修复,合同因此而有效。此处的追认应当作无权代理中的追认相同的理解,即事后同意。即使在诉讼中予以追认,也可以产生追认的效力。"无处分权的人订立合同后取得处分权",应当理解为追认以外的取得处分权的行为,如事后无权处分人与权利人达成了将该财产转让使无权处分人取得处分权的协议。

无权处分合同的效力待定,原则上是指处分行为效力的待定,即相对方能否取得所处分的财产所有权。若经权利人追认或无处分权人取得处分权,则处分有效,相对人取得受让权利;否则,处分无效,相对人不能取得受让权利。最高人民法院《关于审理买卖合同纠纷案件适用法律问题的解释》(以下简称《买卖合同的解释》)(法释〔2012〕8 号)第 3 条规定:"当事人一方以出卖人在缔约时对标的物没有所有权或者处分权为由主张合同无效的,人民法院不予支持。""出卖人因未取得所有权或者处分权致使标的物所有权不能转移,买受人要求出卖人承担违约责任或者要求解除合同并主张损害赔偿的,人民法院应予支持。"

在权利人不予追认或无权处分人事后没有得到处分权时,将涉及对于第三人的关系,即存在与善意取得制度衔接的问题。相对人已经根据合同取得物的交付,并且属于善意,不知道或不应当知道存在无权处分的情形,则根据善意取得制度,受让人取得该物的所有权。原所有权人不能要求返还原物,只能要求无权处分人返还不当得利并追究其损害赔偿责任。如果相对人没有取得物的交付,在物的权利人及时介入,并宣告无权处分的事实存在的情况下,相对人不可能再根据善意取得制度取得物的所有权;在相对人已经支付价款的情况下,发生返还价款的问题,同时相对人也可以要求无权处分人赔偿损失。如果相对人为恶意,明知合同的对方当事人为无权处分行为,则不能根据合同取得物的所有权,即使物已经交付,其所有权人也可以行使取回权。

## 第五节 无效合同

### 一、无效合同的概念和特征

无效合同是指虽然已经成立,但因严重欠缺生效要件而自始确定地绝对不能发生当事人预期法律效果的合同。无效合同有下列特征:

1. 合同已经成立

合同成立是确定合同效力的前提。如果合同不成立,则无所谓效力问题。只有合同已经成立而不符合法律规定的生效要件的,才能产生无效合同问题。

2. 合同具有违法性

导致合同无效的原因很多,但归结起来,无效合同都具有违法性,即合同之所以无效,在于其违反了法律和行政法规的强制性规定以及社会公共利益这一根本性要件。无效合同不符合国家的意志,违反了社会公共利益和公共道德,如使其生效有悖于合同的公平正义。

3. 无效合同当然地、确定地、自始绝对不发生效力

无效合同是当然地无效,不以任何人的意志为转移,任何人均可提出主张,也无须经过一定的程序确认。无效合同确定地不发生效力,以后也不存在因时间的流逝和当事人的承认而成为有效合同的可能性。合同的无效是从合同成立之时就不发生效力,而不是从被确认无效时不发生效力。

合同的无效可以全部无效,也可以只是部分无效。当无效的原因存在于合同内容的全部时,合同全部无效;当无效的原因存在于合同的部分条款,而部分条款的无效又不影响其他部分的效力时,该部分无效,其余部分仍然有效。合同的无效只是指法律不按当事人合意的内容赋予合同效力,不发生当事人预期的法律效果,而并非不发生任何法律后果。在合同无效的场合,依法律规定而非依当事人的意思,发生损害赔偿等法律后果。

合同无效并不影响解决争议方法的条款的效力。《合同法》第57条规定:"合同无效、被撤销或者终止的,不影响合同中独立存在的有关解决争议方法的条款的效力。"这是关于解决争议方法的条款独立性原则的规定,即解决争议方法的条款具有相对独立性,不受合同无效、被撤销或者终止的影响。这种条款一般是仲裁条款、管辖权条款,对于那些包含于合同

具体内容之中的争议解决方法不得被视为独立的解决争议方法条款。

## 二、无效合同的类型

依《合同法》第 52 条规定,无效合同包括以下五种。

### (一) 一方以欺诈、胁迫手段订立合同,损害国家利益

《合同法》对以欺诈、胁迫手段订立的合同采用两分法:一方以欺诈、胁迫手段订立合同,损害了国家利益的,为无效合同;一方以欺诈、胁迫手段使对方在违背真实意思的情况下订立合同,没有损害国家利益的,为可撤销合同。

1. 构成因欺诈订立的无效合同的条件

以欺诈手段订立的合同无效的,须具备如下要件:

(1) 欺诈方主观上有故意。欺诈是一方故意提供虚假情况或者故意隐瞒真实情况,致使对方当事人作出错误的意思表示的行为。因此,只有存在欺诈的故意,才会构成欺诈。所谓欺诈的故意,是指欺诈方明知自己提供虚假情况或者有意隐瞒真实情况,为使对方陷入错误认识而为之。此种故意包括两个方面的含义:第一,须有使相对方陷入错误的故意;第二,须有提供虚假情况或隐瞒真实情况的故意。对于欺诈方是否有因欺诈行为而使自己获得不法利益或使相对方遭受损失的故意,不影响欺诈行为的成立。

(2) 欺诈方在客观上实施了欺诈行为。欺诈行为是指欺诈方将其欺诈的故意表示于外部的行为。欺诈通常分为两种:一是积极的欺诈行为,即欺诈人故意告知相对方虚假情况的行为。例如,将赝品说成真品,将低劣产品说成优质产品;二是消极的不作为,即行为人有义务向他方如实告知某种真实情况而故意不告知的行为。一般说来,当事人并没有普遍的提示或告知义务,但按照法律或合同规定,或者根据交易习惯或诚实信用原则有告知义务而不告知的,就属于欺诈行为。

(3) 被欺诈方因欺诈而陷入了错误并因错误而为意思表示。如果欺诈方虽有欺诈行为,但受欺诈人没有陷入错误或者发生错误的内容并不是欺诈方的欺诈行为所导致的,则不构成欺诈。被欺诈人在因欺诈行为陷入错误认识之后,须基于错误认识作出了意思表示并订立了合同,即欺诈行为与被欺诈人的错误的意思表示之间存在因果关系。如果被欺诈人仅仅因欺诈行为陷入错误认识而未作出任何意思表示,或者被欺诈人订立合同的意思表示非因欺诈行为引起的错误所导致,均不能构成欺诈。

(4) 因欺诈订立的合同损害了国家利益。因欺诈订立的合同必须损害了国家利益,才构成无效合同。损害国家利益主要指损害国家经济利益,如欺诈国有银行和其他金融机构而造成国有财产的损失。如果损害社会公共利益,应当适用《合同法》第 52 条第(4)项的规定。

2. 构成以胁迫手段订立的合同无效的条件

以胁迫手段订立的无效合同,须具备如下要件:

(1) 胁迫人具有胁迫的故意。胁迫是指以将来要发生的损害或以直接施加损害相威胁,使对方陷入恐惧。所谓胁迫的故意,是指胁迫方以某种方式相要挟迫使对方产生恐惧心理并作出意思表示。胁迫的故意包括两个方面:一是胁迫人有使被胁迫人产生恐惧心理的意思;二是胁迫人希望被胁迫人基于该恐惧心理而作出某种意思表示。至于胁迫人是否有通过胁迫为自己牟取财产上的利益使相对人蒙受财产上的损害的目的,并不影响胁迫的成立。

（2）胁迫人实施了胁迫行为。胁迫行为包括两种：一是以将要发生的损害相威胁，这种损害是涉及生命、身体、财产、名誉、自由、健康、信用等方面的损害。例如，以将要告发对方私生活中的不轨行为相威胁，迫使对方订约。以将来发生的损害相威胁，必须是受胁迫者可以相信将要发生的情况，并足以使受胁迫者感到恐惧。如果一方所进行的将要造成损害的威胁是毫无依据的，根本不可能发生，受威胁者根本不相信，就不会使其感到恐惧，也无法构成胁迫；二是胁迫人以直接面临的损害相威胁，即胁迫者直接实施某种不法行为，造成对方当事人及其亲友的人身和财产损害，迫使对方订立合同。如对对方身体实行暴力，或散布谣言毁人名誉，毁损房屋等。将来的损害和直接的损害可以是危及受胁迫者本人的，也可以是危及受胁迫者的家庭成员、亲属朋友等。最高人民法院《关于贯彻执行〈中华人民共和国民法通则〉若干问题的意见（试行）》（以下简称《贯彻执行民法通则的意见》）第69条规定："以给公民及亲友的生命健康、荣誉、名誉、财产等造成损害或者以给法人的荣誉、名誉、财产等造成损害为要挟，迫使对方作出违背真实的意思表示的，可以认定为胁迫行为。"通常认为，胁迫不一定以危害是否重大为要件，只要一方所表示施加的危害或者正在施加的危害足以使对方感到恐惧，不得不违心与之订立合同，就足以构成胁迫。而且确定胁迫是否构成，应以特定的受害人而不是一般人在当时情况下是否感到恐惧为标准，即使一般人不感到恐惧，而受害人感到恐惧，亦可构成胁迫。此外，胁迫人欲施加的危害客观上能否实现以及胁迫人是否真正打算付诸实施都无关，只要此胁迫行为足以使受害人感到恐惧作出违背真实意思的意思表示即可。

（3）胁迫行为须为非法。胁迫的构成须符合"违法性"要件。胁迫人向受害人施加的威胁必须是非法的，没有任何法律依据。如果一方有合法的根据对另一方施加某种压力，则不构成胁迫。通常胁迫的目的或手段之一违法，即构成违法。目的和手段均属合法，如果两者的结合违法，也构成违法。

（4）被胁迫人产生了恐惧心理并订立了合同。被胁迫人因胁迫行为产生了恐惧心理，并且基于该恐惧心理作出了违背其真实意思的意思表示，订立了合同。如果被胁迫人并未因胁迫而产生恐惧，或者即使产生了恐惧但没有作出意思表示，或者产生的恐惧非胁迫行为所致，均不能构成胁迫。

（5）因胁迫订立的合同损害了国家利益。只有一方采用胁迫手段而使另一方被迫订立合同，损害了国家利益的，该合同才是无效的。若一方以胁迫的手段使对方订立合同但未损害国家利益，则该合同属于可撤销的合同。

**（二）恶意串通，损害国家、集体或者第三人利益**

恶意串通，损害国家、集体或者第三人利益的合同，是指双方当事人非法串通，以损害国家、集体或第三者的利益为目的而订立的合同。这类合同包括主客观两方面的因素：在主观方面，当事人具有恶意，即双方串通，通过订立合同损害国家、集体或者第三人的利益。这种串通，可以表现为明示的方式，如当事人双方达成协议；也可以表现为默示的方式，如一方当事人作出意思表示后，对方当事人明知其目的违法，而用默示的方式接受。双方恶意串通之后，在具体行为上可以是双方当事人分工配合，也可以是共同实施某一行为。在客观方面，合同损害了国家、集体或者第三人的利益。

**（三）以合法形式掩盖非法目的**

以合法形式掩盖非法目的的合同，是指当事人订立的合同表面上是合法的，但订立合同的目的以及合同的真实内容违法。在这种行为中,当事人表示出来的意思或故意实施的行为并非所欲达到的目的,也不是其真实意思,只是想通过这种形式和行为达到其非法目的。例如,订立联营合同,目的在于非法拆借资金;为逃避债务,隐匿财产而订立赠与合同等。这种行为外表看来是合法的,但由于实质上违反了法律的强制性规定,将对国家或第三者造成损害,因此这种行为是无效的。

#### (四) 损害社会公共利益

所谓社会公共利益,通说认为我国立法中的社会公共利益与公共秩序和善良风俗具有同一意义。违反公序良俗作为合同无效的原因,系大陆法系各国的通例,是对当事人意思自治的限制,在防止私法自治的滥用方面有独特的功能。公共秩序指国家、社会的一般利益,善良风俗系指社会的一般道德观念,两者皆为不确定的法律概念,须对个案加以具体化,始能适用,并须形成案例类型,以促进法律适用的安定性。公序良俗的判断常常涉及法律规范外的价值标准,法院在某种程度上有制定规范的权限,始能使法律适应社会的需要。合同是否违反公序良俗,应就合同内容、当事人动机、目的及其他相关因素客观地综合判断。在认定之际,法官应尽量排除个人的偏好及主观的认识,应以社会上通常合理之人的共同价值确信为判断之基础。① 公序良俗原则的适用,一定程度上影响了法的安定性,因此在该原则的适用过程中,应逐步加以类型化。我国有学者总结了十种违反公序良俗的类型:(1) 危害国家公序的行为,如以从事犯罪或帮助犯罪为内容的合同,身份证件的买卖合同;(2) 危害家庭关系的行为,如约定断绝亲子关系的合同,婚姻关系中的违约金约款;(3) 违反性道德的行为;(4) 射幸行为;(5) 违反人权和人格尊严的行为;(6) 限制经济自由的行为;(7) 违反公正竞争的行为;(8) 违反消费者保护的行为;(9) 违反劳动者保护的行为;(10) 暴利行为。②

#### (五) 违反法律、行政法规的强行性规定

违反法律、行政法规的强制性规定的合同,因欠缺合法性要件而无效。依《关于合同法的解释(二)》第 14 条规定,这里的"强制性规定"应是效力性强制性规定。其取缔的不仅是违反规定的行为,而且否认其私法上的效力。

值得注意的是,合同法仅规定违反法律和行政法规的强行性规定无效,而并没有规定违反行政规章、地方法规及地方性规章的合同无效。因此,当事人违反行政规章、地方性法规及地方规章而订立的合同并不因此而当然无效。地方性法规和行政规章不可以作为认定合同无效的依据。

### 三、合同免责条款的无效

免责条款是指当事人以协议排除或限制其未来责任的合同条款。免责条款有效的,违约当事人可以依该条款免除责任。但免责条款也并非全部有效,法律对免责条款设有严格限制,规定某些免责条款无效。

法律之所以规定某些免责条款无效的原因在于:首先,为了保护合同关系中的弱者一方,保障实体上的公正。过于苛刻的免责条款实际上会剥夺一方当事人的主要权利,使其成

① 参见王泽鉴:《民法实例演习·民法总则》,台湾三民书局 1998 年版,第 245—246 页。
② 参见梁慧星:《民法总论》(第四版),法律出版社 2011 年版,第 200—202 页。

为对方漫不经心甚至是恶意行为的牺牲品。这种情况主要发生在双方当事人的合同谈判能力严重不对等的时候,另一方当事人迫不得已而接受免责条款。在这种情况下,免责条款成为经济上的强者恃强凌弱的工具。法律为了实现实体上的公正,保护经济上的弱者,须对免责条款进行控制。其次,法律限制当事人预先免除故意或重大过失情形中的责任,还具有避免和减少浪费资源的意义。法律根据当事人一定的主观心理状态如故意或过失来分配责任,既有事后的损害分配的功能,也有敦促当事人谨慎行为的隐意。所以,根据过错来决定责任,可以起到提醒、鼓励当事人适当顾及他人正当利益的作用。如果当事人事先通过免责条款,免除故意或重大过失的责任,则无异于放纵当事人一方疏忽大意,甚至是故意侵害对方当事人的权益。被预先免除了责任的当事人,其行为不受潜在的责任约束,其行为造成损害的可能性也会增加,甚至可能是对相对人的严重危害,也是对有限的社会资源的浪费。因此,法律对免除故意和重大过失责任的免责条款规定为无效。

依《合同法》第53条规定,合同中下列免责条款无效:一是造成对方人身伤害的免责条款;二是因故意或者重大过失造成对方财产损失的免责条款。

人身伤害的免责条款无效,体现了以人为终极目的和终极关怀的价值取向,表明了法律将对人的保护置于中心。有学者认为,合同法对免责条款免除造成对方人身伤害的责任的,无论是故意、重大过失还是一般过失,一律归于无效。这是值得商榷的。因为在实践中,一些特殊的行业的活动如医院做手术、汽车驾驶训练等,本身具有很高的危险性,如果不能通过免责条款免除一般过失造成的人身伤害,事实上将禁止在这些特殊的行业使用免责条款,这将极大地限制这些行业正常业务的开展和发展,最终也会损害消费者的利益。因此,应当允许在特殊情况下,对一般过失造成的伤害,可以通过订立免责条款加以免除。这种观点有一定道理。但合同法之所以规定造成对方人身伤害的免责条款无效,除了体现以人为终极目的和终极关怀的价值取向外,还在于一方的违约行为造成对方人身伤害时,会发生侵权的民事责任,而对于侵权责任是不能预先免除的。

因故意和重大过失责任造成对方财产损失的免责条款无效,体现了法律维护合同效力的严肃性。因为重大过失视同故意,而在任何情形下,行为人均应对其故意造成的损害负责。如果许可当事人事先免除故意或重大过失的违约行为的责任,也就等于允许当事人任意毁约,严重违反诚实信用原则。

应当指出的是,如果免责条款是以格式条款的方式订入合同的,则还要受法律对格式条款的约束。依《合同法》第40条规定,"提供格式条款的一方免除其责任、加重对方责任、排除对方主要权利的,该条款无效。"这一范围与《合同法》第53条的规定相比显然更为宽泛。因此,具体适用时,应当首先区分免责条款是格式条款还是双方当事人具体商定的条款。

**四、合同无效的法律后果**

合同无效只是不发生当事人预期的法律后果,即不发生合同履行的效力,而并不意味着不发生任何法律后果。合同被确定无效后,当事人应依法承担如下责任。

**(一) 返还财产**

合同无效的,当事人不得履行。当事人在合同被确认无效前已经履行或部分履行的,受领给付的人有返还财产的义务。返还财产旨在使财产关系恢复到订约前的状况,无论接受财产的一方有无过错,均应返还。返还财产为特定的所有物的返还,应为原物返还;原物有孳息的,还应返还孳息。

返还财产分为单方返还和双方返还两种情况。如果双方当事人都取得了对方交付的财产,则应当双方返还财产。如果只有一方取得了财产,则应当适用单方返还。当事人一方故意违法,违法一方应当将从没有过错一方取得的财产返还给对方,而无过错方从违法一方取得的财产应当上缴国家。

当财产不能返还或者没有必要返还时,应当折价补偿。"不能返还"有事实上的不能返还和法律上的不能返还两种情形。事实上的不能返还是由于某种客观事实而导致财产无法返还,如原物灭失且无代替品,原物已经被使用或者已经转化为其他性质的财产等;法律上的不能返还是法律规定因合同取得的某种财产不能返还,如已给付的财产已由取得财产的当事人转让给了善意第三人。"没有必要返还"是指根据实际情况的需要,当事人经协商认为不必采用返还原物的方式。它包括两种情况:(1)如果当事人接受的财产是劳务或者利益,在性质上不能恢复原状,则以当时国家规定的价格计算,以钱款返还;没有国家规定的价格,则以市场价格或者同类劳务的报酬标准计算,以钱款返还。(2)如果一方取得的是使用知识产权而获得的利益,由于知识产权是无形的,则该方当事人可以折价补偿对方当事人。当事人在折价补偿给对方时,其补偿的标准仍然是其获得利益的价值。

**(二) 赔偿损失**

合同被确认无效以后,有过错的一方给对方当事人造成损失的,应承担损害赔偿的责任。双方都有过错的,应各自承担相应的责任。这种损害赔偿必须符合四个条件:(1)损失的存在,即当事人因合同无效而遭受了损失。这种损失必须是实际发生的损失,包括两个方面:一是在订立合同过程中所遭受的损失;二是在履行合同中所遭受的损失。(2)赔偿义务人有过错。过错的表现形式有多种,如违反了法律强行性规定,采用欺诈、胁迫等手段订立合同等。(3)接受赔偿损失一方无故意违法而致合同无效的情况。如果当事人故意订立违法或者违反社会公共利益的合同而给自己造成财产损失,应由自己承担损失。(4)损失与过错之间有因果关系,即一方或双方遭受的损失是由另一方或者双方的过错造成的。如果双方都有过错,由双方根据各自过错的程度和性质,向对方承担相应的责任。

**(三) 收归国有或返还集体、第三人**

当事人因恶意串通,损害国家、集体或者第三人利益的无效合同而取得财产的,应当将取得的财产收归国有或者返还集体、第三人。对于恶意串通损害国家利益的无效合同,当事人一方或双方取得的财产都应当收缴而归入国库;对于恶意串通损害集体利益的无效合同而取得的财产,应当返还给集体;对于恶意串通损害第三人利益的无效合同而取得的财产,应当返还给第三人。

## 第六节 可撤销合同

### 一、可撤销合同的概念和特征

可撤销合同又称可变更、可撤销合同,是指当事人的意思表示不真实,当事人可以请求人民法院或仲裁机构予以变更或撤销的合同。

可撤销合同的特征表现如下几个方面：

1. 可撤销合同是意思表示不真实的合同

可撤销合同也是不符合合同有效要件的，但这种不符合体现在意思表示不真实上，如因重大误解、显失公平、因欺诈、因胁迫或乘人之危而成立的合同。对于当事人意思表示不真实的合同，因只涉及当事人的利益关系，不涉及合同的合法性以及社会公共利益问题，法律并不直接否认其效力，而是赋予当事人以变更权或撤销权。这既体现了法律对公平交易的要求，又体现了意思自治原则。

2. 可撤销合同在未撤销之前为有效合同，只有在被撤销后才归于无效

可撤销合同自成立之时起就发生效力，只是因存在可撤销的事由，经撤销后才自始无效。如果撤销权人在规定时间内不行使撤销权或者仅仅对合同的部分条款作出变更，合同仍为有效，当事人仍受合同约束，不得以合同具有可撤销的因素为由而拒不履行合同义务。这与无效合同不同。无效合同，自成立时起就确定的、当然地无效，更不能通过当事人的补正而成为有效合同。可撤销合同也不同于效力待定合同。效力待定合同是否发生效力是不确定的，只有在有权人追认后，方发生效力。而可撤销合同是已生效的，仅由于撤销权人行使撤销权，才使合同无效。

3. 合同的撤销与否取决于撤销权人是否行使撤销权

由于可撤销合同主要涉及的是当事人意思表示不真实的问题，而当事人意思表示是否真实，其他人难以知晓，即使他人知道，而当事人自愿承受该行为的后果，根据意思自治原则，法律也没有干涉的必要。因此，法院采取不告不理的态度：如果当事人不主张撤销，法院不能主动撤销；当事人请求变更的，法院和仲裁机构只能变更合同，也不得撤销。这是可撤销合同与无效合同的又一区别。无效合同由于其内容上的违法性，对其效力的确认不能由当事人选择，即使当事人不主张合同无效，国家也会主动干预，宣布合同无效。可撤销合同的撤销权由合同的当事人行使，此与效力待定合同中的追认权属于第三人也不同。

## 二、可撤销合同的类型

### （一）因欺诈而订立的合同

《民法通则》将欺诈规定为民事行为无效的原因，而《合同法》则将因欺诈订立的合同以是否损害国家利益为标准而划分成两类。法律上作出如此区分的理由主要在于：第一，贯彻意思自治原则。在不涉及国家利益的情况下，因欺诈而订立的合同是意思表示不真实，法律承认当事人对其利益进行衡量的权利，赋予受欺诈人撤销权，尊重受欺诈人的意思，使合同有效或无效。第二，有利于保护受欺诈人的利益。欺诈可能会导致受欺诈人的损失，但有的情况下，可能存在受欺诈人并没有损失或损害轻微，甚至于欺诈人自身受损的情形。在这种情况下，受害人可能仍然愿意接受合同的约束，赋予其撤销权，使其自主选择合同效力，更有利于受害人获得利益，以及惩罚欺诈人，而且受害人可以享有对责任形式的选择。如果将此类合同规定为无效合同，则欺诈人只能承担返还财产和赔偿损失的责任，而不应承担其他责任。但如果属于可撤销合同，那么受欺诈人可有多种责任形式进行选择，包括实际履行、双倍返还定金、支付违约金、赔偿损失等。如果合同是设有担保之债，那么在主合同被确认无效的情况下，依据主合同效力及于从合同的原则，担保合同也自然无效，担保人自然不承担担保责任。对于因欺诈订立的合同而言，如果简单宣告其无效，担保合同也相应无效，这

对受欺诈的债权人来说并不是有利的。第三,因欺诈订立的合同具有违法性,背离社会正常秩序,也对公共利益有损害,但这种损害比起违反强行性规范,以合法形式掩盖非法目的,直接违反社会公共利益等合同所导致的侵害来说,毕竟是间接或轻微的,主要是对受欺诈人不利,其焦点是当事人之间利益分配的问题。正因如此,把合同效力的决定权交给受欺诈人,由其定夺是撤销还是履行合同,将自治权交还受欺诈人更符合民法的精神。

### (二) 因胁迫而订立的合同

胁迫行为在《民法通则》中亦属于无效行为,在《合同法》中,除损害国家利益的胁迫行为规定为合同无效的原因外,损害其他当事人利益的合同作为可撤销的合同,其理由如同欺诈。

### (三) 乘人之危而订立的合同

乘人之危是指一方当事人故意利用他人的危难处境或急迫需要,迫使对方订立对其极为不利的合同。乘人之危的特点在于:一方利用他方的危难处境,而非主动实施胁迫行为;对方的危难处境并非乘人之危者造成的,其社会危害性要小于胁迫。

因一方乘人之危而订立的合同,须具备如下要件:(1) 对方当事人处于危难或急迫需要的境地,包括经济上的窘迫和生命健康方面的需要或危难,但危难和急迫并非行为人的不法行为所造成的,而是由于行为人行为以外的原因所致。(2) 乘人之危者主观上是故意的。也就是说,行为人故意利用他人的危难处境迫使对方接受不公平的条件订立合同。如果行为人在订立合同时,并不知道对方处于危难或急迫的境地,即使提出苛刻的条件并为对方所接受,也不能认为是乘人之危。(3) 对方迫于自己的危难或急迫处境订立了合同。亦即相对人明知对方在利用自己的危难或急迫而获得利益,但陷于危难或出于急迫需要而订立了合同。(4) 行为人谋取了不正当利益并严重损害了对方利益。乘人之危者利用他人的危难或急迫处境,使相对方被迫接受使其不利的条件,导致订立的合同权利义务明显不均等,行为人因此取得了不正当的利益,相对人的利益遭受了严重损害,违背了公平公正原则。

### (四) 因重大误解而订立的合同

重大误解是指一方因自己的过错对合同的内容产生了错误认识,并作出了与其真实意思不一致的意思表示。这种误解可以是单方的误解,也可以是双方的误解。误解导致了表意人的意思表示违背其内心的真正的效果意思,与合同的目的相悖,也会使误解方遭受较大的损失,因而当事人可以请求人民法院或仲裁机构依法予以变更或撤销。

因重大误解而订立的合同,须符合下列条件:(1) 当事人因误解作出了意思表示。重大误解的构成必须以意思表示为前提。只有表意人先将其意思表达出来,才能判断其是否存在误解,而且其意思表示是基于误解而作出的,即当事人的重大误解与其作出的意思表示之间存在因果关系。正是由于当事人的错误认识,才使其作出了与其真实意思不符的意思表示。(2) 当事人须对合同的内容发生了重大误解,而非一般误解。重大误解应当是对涉及合同效果的主要事项发生了错误的认识,从而导致误解人受到重大损失。仅仅是对合同的非主要条款发生误解而且不影响当事人的权利义务的,就不构成重大误解。重大误解包括对合同的性质,对对方当事人,对标的物品种、质量、规格、价款、数量的误解。对于订立合同动机的误解,一般不能成为撤销的理由。因为一般而言,动机存在于当事人的内心,不为外人所知,法律也无法评价,如允许当事人以动机错误撤销合同,势必影响交易安全,因此,动机误解不能作为撤销合同的理由。但是,如果当事人把动机作为合同条件,动机即成为合同内容的组成部分,在此种情况之下,对动机的误解可以看作对合同内容的误解,发生重大误解时,当事人可以申请撤销合同。(3)误解是由误解方自己的过失造成的,而不是因为受他人的欺骗或不正当影响造成的。在重大误解中,造成误解的原因在于误解方自己的过失,如不注意、不谨慎等。如果是受到他人的欺骗,则构成欺诈。

误解系当事人自己的误解,与第三人的误传不同。在误传的情况下,表意人的意思表示是真实的,只是由于传达人或传达机关的错误导致的意思和表示不符。

重大误解的后果直接影响了当事人的权利和义务,因重大误解订立的合同的履行会给当事人带来严重损害。法律从尊重意思自治和保护误解方利益出发,赋予当事人双方以撤销权,允许当事人变更和撤销合同。

### (五) 显失公平的合同

显失公平的合同是指双方当事人在订立的合同中权利义务明显不对等,使一方处于重大不利的境地的合同。

关于显失公平合同的构成,理论上有双重要件说和单一要件说两种不同的观点。双重要件说认为,根据最高人民法院《贯彻执行民法通则的意见》第72条的规定,"一方当事人利用优势或者利用对方没有经验,致使双方的权利与义务明显违反公平、等价有偿的原则的,可以认定为显失公平。"据此,显失公平的合同包括两个构成要件:在主观上,一方有利用优势或利用对方轻率,没有经验的故意;在客观上,当事人在给付与对待给付之间利益失衡。也有学者认为应当采用单一要件说,即客观上当事人权利、义务明显不对等,而致使利益严重不均衡,就足以构成显失公平,而不考虑当事人的主观状态。单一要件说认为,显失公平合同的构成仅需要客观要件,而不需要主观要件。

我们认为,显失公平是一个基于结果的命题,立足于民事行为使当事人之间的物质利益呈现不合理、不公平的失衡,而未对造成这种状态的原因作出界定。欺诈、胁迫、乘人之危、重大误解等均会导致当事人之间利益失衡造成显失公平的结果,但这些大都作为独立的可撤销的原因而适用,因此显失公平应指除此之外,以各种原因而导致的当事人之间利益失衡的情况,它实际上起到的是一个兜底条款的作用。"双重要件说"将显失公平界定在"一方利用优势或对方轻率,无经验"的情形之下,实际上限制了显失公平的适用范围,使立法的规范目的落空,不利于保护相对人的利益。而采用"单一要件说",则可以涵盖除列举的可撤销事由之外的一切可能导致显失公平的情形,在实践中还免除了受害人就显失公平的原因举证的负担,充分保护了受害人的利益,贯彻了民法的公平、等价有偿等原则。因此,我们主张采用"单一要件说",显失公平的构成仅要求客观要件,即当事人在合同关系中权利义务明显不对等,这种不对等违反公平原则,超过了法律允许的限度。但显失公平的合同仅是指在合同成立时双方的权利义务显失公平。如果于合同成立后因客观情势变化而导致双方权利义务显失公平的,则该合同不属于可撤销合同。

## 三、可撤销合同的撤销

### (一) 撤销权的行使

可撤销合同的撤销权,是指当事人可以请求法院或者仲裁机构对已经成立的合同予以变更或者撤销的权利。在性质上,撤销权属于形成权。因撤销权的行使,合同的效力发生变化。

可撤销合同的撤销权是法律赋予合同当事人的权利,但是并非合同当事人全部享有撤销权。依《合同法》规定,因重大误解订立的合同、在合同成立时显失公平的合同,合同当事人任何一方均有撤销权;而一方以欺诈、胁迫的手段或者乘人之危订立的合同,只有受害人即受欺诈、受胁迫的人或者处于危难境地的当事人一方享有撤销权。

根据《民法通则》第59条第1款、《合同法》第54条的规定,撤销权的行使应当通过诉讼方式或者仲裁方式为之。撤销权人请求变更合同的,人民法院或者仲裁机构应当予以变更,而不得撤销(《合同法》第54条第3款)。我国法律规定撤销权的行使采取诉讼或者仲裁方式之原因在于:在法律规定的导致合同可撤销的事由中,大多数可撤销事由的具体内涵不确定,是否导致合同撤销容易在当事人之间发生争议,如果任由一方当事人自行认定,合同的约束力原则将难以免遭损害。因此,需要通过诉讼或者仲裁方式对撤销权的行使进行控制。

撤销权因有可撤销的事由而发生,因有消灭事由而消灭。依《合同法》第55条规定,撤销权消灭的法定事由有二:一是撤销权人在除斥期间内未行使撤销权。该除斥期间是撤销权的存续期间,为1年,自撤销权人知道或应知道撤销事由之日起算。自知道或者知道撤销事由之日起超过1年不行使撤销权的,其撤销权消灭。二是撤销权人自知道撤销事由后明确表示或以自己的行为放弃撤销权。撤销权人以明示方式向对方为放弃撤销权意思的通知的,自该通知到达对方起,撤销权消灭;撤销权人虽未明确表示放弃,但以行为表明其承认合同的效力的,如在知道撤销事由后仍履行合同,也为放弃撤销权,撤销权消灭。

### (二) 可撤销合同被变更或撤销的后果

撤销权人行使撤销权,请求变更合同的,经法院或仲裁机构确认后,合同变更,当事人应依变更后的合同内容履行;请求撤销的,经法院或仲裁机构确认后,合同溯及自成立时起无效,发生与无效合同相同的返还财产、赔偿损失等法律后果。

### 【思考题】

1. 合同成立与合同生效之间是何种关系?
2. 试述合同的生效要件。
3. 举例说明附条件和附期限的合同。
4. 效力待定合同有哪些种类?
5. 无效合同有哪些种类?
6. 试述无效合同的法律后果。
7. 无效合同与可撤销合同有何区别?
8. 试述可撤销合同的种类及撤销权的行使。

### 【法律应用】

1. 甲打算卖房,问乙是否愿买,乙一向迷信,就跟甲说:"如果明天早上7点你家屋顶上来了喜鹊,我就出10万块钱买你的房子。"甲同意。乙回家后非常后悔。第二天早上7点差几分时,恰有一群喜鹊停在甲家的屋顶上,乙正要将喜鹊赶走,甲不知情的儿子拿起弹弓把喜鹊打跑了,至7点再无喜鹊飞来。关于甲、乙之间的房屋买卖合同,下列哪一选项是正确的?(2008年司考题)

A. 合同尚未成立　　　　　　　　B. 合同无效
C. 乙有权拒绝履行该合同　　　　D. 乙应当履行该合同

2. 甲手机专卖店门口立有一块木板,上书"假一罚十"四个醒目大字。乙从该店购买了一部手机,后经有关部门鉴定,该手机属于假冒产品,乙遂要求甲履行其"假一罚十"的承诺。关于本案,下列哪一选项是正确的?(2008年司考题)

A. "假一罚十"过分加重了甲的负担,属于无效的格式条款
B. "假一罚十"没有被订入到合同之中,故对甲没有约束力
C. "假一罚十"显失公平,甲有权请求法院予以变更或者撤销
D. "假一罚十"是甲自愿作出的真实意思表示,应当认定为有效

3. 乙公司以国产牛肉为样品,伪称某国进口牛肉,与甲公司签订了买卖合同,后甲公司得知这一事实。此时恰逢某国流行疯牛病,某国进口牛肉滞销,国产牛肉价格上涨。下列哪些说法是正确的?(2009年司考题)

A. 甲公司有权自知道样品为国产牛肉之日起1年内主张撤销该合同
B. 乙公司有权自合同订立之日起1年内主张撤销该合同
C. 甲公司有权决定履行该合同,乙公司无权拒绝履行
D. 在甲公司决定撤销该合同前,乙公司有权按约定向甲公司要求支付货款

4. 甲17岁,以个人积蓄1 000元在慈善拍卖会拍得明星乙表演用过的道具,市价约100元。事后,甲觉得道具价值与其价格很不相称,颇为后悔。关于这一买卖,下列哪一说法是正确的?(2010年司考题)

A. 买卖显失公平,甲有权要求撤销　　B. 买卖存在重大误解,甲有权要求撤销
C. 买卖无效,甲为限制行为能力人　　D. 买卖有效

5. 某校长甲欲将一套住房以50万元出售。某报记者乙找到甲,出价40万元,甲拒绝。乙对甲说:"我有你贪污的材料,不答应我就举报你。"甲信以为真,以40万元将该房卖与乙。乙实际并无甲贪污的材料。关于该房屋买卖合同的效力,下列哪一说法是正确的?(2010年司考题)

A. 存在欺诈行为,属可撤销合同　　　B. 存在胁迫行为,属可撤销合同
C. 存在乘人之危的行为,属可撤销合同　D. 存在重大误解,属可撤销合同

6. 下列甲与乙签订的哪些合同有效?(2011年司考题)

A. 甲与乙签订商铺租赁合同,约定待办理公证后合同生效。双方未办理合同公证,甲交付商铺后,乙支付了第1个月的租金
B. 甲与乙签署股权转让协议,约定甲将其对丙公司享有的90%股权转让给乙,乙支付1亿元股权受让款。但此前甲已将该股权转让给丁
C. 甲与乙签订相机买卖合同,相机尚未交付,也未付款。后甲又就出卖该相机与丙签订买卖合同
D. 甲将商铺出租给丙后,将该商铺出卖给乙,但未通知丙

7. 下列哪些情形属于无效合同?(2012年司考题)

A. 甲医院以国产假肢冒充进口假肢,高价卖给乙
B. 甲、乙双方为了在办理房屋过户登记时避税,将实际成交价为100万元的房屋买卖合同价格写为60万元

C. 有妇之夫甲委托未婚女乙代孕,约定事成后甲补偿乙50万元

D. 甲父患癌症急需用钱,乙趁机以低价收购甲收藏的1幅名画,甲无奈与乙签订了买卖合同

8. 甲委托乙采购一批电脑,乙受丙诱骗高价采购了一批劣质手机。丙一直以销售劣质手机为业,甲对此知情。关于手机买卖合同,下列哪些表述是正确的?(2012年司考题)

A. 甲有权追认  B. 甲有权撤销
C. 乙有权以甲的名义撤销  D. 丙有权撤销

9. 甲、乙之间的下列哪些合同属于有效合同?(2013年司考题)

A. 甲与丙离婚期间,用夫妻共同存款向乙公司购买保险,指定自己为受益人

B. 甲将其宅基地抵押给同村外嫁他村的乙用于借款

C. 甲将房屋卖给精神病人乙,合同履行后房价上涨

D. 甲驾车将流浪精神病人撞死,因查找不到死者亲属,乙民政部门代其与甲达成赔偿协议

10. 下列哪一情形下,甲对乙不构成胁迫?(2013年司考题)

A. 甲说,如不出借1万元,则举报乙犯罪。乙照办,后查实乙构成犯罪

B. 甲说,如不将藏獒卖给甲,则举报乙犯罪。乙照办,后查实乙不构成犯罪

C. 甲说,如不购甲即将报废的汽车,将公开乙的个人隐私。乙照办

D. 甲说,如不赔偿乙撞伤甲的医疗费,则举报乙醉酒驾车。乙照办,甲取得医疗费和慰问金

11. 甲以23万元的价格将一辆机动车卖给乙。该车因里程表故障显示行驶里程为4万公里,但实际行驶了8万公里,市值为16万元。甲明知有误,却未向乙说明,乙误以为真。乙的下列哪一请求是错误的?(2015年司考题)

A. 以甲欺诈为由请求法院变更合同,在此情况下法院不得判令撤销合同

B. 请求甲减少价款至16万元

C. 以重大误解为由,致函甲请求撤销合同,合同自该函到达甲时即被撤销

D. 请求甲承担缔约过失责任

12. 张某和李某设立的甲公司伪造房产证,以优惠价格与乙企业(国有)签订房屋买卖合同,以骗取钱财。乙企业交付房款后,因甲公司不能交房而始知被骗。关于乙企业可以采取的民事救济措施,下列哪一选项是正确的?(2015年司考题)

A. 以甲公司实施欺诈损害国家利益为由主张合同无效

B. 只能请求撤销合同

C. 通过乙企业的主管部门主张合同无效

D. 可以请求撤销合同,也可以不请求撤销合同而要求甲公司承担违约责任

13. 旅游地的纪念品商店出售秦始皇兵马俑的复制品,价签标名为"秦始皇兵马俑",2 800元一个。王某购买了一个,次日,王某以其购买的"秦始皇兵马俑"为复制品而非真品属于欺诈为由,要求该商店退货并赔偿。下列哪些表述是错误的?(2015年司考题)

A. 商店的行为不属于欺诈,真正的"秦始皇兵马俑"属于法律规定不能买卖的禁止流通物

B. 王某属于重大误解,可请求撤销买卖合同

C. 商店虽不构成积极欺诈,但构成消极欺诈,因其没有标明为复制品
D. 王某有权请求撤销合同,并可要求商店承担缔约过失责任

**【讨论案例】**

1. 甲从商场购得一台原装进口电视机,甲并未拆开包装。2012年10月30日,甲又将该电视机转卖给乙。乙买回后发现该电视并非原装进口的,而是由国内组装。乙使用后发现该电视机视听效果太差。2014年5月,乙以受欺骗为由向甲提出退货,甲不同意。双方发生争议诉至法院。

请回答下列问题:(1)甲与商场、乙之间的合同发生何种效力?(2)乙能否要求退货?为什么?

2. 李某花32万元从刘某夫妇处购买了一套70多平方米的二手房,装修时邻居告之:2004年间,就在这套房子里,刘某夫妇20岁的儿子将一名到他家做客的10岁小女孩奸杀了,还残忍地将小女孩的尸体肢解成多块后藏在屋顶上的水箱边,好几天后尸体才被邻居发现。听到这一消息后,李某即找到刘某夫妇商量退房事宜,但均遭到拒绝。于是,李某向法院提起诉讼,请求撤销其与刘某夫妇签订的房屋买卖合同。

请回答下列问题:(1)李某与刘某夫妇之间的买卖行为的效力如何?(2)法院能否支持李某的请求?为什么?

3. 甲厂与乙厂签订一合同,合同中约定:甲厂每月向乙厂供某种型号的设备零件1 000件,每件单价2元;每月月底交货付款;供货期限不定,但在甲厂研制的某种新产品投产后,合同解除。合同订立后双方开始履行,每月都按合同约定货款两清。合同履行6个月后,甲厂书面通知乙厂:我厂自行研制的新产品已经成立并投入生产,原合同解除。乙厂接到通知后,仍向甲厂供货2 000件,甲厂均以合同解除为由拒收并拒付货款。乙厂以甲厂违约为由,向法院起诉,要求甲厂承担违约责任。

请回答下列问题:(1)甲、乙之间合同发生何种效力?(2)甲厂应否承担违约责任?为什么?

# 第四章 合同的履行

**【学习指南】**
　　重点在于把握合同履行的含义、履行原则、履行具体规则；难点在于理解同时履行抗辩权、先履行抗辩权、不安抗辩权的构成要件与效力。

**【导入案例】**
　　甲花店为满足情人节对红玫瑰鲜花的需要，与乙花圃订立了1万支红玫瑰的买卖合同。合同约定：乙花圃应在情人节前1日在甲花店交货。大学生丙为向恋人丁表达爱意，向甲花店订购了10支红玫瑰并委托其交付给丁。后花圃发生火灾导致绝产，乙紧急从其他花圃订购了鲜花，于情人节后将鲜花送到甲花店，甲拒收。同时，丁也因没有收到丙的情人节礼物而与丙分手。通过本章的学习，试分析本案两个合同的履行情况。

## 第一节　合同履行概述

### 一、合同履行的概念和特征

　　合同的履行是指债务人依据法律和合同的规定全面地、适当地履行其合同义务，以使合同债权得到实现的行为。

　　合同的履行是债务人履行合同债务的行为，即所谓债务人为给付行为。这是债权得以实现的前提，也是建立信用经济的基础。只有合同得到履行，才能形成良好的市场秩序。合同履行行为一般为积极的行为，但在特殊情况下，也可以是消极的行为，即当事人不实施某项行为也可以作为合同的履行。例如，当事人约定一方不得将书稿再交给其他出版社出版，或禁止将命名权转让他人等。

　　从合同效力方面观察，合同的履行是依法成立的合同所必然发生的法律效果，并且是构成合同法律效力的主要内容。因此，许多立法例将合同的履行规定在债的效力或合同的效力标题下。但从合同消灭的角度观察，合同履行是合同关系消灭的原因，并且是正常消灭的原因，债务人全面而适当地履行了合同，合同关系即归于消灭。因此，合同的履行又称为债的清偿。

合同的履行是合同法要解决的核心问题,"是其他一切合同法律制度的归宿或延伸"。①因为当事人订立合同的目的在于履行合同,使债权得到实现。从合同的保全和担保看,合同的保全是为了有效地实现合同债权,而合同的担保是保障合同履行、保障债权实现;从合同转让看,合同债权债务的转让只不过是主体的变更,并不是对合同履行的否定;从合同解除看,合同的解除是为适应变化了的主客观情况而设置的消灭合同关系的制度;从违约责任看,违约责任制度设立的宗旨和目的是为了保证合同的履行。违约责任既是违约的补救手段,也是促使债务人履行合同的法律措施。总之,合同的履行是合同关系从产生到消亡过程的中心环节,合同的履行制度是整个合同制度中的核心。合同法的作用正是在于,以法律所具有的强制力,保障合同当事人正确履行合同,使合同关系归于消灭,通过合同关系的不断产生、不断履行和不断消灭,实现社会经济流转。②

合同的履行具有如下几个特征:

1. 合同的履行是合同的基本法律效力

合同履行是合同效力的集中体现和主要内容,是"契约必须严守"原则的基本要求。合同是双方当事人的合意,合同的履行是当事人对自己意思予以尊重的表现,是当事人实现合同利益的基本途径。

2. 合同的履行是合同当事人所为的特定行为

这是对合同履行主体的要求,也是合同相对性原则的体现。合同履行主体主要是债务人,债务人必须依照合同的约定,作为或不作为,从而使债权人的合同利益得以实现。合同履行主体也包括债权人,因为在合同履行过程中,如果没有债权人的受领行为以及配合债务人的履行行为,也无法实现债权。另外,当事人也可约定由债务人以外的第三人向债权人履行债务,或债务人向债权人以外的第三人履行债务。

3. 合同的履行是给付行为与给付结果的统一

合同的履行是债务人全面适当地履行合同义务的行为,其目的就是使债权人的债权得以实现,得到给付的结果,因此,合同的履行是使债权人实现合同债权的给付行为、给付结果的统一。

4. 合同的履行是合同权利义务关系终止的一种原因

当合同得到履行后,债权人的债权得以实现,债权人和债务人之间的债权债务关系即消灭。在此意义上,合同的履行与清偿是一致的。德国、日本民法就将合同的履行规定在债的消灭原因之中,而不是在债的效力中予以规定。我国《合同法》也规定"债务已按约定履行",是合同关系终止的原因。

## 二、合同履行与其他概念的区别

### (一) 合同的履行与给付

合同的履行与给付,实际上并没有原则性区别,只是在不同场合使用,侧重点不一样而已。郑玉波教授认为,债务履行有广义和狭义之分。狭义的债务履行即为给付。给付用作名词为债之标的,用作动词即与债务履行意义相同。③ 我国合同法中没有采用给付的概念,

---

① 参见惠祥主编:《中国当代合同法论》,吉林大学出版社1992年版,第146页。
② 参见王家福主编:《中国民法学·民法债权》,法律出版社1991年版,第385页。
③ 参见郑玉波:《民法债编总论》(修订二版),陈荣隆修订,中国政法大学出版社2004年版,第248页。

而采用履行的概念。两者的主要区别在于：(1)给付是债的标的,而履行是履行合同义务的行为。(2)给付既可指给付行为,也可指给付效果,但履行只是指一种动态的行为,不是指某种结果。可见,给付的外延要广,较抽象。(3)给付主要是从静态的角度观察债务人的履行行为及履行结果;而履行侧重从动态的角度刻画对义务的实现过程,如果履行需多次完成,则履行是不断地逐步地消灭债的行为。"给付重债务人之行为,履行则重结果——债权之满足,故其效果,前者应从债务人来观察,后者应从债权人来观察。从法理上言,所谓履行,概念上当然包含给付结果,但给付则不包含给付结果,盖债权关系,仅有债务人之给付关系,尚不能消灭,必有债务人之给付行为发生结果,满足债权人之需要,债务关系乃能消灭。"①

### (二)合同履行与债的清偿

清偿是指依合同的约定实现债权目的的行为。合同履行的,债权因目的实现而消灭。于此情形下,清偿与履行的意义相同。只不过履行是从合同的效力、合同的动态方面而言,而清偿则是从合同的权利义务的终止、债权的消灭角度而言的。清偿既是一种给付行为,因为清偿须要有清偿人的清偿意思和受偿人的受偿意思;又是指履行的结果,即债务人履行债务而使债权得以实现。如果将清偿从结果上考虑,它是债的消灭的一项原因,是从法律效果的角度对履行的表述。虽然两者联系密切,但也存在如下区别:(1)履行通常指的是一种履行债务的行为,不包括对行为结果的评价,其本身不能导致合同关系的终止。而清偿是履行的结果,只有达到完全的适当的履行状态,债权人订立合同的目的从履行中完全实现时,履行才能构成清偿。(2)履行未必能导致清偿的结果。债务人在主观上认为其实施的行为是履行,但在客观上不符合法定和约定的给付要求,则当事人的行为不构成履行。反之,即使债务人在主观上认为其实施的行为不是履行,但在客观上符合法定和约定的给付要求,则当事人的行为也构成履行。② 履行是一个持续的、动态的过程,例如,合同规定债务人应当分期履行,在债务人第一次履行后,合同已经开始履行,但合同债务并没有得到清偿。

### (三)合同的履行与交付

交付是合同履行的具体体现,是移转财产类合同履行的不可分割的组成部分。但是,合同履行并不能完全等同于交付:(1)合同的履行适用于各种类型的合同,既包括作为债务的履行,也包括不作为债务的履行;而交付主要指交付标的物,主要用于买卖等移转财产的合同。(2)交付主要指依合同规定交付标的物,实现标的物占有的转移;而合同的履行并不仅是交付标的物,还包括全面地、正确地依据法律规定和合同约定来履行义务。如果负有交付义务的一方交付的标的物有瑕疵,或交付标的物的数量不足,则不构成真正的履行。当然,合同履行还包括依诚实信用原则所产生的义务的全面履行。

## 第二节 合同履行的原则

合同履行的原则是指导当事人履行合同时所遵循的行为准则,是合同法基本原则在合

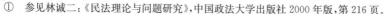

① 参见林诚二:《民法理论与问题研究》,中国政法大学出版社2000年版,第216页。
② 参见王利明:《合同法研究》(第二卷),中国人民大学出版社2012年版,第10页。

同履行中的具体体现。合同履行的原则不同于合同法的基本原则,其适用范围主要局限在履行领域。例如,合同的适当履行原则就不适用于合同的成立。关于合同履行的原则,学者们的看法不一。根据《合同法》的规定,合同履行的原则应当包括适当履行原则、诚实信用原则、经济合理原则和情势变更原则。

## 一、适当履行原则

适当履行原则又称正确履行原则或全面履行原则,是指合同当事人按照合同关于履行主体、履行标的、数量及质量、履行时间、地点、方式、履行费用等内容的约定,全面准确地履行合同义务。对此,《合同法》第60条第1款规定:"当事人应当按照约定全面履行自己的义务。"

适当履行原则应包括以下几个方面的内容:(1)合同必须严守。当事人必须正确地履行合同规定的内容。合同是双方当事人意思表示一致的产物,它一经依法成立便在当事人之间产生法律效力,因此,当事人须严格按照合同的内容正确地履行合同规定的义务,否则会构成违约。(2)当事人须全面履行合同约定的内容。当事人要履行合同规定的全部义务,任何部分履行合同的行为都不符合按合同约定履行的规定。债务人的履行在质量、数量、履行方法、地点、时间等方面都必须符合合同的约定或法律的规定,否则也会承担违约责任。(3)合同的债务人向合同的债权人履行义务。除法律另有规定或者当事人另有约定外,不能由第三人代为履行或接受履行。

## 二、诚实信用原则

《合同法》第60条第2款规定:"当事人应当遵循诚实信用原则,根据合同的性质、目的和交易习惯,履行通知、协助、保密等义务。"依此规定,诚实信用原则作为合同法的基本原则,自然也为合同履行的原则。在合同履行中,诚实信用原则具体体现在以下方面。

### (一)协作履行

合同双方当事人不仅要全面、正确、适当地履行合同的义务,而且要依诚实信用原则,协助对方当事人履行债务。合同履行,如果只有债务人的给付行为,没有债权人的受领,合同的内容将无法实现。因此,合同履行,不仅是债务人的事,也是债权人的事。协作履行主要表现在:(1)债务人履行合同债务时,债权人应适当受领给付;(2)债务人履行债务,时常有可能要求债权人创造必要的条件,提供必要的方便,债权人应当提供这样的方便;(3)当事人因故不能履行或不能完全履行时,应积极采取措施避免或减少损失;(4)发生合同纠纷时,应各自主动承担责任,不得推诿;(5)协作履行并不漠视当事人各自独立的合同利益,如果协作履行加重了债权人的负担,债权人可以拒绝。

### (二)附随义务的履行

附随义务是法律没有具体规定,当事人也未约定,但基于诚实信用原则和一般交易观念,当事人应负担的附随于给付的义务。它适当地扩大了当事人负担的义务,可以弥补合同的遗漏和缺陷。在合同的履行中,当事人不仅应当全面适当地履行合同约定的给付义务,而且还应当履行依诚实信用原则产生的法定附随义务。例如,当事人在履行中应尽合理的注意,即有偿合同的当事人应尽善良管理人的注意,无偿合同的当事人应尽如同处理自己事务一样的注意;债务人对涉及债权人利益的重大事项等应善意告知;不论在合同履行前、履行过程中还是合同终止后,当事人均应履行为对方保密的义务。

**(三) 在合同条款约定不明的情形下,按依诚实信用原则确定的内容履行**

我国《合同法》规定,如果有关合同内容约定不明或没有约定的,当事人可以进行补充协议;如果不能达成协议的,则按合同的有关条款或交易习惯确定。按合同的有关条款或交易习惯确定,也就体现依诚实信用原则确定。

### 三、经济合理原则

经济合理原则要求履行合同时,讲求经济效益,以最小的成本,取得最佳的合同利益。经济合理原则是市场经济的内在要求。在市场经济中,理性经济人的假设,就是认为市场主体作为一个理性的人,其从事的行为就是为了追求自由利益的最大化,体现在合同履行原则中,即为经济合理原则。

经济合理原则体现在很多方面,包括:(1) 在不违反合同的约定并且符合合同性质的要求下,债务人可选择自身最具经济效益的履行方式和履行时间。如合同中没有约定履行方式,当事人应选择最有利于合同目的实现的履行方式。又如《合同法》第71条第1款规定:"债权人可以拒绝债务人提前履行,但提前履行不损害债权人利益的除外。"(2) 债务人履行债务应体现经济合理的要求。如《合同法》第390条规定,保管人对入库仓储物发现变质或者其他损坏,危及其他仓储物安全和正常保管的,应当催告存货人或者仓单持有人作出必要的处置;因情况紧急,保管人可以作出必要的处置,但事后应当将该情况及时通知存货人或者仓单持有人。又如《合同法》第291条规定,承运人应当按照约定的或者通常的运输路线将旅客、货物运输到约定地点。(3) 合同变更应体现经济合理原则。依《合同法》规定,当事人变更合同的履行主体时,不得因此给对方造成损失或增加对方的履行负担,否则要求变更的当事方应当对由此增加的费用或者因此给对方造成的损失负责。如《合同法》第308条规定:"在承运人将货物交付收货人前,托运人可以要求承运人中止运输、返还货物、变更到达地或者将货物交给其他收货人,但应当赔偿承运人因此受到的损失。"(4) 对违约的补救体现经济合理原则。如《合同法》第119条第1款规定:"当事人一方违约后,对方应当采取适当措施防止损失的扩大;没有采取适当措施致使损失扩大的,不得就扩大的损失要求赔偿。"

### 四、情势变更原则

**(一) 情势变更原则的概念和构成条件**

所谓情势,是指合同成立后出现的不可预见的情况;所谓变更,是指合同赖以成立的环境或基础发生异常变动。我国学者一般认为,所谓情势变更原则,是指在合同有效成立以后,非因当事人双方的过错而发生情势变更,致使合同不能履行或如果履行会显失公平,因此根据诚实信用原则,当事人可以请求变更或解除合同。① 在大陆法系中,情势变更乃是诚实信用原则在债法中的具体体现。在英美法中,情势变更是指在合同成立后,如在履行中遇到了不可预料的障碍或情况,导致合同不能履行或履行艰难时,法院或当事人采取的一种衡平措施。也就是说,不仅法官在裁判中可运用情势变更原则,当事人也可以根据情势变更原

---

① 参见梁慧星:《中国民法经济法诸问题》,中国法制出版社1999年版,第170页。

则,主张变更或解除合同。依《关于合同法的解释(二)》第26条规定,合同成立以后客观情况发生了当事人在订立合同时无法预见的、非不可抗力的不属于商业风险的重大变化,继续履行合同对于一方当事人明显不公平或不能实现合同目的,当事人请求法院变更或解除合同的,法院应当根据公平原则,并结合案件的实际情况确定是否变更或解除。这一规定即是对情势变更原则的确认。

一般地说,情势变更原则的构成要件包括:(1)须有情势变更的事实。如罢工引起货物腐烂。不论是自然的还是人为的、普遍的或局部的、剧变的或缓变的客观情况的变化,都可称变更。情势的变更包括交易和经济情况的变化,非经济事实的变化也属情势变更。(2)情势变更发生在合同成立并生效后、履行终止前。如果情势变更在合同订立时就已发生,应认为当事人已有认识,自愿承担风险,不发生合同成立后的情势变更问题。如果合同履行完毕发生情势变更,这时合同关系已消灭,则不存在适用情势变更原则问题。如果情势变更在债务人迟延履行债务期间发生,由于债务人迟延履行已构成违约,在迟延期间发生的情势并造成债务人损害的,应由债务人自己承担不利的后果,也不得适用情势变更原则。如果在合同订立后、履行完毕前,发生了情势变更,而当事人不知或尽管知道而没有主张情势变更原则,并继续履行的,在履行完毕后,是否仍可主张适用情势变更原则?我们认为在此情况下,可视当事人已抛弃主张情势变更,不得再根据情势变更原则提出变更或者解除合同的要求。(3)情势变更是当事人所不可预见的。如果当事人在缔约时能预见,则表明当事人承担了该风险,这种风险属于正常的商业风险,而不适用情势变更原则。如果当事人能预见而由于疏忽或过失而没有预见,应区分善意和恶意,对善意没预见的当事人应允许其主张情势变更。(4)情势变更的发生不可归责于双方当事人。情势变更的发生双方当事人均没有过错,而是由不可抗力、意外事故造成的。如可归责于当事人,则应由其承担风险或违约责任,而不适用情势变更原则。(5)因情势变更而使原合同的履行显失公平。如果情势变更对当事人之间的利益影响轻微,则不能适用此原则。只有情势变更导致双方当事人利益极不平衡时,才能适用此原则主张变更或解除合同,以免一方当事人受害,承担不必要的经济负担。

**(二) 情势变更原则与相关概念的区别**

1. 情势变更与不可抗力

关于情势变更与不可抗力的关系,不同的立法例及学说采取不同的态度。法国法将两者作同义语适用,德国法理论则将两者予以区别,英美法的合同落空原则包括两者。在我国,合同法理论一般认为,两者并不相同,其区别表现在:

(1) 两者功能不同。不可抗力属于法定免责事由,它既可适用于违约责任,又可适用于侵权责任。出现不可抗力后,债务人将依法免予承担民事责任,也可导致合同的变更或解除。而情势变更主要是一项指导合同履行的原则,在合同履行中如发生情势变更应允许当事人变更或解除合同,否则将有悖于诚信原则。

(2) 不可抗力导致合同不能履行的,才发生合同的变更或解除;而情势变更则并不必然导致合同不能履行,只不过是履行过于艰难,或须付出高昂的代价。

(3) 不可抗力的发生并不必然导致情势变更。如果不可抗力的发生未引起当事人间利益失衡,就不适用情势变更原则;而情势变更的事由也不限于不可抗力,还包括意外事件和其他事由。

(4)不可抗力发生后,当事人只要依法取得确切证据,履行了法律规定的有关义务,如通知义务、防止损失扩大的义务,就可免予承担违约责任;而情势变更发生后,当事人要主张适用情势变更原则,须请求法院作出裁判,而不能当然导致合同的变更、解除。如法院驳回了该当事人的请求,该当事人还应继续履行合同义务。

2. 情势变更与显失公平

情势变更与显失公平的区别主要表现在:

(1)显失公平常要考虑一方当事人是否利用另一方的轻率、无经验、对市场行情的不了解等而诱使其订立合同;而情势变更原则在适用时要求当事人双方均无过错,情势变更的发生不可归责于双方当事人。

(2)显失公平常适用于一方在订立合同时就意识到会产生不公平的结果,并且努力追求该结果的发生;而情势变更原则适用时当事人双方在订约时并没有预见到未来可能发生的情势会导致当事人利益失衡,利益失衡并不是当事人所要追求的结果。

(3)在合同成立时出现显失公平时,一方当事人可要求变更或撤销合同;而情势变更的发生将产生合同变更或解除的效果。

3. 情势变更与重大误解

情势变更与重大误解的区别主要表现在:

(1)两者的性质不同。重大误解是一方当事人所表达的主观意思与其真实意思不一致,而此种不一致通常是由于一方当事人的不注意、不谨慎造成的;而情势变更的发生并非当事人的不注意所致,当事人在订约时,对客观环境事实的认识并没有发生错误,只是由于出现了不可预见的情势,从根本上动摇了合同的基础,因此要适用情势变更原则。

(2)两者的成立要件不同。重大误解是行为人表达出来的意思与其真实意思间存在重大差别,并极大影响该当事人所应享受的权利和应承担的义务;而适用情势变更原则时,显失公平的后果并非由于当事人意思表示不真实造成,而是情势变更造成的。

(3)两者在效果上不同。重大误解为合同的变更或撤销的事由;而情势变更将发生合同的变更或解除问题。

**(三)情势变更原则的效力**

情势变更原则的适用在于排除因情势变更所导致的不公平结果,故其效力首先是为维护合同成立之初之法律关系而变更合同内容。如果依此方法仍不足以排除不公平的结果,那么应解除合同。

1. 变更合同,使合同公平履行

变更合同的方式的主要表现为:(1)增加或减少给付。如因货币贬值,受损的一方当事人可请求适当增减价款。(2)延期或分期履行债务。如因情势变更致使债务人不能按期履行的,可请求延期或分期履行债务,以鼓励交易。(3)变更标的物。如果是种类之债,应允许一方当事人以同种类的其他标的物代替原标的物。

2. 解除合同,彻底消除显失公平现象

如果采取变更方式不能消除显失公平的后果,或一方当事人认为合同的变更有悖于缔约目的时,就只有通过解除合同的方式来消除显失公平的后果。一方当事人依据情势变更解除合同,另一方当事人能否请求相应补偿? 我们认为,如果解除合同给对方当事人造成不合理的损害,则应向受损人给予适当补偿。

## 第三节 合同履行的具体规则

### 一、履行主体

合同的履行主体首先为债务人,包括单独债务人、连带债务人、不可分债务人、保证债务人。债务人履行时是否必须有行为能力,依履行行为的性质决定。履行行为系事实行为时,不要求债务人有行为能力;履行行为是法律行为时,债务人须有行为能力。此外,如果债务人通过移转财产权利来履行时,其须对财产有处分权。法律规定、当事人约定或性质上要求必须由债务人本人履行的债务,不得由第三人履行。由于绝对禁止第三人履行不利于提高效益,不利于财产流转,因此除当事人约定或依合同性质须由债务人本人履行外,由第三人代替履行时,履行主体也是适当的。但是第三人代替履行的,第三人仅为履行主体,债务人应对第三人的履行行为负责。《合同法》第65条规定:"当事人约定由第三人向债权人履行债务的,第三人不履行债务或者履行债务不符合约定,债务人应当向债权人承担违约责任。"

履行合同只有债权人受领时才能实现,债权人享有给付请求权及受领权,债务人应向债权人履行,但是下列情况例外:(1)债权人的债权经强制执行,禁止向债权人履行的;(2)债权人受破产宣告的;(3)债权人为无行为能力或限制行为能力人且履行行为是法律行为的。

债权人的代理人可以代为受领,收据的持有人也可以受领履行,债权的准占有人有足以使人认为其为真实的债权人的表征时,也可受领履行。所谓债权的准占有人,是指虽非债权人,但以自己的意思,事实上行使债权,依一般社会交易观念是以使他人相信其为债权人的非债权人。① 合同约定由第三人受领履行的,依其约定。在可由第三人代债权人受领的情形下,第三人受领的,为履行主体适当。但是,第三人代为受领时,也仅为履行主体,债务人仍应向债权人承担违约责任。《合同法》第64条规定:"当事人约定由债务人向第三人履行债务的,债务人未向第三人履行债务或者履行债务不符合约定,应当向债权人承担违约责任。"

### 二、履行标的

合同的履行标的,是指债务人应为履行的内容。不同的合同标的决定了合同的不同类型,如交付财物、移转权利、提供劳务、完成工作等。如果当事人不按照合同的标的履行合同,合同利益就无法实现。因此,当事人必须严格按合同的标的履行,为合同履行的一项基本规则。

质量和数量是衡量合同给付标的的基本指标,因此,当事人必须严格按照合同约定的数量、质量履行。如果合同中对质量没有约定或约定不明确的,当事人可补充协议,协议不成的,按合同的有关条款和交易习惯来确定;若仍无法确立的,按国家标准、行业标准履行;没有国家标准、行业标准的,按照通常标准或符合合同目的的特定标准履行(《合同法》第62条)。对于履行标的,适当履行原则的基本要求便是全部履行,而不应是部分履行,但在不

---

① 参见孙森焱:《民法债编总论》(下册),法律出版社2006年版,第848页。

损害债权人利益的前提下，也允许部分履行。《合同法》第 72 条规定："债权人可以拒绝债务人部分履行，但部分履行不损害债权人利益的除外。债务人部分履行债务给债权人增加的费用，由债务人负担。"

债务人应支付价款或报酬的，须以货币履行债务，不仅应按照合同约定的支付方法支付，而且还须遵守国家有关货币管理的规定。价款或报酬约定不明确的，应按合同的有关条款和交易习惯确定，仍无法确定的，按《合同法》第 62 条的规定，按照订立合同时履行地的市场价格履行；依法应当执行政府定价或政府指导价的，按照规定履行。《合同法》第 63 条规定："执行政府定价或政府指导价的，在合同约定的交付期限内政府价格调整时，按交付时的价格计价。逾期交付标的物的，价格上涨时，按照原价格执行；价格下降时，按新价格执行。逾期提取标的物或者逾期付款的，遇价格上涨时，按新价格执行；价格下降时，按原价格执行。"

对于"订立合同时履行地的市场价格"的理解，应把握"时"和"地"。这一规定强调了合同订立时的价格，而不是履行时的价格；强调了履行地的市场价格，而不是订立地的市场价格。这体现了公平原则。

### 三、履行地点

合同的履行地点是债务人履行债务，债权人受领给付的地点。履行地点关系到履行的费用和时间，又是确定解决纠纷所适用法律的根据。合同的履行地点，由当事人约定。当事人约定不明确的，可以补充协议；不能达成补充协议的，按照合同有关条款或者交易习惯确定。当事人为多数人时，可以各自订立不同的履行地点。同一个合同中的数个给付不必约定相同的履行地点，尤其是双务合同中的两个债务，可以有两个履行地点。即使是一个债务，也可以约定数个履行地点，供当事人选择。履行地点在法律有特别规定时，依其规定。履行地点也可由交易习惯确定。如果存在关于履行地点的交易习惯时，应遵守交易习惯，除非当事人之间另有约定。

履行地点按上述规则仍不能确定，根据《合同法》第 62 条规定，给付货币的，在接受货币一方所在地履行；交付不动产的，在不动产所在地履行；其他标的，在履行义务一方所在地履行。

### 四、履行方式

履行方式是完成合同义务的方法，如标的物的交付方法、运输方法、结算方法等。履行方式与当事人的权益密切相关，履行方式不符合要求，有可能造成标的物缺陷、费用增加、迟延履行等后果。[1] 履行方式由法律规定或合同约定或合同性质来确定。债务人应首先按合同约定的方式履行。如果约定不明确，当事人可以协议补充，协议不成的，可以根据合同的有关条款和交易习惯来确定；如果仍无法确定，按有利于实现合同目的的方式履行。

### 五、履行期限

履行期限，合同有约定时，依其约定；法律有规定时，依其规定。当然，履行期限也可由

---

[1] 参见隋彭生：《合同法要义》，中国政法大学出版社 2003 年版，第 189 页。

债务的性质确定。如果履行期限仍不能明确的,根据《合同法》第61条的规定,债务人可以随时履行,债权人也可随时要求履行,但应当给对方必要的准备时间。

履行期限有为债务人利益而设的,有为债权人利益而设的,也有为双方利益而设的。履行期限为债务人利益而设时,债权人不得请求债务人提前履行,但债务人可抛弃期限利益,在履行期前履行。履行期限为债权人利益而设时,债权人可以在履行期限前请求债务人履行,但债务人无权强行请求债权人于期前受领给付。履行期限为双方当事人利益而设时,债务人无权强行要求债权人于期前受领,同时债权人无权请求债务人于期前履行。《合同法》第71条规定:"债权人可以拒绝债务人提前履行债务,但提前履行不损害债权人利益的除外。""债务人提前履行债务给债权人增加的费用,由债务人负担。"

### 六、履行费用

履行费用是债务人履行合同所支付的必要费用。例如,物品交付的费用,运送物品的费用,金钱邮汇的邮费。在通常情况下,履行费用有运送费、包装费、汇费、登记费、通知费、装卸费等。对于履行费用,当事人有约定的,从其约定;没有约定或约定不明确的,当事人可以协议补充,不能达成补充协议的,按照合同有关条款或交易习惯确定。仍不能确定的,由履行义务一方负担。另外,因债权人变更住所或其他行为而导致履行费用增加时,增加的费用应由债权人负担。

## 第四节 双务合同履行中的抗辩权

### 一、双务合同履行中的抗辩权概述

双务合同履行中的抗辩权是指双务合同的当事人在符合法定条件时,暂时拒绝履行其债务的权利。它包括同时履行抗辩权、先履行抗辩权和不安抗辩权。

双务合同履行中的抗辩权是合同效力的表现,在性质上属于延期的抗辩权,不是消灭的抗辩权。它只是延缓或阻止对方请求权的发生,而不是变更或消灭相对人的权利。当事人行使抗辩权无效果时,合同可能最终解除,但履行抗辩权本身并不是合同解除的原因。行使同时履行抗辩权、先履行抗辩权和不安抗辩权,是权利的正当行使,而非违约。抗辩权也是一种自助权,其行使不必经对方当事人同意,也不必经诉讼或仲裁程序,当事人只要符合法定条件,就可以自己行使这种权利,当然也可放弃。行使履行抗辩权的一方对法定条件的存在负举证责任,对方可以提出反证。①

### 二、同时履行抗辩权

#### (一)同时履行抗辩权的概念

同时履行抗辩权,是指双务合同未约定债务先后履行顺序时一方当事人在对方未为对待给付前,可以拒绝履行自己债务的权利。

---

① 参见隋彭生:《合同法要义》,中国政法大学出版社2003年版,第203页。

同时履行抗辩权的理论基础是双务合同的牵连性理论,即双方当事人的给付与对待给付具有不可分离的关系。此种牵连性有三种情形,即发生上的牵连性、存续上的牵连性、履行上的牵连性。所谓发生上的牵连性,是指双方的权利义务基于同一合同产生,互为条件,一方的给付义务不发生,对方的对待给付义务也不发生;所谓存续上的牵连性,是指若非因双方的过错导致合同事实上履行不能时,风险如何负担的问题,即债务人免给付义务,债权人亦免对待给付义务;所谓履行上的牵连性,又称功能上的牵连性,是指双方所负的给付义务互为前提,一方不履行自己的义务,对方原则上也不履行。

同时履行抗辩权的法律基础是公平和诚实信用原则,是诚实信用原则在双务合同履行中的具体应用。一方在自己未履行或者根本没有提出履行义务时,要求对方履行义务,实际上只使自己享受权利而不承担义务,非为诚实守信行为。一方当事人只有在已履行或已提出履行的条件下,才能要求对方当事人履行。法律设同时履行抗辩权的目的,就在于维持双方合同当事人间在利益关系上的公平。

### (二)同时履行抗辩权的构成要件

《合同法》第66条规定:"当事人互负债务,没有先后履行顺序的,应当同时履行。一方在对方履行之前有权拒绝其履行要求。一方在对方履行债务不符合约定时,有权拒绝其相应的履行请求。"根据这一规定,同时履行抗辩权的构成要件包括以下几项。

#### 1. 须因同一双务合同互负债务

由于同时履行抗辩权发生的根据是双务合同履行上的牵连性,因此它只适用于双务合同,不适用于单务合同和不完全双务合同。对这一要件应从以下几方面理解:第一,双方当事人根据同一合同相互负担义务,即双方当事人债务系由同一个合同产生。如买卖合同中,买受人负有支付报酬的义务,出卖方人有交付标的物的义务。买受人、出卖人的义务皆由同一项双务合同产生。如果双方当事人的债务不是基于同一双务合同而发生,即使在事实上有密切关系,也不成立同时履行抗辩权。第二,双方债务存在对价关系。所谓对价关系,是指一方履行与他方对待履行互为条件,互相依存,具有牵连性。该对价关系不强调客观上等值,只要双方当事人主观上认为等值即可。①

#### 2. 须双方互负的债务没有先后履行顺序且均已届清偿期

同时履行抗辩权的适用,是双方对待给付的交换关系的反映,并旨在使双方所负的债务同时履行,双方享有的债权同时实现。所以,只有在双方的债务同时到期时,才能行使同时履行抗辩权。这就要求,一方面双方当事人互负的债务必须是有效存在的。例如,如果原告向被告请求支付价金,而被告主张买卖合同不成立、无效或已被撤销,或债务业已被抵销或免除,从而表明债务实际上不存在,原告并不享有请求权,在此情况下,被告所主张的并不是同时履行抗辩权,而是主张自己无履行的义务。因此,债务的存在是主张同时履行抗辩权的前提。另一方面双方债务没有先后履行期限,同时到期。尽管双方所负的债务是存在的,但如果双方债务有先后履行顺序而未同时到期,也不发生同时履行抗辩权问题。

#### 3. 须对方未履行或未按约定履行债务

原告向被告请求履行债务时,须自己已为履行或已提出履行,否则,被告可行使同时履

---

① 参见崔建远主编:《合同法》(第六版),法律出版社2016年版,第100页。

行抗辩权,拒绝履行自己的债务。不过,原告未履行的债务或未提出履行的债务,与被告所负的债务无对价关系时,被告仍不得主张同时履行抗辩权。原告的履行不适当时,被告可行使同时履行抗辩权,但若原告已为部分履行,依其情形,被告若拒绝履行自己的债务违背诚实信用原则时,不得主张同时履行抗辩权。

4. 须对方的对待给付是可能的

同时履行抗辩权旨在敦促当事人同时履行债务,而不是消灭合同的效力。同时履行是以能够履行为前提的,如果一方已经履行,而另一方的履行已不可能(如标的物已遭到毁损灭失等),则另一方只能借助债务不履行的规定寻求救济,而不发生同时履行抗辩权问题。如果不能履行是由不可抗力或意外事件发生所造成的,则双方当事人将被免责。在此情况下,如一方提出了履行的请求,对方可提出否认对方请求权存在的主张,而不是主张同时履行抗辩权。

(三) 同时履行抗辩权的适用范围

同时履行抗辩权,可适用于可分之债。学理上一般认为,可分之债若由一个双务合同而产生时,债务人对其可分割的债务的履行,与债权人的对待履行之间形成对价关系,各个债务人所承担的债务与各个债权人的债权亦可相互对立。因此,各债权人可以就各个独立部分的债务不履行,成立同时履行的抗辩权。①

连带之债也可适用同时履行抗辩权。例如,甲、乙向丙、丁购买1000公斤乌龙茶,价款10万元,约定甲、乙和丙、丁均应负连带责任。当甲向丙请求交付1000公斤乌龙茶时,丙可主张甲应为支付全部价款的同时履行抗辩权。

在债务承担的情况下,同时履行抗辩权亦可适用。例如,甲将画卖给乙,价款20万元,由丙承担乙的债务。当甲向丙请求支付价款时,丙可以甲未对乙交付画为由拒绝自己的履行。②

为第三人利益订立的合同可以发生同时履行抗辩权,因为在为第三人利益订立的合同中,如果一方未履行,则另一方可以拒绝向第三人作出履行。例如,甲与乙订立购买煤的合同,约定价金1万元,丙对乙享有直接请求交付煤的权利,如果甲到期不能支付货款,则乙可以拒绝丙的请求。

原债务的变形同样适用同时履行抗辩权。原债务的变形是指因一方违约,使双方间债务转化成为损害赔偿债务。如甲有宝玉与乙的瓷器互易,因甲的过失致宝玉灭失,甲应负债务不履行的损害赔偿责任,乙对甲的损害赔偿请求权与甲对乙的给付瓷器的请求权之间,发生同时履行抗辩权。

除了一些双务合同外,尚有一部分虽非由双务合同所产生的双方应负相互返还义务,在实质上仍有牵连关系的,应准许适用同时履行抗辩权。例如,当事人因合同解除而产生的相互返还义务,在法律上因其与双务合同当事人所负担的相互义务极为相似,所以一方不履行返还义务的,另一方可援用同时履行抗辩权拒绝履行自己应负的返还义务。

(四) 同时履行抗辩权的效力

同时履行抗辩权属于延期的抗辩权,不能使合同履行效力消灭,而是使对方请求延期。

---

① 参见王泽鉴:《民法学说与判例研究》(第六册),北京大学出版社2009年版,第126页。
② 参见崔建远主编:《合同法》(第六版),法律出版社2016年版,第102页。

同时履行抗辩权的行使,一方面保护了权利人的利益;另一方面也给对方造成压力,促使对方同时履行合同义务。在对方履行后,权利人必须履行自己的义务。同时履行抗辩权的行使应由当事人自己为之,法院或仲裁机构不能依职权主动适用。行使同时履行抗辩权不以明示方式为限。对方如未给付,一方即可以暂时拒绝履行自己的义务,于此情形下,一方虽未明确表示行使同时履行抗辩权,但也未为给付的,不负迟延履行的责任。

### 三、先履行抗辩权

#### (一)先履行抗辩权的概念

先履行抗辩权,是指当事人互负债务,有先后履行顺序的,先履行一方未履行之前,后履行一方有权拒绝其履行请求;先履行一方履行债务不符合约定的,后履行一方有权拒绝其相应的履行请求。

先履行抗辩权是后履行义务人的权利,因此,也被称为后履行抗辩权。我国《合同法》第67条规定:"当事人互负债务,有先后履行顺序,先履行一方未履行的,后履行一方有权拒绝其履行请求。先履行一方履行债务不符合约定的,后履行一方有权拒绝其相应的履行要求。"先履行抗辩权本质上是对先履行一方违约的抗辩权,它和其他违约形式的请求权相结合,构成了对非违约方更为广泛的违约救济。

#### (二)先履行抗辩权的构成条件

根据《合同法》第67条的规定,先履行抗辩权的构成条件包括如下几项:

1. 因同一双务合同而互负债务

因为只有双务合同才存在履行上的牵连性,单务合同不存在履行上的牵连性,故只有因同一双务合同而双方互负债务,才能产生先履行抗辩权。对该要件的理解与前述同时履行抗辩权的相应要件相同,不再赘述。

2. 两个债务须有先后履行顺序

当事人的债务履行顺序,应当按法律规定、当事人约定或交易习惯予以确定。如果法律对双务合同的履行顺序作了规定,或者当事人在合同中约定履行顺序,则履行顺序依法律的规定或当事人的约定。当法律未作规定,当事人亦未约定的情况下,履行顺序应根据交易习惯确定。如住旅馆,要先住宿后结账等。在当事人双方互负的债务没有先后顺序时,双方应当同时履行,于此情形下,会发生同时履行抗辩权。只有在双方的债务履行有先后顺序的情形下,先履行的一方应当先履行债务,这才会发生后履行的一方的抗辩权。

3. 先履行一方未履行债务或未适当履行债务

在合同履行存在先后顺序时,负有先履行义务的一方应当先履行,若先履行义务方的债务已届清偿期而不履行债务,则属违约,后履行一方有权拒绝先履行一方的履约要求。如果先履行一方履行不合约定,则后履行方有权拒绝先履行一方的相应履行要求,即与先履行方履行债务不符合约定部分的相应部分。

#### (三)先履行抗辩权的效力

先履行抗辩权也属于延期的抗辩权,不具有消灭对方请求权的效力,只是暂时阻止先履行方请求权的行使,以保护自己的顺序利益。如果先履行方完全履行了合同义务,则后履行方抗辩权消灭,后履行方应当恢复履行其债务。后履行一方因行使先履行抗辩权致使合同履行迟延的,不承担迟延履行的责任。

### 四、不安抗辩权

#### (一) 不安抗辩权的概念

不安抗辩权是指在异时履行的双务合同中,应当先履行的一方有确切证据证明后履行方在履行期限到来后,将不能或不会履行债务时,得暂时中止自己债务履行的权利。

不安抗辩权是大陆法的概念,是与同时履行抗辩权相对应的一种抗辩权,它们分别适用于异时履行与同时履行的情况,两者共同构成大陆法的债法中保护债权的抗辩权体系。不安抗辩权与先履行抗辩权一样都适用于异时履行的情况,但不安抗辩权主要是为了保护先履行一方,而先履行抗辩权是为了保护后履行一方。大陆法国家一般没有先履行抗辩权的规定,我国《合同法》专设了这一制度,并与不安抗辩权相区别。

#### (二) 不安抗辩权的构成要件

根据《合同法》第68条规定,不安抗辩权的构成应具备如下条件:

1. 因同一双务合同而互负债务

关于不安抗辩权的适用范围,大陆法国家的民法规定并不一致。在德国法中,不安抗辩权适用于一切双务合同。在法国法中,不安抗辩权的适用条件是支付不能,仅限于买卖合同的出卖人享有不安抗辩权。我国《合同法》第68条没有像对同时履行抗辩权与先履行抗辩权的规定那样明确,将"当事人互负债务"作为不安抗辩权适用的条件之一,但从不安抗辩权的内容来看,它必须适用于双务合同。在双务合同中,一方当事人承担合同债务的目的,通常是为了取得对方当事人的对待履行,这就使双务合同当事人之间的债务具有对价性,即一方的权利是另一方的义务,反之亦然。只有在双务合同中,才有可能使当事人之间的债务履行具有先后顺序之分。因此,不安抗辩权只有在双务合同中发生。由于《合同法》第68条并没有将不安抗辩权的适用限定在某一类双务合同中,因此应认为该项抗辩权适用于各类双务合同。

2. 须当事人约定一方应先履行债务且先履行方的债务已届履行期

首先,在双务合同中,只有当事人约定一方应先履行债务,才能适用不安抗辩权。如果双务合同无先后履行顺序的,当事人应同时履行,只发生同时履行抗辩权。合同债务有先后履行顺序的,先履行方应先为给付。但是,如果后履行一方难以作出对待履行时,先履行方履行义务后,则有可能使自己的利益受损。因此,为保护先履行一方的利益,法律赋予先履行的一方在符合法律规定的条件下享有拒绝履行的权利。其次,先履行一方的合同债务已届清偿期。若先履行一方的债务未到清偿期,该方当事人也无履行的责任。只有在债务已届履行期时,先履行的一方才应履行其义务,此时如其履行后得不到相应的对待给付,才能发生是否中止履行的问题。可见,不安抗辩权的设置,可以有效地防止先履行一方的利益受损。

3. 后履行一方有丧失或可能丧失履行债务能力的情形

后履行一方的履行能力明显降低,有难为对待给付之现实危险的,先履行的一方方可行使不安抗辩权。至于难为对待给付的原因,后履行一方主观上是否有过错,在所不问。《合同法》第68条规定:应当先履行债务的当事人,有确切证据证明对方有下列情形之一的,可以中止履行:(1) 经营状况严重恶化。(2) 转移财产、抽逃资金,以逃避债务。此种状况直接影响后履行一方的履行能力,同时也表明他并无履行的诚意。(3) 丧失商业信誉。商业信誉既是合同订立、存续的基础,也是合同履行的基础或保障。既然后履行一方的履行基础已丧失,则先履行一方有权行使不安抗辩权。(4)有丧失或者可能丧失履行债务能力的其他情形。此为兜底条款以防法律漏洞。例如,演出合同中的演员丧失民事行为能力,不能按约完成出演任务等。

上述履行不能的事实应于何时发生,先履行的一方才得以行使不安抗辩权?一般认为,只有在合同成立以后发生上述事实的,才能行使不安抗辩权。如果在订约时已经出现了上述事实,表明先履行的一方在订约时就已知道或应当知道上述事实的存在,因此法律就没必要对其特别保护。即使先履行的一方在订约时根本不知道或不应当知道上述事实的发生,也可以依据具体情况,要求确认合同无效或撤销,而不必行使不安抗辩权。

### (三)不安抗辩权的行使

为防止先履行一方滥用不安抗辩权,《合同法》第68条和第69条规定了先履行一方行使不安抗辩权时负有两项义务:一是举证的义务。先履行的一方必须有确切的证据证明对方具有法律规定的不能或不会对待履行的情况,而不能凭空臆测对方不能或不会对待履行。没有确切证据而中止合同履行,只能表明先履行一方无正当理由中止履行自己的义务。因此,《合同法》第68条中规定:"当事人没有确切证据中止履行的,应当承担违约责任。"二是通知的义务。由于先履行的一方在行使不安抗辩权时无须征得对方的同意,而不安抗辩权的行使又会导致先履行的一方暂时中止合同的履行,如果在中止合同履行后,不及时通知对方,对方有可能受到损失。从权利正当行使的角度观察,后履行一方在得到通知后,可以达到权利制衡的目的。正是基于此,《合同法》第69条规定了当事人中止履行的,应当及时通知对方。如果没有及时通知甚至根本没有通知的,表明先履行的一方非属正当行使权利,将有可能构成违约。上述两种义务,应属于先履行一方的法定义务而不是附随义务。

### (四)不安抗辩权的效力

在不安抗辩权具备其成立要件时,首先,在后履行一方提供适当担保前,先履行一方有权中止履行合同。其次,如果后履行一方对履行合同提供了适当担保,则不安抗辩权即归于消灭,先履行一方应恢复履行。担保是否适当,应以能充分保障先履行一方的履行利益得到实现为标准加以判断。最后,根据《合同法》第69条规定:在先履行义务人"中止履行后,对方在合理期限内未恢复履行能力,并且未提供适当担保的,中止履行的一方可以解除合同"。

### (五)不安抗辩权与预期违约制度

我国的不安抗辩权制度是借鉴大陆法系的不安抗辩权制度与英美法系的预期违约制度建立起来的。虽然两种制度较为相似,但区别还是比较明显的:

第一,两者的前提条件不同。不安抗辩权只能适用于异时履行的双务合同,而预期违约制度并没有此种限制,依法或依约规定同时履行,先履行或后履行均可在对方预期违约时寻求法律救济。

第二,两者的行使条件不同。不安抗辩权的行使条件之一,是订约后后履行一方财产显著减少,丧失或可能丧失履约能力;而预期违约则不同:在明示预期违约情况下,只要一方当事人向另一方当事人确切地表示其将不按约定履行合同义务,预期违约即可产生,与该当事人财产状况无关。在默示预期违约的情形下,一方当事人的自身行为或客观事实表明其将不能履行合同义务的,预期违约即可产生。这里的客观事实,既包括财产状况恶化、丧失履约能力,也包括商誉不佳或债务人的实际情况表明债务人存在违约的危险。

第三,当事人主观是否有过错不同。不安抗辩权的成立不以对方主观上有过错为要件,只要其财产于订约后显著减少,有难为对待给付的现实危险时即可成立;而预期违约的违约方是有过错的。

第四,两者的法律后果不同。不安抗辩权的行使导致先履行一方中止履行合同义务或后履行一方未在合理期限内提供适当担保的,先履行一方可以解除合同;而预期违约出现时,当事人可以解除合同,行使求偿权或等到履行期限届满后,提起违约赔偿诉讼。

## 【思考题】

1. 试述合同履行的基本原则。
2. 合同履行的具体规则是什么?
3. 试述同时履行抗辩权的成立条件和效力。
4. 不安抗辩权和后履行抗辩权的成立条件有哪些?
5. 不安抗辩权和预期违约的关系如何?

## 【法律应用】

1. 甲公司要运送一批货物给收货人乙公司,甲公司法定代表人丙电话联系并委托某汽车运输公司运输。汽车运输公司安排本公司司机刘某驾驶。运输过程中,因刘某的过失发生交通事故,致货物受损。乙公司因未能及时收到货物而发生损失。现问,乙公司应向谁要求承担损失?(2002年司考题)

    A. 甲公司      B. 丙      C. 刘某      D. 汽车运输公司

2. 合同规定甲公司应当在8月30日向乙公司交付一批货物。8月中旬,甲公司把货物运送到乙公司。此时乙公司有权应当如何处理?(2003年司考题)

    A. 拒绝接收货物      B. 不接收货物并要求对方承担违约责任
    C. 接收货物并要求对方承担违约责任      D. 接收货物并要求对方支付增加的费用

3. 甲、乙双方约定,由丙每月代乙向甲偿还债务500元,期限2年。丙履行5个月后,以自己并不对甲负有债务为由拒绝继续履行。甲遂向法院起诉,要求乙、丙承担违约责任。法院应如何处理?(2004年司考题)

    A. 判决乙承担违约责任      B. 判决丙承担违约责任
    C. 判决乙、丙连带承担违约责任      D. 判决乙、丙分担违约责任

4. 甲于2月3日向乙借用一台彩电,乙于2月6日向甲借用了一部手机。到期后,甲未向乙归还彩电,乙因此也拒绝向甲归还手机。关于乙的行为,下列哪些说法是错误的?(2005年司考题)

    A. 是行使同时履行抗辩权      B. 是行使不安抗辩权
    C. 是行使留置权      D. 是行使抵销权

5. 甲、乙订立一份价款为10万元的图书买卖合同,约定甲先支付书款,乙两个月后交付图书。甲由于资金周转困难只交付5万元,答应余款尽快支付,但乙不同意。两个月后甲要求乙交付图书,遭乙拒绝。对此,下列哪一表述是正确的?(2010年司考题)

    A. 乙对甲享有同时履行抗辩权
    B. 乙对甲享有不安抗辩权
    C. 乙有权拒绝交付全部图书

D. 乙有权拒绝交付与五万元书款价值相当的部分图书

6. 2011年5月6日,甲公司与乙公司签约,约定甲公司于6月1日付款,乙公司6月15日交付"连升"牌自动扶梯。合同签订后10日,乙公司销售他人的"连升"牌自动扶梯发生重大安全事故,质监局介入调查。合同签订后20日,甲、乙、丙公司三方合意,由丙公司承担付款义务。丙公司6月1日未付款。下列哪一表述是正确的?(2011年司考题)

A. 甲公司有权要求乙公司交付自动扶梯
B. 丙公司有权要求乙公司交付自动扶梯
C. 丙公司有权行使不安抗辩权
D. 乙公司有权要求甲公司和丙公司承担连带债务

7. 甲与乙公司签订的房屋买卖合同约定:"乙公司收到首期房款后,向甲交付房屋和房屋使用说明书;收到二期房款后,将房屋过户给甲。"甲交纳首期房款后,乙公司交付房屋但未立即交付房屋使用说明书。甲以此为由行使先履行抗辩权而拒不支付二期房款。下列哪一表述是正确的?(2015年司考题)

A. 甲的做法正确,因乙公司未完全履行义务
B. 甲不应行使先履行抗辩权,而应行使不安抗辩权,因乙公司有不能交付房屋使用说明书的可能性
C. 甲可主张解除合同,因乙公司未履行义务
D. 甲不能行使先履行抗辩权,因甲的付款义务与乙公司交付房屋使用说明书不形成主给付义务对应关系

## 【讨论案例】

1. 甲、乙为购买大米事宜签订了买卖合同,但合同中只约定了大米的数量、价格、交货地点,而对大米的交付时间、费用负担等均没有约定。3天后,甲将大米运到乙处,乙则以事前没有通知他而来不及清扫仓库为由,拒绝接受这批大米,双方发生争执。

请回答下列问题:(1)乙是否有权拒绝接受这批大米?为什么?(2)运费应由谁来支付?为什么?

2. 甲公司因转产致使一台价值1千万元的精密机床闲置。2013年5月9日,甲公司的董事长与乙公司签订了一份精密机床转让合同。合同约定:精密机床作价950万元,甲公司于2013年10月31日前交货,乙公司在交货后10天内付清款项。除此之外,未作特别约定。乙公司在订立合同后想赚取差价,便另行寻找买家。2013年6月8日,乙公司与丙公司订立了合同,将该台精密机床转让给了丙公司,价格为980万元,但未约定履行时间、顺序等事项。甲公司在交货日前发现乙公司的经营状况严重恶化,过着朝不保夕的日子,于是便书面通知乙公司将拒绝交货,并要求乙公司提供担保,否则将解除合同,乙公司予以拒绝。2013年11月15日,乙公司要求丙公司支付980万元,希望可借此周转资金,向甲公司作出支付,以便让甲公司交付精密机床,但丙公司却拒绝支付款项。2013年12月21日,因为知道乙公司的经营状况进一步恶化,甲公司书面通知乙公司解除合同。

请回答下列问题:(1)甲公司在债务履行期届满后未交付机床,其行为是否合法?为什么?(2)丙公司拒绝向乙公司支付980万元,其行为是否合法?为什么?(3)甲公司能否解除合同?为什么?

# 第五章
# 合同的保全和担保

**【学习指南】**
　　重点在于把握债权人代位权和撤销权的性质、成立条件、行使和效力,保证、抵押、质押、留置和定金的特性、成立条件、效力;难点在于理解债的保全措施在实践上的正确适用、债的各类担保之间的效力关系。

**【导入案例】**
　　甲欠乙15万元人民币,由丙提供保证担保。乙多次催要,甲一直没有偿还。后来,甲将价值4万元的面包车赠与丁,将价值10万元的房屋以6万元的价格出卖给戊,但戊对甲欠债的情况并不知情。同时,甲对乙还享有3万元的到期债权,但甲一直未催要。通过本章的学习,试分析乙如何能够保障自己的债权得到实现。

## 第一节　合同的保全

### 一、合同保全的概念

　　合同的保全又称合同履行的保全或合同债权的保全,是指为防止因债务人的财产不当减少而给债权人的债权带来危害,允许债权人代债务人之位向第三人行使债务人的权利或者请求法院撤销债务人与第三人的法律行为的法律制度。其中,债权人以自己的名义向第三人行使债务人的权利的法律制度为债权人代位权制度;债权人请求法院撤销债务人与第三人的法律行为的法律制度称为债权人撤销权制度。
　　债权需要债务的适当履行才能实现,而债务的履行又通常体现为从债务人的总财产即责任财产中分离出一定财产给债权人。责任财产不仅为某一债权人债权的一般担保,而且是全体债权人债权的共同担保。因此,责任财产的增损对债权的实现至关重要。为保障债权实现,当事人虽可以在合同关系成立时设立某种担保,但由于这些担保中有的需要当事人履行特殊手续(如办理抵押权登记),有的需取决于第三人的意思(如设定保证或以第三人财产设定抵押权)或法律规定(如留置权),因而,仅限于特定的债务方能适用。因此,为了保护一般人的利益,弥补债的担保的不足,保障债权人债权的实现,我国《合同法》特设了合同保全制度。其中,代位权制度为保持债务人的责任财产而设,适用于债务人的财产应增加且能增加、因债务人的任意而未为增加的情形;撤销权制度系为恢复债务人的责任财产而设,适用于债务人的财产不应减少、因债务人的任意不当减少的情形。

## 二、债权人代位权

### (一) 债权人代位权的概念与性质

债权人代位权,是指当债务人怠于行使其对第三人享有的权利而害及债权人债权时,债权人为保全自己的债权,得以自己的名义行使债务人对第三人的该项权利之权。它是在平衡债权人与债务人的利益、债务人的意思自由与交易安全的基础上设立的制度。例如,甲欠乙100万元,丙欠甲50万元,甲在债权到期后不行使对丙的债权,致使其无力清偿对乙的债务,则乙可代位行使甲对丙的权利。债权人代位权的性质表现在:

1. **债权人代位权为实体权利**

当具备代位权的发生要件时,债权人即可以自己的名义代债务人向第三人主张权利,不必通过诉讼上的确认,也不必由法院以强制执行的名义为之,故为一种实体权利。

2. **债权人代位权是债权的固有效力**

债权一旦产生就当然包含代位权,它随着债权的转移和消灭而发生转移和消灭。

3. **债权人代位权是以行使他人权利为内容的类似于形成权的权利**

债权人代位权是在债权中包含的请求权以外的权利。代位权行使的效果,是使债务人与第三人之间的法律关系发生变更。但这种变更仍是基于债务人权利的作用,并非依债权人一方意思表示而形成法律上的效力,非纯粹的形成权。

4. **债权人代位权为权利人享有的权利**

债权人代位权是债权人以自己的名义行使债务人的权利,故代位权不同于代理权。代理权的产生多出于本人的委托,而代位权发生的基础来源于法律的规定,与债务人的意思无关。

5. **债权人代位权为债权人保全债务人财产的权利**

债权人通过行使代位权而收取的财产,必须加入债务人的财产,不得自行受领而满足自己的债权,非直接实现自己债权的权利。代位权是债权人代替债务人向债务人的债务人主张权利,为债权的对外效力,其行使对第三人产生法律上的约束力。

### (二) 债权人代位权的成立条件

《合同法》第73条规定:"因债务人怠于行使其到期债权,对债权人造成损害的,债权人可以向人民法院请求以自己的名义代位行使债务人的债权,但该债权专属于债务人的除外。""代位权的行使范围以债权人的债权为限。债权人行使代位权的必要费用,由债务人承担。"根据以上规定,代位权的成立要件有四:

1. **债务人对第三人享有到期债权**

债权人代位权为涉及第三人的权利,如果债务人享有的权利与第三人无涉,则不能成为代位权的行使对象。债务人对于第三人享有的到期债权,为债权人代位权的标的。这就意味着,债务人对第三人享有合法债权,且该债权已届清偿期,是行使债权人代位权的前提条件。至于债务人对于第三人的债权发生在债的关系成立之前或之后,则在所不问。

根据《合同法》及《关于合同法的解释(一)》第12条的规定,作为债权人代位权行使对象的"债务人的到期债权",应以非专属于债务人的债权为限,专属于债务人自身的债权,如基于扶养关系、抚养关系、赡养关系、继承关系产生的给付请求权和劳动报酬、退休金、养老金、抚恤金、安置费、人寿保险、人身伤害赔偿请求权等权利,不得代位行使。此外,该债权应具有金钱给付内容,对于非金钱债权(如不作为债权和以劳务为给付标的的债权)原则上不得行使代位权。

2. 债务人怠于行使其债权

债务人怠于行使其债权是指债务人应行使且能行使而不行使其债权。所谓应行使,是指若不于其时行使,该权利将有可能消灭或丧失。例如,请求权将因时效完成而消灭,受清偿权将因不申报破产债权而丧失。所谓能行使,是指不存在行使权利的任何障碍,债务人在客观上有能力行使该权利。所谓不行使,即客观上消极地不行使权利,至于其原因如何或者债务人主观上有无故意或过失,则在所不问。债务人已经行使权利,虽其行使方法有所不当或结果并非有利,债权人也不得再行使其代位权,否则构成对债务人行使权利的不当干涉。

3. 债务人已陷于迟延

债务定有履行期的,债务人届期不履行,即构成履行迟延;债务未定履行期的,经债权人催告后,债务人仍不履行的,构成迟延。在债务人陷于迟延之前,债权人的债权有无不能实现之虞,尚难预料,若此时允许债权人行使代位权,则构成对债务人权利的不当干预。而当债务人已陷于迟延仍怠于行使对第三人的债权,其又无资力清偿自己负担的债务,债权不能实现的危险即已客观存在,此时方发生保全债权的必要。

4. 债务人怠于行使其债权的行为对债权人造成损害

只有当债务人怠于行使其债权的行为对债权人的债权造成损害,即如果不行使代位权,债权人的债权确有无法获得清偿的危险时,债权人才有行使代位权以保全自己债权的必要。根据《关于合同法的解释(一)》第13条规定,《合同法》第73条规定的"债务人怠于行使其到期债权,对债权人造成损害的",是指债务人不履行其对债权人的到期债务,又不以诉讼方式或者仲裁方式向其债务人主张其享有的具有金钱给付内容的到期债权,致使债权人的到期债权未能实现。

**(三) 债权人代位权的行使**

1. 行使方式

(1) 债权人代位权的行使主体是债权人。债务人的各个债权人在符合法律规定的条件下均可以行使代位权。但若一个债权人已就某项债权行使了代位权,则其他债权人不得就该项权利再行使代位权。

(2) 债权人应以自己的名义行使代位权,并须尽到善良管理人的注意,否则应负损害赔偿责任。

(3) 债权人行使代位权必须通过诉讼方式进行。大陆法系各国认为,代位权与撤销权不同,不以裁判上行使为必要,可以以诉讼外的方式行使。但我国《合同法》对此持否定态度。有学者认为,若允许诉讼外行使,则难以达到债权保全的目的。例如,因时效中断之起诉、因执行异议之起诉,均需在诉讼上行使。代位权必须通过诉讼程序行使,其主要原因在于:一方面,只有通过裁判方式才能保证某个债权人行使代位权所获得的利益能够在各个债权人之间平均分配;另一方面,只有通过裁判方式才能有效地防止债权人滥用代位权,如防止随意处分债务人的权利或将债务人的权利用来抵充自己的债权,同时也能够有效地防止债权人与其他未行使代位权的债权人、债务人以及债务人的债务人之间因代位权的行使而发生的纠纷。①

(4) 代位权的行使目的在于债务人权利的实现或权利的保存。债权人可行使债务人对第三人的请求权,使第三人直接对债务人为给付。但债权人不得请求第三人向自己履行债务。因为,第三人对于债权人并无履行义务,债权人也无受领第三人履行的权利。因代位权的行使而使债务人增加的财产,应作为全体债权人的共同担保,行使代位权的债权人不得从中优先受偿。但根据《关于合同法的解释(一)》第20条的规定,债权人向次债务人提起的代位权诉讼经人民法院审理后认为代位权成立的,由次债务人向债权人履行清偿义务,债权人与债务人、债务人与次债务人之间相应的债权债务关系即予消灭。

2. 代位权行使的范围

代位权行使的范围,以保全债权人的债权为限度。在必要的范围内得同时或顺次代位行使债务人的数个权利。如果应代位行使的债务人的权利的价值超过债务保全的限度,则应于必要的限度内分割债务人的权利行使;不能分割行使者,得行使全部权利。债权人代位行使时,原则上不得处分债务人的权利,但其处分的结果可使债务人的财产增加者例外。例如,处理易腐败的物品、以抵销而消灭债务人财产上的负担。

**(四) 代位权行使的效力**

1. 对于债务人的效力

代位权行使的效果直接归属于债务人。债权人行使代位权后,不得自行受领次债务人所为给付。如债务人仍怠于受领,债权人可代位受领,但债务人仍有权请求债权人交付其所受领的财产。

债权人在行使代位权后,债务人对其权利的处分是否受到影响,有肯定说和否定说。否定说认为,代位权的行使并非强制执行,既然代位权的行使效果归于债务人,债务人当然可以处分其权利,如其处分行为有损于债权,债权人可以再行使撤销权。肯定说认为,代位权行使后,债务人就其权利不得再为妨害代位权行使的处分行为,此为达到代位权目的所不可缺,否则债权人一方面行使代位权,而债务人一方面仍得抛弃、免除或让与,则代位权制度将失其效用。代位权和撤销权均为保全债权的方法,如以一种方法即可保全债权,自不必再行采用第二种方法,且撤销权需以裁判方式行使,徒增诸多不便。② 法律将代位权规定为一项实体权利,是为了实行简便,如行使代位权后又行使撤销权,这与代位权的立法目的是不合的。

2. 对于第三人的效力

债务人对于第三人的权利,无论是自己行使还是由债权人代位行使,对第三人的法律地位均无影响。因此,凡第三人得对债务人主张的一切抗辩,如债务不成立、无效、可撤销、未届履行期等,均可用于对抗债权人。

3. 对于债权人的效力

债权人行使代位权不得超出债务人权利的范围。债权人在债务人怠于受领代位权行使

---

① 参见王利明、崔建远:《合同法新论·总则》(修订版),中国政法大学出版社2000年版,第386页。
② 参见王家福主编:《中国民法学·民法债权》,法律出版社1991年版,第181—182页。

的效果时,虽然可以代位受领,但在债务人陷于破产及其他债权人的债权已届清偿期且已主张清偿的情形下,受领的财产利益不得专供自己债权的清偿,也不得自行抵销自己与债务人的债务。债权人为行使代位权所支出的必要费用,应由债务人偿还,而且此项费用因系为全体债权人的利益而支出,应优先得到偿还。

### 三、债权人撤销权

#### (一) 债权人撤销权的概念和性质

债权人撤销权又称废罢诉权,是指债权人对于债务人所为的危害债权的行为,可请求法院予以撤销的权利。债权人撤销权适用于债务人与他人实施某种行为,使其作为债务担保的责任财产不当减少,因而害及债权人的利益,使债权有不能实现的危险的情形。在此情形下,债权人可申请法院撤销债务人与他人之间的法律行为,恢复债务人的责任财产,使债权得到保障。

关于撤销权的性质,通说认为是实体法上的权利而非诉讼法上的权利。但对于撤销权在实体法上属于何种权利,则观点不一,归纳起来主要有:(1) 请求权说。该说认为,债权人的撤销权为对于因债务人的行为而受利益的第三人直接请求返还的债权。此说又可分为基于法律规定的返还请求权、基于侵权行为的返还请求权、类似于不当得利的返还请求权等观点。其不足在于,难以解释债务人的行为有效时,第三人何以应负担返还义务。(2) 形成权说。该说认为,债权人撤销权的效力在于依债权人的意思而使债务人和第三人的法律行为溯及地消灭。形成权说虽合于理论,但如债务人怠于请求第三人返还利益,债权人仍需再行使代位权,才能达到保全债权之目的,与法律设立撤销权以恢复债务人的责任财产的本旨相悖。(3) 折衷说。该说认为,撤销权兼具请求权和形成权的性质。撤销权的行使,一方面使债务人和第三人的法律行为归于无效;另一方面又使债务人的责任财产恢复到行为前的状态。这是德国民法的通说,我国学者多采此说。(4) 责任说。该说认为,债权人并不需请求受益人返还利益,而是将其视为债务人的责任财产,请求法院径直对之强制执行。该说是对形成权说的发展。①

#### (二) 债权人撤销权的成立条件

《合同法》第 74 条第 1 款规定:"因债务人放弃其到期债权或者无偿转让财产,对债权人造成损害的,债权人可以请求人民法院撤销债务人的行为。债务人以明显不合理低价转让财产,对债权人造成损害,并且受让人知道该情形的,债权人也可以请求法院撤销债务人的行为。"据此,对撤销权的成立要件可分述如下。

1. 客观要件

(1) 须有债务人行为。所谓债务人的行为,主要是法律行为,可以是买卖、借贷、抵押等合同,也可以是遗赠、债务免除等单独行为。有时也包括发生法律效力的非法律行为,如诉讼上的和解、抵销等。非法律行为须为适法行为,但事实行为(如抛弃)、身份行为、债务人的不作为、以禁止扣押物或权利为标的物的行为等,不得撤销。

(2) 债务人的行为须以财产为标的。不以财产为标的的行为,因与债务人的责任财产无关,债权人不得行使撤销权。所谓以财产为标的的行为,是指财产上受直接影响的行为。

---

① 参见史尚宽:《债法总论》,中国政法大学出版社 2000 年版,第 483 页。

结婚、收养或终止收养、继承抛弃或承认等,不以财产为标的,即使对债务人的财产发生不利影响,也不得撤销。财产上利益的拒绝行为,亦不得作为撤销权的标的。① 从《合同法》的规定来看,债务人以财产为标的的行为包括三种:一是放弃到期债权。依《关于合同法的解释(二)》第18条规定,债务人放弃未到期的债权或者放弃债权担保,或者恶意延长到期债权的履行期的,债权人也有权请求撤销;二是无偿转让财产;三是以明显不合理的低价转让财产。依《关于合同法的解释(二)》第19条规定,对"明显不合理的低价",应当以交易当地一般经营者的判断,并参考交易当时交易地的物价部门指导价或市场交易价,结合其他相关因素综合考虑予以确认。若转让价格达不到交易时交易地的指导价或市场交易价70%的,可以视为明显不合理的低价;对转让价格高于当地指导价或市场交易价30%的,可以视为明显不合理的高价。债务人以明显不合理的高价收购他人财产的,债权人也有权申请撤销。

(3) 债务人的行为须于债权发生后有效成立且继续存在。债务人的行为在债权发生以前已存在,即无所谓债务人有危害债权的意图,故不得作为撤销权的标的。债务人的行为不成立、不发生效力或嗣后失去效力,债权人已无撤销的可能。无效行为也无撤销的必要,但由此发生的债权不妨成为代位权的标的。

(4) 须债务人的行为有害于债权。所谓有害于债权,是指债务人的责任财产减少,清偿能力降低,不能使债权人依债权本旨得到满足,从而对债权人造成损害。债务人积极减少财产(如让与所有权、在自己的财产之上设立他物权、让与债权、免除他人债务等)或消极的增加债务(如债务承担、为他人提供保证、为一个债权人增设抵押权、提前清偿未到期债务等),使自己陷于资力不足,不能清偿所有债权或发生清偿困难,且这种状态持续到撤销权行使时仍然存在的,即可认为害及债权。债务人是否陷于资力不足而不能履行或者履行困难,致使债权人的债权受到损害,应由主张撤销权的债权人举证证明。

2. 主观要件

德国、瑞士及我国台湾地区民法继受罗马法,将债务人的行为分为有偿行为和无偿行为,规定在有偿行为场合,撤销权的成立以债务人有恶意为要件;在无偿行为的场合下,撤销权的成立不要求主观要件,因为无偿行为的撤销,仅使受益人失去无偿所得的利益,并未损害其固有利益。我国《合同法》也基本采用了这种作法。根据该法第74条第1款的规定,放弃到期债权或者无偿转让财产(无偿行为)而损害债权时,债权人的撤销权不以债务人和受益人的主观因素为构成要件;当债务人以明显不合理低价转让财产(有偿行为)而损害债权时,受让人须为恶意,债权人方可行使撤销权。

(1) 债务人的恶意。关于恶意,有两种不同的立法例,一为意思主义,即债务人在行为时须有诈害的意思。德国民法采此种主义。二为观念主义,即债务人须明知有损害债务人的权利,以知其行为可能引起或增加其无资力状态为已足。法国、日本及我国台湾地区民法采取此种主义。比较而言,采观念主义对撤销权人(债权人)更为有利。债务人的恶意,以其行为之时为准,行为时不知而后知之,不成立危害债权的危险;且其行为时不知是否出于过错,在所不问。债务人由他人代理行为的,其恶意的有无,应就其代理人判定。

(2) 受益人的恶意。受益人,是指基于债务人的行为而取得利益的人。受益人通常为债务人行为的相对人,但为第三人利益的合同,该第三人亦为受益人。受益人恶意,是指第

---

① 参见崔建远主编:《合同法》(第六版),法律出版社2016年版,第129页。

三人在取得一定财产利益时,已经知道债务人所为的行为有害于债权人的债权,即已经认识到该行为对债权造成损害的事实。至于受益人是否具有故意损害债权人的意图,或是否与债务人恶意串通,在所不问。受益人的恶意,一般由债权人举证,但债权人能证明债务人有害于债权的事实,依当时具体情形应为受益人所能知晓的,可推定受益人为恶意。

### (三) 债权人撤销权的行使

#### 1. 债权人撤销权行使的方式

债权人撤销权的行使必须由享有撤销权的债权人以自己的名义,向法院提起诉讼,请求法院撤销债务人不当处分财产的行为。如果债权为连带债权,则所有的债权人可以连带行使撤销权,也可以由连带债权人中的一人提起诉讼。如果数个债权因同一债务人的行为而受到损害,则各个债权人均有权提起诉讼,请求撤销债务人的行为,但其请求范围仅限于各自债权的保全范围。

#### 2. 债权人撤销权行使的对象

撤销权行使的对象,即撤销权之诉的被告。通说认为,当债务人的行为为单独行为时,应以债务人为被告;债务人的行为为双方行为时,应以债务人及其相对人为被告;兼为财产返还请求的,应以债务人、相对人及受益人为被告。依《关于合同法的解释(一)》第24条规定,债权人提起撤销权诉讼时只以债务人为被告,未将受益人或者受让人列为第三人的,人民法院可以追加该受益人或者受让人为第三人。

#### 3. 债权人撤销权的消灭

债权人撤销权应在一定期限内行使。关于该期限的性质,有的国家规定为诉讼时效,有的国家规定为除斥期间。我们认为,债权人行使撤销权的期限应为除斥期间,超出该期限则撤销权消灭,该期限也不能如同诉讼时效那样发生中止、中断或延长。法律一方面赋予债权人一定的撤销权,以保护其债权不受侵害;另一方面又对其行使权利进行时间上的限制,即规定除斥期间,目的是为了维护交易安全,维护各方当事人利益的平衡。

《合同法》第75条规定:"撤销权自债权人知道或者应当知道撤销事由之日起1年内行使。自债务人的行为发生之日起5年内没有行使撤销权的,该撤销权消灭。"本条规定撤销权行使的除斥期间有两种:一是一年的除斥期间,适用于债权人知道或者应当知道撤销事由的情况,其起算点为债权人知道或应当知道撤销事由之日;二是5年的除斥期间,适用于客观上存在撤销事由的各种情况,其起算点为债务人的行为发生之日,它也是对一年除斥期间的限制。

### (四) 债权人撤销权行使的效力

#### 1. 对债务人的效力

债务人的行为在被撤销以前,并非当然无效。一旦被撤销,该行为即视为自始无效。债权人行使撤销权的律师代理费、旅差费等必要费用,由债务人承担。

#### 2. 对受益人的效力

债务人的行为被撤销以后,受益人已受领债务人财产的,应负返还的义务,原物不能返还的,应折价赔偿。受益人支付对价的,对债务人有不当得利返还请求权。受益人有过错的,应当适当分担债权人行使撤销权的必要费用。

#### 3. 对行使撤销权人的效力

撤销权人有权请求受益人向自己返还所受利益,并有义务将收取的利益加入债务人的责任财产,作为全体一般债权人的共同担保,而无优先受偿权。行使撤销权的一切费用,系管理事务的费用,有权向债务人或其他债权人请求偿还。

4. 对其他债权人的效力

撤销权的行使系为全体债权人的利益。因撤销债务人的行为而取回的财产或替代原财产的损害赔偿,归属于债务人的责任财产,作为全体一般债权人的共同担保,各债权人得按债权额比例分别受偿。

## 第二节 合同的担保

### 一、合同担保的含义和种类

#### (一) 合同担保的含义和特征

合同的担保,即合同之债的担保,是促使债务人履行其债务、保障债权人的债权得以实现的各种法律措施的总称。

合同的担保有一般担保与特别担保之分。合同的一般担保,是指债务人以其全部财产作为责任财产,作为其履行债务的总担保。它不是特别针对某一项合同之债的,而是面向债务人负担的全部债务,是合同之债的法律效力的自然结果和表现之一。通说认为,债权人享有的代位权和撤销权即为合同的一般担保。合同的特别担保,即通常所指的、我国担保法所规定的担保,是指以债务人的特定财产,或者以第三人的一般财产或特定财产保障债权实现的各种法律措施,主要包括保证、抵押、质押、留置和定金担保。

合同的担保具有以下法律特征。

1. 从属性

合同担保的从属性又称附随性,是指合同担保的成立和存在必须以一定的合同关系的存在为前提,并随着主合同的移转而移转,随着主合同的消灭而消灭。然而,合同担保的从属性并不是绝对的,如《担保法》第 5 条第 1 款规定,被担保的合同无效,担保合同并不因之而无效;《担保法》第 14 条和第 59 条还明确规定了最高额保证和最高额抵押,允许为将来存在的债权预先设定保证或者抵押担保。

2. 补充性

合同担保的补充性是指合同债权人所享有的担保权或者担保利益,对于其债权的实现仅具有补充意义。合同担保的补充性主要体现在以下两个方面:一是责任财产的补充,即合同担保一经有效成立,就在主合同关系的基础上补充了某种权利义务关系,从而使保障债权实现的责任财产得以扩张,或使债权人就特定财产享有了优先受偿权,或者使当事人对特定金钱有得偿的可能和机会,增强了债权人的债权得以实现的可能性;二是效力的补充,即在主合同关系因适当履行而正常终止时,补充的义务并不实际履行。只有在主债务不履行时,补充的义务才履行,使主债权得以实现。

3. 相对独立性

合同担保的相对独立性,是指合同的担保相对独立于被担保的合同债权而发生或者存在。这主要表现在:一是发生或存在的相对独立性,即合同担保关系虽属一种从法律关系,但也是一种独立的法律关系,其成立因当事人的合意或依法律的规定而发生,与被担保债权的成立和发生分别属于两个不同的法律关系;二是效力的相对独立性,即依照法律的规定或当事人的约定,合同的担保可以不依附于被担保的合同债权而单独发生效力,被担保的合同债权不成立、无效或者失效,对已经成立的合同担保不发生影响。

### (二) 合同担保的种类

合同担保可以依不同的标准作不同的分类。

1. 约定担保与法定担保

这是以担保的设定是否基于当事人的意思为标准所作的分类。

约定担保又称意定担保,是指依照当事人的意思表示,以合同的方式设立并发生效力的担保方式。保证、质押、抵押、定金等担保方式都属于约定担保。

法定担保,是指依照法律的规定在特定财产上直接成立并发生效力的担保。我国法中所规定的留置权、《中华人民共和国海商法》(以下简称《海商法》)中规定的优先权等均属法定担保。

2. 人的担保与物的担保

这是以担保标的的不同为标准所作的分类。

人的担保又称信用担保,是指以债务人以外的第三人的信用为标的而设定的担保。在民法上,最典型的人的担保为保证担保。

物的担保,是指以债务人或者第三人所有的特定的动产、不动产或其他财产权利为标的而设定的担保。物的担保可以分为不转移所有权的物的担保和移转所有权的物的担保两大类。前者如抵押、质押、留置等,为典型的物的担保;后者如让与担保、所有权保留等,为非典型的物的担保。

3. 本担保与反担保

这是以担保设立的目的之不同为标准所作的分类。

本担保,是指以保障主债权的实现为目的设定的担保。

反担保是相对于本担保而言的,是指在本担保设定后,为了保障担保人在承担担保责任后,其对被担保人的追偿权得以实现而设定的担保。对此,《担保法》第4条第1款规定:"第三人为债务人向债权人提供担保时,可以要求债务人提供反担保。"

## 二、保证

### (一) 保证的概念和特征

保证,是指第三人和债权人约定,当债务人不履行其债务时,该第三人按照约定履行债务或者承担责任的担保方式。保证是人的担保最主要的表现形式。这里的第三人称为保证人;被担保的债务人称为被保证人;债权人既是主合同的债权人,又是保证合同中的债权人;保证人承担的是保证责任。

保证具有以下特征:

1. 从属性

保证的从属性具体表现在:首先,成立上的从属性。保证债务以主合同的存在或者将来可能存在为前提,并于主债务存续中从属于主债务;其次,范围和强度上的从属性。由保证的目的所决定,保证的范围和强度原则上与主合同债务相同,不得大于或强于主合同债务;再次,移转上的从属性。《担保法》第22条规定:"保证期间,债权人依法将主债权转让给第三人的,保证人在原保证担保的范围内继续承担保证责任。保证合同另有约定的,按照约定。"最后,消灭上的从属性。主合同债务消灭时,保证债务也随之消灭。

2. 独立性

保证债务虽然从属于主合同债务,但并非主合同债务的一部分,而是另一个独立的债务,保证合同也是主债权人与保证人签订的另一个独立合同。因此,保证合同可以约定保证债务仅担保主合同债务的一部分,保证债务的范围和强度可以不同于主合同债务,可以有自己独立的变更或消灭原因。

3. 补充性

只有在主债务人不履行债务时,保证人才会承担保证责任。不论是一般保证还是连带责任保证,没有主债务人不履行主合同债务的事实,不能发生保证人的保证责任承担。

### (二) 保证的分类

依据不同的标准,保证可作以下分类。

1. 一般保证与连带责任保证

这是以保证人所承担保证责任的性质之不同为标准所作的分类。一般保证是指保证人仅在债务人不能履行债务时承担补充责任的保证;连带责任保证是指保证人在债务人不履行债务时与债务人负连带责任的保证。这两种保证之间最大的区别在于保证人是否享有先诉抗辩权。

根据《担保法》第17条第1款和第18条第1款的规定,保证方式依当事人在保证合同中的约定确定。《担保法》第19条规定:"当事人对保证方式没有约定或者约定不明确的,按连带责任保证承担保证责任。"对于该条文的规定,我国学者评价不一。我们认为,由于保证合同是一种单务的、无偿的合同,在当事人没有约定的情况下,不应当让当事人承担特殊的加重责任即连带责任。

2. 单独保证与共同保证

这是以保证人的人数为标准所作的划分。单独保证是保证人为一人的保证;共同保证是指两人或两人以上作为保证人的保证。

《担保法》第12条规定:"同一债务人有两个以上保证人的,保证人应当按照保证合同约定的保证份额,承担保证责任。没有约定保证份额的,保证人承担连带责任,债权人可以要求任何一个保证人承担全部保证责任,保证人都负有担保全部债权实现的义务。已经承担保证责任的保证人,有权向债务人追偿,或者要求承担连带责任的其他保证人清偿其应当承担的份额。"本条规定了共同保证的两种基本形态即按份共同保证和连带共同保证及其不同效力。

3. 既存债务的保证与将来债务的保证

这是以保证设立时所保证的债务是否存在为标准所作的划分。将来债务的保证是指为将来可能发生的债务设立的保证,如最高额保证;既存债务的保证是指为已经存在的债务所设立的保证,这是保证的常见形态。

### (三) 保证合同

1. 保证合同的概念与特征

保证合同,是保证人与债权人订立的,约定在主债务人不履行其债务时,由保证人代为履行或者承担赔偿责任的协议。在保证合同中,债权人是主合同的债权人,保证人是主合同债务人以外的第三人。

保证合同有以下特征:

(1) 保证合同是单务、无偿合同。在保证合同中,只有保证人承担债务,而债权人只享有保证请求权而无须向保证人负对待给付义务。保证人对债权人承担保证债务也不以从债权人处取得一定利益为目的,因而是无偿的。在实际的经济生活中,债务人往往以给予保证人一定利益为代价,请求其设立保证,但这不影响保证合同的无偿性。

(2) 保证合同是诺成合同。保证合同只要双方当事人意思表示一致即可成立,无须交付标的物或完成其他给付行为。

(3) 保证合同为从合同。主债务的有效存在,是保证合同存在的前提;保证债务不能大于所担保的债务,约定的保证责任的履行条件不得重于主债务的条件;保证之债随着主债权的移转而移转;主合同无效的,除法律另有规定或者当事人另有约定者外,保证合同也归于无效。

2. 保证合同的当事人

保证合同的双方当事人为债权人和保证人。

(1) 保证合同的债权人。依《担保法》的规定,保证合同的债权人为主合同的债权人。但保证担保不限于合同债权的担保,因其他原因产生的债权的债权人也可为保证合同的当事人,如可以对由侵权损害产生的债权设定保证等。保证合同的债权人是纯受利益的,所以无须为完全民事行为能力人。

(2) 保证合同的债务人。保证人是保证合同的债务人,是担保主债务人履行债务的担保人。自然人作保证人的,应当具有完全的民事行为能力。法人或其他组织作保证人的,根据《担保法》的立法精神和我国的司法实践,除法律另有规定外,不应受其民事行为能力的限制。这不仅符合我国的实际情况,而且有利于保障交易的安全。然而,并非所有的法人和其他组织都可以作为保证人。根据《担保法》第8条、第9条、第10条的规定,下列法人或其他组织不得为保证人:国家机关;学校、幼儿园、医院等以公益为目的的事业单位、社会团体;企业法人的分支机构、职能部门。

《担保法》第7条规定:"具有代为清偿债务能力的法人、其他组织或者公民,可以作保证人。"依此规定,是否可以将具有代为清偿能力作为法人、其他组织或者自然人成为保证人的前提条件或主体资格要件之一?我国学者对此认识不一。我们认为,法律要求保证人具有代偿能力是为了确保保证的效力,以达到担保主债权的目的。如果一概认定无代偿能力的保证人所设定的保证无效,那么保证人就可借此逃避责任,不利于维护债权人的利益。当然,如果保证人的代偿能力有严重缺陷,保证即使有效,对债权人也没有任何意义。由此可见,保证人有无代为清偿债务的能力并不影响保证合同的有效性,但关系到保证作用的实现。[①] 因此,债权人在订立保证合同时,应当认真审查保证人的清偿能力,不可草率地接受无清偿能力人提供的保证担保。

3. 保证合同的形式

《担保法》第13条规定:"保证人与债权人应当以书面形式订立保证合同。"根据我国的

---

① 参见陈本寒主编:《担保法通论》,武汉大学出版社1998年版,第75页。

司法实践,保证人与债权人可单独签订书面保证合同;也可以由债权人、债务人与保证人共同订立一个合同,保证合同仅作为保证条款出现在主合同中。保证人在债权人与债务人签订的主合同上以保证人身份或在"保证人"栏下签名或者盖章,或者保证人单方以书面形式向债权人出具担保书,债权人接受且未提出异议,保证也成立。

4. 保证合同的内容

根据《担保法》第 15 条的规定,保证合同应当包括以下内容:(1)被保证的主债权的种类、数额;(2)债务人履行债务的期限;(3)保证的方式;(4)保证担保的范围;(5)保证的期间;(6)双方认为需要约定的其他事项。保证合同不完全具备以上内容的,可以补正。

5. 保证合同的无效及其法律后果

(1) 保证合同因主合同无效而无效。由于保证合同是主合同的从合同,主合同无效时,除保证合同另有约定或法律另有规定外,保证合同自然亦无效。根据最高人民法院《关于适用〈中华人民共和国担保法〉若干问题的解释》(以下简称《关于担保法的解释》)第 8 条的规定,主合同无效而导致保证合同无效,保证人无过错的,不承担民事责任;保证人有过错的,承担民事责任的部分,不应超过债务人不能清偿部分的三分之一。

(2) 保证合同因自身的原因而无效。根据《担保法》及司法解释的有关规定,保证合同可以由下述主要原因归于无效:一是主合同双方串通,骗取保证人提供担保或者主合同债务人采取欺诈、胁迫等手段,使保证人在违背真实意思的情况下提供担保的,保证合同无效,保证人不承担民事责任。二是国家机关和以公益为目的的事业单位、社会团体违反法律规定提供保证的,保证合同无效。债务人、保证人、债权人有过错的,应当根据其过错各自承担相应的民事责任。三是企业法人的分支机构未经法人书面授权或者超出授权范围与债权人订立保证合同的,该保证合同无效或者超出授权范围的部分无效,债权人和企业法人有过错的,应根据其过错各自承担相应的民事责任,债权人无过错的,由企业法人承担民事责任。四是企业法人的职能部门提供保证的,保证合同无效。债权人知道或者应当知道保证人为企业法人的职能部门的,因此造成的损失由债权人自行承担。债权人不知道保证人为企业法人的职能部门的,因此造成的损失根据各自的过错承担相应的民事责任。

根据《关于担保法的解释》第 7 条的规定,主合同有效而保证合同无效,债权人无过错的,保证人与债务人对主合同债权人的经济损失,承担连带赔偿责任;债权人、保证人有过错的,担保人承担民事责任的部分,不应超过债务人不能清偿部分的二分之一。

### (四) 保证责任的内容、范围和期间

1. 保证责任的内容

保证责任的内容又称保证的标的,是指保证合同当事人权利义务指向的对象,即在保证合同成立后,主债务人不履行债务时,保证人承担保证责任的给付行为。根据《民法通则》第 89 条第 1 项和《担保法》第 6 条的规定,保证的标的分为两种:一是代为履行;二是承担债务人不履行债务的赔偿责任。在主债务为专属性债务时,如特定物的买卖合同、演出合同等,保证人通常不承担代为履行的责任,仅负担债务人因不履行主债务承担的赔偿责任。如果主债务为非专属性债务,则视当事人之约定,由保证人为实际履行的给付或者损害赔偿的给付。此外,由于代为履行责任较赔偿责任重,所以在当事人就保证的标的没有约定或者约定不明确时,应推定保证人承担的是赔偿责任而不是代为履行责任。

## 2. 保证责任的范围

《担保法》第21条规定:"保证担保的范围包括主债权及利息、违约金、损害赔偿金和实现债权的费用。保证合同另有约定的,按照约定。""当事人对保证担保的范围没有约定或者约定不明确的,保证人应当对全部债务承担责任。"依此规定,保证合同的当事人可以在不超过主债务范围的限度内自由约定保证债务的范围,保证人仅在约定的范围内承担保证责任,这种保证又称为有限保证;当保证合同中对于保证债务范围未约定或者约定不明确时,就视为保证人就主债务的全部提供保证,这种保证又称无限保证。

在无限保证中,保证的范围包括:(1)主债权。即保证合同有效成立时债权人对债务人享有的债权。(2)利息。包括法定利息和约定利息。对法定利息,保证人当然承担保证责任。而对于约定利息,只有当事人在保证合同成立时已经给予明确约定、且不超过法定的利息限制的,保证人才承担责任。(3)违约金。即指债权人与债务人约定的或者法律规定的,于债务人违约时由其向债权人所为的金钱给付。(4)损害赔偿金。即指债务人因债务不履行给债权人造成损害而应向债权人偿付的赔偿金。(5)实现债权的费用。债权人实现债权的费用主要包括诉讼费用、仲裁费用、通知费用、催告费用等一切必要的合理费用。

## 3. 保证责任期间

保证责任期间,即债权人得请求保证人承担保证责任的期间。保证责任期间事关保证人与债权人之间的债权债务能否行使或履行,也是确定保证债务与诉讼时效关系的依据,因而在保证合同中应作明确规定。无此规定的,在一般保证场合,"保证期间为主债务履行期届满之日起六个月";在连带责任保证的情况下,"债权人有权自主债务履行期届满之日起六个月内要求保证人承担保证责任"(《担保法》第25条第1款、第26条第1款)。

对保证期间,《关于担保法的解释》第31条、第32条、第33条还作了如下规定:其一,保证期间不因任何事由发生中断、中止、延长的法律效果;其二,保证合同约定的保证期间早于或者等于主债务履行期间的视为没有约定,保证期间为主债务履行期满之日起6个月;其三,保证合同约定保证人承担保证责任直至主债务本息还清时为止等类似内容的,视为约定不明,保证期间为主债务履行期届满之日起2年;其四,主合同对主债务履行期限没有约定或者约定不明的,保证期间自债权人要求债务人履行义务的宽限期届满之日起计算。

### (五)债权人与保证人之间的关系

#### 1. 债权人的权利

债权人对保证人享有请求承担保证责任的权利,该权利的行使以主债务人不履行其债务为前提,以保证责任已届承担期为必要。债权人行使该请求权的对象是保证人,债权人必须向保证人主张权利。此外,债权人在对保证人行使请求权时,因保证方式的不同而有所差别:在一般保证中,由于保证人享有先诉抗辩权,债权人必须先就债务人的财产请求强制执行,只有在就债务人的财产强制执行仍无效果时,方可请求保证人履行保证债务;而在连带责任保证中,由于保证人不享有先诉抗辩权,只要债务人于履行期届满而未履行债务,债权人即可请求保证人承担保证责任。

#### 2. 保证人的权利

由于保证合同是单务、无偿的合同,保证人对债权人不享有请求给付的权利,所享有的只是抗辩权或者其他防御性的权利,具体包括:

(1)主张债务人权利的权利。由于保证合同具有从属性,因而主债务人对于债权人所有的抗辩或其他类似的权利,保证人均可以主张。《担保法》第20条中规定:"一般保证人和连带责任保证的保证人享有债务人的抗辩权。"这类抗辩权主要有:第一,权利未发生的抗辩权。如主合同未成立或无效时的抗辩。但是,保证人明知合同无效而仍为保证的,保证人不得以主合同无效对抗债权人的请求。第二,权利已经消灭的抗辩权。例如,主债权因适当履行而消灭,保证人可对债权人主张权利已消灭,拒绝债权人的履行请求。第三,拒绝履行的抗辩权。拒绝履行的抗辩权又可分为灭却性的抗辩权和延期性的抗辩权。灭却性的抗辩权又称永久抗辩权,具有永久对抗请求权的效力,包括时效完成的抗辩权和恶意的抗辩权;延期性的抗辩权又称一时抗辩权,仅具有一时对抗请求权的效力,包括同时履行抗辩权、不安抗辩权、拒绝支付价款的抗辩权等。上述三种抗辩权即使在被债务人放弃的情况下,保证人仍有权主张。

此外,对于主债务人享有的其他类似于抗辩权的权利,保证人也可以援用而拒绝清偿保证债务。这类权利有撤销权和抵销权。例如,主债务人对其主合同有撤销权时,保证人对债权人可以拒绝履行。

(2)基于保证人的地位而特有的抗辩权——先诉抗辩权。先诉抗辩权又称检索抗辩权,是指保证人在债权人未就主债务人的财产依法请求强制执行而无效果前,对于债权人可以拒绝清偿的权利。《担保法》第17条第2款规定:"一般保证的保证人在主合同纠纷未经审判或者仲裁,并就债务人财产依法强制执行仍不能履行债务前,对债权人可以拒绝承担保证责任。"这里的"就债务人财产依法强制执行仍不能履行债务前"应解释为"就债务人财产依法强制执行无效果前"。这里的"债务人的财产"是指依法强制执行时债务人所有的财产。所谓依法"强制执行无效果",主要包括执行结果不能清偿债务,或不足清偿债务,或拍卖不成,或主债务人虽有财产但其所在地不明等情形。

保证人行使先诉抗辩权,可以在诉讼外行使,即当债权人要求保证人履行债务时,由保证人直接对债权人行使,亦即暂时拒绝履行保证债务;也可以在诉讼中行使,即当债权人起诉保证人,要求法院强制保证人履行债务时,由保证人作为一种实体上的诉权行使,要求法院判决让主债务人先履行债务;同时,也可以在执行过程中行使,即在未对债务人财产请求强制执行而无效果前,对债权人可以拒绝承担保证责任。

先诉抗辩权设立的目的在于维护保证人的利益,但是如果被滥用而成为保证人逃避保证责任的工具,就在一定程度上违背了保证制度设置的目的。因此,大陆法系多数国家均明文规定了保证人不得行使先诉抗辩权的情形,我国也不例外。根据《担保法》第17条第3款的规定,在下列情况下保证人不得行使先诉抗辩权:第一,债务人住所变更,致使债权人要求其履行债务发生重大困难。所谓重大困难情形包括债务人下落不明、移居境外,且无财产可供执行。住所变更的时间,必须是在保证合同成立之后。第二,人民法院受理债务人破产案件,中止执行程序。在此期间内,债权人不能从主债务人处获得清偿,甚至将来也不能。只有保证人实际承担保证责任,债权才能得以实现。故法律规定保证人不得行使先诉抗辩权。第三,保证人以书面方式放弃先诉抗辩权的。先诉抗辩权为保证人的一项民事权利,因此在不损害社会公共利益和他人利益的前提下,保证人可以放弃。保证人放弃先诉抗辩权应以书面为之。

(3)基于一般债务人的地位应有的权利。在保证合同中,保证人是债务人,因而一般债务人应有的权利,保证人也应享有。例如,保证债务已经单独消灭时,保证人有权拒绝承担保证责任;保证债务未届清偿期,保证人有权抗辩;保证合同不成立、无效或被撤销致使保证债务不存在时,保证人有权主张不负保证责任;保证债务罹于诉讼时效时,保证人亦可拒绝承担保证责任等。

### (六) 保证人与债务人之间的关系

在保证人与主债务人之间的关系中,保证人享有的权利主要是对主债务人的求偿权。

保证人的求偿权,是指保证人承担保证责任后,可以向主债务人请求偿还的权利。《担保法》第31条规定:"保证人承担保证责任后,有权向债务人追偿。"保证人之所以对主债务人享有求偿权,从根本上说,是因为保证人履行保证债务实质上是为主债务人履行债务,因此在其履行债务之后有权向主债务人追偿。

保证人求偿权的产生必须具备以下条件:(1)保证人已经对债权人承担了保证责任。部分承担的,就其承担部分有求偿权。(2)因保证人承担了保证责任而使主债务人免责。如果主债务人的免责不是由保证人承担保证责任的行为引起的,则保证人无权向主债务人求偿。(3)保证人没有赠与的意思。如保证人系基于赠与的意思而自愿代为履行或代为承担赔偿责任,则无权求偿。

保证人求偿权的范围,以当事人在保证合同中约定的保证责任范围为限,对于保证人超出保证责任范围而清偿的部分,保证人不得向主债务人行使求偿权。《关于担保法的解释》第43条明文规定:"保证人自行履行保证责任时,其实际清偿额大于主债权范围的,保证人只能在主债权范围内对债务人行使追偿权。"

如上所述,保证人的求偿权一般只能在保证人承担保证责任后才能发生和行使。但在法律规定的特别情形下,保证人可以在向主债权人承担保证责任前就行使求偿权。保证人求偿权的事前行使,是为避免保证人因承担保证责任后无法求偿而特设的制度,是对保证人利益事先保护的一种救济措施。对此,《担保法》第32条规定:"人民法院受理债务人破产案件后,债权人未申报债权的,保证人可以参加破产财产分配,预先行使追偿权。"

### (七) 保证责任的减免和消灭

1. 保证责任的减免

保证人的保证责任得因一定事由的发生而减轻或免除,依《担保法》及司法解释的规定,能够引起保证责任减免的事由主要包括以下几项:

(1) 主合同当事人双方恶意串通,骗取保证人提供保证的,保证人不承担保证责任。

(2) 主合同债权人采取欺诈、胁迫等手段,使保证人在违背真实意思的情况下提供保证的,保证人不承担保证责任。主合同债务人采取欺诈、胁迫等手段,使保证人违背真实意思的情况下提供保证,债权人知道或者应当知道欺诈、胁迫事实的,保证人也不承担保证责任。

(3) 保证期间,债权人依法将主债权转让给第三人,而保证人与债权人事先约定仅对特定的债权人承担保证责任或者禁止债权转让的,保证人不再承担保证责任。

(4) 保证期间,债权人许可债务人转让债务,但未经保证人的同意的,保证人对未经其同意转让部分的债务不再承担保证责任。

(5) 债权人与债务人协议变更主合同,但未经保证人书面同意,如果加重债务人债务的,保证人对加重的部分不承担保证责任。

(6) 一般保证的保证人在主债权履行期间届满后,向债权人提供了债务人可供执行财产的真实情况,债权人放弃或者怠于行使权利致使该财产不能被执行的,保证人可以请求人民法院在其可供执行财产的实际价值范围内免除保证责任。

（7）在同一债权既有保证又有物的担保的情况下，债权人放弃物的担保时，保证人在债权人放弃权利的范围内免除保证责任。债权人在主合同履行期届满后怠于行使担保物权，致使担保物的价值减少或者毁损、灭失的，视为债权人放弃部分或全部物的担保，保证人在债权人放弃权利的范围内减轻或者免除保证责任。

（8）主合同双方当事人协议以新贷偿还旧贷，除保证人知道或者应当知道的外，保证人不承担民事责任。

2. 保证责任的消灭

保证责任的消灭，是指由于法定事由的出现，保证人与债权人之间的保证债权债务关系不复存在，保证人也无须再承担保证责任。导致保证责任消灭的原因主要有：

（1）主债权消灭。担保主债权的实现是设定保证担保的主要目的，主债权不复存在，保证人的保证责任也自然归于消灭。因此，在主债权因清偿、抵销、免除、提存、混同等原因而消灭时，保证人的责任也消灭。

（2）保证期间届满而债权人不为请求。

（3）保证合同的解除和终止。保证合同既作为合同的一种，本身也可因合同得解除的原因而解除。

**（八）最高额保证**

最高额保证，是指在最高债权额的限度内对一定期间连续发生的不特定的债权所设立的保证。《担保法》第14条规定："保证人与债权人可以就单个主合同分别订立保证合同，也可以协议在最高额限度内就一定期间连续发生的借款合同或者某项商品交易合同订立一个保证合同。"

最高额保证与普通保证相比较，具有以下特征：

（1）最高额保证所担保的主债权是未来的、不特定的。在保证合同成立时，主债权并没有发生，将来能否发生也不能完全确定，只要有发生的可能性即可。

（2）最高额保证所担保的是几个合同债权，但必须在一定期限内连续发生。

（3）最高额保证所担保的连续发生的债权是同一种类的，就不同种类的债权不能成立最高额保证。《担保法》第14条规定，最高额保证只适用于一定期限内连续发生的借款合同或某项商品交易合同。

（4）最高额保证的责任具有限定性。首先，最高额保证的保证人是对主债务人在规定期限内连续发生的多笔债务为保证，但其所承担的保证责任是有一定限度的，即以最高额保证合同中所约定的最高限额为限；其次，最高额保证的保证人责任以约定期限届满时未清偿的债权余额为限。

## 三、抵押

**（一）抵押权的概念和特征**

抵押，是指债务人或第三人不转移标的财产的占有，而以该财产为自己或他人的债务提供担保，在债务人不履行债务时，债权人有权以抵押财产折价清偿其所担保的债权，或者对抵押财产变价而以其价款优先使被担保债权获得清偿的一种债权担保方式。抵押作为一种债权的担保方式，是以债务人或第三人特定财产的价值担保债权的实现。抵押权，是指债权人对于债务人或者第三人不转移占有而提供担保的财产，在债务人不履行债务时，依法享有的就担保财产变价优先受偿的权利。

抵押权作为担保物权的一种重要形式,当然具有物权性、担保性和价值性等担保物权的共同属性。其中,物权性是指抵押权在本质上属于物权,因为其设立的目的是为担保债权的实现,故又为担保物权;因抵押权的标的物以债务人或第三人的财产为限,故抵押权又为他物权;同时,抵押权的实质内容在于取得物的交换价值,抵押权人对抵押物的支配,实质上是对物的交换价值的支配,因为抵押权以取得抵押物的交换价值实现其所担保的债权为目的,因此抵押权为价值权。

抵押权与质权、留置权等其他担保物权相比,还具有以下特征:

(1) 在客体方面,抵押权的客体主要是不动产,有时也可以是动产或者某些用益物权,甚至可以是以上财产的集合体;

(2) 在公示方法方面,设定抵押权的公示采取登记的方式,不以转移占有为必要;

(3) 在设定方面,由于抵押权不以物的实体支配为要件,所以抵押物上还可以成立其他物权,包括用益物权和担保物权。

**(二) 抵押权的设定**

抵押权由抵押人与抵押权人依抵押合同设定。由于抵押权是对抵押物直接进行优先受偿的物权,涉及该行为的当事人、抵押人的一般债权人及与抵押物有利害关系人的利益,因而抵押权设定行为的成立与生效除应具备民事法律行为的一般成立和生效要件外,依我国《物权法》规定,还必须具备以下条件:

1. 抵押人必须对抵押标的物享有处分权

抵押人即抵押设定人,既可以是债务人,也可以是第三人。由于抵押权的设定行为是处分行为,设定抵押权意味着对标的物的处分,因而抵押人必须对抵押的标的物享有处分权,以自己不享有处分权的财产进行抵押的,应认定抵押行为无效。在某些特殊情况下,所有人或其他权利人虽然没有丧失其财产权利,但其对财产的处分权能丧失或受到限制时,也不能就这种财产设定抵押,如已被国家机关查封、扣押、冻结的财产,被宣告破产的企业法人在宣告破产前1年至宣告破产期间对其所有的或经营管理的财产,以及已被列为债权人强制执行的财产等。

2. 抵押物必须是依法可以抵押的财产

能够作为抵押物的财产应是具有交换价值可以转让的,且适于抵押的财产。根据《物权法》第184条的规定,下列财产不得抵押:(1) 土地所有权。(2) 耕地、宅基地、自留山、自留地等集体所有的土地使用权,但法律规定可以抵押的除外。如以乡(镇)、村企业的厂房等建筑物抵押的,其占用范围内的土地使用权可同时抵押。(3) 学校、幼儿园、医院等以公益为目的的事业单位、社会团体的教育设施、医疗卫生设施和其他社会公益设施。(4) 所有权、使用权不明或者有争议的财产。(5) 依法被扣押、查封、监管的财产。(6) 法律、行政法规规定不得抵押的其他财产。如按照《宪法》规定,矿藏、水流、森林、山岭、滩涂等自然资源,除法律规定属于集体的山岭、草原、荒地、滩涂外,属于国家所有,除法律规定以外,不得买卖、抵押或以其他形式非法转让。

3. 被担保债权的有效存在

抵押权为从权利,须依附于被担保的债权而存在。被担保债权无效的,抵押也无效。

被担保的债权原则上应为金钱债权,但也可以是因债务的不履行可以变为损害赔偿之债的非金钱债权。无法用金钱清偿的债权,不适宜于抵押担保;已超过诉讼时效的债权,虽然没有法律上的强制执行力,但不妨为之设立抵押担保。因为诉讼时效的届满并不排除原债权债务在实体上的合法有效性,双方当事人之间实体权利义务仍然存在,因而原债权作为主债于其上设立抵押权理应予以肯定。

4. 签订书面的抵押合同并依法办理抵押登记

《物权法》第185条第1款规定:"设立抵押权,当事人应当采取书面形式订立抵押合同。"抵押合同一般包括以下内容:被担保的主债权种类、数额;债务人履行债务的期限;抵押物的名称、数量、质量、状况、所在地、所有权属或者使用权属;抵押担保的范围;当事人认为需要约定的其他事项。抵押合同不完全具备上述规定的内容的,可以补正。

我国立法对抵押登记的效力采用混合主义,即登记生效主义和登记对抗主义相结合。根据《物权法》第187条的规定,以不动产或者正在建造的建筑物抵押的,应当办理抵押登记。抵押权自登记时设立。依《物权法》第188条规定,以动产或正在建造的船舶、航空器抵押的,抵押权自抵押合同生效时设立;未经登记,不得对抗善意第三人。

### (三) 抵押权的效力

1. 抵押权所担保的债权范围

抵押权所担保债权的范围,应依双方的约定;当事人未约定或者约定不明确的,抵押权所担保债权的范围包括:主债权;利息;违约金和损害赔偿金。

2. 抵押权标的物的范围

抵押权标的物的范围,是指抵押权设定后抵押权效力所及的标的物的范围,也就是抵押权人实现抵押权时可以依法予以变价的标的物的范围。抵押权效力所及的标的物包括从物、附合物、从权利、孳息以及抵押物的代位物。

3. 抵押权对于抵押人的效力

抵押人在其财产上设定抵押权后,仍能对之为使用收益。至于处分,除事实处分受限制外,其法律上的处分仍能自由进行。具体而言,抵押人有下列几项权利:

(1) 抵押权的设定。财产抵押后,抵押人可将该财产再次抵押。同一财产向两个以上的债权人抵押的,拍卖、变卖抵押物所得的价款按照以下规定清偿:抵押权已登记的,按照登记的先后顺序清偿;顺序相同的,按照债权比例清偿。抵押权已登记的先于未登记的受偿。抵押权未登记的,按照债权比例清偿。

(2) 用益物权的设定。不动产所有人设定抵押后,在同一不动产上仍可设定地上权或其他用益物权,抵押权并不因此而受影响。

(3) 所有权让与。《物权法》第191条规定,抵押期间,抵押人经抵押权人同意转让抵押物的,应当将转让所得的价款向抵押权人提前清偿所担保的债权,或者提存。转让所得价款超过债权数额的部分归抵押人所有,不足部分则由债务人清偿。抵押期间,抵押人未经抵押权人同意,不得转让抵押财产,但受让人代为清偿债务消灭抵押权的除外。

4. 抵押权对于抵押权人的效力

(1) 抵押保全权。抵押权的实现是以变卖、拍卖抵押物的价值受偿的,而抵押物不为抵押权人占有和保管,如果抵押物受到侵害,自然会损害抵押权人的利益。因此,为了保护抵押权人的合法利益,法律赋予了抵押权人在抵押物受侵害时的保全权。《物权法》第193条规定:"抵押人的行为足以使抵押财产的价值减少的,抵押权人有权要求抵押人停止其行为。

抵押财产价值减少的,抵押权人有权要求抵押人恢复抵押财产的价值,或者提供与减少的价值相当的担保。抵押人不恢复抵押财产的价值也不提供担保的,抵押权人有权要求债务人提前清偿债务。"依此规定,抵押权人享有的是抵押物价值减少的防止权和抵押物价值减少的补救权。抵押人对抵押物价值减少无过错的,抵押权人只能在抵押人因损害得到的赔偿范围内要求提供担保。抵押物价值未减少的部分,仍作为债权的担保。

(2) 优先受偿权。抵押权人在债权已届清偿期而债务人不履行债务时,可以处分抵押物以优先受偿。抵押权人的优先受偿权是抵押权人的最根本的权利,是抵押权的一项实质性内容。

(3) 抵押权的转让和提供质押。《物权法》第192条规定:"抵押权不得与债权分离而单独转让或者作为其他债权的担保。债权转让的,担保该债权的抵押权一并转让,但法律另有规定或者当事人另有约定的除外。"抵押权可以与其所担保的债权一同让与他人。此时,其债权转让虽然按转让合同而发生效力,但抵押权应履行转让登记手续。同时,抵押权人转让抵押权时,必须通知债务人,否则不发生效力。因担保债权的部分让与或代位清偿而发生抵押权转移时,抵押权并不全部转移,只按照让与或代位清偿债权额的比例,移转其中的一部分。抵押权也可以随同其担保的债权为担保另一债务履行,在相应债权上一并设立权利质权。

此外,依《物权法》第194条规定,抵押权人还享有抵押权和抵押权顺序的处分权,如抵押权顺序的让与和抛弃等。

### (四) 抵押权的实现

抵押权的实现,是指债务人未履行到期债务或者发生当事人约定的实现抵押权的情形时,抵押权人通过行使抵押权,以抵押物价值优先受偿。

#### 1. 抵押权实现的条件

(1) 债务人的债务已届清偿期。但在作为债务人的法人解散或破产时,债务的清偿期尚未届满的,抵押权人也可以实现其抵押权,不过其由于提前受偿债权所得的利益应当扣除。债务虽未到期,发生当事人约定的抵押权实现的情形时,也可实现抵押权。

(2) 债务人未履行债务。如果债务人到期已履行债务,或者虽然未履行,但依照合同和法律的规定应免除责任的,则抵押权人不得行使抵押权。

(3) 存在合法有效的抵押权。

#### 2. 抵押权实现的方法

依《物权法》第195条规定,抵押实现方式主要包括如下三种:

(1) 抵押物的折价。抵押物折价是在可以实现抵押权时,经抵押权人与抵押人协议,由抵押权人取得抵押物的所有权,同时使受担保债权在抵押物所折价金范围内消灭的一种抵押权实现方式。依《物权法》第186条的规定,当事人在债务履行期限届满前不得约定抵押权人未受清偿时,抵押物的所有权转移为债权人所有。此条即为流质契约禁止之规定,其立法宗旨在于保护债务人,以避免其因一时的急迫而蒙受不利。① 从内容看,抵押物折价与抵押物流质的协议均以代物清偿为内容,但两者也有明显界限,关于抵押物折价的协议只能是在债权清偿期届满以后订立。

(2) 抵押物的拍卖。抵押物拍卖可以由抵押权人与抵押人就拍卖抵押物协定一致,自

---

① 参见谢在全:《民法物权论》(中册),中国政法大学出版社2011年版,第783页。

行委托拍卖机构进行拍卖;不能达成协议的,债权人可以向法院起诉,请求法院拍卖、变卖抵押财产。

(3) 抵押物的变卖。从广义上讲,拍卖也属于变卖的方式。但此处所指变卖主要是指抵押权人不愿意拍卖抵押物或抵押物不适于拍卖,且抵押权人也不愿取得抵押物的所有权时,通过一般的买卖实现的变卖。

抵押权人与抵押人协议抵押财产折价或者变卖的,应当参照市场价格。协议损害其他债权人利益的,其他债权人可以在知道或者应当知道撤销事由之日起 1 年内请求人民法院撤销该协议。

**(五) 特殊抵押权**

1. 最高额抵押

最高额抵押又称最高限额抵押,是指抵押人与抵押权人协议,对将来一定期间内连续发生的债权预定一最高限额,在此限额内以抵押物作担保的一种特殊抵押。最高额抵押与普通抵押比较而言,具有以下特点:

(1) 它所担保的债权最高额在订立合同时是确定的,而实际发生的债权数额在订立合同时是不确定的,当一定期间内连续发生的数次债权交易结束时,如果实际存在的债权额低于担保的最高额,则以实际数额为限;如果实际存在的债权额高于担保的最高额,则以双方确定的抵押担保最高额为限,超出该最高额部分不予抵押担保。

(2) 最高额抵押主要适用于借款合同。债权人与债务人就某项商品在一定期间内连续发生交易而签订的合同,也可以设定最高额抵押。

(3) 由于最高额抵押的主合同债权是不确定的,因而《物权法》第 204 条规定,最高额抵押担保的债权确定前,部分债权转让的,最高额抵押权不得转让,但当事人另有约定的除外。另外,当事人对最高额抵押合同的最高限额、最高额抵押期间进行的变更,不可以对抗顺序在后的抵押权人。

2. 财团抵押

财团抵押也称企业抵押,是指以企业的财产(包括不动产、动产、权利等)集合体为标的设定的抵押。

关于财团抵押,有两种不同的制度。一是德国式的财团抵押制度,其特点是标的物限于企业现有财产中的特定财团,标的物在设定抵押时即已特定,企业财产一旦组成财团而设定抵押权,则其中单个的物或权利即不得与财团任意分离。一是英国式的为衡平法所确认的浮动担保制度。其特点是标的物为企业现在及将来的总财产,标的物在设定抵押权时浮动而不特定,在抵押权实现时才归于特定。设定人在抵押权实现之前,对于标的物可以自由变动。这两种制度,德国式的有利于保护债权人利益,英国式的则有利于保护企业的生产。我国《物权法》第 181 条规定了动产浮动抵押。

## 四、质押

**(一) 质押的概念和特征**

质押,是指债务人或者第三人将其财产或财产权利移交给债权人占有,并以此作为债权的担保,在债务人不履行债务时,债权人可以依法以该财产或财产权利变价优先受偿的一种担保方式。在质押关系中,对质押标的物享有质权的债权人称为质权人;以其财产或财产权利提供担保并移交给债权人占有的债务人或第三人称为出质人;用于质押担保的财产或财产权利为质权的标的,称为质押财产或质物。

质押作为一种合同担保方式,与抵押一样具有从属性、不可分性、物上代位性等特征,但又具有以下自身特点:

(1) 质权的成立和生效一般以移转质物的占有于债权人为必要。即将质物移转于债权人占有,既是质权的成立要件,也是质权的生效要件。

(2) 质权的标的物为动产或财产权利。

(3) 质权除以优先受偿效力为担保作用外,尚具有留置的效力,由质权人留置标的物,造成出质人的心理压力,以间接促使债务人全面、适当地履行债务。

(4) 质权人于债权已届清偿期而未受清偿时,可以径直依法按市场价格变卖质物,而无须申请法院拍卖质物。

**(二) 动产质权**

1. 动产质权的概念和特征

《物权法》第 208 条第 1 款规定:"为担保债务的履行,债务人或者第三人将其动产出质给债权人占有的,债务人不履行到期债务或者发生当事人约定的实现质权的情形,债权人有权就该动产优先受偿。"动产质权除具有质权的共同特征,如从属性、不可分性、物上代位性等外,还有以下特征:

(1) 动产质权的设定须以他人的动产为标的。动产质权只能在动产上设定,而且必须是债务人或者第三人之动产,而不能是债权人自己的动产,否则不能发挥质权的留置及变价优先受偿之效用。

(2) 质权人须占有作为标的物的动产。出质人只有将作为质押标的物的动产移交给质权人实际占有时,动产质权才有效成立。同时,动产质权还以质权人占有质物为存续条件,若质权人不继续占有质物,则失去其对抗第三人的效力。

(3) 动产质权的实现必须实行质物的变价。动产质权的质权人在行使权利时,质权人得以折价、拍卖或者变卖质物,就质物的变价款优先受清偿,而不能直接从质物的价值受偿。这也是动产质权与权利质权的主要区别。

2. 动产质权的设定

动产质权的设定,由当事人订立质权合同。

质权合同的当事人为质权人和出质人。质权人是质权合同中享有质权的一方当事人,也是质权所担保的债权的债权人。由于质权合同是为质权人设定担保利益的,因而原则上质权人无需具备完全民事行为能力。但因质权人须占有质物,对质物负有保管义务,所以质权人应有相应的认识能力。① 出质人是质权合同中提供担保物的一方当事人。出质人可以是债务人,也可以是第三人。第三人为出质人的,该第三人即是物上保证人。出质人为自然人时,须具备相应的民事行为能力;出质人为法人或其他组织时,则可不受其民事行为能力的限制。此外,由于设定质权的行为性质上属于处分行为,因此,出质人无论是债务人或第三人,也无论是质物的所有人或非所有人,都应对质物依法享有处分权。

质权合同的标的物即质物,是质权合同中约定的、由出质人移交质权人占有的动产。因

---

① 参见郭明瑞、杨立新:《担保法新论》,吉林人民出版社 1996 年版,第 205 页。

为在实现动产质权时,要对质物实行变价,所以动产质权的标的物应为可让与的动产。一般来说,质物须具备以下两个条件:第一,质物须为特定的动产。动产质权仅转移质物的占有,而不转移质物的所有权,当动产质权担保的债权得以实现时,质权人应将质物返还给出质人,故质物只限于特定的动产。一般说来,金钱作为一种特殊的种类物,不能作为质物,但如果将货币包封,该封存的货币就成为特定物,可以交给质权人而成立质权;第二,质物须为法律不禁止流通的动产。由于当债务人不履行债务时,实现动产质权的手段是对质物进行折价、拍卖或变卖,因此,质物应当具有流通性和可转让性。以限制流通物为质押标的物的,在实现质权时,质权人不能以拍卖的方式实现质物的变价,而只能将质物由有权收购的部门收购,质权人在价款中优先受偿。

《物权法》第210条第1款规定:"设立质权,当事人应当采取书面形式订立质权合同。"依《物权法》第210条第2款的规定,质押合同包括以下内容:被担保的主债权种类、数额;债务人履行债务的期限;质物的名称、数量、质量、状况;质押担保的范围;质物移交的时间。质权合同不完全具备上述内容的,当事人可以补正。

《物权法》第211条规定:"质权人在债务履行期届满前,不得与出质人约定债务人不履行到期债务时质押财产归债权人所有。"此为流质契约的禁止规定。但是流质契约的无效,并非指设定质权的质权合同全部无效,而只是指约定质物所有权移转的条款无效。

3. 动产质权的效力

(1) 动产质权所担保的债权的范围。质权担保债权的范围,应以质权人与出质人在质权合同中的约定为准;当事人在质权合同中没有约定或约定不明确时,动产质权所担保的债权范围包括原债权、利息、违约金、损害赔偿金、质物保管费用和实现质权的费用。这里所谓的损害赔偿金,既包括债务人不履行债务所生的损害赔偿,也包括因质物具有隐蔽瑕疵而发生的损害赔偿金。①

(2) 动产质权的标的物的范围。由于动产质权以占有由债务人或第三人移交的动产为成立要件,这使得动产质权对于标的物的效力有一定的特殊性。除供担保的质物外,动产质权的效力还及于以下动产或财产:第一,从物。但是,从物未随质物移交质权人占有的,质权的效力不及于从物。第二,孳息。质权的效力及于质物孳息,包括天然孳息与法定孳息,但质权合同另有约定的除外。例如,经出质人同意,将质物出租时,该租金即为质物的法定孳息,质权人有权收取。第三,代位物。主要包括质物因第三人的行为毁损、灭失,质权人对该第三人依法可请求的损害赔偿;质物因保险事故的发生,质权人依照保险合同可以请求的保险赔偿金;质物被征用而依法可以取得的补偿或赔偿;质物有损坏或价值明显减少的可能的,质权人可以在出质人不提供担保的情况下拍卖或变卖质物,以质物的变价金代充质物。

(3) 动产质权对于出质人的效力。出质人的权利主要表现在:第一,对质物的处分权。出质人虽然将质物移转于质权人占有,但并不因此丧失对质物的所有权,质押生效后,出质人仍得处分质物。出质人可以转让质物,如将质物出卖或赠与他人,也可以将质物再质押,质权人的质权并不因此而受影响。第二,对质物的收益权。出质人设定质权后,质物虽已经由质权人占有,但出质人可以依合同约定保留自己对于质物的收益权。第三,损害赔偿请求权和返还质物请求权。《物权法》第215条第2款规定:"质权人的行为可能使质押财产毁

---

① 郭明瑞、房绍坤:《担保法》(第三版),中国政法大学出版社2015年版,第164页。

损、灭失的,出质人可以要求质权人将质押财产提存,或者要求提前清偿债务并返还质押财产。"第219条还规定:"债务人履行债务或者出质人提前清偿所担保的债权的,质权人应当返还质押财产。"此外,债务履行期届满,出质人请求质权人及时行使权利,而质权人怠于行使权利致使质物价格下跌的,由此造成的损失,出质人有权要求质权人予以赔偿。第四,物上保证人对债务人的求偿权。当出质人是债务人以外的第三人,该第三人代为清偿债权或因质权实行丧失质物的所有权时,有权向债务人追偿。

(4) 动产质权对质权人的效力。质权人享有的权利有:第一,占有质物的权利。对质物的占有,既是质权的成立要件,也是质权的存续要件,质权人有权在债权受清偿前占有质物。即使出质人将质物的所有权让与他人,对于所有权取得人给付质物的请求,质权人有权予以拒绝。第二,收取孳息的权利。质权人有权收取质物的孳息,但质权合同另有约定的除外。收取的孳息应先冲抵收取孳息的费用,其次用于主债权的利息、主债权的清偿。第三,质权保全的权利。质物有损坏或价值明显减少的可能,足以危害质权人权利的,质权人可以要求出质人提供相应的担保。出质人不提供的,质权人可以拍卖或变卖质物,并与出质人协议,将拍卖或变卖所得的价款用于提前清偿所担保的债权,或向与出质人约定的第三人提存。第四,优先受偿权。债务履行期届满,质权人未受清偿的,可以与出质人协议以质物折价,也可以依法拍卖、变卖质物。第五,转质权。质权人在质权存续期间,为担保自己的债务,经出质人同意,以其所占有的质物为第三人设定质权的,应当在原质权所担保的债权范围之内,超过的部分不具有优先受偿的效力。转质权的效力优于原质权。

质权人应承担的义务主要有:第一,对质物的保管义务。这是质权人的一项重要义务,与质权人占有质物的权利密切相关。《物权法》第215条第1款规定:"质权人负有妥善保管质押财产的义务。因保管不善致使质押财产毁损、灭失的,质权人应当承担赔偿责任。"这里的妥善保管,应解释为以善良管理人的注意来保管质物。第二,提存质物的义务。依《物权法》第215条第2款规定,质权人不能妥善保管质物可能致使其灭失或者毁损的,出质人可以要求质权人将质物提存。第三,返还质物的义务。依物权法规定,当债务人适当履行其债务,或出质人提前清偿质权担保的债权时,质权人应返还质物。

4. 动产质权的实现

动产质权的实现,是指质权人在债务人到期不履行债务或者发生当事人约定的实现质权的情形时,将质物加以折价、拍卖或变卖,并就所获得的价款使其债权优先受偿。

《物权法》第219条第2款规定:"债务人不履行到期债务或者发生当事人约定的实现质权的情形,质权人可以与出质人协议以质押财产折价,也可以就拍卖、变卖质押财产所得的价款优先受偿。"依此规定,动产质权的实现须具备以下条件:第一,主债务履行期届满;第二,主债务人未履行债务或债权未获得清偿;第三,并非因债权人自己的原因而未受清偿;第四,质权人占有质物。

《物权法》第219条第2款规定:"债务人不履行到期债务或者发生当事人约定的实现质权的情形,质权人可以与出质人协议以质押财产折价,也可以就拍卖、变卖质押财产所得的价款优先受偿。"

质物折价是指出质人和质权人订立合同,由质权人依质物的价款抵充债务后取得质物的所有权。如果质物所折价的价格高于质权担保的债权数额,质权人必须向出质人返还差额;如果低于担保的债权数额,质权人仍有权请求债务人清偿差额部分。

质物拍卖是指依法定程序拍卖质物,并以拍卖质物所得价金清偿债权。拍卖质物是动产质权实现的最主要方式。为保护出质人的利益,质权人拍卖质物时,一般应于拍卖前通知出质人。质物拍卖所得价金在质权人受偿后,如有余额,应返还出质人;如有不足,则未受清偿的部分成为无担保的普通债权。

质物变卖是指债务人不履行债务时,质权人依法将质物出卖,而以出卖所得价款清偿质押担保的债权。是否选择变卖质物是质权人的一项权利。但当事人约定采用拍卖方式时,应从其约定。

5. 动产质权的消灭

动产质权的消灭,指动产质权人对特定动产的质权不复存在。动产质权的消灭原因,除物权的一般消灭原因,如混同、没收及抛弃外,尚有以下四种:(1)所担保的债权消灭;(2)质物的返还;(3)质权人丧失对质物的占有;(4)质权的实现。

### (三) 权利质权

1. 权利质权的概念和标的

权利质权是指为了担保债权实现,以债务人或第三人所享有的所有权以外的可转让的财产权利为标的设立的质押。

权利质押的标的是权利,但并非任何权利都可以作为权利质押的标的。能够作为权利质押的标的的权利,必须是可让与的且不违背质权性质的财产权。身份权、不可让与的财产权不能为权利质权的标的;不动产物权,如不动产所有权、用益物权和担保物权也不能成为权利质权的标的。根据《物权法》第223条的规定,下列权利可以质押:(1)汇票、支票、本票、债券、存款单、仓单、提单;(2)可以转让的基金份额、股权;(3)可以转让的商标专用权、专利权、著作权等知识产权中的财产权;(4)应收账款;(5)依法可以质押的其他权利。

2. 证券债权质权

证券债权质权,是指将以有价证券表示的债权作为标的而设定的质权。

设定证券债权质权,质权人与出质人应订立书面合同。《物权法》第224条规定:"以汇票、支票、本票、债券、存款单、仓单、提单出质的,当事人应当订立书面合同。质权自权利凭证交付质权人时设立,没有权利凭证的,质权自有关部门办理出质登记时设立。"此外,以汇票、支票、本票出质,或以公司债券出质的,应在票据或债券上背书记载"质押"字样,否则,不能对抗公司及善意第三人。

证券债权质权的特殊效力主要表现在:一是对标的的效力。即证券债权质权的效力也及于出质债权的从权利,除非当事人另有约定。二是对质权人的效力。《物权法》第225条规定:"汇票、支票、本票、债券、存款单、仓单、提单兑现或者提货日期先于主债权到期的,质权人可以兑现或者提货,并与出质人协议将兑现的价款或者提取的货物提前清偿债务或者提存。"依此规定,证券债权质权所担保的债权即使未届清偿期,质权人仍有权收取证券上的利益来保证自己债权的实现。此外,以票据、债券、存款单、仓单、提单出质的,质权人再转让或者质押的无效。

3. 股权质权

股权质权,是指以股东所拥有的股份上的财产权利为标的设定的权利质押。《物权法》第226条第1款规定:"以基金份额、股权出质的,当事人应当订立书面合同。以基金份额、证券登记结算机构登记的股权出质的,质权自证券登记结算机构办理出质登记时设立;以其他股权出质的,质权自工商行政管理部门办理出质登记时设立。"依此规定,以股权出质的,无论是记名还是不记名股票,上市公司股权还是其他股权均须订立书面质押合同并向登记机构办理出质登记,才能设立质权。

股权质权的特殊效力主要表现在:一是股权质权对于标的物的效力。以可以转让的股权出质的,质权的效力及于股权的法定孳息;二是对于出质人的效力。《物权法》第226条第2款规定:"基金份额、股权出质后,不得转让,但经出质人与质权人协商同意的除外。出质人转让基金份额、股权所得的价款,应当向质权人提前清偿债务或者提存。"

4. 知识产权质权

所谓知识产权质权,是指以专利权、商标专用权和著作权中的财产权为标的的质权。《物权法》第227条第1款规定:"以注册商标专用权、专利权、著作权等知识产权中的财产权出质的,当事人应当订立书面合同。质权自有关主管部门办理出质登记时设立。"依此规定,我国现行法律关于知识产权质权的设定,必须具备两个要件:其一,当事人双方订立书面质押合同;其二,向有关部门办理质押登记。依《商标法》第2条和《专利法实施细则》第88条的规定,办理商标权质押登记机关为国务院工商行政管理部门商标局(国家商标局),办理专利权质押登记的机关为国务院专利行政部门(国家专利局)。我国商标局、专利局就商标权、专利权质押予以登记后,应当予以公告。

依《物权法》第227条第2款的规定,以知识产权中的财产权出质的,出质人不得转让或者许可他人使用,但经出质人与质权人协商同意的,可以转让或者许可他人使用。出质人所得的转让费、许可费应当向质权人提前清偿债务或者提存。

5. 应收账款质权

所谓应收账款质权,是指以应收账款为标的质权。应收账款是指权利人因提供一定的货物、服务或设施而获得的要求义务人付款的权利,包括现有的和未来的金钱债权及其产生的收益,但不包括因票据或其他有价证券而产生的付款请求权。

依《物权法》第228条第1款的规定,以应收账款出质的,当事人应当订立书面合同。质权自信贷征信机构办理出质登记时设立。仅有当事人设立应收账款质权的书面合同,而未在信贷征信机构办理出质登记的,质权不成立。

依《物权法》第228条第2款的规定,应收账款出质后,不得转让,但经出质人与质权人协商同意的除外。出质人转让应收账款所得的价款,应当向质权人提前清偿债务或者提存。应收账款质权实现时,质权人可以直接收取质权标的权利受偿。

## 五、留置权

### (一) 留置权的概念与特征

适用于合同之债的留置权,是指债权人按照合同约定占有债务人的动产,债务人不按照合同约定的期限履行债务时,债权人有权依法留置其财产,并依照法律规定以留置的财产折价或者以拍卖、变卖该财产所得的价款优先受偿的权利。留置权的概念有广义和狭义之分。从广义上理解,留置权的适用不限于合同之债,合同之外的其他之债都可以产生留置权。①

留置权作为一种担保物权,具有物权性、担保性、价值性、从属性等担保物权的共同属

---

① 参见史尚宽:《物权法论》,中国政法大学出版社2000年版,第483页。

性。然而,与抵押权、质权等担保物权比较,留置权具有如下主要特征:(1)留置权是一种法定担保物权,依法律的直接规定而发生的。留置权不需由当事人订立担保合同,其设定、内容、适用范围和法律效力都必须由法律作出规定。(2)留置权的客体限于动产,且与债权关系有牵连性。留置物是债权人按照合同约定占有的债务人的财产,而不能在债权人未占有的财产上发生。(3)留置权的成立和存续,均以债权人占有债务人的动产为条件。(4)留置权有二次效力。只有在债务人届期不履行债务经过一定期限后才能实现留置权。

**(二)留置权的成立条件**

1. 须债权人合法占有债务人的动产

留置权的目的在于担保债的履行,因此享有留置权的应当是债权人。依《民法通则》和《物权法》的规定,债权人占有的财产必须是债务人提供的财产。但一般认为,债权人取得债务人交付的动产的占有,但事实上该动产并非债务人所有的财产,债权人若不知其事实,债权人依法可以取得留置权。

2. 须债权人占有的动产与债权的发生有牵连关系

债权人所占有的债务人的动产必须与其债权的发生有牵连关系,才有留置权可言。如何理解牵连关系,立法及学理上存在着不同的观点。从我国现行立法、司法实践看,在作为合同担保的留置权中牵连关系为债权与留置物占有取得之间的关联,即债权与标的物的占有取得是基于同一合同关系而发生,但企业之间留置的除外。

3. 须债权已届清偿期

留置权的成立须以债权已届清偿期为要件。如果债权人已占有债务人的动产,但在债权清偿期尚未届满时,尚不发生债务人不履行债务的问题,因而也就不发生留置权。只有在债权已届清偿期债务人仍不履行义务时,债权人才可以留置债务人的动产。债权人的债权未届清偿期,其交付占有标的物的义务已届清偿期的,不能行使留置权。但是,债权人能够证明债务人无支付能力的除外。同时,当事人可以在合同中约定不得留置的物,即法律虽不允许当事人任意设定留置权,但允许当事人以约定方式排除留置权。

根据法律规定,债权人非法占有债务人的动产的,或者留置违反社会公共秩序和善良风俗的,或者对动产的留置与债权人的义务相抵触的,均不能成立留置权。

**(三)留置权的效力**

1. 留置权对留置权人的效力

(1)对留置标的物的占有权。留置权人在其债权未受清偿前,有权留置标的物,得拒绝一切基于物权请求权或是债权请求权的返还请求权,只要留置权人对标的物的占有不是因侵权行为而取得,留置权人均有权拒绝。留置权人在行使占有权时,如果标的物为不可分物时,留置权人可以就留置物的全部行使留置权,但是当留置物为可分物时,留置物的价值应当与债务的金额相当,即债权人只能留置与自己的债权额相当的部分,其余部分应当交付给债务人。留置权人对标的物的占有,不仅可以对抗债务人和留置物的所有权人,还可以对抗第三人,在受到第三人不法侵害时,可以诉请停止侵害、恢复原状、返还原物。

(2)留置物孳息收取权。留置权人在占有留置物期间,有权收取留置物所产生的孳息,包括天然孳息和法定孳息。一般来说,留置物的孳息在收取以后,应先以孳息充抵收取孳息的费用,然后用于充抵主债权的利息,最后是主债权。

(3)必要保管费用收取权。留置权人就在占有留置物期间为保管留置物所支出的必要费用有权请求债务人返还。这种费用必须是为保存和保管留置物所必不可少的费用,对于非必要的费用,留置权人无权请求债务人返还。

(4) 就留置物优先受偿的权利。依据《物权法》的规定,债权人和债务人应当在合同中约定留置财产后的债务履行期限;没有约定或约定不明的,债权人留置财产后,债务人应当在不少于两个月的期限内履行债务,但鲜活易腐等不易保管的动产除外。因此,有期限约定的,在此期限届满时,债权人可以不经通知,直接行使留置权。债权人和债务人在合同中未约定的,债权人留置债务人财产后,应当确定两个月以上的期限,通知债务人在该期限内履行债务。债务人逾期仍不履行的,债权人可以与债务人协议以留置物折价,也可以依法拍卖、变卖留置物。债权人未按上述期限通知债务人,直接变价处分留置物的,应当对此造成的损失承担赔偿责任。留置物折价或者拍卖、变卖后,其价款超过债权数额的部分归债务人所有,不足部分由债务人清偿。

(5) 妥善保管留置物的义务。留置权人在保管留置物过程中,应当以善良管理人的注意进行妥善的管理。因保管不善造成留置物灭失或毁损的,留置权人应当承担民事责任。在留置权存续期间,留置权人未经债务人同意,擅自利用、使用、出租、处分留置物,因此给债务人造成损失的,留置权人应当承担赔偿责任。

(6) 返还留置物的义务。因债务人履行债务等原因而导致留置权所担保的债权消灭时,留置权人应当及时返还留置物于债务人。留置权虽未消灭,但债务人另行提供担保并为债权人所接受时,留置权人亦应返还留置物给债务人。

2. 留置权对留置物所有人的效力

留置物所有人有对标的物为法律上处分的权利。留置权为担保物权,留置权的成立并未使留置权人取得对留置物的所有权。因此,从理论上讲,在留置期间,留置物所有人仍有权对留置物为法律上的处分,只要这种处分不影响留置权。在主债权得到清偿或债务人另行提供担保并被债权人接受的情况下,留置权归于消灭,留置物所有人有权要求返还留置物。

在留置期间,若留置权人未对留置物尽到善良管理的义务,致使留置物灭失或者毁损的,留置物所有人有权要求留置权人给予赔偿。

3. 留置权担保的债权范围

由于留置权所担保的债权与留置物有牵连关系,因而与留置权有牵连关系的债权,都在留置权所担保的范围之内。通说认为,留置权所担保的债权范围,包括主债权、利息、违约金、实现担保物权的费用等,而且当事人可对此自由约定。《担保法》第83条规定:"留置担保的范围包括主债权及利息、违约金、损害赔偿金、留置物保管费用和实现留置权的费用。"

(四) 留置权的消灭

留置权的特别的消灭原因,主要有如下两种:

1. 债务人另行提供担保并被债权人接受的

在留置权存续期间,如果债务人另行提供担保,且被债权人接受时,留置权便消灭。担保必须为相当,即当留置物的价值高于被担保的债权额时,只要提出与债权额相当的担保即可;当留置物的价值低于被担保的债权额时,也应提供相当于债权额的担保。

2. 债权人丧失对留置物的占有

债权人须合法地占有债务人的动产是留置权成立和存续的必要条件,当债权人丧失对留置物的占有时,留置权便消灭。债权人只能依占有的规定请求返还留置物,在恢复占有时得再生留置权,如不能恢复占有,则留置权便终局消灭。

## 六、定金

### (一) 定金的概念和特征

所谓定金,是指合同当事人为了保证合同的履行,依据法律规定或者当事人双方的约定,由一方当事人在合同履行之前,按合同标的额的一定比例,预先付给对方当事人的金钱或者其他替代物。《合同法》第 115 条规定:"当事人可以依照《中华人民共和国担保法》约定一方向对方给付定金作为债权的担保。债务人履行债务后,定金应当抵作价款或者收回。给付定金的一方不履行约定的债务的,无权要求返还定金;收受定金的一方不履行约定的债务的,应当双倍返还定金。"定金具有如下特征:

1. 定金属于金钱担保

定金的标的物为金钱或者其他替代物。定金是一方当事人向对方当事人交付的一定数量的金钱或其他代替物,履行与否与该金钱或其他代替物的得失挂钩,使当事人产生心理压力,从而积极且适当地履行债务,以发挥其担保作用。①

2. 定金必须预先交付

定金设定的目的主要是担保合同的履行,故定金须在合同履行之前交付才能对合同的履行产生担保作用。如果合同已经履行完毕或者在履行期限到来后一方出现违约,则不宜再适用定金形式。

3. 定金具有从属性

定金合同是主合同的从合同,定金的有效以主合同的有效成立为前提。主合同无效时,定金合同亦无效,除非当事人另有约定。

4. 定金为由债务人向债权人交付的金钱

定金须由主合同一方当事人提供,不能是主合同以外的第三人提供;定金为债务人向债权人所为的给付,其担保作用就在于通过定金罚则督促双方当事人自觉履行合同。

5. 定金担保的是合同当事人双方的债权

定金虽然是由主合同债务人交付给债权人,担保债务人履行债务的,但是当债权人不履行对待给付义务时,也须向债务人双倍返还定金。因而,定金担保具有双向性,不同于保证、抵押等都是单向性的,即是为确保债务的履行而由债务人向债权人提供的担保。实际上定金的设定客观上担保着双方当事人的债权。

### (二) 定金的种类

根据《担保法》及其司法解释,定金的种类主要有以下几种。

1. 违约定金

违约定金,是指交付定金的当事人若不履行债务,接受定金的当事人可以予以没收的定金。《担保法》第 89 条规定:"当事人可以约定一方向对方给付定金作为债权的担保。债务人履行债务后,定金应当抵作价款或者收回。给付定金的一方不履行约定的债务的,无权要求返还定金;收受定金的一方不履行约定的债务的,应当双倍返还定金。"本条所规定的定

① 参见崔建远主编:《合同法》(第六版),法律出版社 2016 年版,第 159 页。

金,符合违约定金的基本特征。

2. 立约定金

立约定金也称为订约定金,是指为担保合同订立而设立的定金。《关于担保法的解释》第115条规定:"当事人约定以交付定金作为订立主合同担保的,给付定金的一方拒绝订立主合同的,无权要求返还定金;收受定金的一方拒绝订立合同的,应当双倍返还定金。"

3. 成约定金

成约定金,是指作为合同成立或生效要件的定金。《关于担保法的解释》第116条规定:"当事人约定以交付定金作为主合同成立或者生效要件的,给付定金的一方未支付定金,但主合同已经履行或者已经履行主要部分的,不影响主合同的成立或者生效。"

4. 解约定金

解约定金,是指用以作为保留合同解除权的代价的定金,即交付定金的当事人可以抛弃定金以解除合同,而接受定金的当事人也可以双倍返还定金来解除合同。对此,《关于担保法的解释》第117条也予以确认。

(三) 定金与预付款、押金

1. 定金与预付款

预付款是指当事人为履行合同约定,由付款义务方预先向对方给付的一笔款项。定金与预付款虽然都是一方向另一方预先交付的一定的金钱,给对方履行合同创造了条件,且给付的一方在履行合同后均可抵作价款,但是两者的法律性质和效力却存在很大差别,其区别主要有:

(1) 定金是一种合同担保方式,不属于债务的履行范畴,其目的主要在于担保合同的履行;而预付款本身就是一种履行合同义务的方式,并且是提前履行部分债务,其目的在于为接受预付款的一方提供资金上的帮助,使其获得期限利益。

(2) 定金是根据定金合同而发生的,独立于也从属于主合同,并且只有在一方实际交付定金后才可成立定金;而预付款是由当事人在合同中约定的,其交付属于履行主债的一部分,不构成一个独立的合同,一方当事人不按照合同的约定交付预付款时,其行为构成对合同义务的违反。

(3) 定金具有惩罚作用,故其数额需由法律作出限制性规定;而预付款是履行合同债务,其数额取决于当事人的约定,法律没有必要对预付款数额加以限制。

(4) 定金支付一般是一次性支付,交付定金后定金合同才生效;而预付款则可以分期交付或一次性交付,交付行为本身表明当事人已经在履行主合同。

(5) 定金合同的任一方当事人违约时,适用定金罚则,即发生丧失或双倍返还定金的法律后果;而预付款则无此效力,在交付标的物的一方违约的情况下,如果交付预付款的一方解除合同,他有权要求返还预付款,如果不要求解除,则有义务继续交付剩余的价款。

2. 定金与押金

押金是指债务人或者第三人将一定数额的金钱或者等价物移交债权人占有,以担保债权的受偿。定金与押金都是债权的担保方式,都是当事人一方按照约定给付对方的金钱或其他代替物,在合同适当履行后都会发生返还的法律后果。但是两者仍有以下区别:

(1) 定金的交付通常在合同履行前进行,具有预先给付的特点;而押金的交付可以是在合同履行前或者合同履行过程中,不具有预先给付的性质。

（2）定金担保是合同债务人自己提供的担保，交付定金的人只能是主合同一方当事人，而押金的设定人可以是合同债务人，也可以是债务人以外的第三人。

（3）定金担保的对象是主合同的主给付，而押金担保的对象往往是合同中的从给付（如退还容器之给付义务）。

（4）定金的数额虽然由合同当事人约定，但其约定的数额不得超过主合同标的额的20%，否则超过部分无效；而押金数额的约定并没有法律上的限制，往往高于或等于被担保的主合同的债权额。

（5）定金的设定是为了担保合同双方当事人债权的实现，因而具有在一方违约时发生定金丧失或者双倍返还定金的效力，即定金罚则的适用；而押金的效力只拘束交付押金的当事人一方，因而无所谓押金罚则。

### （四）定金的成立

定金由当事人双方订立定金合同设立。定金合同不仅需要当事人双方的意思表示一致，而且需要现实交付定金。定金合同从实际交付定金之日起生效。关于定金交付的时间，《担保法》规定由当事人在定金合同中约定。根据定金的性质不同，一般可认为：立约定金应在主合同订立前交付；成约定金原则上在主合同订立之前或者成立之时交付，但主合同已经履行或者已经履行主要部分的则是例外；违约定金和解约定金既可在主合同成立同时交付，也可在主合同成立后、履行前交付。① 定金的数额由当事人约定，但不得超过主合同标的额的20%，超过部分法院不予支持。实际交付的定金数额多于或者少于约定数额，视为变更定金合同。收受定金一方提出异议并拒绝接受定金的，定金合同不生效。

定金合同是从合同，其成立和有效以主合同的成立和有效为前提。主合同无效或被撤销时，定金合同也随之无效或被撤销。主合同因解除或其他原因消灭时，定金合同也归于消灭。

### （五）定金的效力

根据《担保法》及有关司法解释的规定，立约定金的效力在于，给付定金的一方拒绝订立主合同的，无权要求返还定金；收受定金的一方拒绝订立合同的，应当双倍返还定金。成约定金的效力在于，定金的交付使主合同成立或生效，不交付则原则上主合同不成立或不生效，不发生定金罚则的效力。解约定金具有解除合同的效力，该效力的发生以定金的丧失或者双倍返还为条件。违约定金必须在因当事人一方的过错不履行债务时发生制裁效力，即给付定金的一方不履行约定的债务的，无权要求返还定金，收受定金的一方不履行约定的债务的，应当双倍返还定金。它是为制裁债务不履行而交付的，同时也是作为违约的补救形式而存在的，具有预付违约金的性质。当合同因不可归责于当事人的原因而不能履行时，任何当事人都不应受到制裁，定金应当返还。

值得注意的是，《合同法》第116条规定："当事人既约定违约金，又约定定金的，一方违约时，对方可以选择适用违约金或者定金条款。"即定金罚则与违约金不能并用，只能择一行使。

## 【思 考 题】

1. 试述合同保全的含义及其意义。
2. 说明债权人代位权的成立条件和行使。

---

① 参见崔建远主编：《合同法》（第六版），法律出版社2016年版，第161页。

3. 债权人撤销权的成立要件有哪些？
4. 合同担保的分类主要有哪几种？
5. 说明保证的概念、种类及其效力。
6. 试述抵押权的特征以及与质权、留置权的区别。
7. 说明权利质权的条件和范围。
8. 留置权的成立条件有哪些？
9. 定金的种类及其效力为何？

**【法律应用】**

1. 甲欠乙1万元到期未还。2003年4月，甲得知乙准备起诉索款，便将自己价值3万元的全部财物以1万元卖给了知悉其欠乙款未还的丙，约定付款期限为2004年底。乙于2003年5月得知这一情况，于2004年7月决定向法院提起诉讼。乙提出的下列哪一项诉讼请求能够得到法院支持？（2005年司考题）
   A. 请求宣告甲与丙的行为无效
   B. 请求法院撤销甲与丙的行为
   C. 请求以自己的名义行使甲对丙的1万元债权
   D. 请求丙承担侵权责任

2. 甲欠乙20万元到期无力偿还，其父病故后遗有价值15万元的住房1套，甲为唯一继承人。乙得知后与甲联系，希望以房抵债。甲便对好友丙说："反正这房子我继承了也要拿去抵债，不如送给你算了。"二人遂订立赠与协议。下列哪些说法是错误的？（2006年司考题）
   A. 乙对甲的行为可行使债权人撤销权
   B. 乙可主张赠与协议无效
   C. 乙可代位行使甲的继承权
   D. 丙无权对因受赠房屋瑕疵造成的损失请求甲赔偿

3. 甲公司欠乙公司货款20万元已有10个月，其资产已不足偿债。乙公司在追债过程中发现，甲公司在一年半之前作为保证人向某银行清偿了丙公司的贷款后一直没有向其追偿，同时还将自己对丁公司享有的30%的股权无偿转让给了丙公司。下列哪些选项是错误的？（2007年司考题）
   A. 乙公司可以对丙公司行使代位权
   B. 若乙公司对丙公司提起代位权诉讼，法院应当追加甲公司为第三人
   C. 乙公司可以请求法院确认甲、丙之间无偿转让股权的合同无效
   D. 乙公司有权请求法院撤销甲、丙之间无偿转让股权的合同

4. 甲向乙借款5万元，乙要求甲提供担保，甲分别找到友人丙、丁、戊、己，他们各自作出以下表示，其中哪些构成保证？（2008年司考题）
   A. 丙在甲向乙出具的借据上签署"保证人丙"
   B. 丁向乙出具字据称"如甲到期不向乙还款，本人愿代还3万元"
   C. 戊向乙出具字据称"如甲到期不向乙还款，由本人负责"
   D. 己向乙出具字据称"如甲到期不向乙还款，由本人以某处私房抵债"

5. 甲向乙借款300万元于2008年12月30日到期，丁提供保证担保，丁仅对乙承担保

证责任。后乙从甲处购买价值50万元的货物,双方约定2009年1月1日付款。2008年10月1日,乙将债权让与丙,并于同月15日通知甲,但未告知丁。对此,下列哪些选项是正确的?(2010年司考题)

A. 2008年10月1日债权让与在乙丙之间生效
B. 2008年10月15日债权让与对甲生效
C. 2008年10月15日甲可向丙主张抵销50万元
D. 2008年10月15日后丁的保证债务继续有效

6. 甲、乙约定:甲将100吨汽油卖给乙,合同签订后三天交货,交货后十天内付货款。还约定,合同签订后乙应向甲支付10万元定金,合同在支付定金时生效。合同订立后,乙未交付定金,甲按期向乙交付了货物,乙到期未付款。对此,下列哪一表述是正确的?(2010年司考题)

A. 甲可请求乙支付定金
B. 乙未支付定金不影响买卖合同的效力
C. 甲交付汽油使得定金合同生效
D. 甲无权请求乙支付价款

7. 甲公司从乙公司采购10袋菊花茶,约定:"在乙公司交付菊花茶后,甲公司应付货款10万元。"丙公司提供担保函:"若甲公司不依约付款,则由丙公司代为支付。"乙公司交付的菊花茶中有2袋经过硫黄熏蒸,无法饮用,价值2万元。乙公司要求甲公司付款未果,便要求丙公司付款10万元。下列哪些表述是正确的?(2011年司考题)

A. 如丙公司知情并向乙公司付款10万元,则丙公司只能向甲公司追偿8万元
B. 如丙公司不知情并向乙公司付款10万元,则乙公司会构成不当得利
C. 如甲公司付款债务诉讼时效已过,丙公司仍向乙公司付款8万元,则丙公司不得向甲公司追偿
D. 如丙公司放弃对乙公司享有的先诉抗辩权,仍向乙公司付款8万元,则丙公司不得向甲公司追偿

8. 甲公司向乙银行借款100万元,丙、丁以各自房产分别向乙银行设定抵押,戊、己分别向乙银行出具承担全部责任的担保函,承担保证责任。下列哪些表述是正确的?(2012年司法考试题)

A. 乙银行可以就丙或者丁的房产行使抵押权
B. 丙承担担保责任后,可向甲公司追偿,也可要求丁清偿其应承担的份额
C. 乙银行可以要求戊或者己承担全部保证责任
D. 戊承担保证责任后,可向甲公司追偿,也可要求己清偿其应承担的份额

9. 甲公司以其机器设备为乙公司设立了质权。10日后,丙公司向银行贷款100万元,甲公司将机器设备又抵押给银行,担保其中40万元贷款,但未办理抵押登记。同时,丙公司将自有房产抵押给银行,担保其余60万元贷款,办理了抵押登记。20日后,甲将机器设备再抵押给丁公司,办理了抵押登记。丙公司届期不能清偿银行贷款。下列哪一表述是正确的?(2013年司考题)

A. 如银行主张全部债权,应先拍卖房产实现抵押权
B. 如银行主张全部债权,可选择拍卖房产或者机器设备实现抵押权

C. 乙公司的质权优先于银行对机器设备的抵押权
D. 丁公司对机器设备的抵押权优先于乙公司的质权

10. 甲公司通知乙公司将其对乙公司的 10 万元债权出质给了丙银行,担保其 9 万元贷款。出质前,乙公司对甲公司享有 2 万元到期债权。如乙公司提出抗辩,关于丙银行可向乙公司行使质权的最大数额,下列哪一选项是正确的?(2014 年司考题)

    A. 10 万元        B. 9 万元        C. 8 万元        D. 7 万元

11. 2013 年 2 月 1 日,王某以一套房屋为张某设定了抵押,办理了抵押登记。同年 3 月 1 日,王某将该房屋无偿租给李某 1 年,以此抵王某欠李某的借款。房屋交付后,李某向王某出具了借款还清的收据。同年 4 月 1 日,李某得知房屋上设有抵押后,与王某修订租赁合同,把起租日改为 2013 年 1 月 1 日。张某实现抵押权时,要求李某搬离房屋。下列哪些表述是正确的?(2014 年司考题)

    A. 王某、李某的借款之债消灭        B. 李某的租赁权可对抗张某的抵押权
    C. 王某、李某修订租赁合同行为无效    D. 李某可向王某主张违约责任

12. 方某、李某、刘某和张某签订借款合同,约定:"方某向李某借款 100 万元,刘某提供房屋抵押,张某提供保证。"除李某外其他人都签了字。刘某先把房本交给了李某,承诺过几天再作抵押登记。李某交付 100 万元后,方某到期未还款。下列哪一选项是正确的?(2015 年司考题)

    A. 借款合同不成立              B. 方某应返还不当得利
    C. 张某应承担保证责任            D. 刘某无义务办理房屋抵押登记

13. 甲向某银行贷款,甲、乙和银行三方签订抵押协议,由乙提供房产抵押担保。乙把房本交给银行,因登记部门原因导致银行无法办理抵押物登记。乙向登记部门申请挂失房本后换得新房本,将房屋卖给知情的丙并办理了过户手续。甲届期未还款,关于贷款、房屋抵押和买卖,下列哪些说法是正确的?(2015 年司考题)

    A. 乙应向银行承担违约责任
    B. 丙应代为向银行还款
    C. 如丙代为向银行还款,可向甲主张相应款项
    D. 因登记部门原因未办理抵押登记,但银行占有房本,故取得抵押权

14. 2014 年 7 月 1 日,甲公司、乙公司和张某签订了《个人最高额抵押协议》,张某将其房屋抵押给乙公司,担保甲公司在一周前所欠乙公司货款 300 万元,最高债权额 400 万元,并办理了最高额抵押登记,债权确定期间为 2014 年 7 月 2 日到 2015 年 7 月 1 日。债权确定期间内,甲公司因从乙公司分批次进货,又欠乙公司 100 万元。甲公司未还款。关于有抵押担保的债权额和抵押权期间,下列哪些选项是正确的?(2015 年司考题)

    A. 债权额为 100 万元        B. 债权额为 400 万元
    C. 抵押权期间为 1 年         D. 抵押权期间为主债权诉讼时效期间

15. 下列哪些情形下权利人可以行使留置权?(2015 年司考题)

    A. 张某为王某送货,约定货物送到后一周内支付运费。张某在货物运到后立刻要求王某支付运费被拒绝,张某可留置部分货物
    B. 刘某把房屋租给方某,方某退租搬离时尚有部分租金未付,刘某可留置方某部分家具

C. 何某将丁某的行李存放在火车站小件寄存处,后丁某取行李时认为寄存费过高而拒绝支付,寄存处可留置该行李

D. 甲公司加工乙公司的机器零件,约定先付费后加工。付费和加工均已完成,但乙公司尚欠甲公司借款,甲公司可留置机器零件

【讨论案例】

1. 甲向乙借款2万元,乙于2月28日将钱交给甲,约定借款期限6个月。5月10日,甲向乙提出将2万元借款的偿还期限延长至年底,乙不同意,要求甲按时还款。8月30日,甲无钱还款。乙知道甲的可执行财产不多,而丙2年前向甲借款3万元一直未还,且甲也没有催告丙还款。

请回答下列问题:(1)乙是否有权行使代位权?为什么?(2)如果乙向法院提起代位权诉讼,则甲、乙、丙的诉讼地位如何?(3)乙行使代位权的数额是多少?

2. 甲公司向银行贷款1 000万,由乙公司提供连带保证担保。应乙公司的要求,丙公司向乙公司提供了反担保,约定乙公司因承担保证责任、清偿甲公司的债务后,有权要求丙公司偿还其代为清偿的债务。合同签订后,由于甲公司不能偿还债务,银行向法院起诉。

请回答下列问题:(1)甲、乙、丙及银行之间的法律关系如何?(2)银行可以向谁主张权利?为什么?(3)丙公司在什么条件下承担反担保责任?为什么?

3. 甲向乙借款将一辆轿车抵押给乙,双方签订了抵押合同,但未办理抵押登记。之后,甲又向丙借款将轿车质押给丙,并经甲允许,丙可以使用轿车。因轿车出现故障,丙将轿车送丁修车部修理,因丙不支付修理费,丁将摩托车留置。

请回答下列问题:(1)乙能否取得摩托车的抵押权?为什么?(2)如果乙取得了抵押权,就该摩托车,丙、丁还能否取得质权、留置权?为什么?(3)如果乙的抵押权、丙的质权、丁的留置权均能成立,则三者的行使顺序应如何确定?

# 第六章 合同的变更与转让

**【学习指南】**
　　重点在于把握合同变更的条件、效力,合同权利转让、合同义务转移的含义、成立条件;难点在于理解合同权利转让和合同义务转移在相关当事人之间所产生的效力。

**【导入案例】**
　　甲为买房向乙借款3万元,借期2年。双方同时约定:乙不得将合同权利转让给他人。借款合同签订后不久,乙因欠款而将合同权利转让给不知情的丙,双方签订了转让合同。甲的借款到期后,丙持转让合同向甲请求清偿债务,甲以该合同权利不得转让为由予以拒绝。通过本章的学习,试分析本案当事人之间的合同权利转让的法律效力。

## 第一节 合同的变更

### 一、合同变更的含义

#### (一) 合同变更的概念与特征

合同变更有广义和狭义两种含义。广义的合同变更是指合同的主体和内容发生变更。合同主体的变更,是指合同债权或者债务的转让,即以新的债权人、债务人代替原来的债权人、债务人,但合同内容并未发生变化。合同内容的变更,是指合同的当事人保持不变,而对合同的内容予以改变。狭义的合同变更就是合同内容的变更,具体来说,是指在合同成立以后,尚未履行或尚未完全履行以前,合同当事人就合同的内容达成修改和补充的协议,或者依据法律规定请求人民法院或仲裁机构变更合同内容。《合同法》所称的合同的变更是指狭义上的合同变更,即合同内容的变更。至于合同主体的变更则属于合同转让的范畴,有关内容将在下一节论述。

合同的变更具有以下特征:

1. 合同的变更仅是合同的内容发生变化,而合同的当事人保持不变

合同有效成立后,其主体和内容均可能因某一法律事实而发生变化,但此处的合同变更

仅指合同内容的变化,合同主体的变动属合同转让的范畴。合同内容的变化,可表现为合同标的物的数量或质量、规格、价金数额或计算方法、履行时间、履行地点、履行方式等合同内容的某一项或数项发生变化(如标的物数量变化,价款也随之变化)。

2. 合同的变更是合同内容的局部变更,是合同的非根本性变化

合同变更只是对原合同关系的内容作某些修改和补充,而不是对合同内容的全部变更。如果合同内容已全部发生变化,则实际上已导致原合同关系的消灭,一个新合同的产生,并且对原合同关系所作出修改和补充的内容仅限于非要素内容,如标的数量的增减、履行地点、履行时间、价款及结算方式的变更等等。在非根本性变更的情况下,变更后的合同关系与原有的合同关系在性质上不变,属于同一法律关系,学说上称为具有"同一性"。如果合同的要素内容发生变化,即给付发生重要部分的变化,导致合同关系失去同一性,则构成合同的根本性变更,称为合同的更新。何为重要部分,应依当事人的意思和一般交易观念加以确定,[1]如合同标的的改变,履行数量或价款的巨大变化,合同性质的变化等,都是合同的更新而非合同的变更。

3. 合同的变更通常依据双方当事人的约定,也可以是基于法律的直接规定

合同的变更有两种:一是根据当事人之间的约定对合同进行变更,即约定的变更;二是当事人依据法律规定请求人民法院或仲裁机构进行变更,即法定的变更。《合同法》第五章所规定的合同变更实际上就是约定的变更。

4. 合同的变更只能发生在合同成立后,尚未履行或尚未完全履行之前

合同未成立,当事人之间根本不存在合同关系,也就谈不上合同的变更。合同履行完毕后,当事人之间的合同关系已经消灭,也不存在变更的问题。

**(二) 合同变更与合同更新**

合同更新,是指当事人双方通过协商,变更了原合同的基本条款或主要内容,从而使变更后的合同与变更前的合同在内容上失去了同一性与连续性,导致原合同关系消灭,新合同关系发生。简单来说,合同更新就是以一个新的合同代替一个旧的合同。合同变更与合同更新的区别主要表现在:(1) 合同变更仅限于合同内容的变化,而不涉及主体的变更;但在合同更新中,不限于合同内容发生根本性变化,还可能是合同主体的变化。例如,债权人解除旧债务人的债务而由新债务人代替,可发生合同的更新。(2) 合同变更是合同内容的非根本性变化,变更前后的合同仍保持一定的同一性和连续性,原合同关系仍然继续存在并有效;合同更新是合同内容的根本性变化,在新旧合同的内容之间,可能并无直接的内在联系,这种变化直接导致原合同关系的消灭,新合同关系的产生。(3) 合同变更主要通过当事人双方协商而实现,但在特殊情况下也可以直接依据法律规定而发生;而合同更新则是当事人双方协商一致的结果。

## 二、合同变更的要件

合同变更须具备以下条件:

**(一) 原已存在有效的合同关系**

合同变更是在原合同的基础上,通过当事人双方的协商或者法律的规定改变原合同

---

[1] 参见崔建远主编:《合同法》(第六版),法律出版社2016年版,第165页。

关系的内容。因此，无原合同关系就无变更的对象，合同的变更离不开原已存在合同关系这一前提条件。同时，原合同关系若非合法有效，如合同无效、合同被撤销或者追认权人拒绝追认效力未定的合同，合同便自始失去法律约束力，即不存在合同关系，也就谈不上合同变更。

**（二）合同变更须依当事人双方的约定或者依法律的规定并通过法院的判决或仲裁机构的裁决发生**

合同变更主要是当事人双方协商一致的结果。《合同法》第77条第1款规定："当事人协商一致，可以变更合同。"在协商变更合同的情况下，变更合同的协议必须符合民事法律行为的有效要件，任何一方不得采取欺诈、胁迫的方式来欺骗或强制他方当事人变更合同。如果变更合同的协议不能成立或不能生效，则当事人仍然应按原合同的内容履行。如果当事人对变更的内容约定不明确的，应视为未变更。

此外，合同变更还可以依据法律直接规定而发生。例如，根据《合同法》第54条的规定，因重大误解订立的合同以及订立合同时显失公平的合同，当事人一方有权请求人民法院或者仲裁机构变更；一方以欺诈胁迫的手段或者乘人之危，使对方在违背真实意思的情况下订立的合同，不损害国家、集体或者第三人利益的，受损害方有权请求人民法院或者仲裁机构变更。

**（三）合同变更必须遵守法定的方式**

《合同法》第77条第2款规定："法律、行政法规规定变更合同应当办理批准、登记等手续的，依照其规定。"依此规定，如果当事人在法律、行政法规规定变更合同应当办理批准、登记手续的情况下，未遵循这些法定方式的，即便达成了变更合同的协议，也不能发生变更的效力。由于法律、行政法规对合同变更的形式未作强制性规定，因此我们可以认为，当事人变更合同的形式可以协商决定，一般要与原合同的形式相一致。如原合同为书面形式，变更合同也应采取书面形式；如原合同为口头形式，变更合同既可以采取口头形式，也可以采取书面形式。

**（四）须有合同内容的变化**

合同变更仅指合同的内容发生变化，不包括合同主体的变更，因而合同内容发生变化是合同变更不可或缺的条件。当然，合同变更必须是非实质性内容的变更，变更后的合同关系与原合同关系应当保持同一性。

### 三、合同变更的效力

合同的变更是在保持原合同关系的基础上，合同的部分内容发生变化。因此，在合同发生变更后，当事人应当按照变更后的合同的内容履行，任何一方违反变更后的合同内容都构成违约。

合同的变更原则上仅向将来发生效力，未变更的权利义务继续有效，已经履行的债务不因合同的变更而失去法律依据，任何一方都不能因为合同的变更而单方面要求另一方返还已经作出的履行。

合同的变更不影响当事人要求赔偿的权利。原则上，提出变更的一方当事人对对方当事人因合同变更所受损失应负赔偿责任。《民法通则》第115条明确规定："合同的变更或者解除，不影响当事人要求赔偿损失的权利。"

## 第二节 合同的转让

### 一、合同转让概述

#### (一) 合同转让的概念和特征

合同转让又称为合同的让与,是指合同当事人一方将其合同的权利和义务全部或者部分地转让给第三人。合同的转让实质上是合同的主体发生变更,即合同权利的受让人成为合同之债的新债权人,合同义务的受让人成为合同之债的新债务人,而合同的内容仍然保持不变。因此,合同的转让可以纳入广义的合同变更之中。

合同的转让,依其转让的权利义务之不同,可以分为合同权利的转让、合同义务的转让以及合同权利义务的概括转让三种形态。其中,合同权利的转让又称为合同权利的让与,合同义务的转让又称为合同义务的承担,合同权利义务的概括转让又称为合同承受。

合同的转让具有以下特点:

1. 合同的转让实际上是合同主体的变更

这就是说,合同的转让通常将导致第三人代替原合同当事人一方而成为合同当事人,或者由第三人加入到合同关系之中成为合同当事人。由于主体的变更是合同实质要素的变更,是合同的根本性变化,因此,主体的变化将导致原合同关系的消灭,新合同关系的产生。可见,合同的转让并非在于保持原合同关系继续有效,而是通过转让终止合同,产生新的合同关系。正是从此种意义上说,合同的转让与一般的合同变更在性质上是不同的。

2. 合同的转让并不改变原合同的权利义务内容

一方面,合同的转让是对合法有效的合同权利或义务的转让。如果原合同被确认无效或被撤销,或者已经解除,则不能发生转让。另一方面,合同转让原则上并不引起原合同内容的变更。因为合同的转让旨在使原合同的权利义务全部或部分地从合同一方当事人转移给第三人,因此,受让的权利和义务既不会超出原权利义务的范围,也不会从实质上更改原合同的权利义务内容。转让后的合同内容与转让前的合同内容的同一性,正是由债权债务的稳定性及转让的性质所决定的。如果在合同转让过程中受让人希望变更原合同的内容,那么必须在合同转让已经完成以后,由转让人和受让人之间通过协商变更合同的内容。当然,此时已不再是合同的转让而是合同变更的问题。

3. 合同的转让通常要涉及两种不同的法律关系

合同的转让主要是在转让人和受让人之间完成的,但因为合同的转让关涉到原合同当事人的利益,所以法律要求义务的转让应取得原合同当事人另一方的同意,而转让权利应及时通知原合同当事人另一方。可见,合同的转让涉及原合同当事人双方以及受让的第三人。

#### (二) 合同转让的要件

合同的转让必须具备如下要件,才能发生法律效力:

1. 必须有合法有效的合同关系存在

合同的有效存在,是该合同中的权利义务能够被让与的基本前提。如果合同根本不存在或者无效,或者已经被撤销、被解除,在此情况下所发生的转让行为都是无效的,转让人并应对善意的受让人所遭受的损失承担赔偿责任。

2. 必须由让与人与受让人之间达成协议

合同的让与本身需要由转让人与受让人之间达成合意才能完成,此种合同的当事人是转让人和受让人,当事人订立转让合同必须符合民事法律行为的有效要件。如果转让合同被撤销,受让人已接受债务人的履行,应作为不当得利返还给原债权人。

3. 合同的转让应当符合法律规定的程序且不得违背社会公共利益

由于合同权利义务的转让涉及原合同当事人的利益,因此,法律要求在转让合同的义务或权利时,应当取得原合同当事人另一方的同意或者及时通知另一方。《合同法》第87条规定:"法律、行政法规规定转让权利或者转移义务应当办理批准、登记等手续的,依照其规定。"如果不符合法律规定的这些要求,合同的转让是不能发生效力的。对于法律规定应由国家批准的合同,转让合同时也应经原批准机关批准。如果合同的转让违背了社会公共利益,应当被宣告无效,有过错的当事人应当承担相应的法律责任。

《民法通则》第91条规定:"合同一方将合同权利、义务全部或部分转让给第三人的,应当取得另一方的同意,并不得牟利。"是否据此将不得牟利作为合同转让的一个要件呢? 这值得研究。我们认为,在市场经济条件下,合同的转让特别是权利的转让,大都是有偿行为,这是市场经济的客观规律所决定的,合同当事人通过转让合同获取一定的收益或合理报酬是合理的,也是法律应当允许的,不能据此否认其转让行为的效力。如果将有偿的转让行为都作为非法牟利对待,实际上是禁止了合同的转让,这是违背市场经济基本规律和经济生活现状的。当然,如果属于非法倒卖合同、买空卖空等牟取非法暴利,扰乱市场经济秩序,则其合同转让行为本身即为无效。

## 二、合同权利的转让

### (一) 合同权利转让的概念和特征

所谓合同权利的转让,也称为合同债权转让,是指合同债权人通过协议将其债权全部或部分地转让给第三人的行为。《合同法》第79条中规定:"债权人可以将合同的权利全部或者部分转让给第三人"。此即合同权利转让的法律依据。

合同权利转让的特征主要表现在:

1. 合同权利转让是指不改变合同权利的内容,由债权人将其权利转让给第三人

权利转让的主体是债权人和第三人,债务人不是也不可能是合同权利转让的当事人。尽管权利转让时债权人应当及时通知债务人,但这并不意味着债务人将成为合同权利转让的当事人。

2. 合同权利转让的标的是合同债权

债权是一种以实存利益为基础的权利,因此可作为转让的标的。值得注意的是,债权的转让与物权的转让在性质上是不同的。物权转让行为也要通过订立合同的方式,它们与合同权利转让的主要区别表现在转让的对象不同。合同权利的转让在性质上是债权的转让,因此完全受合同法调整。而物权转让,如土地使用权的出让和转让以及共有人转让其共有份额,是所有权权能的分离和处分行为,这种转让关系尽管仍是合同关系并可以受合同法的调整,但又要受到物权法的调整。物权法关于交付、登记等规定应适用于此类转让行为。

### 3. 合同权利的转让既可以是全部的转让,也可以是部分的转让

在权利全部转让时,受让人将完全取代转让人的地位而成为合同当事人;在权利部分转让情况下,受让人作为第三人将加入到原合同关系之中,与原债权人共同享有债权。

### 4. 合同权利转让的范围受到一定的限制

无论单务合同中的权利,还是双务合同中的权利,只要不违反法律和社会公共道德,均允许转让。但是从保护社会公共利益和维护交易秩序、兼顾转让双方的利益出发,对合同权利的转让范围也应当作出一定限制。根据《合同法》第79条的规定,下列合同债权不得转让:(1)根据合同权利的性质不得转让的权利。如雇用合同、委托合同中受雇人、受托人享有的债权等。(2)根据当事人的特别约定而不得转让的合同权利。当事人可以在订立合同时或订立合同后特别约定,禁止任何一方转让合同权利,只要此约定不违反法律的禁止性规定和社会公共道德,就应当产生法律效力。任何一方违反此种约定而转让合同权利,将构成违约行为。此种特别约定,只要在合同转让之前订立便可生效。禁止合同权利转让的约定,可以是禁止转让给某一个人,也可以是在某个时期内不得转让。当然,此种约定只能在特定当事人之间生效,不得拘束第三人。也就是说,如果一方当事人违反禁止转让的约定而将合同权利转让给善意的第三人,则善意的第三人可取得该项权利。(3)法律规定禁止转让的合同权利。例如,根据《民法通则》第91条的规定,依照法律规定应由国家批准的合同,当事人在转让权利义务时,必须经过原批准机关批准;如原批准机关不予批准,则权利的转让无效。

## (二) 合同权利转让的要件

### 1. 须有有效存在的合同债权,且债权让与不改变债权的内容

合同债权的有效存在,是该合同中的权利能够被让与的前提。以不存在或者无效的债权让与他人,或者以已经消灭的债权让与他人,即为标的不能,其转让行为无效。如果受让人因此受有损失,让与人应负责予以赔偿。至于因可撤销民事行为所发生的债权以及诉讼时效已完成的债权,一般也可以成为让与的标的。

### 2. 合同债权的让与人与受让人须就债权让与达成合意

债权让与是让与人和受让人意思表示一致的结果,是一种双方的民事法律行为,因而必须具备民事法律行为的有效要件方为有效。

### 3. 合同债权的让与须通知债务人

转让人与受让人之间的合同关系完全可由当事人在不违背法律和社会公共利益的前提下自由约定。但是就债权人与债务人的关系而言,尽管债权人转让权利乃是根据其意志处分其权利的行为,但此种处分通常又涉及债务人的利益,这就产生了一个法律上权益冲突的现象。即从保护和尊重权利人的权利、鼓励交易出发,应当允许权利人在不违反法律和公共利益及合同约定的前提下自由转让其权利,但是从维护债务人的利益出发,又应对权利转让作出适当限制,即转让应征得债务人同意或通知债务人。在这个问题上,各国立法采取了不同的立场,主要有以下三种做法:(1)自由主义。此种观点认为,债权人转让其债权依原债权人与新债权人的合同即可转让,不必征得债务人的同意,也不必通知债务人。然而,债权人若未通知债务人,债务人有可能不知道债权已发生转让。在此情况下,债务人仍向原债权人作出清偿的,则债务解除。如果债务人已经知道债权发生转让,则无论他是从何种途径获悉的,都不应向原债权人履行义务,否则不能解除其债务。德国法采纳了这一规则,美国法也实际上承认合同权利的转让无须经过债务人的同意。(2)通知主义。此种观点认为,债权

人转让其债权虽不必征得债务人的同意,但必须将债权转让的事实及时通知债务人,在债务人接到债权转让的通知以后,债权转让合同才对其发生效力,受让人也只有在收到债务人关于转让的通知后,才能享有受让的权利。法国、日本民法均采取这一立场。(3)债务人同意主义。此种观点认为,合同权利的让与必须经过债务人的同意才能生效。从性质上说,债务人同意是法律为保护债务人利益而设定的规则。如果债权人转让权利没有取得债务人同意,则权利转让对债务人不产生效力,债务人依照原合同规定仍然向债权人作出履行,债权人不得拒绝;作为受让方的第三人向债务人请求履行其债务,债务人有权予以拒绝。我国合同法采纳了通知主义。《合同法》第 80 条第 1 款规定:"债权人转让权利的,应当通知债务人。未经通知,该转让对债务人不发生效力。"这就是说,债权人转让权利时,只需将其转让权利的情况及时通知债务人,而不必征得债务人的同意。一旦通知到债务人,则权利的转让对债务人发生效力;未经通知,该转让对债务人不发生效力,债务人仍然可以向原债权人履行义务。通知主义的立法例要求债权人将权利让与的事实及时通知债务人,使债务人能够及时了解让与的事实,避免因债务人对债权转让毫不知情而遭受损害及各种损失,从而避免了自由主义立法例的弊端,注重对债务人的保护。同时,此种制度因对债权人自由处分其权利的行为未作出实质性限制,尊重了债权人处分其债权的自由,也有利于鼓励债权转让和促进流通、符合市场经济发展的需要。当然,为了克服通知主义的弊端,在解释上应该认为,对因转让债权给债务人增加的负担,或者给债务人造成其他不应有的损失,出让人和受让人应该承担责任。

关于通知的形式,《合同法》并没有作出限制,因此,口头形式与书面形式都应当允许。但原则上,书面合同的债权让与的通知应该采取书面形式。如果法律、行政法规有特别规定,则应当遵照其规定,如保险单、商业票据等债权的转让,应以背书方式进行。

债权人所作出转让权利的通知到达于债务人后,即告生效,债权人不得撤销该通知。否则,受让人取得权利后,因转让人随意撤销转让权利的通知将使已经转让的权利处于不稳定的状态。因此,《合同法》第 80 条第 2 款规定:"债权人转让权利的通知不得撤销,但经受让人同意的除外。"这就是说,如果受让人同意债权人撤销转让的通知,则权利的转让不发生效力,如受让人拒绝债权人的撤销行为,则权利的转让将发生效力。

4. 债权的转让必须符合法定的形式要件

法律、行政法规规定应当办理批准、登记等手续的,债权人在转让债权时应当办理相应手续(《合同法》第 87 条)。对于法律规定应由国家批准的合同,合同债权的转让也须经原批准机关批准。

**(三)合同权利转让的效力**

1. 合同权利转让的对内效力

所谓合同权利转让的对内效力,是指合同权利让与在转让双方即转让人(原债权人)和受让人(第三人)之间发生的法律效力。此种效力具体表现在:

(1) 合同权利由让与人转让给受让人。如果是全部转让,则受让人将作为新债权人而成为合同权利的主体,转让人将脱离原合同关系,由受让人取代其地位;如果是部分权利转让,则受让人加入合同关系,成为债权人。

(2) 转让合同权利时从属于主债权的从权利,如抵押权、利息债权、定金债权、违约金债权及损害赔偿请求权等,随主权利的转让而发生移转。值得注意的是,专属于债权人的权利,如合同解除权是否可以转移?一般认为,合同解除权关系到合同的存废,与原债权人不可分离,因而不随同债权转让而当然移转给受让人。《合同法》第 81 条明确规定:"债权人转让权利的,受让人取得与债权有关的从权利,但该从权利专属于债权人自身的除外。"

(3) 转让人应保证其转让的权利有效存在且不存在权利瑕疵。此种保证通常称为权利瑕疵担保。如果在权利转让以后,因权利存在瑕疵而给受让人造成损失的,转让人应当向受让人承担损害赔偿责任。当然,转让人在转让权利时,若明确告知受让人权利有瑕疵,则受让人无权要求赔偿。

(4) 转让人在某项权利转让给他人以后,不得就该项权利再行转让。如发生重复转让,一般认为,有偿让与的受让人应当优先于无偿让与的受让人取得权利;全部让与中的受让人应当优先于部分让与中的受让人取得权利;同时,按照"先来后到"的规则,先前的受让人应当优先于在后的受让人取得权利。

2. 合同权利转让的对外效力

所谓对外效力,是指合同权利转让对债务人所具有的法律效力。合同权利转让在对债务人生效以后产生如下效力:

(1) 债务人不得再向转让人即原债权人履行债务。如果债务人仍然向原债权人履行债务,则不构成合同的履行。如果债务人向原债权人履行,造成受让人损害,债务人应负损害赔偿的责任;同时因原债权人接受此种履行已构成不当得利,则受让人和债务人均可请求其返还。

(2) 债务人在合同权转让时就已经享有的对抗原债权人的抗辩权,并不因合同权利的转让而消灭。《合同法》第 82 条规定:"债务人接到债权转让通知后,债权人对让与人的抗辩,可以向受让人主张。"在合同权利转让之后,债务人对原债权人所享有的抗辩权仍然可以对抗受让人即新的债权人。这些抗辩权包括同时履行抗辩、时效完成的抗辩、债权业已消灭的抗辩、债权从未发生的抗辩、债权无效的抗辩等。只有保障债务人的抗辩权,才能维护债务人的应有利益。

(3) 债务人的抵销权。《合同法》第 83 条规定:"债务人接到债权转让通知时,债务人对让与人享有债权,并且债务人的债权先于转让的债权到期或者同时到期的,债务人可以向受让人主张抵销。"据此,当债务人接到债权转让通知时,债务人对让与人即原债权人也享有到期债权的,债务人也可以向受让人主张抵销。

### 三、债务承担(合同义务的转移)

#### (一) 债务承担的概念和法律特征

所谓债务承担,是指基于债权人、债务人与第三人之间达成的协议将债务移转给第三人承担。

债务承担与第三人代替债务人履行债务不同。这主要表现为:(1) 债务承担属于债务的转移;而第三人代替履行并没有发生债务的转移,第三人履行的债务仍是债务人的债务。(2) 债务承担时,承担人为新的债务人;而在第三人代替履行时,第三人并不是新的债务人,只是合同履行所涉及的第三人。(3) 债务承担的发生是基于债务人或债权人与第三人达成的转让协议,且在免责的债务承担,须征得债权人的同意;而第三人代替履行只是合同当事人约定的结果。(4) 债务承担中,承担人不履行债务时,债权人可以直接请求其履行债务和承担违约责任;而在第三人代替履行时,第三人不是合同的当事人而仅为履行主体,因而,第三人不履行债务时,债权人只能请求债务人履行债务或者承担违约责任。

**(二) 债务的全部移转**

1. 债务全部移转的概念和特征

债务的全部移转是指债权人或者债务人与第三人之间达成转让债务的协议,由第三人取代原债务人承担全部债务,又称为免责的债务承担。其特点在于:

(1) 债务的全部移转是新债务人对原债务人的全部债务的承担,它并不消灭原债务成立新债务。因此,新旧债务之间在内容上是相同的。在债务移转以后,从属于原债务的特定债务如利息等,也随同主债务而移转于承担人。

(2) 在债务全部移转的情况下,原债务人脱离原来的合同关系,新的债务人代替了其地位,由于原债务人不再履行债务,因此,学者通常将债务移转称为免责的债务承担。由于债务人的更替,合同的主体发生了变化,因此,在债务全部移转的情况下,原当事人间的合同关系消灭,产生了新债务人与债权人间的合同关系。

(3) 债务承担为无因行为。债务承担通常有其原因,但此种原因并非债务承担协议的一个组成部分,该原因纵然自始无效、撤销或解除,也不影响债务承担协议的效力。承担人也不得以原债务人未为履行承担债务的原因约定为理由对抗债权人。

债务承担的方法,有债权人与第三人订立协议和债务人与第三人订立协议两种。

2. 债权人与第三人之间的协议

债权人与第三人之间可以订立承担债务的协议。该协议一旦成立并生效,第三人作为承担人将取代原债务人,原债务人被免除其债务。当然,如果此种协议被宣告无效或被撤销,则第三人不负清偿债务的义务,而仍应由原债务人履行债务。

债权人与第三人订立的转让债务的协议是否要经过债务人的同意才能生效呢?对此有两种不同的观点:第一种观点认为,此种协议不必经过债务人同意就可生效,因为债权人与第三人订立承担债务的协议,"即证明债权人同意由第三人履行债务,此时债务承担协议即可生效,而且原债务人可因此免除债务,对其并无不利。因此,一般情况下原债务人不会反对。纵其反对,因第三人自愿代其履行债务,债权人也愿意接受,自无使债务承担协议归于无效的必要。"① 第二种观点认为,根据《民法通则》第 91 条的规定,不管是在债权人与第三人,还是债务人与第三人之间通过订立合同转让合同义务,都应当取得合同另一方当事人的同意,即债权人与第三人达成转让债务的协议应当取得债务人的同意才能生效。上述两种观点都有其合理成分,比较而言,我们赞成第一种观点,但为了保护债务人的利益,尽管此种协议可以不须经债务人同意就生效,但须及时通知债务人,而且如果债务人表示反对,该债务承担协议应无效。

3. 债务人与第三人之间的协议

债务人与第三人之间也可以订立转让债务的协议。此种协议一旦成立并生效,债务人将不再成为债的当事人,而由第三人代替其在债的关系中的地位。但债务人与第三人订立转让债务的协议,必须经过债权人的同意,否则债务的转让不能生效。

债务人与第三人之间达成的转让债务的协议,一经债权人的同意即发生效力。债权人

---

① 参见王家福主编:《中国民法学·民法债权》,法律出版社 1991 年版,第 82 页。

的同意可以采取明示或默示的方式。如果债权人未明确表示同意但已经将第三人作为其债务人并请求其履行,可以推定债权人已经同意债务的转让。如果债权人在债务人作出债务转让的通知以后,迟迟不作答复,且不能根据客观的情况推定其已经同意,则债务人可向债权人规定一个合理期限,要求其在此期限内作出答复。当然,如果债权人拒绝同意,则债务人与第三人之间订立的债务移转协议无效。

无论是债权人与第三人之间约定债务移转,还是债务人与第三人之间约定移转债务,债务的移转必须符合法定的形式要件。法律、行政法规规定应当办理批准、登记等手续的,应依法办理相关手续。

4. 债务移转的效力

债务移转将发生如下效力:

(1) 债务完全移转以后,新债务人将代替债务人的地位而成为当事人,债务人将不再作为债的一方当事人。如果新债务人不履行或不适当履行债务,债权人只能向新债务人而不能向原债务人请求履行债务或要求其承担违约责任。

(2) 债务移转后,新债务人可以主张原债务人对债权人的抗辩。我国《合同法》第 85 条规定:"债务人转移义务的,新债务人可以主张原债务人对债权人的抗辩。"新债务人享有的抗辩权包括同时履行抗辩权、合同撤销和无效的抗辩权、合同不成立的抗辩权、诉讼时效已过的抗辩权,等等。当然,这些抗辩事由必须是在债务承担时就已经存在的。不过专属于合同当事人的合同解除权和撤销权,非经原合同当事人的同意,不能移转给新的债务人享有。

(3) 债务转移后,新债务人应当承担与主债务有关的从债务。《合同法》第 86 条规定:"债务人转移义务的,新债务人应当承担与主债务有关的从债务,但该从债务专属于原债务人自身的除外。"第三人向债权人所提供的担保,在债务移转时,若担保人未明确表示继续承担担保责任,则担保责任将因债务移转而消灭。值得注意的是,债务转移后,专属于原债务人自身的从债务不得移转。

**(三) 债务的部分移转**

所谓债务的部分移转,是指原债务人并没有脱离债的关系,而第三人加入债的关系,并与债务人共同向同一债权人承担债务,又称为并存的债务承担。并存的债务承担中可以具有两种形式:一是由债权人与第三人之间特别约定,或由债权人、债务人和第三人之间共同约定,由第三人承担债务人的部分债务,或者说由债务人将部分债务移转给第三人承担。在第三人承担债务以后,实际上是债务人与第三人按照约定的份额承担债务,此种债务实际上是按份债务。二是由债权人与第三人或债务人与第三人,或债权人、债务人与第三人之间共同约定,由第三人加入债的关系,并与债务人成立连带关系,共同作为连带债务人,而对债权人负责。此种债务实际是一种连带债务。如果债务人和第三人之间约定,由第三人加入债的关系,成为债务人,此种合同在订立之后应取得债权人的同意,否则,第三人只能作为债务人的履行辅助人而不能作为债务人存在。

并存的债务承担实际上是就原债务而承担债务和责任。因此第三人所承担的债务,不得超出原债务的内容和范围。

**四、合同权利义务的概括移转**

《合同法》第 88 条规定:"当事人一方经对方同意,可以将自己在合同中的权利和义务一并转让给第三人。"这就是对合同权利和义务的概括移转的规定。所谓合同权利义务的概括移转,是指由原合同当事人一方将其债权债务一并移转给第三人,由第三人概括地继受这些债权债务。因此又叫合同承受。此种移转与权利转让和义务转让所不同之处在于,它不是单纯的移转债权或债务,而是概括地移转债权债务。由于移转的是全部债权债务,如与原债务人利益不可分离的解除权和撤销权,也将因为概括的权利和义务的移转而移转给第三人。① 合同权利和义务的概括移转必须符合法律规定的形式,法律、行政法规规定转让权利或者转让义务应当办理批准、登记手续的,应依照其规定。

合同权利义务的概括移转,可以依据当事人之间订立的合同而发生,也可以因为法律的规定而产生。

1. 约定的合同移转

约定的合同移转,是指一方当事人与第三人之间订立合同,并经原合同的另一方当事人同意,由第三人承担合同一方当事人在合同中的全部权利和义务。

合同权利义务概括移转必须具备以下要件:

(1) 有合法有效的合同存在。合同尚未成立或者合同目的已达到而消灭,合同移转因失去前提而不能成立;合同无效,依合同产生的权利义务视为自始未发生,因而也不能成立合同移转;合同可撤销,虽在被撤销之前可成立合同移转,但合同移转之后,原合同当事人的撤销权应当视为已经抛弃。

(2) 被移转的合同应为双务合同。由于合同权利义务的概括移转,将要出让整个权利义务,因此只有双务合同中的当事人一方才可以出让此种权利和义务。在单务合同中,由于一方当事人可能仅享有权利或仅承担义务,因此不能出让全部的权利义务,单务合同一般不发生合同权利义务概括移转的问题。

(3) 原合同当事人一方与第三人须就概括移转权利义务达成协议,且该协议应符合合同的有效要件。

(4) 必须经过原合同另一方当事人同意。因为概括移转权利义务,包括了义务的移转,所以必须取得合同另一方的同意。

根据《合同法》第89条的规定,在合同权利义务的概括移转时,要适用《合同法》关于债权转让和债务转移的规定。根据合同的性质不能转让的债权、根据当事人的约定和法律的规定不能转让的债权,不能转让。受让人在取得主债权的同时也取得了与主债权有关的从权利,但该从权利专属于债权人自身的除外。在合同权利转让之后,债务人对原债权人所享有的抗辩权,如同时履行抗辩、时效完成的抗辩、债权业已消灭的抗辩、债权从未发生的抗辩、债权无效的抗辩等仍然可以对抗受让人即新的债权人。

2. 法定的合同移转

法定的合同移转,是指基于法律规定,因某一事实的出现,原合同当事人一方的权利义务概括地移转于第三人。法定的合同移转,实践中最典型的就是因企业的合并或分立而发生的权利义务的概括移转。

企业合并引起的合同移转,是指两个以上的企业合并在一起成立一个新的企业,由新的企业承担原先的两个债权债务,或者一个企业被撤销之后,将其债权债务一并移转给另一个

———————
① 参见王家福主编:《中国民法学·民法债权》,法律出版社1991年版,第87页。

企业。企业的分立引起的合同移转,是指在撤销一个企业的基础上,成立一个或数个新的企业,被撤销企业的债权债务移转给新的企业承担。《民法通则》第 44 条第 2 款规定:"企业法人分立、合并,它的权利义务由变更后的法人享有和承担。"《合同法》第 90 条规定:"当事人订立合同后合并的,由合并后的法人或者其他组织行使合同权利,履行合同义务。当事人订立合同后分立的,除债权人和债务人另有约定的以外,由分立的法人或者其他组织对合同的权利和义务享有连带债权,承担连带债务。"

【思 考 题】

1. 合同变更与合同转让有何区别与联系?
2. 债权让与与物权让与有何不同之处?
3. 如何认识债权让与构成要件中的通知主义和同意主义?
4. 债务承担有几种形式? 各有何特点?
5. 简述法定的合同承受。

【法律应用】

1. 乙公司欠甲公司 30 万元,同时甲公司须在 2000 年 9 月 20 日清偿对乙公司的 20 万元货款。甲公司在同年 9 月 18 日与丙公司签订书面协议,转让其对乙公司的 30 万元债权。同年 9 月 24 日,乙公司接到甲公司关于转让债权的通知后,便主张 20 万元的抵销权。下列说法哪些是正确的?(2004 年司考题)

   A. 甲公司与丙公司之间的债权转让合同于 9 月 24 日生效
   B. 乙公司接到债权转让通知后,即负有向丙公司清偿 30 万元的义务
   C. 乙公司于 9 月 24 日取得 20 万元的抵销权
   D. 丙公司可以就 30 万元债务的清偿,要求甲公司和乙公司承担连带责任

2. 甲对乙享有 10 万元到期债权,乙对丙也享有 10 万元到期债权,三方书面约定,由丙直接向甲清偿。下列哪些说法是正确的?(2006 年司考题)

   A. 丙可以向甲主张其对乙享有的抗辩权  B. 丙可以向甲主张乙对甲享有的抗辩权
   C. 若丙不对甲清偿,甲可以要求乙清偿   D. 若乙对甲清偿,则构成代为清偿

3. 甲公司对乙公司享有 10 万元债权,乙公司对丙公司享有 20 万元债权。甲公司将其债权转让给丁公司并通知了乙公司,丙公司未经乙公司同意,将其债务转移给戊公司。如丁公司对戊公司提起代位权诉讼,戊公司下列哪一抗辩理由能够成立?(2011 年司考题)

   A. 甲公司转让债权未获乙公司同意
   B. 丙公司转移债务未经乙公司同意
   C. 乙公司已经要求戊公司偿还债务
   D. 乙公司、丙公司之间的债务纠纷有仲裁条款约束

4. 甲将其对乙享有的 10 万元货款债权转让给丙,丙再转让给丁,乙均不知情。乙将债务转让给戊,得到了甲的同意。丁要求乙履行债务,乙以其不知情为由抗辩。下列哪一表述是正确的?(2012 年司考题)

   A. 甲将债权转让给丙的行为无效
   B. 丙将债权转让给丁的行为无效

C. 乙将债务转让给戊的行为无效

D. 如乙清偿10万元债务,则享有对戊的求偿权

5. 甲公司与乙银行签订借款合同,约定借款期限自2010年3月25日起至2011年3月24日止。乙银行未向甲公司主张过债权,直至2013年4月15日,乙银行将该笔债权转让给丙公司并通知了甲公司。2013年5月16日,丁公司通过公开竞拍购买并接管了甲公司。下列哪一选项是正确的?(2013年司考题)

A. 因乙银行转让债权通知了甲公司,故甲公司不得对丙公司主张诉讼时效的抗辩

B. 甲公司债务的诉讼时效从2013年4月15日起中断

C. 丁公司债务的诉讼时效从2013年5月16日起中断

D. 丁公司有权向丙公司主张诉讼时效的抗辩

6. 债的法定移转指依法使债权债务由原债权债务人转移给新的债权债务人。下列哪些选项属于债的法定移转的情形?(2013年司考题)

A. 保险人对第三人的代位求偿权

B. 企业发生合并或者分立时对原债权债务的承担

C. 继承人在继承遗产范围内对被继承人生前债务的清偿

D. 根据买卖不破租赁规则,租赁物的受让人对原租赁合同的承受

【讨论案例】

甲、乙订立一份购买钢材的合同。合同中对货物的数量、货款支付时间和方式等作了约定。合同签订后,甲依照合同的约定向乙支付了全部货款。后因甲不再需要该批钢材,而丙又急需钢材,甲与丙即达成协议,由甲将该批钢材以原价并加货款利息转让给丙。甲与丙签订协议后,甲并未将此情形通知乙。乙按照合同约定的时间将钢材发运到甲,甲以该批钢材已经转让给丙为由不予收货,要求乙将钢材运交给丙。

请回答下列问题:(1)甲、丙之间的转让合同是否有效?为什么?(2)乙可否拒绝将该批钢材运交丙?为什么?

# 第七章 合同的终止

【学习指南】
重点在于把握合同终止的含义与效力,了解清偿、抵销、提存、债务免除、混同、合同解除的性质、成立条件;难点在于理解清偿抵充的方法、法定抵销的方法与效力、合同解除的效力。

【导入案例】
甲于10月4日向乙购买一批原料,当场提货并付款2.5万元。次日,甲因货物质量不合格,将这批原料退回乙,乙签收,但未退款。10月7日,甲向乙购买电器一批,价款2.8万元,提货时与乙约定2日内付款,2日期满,甲未付款,乙上门催收。甲认为前后债务相抵,只需支付3 000元,双方发生争议。通过本章的学习,试分析甲、乙的债务应当如何处理。

## 第一节 合同终止概述

### 一、合同终止的含义

合同的终止又称合同的消灭,是指当事人之间合同关系的结束和当事人债权债务的不复存在。

基于合同而产生的财产关系是最典型的动态财产关系,它与静态的财产归属关系的区别之一,即它不可能是永恒不变的,每一个合同都要经历从产生到消灭的过程,只是消灭的原因不同,以及由此导致的当事人订立合同所期待的利益能否实现的不同而已。关于合同的终止,大陆法系各国民法均有规定,但大多规定在债的消灭章节之中。合同之债在各种债中最为典型,各国民法中关于债的消灭的规定实际上是以合同之债为背景的,除了合同的解除是合同之债特有的消灭原因之外,其他各种原因均为各种债所共有,故在债的消灭章节中将合同之债,连同其他各种债的消灭一并加以规定。

合同的终止与合同的变更不同。合同的变更是指合同的内容、标的等要素的变更。在日本、法国民法上，合同变更还包括合同主体的变更。合同尽管某一个要素发生变化，但当事人之间的权利义务关系依然存在，即便是合同主体变更，相对于退出的当事人，合同的权利义务已不复存在，但不影响原合同关系的有效存在；而合同的终止是合同既存的权利义务关系归于消灭。这是我国合同法没有将合同的变更作为合同终止的情形之一，而对合同的变更另行作出规定的原因。

合同的终止与合同的撤销不同。合同的撤销是因为当事人在合同中的意思表示不真实，从而有撤销权的当事人行使撤销权使合同归于无效。合同撤销后，当事人之间不再存在合同权利义务关系，这一点与合同的终止无区别，但撤销合同的法律后果是使合同自始无效，当事人的财产状况恢复至订约前的状态；而合同的终止是在承认合同的始点的前提下决定合同的终点，当事人的财产状况不可能恢复到订约前的状态。因此，我国合同法对合同的终止与合同的撤销分别加以规定。

合同的终止还不同于合同的中止。合同的中止不是合同关系的结束，而是合同效力的暂时停止，待中止的事由消失后，当事人应当恢复义务的履行，否则以违约论处。例如，当事人因为享有不安抗辩权而有权中止自己义务的履行，但不影响合同当事人之间的权利义务的有效存在；合同的终止不是合同效力的暂时停止，而是永久的结束。

## 二、合同终止的效力

合同终止的原因虽然各异，但因合同终止而发生的法律后果却是相同的。

### （一）合同关系归于消灭

依据我国合同法规定的情况，合同关系消灭实际上有两种不同的情形：一是合同关系自合同终止时消灭。因清偿、提存、抵销、免除、混同等原因而使合同终止的，合同均自合同终止时消灭，终止之前所实施的一切有关行使权利和履行义务的行为均为有效的行为；二是合同关系自始消灭。非持续性义务履行合同的解除，当事人一经行使解除权，或解除的要件一经具备，合同即终止，合同消灭的效力可溯及至合同成立之时，当事人基于义务履行已经取得的财产应当原物返还，当事人的财产状况恢复至合同未履行状态。

自合同终止之日起，当事人不再享有任何合同约定的权利，也不负任何合同约定的义务。但合同终止未必免除所有义务，在一些情况下当事人仍负有义务，对方当事人享有相对应的权利：(1) 当事人应当承担法律规定的义务。依据诚实信用原则，合同法规定的保密、协助、通知、告知的义务不以合同有效存在为要件，无论合同是否成立、是否消灭，当事人均应履行，未履行此项义务而给对方当事人造成损失的，该当事人有权起诉要求损害赔偿。(2) 当事人应当对合同终止后的未尽事宜负有完满终结的义务。合同终止后，权利义务虽然终止，但仍有一些事务要了结。例如，因为清偿而终止合同的，债权人应当将证明债权债务关系存在的字据、欠条返还给债务人。(3) 当事人负有非合同规定的返还标的物的义务。合同解除的效力溯及合同成立之时的，合同终止后，当事人依据合同取得的财产应当返还，并对履行义务的给付行为所遭受的损失负有赔偿责任。

### （二）基于主合同发生的从权利义务消灭

合同终止后，基于主合同发生的债权担保及其他从属的权利义务也消灭。如担保物权、保证债权、利息债权等，于合同关系消灭时也随之当然消灭。

## 第二节 清 偿

### 一、清偿的概念和种类

清偿是指合同之债的债务人或第三人向债权人履行合同约定的给付义务,以使债权人的债权圆满实现的行为。在合同终止的原因中,清偿是最普遍、最正常的合同终止原因。其他原因都是在清偿不能、清偿有障碍或不必清偿的情况下,清偿的替代方式。

清偿可以依不同的根据作不同的划分,但具有实质意义上的划分有以下几种。

#### (一) 物的清偿和行为的清偿

根据给付标的的不同,清偿可分为物的清偿和行为的清偿。物的清偿以物为清偿标的,而行为的清偿则以行为为清偿标的。行为的清偿又因行为的状态不同,可以分为作为的清偿和不作为的清偿。

#### (二) 主动清偿和被动清偿

根据债务人主观心态的不同,清偿可分为主动清偿和被动清偿。债务人在合同约定的时间内,按照合同约定的内容自动履行债务的,为主动清偿;债务人未自动履行义务,法院依执行程序强制执行,或者通过法定程序实现担保物权而使债权人受偿的,为被动清偿。

#### (三) 债务人清偿和第三人清偿

根据清偿主体的不同,清偿可分为债务人清偿和第三人清偿。债务人清偿是债务人本人作为清偿人向债权人为给付行为;第三人清偿是有清偿资格的第三人代债务人为清偿行为。符合要求的第三人清偿,具有与债务人清偿一样的法律效力。

#### (四) 实际清偿与代物清偿

根据给付的标的是否以合同约定为标准,清偿可以分为实际清偿与代物清偿。实际清偿是严格按照合同约定的内容清偿债务;代物清偿是实际清偿不能或不便,经债权人同意以它种给付代替合同约定的给付,与实际清偿具有相同的债消灭的效力。

### 二、清偿的要件

清偿欲发生债消灭的后果,须清偿人于清偿期限内,按照合同约定的清偿标的及地点等,向享有受领权的清偿受领人为给付行为。缺少其中任何一个因素都不会发生清偿的后果,因此,清偿须具有以下五个方面的要件。

#### (一) 清偿人

实施给付行为,并由此发生债消灭后果之人,为清偿人。可以作为清偿人实施给付行为的人有以下几种:

##### 1. 债务人

债务人负有合同之债的给付义务,是当然的清偿人,不以当事人有特别约定为前提,也不以债务人有行为能力,并为清偿的意思表示为必要。即便是法院通过执行程序,令银行划拨债务人的存款给债权人,清偿人仍然是债务人而不是银行。由债务人本人作为清偿人是常态,其他人作为清偿人仅仅是特别情形下的例外适用。

### 2. 债务人的代理人

代理人依据法律规定或经债务人委托,以债务人的名义向债权人为给付行为,同债务人本人实施给付行为一样发生合同消灭的后果,而且不以给付行为为法律行为为限。只要法律未作相反规定、当事人未作相反约定,债的性质又不相悖,代理人均可以代理实施清偿。

### 3. 法定的清偿人

债务人破产或债务人死亡,虽然仍有财产可供清偿,但因其丧失主体资格,无法亲自为清偿,依据法律的规定,由破产清算组、遗产管理人为清偿行为。因债务清偿有争议的,债权人只能以破产清算组或遗产管理人为被告向法院起诉。破产清算组、遗产管理人以债务人的财产,非以本人的财产为清偿,但不是债务人的代理人,而是以自己的名义实施清偿行为的。

### 4. 第三人

第三人对债务人的债务向债权人为自愿清偿,一方面使债权人的债权得以满足;另一方面无损于债务人利益,可以发生与债务人自己清偿相同的法律后果。第三人与代理人不同,他以自己的名义,而非以债务人的名义清偿债务人的债务;第三人也不同于破产清算人和遗产管理人,他以自己的财产、自己的能力偿还债务人的债务。第三人清偿是第三人代债务人为清偿,故可称之代为清偿。

第三人代为清偿须具备如下要件:(1)债权人与债务人对代为清偿没有相反约定。如果代为清偿为债权人与债务人之约定所禁止,或者虽然债权人与债务人事先未对代为清偿作出特别约定,但第三人清偿时,债权人予以拒绝,则第三人清偿不生清偿的法律后果。但是,如果第三人与合同之债有利害关系,如第三人以自己的财产为债务人设定担保、第三人作为后顺位的抵押权人代债务人清偿顺位在先抵押权人的债权等,则债权人不得拒绝。(2)依债务的性质,第三人可以代为清偿。并非所有的合同之债均可以由第三人代为清偿,一些债务在性质上具有专属性,只能由债务人本人清偿的,不得由第三人代为清偿,即便第三人已为清偿行为,也不发生清偿的后果。根据债务的性质不得代为清偿的情形通常有:不作为债务、以债务人本人的特别技能为内容的债务、因债权人与债务人之间的特别信任关系所生的债务。①(3)代为清偿不违反法律的禁止性规定、不悖于社会公益。如果代为清偿违反其他法律的强行性规范,或者有损于社会公共利益或社会公德,则不发生清偿的后果。

第三人代为清偿发生如下法律效力:

(1)代为清偿对债权人的效力。代为清偿对债权人具有以下效力:第一,第三人代为清偿,债权人的债权归于消灭,不得再向债务人主张给付义务,第三人仅为一部清偿的,债仅在清偿的范围内消灭,对于未清偿的部分债权人仍有权向债务人请求清偿;第二,债权人负有对待给付义务的,应当向债务人为给付行为,不负有对待给付义务的,合同归于消灭;第三,债权人仍持有债权证书的,负返还债权证书给债务人的义务,未返还的,债务人有权请求返还;第四,债权人对第三人的清偿无正当理由不得拒绝受领清偿,否则,债务人可以主张受领迟延的责任。

(2)代为清偿对第三人的效力。代为清偿对第三人有以下效力:第一,第三人代为清偿

---

① 参见王利明、崔建远:《合同法新论·总则》(修订版),中国政法大学出版社2000年版,第547页。

后,在清偿的范围内对债务人享有求偿权,但第三人以赠与的意思代债务人为清偿的,不在此限。第二,第三人同时对债务人负有将代为清偿的事实及时通知给债务人的义务,以避免债务人再次清偿。第三人未尽通知义务,而给债务人造成损失的,应负损害赔偿责任。第三,第三人代为清偿后,享有代位权,得代债权人之位向债务人行使债权人应当享有的一切权利,如债权、优先权、抵押权乃至于诉权。第三人仅为部分清偿的,第三人的代位权不得损害债权人的利益,债权人对债务人所享有债权优先于第三人基于代位权而对债务人所享有的债权。关于第三人的代位权,我国现行法尚未规定。我们认为,第三人代为清偿后可以享有代位权,代债权人之位对债务人行使债权,但不应当代债权人向债务人承担义务,债权人对债务人负有的义务仍应当由债权人自己承担,包括债务人对债权人可主张的抗辩、可抵销的权利均应由债务人向债权人主张。否则,第三人代为清偿则与债权转移并无区别。

(3) 代为清偿对债务人的效力。代为清偿对债务人的效力有:第一,第三人代为清偿后,债务人对债权人的债务在第三人清偿的范围内消灭,债务人不负有向债权人为给付的义务。但债务人对债权人所享有的权利仍可以对债权人行使;第二,债务人对第三人负有给付义务,但第三人以赠与目的代为清偿的,债务人义务得以免除;第三,第三人代为清偿有损于债务人的利益的,债务人有权提出异议,第三人的清偿不发生债消灭的后果。

**(二) 清偿受领人**

清偿受领人是指有受领权得接受清偿利益的人。清偿人只有向清偿受领人所为之清偿,方发生清偿的后果,合同关系归于消灭。受领权通常基于债权而取得,或者基于法律的规定、法院的指定或债权人的授权而取得。清偿人向无受领权人为清偿的,只有在债权人承认或债权人收到利益的情况下,方可以成为有效的清偿。实务中,享有受领权,可以实施受领行为的清偿受领人主要有以下几种:

1. 债权人

债权人是债权主体,当然享有受领权,因此,清偿受领人通常是债权人。但在某些特别情况下,债权人不得为清偿受领人。例如,债权人的债权作为执行标的被法院强制执行给债权人的债权人,当债务人为清偿时,债权人不得作为清偿受领人;债权人破产并受破产宣告,对破产财产丧失管理权及处分权,不得为清偿受领人。

2. 债权人的代理人

债权人的代理人包括法定代理人和委托代理人,可以作为清偿受领人,接受清偿利益。

3. 受领证书持有人

受领证书是由债权人签名的证明持有人享有受领权的文书。债务人向受领权证书持有人为清偿行为,发生清偿的后果。但是,受领证书持有人未必一定享有受领权,如果持有人实际上没有受领权,从保护债权人的利益出发,清偿人的清偿行为应当是无效的。这样一来,善意而无过失的债务人将遭受损害。因此,德国民法、日本民法均将持有人视为有受领权人,债务人向该持有人所为之清偿为有效清偿。但债务人已知或因过失而不知持有人无受领权的,不在此限。①

---

① 参见《德国民法典》第379条、《日本民法典》第480条。

#### 4. 债权的占有人

债权占有人非债权人,但他以自己的意思占有债权并行使债权,使债务人足以相信其有受领权,债务人善意且无过失,向债权占有人所为之清偿是有效的清偿。①

#### 5. 第三人

享有受领权的第三人可以作为清偿受领人接受清偿,第三人无受领权,清偿人向第三人所为之清偿无效。但是清偿人向第三人为清偿后,债权人承认或债权人因而受益的,第三人可视为有受领权之人,清偿有效。②

### (三) 清偿标的

#### 1. 清偿标的的意义

清偿标的是指债务人清偿行为所指向的对象。清偿标的因合同的内容、性质的不同而有别,可以作清偿标的的有物、行为和权利等。清偿标的必须依据债的本旨确定,债的本旨要求清偿标的是财物的,则不允许以提供劳务为之清偿;债的本旨要求清偿标的是钱款的,则不允许以物为之清偿。否则,债的清偿无效。但是,债务人依据原定的清偿标的清偿不能或难以清偿,经与债权人协商一致,也可以代物清偿。

#### 2. 代物清偿的意义及要件

代物清偿是指清偿人以它种给付代替原定的给付而为清偿。例如,原定的给付为一匹马,因故不能给付马,以一头牛代为给付。代物清偿欲发生清偿的后果,须具备以下要件:

(1) 合同之债须有效存在。当事人之间存在一个有效的债权债务关系,并且债权人的债权等待债务人的清偿行为予以实现。至于清偿标的为何并未有严格要求,可以是劳务,也可以是财物。

(2) 现实给付与原定给付相异。现实给付的种类没有限制,可以是物的给付、行为的给付,也可以将对第三人的债权作为现实给付为之清偿,但必须与原定给付有别。如果以物权的设定或转移为代物清偿的,须经过登记,方发生代物清偿的效果。

(3) 有代物清偿的必要或需要。代物清偿通常是在债务人依据原定给付不能或有困难、债权人依据原定给付受领无意义或不必要,而经双方协商代物清偿的。例如,债务人依据合同应当向债权人给付钱款20万元,因无钱支付,以价值相当的房屋代为清偿。

(4) 须双方当事人就代物清偿意思表示一致。债权人没有接受代物清偿的义务,相反有权拒绝,且不因拒绝而承担受领迟延责任。因此,债权人与债务人间有代物清偿的合意对于代物清偿的成立至关重要。有权与债务人达成协议的人应为对债权有处分权的人,仅有受领权,而没有处分权的人接受代物清偿的意思表示,不生代物清偿的效力。当事人合意的内容包括:以何种给付代替原定给付、两种给付的价值不相当时如何予以折价等等。

### (四) 清偿期限

在清偿期限内,债务人为清偿,发生债消灭的后果,债权人不得拒绝,否则以受领迟延论。债务人提前清偿的,债权人有权决定是否接受清偿,拒绝接受清偿的,不发生清偿的后果。债务人迟延清偿,使债权人订立合同的目的不能实现的,债权人也有权拒绝受领清偿。所以,清偿的期限也是清偿成立的重要条件。清偿的期限,当事人有约定的,依当事人的约

---

① 参见《法国民法典》第1240条、《日本民法典》第478条。
② 参见《法国民法典》第1239条、《德国民法典》第362条、《日本民法典》第479条。

定,法律有特别规定的,依其规定;法律无特别规定、当事人无特别约定的,债务人可随时清偿,债权人也可以随时主张清偿。

**(五) 清偿地**

清偿地是清偿人履行债务的场所。债务人于清偿地清偿的,债权人不得拒绝,发生债清偿的后果。债务人于清偿地以外的地点清偿的,债权人可以接受,也可以拒绝;拒绝清偿的,不发生清偿的后果。

清偿地在当事人有特别约定或法律有特别规定时,依据当事人的约定或法律的特别规定确定。否则,可以依据债的性质或习惯确定。《合同法》第62条第3项规定:"履行地点不明确,给付货币的,在接受货币一方所在地履行;交付不动产的,在不动产所在地履行;其他标的,在履行义务一方所在地履行。"

## 三、清偿的抵充

清偿抵充是指同一债务人对同一债权人负有数宗债务,且债务的标的为同一种类,债务人的清偿能力不足以使数宗债务全部清偿时,由当事人或法律确定抵充何宗债务的一种制度。清偿抵充的效果,是抵充的债务归于消灭;未抵充的,仍然存在。

债务人所负有的数宗债务情形不一,有到期的,有没有到期的;有设定担保物权的,有未设定担保物权的;有有保证人担保的,无保证人担保的;有附条件的,也有未附条件的,等等。面对这样错综复杂的情况,债务人清偿哪一宗债务,不仅涉及债权人或债务人的利益,有时还涉及第三人的利益。

**(一) 清偿抵充的种类**

清偿抵充有约定的清偿抵充、指定的清偿抵充和法定的清偿抵充三种。

1. 约定的清偿抵充

当事人之间就债务人的清偿系抵充何宗债务有约定的,从其约定。此时即发生约定的清偿抵充。

2. 指定的清偿抵充

债务人对同一债权人负有多宗债务,清偿人享有抵充的指定权。指定权的性质应为形成权,清偿人一经将清偿抵充的意思表示向相对人为之,即发生清偿抵充的后果。指定权行使的时间为清偿人向清偿受领人为清偿时。清偿人于清偿时未提出清偿抵充的,清偿受领人在受领时可以提出清偿抵充,但清偿人有权提出异议,清偿人提出异议的,不发生清偿抵充的后果。①

3. 法定的清偿抵充

在当事人未就清偿抵充进行约定或于清偿人未为指定清偿抵充时,应当依据法律的规定确定债务清偿的抵充次序。此即为法定的清偿抵充。

依《关于合同法的解释(二)》第20条规定,债务人的给付不足以清偿其对同一债权人所负的数笔相同种类的全部债务,应当优先抵充已到期的债务;几项债务均到期的,优先抵充对债权人缺乏担保或担保数额最少的债务;担保数额相同的,优先抵充债务负担较重的债务;负担相同的,按照债务到期的先后顺序抵充;到期时间相同的,按比例抵充。

---

① 参见《日本民法典》第488条、《法国民法典》第1253—1255条、《德国民法典》第366条。

依《关于合同法的解释(二)》第21条的规定,债务人除主债务之外还应当支付利息和费用,当其给付不足以清偿全部债务时,并且当事人没有约定的,应当按照下列顺序抵充:(1) 实现债权的有关费用;(2) 利息;(3) 主债务。

### (二) 清偿抵充的要件

清偿抵充须具备一定的条件:

**1. 须债务人对同一债权人负有数宗债务**

债务人对同一债权人负有数宗债务是清偿抵充的首要条件。至于债务发生的时间、债务的履行期限等在所不问。

**2. 须数宗债务种类相同**

数宗债务的种类相同是指债务人给付的标的相同,至于债务形成的原因为何无关紧要。例如,债权人与债务人的第一宗债务基于借款合同而发生,债务人欠债权人10万元。第二宗债务基于药材买卖合同而发生,债权人先行给付债务人一批药材,债务人待药材售出后返还药材的价款,药材售出后债务人欠债权人药材款10万元。现债务人只有10万元,遂以现有10万元偿还了一宗债务。后来债务人以药材质量不合格,起诉请求债权人赔偿损失,债权人反诉要求债务人偿还10万元。此时,反诉能否成立,债权人是否就返还10万元之诉另行起诉,取决于债务人以10万元清偿的是哪宗债务。可见,只要债务的种类相同,而不论合同的内容是什么,也不论债务形成的原因有何区别,均发生清偿抵充。如果债务的种类不同的,以给付标的的不同即可以认定清偿的为何宗债务,而不必清偿抵充。例如,债务人欠债权人两宗债务,前者标的为钢筋5吨,后者标的为5万元款项,只要当事人没有提出代物清偿的,债务人给付了钢筋,意味着清偿了前宗债务。

**3. 债务人所为的清偿不足以清偿全部债务**

债务人虽负有数项同种类的债务,但清偿人提出的给付足以清偿全部债权的,如数宗借款共20万元,清偿人给付20万元,则不发生清偿抵充。只有在债务人所提出的给付不足以清偿全部债权时,如有数宗债务共20万元,清偿人给付10万元,此时才能产生清偿抵充。

## 第三节 抵 销

### 一、抵销的概念和意义

抵销是指债权人与债务人双方互相负基于不同的法律关系而产生的债务,各自以其债权充当其债务的清偿,以使双方的债务在等额的范围内消灭的法律制度。

抵销因为根据不同,可分为法定抵销和约定抵销。法定抵销是指具备法律规定的要件,依一方当事人的意思表示而为的抵销。法定抵销又有民法上的抵销和破产法上的抵销之分,具备民法规定的条件而成立的抵销为民法上的抵销,依据破产法上的规定而成立的抵销为破产法上的抵销。约定抵销是指依据当事人之间的协议而成立的抵销。法定抵销与约定抵销虽然成立的条件不同,但具有相同的法律效力,即在当事人双方债权额价值相等的范围内债权消灭,不相等的部分仍然有效存在,债权人有权要求债务人清偿。

抵销作为债消灭的方法，与其他债的消灭方法相比，具有其独有的法律意义。

### （一）减免债的清偿成本

债的清偿根据债的具体案情的不同会有不同的费用支出，债务人须支出的清偿费用，只有高低之别，而无有无之分。如果债务人没有自动清偿，债权人通过起诉获得清偿，则费用较之非讼清偿要大得多。抵销的特点是双方当事人无须为实际清偿即互为给付，只须为观念上的给付，就产生清偿的效果，所有因为清偿而支出的费用将全部免除。如果一方当事人起诉，另一方当事人主张诉讼中的抵销，两诉合并审理，还可以达到减少诉讼程序，降低诉讼成本的目的。

### （二）担保债权的实现

任何一个债权都有受偿不能的风险，即便是有担保物权或保证人担保的债权也难以逃脱这一风险，因为担保标的物随时可因意外的原因毁损、灭失、贬值，而保证人随时可能破产。唯有在双方当事人互相负有债务、互相享有债权的情况下，双方的债务因抵销而消灭的同时，双方享有的债权一定会因此而实现。在此意义上可以说，抵销是债权实现最好的担保。这一点，破产法上的抵销更有说服力。在债务人破产时，债权人对破产的债务人也负有债务的，双方所负的债务应当在破产清偿前抵销，债权人债权的受偿顺序不仅在一般债权人之前，还位于享有担保物权的债权人之前。

## 二、法定抵销

### （一）法定抵销的概念

法定抵销是指当事人双方互相负有给付义务，并具备法律规定的要件，依一方当事人的意思表示而发生的抵销。当事人得主张抵销的权利，称为抵销权，其性质为形成权。抵销权为双方当事人平等享有，任何一方均可行使。行使抵销权的一方当事人所享有的债权为主动债权或自动债权，相对方的债权为被动债权或受动债权。法定抵销与约定抵销的区别在于：在法定抵销，法律严格规定了抵销的成立要件，完全具备法律规定要件的，当事人一方可以主张抵销；而约定抵销无法律规定的条件限制，只要双方意思表示一致即可成立抵销，任何一方未经他方同意，不可单方主张抵销。

### （二）法定抵销的要件

关于法定抵销的要件，各国民法规定大致相同，主要有：

1. 双方当事人互相负有债务、互相享有债权

抵销是两个债务的抵销，两个债务的客观存在是抵销的前提条件。当事人互相享有的债务必须是基于合法有效的合同产生的，因此，合同关系不成立或无效便不会发生抵销的问题。基于可撤销合同产生的债权债务可否抵销？有学者认为，应区分不同的情况进行处理：引起主动债权的合同可撤销时，在撤销前合同有效，其债权为有效，故可抵销；嗣后如发生撤销，发生自始无效的效力，其抵销也成为无效；被动债权据以产生的合同可撤销时，如果撤销权人知其得为撤销仍为抵销，则可认定其放弃撤销权，抵销应为有效。如其不知得为撤销则在抵销后仍可行使撤销权，一经撤销，与自始无效同，其抵销即为无效。① 对此，我们有不同

---

① 参见王家福主编：《中国民法学·民法债权》，法律出版社1991年版，第203页；崔建远主编：《新合同法原理与案例评释》（上），吉林大学出版社1999年版，第448页。

的看法。我们认为,基于可撤销的合同发生的债权债务可否抵销不应以主动债权和受动债权不同为根据确定。抵销实际上就是合同义务"不为而为"的一种履行方式。因此,具有以下情形之一的,抵销有效:第一,当事人明知其享有合同的撤销权却不行使撤销权,而主张抵销的,视为对撤销权的放弃,抵销有效,合同权利义务消灭;第二,享有撤销权的一方当事人,在知道或应当知道撤销权事由之日起1年内没有行使撤销权,而主张抵销的,抵销有效;第三,享有撤销权的当事人知道或应当知道撤销权事由之日起1年内没有行使撤销权,或明知撤销事由,但在对方主张抵销时未作任何表示,抵销有效。在上述情形以外的其他情形下,如撤销权人不知,也不应当知道其有撤销权,而主张了抵销,或者对方主张抵销自己没有表示反对,因得知撤销权而行使撤销权的,撤销权行使有效,被撤销的合同自始无效,抵销因欠缺可作抵销的债务而无效。

2. 抵销标的物的种类、品质相同

法定抵销的特点是不允许当事人协商,一旦条件具备,经当事人主张即生效力。如果相互抵销的标的物种类与品质不相同,一经一方当事人主张抵销即达两债消灭的目的,实际上意味着所消灭的债权是两个在价值上完全不对等的债权,那么,对品质高、种类好的标的物有请求权的债权人便因此而遭受重大损失。因此,为了使债的消灭既经济简便,又不显失公平,抵销标的物的种类、品质相同便应当是一个非常重要的要件。

3. 两个债务均届清偿期

大陆法系各国民法无一例外地将两个债务清偿期届满作为法定抵销的要件,究其原因不外乎有三点:第一,清偿期对于债务人而言是一种时间上的利益,两个债务的清偿期很难同时届至。清偿期已经届至的债务,债务人所享有的时间利益已经丧失,清偿期尚未届至的债务,债务人仍然享有时间利益,这样的两个债务若因抵销而消灭,与标的物种类不同的两个债务抵销一样,对双方当事人是不公平的,故要求清偿期均已届至;第二,法国民法采当然抵销主义,抵销的效力是当然发生的,而无须当事人为意思表示,不存在意思表示一方当事人尽管其仍然享有时间利益,但放弃时间利益而自愿抵销的问题;第三,德国民法、日本民法以及我国台湾地区民法尽管采单方行为主义,需要当事人一方行使抵销权,但同时又规定抵销的效力非自抵销权行使时发生,而是溯及至双方债权适合于相互抵销处理的当时,这必须以两个债权均届清偿期为条件。对此,我国《合同法》第99条第1款也有同样的规定:"当事人互负到期债务,该债务的标的物种类、品质相同的,任何一方可以将自己的债务与对方的债务抵销。"

但是,我国有学者主张,在两个债务中,一个已届清偿期,一个未届清偿期的,已届清偿期债务的债务人不得主张其债务与对方清偿期尚未届至的债务抵销,而未届清偿期债务的债务人如果自动放弃时间利益而主张抵销,则法律不应当禁止。① 我们认为,这种观点不无道理。其他大陆法系国家对"均已届期"的要件规定得之所以严格,是当然抵销主义和抵销的溯及力使然,以示对双方当事人的公平。而我国与其他国家不同,我国采单方行为主义,这样就给予尚有期限利益的一方当事人为达债消灭之目的,而放弃自己的期限利益与对方已经丧失期限利益的债务相互抵销的机会。当事人在合法的范围内对自己的利益有处分的自由,法律不应予以禁止。因此,我们认为,《合同法》第99条第1款应有一个例外条款:"尚

---

 ① 参见崔建远主编:《新合同法原理与案例评释》(上),吉林大学出版社1999年版,第450页。

未到期债务的债务人主张抵销的,不在此限。"

4. 依据合同的性质和法律的规定得为抵销

依据合同的性质和法律的规定得为抵销的债务,才能抵销。一般地说,不得抵销的情况应当有:第一,约定向第三人为给付的债务人,不得以其债务与他方对自己的债务为抵销;第二,附期限或附条件的债权,在所附期限到来前或条件成就前不得抵销;第三,侵权行为产生的债务不可以抵销;第四,赡养费、抚养费、抚恤金、劳动报酬等债务与其他金钱之债相抵时,其他金钱之债的债权人不得主张抵销。此外,依《关于合同法的解释(二)》第23条规定,当事人约定不得抵销的债权,不得抵销。

### (三) 法定抵销的方法和效力

1. 法定抵销的方法

法定抵销作为债消灭的法定原因,被大陆法系民法普遍承认。但是,各国民法在法定抵销的发生方法上却有完全不同的规定,主要有两种方法。

(1) 当然抵销主义。当事人所负债务一经具备法律规定的条件,即当然发生抵销的后果,无须当事人行使抵销权。① 法国民法采当然抵销主义,在法国民法中无抵销权存在的意义。

(2) 抵销权行使主义。当事人互负债务,具备法律规定的要件的直接后果不是抵销的成立,而是当事人抵销权的成立。当事人只有依据法律规定的方法行使抵销权,为抵销的意思表示,方发生抵销的效力。德国民法、日本民法以及我国大陆合同法和我国台湾地区民法均采此主义,②尽管一些立法中并未直接使用抵销权的概念。

抵销权的性质是形成权,因此,第一,抵销权的行使只须一方当事人以意思表示为之,无须对方当事人为同意的表示,一方当事人一经将自己抵销的意思表示传达给对方,即发生法律关系消灭的后果。按照《合同法》的规定,抵销的意思须以通知的方式作成,通知到达对方时抵销生效。依《关于合同法的解释(二)》第24条规定,当事人对抵销虽有异议的,但在约定的异议期限届满后才提出异议并向法院起诉的,法院不予支持;当事人没有约定异议期间,在抵销通知到达之日起3个月以后才向法院起诉的,法院不予支持。第二,抵销权的行使不得附条件或附期限。若附有条件或附有期限,必然会失去当事人双方的平衡,未经对方当事人的同意,将会损害对方当事人的利益。

2. 法定抵销的效力

法定抵销一经成立,当事人双方所负债务在数额对等的范围内归于消灭,数额不对等的,超额部分仍然有效存在,债务人须继续偿还。被动债权若为多宗给付,不足以消灭全部主动债权的,应依据清偿充抵的相关规则为抵销的充抵。债务人有权要求债权人返还债权凭证或变更债权凭证。

## 三、合意抵销

### (一) 合意抵销的概念

合意抵销是指当事人双方互负债务,标的物的种类、品质无须相同,只要当事人意思表示一致即可成立的抵销。

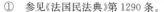

① 参见《法国民法典》第1290条。
② 参见《德国民法典》第388条第1项、《日本民法典》第506条第1款。

合意抵销是当事人依据自己的意志所决定的清偿方式,同时也是对自己的权利予以自由处分的表现。可以说,当事人追求简便、安全、快捷的债权的实现方式,通常要以放弃自己的权利为代价。例如,两个债务一个履行期届至,而另一个债务履行期未届至时,未到履行期的债务人放弃了自己享有期限利益;标的物种类、品质不同的,对种类好、品质高的标的物有请求权的当事人放弃了自己的应有利益;享有抗辩权、撤销权的当事人须放弃自己的抗辩权、撤销权,方可成就抵销;因时效届满而摆脱了法律强制力约束的债务人要重新受强制力的约束,等等。尽管如此,合意抵销仍为实务中当事人所乐道的债的清偿方式,原因就在于,这种安全而快捷的方式能带来巨大利益。

**(二)合意抵销的要件**

1. 须当事人双方互负债务

当事人双方互负债务是合意抵销的前提条件,《合同法》第100条对此有明确规定。至于双方所负债务是否均已届清偿期、标的物的种类或品质是否相同,乃至于债务是否时效届满、当事人是否享有抗辩权、两债务的性质如何等,均可在所不问。

2. 须当事人意思表示一致

合意抵销须当事人就抵销的内容达成协议,即以清偿债为目的订立抵销合同。抵销合同为诺成合同、不要式合同,一经当事人意思表示一致,抵销合同便有效成立;抵销合同又是双务合同和有偿合同,双方当事人均在合同中获得了自己的利益——债权实现,同时因为债权的实现而付出代价——免除对方的债务。

抵销合同虽然是无名合同,但应依合同法规定的程序订立,合同法多数规则对其均可予以适用。抵销合同成立并生效,债权债务消灭,抵销合同本身并不消灭,待抵销合同约定的全部义务履行完毕后,抵销合同方终止。但是,抵销合同除了两债完全相抵的内容外,无其他内容的规定的,合同的成立之时便是合同的终止之日。

3. 须不损害第三人的利益

合意抵销如果使第三人利益遭受损失的,则抵销不为有效,尽管当事人意思表示一致。例如,两个债务因标的物种类不同而导致价值不等,但当事人约定全额抵销,债权人一方因为抵销而使应当增加的利益没有增加,致使第三人对该当事人的债权无法实现,第三人对此抵销合同可以享有撤销权。

**(三)合意抵销的效力**

抵销合同生效,即生合意抵销的效力,当事人双方的债务在约定的范围内于抵销合同生效时起消灭;法律对当事人于抵销合同中附期限或附条件的约定未作禁止性规定,当事人对抵销附有期限或条件的,待期限到来或条件成就时发生抵销的效力。

# 第四节 提 存

## 一、提存的概念和意义

提存是指当事人将财产交付第三人而非对方当事人,再由对方当事人自第三人处领取,以达到预定目的的制度。提存涉及三方当事人:债务人(提存人)、债权人(提存受领人)和第三人。由此产生三种法律关系：债务人与第三人之间的法律关系、第三人与债权人之间的法律关系、债务人与债权人之间的法律关系。当事人提存的财产，称为提存物。

按照我国现行法的规定，提存制度有以清偿为目的的提存和以担保为目的的提存两种，简称清偿提存和担保提存。清偿提存是指债务人因为一定的原因无法或难以将债的标的物直接向债权人为给付，而将清偿的标的物交提存机关，以此达到债清偿目的的制度。在清偿提存中，第三人只能是国家所设机关，在我国主要是公证机关。清偿提存是我国合同法规定的债消灭的原因之一，是债务人对其债务依正常方法欲偿不能情况下而采用的一种变通方法。担保提存是指在债权人享有抵押权或质权等担保物权情况下，当事人因故须提前将担保标的变为价款或变为实物，当事人将此价款或实物交付双方约定的第三人，以此达到担保债务清偿的目的的制度。担保提存中的第三人没有限制，既可以是自然人，也可以是法人，还可以是公证机关。担保提存是担保的一种变通方式，为我国担保法所规定。担保提存又有抵押权担保提存和质权担保提存，质权担保提存又有动产质权担保提存和权利质权担保提存。本节所述提存为清偿提存，它是各国民法普遍承认的债消灭的制度。

债务人对其债务欲偿不能，其与债权人之间的权利义务关系应当终止而无法终止，由此带来的后果，不仅对于债务人，乃至于对整个社会都将是残酷的：债务人将陷于债务负担的阴影之中，既要尽注意义务妥善保管标的物，又难以摆脱标的物意外灭失风险的困扰，甚至还有可能承担迟延履行的违约责任；而债权债务关系未能因清偿而消灭，应当归债权人所有的财产仍在债务人的占有之下，对世人展示他拥有标的物的权利外观，权利义务关系不确定，导致的权利归属的不确定，从而为社会经济秩序的稳定和动态的交易安全埋下了难以根除的隐患。采提存方式达债消灭的目的，一方面可以使无过错的债务人摆脱债务缠身的烦恼，免于承担风险或者违约责任；另一方面，可以及早确认权利义务关系及权利归属的状态，排除不确定的隐患，从而使社会的交易生活和商品经济有一个祥和、安全、健康的生长和发展空间。

## 二、提存的要件

提存须具备以下条件：
### （一）须得为提存的人为提存
关于何人可以作为提存人，各国法律均没有专款规定，只是在相关条款中提到提存人。德国民法及我国合同法规定债务人为提存人，而日本民法及我国台湾地区民法规定清偿人得为提存。从各国的规定看，债务人为提存人是常态，无任何异议。而债务人之外的其他人可否作为提存人，各国民法有不同的规定。我们认为，清偿债务既然不限于债务人，第三人也可以作为清偿人，那么，提存也不应当予以限制，所以日本法上的"清偿人"较为严谨。
### （二）须向清偿地的提存机关为提存
提存是债清偿的一种特别方式，应当依据债清偿的规则为提存，只是标的物给付的对象不同而已，所以，提存应当在当事人约定或法律规定的清偿地的提存机关为提存；未在清偿地提存机关提存的，提存为无效。依《关于合同法的解释（二）》第25条规定，债务人将合同标的物或者标的物拍卖、变卖所得价款交付提存部门时，应当认定提存成立。

### (三) 须有提存的原因

根据《合同法》和《提存公证规则》的规定,提存的原因有:

1. 债权人拒绝受领或受领迟延

这一原因须具备三个要素方可构成:第一,债务人已为现实清偿;第二,债权人以语言或行为表示拒绝受领,或虽未表示拒绝受领,但未在约定的时间积极地受领标的物;第三,债权人拒绝受领或受领迟延无任何正当理由。如果因为债务人违约迟延履行或履行不合格,致使债权人订立合同的目的无法实现,债权人欲解除合同而拒绝受领的,债务人以拒绝受领为由提存,不生提存的效力。《合同法》第101条第1款第1项将债权人拒绝受领规定为提存的原因之一,而《提存公证规则》规定的提存原因还包括了债权人受领迟延的内容。

2. 债权人下落不明

债权人离开自己的住所地,不明去向,债务人失去与债权人联络的任何方式,又无委托代为受偿人或财产代管人,致使债务人直接向债权人清偿不能,债务人可以提存。债权人因下落不明已经被法院宣告失踪或宣告死亡的,债务人不得为提存,应当向债权人的继承人或人民法院指定的财产代管人为清偿。

3. 债权人死亡或丧失行为能力,未确定继承人或监护人

清偿须有清偿受领人,债权人死亡又未确定继承人,则欠缺清偿受领人,清偿无法成立;债权人丧失行为能力,尚未确定监护人的,会有损于债权人利益的可能,若债务人因此而中止清偿,将会承担标的物意外灭失的风险。因此,法律规定债务人可以提存,以消灭依正常的清偿程序无法消灭的债权债务关系。

4. 债权人不确定

合同是双方当事人订立的,并以双方的权利义务关系为内容,合同之债的权利主体与义务主体必须明确、清楚。但在清偿期届至时仍可能因为某种原因而导致债权人不确定的事实。例如,债权人与第三人就债权让与的问题发生争议,正在法院的诉讼过程之中,尚无法确定谁应当是债权人等等。此时,债务人可为提存。

5. 法律规定的其他情形

其他法律、法规有相关规定的,或者依据其他法律有可适用提存情形的,均可为提存。

### (四) 提存的标的须为合格

提存标的物合格须具备两个要素:第一,提存的标的应为合同约定的给付标的,否则,不生提存的效力。《提存公证规则》规定,提存机关要对提存标的物进行审查,发现提存标的与合同标的不符,提存机关应当告知提存人,提存受领人因此而拒绝领取提存物的,提存无效;第二,提存的标的须适于提存。适于提存的标的物包括:货币、有价证券、票据、权利证书、贵重物品等等。如果合同标的物不适合提存或提存费用过高,如合同的标的物为不动产、生鲜食品、易爆或易燃物等等,但依据案情又确有提存的必要的,债务人可以依法拍卖或变卖标的物,将所获价款为提存。

## 三、提存的效力

债务人为提存的,除向提存机关提交提存标的物外,还应当提交提存书和相关提存证据材料。提存书应当载明提存人的姓名、提存标的物的名称数量、债权人的姓名等自然情况。证据材料应当包括证明当事人之间债权债务关系的合同文书、提存原因方面的证据。如果

当事人的权利义务是由法院的判决书、仲裁机关的裁决书等认定的,则应提交该法律文书。提存机关接受提存人提交的标的物或相关材料后,要对提存人的提存是否具备提存的要件进行审查,具备要件的准予提存,发生提存的法律效力。

**(一) 对提存人的效力**

依《关于合同法的解释(二)》第25条规定,提存成立的,视为债务人在其提存范围内已经履行债务。因此,债务人一经提存,其所负债务因提存而消灭,并不再承担标的物灭失的风险责任。根据合同的性质债权人负有对待给付义务的,债务人可向提存机关约定以债权人对待给付或提供相应担保为条件将提存标的物向债权人为给付。如果提存机关未依约定的条件向债权人为给付而给债务人造成损失的,债务人有权要求提存机关赔偿损失。同时,债务人对债权人仍然享有对待给付请求权。

依《提存公证规则》第26条规定,提存人可以凭人民法院的判决、裁定或提存之债已经清偿的公证证明,取回提存物;提存受领人以书面形式向提存机关表示抛弃提存受领权的,提存人得取回提存物。提存人取回提存物的,视为未提存,所发生的提存费用由提存人承担。

**(二) 对债权人的效力**

1. 债权人对提存物取得领取请求权

债务人提存之后,债权人自提存之日起享有领取提存物的权利。对于领取请求权,债权人可以随时行使,但须受两个方面的限制:一是债权人对债务人负有对待给付义务,而且债务的清偿期已经届至,债权人没有履行义务,也没有提供相应的担保的,提存机关有权拒绝其领取提存物;二是提存物领取请求权应当自提存之日起5年内行使。未于此期间内行使的,提存物领取请求权归于消灭。

2. 债权人承担提存标的物意外毁损灭失的风险

债务人一经将标的物提存,标的物意外毁损、灭失的风险则由债权人承担,债务人的风险负担免除,仍对债权人享有对待给付请求权。此外,因不可归责于提存机关的原因发生的给付错误的风险,以及标的物贬值的风险,均应由债权人承担。

3. 债权人承担因提存而生的费用

提存是由债权人的原因引起的,所以因为提存而发生的费用理应由债权人负担。提存的费用主要包括:公证费、公告费、保管费、评估鉴定费、拍卖变卖费、保险费以及其他保管过程中实际支出的费用。①

4. 债权人享有提存标的物在提存期间所生之孳息

当事人权利义务相对等,令债权人承担费用和风险的同时,应当赋予债权人一定的利益。依《合同法》第103条规定,在提存期间内,标的物所生孳息归债权人所有。孳息主要是法定孳息,具体包括股息、存款的利息、提存机关代为领取的奖金等,当然亦不否认有天然孳息的存在。

**(三) 对提存机关的效力**

提存成立,提存机关对提存标的物享有管理的权利和义务。提存机关应尽恰当的注意义务妥善保管提存标的物,因过错而使标的物毁损、灭失的,应承担损害赔偿责任;提存标的

① 参见《提存公证规则》第25条第3款。

物为存单或有价证券,提存机关有权代为承兑,以不损失应得的孳息,对于兑现的钱款,提存机关不得挪用;债权人领取提存物,提存机关有权对债权人进行审查,经审查没有不得为给付情况的,提存机关不得拒绝给付。相反,如果债权人不合格、不符合提存人约定的给付条件,或债权人未提供相应担保等,提存机关有权拒绝给付,提存机关对不符合条件的给付未予以拒绝,并给提存人造成损失的,应当向提存人赔偿损失。

## 第五节 债务免除与混同

### 一、债务免除

#### (一) 债务免除的概念

债务免除也称债权抛弃,是指债权人自愿采用的以债务人不必清偿债务即达债消灭目的的一种终止合同的方法。清偿、抵销、提存等合同终止的方法均以债权受偿为根本原因,而债务免除则不同,债权未能受偿,合同便终止,这是债务免除最本质的特征。

债务免除是一种单方行为还是双方行为,是一个有争论的问题。德国民法、瑞士债法均规定为双方行为,其理由是:债务免除对债务人是一种恩赐,不应忽视债务人的意思,如果承认仅以债权人的单方行为即发生债消灭的后果,恰恰是对债务人意思的漠视,有害于债务人人格的独立性。① 日本民法采单方行为理论,《日本民法典》第519条规定:"债权人对债务人表示免除债务的意思时,其债务消灭。"我国合同法对此无明文规定,学者多主张债务免除应当是单方行为,其理由是:债务免除对债权人而言是债权的抛弃,是对自己债权所作的处分,而且债务人并未因此而受到损失,反而受益了。因此,债权人无须征得对方的同意。②

债权人实施使自己单方受损、对方单方受益的行为多基于一定的原因:同情对方的处境、欠对方的赌债、对方为自己办了依法不能办成的事情等等。其原因有合法、违法之分,也有有效、无效之别,但无论怎样,均对债务免除不产生任何影响。鉴于此,我国学者多认为,债务免除是无因行为。

#### (二) 债务免除的要件

1. 债权人须有行为能力

债务免除行为是处分行为,基于该处分行为,债权人单方受损,债务人单方受益,且不须债务人支付任何代价。这就要求债权人须以真实的意思表示为之,从而债权人必须具有行为能力,否则,应由其法定代理人代为免除的意思表示。由于债务免除不以债务人的同意或协助为必要,债务人是否具有行为能力则不是免除成立的必要条件。

2. 债权人须以一定的方式为免除的意思表示

我国合同法对免除的方式未有明文规定,其他国家民法亦如此。我国学者认为,免除为不要式行为,债权人向债务人以意思表示作出,即生免除的效力,无论意思表示以书面形式作出,还是口头方式作出,均不影响其效力。

---

① 参见王利明、崔建远:《合同法新论·总则》(修订版),中国政法大学出版社2000年版,第567页。
② 参见胡长清:《中国民法债编总论》,商务印书馆1934年版,第603页。

3. 不得损害第三人的利益

基于债的相对性,债务免除仅在双方当事人之间发生效力,但是,如果因为债务的免除而损害了第三人的利益,则免除不应当发生债消灭的后果。例如,因为债权人免除债务,债权人应当增加的财产没有增加,而使第三人对债权人的债权难以实现,经第三人行使撤销权,债务免除无效。债权人本人因为资不抵债被宣告破产,破产宣告前免除的债务,破产管理人享有撤销权,一经撤销,债务免除无效。

### (三) 债务免除的效力

债权人向债务人所作的债务免除的意思表示一经具备法律规定的要件,即发生债消灭的法律后果。债消灭的程度、样态取决于债权人的意思表示。

1. 全部免除与部分免除

依债权人的意思,债务免除有全部免除和部分免除之分。全部免除的,债务人的全部债务包括本金债务、利息债务全部消灭,同时基于主债务而产生的从债务和担保物权也随之消灭;部分免除的,仅于免除的范围内消灭。例如,仅免除利息债务的,利息债务消灭,不影响本金债务的履行。

2. 附期限免除和不附期限免除

债权人免除债务附以一定的期限的,待期限到来时,债务消灭;债务免除未附有期限的,意思表示一经作出,债务即归于消灭。

3. 附条件免除和不附条件免除

债权人免除债务附有一定条件的,待条件成就时,债务消灭;条件未能成就的,债务不消灭。债务免除未附有任何条件的,意思表示一经作出,债务即归于消灭。

## 二、混同

### (一) 混同的概念

混同是指债权债务同归于一人而使债权债务关系归于消灭的法律现象。债因混同而消灭,不同于因清偿而消灭,它不是逻辑的必然,法律之所以规定债之消灭,是因为在混同的现象发生时,债的存在与债的清偿均失去法律上的意义和必要。

混同的性质应为法律事实中的事件,无须当事人为任何行为,更无须当事人为债消灭的意思表示,只要有债权债务同归于一人的事实发生,且不悖于法律的规定,就达债消灭的后果。至于债权债务转移是否由法律行为的实施所致,则在所不问。

### (二) 混同成立的要件

混同欲发生债消灭的效力,须具备一定的要件。

1. 须有债权债务同归于一人的事实

债权债务同归于一人是因债权债务转移而发生。导致混同的债权债务转移有两种:一种是债权或债务的反向转移,即债权人的债权转移给债务人,或债务人的债务转移给债权人。例如,父子之间具有债权债务关系,父亲死亡,父亲的债权因继承而转移给儿子,或父亲的债务连同财产一同因继承转移给儿子,儿子既是债权人,又是债务人,债权债务关系因无存在的必要而归于消灭;另一种是债权债务的同向转移,即债权人的债权与债务人的债务同时向同一方向转移给同一承受人。例如,男女双方为债权人和债务人,在尚未消灭时,两人恋爱结婚,并约定:婚前两人的个人财产一经结婚即为夫妻共有财产;两个企业合并,合并前两者的关系为债权人与债务人之间的关系,合并后,分别由两个企业拥有的债权债务同时转移给新的合并后的企业,债权债务同归于一人,债归于消灭。

**2. 须不损害第三人的利益**

债因混同而消灭,通常与第三人无关,当债权是他人权利的标的时,债的消灭会损害第三人的利益。例如,债权人以其债权为第三人设立了质权,债因混同而消灭的,第三人的质权因标的丧失而随之消灭,第三人对其债务人所享有的债权因丧失了质权的担保将遭到难以实现的危险。于此情形下,合同债权不因混同而消灭。

### (三) 混同的效力

混同一经具备要件,发生债消灭的后果。债的消灭为全部消灭,主债权全部消灭,主债权之上的从债权、违约金债权、担保物权等也随之全部消灭,但债权若与保证债务混同的,保证债务归于消灭,主债务则仍然存在。另外,债的消灭为绝对消灭,合并后的企业可以再度分立,结婚的夫妻可离婚,但已经消灭的债权债务关系绝对不可以再度复原。

债虽因混同而全部、绝对消灭,但有例外:债权的存在如果有特别的经济意义的,债权债务虽同归于一人,债权仍然存在。例如,无记名债权、公司债等证券化的债权,由于可以作为独立的有价物交易,自然不因混同而消灭。①

## 第六节 合同解除

### 一、合同解除概述

#### (一) 合同解除的概念

合同解除是指在合同的有效存续期间内,因为客观情况的变化,或法律规定、当事人约定的情况发生,基于一方或双方当事人的意思表示,使尚未因清偿而终止的合同消灭的制度。

合同义务的清偿与合同权利的实现是当事人订立合同的预期目的,无论是债权人还是债务人,都会在给付清偿或接受清偿中受益。但是,在一些特殊的情况下,合同义务的清偿会给债权人带来不利和负担,或者给债务人带来巨大损失,合同解除就是为了避免这些不利因素而设置的制度。作为合同消灭的原因,合同解除的特点在于,债权债务关系的消灭不是权利义务实现的一种自然的逻辑结果,而是被人为的或法律的力量强行性消灭的。

#### (二) 合同解除的种类

**1. 单方解除与双方解除**

以合同解除主体的不同为根据,可以将合同解除分为单方解除和双方解除。当事人一方享有解除权,一经该方当事人行使解除权,即可发生合同解除后果的,为单方解除;当事人不享有解除权,当事人双方达成解除合同的合意,方发生解除合同后果的,为双方解除。单方解除是以解除权的行使终止一个完全有效的合同,而双方解除则是以一个新合同终止尚具效力的旧合同。

---

① 参见韩世远:《合同法总论》,法律出版社 2004 年版,第 675 页。

2. 法定解除与约定解除

以解除权的发生原因不同为根据,可将合同解除分为法定解除和约定解除。解除权如果基于法律规定的条件而发生的,为法定解除;解除权若基于当事人约定的条件而发生的,为约定解除。

3. 有溯及力的解除与无溯及力的解除

以合同解除是否有溯及力为根据,可以将合同解除分为有溯及力的解除和无溯及力的解除。合同解除的效力溯及至合同成立之时,合同自始不发生效力,当事人依据合同已经取得的财产应当原物返还的,为有溯及力的解除;合同自解除之时起消灭,即合同的权利义务向将来消灭,当事人依据合同已经取得的财产无须返还的,为无溯及力的解除。

(三) 解除与相关概念的区别

1. 解除与免除

解除与免除均为合同终止的原因,这种终止均属于非因债权人受偿而终止的范围。[①]而且单方解除与免除均只须一方当事人的意思表示,一经权利人将解除或免除的意思表示传达给相对方,而无须相对方的同意,即发生解除或免除的效力。但是,两者仍有以下区别:

(1) 对价性不同。合同解除具有对价性,双方当事人的义务均因解除而消灭,双方当事人均因解除而受益(负担被免除),并均因解除而受损(丧失合同的预期利益)。而免除则不具有对价性,仅一方当事人的义务被免除,债权人单方受损,债务人单方受益。

(2) 有因性不同。合同解除具有有因性,就单方解除而言,当事人的解除权行使必须具备法律规定的条件,或当事人以合法的程序及方式约定的条件,即合同解除的前因必须具有合法性和有效性;而免除则具有无因性,是一种无因行为,无论免除的前提原因是否合法有效均不影响免除的效力。

2. 解除与撤销

解除与撤销均为消灭合同的原因。如果合同解除是单方解除,并且解除的效力溯及之始,两者的共性则更加突出。当事人单方行使解除权或撤销权的结果均使合同消灭,合同会自始不发生效力。如果当事人依据合同履行了义务,则接受履行的一方应当原物返还。但是,两者仍然有如下区别:

(1) 合同本身的效力不同。合同解除是消灭一个完全有效的合同,而合同撤销是消灭一个效力不完全的合同。有鉴于此,我国合同法未将撤销作为合同权利义务终止的原因。

(2) 解除权与撤销权发生的原因不同。合同的解除权基于法律规定或当事人约定的条件而产生,而合同的撤销权只能依据法律的规定而产生。

(3) 法律后果不完全相同。解除包括有溯及力的解除和无溯及力的解除,而合同撤销均溯及订立合同之始,自始对当事人不发生任何效力。

(4) 解除权与撤销权行使的方式不同。在合同解除中,一方当事人解除合同的意思表示一经到达对方,即生解除之效力;而在合同撤销中,虽理论上认为撤销权属于形成权,但我国合同法规定,撤销权人应当向法院或仲裁机关请求撤销。

---

[①] 合同终止的原因实际上可分为两大类别:因债权人受偿而终止和非因债权人受偿而终止。清偿、抵销、提存属于前者,免除与解除属于后者,混同可因不同的解释归类于前者或后者。

## 二、合同解除的条件

合同解除的条件因法定解除和约定解除的不同而有所不同,即有法定解除条件和约定解除条件之分。但具备法定解除条件或约定的解除条件成就,并不当然发生合同解除的效力,须当事人行使解除权。因此,可以说,合同解除的条件实际上是解除权产生的条件。由于约定解除条件取决于当事人的约定,因此,这里只探讨法定解除条件。

法定解除的条件包括一般的法定解除条件和特殊的法定解除条件。一般的法定解除条件是《合同法》规定的普遍适用于各类合同解除的条件;特殊的法定解除条件是《合同法》或其他相关法律规定的适用于个别合同解除的条件。例如,《合同法》第203条规定:"借款人未按照约定的借款用途使用借贷的,贷款人可以停止发放贷款、提前收回贷款或者解除合同。"《合同法》第224条第2款规定:"承租人未经出租人同意转租的,出租人可以解除合同。"这些规定仅适用于借款合同、租赁合同,不能适用于其他类别的合同,属特殊的法定解除条件。关于特殊的法定解除条件,本书将在具体合同中分别论述,在此主要讨论一般的法定解除条件。

根据《合同法》第94条的规定,合同的一般法定解除条件包括如下几种。

### (一) 不可抗力

按照《合同法》第94条的规定,不可抗力是法定解除条件中最首要的一个条件。不可抗力是指不能预见、不能避免并不能克服的客观情况。不可抗力成为法定的解除条件,须满足两个要素:第一,须在合同的存续期间内发生不可抗力。在合同履行完毕之后发生的不可抗力,不可成为解除合同的条件;第二,不可抗力的发生致使合同的目的不能实现。这一要素应当包括因债务人履行能力丧失而使合同目的不能实现和债权人接受履行能力丧失而使合同目的不能实现两种情况。不可抗力的发生常常使债务人的履行能力一时丧失、部分丧失或全部丧失。一时丧失与部分丧失的,待债务人恢复履行能力后仍可以继续履行,或可就部分债务部分履行,尚可以实现或部分实现合同目的,此时,当事人不可以不可抗力为由行使解除权,部分履行的,只可以变更合同,而不可以解除合同。只有在履行能力全部丧失,合同的目的因履行不能而根本无法实现的情况下,方可行使解除权。债权人接受能力丧失包括接受不能或接受不必要。接受不能是指债权人本人在不可抗力中残疾或丧失行为能力,不能接受标的物;接受不必要是指不可抗力改变了债权人的处境,如债权人破产、债权人的厂房倒塌等,即便接受债务人的履行,也无法实现订约时债权人所期望达到的目的,此时债权人可以享有解除权。

不可抗力作为解除合同的条件是各国民法普遍承认的,但在解除是否当然发生上各国存在区别。德国民法、日本民法等采当然解除主义,即一经发生不可抗力使合同目的不能实现的情况,合同当然解除,无须当事人行使解除权。但按照我国《合同法》的规定,非经当事人行使解除权,合同不能解除。

### (二) 拒绝履行

《合同法》第94条第2项规定,"在履行期限届满之前,当事人一方明确表示或者以自己的行为表明不履行主要债务"的,债权人可以解除合同。拒绝履行作为合同解除的条件,须具备两个基本要素:第一,债务人具有履行能力而拒不履行合同义务。如果债务人因丧失履行能力而不履行的,为履行不能,而不是拒绝履行;第二,债务人没有合法的理由拒绝履行。如果债务人基于同时履行抗辩权、不安抗辩权而不履行合同义务的,不为拒绝履行。关于拒绝履行的时间,《合同法》规定为履行期限届满之前。履行期限已经届至,债务人拒绝履行,债权人可否解除合同?回答当然是肯定的。《合同法》之所以规定时间,目的不在于限制债权人的解除权,而在于表明债权人的解除权并不仅限于债务人的实际违约,即便是债务人先期违约,债权人仍可以解除合同,这实际上是赋予了债权人更强有力的解除权。债务人拒绝履行的方式,既可以是明示的,也可以是默示的。所以,拒绝履行的时间及方式的问题均不构成合同解除条件的要素。

### (三) 迟延履行

合同约定的履行期限已经届至,债务人能够履行而没有履行债务的,为迟延履行。迟延履行作为合同解除的条件,与拒绝履行一样,须债务人没有合法的正当理由。如果债务人具有合法的正当理由没有及时履行的,债权人不可以解除合同。但是,迟延履行作为解除条件,因为合同内容的不同而有不同的限制:

(1) 当事人双方严格规定了合同履行的期限,合同义务于该期限内履行是当事人订约目的的实现的必要条件。例如,因为婚礼而签订制作婚纱合同,因为葬礼而签订的送花圈合同等。此类合同债务人迟延履行的,构成根本违约,债权人无须催告债务人,可以直接向债务人通知解除合同,即债权人的解除权只须债务人迟延履行一个要素即可成立。

(2) 当事人双方尽管规定了合同的履行期限,但合同的履行期限主要是用来规范债务人的,对当事人订约目的的实现无关紧要。即便当事人在履行期限届满后的一定时间内履行义务,对合同目的的实现也不构成不利影响。此类合同债务人迟延履行主要债务的,债权人须催告债务人履行义务,并给予一个合理的时间予以履行。合理的时间内仍未履行的,债权人方可以解除合同。这就是说,于此类情形下,因迟延履行而解除合同的,须具备迟延履行、催告履行及合理的时间内仍未履行三个要素。欠缺任何一个要素,债权人的解除权均不成立。

### (四) 法律规定的其他情形

作为一般的法定解除条件,除上述情形之外,法律规定的其他情形主要有:

1. 其他违约行为致使合同目的不能实现的

《合同法》第94条规定的拒绝履行、迟延履行主要债务以外尚有诸多违约行为,包括履行不能、履行不适当、违反附随义务、受领迟延等等,只要这些违约行为达到致使合同目的不能实现的程度,均可以作为债权人解除合同的条件。

2. 债权人基于不安抗辩权而解除合同

不安抗辩权的功能主要是中止履行,以避免抗辩权人先行履行义务后遭受对方当事人履行不能的风险。在中止履行后,对方在合理期限内未恢复履行能力并且未提供适当担保的,中止履行的一方可以解除合同。

## 三、合同解除的程序

合同解除的程序因单方解除和双方解除之分而有不同。

### (一) 单方解除的程序

单方解除无须当事人双方意思表示一致,仅解除权人一方行使解除权便可使合同归于消灭。因此,单方解除的程序,实际上是解除权行使的程序。

解除权人以行使解除权消灭合同的,须按照合同法规定的步骤进行,否则,不生合同解除的效力。《合同法》第96条规定:"当事人一方依照本法第九十三条第二款、第九十四条的规定主张解除合同的,应当通知对方,合同自通知到达对方时解除。对方有异议的,可以请求人民法院或者仲裁机构确认解除合同的效力。""法律、行政法规规定解除合同应当办理批准、登记等手续的,依照其规定。"依此规定,单方解除合同的程序有以下情况:

1. 解除权人为解除的意思表示并通知对方

解除权为形成权,向对方当事人为解除的意思表示是解除权行使的重要方式,该意思表示以通知的方式到达对方时,即发生解除的后果。至于通知的形式,法律没有严格规定,既可以是口头的,也可以是书面的,但解除的意思表示必须在解除权行使的期限内为之。依《合同法》第95条规定,解除权行使的期限,法律有规定或当事人有约定的,适用法律规定或当事人的约定确定解除权的期限;法律没有规定或当事人没有约定的,对方当事人催告后的一个合理期限为解除权行使的期限。解除权人只有在期限内为解除的意思表示方发生解除合同的后果,未在解除权期限内解除合同的,解除权消灭。

2. 办理批准、登记手续

法律、行政法规规定解除合同应当办理批准、登记手续的,解除权人必须依照规定办理相关手续,才能发生解除合同的效果。但此程序也不是所有合同解除的必经程序,只在法律规定的范围内,才是必经程序。

3. 法院或仲裁机关裁判

解除权人所为的解除合同的意思表示到达对方当事人后,对方当事人有异议的,可以向法院起诉或向仲裁机构申请仲裁,经过人民法院或仲裁机构的审理认定解除权成立的,合同解除应当溯及至解除权人向对方当事人为解除的意思表示之时。自解除之时起至法院判决或仲裁裁决生效时止,因异议所生损失,由异议人负担。依《关于合同法的解释(二)》第24条规定,当事人对合同解除虽有异议,但在约定的异议期间届满后才提出异议并向法院起诉的,法院不予支持;当事人没有约定异议期间,在解除合同通知到达之日起3个月以后才向法院起诉的,法院不予支持。

**(二) 双方解除的程序**

当事人双方平等协商,自愿达成协议,解除原有合同的,为合同的双方解除。双方解除是当事人之间订立一个新合同,废止旧合同。因此,双方解除的程序实际上也就是合同订立的程序,包括订立合同的要约和承诺两个阶段,合同法对要约、承诺所作的规定均适用于双方解除,合同法对合同成立与生效的所有规定也均适用于双方解除。违反合同法的规定,双方当事人所作的解除合同的协议不生效力,不发生解除的后果。

双方解除合同的,原合同解除的时间取决于双方当事人的约定,当事人可以约定自新合同生效时起原合同解除,也可以约定于当事人商定的时间解除。但法律规定需要办理批准、登记手续的,于批准、登记手续完成时解除。

**四、合同解除的效力**

解除合同的效力是一个争议颇多的问题,在德国和日本大致形成直接效果说、间接效果说、折衷说和转换说等四种学说。直接效果说主张,合同因解除而溯及既往地消灭,尚未履行的债务因为消灭而免于履行,已经履行的债务发生返还请求权。间接效果说认为,合同本身并不因解除而归于消灭,只不过使合同的作用受到阻止。尚未履行的债务发生拒绝履行抗辩权,已经履行的债务发生新的返还债务。折衷说认为,尚未履行的债务,自解除之时起归于消灭,已经履行的债务并不因解除而消灭,而是发生新的返还债务。转换说主张,解除合同使原合同变形、转换为原状恢复债权关系。原合同上的未履行债务转换为原状恢复债权关系的既履行债务而归于消灭,原合同上的既履行债务转化为原状恢复债权关系的未履行债务,经过履行后始行消灭。① 上述四种学说,因是否主张解除合同的溯及效力可以分为两大派别:溯及力说和非溯及力说。

合同解除较之其他合同终止的原因要复杂得多,其他合同终止的原因一经成就,合同发生终止的效力,不存在恢复原状的问题。而合同解除,根据合同的性质或当事人要求常常有恢复原状的问题。这就使问题复杂化了:究竟合同解除有否溯及力、是否自始消灭? 如果自始消灭,合同因违约而解除的,行使解除权的同时可否依约行使违约金或赔偿金给付请求权? 解除合同作为违约责任的一种方式,请求赔偿损失时是请求信赖利益赔偿,还是履行利益赔偿? 中外学者均认为恢复原状是一个不可回避的问题,在承认恢复原状的前提下,又试图使随后发生的赔偿损失的性质范围、违约金及预定的赔偿金的认定等问题得到理性的,且能够自圆其说的解释,于是出现了上述争议的四种学说。溯及力说(直接效果说)中的一个主要观点便认为,解除合同时可以要求损害赔偿,赔偿限于信赖利益的损失范围内;②而非溯及力说主张,解除合同和赔偿损失可以并存,赔偿损失的范围为履行利益的损害赔偿,甚至预定的违约金和赔偿金均不因解除合同而受影响。③ 我国《合同法》第97条规定:"合同解除后,尚未履行的,终止履行;已经履行的,根据履行情况和合同性质,当事人可以要求恢复原状,采取其他补救措施,并有权要求赔偿损失。"有学者认为,我国《合同法》第97条并没有言及合同自始归于消灭,恢复原状和合同解除的溯及力之间并没有必然的联系,溯及力并非是恢复原状的逻辑起点,恢复原状并非只能建构在溯及力基础之上,因此主张合同的解除不具有溯及力,尚未履行的债务自解除之日起消灭,已经履行的债务并不消灭,而是发生新的返还债务。④ 我们认为,承认合同解除具有恢复原状的后果,又否认解除合同具有溯及力,绝对是一种费力不讨好的事情,实际上也很难自圆其说。符合我国合同法立法精神的解释应当是:合同解除,合同之债归于消灭;是否溯及地消灭,取决于合同的性质和当事人的履行情况。

**(一) 有溯及效力时合同解除的法律后果**

1. 债权债务关系自始消灭

合同一经解除,合同关系溯及既往地归于消灭。这是合同解除有溯及效力时首先发生的法律后果,恢复原状、赔偿损失等后果均以此为逻辑起点。根据合同的性质,因合同解除而溯及之始消灭的,主要是非继续性合同。非继续性合同,是指一次性给付即可以完成清偿义务的合同。在约定解除合同场合,合同解除是否具有溯及力取决于当事人约定;在法定解除合同场合,当事人确有违约行为发生,并使守约方当事人订约目的不能实现的,解除合同

---

① 参见崔建远主编:《合同法》(第六版),法律出版社2016年版,第203—204页。
② 参见柚木馨:《债权各论(契约总论)》,青林书院1956年版,第320页以下。
③ 参见水本浩:《契约法》,有斐阁1995年版,第107页;Peter Schlechtriem:《国际统一货物买卖法》(内田贵、曾野裕夫译),商事法务研究会1997年版,第154页。转引自韩世远:《合同法总论》,法律出版社2004年版,第619页。
④ 参见韩世远:《合同法总论》,法律出版社2004年版,第620页。

应当具有溯及力。因不可抗力不能实现合同目的而解除合同的,是否具有溯及力?这是一个值得讨论的问题。有学者认为,"原则上可无溯及力,但如此会造成不公平的后果时,则宜有溯及力"。① 我们认为,以公平与否作为根据决定"可无溯及力"和"宜有溯及力"是没有道理的。以科研设备买卖为例,甲将一套科研设备以10万元的价钱卖给乙,乙先行支付价金5万,待卖方交付设备后再交付5万。此时不可抗力发生,设备毁损,致使乙订立合同的目的不能实现,遂主张解除合同。在本案中,解除合同的溯及力,不是"可无"与"宜有"的问题,而是当然具有溯及力。根据我国合同法的规定,在设备交付之前,意外灭失的风险由卖方承担,如果无溯及力,合同解除的效力是当事人的债权债务向将来消灭,那就意味着,意外灭失的风险由卖方转嫁给了买方,结果与合同法规定相悖。因此,无论在法律上,还是在理论上,因不可抗力而解除合同的,具有溯及力,这绝非因为保证公平,即便是买方尚未支付价金,没有不公平的因素存在,也没有必要认为无溯及力,否则,会人为地造成理论上的混乱。

2. 恢复原状

合同因解除而溯及既往地归于消灭,当事人依据合同而取得的财产应当原物返还;原物不在,应折价返还,以使当事人的财产状况恢复至原来的状态。恢复原状是合同解除溯及效力的直接后果和重要标志,合同解除不具有溯及力的,不存在恢复原状的问题。但是,合同解除具有溯及力,并不一定导致恢复原状,恢复原状尚须受制于另一重要因素,即一方当事人或双方当事人基于合同已经为部分或全部履行。因为,恢复原状仅指双方基于合同取得财产的原物返还,而不是观念上的恢复原状,或更广泛意义上的恢复原状。

恢复原状的效力赋予了为给付义务一方当事人的返还请求权。返还请求权的性质应依据不同情况作不同的认定。第一,返还物为特定物的,返还请求权的性质为物权请求权——所有物返还请求权。原因在于,我国现行法不承认物权行为独立性与无因性,合同自始消灭后,所有权转移的原因不存在,转移行为无效,所有权为请求权人享有,故为所有权返还请求权。当这种请求权与其他债权请求权并存时,具有优先于债权请求权的效力;第二,返还物为货币的,请求权的性质为债权请求权。因为货币作为一般等价物,其特点在于一旦丧失占有,便丧失所有权,而无论丧失占有的原因如何;第三,返还物因为可归责于当事人的原因毁损灭失,或者被第三人善意取得,当事人须折价返还的,请求权的性质为债权请求权;第四,返还物为货币以外的其他种类物,但该种类物是独立存在的,未与其他种类物混同,请求权的性质也应当为物权请求权。例如,一方给付对方10袋特有品牌的大米,未经开封,存放在仓库里,未与其他大米混同,请求权为返还原物请求权。

3. 赔偿损失

《合同法》第97条规定,解除合同的,当事人有权要求赔偿损失。但是,合同法对赔偿损失的范围没有明文规定。对此,学界有三种不同的观点:第一种观点主张赔偿履行利益损失。此种观点认为,一方违约给对方造成损失,构成赔偿责任,该责任不应因为解除合同而不复存在。赔偿的范围包括直接损失和间接损失;第二种观点主张赔偿损失的范围限于当事人返还标的物所支付的费用;第三种观点主张赔偿信赖利益的损失。

在赔偿信赖利益还是赔偿履行利益上主要有以下两种观点。

一种观点认为,应当赔偿的为信赖利益而不是履行利益,因为履行利益的损害赔偿无法

---

① 参见崔建远主编:《合同法》(第六版),法律出版社2016年版,第204页。

避免两个矛盾点：第一，合同因解除自始无效，视为合同不成立。而履行利益的损失赔偿以合同的有效存在为前提，对于一个不成立的合同，令当事人承担履行利益的损失赔偿，这是一个无法解开的矛盾；第二，合同解除溯及之始消灭的后果是恢复原状，即相当于合同未曾履行，而履行利益损失赔偿的目的是使合同达到圆满履行的状态，一方面要求当事人将财产恢复到未履行的状态；另一方面又使当事人处于圆满履行的境地——自相矛盾。履行利益损害赔偿所导致的两个矛盾，信赖利益的损害赔偿完全可以化解。这似乎又有一个问题：一方当事人违约，使对方无法实现合同目的而解除合同，相当于违约方由此摆脱了履行利益损害赔偿的违约责任，岂不便宜了违约方？实则不然，一方违约，守约方可以采用的法律上的救济措施有解除合同、赔偿损失（履行利益损失）等。守约方可以在若干违约责任当中作最有利于自己的选择，既然守约方选择了解除合同，而没有选择赔偿损失，这是其对赔偿损失请求权的放弃，放弃的结果是更有利于自己，而不是有利于违约方。因为，解除合同对解除权人的一个最大的意义在于，他自己由此而摆脱了合同的束缚。可以说，解除合同和赔偿损失这两种违约责任在后果上的本质区别无非是，当事人所追求的是信赖利益的损害赔偿还是履行利益的损害赔偿。赔偿信赖利益损失与恢复原状一样都是合同解除溯及效力的结果，但是，信赖利益的损害赔偿也不是绝对的，应视情况不同而定。约定解除合同的，一方当事人是否承担信赖利益的损害赔偿，取决于当事人的约定；因违约解除合同的，当事人应当承担信赖利益损失的赔偿责任；因不可抗力而解除合同的，免于赔偿责任。但是，一方当事人迟延履行期间遭遇不可抗力，致使合同目的不能实现的，不免除其赔偿责任。

另一种观点认为，应当赔偿的为履行利益。因为合同解除不同于合同被撤销，在合同被撤销或无效的情形下，有过错的一方应当赔偿信赖利益。而在合同解除有溯及力的情形下，尽管当事人也要恢复到合同成立前的状态，但这不是因为一方有缔约上的过错发生的，而是因为一方根本违约发生的，而违约赔偿原则上不以当事人有过错为必要。因一方根本违约解除合同的，一方的违约在先，其因违约发生的赔偿责任即对履行利益的赔偿不应因合同解除而消灭。另外，合同的解除是否有溯及力决定于合同的性质和当事人的要求，但在违约方应承担的赔偿责任性质上应是一样的，在合同解除无溯及力的情形下，违约方应承担的赔偿责任为赔偿履行利益并无疑问，在解除有溯及力时的赔偿也应为履行利益的赔偿。

**（二）无溯及效力时合同解除的法律后果**

1. 债权债务关系自解除之时起消灭

合同解除无溯及力，是指合同解除仅仅使合同关系向将来消灭。继续性合同被解除时，只要当事人没有相反的约定，合同均自解除之日起消灭。合同的义务是若干多次连续性给付构成，或者合同的义务虽为一次性给付，但权利义务状态须保持相当长一段时间的，为继续性合同。例如，租赁合同、保管合同等，标的物及租金、保管费均为一次性给付，但合同权利义务须存续相当长的时间；供电合同、供水合同、代理销售合同、连续交易的买卖合同等等均为多次给付的继续性合同。继续性合同解除，无溯及力是原则，但也有例外。根据案情，应当具有溯及力的，合同也应因解除自始消灭。例如，分期给付的买卖合同，虽然出卖人为多次给付，但多次给付之和构成一个不可分的标的物，因为出卖方违约，致使合同目的不能实现的，解除合同应当溯及之始消灭。

2. 返还给付

合同自解除之时起消灭，解除前的给付具有合法的根据，当事人无须恢复原状。如果当事人一方或双方已经履行了合同要求的全部给付义务,因为合同解除,使一部分给付丧失了合法的根据,接受了全部给付的一方当事人于解除合同时须将多余部分返还给对方,这是无溯及力时,合同解除的效力。因此,解除合同无溯及力的,当事人也需要返还给付,但返还给付不同于有溯及力场合的恢复原状。前者将财产状况恢复至解除合同之时,而后者将财产恢复至履行合同之前的状态;前者要求当事人一方或双方已经履行全部给付义务,而后者只要一方或双方为给付,而无论给付的多寡均构成恢复原状。例如,租赁合同,租期2年,承租人交付了2年的全部租金,租期进行到1年时,合同解除,出租人须将已经接受的另一年的租金返还给承租方,以将当事人的财产状况恢复至解约时的状态。但是,返还给付时当事人返还请求权的性质则与恢复原状时返还请求权的不同。

3. 赔偿损失

合同自解除之时起消灭,解除之前合同仍然有效。解除之前,一方当事人有违约行为的,因违约而给对方当事人造成损失,违约方的损害赔偿责任不因合同的解除而受影响,违约方应当向守约方赔偿履行利益损失。

上述解除合同的效力为单方解除合同所具有的效力。双方协议解除合同,因为当事人是通过协商的办法消灭原合同,因此解除合同之后,是否发生合同终止以外的诸如恢复原状、赔偿损失的法律效力,则完全取决于当事人协商的结果。当事人在新的协议中对此类问题没有约定的,即不应当有恢复原状的问题,尤其是不应当有赔偿损失的问题。因为双方协议解除,很难认定哪一方对合同的解除负有责任。如果因为当事人违约而双方协议解除的,双方未约定赔偿责任,也不应当责令违约方承担赔偿责任。因为违约情况下无须协议,解除权人行使解除权即发生解除的效力,双方之所以协议解除,是因为协商的内容不同于解除权行使的结果,否则,没有必要协商解除。因此,当事人未约定赔偿责任,应认定为守约方当事人放弃了追究对方赔偿损失责任的请求权。

【思考题】

1. 合同终止具有哪些效力?
2. 探讨清偿的法律性质有何法律意义?
3. 清偿抵充的法律意义是什么,须具备哪些成立条件?
4. 如何理解抵销的担保功能?
5. 法定抵销的条件和效力如何?
6. 试述提存的要件和效力。
7. 合同法定解除的条件有哪些?
8. 合同解除时发生何种法律效果?
9. 免除是双方行为或单方行为性质的认定,它在法律上有何意义?

【法律应用】

1. 甲与乙签订销售空调100台的合同,但当甲向乙交付时,乙以空调市场疲软为由,拒绝受领,要求甲返还货款。下列说法哪些是正确的?(2003年司考题)

A. 甲可以向有关部门提存这批空调
B. 空调在向当地公证机关提存后,因遇火灾,烧毁5台,其损失应由甲承担

C. 提存费用应由乙支付
D. 若自提存之日起5年内乙不领取空调,则归甲所有

2. 甲装修公司欠乙建材商场货款5万元,乙商场需付甲公司装修费2万元。现甲公司欠款已到期,乙商场欠费已过诉讼时效,甲公司欲以装修费充抵货款。下列哪一种说法是正确的?(2005年司考题)

A. 甲公司有权主张抵销
B. 甲公司主张抵销,须经乙商场同意
C. 双方债务性质不同,不得抵销
D. 乙商场债务已过诉讼时效,不得抵销

3. 下列关于合同解除的哪些说法是正确的?(2006年司考题)

A. 委托人或者受托人都可以随时解除委托合同
B. 不定期租赁合同的双方当事人可以随时解除合同
C. 承揽合同中的定作人可以随时解除合同
D. 在承运人将货物交付收货人之前,托运人可以解除运输合同

4. 王某因多年未育前往某医院就医,经医院介绍A和B两种人工辅助生育技术后,王某选定了A技术并交纳了相应的费用,但医院实际按照B技术进行治疗。后治疗失败,王某要求医院返还全部医疗费用。下列哪一选项是正确的?(2007年司考题)

A. 医院应当返还所收取的全部医疗费
B. 医院应当返还所收取的医疗费,但可以扣除B技术的收费额
C. 王某无权请求医院返还医疗费或赔偿损失
D. 王某无权请求医院返还医疗费,但是有权请求医院赔偿损失

5. 关于合同解除的表述,下列哪一选项是正确的?(2009年司考题)

A. 赠与合同的赠与人享有任意解除权
B. 承揽合同的承揽人享有任意解除权
C. 没有约定保管期间保管合同的保管人享有任意解除权
D. 居间合同的居间人享有任意解除权

6. 甲公司与乙公司签订并购协议:"甲公司以1亿元收购乙公司在丙公司中51%的股权。若股权过户后,甲公司未支付收购款,则乙公司有权解除并购协议。"后乙公司依约履行,甲公司却分文未付。乙公司向甲公司发送一份经过公证的《通知》:"鉴于你公司严重违约,建议双方终止协议,贵方向我方支付违约金;或者由贵方提出解决方案。"3日后,乙公司又向甲公司发送《通报》:"鉴于你公司严重违约,我方现终止协议,要求你方依约支付违约金。"下列哪一选项是正确的?(2011年司考题)

A. 《通知》送达后,并购协议解除
B. 《通报》送达后,并购协议解除
C. 甲公司对乙公司解除并购协议的权利不得提出异议
D. 乙公司不能既要求终止协议,又要求甲公司支付违约金

7. 乙在甲提存机构办好提存手续并通知债权人丙后,将2台专业相机、2台天文望远镜交甲提存。后乙另行向丙履行了提存之债,要求取回提存物。但甲机构工作人员在检修自来水管道时因操作不当引起大水,致乙交存的物品严重毁损。下列哪一选项是错误的?(2012年司考题)

A. 甲机构构成违约行为
B. 甲机构应承担赔偿责任

C. 乙有权主张赔偿财产损失　　　　D. 丙有权主张赔偿财产损失

8. 胡某于2006年3月10日向李某借款100万元,期限3年。2009年3月30日,双方商议再借100万元,期限3年。两笔借款均先后由王某保证,未约定保证方式和保证期间。李某未向胡某和王某催讨。胡某仅于2010年2月归还借款100万元。关于胡某归还的100万元,下列哪一表述是正确的?(2014年司考题)

A. 因2006年的借款已到期,故归还的是该笔借款

B. 因2006年的借款无担保,故归还的是该笔借款

C. 因2006年和2009年的借款数额相同,故按比例归还该两笔借款

D. 因2006年和2009年的借款均有担保,故按比例归还该两笔借款

**【讨论案例】**

1. 某出版社发行新版《金庸全集》,甲购得一套。乙在甲处看到此书,感觉不错,但若自己前去购买,又嫌麻烦,便与甲协商转让事宜。2007年4月1日,甲、乙签订合同,约定乙支付甲600元,而甲须于2007年4月6日前,交予乙一套《金庸全集》,除此之外无特别约定。当时乙便将600元交给了甲,甲便打算到时将其所购买的《金庸全集》交给乙即可。2007年4月2日,甲家因遭雷击引发火灾,致使置于书架之上的《金庸全集》被火烧毁。

请回答下列问题:(1)《金庸全集》被火烧毁之后,甲、乙之间的合同效力如何?为什么?(2)《金庸全集》被火烧毁之后,甲或乙能否单方解除合同?为什么?(3)如果甲与乙当初在合同中明确约定,甲应将其所购买的那一套《金庸全集》交付给乙。那么在《金庸全集》被火烧毁之后,甲或乙能否单方解除合同?为什么?

2. 甲将房屋出租给乙,每年租金2万元。乙租赁房屋之后,开了一家商店,甲经常在乙处赊账。第一年过后,乙欠甲租金2万元,而甲欠乙货款1万元。双方均未清偿。

请回答下列问题:(1)甲能否向乙主张抵销?为什么?(2)甲见乙资金周转不灵,一时也不能支付租金,便向乙称:"再过六十天,如果你的商店还办得下去的话,咱们之间的债便抵销1万元。"甲的抵销行为是否合法?为什么?(3)如果甲出了车祸,之后神志不清,被宣告为限制民事行为能力人,其能否向乙主张抵销?为什么?

# 第八章 违约责任

【学习指南】
重点在于把握违约责任的构成要件、免责事由、具体违约形态、承担违约责任的形式;难点在于理解违约责任形式之间的适用关系、违约责任与侵权责任竞合的处理。

【导入案例】
2014年5月10日,甲食品厂与乙养鸡场签订了鸡蛋购销合同。双方约定:甲向乙购买鲜鸡蛋4 000公斤,每公斤3.5元,货到付款,乙应在5月底之前将货物送至甲。5月27日,乙按约定将4 000公斤鲜鸡蛋运至甲。但甲因职工不慎引起厂房着火,短期无法恢复生产。据此,甲拒收鸡蛋,要求乙另找销路。乙出于无奈,只好将这批鲜鸡蛋拉回,但乙对这批鸡蛋未采取任何保鲜措施。半个月后,由于天气变热,乙发现这批鸡蛋开始变质,只好采取措施另行销售,但已有500公斤鸡蛋变质严重,无法销售。通过本章的学习,试分析甲、乙的行为性质以及鸡蛋损失的处理。

## 第一节 违约责任概述

### 一、违约责任的含义

违约责任又称为违反合同的责任,是合同当事人一方违反合同义务而应承担的民事责任。

《合同法》第107条规定:"当事人一方不履行合同义务或者履行合同义务不符合约定的,应当承担继续履行、采取补救措施或者赔偿损失等违约责任。"合同义务虽是当事人自行约定的,但因该义务是当事人依法约定的,自具有法律约束力。合同权利也是受法律保护的,而合同权利的实现又有待于合同义务的履行。当事人一方不履行合同义务或者履行合同义务不符合约定,也就违反了自行约定的义务,会损害合同权利人的权利,因此,违反义务的当事人应当承担相应的民事责任,该责任也就是违约责任。从义务人方面说,因其不履行合同义务即应承担责任,承担违约责任也就是承担违反合同义务所发生的不利益后果,欲不承担违约责任就须适当履行义务,因此,违约责任是通过由义务人承受不利益体现法律对违约行为的谴责,有促使义务人履行义务的效果。从权利人方面说,一方面因违约责任可促使义务人履行义务,从而也就间接地担保其债权的实现;另一方面因在发生违约时通过违约人承担不利的后果,从而保障其利益,因此,违约责任是对权利人因义务人违约受到损害的一种救济措施。

违约责任不同于其他的民事责任,具有以下特征:

### (一) 违约责任是以合同义务为前提或基础的民事责任

民事责任是违反民事义务的责任,以民事义务的存在为前提或基础。违约责任作为民事责任的一种,当然也以民事义务的存在为前提或基础。违约责任与其他民事责任不同的是,它是违反合同义务的责任,因此它是以合同义务的存在为前提或基础的。没有合同义务,不会发生合同义务的违反,也就不会产生违约责任。当事人是否负有合同义务,是确定其是否会承担违约责任的一个根本标准。只有当事人负有合同义务而又未履行该义务,才会发生违约责任。

### (二) 违约责任是违反合同义务的义务人向合同权利人承担的民事责任

合同关系具有相对性、特定性,合同义务人是特定的,合同的内容是特定的。由于合同义务是特定的合同义务人向合同权利人负担的义务,因此,违约责任也只能是合同义务人向合同权利人承担的责任,既不能是合同义务人以外的第三人承担的责任,也不能是合同义务人向合同权利人以外的第三人承担的责任。即使在第三人履行的情形下,第三人代义务人所为的履行不符合要求的,也只能由义务人向权利人承担违约责任,而不是由第三人承担违约责任;在第三人代权利人接受履行时,义务人的履行不合要求的,义务人也只能是向权利人承担违约责任,而不能向第三人承担违约责任。

### (三) 违约责任可由当事人约定

违约责任与其他民事责任一样属于法律责任,具有强制性,但违约责任又具有任意性的特点。合同当事人不仅可以约定合同义务,而且也可以约定违反合同的责任。合同当事人既可以约定承担违约责任的情况,也可以约定限制或者免除违约责任的情况;既可以约定承担责任的范围,也可以约定承担责任的方式;既可以约定违约赔偿损失的数额,也可以约定违约赔偿损失的计算方法。当然,当事人对违约责任的约定也不能违反法律的强行性规定。依《合同法》第53条规定,对于造成人身伤害的以及因故意或者重大过失造成对方财产损失的责任不得事先免除。即使当事人在合同中有免除此类责任的约定,该约定也是无效的。

### (四) 违约责任主要具有补偿性

违约责任主要是一种补偿性的财产责任,即以补偿因违约行为造成的损害后果为目的。从法制史上看,在古代法上,债务人不履行债务时,债权人可以对其人身予以制裁,违约责任也可以为人身责任。但现代法上,违约责任已不包括人身责任,而只能是财产责任,即以债务人的财产来承担责任。违约责任的财产性也是由合同的目的所决定的。合同中的权利义务一般是具有经济内容的,违反合同给权利人造成的损害一般也就是经济利益的损失。因此,违约责任作为一种救济措施也只能是财产性的,即由债务人以一定的财产来矫正违约的不良后果。也正因为违约责任是对权利的救济措施,以补偿权利人因违约所受的损害为目的,因此,违约责任也主要是补偿性的,当事人约定的违约责任过高或过低时,法院或仲裁机构可以予以调整。当然,这并非说违约责任不能有惩罚性。为实现实质平等和实质公正,法律对于某些违约行为也可以规定惩罚性赔偿。

## 二、违约责任的构成要件

违约责任的构成要件,是说明违约当事人在具备何种条件时应当承担违约责任。

违约责任具有任意性,可由当事人约定。在当事人关于违约责任的约定有效的情形下,违约当事人应按约定的条件承担违约责任。在当事人没有约定或者约定无效的情形下,则应按照法律规定的条件确定违约责任。因此,关于违约责任的构成可分为约定的违约责任构成要件与法定的违约责任构成要件。我们这里所讨论的仅是法定的违约责任构成要件。

违约责任为民事责任的一种,违约责任的构成要件与民事责任的构成要件一样,首先决定于归责原则。违约责任的归责原则是确定违约当事人的根据或准则,归责原则不同,违约责任的构成要件也就不同。例如,按照过错责任原则,过错是违约责任的核心要件,无过错即无违约责任;而按照无过错责任原则,违约当事人是否有过错并不是违约责任的构成要件。《合同法》第107条规定:"当事人一方不履行合同义务或者履行合同义务不符合约定的,应当承担继续履行、采取补救措施或者赔偿损失等违约责任。"该条是对违约责任的一般规定,并未将当事人有过错作为其承担违约责任的条件。因此,就一般意义上说,我国合同法对违约责任采取的是无过错责任原则,即过错并非违约责任的构成条件,只要当事人不履行合同义务或者履行合同义务不符合约定,就应承担民事责任。但是,《合同法》中也未完全否定过错在违约责任构成中的作用,对于一些具体的违约行为,法律明确规定过错为责任的构成要件。例如,《合同法》第189条中规定,因赠与人故意或者重大过失致使赠与的财产毁损、灭失的,赠与人应当承担损害赔偿责任;又如该法第303条中规定,在运输过程中旅客自带物品毁损、灭失的,承运人有过错的,应当承担损害赔偿责任。就整个合同法的规定看,可以说我国法对于违约责任的归责原则采取了无过错责任原则和过错责任原则两种归责原则,就一般情形而言,违约当事人是否有过错不为违约责任的构成要件。

其次,违约责任的构成要件决定于违约责任的形式。违约责任的形式是违约当事人承担违约责任的方式。违约当事人承担的责任方式不同,承担责任的条件也就不同。由于违约责任的形式多样,各种不同形式的违约责任所要求的构成要件也就不同。例如,赔偿损失的违约责任,必以违约给对方造成损失为条件,若对方没有损失,则不会发生赔偿损失的违约责任。但不论违约当事人承担何种违约责任,都须有当事人违约的事实存在,没有违约的事实,也就不会发生违约责任。

再次,违约责任的构成要件决定于所违反的合同义务的性质。合同义务多样,性质不同,违反不同的合同义务所要求的责任构成要件也就不同。例如,依《合同法》第374条规定,保管期间,因保管人保管不善造成保管物毁损、灭失的,保管人应当承担损害赔偿责任,但保管是无偿的,保管人证明自己没有重大过失的,不承担损害赔偿责任。

综上所述,违约责任的构成要件应区分为一般构成要件与特别构成要件。违约责任的一般构成要件是在各种情形下承担任何违约责任均须具备的条件;违约责任的特别构成要件是违约当事人在具体情形下承担具体违约责任须具备的条件。违约责任的一般构成要件只有一个,即违约行为。

违约行为也就是违反合同的行为,是"当事人一方不履行合同义务或者履行合同义务不符合约定的"行为。违约行为只能是合同当事人一方的行为,不是合同当事人的人所实施的行为不会构成违约行为,即使该行为导致合同不履行或不适当履行,该行为人也不属于违约当事人。违约行为是违反合同义务的行为,以合同义务的有效存在为前提,因此,合同不成立、合同无效或被撤销时,因并不存在合同义务,也就不会发生违约责任。

违约行为有各种形态,凡合同当事人不履行合同义务或者虽有履行行为但其履行不适当,不论当事人未适当履行的义务是在合同中明确约定的义务还是依诚实信用原则而发生的附随义务,均构成违约行为。

### 三、违约责任的免除事由

违约责任的免除事由又称违约责任的免责条件,是法律规定的或者当事人约定的免除违约当事人承担违约责任的情况。

违约责任的免责事由与违约责任的构成条件密切相关。违约责任的构成条件是从合同当事人一方请求违约方承担违约责任应具备的条件来谈的,也就是说,只有在具备违约责任构成条件的情形下,一方当事人才可要求违约当事人一方承担违约责任;而违约责任的免责条件是从违约当事人一方认为其可不承担违约责任的条件来说的,也就是说,在对方要求违约当事人承担违约责任时,违约当事人可以抗辩即主张自己不应承担违约责任的条件。也正因为如此,有学者将违约责任的构成条件称为违约责任构成的积极条件,而将违约责任的免除条件称为违约责任构成的消极条件。但我们认为,尽管从违约责任的最终确定上违约责任的构成条件与免除条件为一个问题的两个方面,但这是两个不同的问题。违约责任的构成条件解决的是违约责任能够成立的问题,而违约责任的免责条件解决的是在违约责任成立的条件下违约当事人可以不承担责任的问题。

如前所述,违约责任具有一定任意性,可由当事人约定。当事人既可以约定在何种情况下承担违约责任,也可以约定在何种情况下不承担违约责任。因此,违约责任的免责事由可以分为两类:一类是当事人在合同中约定的免责事由,即约定免责条件。当事人在合同中约定免除或者限制当事人的违约责任的条款,通常称为免责条款。只要当事人约定的免责条款有效,违约当事人的违约行为属于约定的免除责任的情况,则违约当事人不承担违约责任。但如果当事人约定的免责条款无效,则违约当事人不能以约定的免责事由予以抗辩,该违约当事人仍应依法律规定承担违约责任。另一类是法律规定的免除违约当事人承担违约责任的事由,即法定免责条件。法定免责条件是由法律规定的,而不是由当事人约定的,但当事人可以排除其适用。在当事人约定排除法定免责条件的适用情形下,违约当事人应以其约定承担责任,而不能以法定免责条件为抗辩。

由于约定的免责事由各种各样,自应依当事人约定为准,因此,我们这里所讨论的仅是法定免责事由。又因为各种具体的违约情形下的法定免责事由并不相同,因此,我们这里所讨论的仅限于一般法定免责事由,即在各种情形下,违约当事人均可用以抗辩的事由。

一般法定免责事由包括以下两个:

#### (一) 不可抗力

不可抗力是不能预见、不能避免并不能克服的客观现象。不可抗力是一种客观现象而不是主观现象,它既包括自然现象,如地震;也包括社会现象,如动乱。但并非客观现象就属于不可抗力,只有不能预见、不能避免且不能克服的客观现象,才可构成不可抗力。所谓不能预见,是指当事人不可能预见到其发生的时间、地点和后果。当事人能否预见,也应以一般人的预见能力为标准。如果一般人在同样情形下可以预见该现象发生,而仅当事人未能预见的,不能构成不可抗力;尽管一般人不能预见,但特定的专业人员有可能预见的客观现象,当事人又不属于该专业人员的,可以认定为当事人不能预见。所谓不能避免,是指当事人尽管采取最大的努力也不能避免该现象的发生。所谓不能克服,是指当事人无法克服该现象所造成的后果。如果依当事人的能力和条件,以最大的努力可以避免该现象的发生或克服该现象所造成的后果的,则该现象也不能构成不可抗力。

因不可抗力属于不可抗拒的客观现象,是不论该合同当事人还是其他一般人均不能预见的,因此,因不可抗力造成的当事人违约,该违约当事人可免除违约责任。《合同法》第117条第1款规定:"因不可抗力不能履行合同的,根据不可抗力的影响,部分或者全部免除责任,但法律另有规定的除外。当事人迟延后发生不可抗力的,不能免除责任。"依此规定,因不可抗力不能履行合同的,可根据不同情形免除责任:因不可抗力致使合同全部不能履行的,可免除全部责任;因不可抗力致使合同部分不能履行的,可免除部分责任,对于可以履行的部分,当事人仍应履行,否则,应就该部分的不履行承担违约责任。例如,因不可抗力使部分货物毁损而不能交付的,当事人就未毁损的货物仍负履行责任,而不能免除;又如,因不可抗力使当事人不能在原定期限内履行,在不可抗力的影响消除后可以履行的,在该不可抗力的影响消除后当事人仍不履行的,即应对该不履行承担违约责任。但是,在下列两种情形下,即使不可抗力影响到合同的履行,当事人的违约责任也不能免除:(1)法律规定因不可抗力影响合同履行不能免责的;(2)在当事人迟延履行期间发生不可抗力的。

《合同法》第118条规定:"当事人一方因不可抗力不能履行合同的,应当及时通知对方,以减轻可能给对方造成的损失,并应当在合理期限内提供证明。"依此规定,当事人一方因不可抗力不能履行合同的,负有以下两项义务:(1)通知义务。因不可抗力不能履行合同的一方当事人应当及时将因不可抗力的发生而不能履行合同的事实及时通知对方,以使对方及时采取措施减少损失。该当事人未及时通知对方的,对于对方当事人因未能及时收到通知而未采取措施可以减轻的损失,应负赔偿责任;(2)提供证明的义务。因不可抗力不能履行合同的当事人应当在合理的期限内提供因不可抗力不能履行合同的证明。该当事人未能提供因不可抗力不能履行合同的证明的,不能免除其不履行合同的违约责任。

**(二)债权人的过错**

《合同法》中未明确规定债权人的过错为违约责任的免责事由,但从法理上说,债权人的过错也应为一般免责条件,因为在任何情形下,当事人都应对自己过错的损害负责,如果当事人一方违约的后果是由债权人的过错造成的,就应当免除该违约当事人的责任。

债权人的过错作为免责事由包括以下几种情形:

其一,因债权人的故意造成合同不履行的,免除义务人的违约责任。例如,债权人无正当理由拒不接受债务人履行的,债务人可将应给付的标的物提存而免责,由此而发生的不利后果由债权人自行承担。

其二,因债权人的故意或者重大过失而造成损害的,债务人不承担违约责任。例如,依《合同法》第302条规定,在运输过程中,旅客的伤亡是旅客故意或重大过失造成的,承运人不承担责任。在此种情形下,若债权人无故意或重大过失仅有一般过失,债务人仍应承担责任。

其三,因债权人的过错造成违约的,债务人不承担违约责任。例如,依《合同法》第311

条规定,因托运人或收货人过错造成货物毁损、灭失的,承运人不承担违约责任。在此情形下,不论债权人的过错形态如何,债务人均不承担违约责任。

其四,因债权人的过错造成违约损害扩大的,违约当事人对扩大的损失不承担违约责任。《合同法》第119条第1款规定:"当事人一方违约后,对方应当采取适当措施防止损失的扩大;没有采取适当措施致使损失扩大的,不得就扩大的损失要求赔偿。"在此情形下,尽管债权人在违约方违约上没有过错,但在违约方违约所造成的损害后果上有过错,亦即因债权人的过错使损害后果扩大,债务人对因债权人过错而扩大的债权人的损失不承担责任。

## 第二节 违约形态

### 一、违约形态概述

违约形态,亦即违约的类型,是根据违约当事人违反合同义务的不同情况的一种分类。不同的违约形态反映违约当事人违反合同义务的性质、程度等。违约当事人违反义务的性质、程度不同,对合同权利人的损害不同,补救的方式也就会有所不同。因此,正确确定违约当事人违约的形态,有利于正确确定对违约的补救措施,确定违约当事人应承担的违约责任的方式。

关于违约的形态,各国法上的规定并不一致。根据我国《合同法》的规定,依违约行为发生的时间,违约可分为预期违约与实际违约;依违约当事人是一方还是双方,违约可分为一方违约与双方违约;依违约是因当事人的原因还是第三人原因造成的,违约可分为因当事人原因的违约与因第三人原因的违约。

### 二、预期违约

#### (一) 预期违约的含义和特点

预期违约又称先期违约、期前违约、先期毁约等,是指合同当事人在履行期限届满前没有正当理由就表示不履行合同。

合同当事人是否违约本来应以其在履行期限内是否适当履行义务为判断标准。因为在履行期限到来前,义务人无履行的责任,其不履行义务应属符合法律和合同要求的行为,不会构成违约;在履行期限届满前,义务人是否履行义务不能确定,也就不能判定义务人不履行合同。因此,在合同当事人应履行义务前是不会发生违约的。但是,如果当事人在履行期限届满前就表示不履行合同,而权利人又不能采取补救措施,就会既不利于权利人也不利于义务人。因此,若当事人在履行期限届满前表示不履行合同,应许可权利人及早采用救济措施。《合同法》第108条规定:"当事人一方明确表示或者以自己的行为表明不履行合同义务的,对方可以在履行期限届满前要求其承担违约责任。"该条明确规定预期违约也为违约的一种形态,守约方可以要求违约方承担违约责任。

预期违约是当事人拒绝履行合同的行为,但预期违约与拒绝履行的含义不完全相同。《合同法》第108条规定的拒绝履行既包括预期违约也包括实际违约中的拒绝履行。预期违约是相对于实际违约而言的,它具有以下特点:

第一,预期违约是发生在履行期到来之前的违约行为。在合同义务的履行期到来前,义务人虽负有义务,但不必履行,一般也不得履行。因此,在履行期到来前,当事人不履行义务本是正常的,但如果该当事人表示不履行,也就是毁约,则于履行期限到来后,该当事人将不可能履行合同即实际违约。由于当事人一方于履行期前就毁约,履行期到来后必定不履行,因此,该当事人的毁约行为虽发生在履行期到来前,也应承担违约责任。

第二,预期违约侵害权利人的期待利益。在合同履行期限到来前,合同权利人虽享有债权,但其不得请求债务人履行,只有在履行期限到来后,债权人才可以要求债务人履行。因此,在履行期限到来前,合同权利人享有的仅是一种期待利益。但在履行期限到来前,当事人一方毁约,对方的期待利益也就不可能得到,于此情形下,权利人可以就此期待利益的损害采取必要的救济措施。

第三,预期违约与实际违约的救济措施不同。由于预期违约与实际违约所侵害的权利人的利益不同,因此,预期违约的救济措施也就不同于实际违约的救济措施。依《合同法》第94条规定,当事人一方预期不履行主要债务的,另一方有权解除合同。一般说来,权利人解除合同并要求赔偿的,赔偿的范围为信赖利益的损失。如果在一方预期违约的情形下,对方不是要求违约当事人按预期违约承担责任,而是于履行期限届满后要求违约当事人按实际违约承担责任,则赔偿的范围为履行利益的损失。

### (二) 预期违约的类型

预期违约可以说有多种形态,其主要表现为毁约。依《合同法》第108条规定,预期毁约可分为以下两种:

#### 1. 明示毁约

明示毁约,是一方当事人无正当理由,向另一方当事人明确表示其在履行期限到来后将不履行合同。构成明示毁约的条件为:第一,须当事人一方向另一方明确表示将不履行合同。明确表示的方式可以是书面的,也可以是口头的,但表示的内容必须为将不履行合同,且具体、确定。若当事人的表示并不能确定地不履行合同,如表示"视情况在履行期到来后不履行合同",则不能构成明示毁约;第二,须当事人明确表示不履行主要义务,如不交付货物或不支付价款等,若当事人并非表示不履行主要义务,如表示"我不会按合同规定的方式包装",则也不构成明示毁约;第三,当事人无正当理由。如当事人有正当理由,如因履行期到来前发生不可抗力致使标的物毁损灭失而表示不履行合同,则也不构成明示毁约。

#### 2. 默示毁约

默示毁约,是当事人以自己的行为表明其将在合同履行期限到来后不履行合同。与明示毁约相同的是,当事人以自己的行为表明不履行合同的主要义务才会构成默示违约。与明示毁约不同的是:第一,默示毁约并非当事人明确表示将不履行合同,而是以自己的行为表示其不会履行合同。例如,特定物买卖的出卖人在合同约定的履行期限前又将该物出卖给第三人并移转所有权,该出卖人就以自己的行为表明在合同履行期到来后不会履行合同。第二,以其行为表明不会履行合同的一方当事人应对方的请求仍不提供必要的履行担保。一方当事人以行为表明不会履行合同时,因该当事人并未明确表示是否毁约,对方有足够证据证明其不会履行时,为保证债权的实现,可以要求该当事人提供适当的履行担保。如果该当事人提供履行担保,则表明其未毁约;若该当事人不提供担保,则可确定该当事人表明不履行合同,其行为构成默示毁约。

### 三、实际违约

实际违约，是指当事人一方在合同履行期限到来后不履行合同义务或者履行合同义务不符合约定。

关于实际违约的形态，学者中的分类不同。我们认为，依《合同法》第107条规定，实际违约首先分为不履行合同义务与履行合同义务不符合约定。不履行合同义务，是指当事人根本就没有实施履行义务的履行行为；履行合同义务不符合约定又称不适当履行，是指当事人虽有履行行为，但其履行不符合要求即履行是不适当的。其次，不履行合同义务依不履行的原因又可分为拒不履行与不能履行；不适当履行又可分为迟延履行、不完全履行、瑕疵履行、加害履行以及其他不适当履行。

#### （一）不履行合同

不履行合同，是指当事人根本就没有实施履行合同义务的行为。例如，应交付货物的当事人根本未交付货物；应提供劳务的当事人根本没提供劳务等，均属于不履行合同。不履行合同包括：

1. 拒不履行

拒不履行，是指在合同履行期限到来后当事人能够履行义务而无正当理由地拒绝履行。

拒不履行的违约行为须具备以下条件才能构成：（1）须发生在履行期限到来之后。拒不履行是发生在履行期限到来之前还是到来之后，是预期违约与拒不履行的根本区别；（2）当事人一方明确表示或者以自己的行为表明不履行合同义务。如果当事人未明确表示或以自己的行为表明不履行合同义务但于履行期限届满时未履行合同义务，则该行为构成迟延履行而不是拒不履行；（3）当事人有履行合同义务的可能。若当事人已无履行合同义务的可能，则构成不能履行，而不属于拒不履行；（4）当事人不履行合同义务无正当理由。如果当事人一方不履行合同有正当的理由，则其不履行不构成拒不履行的违约行为。例如，双务合同的当事人在法律没有另外规定或者当事人无另外约定时，任何一方在对方未履行义务的情况下都有权拒绝履行自己的义务。若一方在对方未履行合同义务时拒绝履行自己的义务，则其拒不履行有正当理由，属于行使同时履行抗辩权，而不构成拒不履行的违约行为。

在当事人一方的违约行为构成拒不履行时，对方当事人有权解除合同，也可以要求违约方继续履行合同。

2. 不能履行

不能履行又称不可能履行、履行不能，是指合同当事人一方已经不可能履行自己的义务，也就是说，债务人在客观上已经不具备履行合同义务的条件。例如，以特定物为标的物的，该特定物已毁损灭失；提供劳务的债务人已经失去劳动能力。

不能履行与拒不履行虽都为债务人不可能履行的情形，但两者不同。拒不履行是因义务人主观上的原因致使合同不可能履行；而不能履行是因债务人以外的客观原因致使合同不可能履行。

不能履行有永久不能与一时不能、全部不能与部分不能。所谓永久不能，是指合同的债务已永无履行的可能；一时不能，是指合同的债务仅暂时无履行的可能，但其后仍可履行；全部不能，是指合同债务全部已不可能履行；部分不能，是指合同的债务部分已不可能履行，而部分仍可履行。在发生永久不能的情形下,当事人双方有权解除合同;而在一时不能情形下,若债权人需要,可以要求债务人于其后履行,该一时不能导致合同目的不能实现的,债权人有权解除合同。发生全部履行不能时,当事人有权就合同的全部债务解除合同;而在部分履行不能时,可以就不能履行的部分解除合同,债权人需要的,有权要求债务人就可能履行的部分继续履行。

不能履行还可分为法律不能与事实不能。法律不能是指基于法律的规定而不能履行,如出卖的标的物因法律规定为禁止流通物;事实不能则是基于法律规定以外的原因而不能履行,如标的物毁损灭失。无论是事实不能还是法律不能,均不影响不能履行的违约行为的构成。

发生不能履行的违约行为时,除债务人有免除违约责任的事由外,不能履行的当事人一方仍应承担违约责任。

**(二) 不适当履行**

1. 迟延履行

迟延履行,是指当事人在合同履行期限届满时能够履行而未履行合同义务。

迟延履行属于履行期限不适当即未按合同约定的期限履行的一种违约行为。如前所述,合同当事人应当在合同约定的期限内履行合同,违反合同的履行期限可以有两种情形:一是提前履行,即在履行期限到来前履行。当事人提前履行的,应经对方当事人同意,否则,对方当事人有权拒绝接受;二是迟延履行,又称延期履行,即在履行期限届满时尚未履行。实务中违反合同履行期限的行为主要是迟延履行。

迟延履行的违约形态应具备以下条件才能构成:

(1) 债务人于履行期限届满时未履行义务。债务人的迟延履行是否以经债权人催告为要件?对此各国法上有不同的规定。在法国法上,无论合同是否规定了履行期限,必须经债权人催告而债务人仍不履行的,才能构成迟延履行;而在德国法上,如合同规定了履行期限,则履行期限届满而债务人没有履行的,即构成迟延,如合同没有规定履行期限,则须经债权人催告而债务人仍不履行的,才能构成履行迟延。依我国《合同法》规定,合同中明确约定履行期限的,债务人应在约定的期限内履行,履行期限届满债务人未履行的,即陷入迟延;若合同中未明确约定履行期限,债务人可以随时履行,债权人也可以随时要求履行,但应当给对方必要的准备时间,债权人要求履行有催告的效力,若债务人于债权人给予的准备期限届满时仍未履行的,即陷入迟延;若债权人未要求债务人履行,则债务人不会陷入迟延。

(2) 债务人能够履行。迟延履行仅是债务人于履行期限届满时未履行合同义务,而并非不能履行。因此,只有在债务人能够履行的情形下,才会发生迟延履行。若在履行期限届满时债务人已不可能履行合同,则发生不能履行,而不发生迟延履行。也正因为迟延履行以能够履行为条件,因此在迟延履行的情形下,对方当事人可以要求违约当事人继续履行。

(3) 债务人未履行并无正当理由,也未表示不履行。如果当事人一方有正当理由未履行合同,如行使抗辩权,则其虽于履行期限届满时未履行合同,也不构成迟延履行。若当事人一方明确表示或者以自己的行为表明不履行合同的,则构成拒不履行的违约行为,而不属于迟延履行。

广义上的迟延履行,也包括债权人受领迟延。债权人受领迟延,是指债权人于债务人作出履行时,无正当理由而未及时接受债务人的履行。在债务人履行时,债权人未为其他给付完成所必要的协力的,不属于受领迟延。因为受领迟延只能是应及时受领而未及时受领,而不能是违反其他义务的情形。在债务人履行时,债权人无论是依约定还是依诚实信用原则负有协助等义务的,债权人未履行该义务,虽也属于违约,应当承担违约责任,但这不属于受领迟延。

债权人受领迟延的构成须具备以下条件:

(1)债务人已作出履行。债务人提出给付时,只有债权人接受该给付,合同才能得到履行。于此种情形下,若债权人不接受,则会因债权人的原因而使合同不能履行。若债务人不提出给付,则债权人也就不发生是否接受的问题,当然不会构成迟延受领。

(2)债权人未按期受领。对于债务人提供的给付,债权人应按照约定或规定的期限及时接受。若债权人在该期限内未受领,则不论其是否明确表示不受领,均可构成迟延受领。

(3)债权人无正当理由未受领。如果债权人未受领有正当理由,如因债务人的履行不适当而债权人拒绝受领,则不构成债权人受领迟延。

2. 部分履行

部分履行,是指债务人虽有履行但其履行在数量上不足。

债务人履行债务应按照合同中约定的数量履行,若数量上不符合约定,则为履行数量不适当。数量上不适当有两种情形:一是债务人给付的标的数量超过约定的数量,即所谓多交。于此情形下,债权人对于债务人多交的部分可以拒收,也可以接受,债权人接受的,应按照约定的价格支付价款;二是债务人给付的标的数量不足,即所谓少交。部分履行就属于后一种情形。

构成部分履行的条件有三:一是债务人有履行行为即向债权人为给付;二是债务人给付的数量少于约定的数量;三是债务人能够为全部给付。若债务人已不能为全部给付,则发生部分履行不能。

部分履行时,债权人有权要求债务人继续履行,补足不足的部分;若部分履行会使债权人不能实现合同目的的,债权人也可以解除合同。

3. 瑕疵履行

瑕疵履行,广义上包括加害履行,狭义上是指债务人有履行行为但其履行在质量上不符合要求。例如,当事人一方交付的标的物在品质、品种、规格、型号、花色等方面不符合约定或者提供的服务不符合要求。瑕疵履行的构成条件包括:(1)债务人有履行行为,而并非未履行;(2)债务人履行的标的低于约定或者规定的质量标准。

《合同法》第111条规定:"质量不符合约定的,应当按照当事人的约定承担违约责任。对违约责任没有约定或者约定不明确,依据本法第六十一条仍不能确定的,受害方根据标的的性质以及损失的大小,可以合理选择要求对方承担修理、更换、退货、减少价款或者报酬等违约责任。"在瑕疵履行时,违约行为人承担物的瑕疵担保责任,对补救方式有明确规定的,对方应按照规定采取相应的补救措施;没有明确规定的,对方有权根据情况选择救济方式,但其选择应当合理。如给付的标的物质量不合要求,债务人无另外的标的物可换的,则债权人不能采取请求更换的救济措施。

4. 加害履行

加害履行又称为加害给付,为瑕疵履行中的一种特殊情形,指因债务人履行的标的不符合要求而给债权人造成人身或者其他财产损害。加害履行的构成条件有三:一是债务人有履行行为。若当事人不是履行合同而是实施履行行为以外的行为造成债权人的人身或财产损害的,不属于加害履行;二是债务人的履行标的质量不符合规定,即有瑕疵;三是因债务人履行标的的瑕疵给债权人的人身或者其他财产造成损失。例如,债务人交付的电视机质量不合格,因该电视机爆炸使债权人受伤或者使债权人的其他财产受损。这是加害履行与狭义瑕疵履行的根本区别。在瑕疵履行中,债权人受损害的仅为履行利益;而在加害履行中,债权人受损害的不是履行利益,而是履行利益以外的其他利益。

由于债权人的人身或者财产是任何人不得非法侵害的,不论何人以何种形式侵害债权人的人身或者财产,都应承担赔偿责任。在加害履行的情形下,一方面因债务人的履行行为不合要求,构成违约行为;另一方面,因该履行行为又使债权人受到履行利益以外的其他利益损失,债务人的行为可构成侵权行为。因此,发生加害履行时,会发生违约责任与侵权责任的竞合。

5. 其他不适当履行的行为

按照合同的履行规则,债务人除应按照约定的时间、质量完全履行自己的义务外,还应当按照约定的地点、方式等履行其义务。除上述违约行为外,债务人虽有履行行为但其履行的地点或者方式等不符合约定的,也属于不适当履行的违约行为。例如,履行地点不合要求的,债权人有权要求债务人在约定的地点履行;履行方式不合要求的,债权人有权要求债务人按约定的方式履行。

### 四、双方违约

双方违约,是指双方当事人均违反合同,亦即当事人双方均未履行合同义务或者履行合同义务不适当。

关于双方违约的构成条件,学者中有不同的看法。我们认为,既然双方违约是当事人均违反合同义务的现象,因此,构成双方违约的条件只有一个,即当事人各方都违反了自己应负担的合同义务。也就是说,只有在当事人双方都负有义务且各自都违反了自己负担的义务的情形下,才发生双方违约。在单务合同中,因只有一方负有义务,不会发生双方违约;在双务合同中虽双方均负有义务,但只有一方违反义务的,也不构成双方违约。例如,在买卖合同中,出卖人明确表示或以自己的行为表明不交付货物,买受人也明确表示或以自己的行为表明不支付价款的,双方的行为都为毁约,构成双方违约。但若出卖人明确表示或以自己的行为表明不交付货物,而买受人行使抗辩权,即使支付价款的期限届满买受人未支付的,也不构成双方违约。双方违约须当事人各自的违约行为是独立的,若仅有一个违约行为,仅另一方在该行为的发生或损害后果上有过错,也不属于双方违约。例如,旅客运输合同中承运人未按要求提供相应的服务,旅客违反规定携带危险物品,属于双方违约;又如,仓储合同中存货人存放危险物品未说明,保管人也未按照约定对该仓储物进行验收的,也发生双方违约。但若债务人违反合同后,债权人应当采取适当措施避免损失而未采取的,不属于双方违约。

《合同法》第120条规定:"当事人双方都违反合同的,应当各自承担相应的责任。"违约双方"应当各自承担相应的责任",是指各违约当事人各自就自己的违约行为承担相应的违约责任,而不是按照双方的过错来分摊责任。因为,违反合同的违约责任并不全以过错为要件,双方违约时各当事人的违约行为是独立的,也并不以有过错为条件。如果一方违约,另一方对该违约行为的发生有过错,则在确定责任范围时应适用与有过失规则,而不应按照双方违约处理。

### 五、因第三人的原因违约

因第三人的原因违约,指的是合同当事人一方非因自己的原因而是因第三人的原因造成的违反合同。

因第三人原因造成违约的情形主要有两种:一是因第三人的侵权行为造成合同当事人违约。例如,特定物买卖中,因第三人将该特定物毁坏致使出卖人不能履行;二是因第三人违反对合同当事人一方所负的合同义务致使合同当事人违反合同。例如,甲与乙订有买卖合同,乙与丙也订有买卖合同,因丙迟延履行致使乙迟延履行乙与甲之间的合同义务。

《合同法》第 121 条规定:"当事人一方因第三人的原因造成违约的,应当向对方承担违约责任。当事人一方和第三人之间的纠纷,依照法律规定或者按照约定解决。"该条规定既是进一步确立了合同责任的相对性,又是进一步确立了严格责任或无过错责任原则为合同责任的归责原则。因为按照合同责任的相对性,违约责任只能是合同当事人一方向对方当事人承担的责任,而不能是第三人承担责任;按照无过错责任原则,当事人一方承担违反合同的责任不以其有过错为根据,尽管因第三人的原因造成违约时,违约当事人一方可能是没有过错的,但其仍应当承担违约责任。

因第三人的原因违约时,违约当事人可以要求第三人承担侵权责任或违约责任。违约当事人向第三人主张责任时,当然可以将其应向合同对方承担违约责任的损失计入自己的损失范围内。但是,违约当事人是否要求第三人承担责任,是否准备向第三人追偿,均不影响该当事人向对方承担违约责任。

## 第三节 违约责任形式

违约责任形式,是违约当事人承担违约责任的方式。《合同法》第 108 条规定:"当事人一方不履行合同义务或者履行合同义务不符合约定的,应当承担继续履行、采取其他补救措施或者赔偿损失等违约责任。"依该规定,违约当事人承担违约责任的方式依其违约行为形态不同而有不同。总的说来,违约责任的形式主要有以下几种。

### 一、继续履行

#### (一) 继续履行的含义

继续履行,是当事人一方违反合同后,应当承担的继续履行其合同义务的违约责任。有的称继续履行为实际履行。但实际履行既包括当事人应按照合同约定的标的履行,也包括在违约的情形下,继续履行合同义务。继续履行仅指违反合同的当事人一方继续依约定的标的履行。也有的称继续履行为强制履行,但强制履行仅是指由法院强制违约当事人继续履行合同义务,而继续履行也包括违约当事人自行而非在法院的强制下继续履行合同义务。

合同当事人应当按照合同的约定标的完全地履行自己的义务。当事人一方未履行或者未完全履行其义务时,对方有权要求其继续履行,对方当事人享有的该项权利为履行请求权。违约当事人应对方的请求自愿继续履行的,对方也就没有必要请求法院强制违约当事人履行;如果违约当事人应对方的请求仍不履行的,则对方可以请求法院强制违约当事人履行。但不论是违约当事人是应对方的请求自愿继续履行还是由法院强制违约当事人继续履行,违约当事人的继续履行属于其承担的违约责任。尽管在继续履行的情况下,当事人履行的仍然是原来的合同义务,但此种情形下的履行与合同的履行是不同的:第一,合同履行是当事人依照合同的约定在规定的期限内按照约定的标的完全履行自己的义务,而继续履行是在当事人的行为已构成违约的情况下对原来义务的履行;第二,正常的合同履行是受法律鼓励的,是合同关系正常发展的结果,而继续履行是对违约后的救济措施,体现着对违约行为的谴责,在强制继续履行的情形下更是直接体现着国家的强制。

### (二)继续履行的适用条件

关于适用继续履行责任的条件,《合同法》第109条和第110条就金钱债务与非金钱债务分别作了规定。该法第109条规定:"当事人一方未支付价款或者报酬的,对方可以要求其支付价款或者报酬。"依此规定,当事人一方只要不履行或不完全履行支付价款或者报酬的义务,对方就有权要求其支付,违约方就应当承担继续履行支付价款或者报酬的义务。而对于非金钱债务,依该法第110条规定,适用继续履行的违约责任,须具备以下条件:

1. 违约当事人的违约行为属于不履行或者部分履行

继续履行为一种违约责任,当然须有违约行为才会发生。但是,并非任何违约行为都可让当事人承担继续履行的责任。继续履行的实质是仍按照合同约定的标的履行,继续履行与正常履行的义务内容是相同的,并未使违约当事人负担新的义务内容。因此,只有在当事人一方不履行或者部分履行的情形下,才可适用继续履行的违约责任。

2. 违约当事人的对方在合理期限内请求继续履行

合同一方当事人不履行或者部分履行合同的,对方当事人根据自己订约的目的和利益需要,既可以解除合同,要求赔偿;也可以要求违约当事人继续履行。是否要求违约当事人继续履行,是对方的权利,该项权利也就是继续履行请求权。如果对方不行使继续履行请求权,而要求违约当事人承担其他违约责任,则违约当事人不承担继续履行的责任。但为稳定当事人之间的关系,在发生违约行为后,对方应当在合理的期限内行使继续履行请求权。

3. 无对方不可请求继续履行的情形

依《合同法》第110条规定,当事人一方违约的,对方可以要求履行,但有下列情形之一的除外。也就是说有下列情形之一的,对方当事人不可以请求继续履行,对违约当事人不能适用继续履行的违约责任:

(1)法律上或者事实上不能履行。如果违约当事人因履行不能而不履行或者部分履行合同义务,不论履行不能属于事实上还是法律上的不能,由于在此情形下,违约当事人已无履行义务的可能,因此,对违约当事人不能适用继续履行的责任。例如,以特定物为标的物的买卖合同,该特定物已经毁损或者已为第三人取得,发生事实上的不能,不能要求违约方承担继续履行责任;若该标的物为法律禁止流通的物,发生法律上不能,对方也不能要求违约方承担继续履行的责任。

(2)债务人履行标的不适于强制履行或者费用过高。这里包括两种情况。一是债务人履行标的不适用于强制履行。履行标的是否适于强制执行依债务的性质确定。一般说来,具有人身性质的债务都是不可强制执行的。履行标的不可强制执行的,债务人不履行或部分履行的,债权人可以要求债务人继续履行,但在应债权人的请求债务人仍不履行的情形下,债权人不能要求法院强制执行,于此情形下,债权人只能要求违约当事人承担其他违约责任。二是履行费用过高。在履行费用过高的情形下,若违约当事人承担继续履行的责任,从经济上说就是不合理的,违反了经济合理原则。因此,如果履行费用过高,对方不能要求违约方承担继续履行的责任,而应由违约方承担其他违约责任。至于是否属于履行费用过高,应从承担继续履行责任与承担其他违约责任,对于对方当事人是否能够达到利益平衡上考虑。如果违约方继续履行的费用很大,但承担其他违约责任并不能补偿对方的损失,则不能认定为继续履行的费用过高;反之,尽管违约方继续履行的费用并不大,但承担其他违约责任可以补偿对方的损失,而对于违约方来说较之继续履行从经济上是合算的,则仍可认定为履行费用过高。

(3) 债权人在合理的期限内未要求履行。当事人一方违约后,债权人要求债务人继续履行的,应在合理期限内提出履行请求。如果债权人在债务人违约后未在合理期限内提出继续履行的请求,则不得再要求债务人继续履行,而只能要求债务人承担其他违约责任。何为合理期限?法无明确规定。合理期限本来就是一个不确定的概念。究竟何谓"合理期限",最终还是要由法院在个案中具体加以判断回答。① 法律规定"合理期限"的目的,在于尽早地确定违约当事人承担责任的方式。因此,法院在确定债权人是否是在合理的期限内要求债务人继续履行的,应当衡平当事人双方的情形:债权人一方是否能够在该期限内决定要求违约方继续履行;在该期限内要求债务人继续履行是否会使债务人增加不利益的承受。如果债权人一方不可能在此期限以前提出履行请求,或者在此期限提出履行请求并不会使债务人增加承受不利益,则该期限就应为合理的;否则就为不合理的。债权人要求债务人继续履行时,债务人主张债权人未在合理期限内要求的,应由债务人负举证责任。

## 二、赔偿损失

### (一) 赔偿损失的含义

赔偿损失,是违约当事人应承担的赔偿对方损失的违约责任。

赔偿损失,有的称为损害赔偿。但赔偿损失与损害赔偿的含义并非完全相同。违约损害赔偿是违约当事人对对方因其违约所受损害的各种补救措施的总称。例如,违约当事人承担的修理、重作、更换以及支付违约金等违约责任,都属于损害赔偿,但不属于赔偿损失。依我国合同法规定,尽管违约金具有赔偿金的性质,但支付违约金与赔偿损失是两种不同的违约责任形式。

赔偿损失作为一种违约责任具有以下特点:

1. 普遍适用性

所谓普遍适用性,是指赔偿损失的违约责任可以适用于各种违约的场合。由于赔偿损失是以支付金钱的方式补偿因一方违约所造成的损害,而金钱具有普遍等价物的性质,因此,当事人一方违约时,只要不能适用其他的违约责任方式,或者以其他违约责任方式不能补偿违约所造成的损害,就可以采用赔偿损失的违约责任方式。

---

① 参见崔建远主编:《合同法》(第六版),法律出版社 2016 年版,第 257 页。

2. 并用性

所谓并用性,是指赔偿损失的违约责任方式不仅可以单独适用,也可以与其他违约责任方式同时并用。《合同法》第112条规定:"当事人一方不履行合同义务或者履行义务不符合约定的,在履行义务或者采取补救措施后,对方还有其他损失的,应当赔偿损失。"依此规定,继续履行以及其他补救措施可以与赔偿损失并用,但是因违约金属于当事人约定的赔偿金,赔偿损失的违约责任不能与支付违约金并用。

3. 责任范围具有法定性和一定的任意性

所谓责任范围的任意性,是指当事人可以约定赔偿损失的范围。《合同法》第114条第1款规定:"当事人可以约定一方违约时应当根据违约情况向对方支付一定数额的违约金,也可以约定因违约产生的损失的计算方法。"当事人有此约定时,只要该约定是有效的,就可以依照约定确定违约当事人应当赔偿损失的数额。所谓法定性,是指在当事人没有约定时应依据法律规定的赔偿范围确定赔偿损失的责任。《合同法》第113条第1款规定:"当事人一方不履行合同义务或者履行合同义务不符合约定,给对方造成损失的,损失赔偿额应当相当于因违约所造成的损失,包括合同履行后可以获得的利益,但不得超过违反合同一方订立合同时预见到或者应当预见到的因违反合同可能造成的损失。"依此规定,在当事人没有另外约定的情形下,违约当事人应按照违约造成的损失额承担赔偿责任,但一般不得超过违约方订立合同时可以预见到的违约可能造成的损失额。这表明在一般情况下,赔偿损失具有补偿性,以补偿因违约给对方造成的损失为原则。这是因为,合同当事人之间为一种平等关系,合同关系是在自愿基础上设立的,以违约当事人订约时可以预见到的因违约所可能造成的损失为其承担责任的限度,有利于当事人确定交易的风险并采取相应的措施。但由于现实中交易双方的当事人并非能真正处于一种平等的地位,并非能够真正在自愿的基础上订立合同,为避免一方利用自己的优势地位进行不公平的交易,有必要加重该方的责任,以保护弱势一方,因此,赔偿损失的责任也可以具有惩罚性,即赔偿的范围超过另一方的损失。当然惩罚性并非赔偿责任的一般特性,只有在法律规定的情形下,赔偿损失的违约责任才可是惩罚性的。也正因为如此,《合同法》第113条第2款特别规定:"经营者对消费者提供商品或者服务有欺诈行为的,依照《中华人民共和国消费者权益保护法》的规定承担损害赔偿责任。"

### (二) 赔偿损失的适用条件

适用赔偿损失的违约责任,须具备以下条件:

1. 一方当事人违约

如上所述,赔偿损失的违约责任具有普遍适用性,因此,对于各种违约行为均可适用赔偿损失的违约责任。但只有在一方因违约而赔偿对方损失时,才为适用赔偿损失的违约责任。因为赔偿损失,不仅为违反合同的责任形式,也为侵权责任以及缔约过失责任的责任方式。若一方非因违约而因有其他不法行为而承担赔偿损失的民事责任,其所承担的赔偿损失责任不属于违约责任。

2. 另一方受有损失

赔偿损失以有损失为前提条件,无损失则无赔偿。因此,只有在违约当事人实施违约行为给对方造成损失时,才可适用赔偿损失的违约责任。何为损失?损失是否与损害有所不同?对此,有不同的观点。关于损害的概念,理论上有利益说与组织说两种观点。利益说认为,损害是财产或法益所受的不利益,也就是受害人因特定损害事故所损失的利益。这种利益是受害人的财产状况,于有损害事故的发生与无损害事故发生所产生的差额,因此,利益说又称为差额说。组织说又称为现实的损害说,又有真实损害说、直接损害说等。真实损害说认为,损害是法律主体因其财产的构成成分被剥夺或毁损或者其身体受伤害所受的不利益;直接损害说认为,损害是交易上以金钱取得或出售的财物所受的侵害,即直接被毁标的物所受的损害。① 关于损害与损失的关系,一种观点认为,损害也就是损失;另一种观点认为,损害与损失的含义并不完全相同。我们认为,在违约责任中损害是因违约而给另一方所造成的不利益,损失则是以金钱计算出的损害。因此,损失具有以下特点:

(1) 财产性。损害通常可分为财产损害和非财产损害。《国际商事合同通则》第7.4.2条规定:"1) 受损害方当事人对由于不履行而遭受的损害有权得到完全赔偿。此损害既包括该方当事人遭受的任何损失,也包括其被剥夺的任何收益,但应考虑到受损害方当事人由于避免发生的成本或损害而得到的任何收益;2) 此损害可以是金钱性质的,例如包括肉体或精神上的痛苦。"依此规定,一方违约而给对方造成的损害包括财产损害和非财产损害。非财产损害也只有能以金钱计算时才可以适用赔偿损失的责任。如果不是以金钱计算出的非财产损害,则只能以其他的方法补救,而不能采用赔偿损失的方式。因此,不论损害是财产性还是非财产性的,损失只能是财产性的。

(2) 损失具有真实确定性。由于损失是对损害的一种金钱计算的结果,因此它总是真实的、确定的。对于一方违约后另一方没有受到的损害或可能会受到的损害,因其并非真实客观存在的,也就不可能以金钱予以计算,自也不成为损失。若一方因违约所受到的损害是无法以金钱予以补偿的,则也不构成应赔偿的损失。

3. 另一方的损失与一方的违约行为间有因果关系

违约当事人仅对因违约而给对方造成的损失负赔偿责任。因此,只有在一方违约行为是造成另一方损失的原因,另一方的损失是一方违约的结果,即一方违约与另一方损失间有因果关系时,违约当事人才对对方的损失负赔偿损失的责任。

在确定损失与违约行为的因果关系上一般采用两分法:即首先确定违约方是否造成对方的损失;其次确定另一方的损失是否应由违约行为人赔偿。实际上,前者为确定赔偿损失责任是否成立;后者为确定赔偿损失的范围。确定损失的赔偿范围应依法律规定的特别规则处理。这里所说的因果关系指的仅是确定赔偿损失责任成立的因果关系。

确定违约方的违约行为与另一方所受损失间是否有因果关系,也就是确定违约行为是否为另一方受损失的原因这一事实,因此,此种因果关系被称为事实因果关系。在检验违约行为是否为另一方受到损失的原因事实时主要适用必要条件规则。

必要条件规则又称"要是没有"检验法,指的是一种"无彼即无此"的关系。按照必要条件规则,凡构成损害发生的必要条件的情况,均为损害事实上的原因。因此,如果没有违约行为,损失就不会发生,则违约行为与损失之间有因果关系,违约行为为因,损失为果。必要条件规则在具体操作上有剔除法与代换法两种方法。剔除法是将违约行为从整个案件事实上剔除,看损失是否会发生。如认定没有违约行为,就不会发生该损失,则违约行为是损失

① 参见崔建远主编:《合同法》(第六版),法律出版社2016年版,第260—261页;郭明瑞、房绍坤:《新合同法原理》,中国人民大学出版社2000年版,第379页。

的发生原因；如认定没有违约行为，也仍会发生该损失，则违约行为与损失之间就没有因果关系。这种方法对于积极行为（作为）比较适合，但对于消极行为（不作为）并不合适。为弥补剔除法的缺陷，又提出代换法。代换法不是将违约行为从案件事实中剔除，而是假设违约行为人如果按照约定作为情形会如何：如果即使当事人作为，该损失仍会发生，则违约行为不为损失事实上的原因；反之，如果该当事人作为，该损失就不会发生，则认定两者间有事实上的因果关系。

### （三）赔偿损失范围的确定

认定违约当事人应承担赔偿损失的违约责任后，进而应当确定违约当事人应赔偿损失的范围。

如前所述，违约责任可由当事人约定，当事人可以在合同中约定赔偿损失的范围。在当事人对于赔偿损失的范围有约定时，只要该约定有效，就应当按照约定来确定赔偿的数额。只有在当事人没有约定或者约定无效的情形下，才有必要按照法律规定确定赔偿损失的范围。我们这里所说的仅指法定赔偿损失的范围，而不包括约定赔偿损失的范围。

确定赔偿损失的范围是确定哪些损失是违约行为人应当赔偿的，也就是确定哪些损失与违约行为之间有法律上的因果关系，因此，在确定赔偿损失的范围时应当适用法律规定的以下规则。

#### 1. 完全赔偿规则

完全赔偿规则，指的是违约方应当对因其违约给对方造成的全部损失予以赔偿。《合同法》第113条中规定："当事人一方不履行合同或者履行合同义务不符合约定，给对方造成损失的，损失赔偿额应当相当于因违约所造成的损失，包括合同履行后可以获得的利益。"这表明，凡因违约行为给对方造成的损失，违约方均应赔偿。换句话说，违约方应当赔偿的范围包括受害人的实际损失和可得利益损失。

实际损失，有的称为直接损失、积极损失，指的是受害方因违约当事人的违约行为而遭受到的现有财产的损失，如现有损失的毁损、灭失、减少等。

可得利益损失，有的称为间接损失、消极损失，指的是因当事人一方违约给对方造成的可以得到的利益而未能得到的损失。所谓可得利益，是在合同履行后就可以得到的利益。也就是说，只要违约方不违约而履行合同，权利人就可以得到的利益，才为可得利益。如果某项利益即使违约方履行合同权利人也有可能得不到，则该利益不应属于可得利益。

完全赔偿规则要求违约方赔偿因违约所造成的全部损失，但也只有违约造成的损失才在赔偿范围内，因其他原因造成的权利人的损失则不在赔偿范围内。因此，在适用完全赔偿规则时还应同时适用以下规则，以确定与违约有法律上因果关系的损失。

#### 2. 合理预见规则

合理预见规则又称为应当预见规则、可预见规则，指的是违反合同的当事人承担赔偿损失责任的赔偿范围以当事人于订约时应当预见到的违约会造成的损失为限。《合同法》第113条第1款中规定，损失赔偿额"不得超过违反合同一方订立合同时预见到或者应当预见到的因违反合同可能造成的损失"。合理预见规则实际上是以合理预见为确定违约行为与损失之间有法律上因果关系的标准，也就是说，只有该损失是违约当事人于订约时可预见或应预见到的，违约行为与该损失间才有因果关系，否则两者间就没有因果关系。

适用合理预见规则的关键在于正确确定受害人的损失是应当预见到的。在如何确定是否为可预见上有主客观两种标准。主观标准说认为,确定损失是否为可预见上,应当以违约方的主观预见能力为标准:若违约方实际能预见到该损失,则为可预见的损失;若违约方实际上未能预见到该损失,则为不应预见到的损失。客观标准说认为,确定损失是否为可预见的,应当以社会一般人的认识能力为标准,只要该损失为社会一般人能够预见,就为应当预见到的损失,不问违约人是否能实际预见到。我们认为,依我国合同法的规定,在确定损失是否为应当预见上应坚持客观标准与主观标准相结合。一方面,要考虑社会一般人的预见能力;另一方面,也要考虑违约人的预见能力。可预见能力的确定以订约时为准。如果该损失是一般人在订约时就可预见到的,应视为违约当事人对于该损失是应当预见到的;若违约当事人主张自己于订约时是不可能预见到该损失的,则应由违约人负举证责任。如果该损失是一般人在订约时不可能预见到的,应视为是不可预见的损失;若受害人一方主张该损失是违约人于订立合同时应当预见到的,则应由受害人负举证责任。至于可预见的内容,解释上宜将预见的内容确立为,只要求预见损害的类型而无须预见损害的程度。①

3. 减轻损失规则

减轻损失规则简称为减损规则,也可称为扩大损失规则,指的是因债权人一方的原因而扩大的损失,违约方不承担赔偿损失的责任。

减损规则最先是从英国普通法上发展出来的,我国《民法通则》和《合同法》中也明确规定了减损规则。《民法通则》第114条规定:"当事人一方因另一方违反合同受到损失的,应当及时采取措施防止损失的扩大,没有及时采取措施致使损失扩大的,无权就扩大的损失要求赔偿。"《合同法》第119条作了同样的规定,即:"当事人一方违约后,对方应当采取适当措施防止损失的扩大;没有采取适当措施致使损失扩大的,不得就扩大的损失要求赔偿。当事人因防止损失扩大而支出的合理费用,由违约方承担。"

按照《合同法》的规定,适用减损规则须具备以下条件:(1) 债务人一方违约。适用减损规则是以债权人应采取而未采取适当措施以避免损失为适用的条件。债务人违约后,债权人才发生采取适当措施避免损失扩大的义务,有的称该义务为减损义务,属于不真正义务。如果没有债务人的违约,也就不发生债权人采取适当措施避免或减少损失的义务。因此,只有在债务人一方已经违约的情形下,才会发生是否适用减损规则的问题。这里的债务人违约,指的是因债务人一方自己的原因违约。如果在该违约行为的发生上债权人有过错,则应适用与有过失规则,而不是适用减损规则。(2) 债权人一方应采取适当措施。在债务人违约后,债权人是否应采取措施以避免或减少损失,应依法律规定、交易观念和诚实信用原则的要求来确定。例如,债务人交付的标的物不合要求,债权人有权拒收时,若债权人与债务人不在一地,则债权人应采取措施妥善保管该货物;若债权人与债务人在一地,则债务人应取回该物,债权人不负采取措施妥善保管的义务。只有在债务人违约后,债权人应采取适当措施避免或减少损失的情形下,才会发生减损规则的适用。如果债务人违约后债权人也不负有采取适当措施的义务,当然也就不会发生减损规则的适用。(3) 债权人能够采取适当措施而未采取适当措施。债权人能否采取适当措施,应以债务人违约后债权人所处的具体情形和在此情形下依诚实信用原则的要求可采取的措施为标准。如果债权人不能采用适当措施,其未采取措施是没有过错的,也就无所谓因债权人的过错而扩大损失,不发生减损规则

---

① 参见崔建远主编:《合同法》(第六版),法律出版社2016年版,第265页。

的适用;如果债权人能够采取适当措施而未采取,债权人对因此而造成的损失的扩大是有过错的,债权人就应自行承担该扩大的损失。债权人未采取适当措施包括两种情形:一是未采取措施;二是虽采取措施但该措施是不适当的或不合理的。例如,承揽人停止工作,定作人依情形可另找他人完成该工作的,定作人不另找他人完成该工作而听任损失扩大,属于未采取措施;定作人另找他人但另找的人不具有完成该工作的资质的,因该人不具有相应的资质,而使损失扩大的,属于采取的措施不适当。(4) 须债权人未采取适当措施扩大了损失。也就是说,扩大的损失与债权人未采取适当措施之间有因果关系。减损规则的适用目的仍在于确认因违约行为所造成的损失的范围,因债权人未采取措施而扩大的损失是因债权人的过错造成的,与债务人的违约行为间无法律因果关系,因此对该扩大的损失,违约当事人不承担赔偿责任。但是,债权人为防止损失的扩大所支出的合理费用,则属于违约行为直接造成的,违约方应当承担。如果债权人的损失并非是因债权人未采取适当措施而扩大的,则损失与债权人未采取适当措施间无因果关系,不能适用减损规则。

4. 与有过失规则

与有过失规则,指的是受害人对于违约损失的发生也有过错的,可以减轻或者免除违约方赔偿损失的责任。

《民法通则》第131条规定:"受害人对于损害的发生也有过错的,可以减轻侵害人的民事责任。"该条规定了侵权责任中的过失相抵。但《民法通则》和《合同法》均没有明确规定对于违约责任也适用与有过失相抵规则。对于与有过失规则可否适用于违约责任,学者中有不同的观点。一种观点认为,在违约方承担过错违约责任的情形下,有过错相抵的适用,而在违约人承担严格责任的情形下,则无过失相抵的适用。另一种观点认为,《合同法》中关于双方违约的规定就是对过失相抵的确认。我们不同意这种观点。如前所述,双方违约指的是双方都有违反合同的违约行为,而与有过失指的是一方违约,另一方对于该违约所造成的损失的发生或扩大也有过错。因此,《合同法》第120条关于双方违反合同的规定并非是对与有过失规则的确认。我们认为,《合同法》并没有明确确立与有过失规则,但在我国其他法律关于违约责任的规定中承认与有过失规则。例如,《中华人民共和国民用航空法》(以下简称《民用航空法》)第127条中规定:在旅客、行李运输过程中,经承运人证明,损失是由索赔人的过错造成或者促成的,应当根据造成或者促成此种损失的过错程度,相应免除或者减轻承运人的责任;在货物运输过程中,经承运人证明,损失是由索赔人的过错造成或者促成的,应当根据造成或者促成此种损失的过错程度,相应免除或者减轻承运人的责任。因此,应当承认我国合同法上也承认与有过失规则。

与有过失规则的适用须具备以下条件:(1) 债务人违约造成损失。与有过失规则的适用目的是为了确定债务人对其违约造成的损失应予以赔偿的范围,因此,以债务人违约造成损失而适用是前提条件。若无债务人的违约行为造成损失的事实发生,也就不发生与有过失规则的适用。(2) 债权人的行为促成损害的发生或者扩大。只有在债权人的行为与债务人的违约行为共同为违约所造成的损失原因时,才发生债务人与债权人应如何分摊损失问题。如果债务人的违约行为与债权人的行为各自造成不同的损失,则各自应对自己行为所造成的损失负责,不适用与有过失规则。如果债务人违约后,债权人应采取适当措施而未采取造成损失扩大的,则该扩大的损失为债权人未采取措施造成的,只能适用减损规则,也不适用与有过失规则。至于债权人的行为是否与违约行为同时发生,则在所不问,只要其与违约行为同时为损失的原因,就不影响与有过失规则的适用。例如,债权人于债务履行期到来前变更住所地未通知债务人,债务人也未作调查和采取措施(如提存),致使债务人陷入履行迟延而造成损失,虽然债权人的行为早于违约行为,但该行为促成违约损失的发生,应可适用与有过失规则。(3) 债权人有过错。与有过失规则的适用,是因为对违约造成的损失债权人也有过错,若债权人没有过错,当然也就无与有过失规则的适用。债权人的过错,既包括故意,也包括过失;既包括自身的过错,也包括债权人的代理人、履行辅助人和由其指定的履行合同的第三人的过错。

5. 损益相抵规则

损益相抵规则又称损益同销规则,是指债权人基于与损失发生的同一违约行为而受有利益时,应将其由此所受利益从所受损失中扣减去以确定赔偿损失的范围的规则。也就是说,依损益相抵规则,违约行为人承担赔偿损失责任的范围应为债权人所受损失减去其因此违约所受利益的差额。

损益相抵,并不是两个债权的相互抵销,也不是对违约行为人赔偿责任的限制或者减轻,而是要准确地确定违约行为给债权人所造成的真正损失。尽管《合同法》上未明确规定损益相抵规则,但从该法第113条中关于"损失赔偿额应当相当于因违约所造成的损失"的规定看,只有适用损益相抵规则才能确定债权人因债务人违约所造成的真正损失。

适用损益相抵规则,要求须从债权人因违约所发生的损失中扣除其因违约所受的利益。因此,从债权人所发生的损失中所扣除的利益须具备以下条件:(1) 该利益须与违约方的违约行为有因果关系,即债权人是因违约方违约而得到该利益的。债权人所得的利益可以是积极利益,也可以是消极利益。所谓积极利益,指的是因违约方的违约行为而使债权人获得的利益。例如,甲与乙订有钢材买卖合同,甲方延期交付,乙方因甲方延期交付的钢材涨价而获得利益,乙所得的该利益即为积极利益。所谓消极利益,指的是因违约方的违约行为使债权人得以节省的开支。例如,出卖人逾期交付出卖的奶牛,买受人因此而省下饲料等费用,买受人所节省的费用开支就属于消极利益。不论是积极利益还是消极利益,只有其发生与违约行为有因果关系时,才可扣除。如果债权人在违约行为发生后得到的利益与违约行为无关,则该利益不属于应扣除的利益。(2) 该利益须为异种利益。所谓异种利益,指的是与债权人所损失的利益不是同一种类的。在违约方给债权人造成损失的情形下,债权人不可能得到与损失同一种类的利益。例如,承租人将出租人的房屋全部毁损,该违约行为给出租人造成所有权消灭的损失,但同时出租人得到残存的房料的利益,从出租人的损失即房屋总价中应扣除残存房料的价值。如果承租人违约将出租人的房屋部分毁坏,出租人的损失就为该房屋价格的减少,出租人因此违约并未得到异种利益,不发生损益相抵。

(四) 赔偿数额的计算

适用赔偿损失的违约责任时,如果当事人对于损失赔偿的计算方法有约定,则应依约定的计算方法计算赔偿额。在没有约定赔偿额的计算方法时,赔偿额的计算有具体计算法与抽象计算法两种方法。具体计算法又称为主观计算法,是根据受害人具体遭受的损失、支出的费用来计算赔偿数额。抽象计算法又称客观计算法,是按照当时社会一般情况而确定赔偿的数额。《国际商事合同通则》第7.4.5条规定:"在受损害方当事人已终止合同并在合理时间内以合理方式进行了替代交易的情况下,该方当事人可对原合同价格与替代交易价格之间的差额以及任何进一步的损害要求赔偿。"第7.4.6条规定:"在受损害方当事人已终止合同但未进行替代交易的情况下,如果对于合同约定的履行存在时价,则该当事人可对合同价格与合同终止时的时价之间的差额以及任何进一步的损害要求赔偿。时价是指在合同应当履行的地点,对应交付之物或就提供之服务在可比情况下通常所收取的价格,或者如果该地无时价,时价为可合理参照的另一地的时价。"该通则同时规定了两种计算方法:前条规定了具体计算法,后一条规定了抽象计算法。

在我国,应如何适用两种不同的计算方法来计算损失赔偿额?对此,有不同的观点。我们认为,如果法律明确规定了在何种情形下以何种方法计算赔偿额,则应依法律规定。如果法律没有规定该情形下赔偿额的计算方法,则应由受损害方自主选择以何种方法计算赔偿额,即受害人要求赔偿损失时,可选择任一种方法计算出要求赔偿的数额。如果违约方不同意受害方对损失的计算方法的,可以提出自己的理由,最终应由法院根据具体情况决定以何种方法计算赔偿额。

在计算赔偿额时必然涉及计算损失的时间标准。对此,各国法的规定不一,学说上也有不同的观点。我们认为,如果当事人对损失的计算时间有明确约定的,应依约定的时间为标准。当事人没有约定但法律有规定的,应依法律规定的损失计算时间计算损失。如《合同法》第312条规定:在货物运输过程中,货物的毁损、灭失的赔偿额,当事人有约定的,按照其约定;没有约定或者约定不明确的,按照交付或者应当交付时货物到达地的市场价格计算。依该规定,货运中货物损毁的赔偿的损失额计算时间以按照约定应送达的时间为准。在法律没有规定的情形下,可由受害人依自己的选择决定以何时间为损失计算的标准时间,但计算损失的时间最迟至提起诉讼时间为止。也就是说,受害人要求赔偿损失的,至多以提起诉讼时自己所受损失的数额为准。①

## 三、支付违约金

### (一) 违约金的概念和特点

违约金,是当事人约定的或者依法律规定的在一方当事人违约时应向另一方当事人支付的一定数额的款项。《合同法》第114条第1款规定:"当事人可以约定一方违约时应当根据违约的情况向对方支付一定数额的违约金,也可以约定因违约产生的赔偿额的计算方法。"依此规定,违约一方承担向另一方支付违约金的违约责任,也是违约的一种补救措施。

违约金具有以下特点:

1. 违约金是由当事人事先在合同中约定的、于违约时交付的

违约金是于合同中事先约定的。当事人关于在何种情形下支付违约金的约定为违反合同的责任的约定,构成合同的条款,而不是主合同外的另外的合同。有的学者认为,关于违约金的约定属于从合同。我们不同意这种看法。支付违约金的合同内容虽不属于主合同给付的内容,但它并不构成另外的合同,当事人不能在合同外另行约定违约金。这是定金与违约金的区别之一。当事人关于定金的约定,不论是否在一个合同中记载,均构成另外的从合同,而不属于主合同的内容。违约金也只能是在违约的情形下支付,而不能在违约前支付。若在违约前一方向另一方支付一定款项,则该款项只能为定金或者预付款,而不属于违约金。

---

① 参见郭明瑞、房绍坤:《新合同法原理》,中国人民大学出版社2000年版,第396—398页。

2. 违约金是违约方向另一方支付的一定数额的款项

违约金是违约的一方给付给对方的金钱,也就是说,支付违约金的客体为金钱,而不是其他。在其他国家和地区的立法上,有的许可当事人约定一方违约时向另外一方给付物或权利或劳务,违约方向对方所为的其他给付,有的称为"准违约金",但我国合同法上规定的违约金只是金钱。至于违约方在不给付金钱,而为其他的给付以代金钱给付的,应当属于违约金债务的代物清偿。

3. 支付违约金是一种违约责任

在罗马法上,违约金是一种债的担保方式,属于担保主债务履行的从契约,主要目的在于担保债务的履行。《法国民法典》也认违约金为合同的担保方式,该法第1226条规定:"违约处罚条款是为契约当事人一方为担保契约的履行而在不履行契约时承担交付违约金的条款。"《俄罗斯联邦民法典》第329条第1项规定:"债务的履行可以用违约金、抵押、债务财产质押、保证、银行保证、定金以及法律或合同规定的其他方式担保。"该法明确规定违约金是与保证、定金、抵押、质押等并列的一种担保方式。我国学者对于违约金是否为合同的担保方式有不同的观点。一种观点认为,违约金是一种合同的担保方式,主要作用是担保合同的履行;另一种观点认为,违约金既是一种违约责任形式,又是一种独特的担保方式;还有一种观点认为,违约金只是一种违约责任形式,并不是合同担保方式。我们持最后一种观点。从我国《合同法》以及《担保法》的规定看,违约金并未规定为一种担保方式,尽管我国原《经济合同法》中曾将违约金规定为合同的担保,但《合同法》已经改变这一规定,仅将支付违约金规定为违约责任形式。当然,由于违约金是事先约定的,不履行合同就应按照约定支付违约金,当事人欲不支付违约金,就须按照约定履行合同。从这一意义上说,违约金有促使当事人履行合同的作用,具有"担保"合同履行的功能。但是,违约金的这种担保效力实质上也就是违约责任的担保效力,也只能属于债的一般担保的范畴,而不能属于特别担保。通常所说的合同担保方式指的只是特殊担保的方式。

**(二) 违约金的种类**

根据不同的标准,违约金可有不同的分类。通常违约金的分类主要有以下几种:

1. 法定违约金与约定违约金、混合违约金

根据违约金设立的根据,违约金可分为法定违约金和约定违约金、混合违约金。

法定违约金是由法律直接规定的在违约情况下违约当事人应向另一方支付的一定数额的款项。对于法定违约金,即使当事人在合同中没有约定,只要当事人的违约属于法律直接规定的应支付违约金的情况,就应当按照法律规定的在该违约情况下支付的违约金的数额支付违约金。我国《合同法》上没有规定法定违约金。

约定违约金是完全由当事人双方约定的一方违约时应向对方支付的一定数额的款项。约定违约金,只能由当事人双方在合同中明确约定。当事人在合同中没有明确约定于何种违约的情况下应支付何数额违约金的,违约当事人也就不能承担支付约定违约金的违约责任。

混合违约金是当事人双方在法律规定的限额或者幅度内自行约定的违约金。如果法律规定于某种违约情形下,违约当事人应当在一定限额内或一定幅度范围内支付违约金而又未规定具体数额或计算方法的,违约当事人需依其约定的数额支付违约金,该违约金数额虽由当事人约定而又不能超过法律规定的限额或幅度。这种违约金即为混合违约金。我国现

行法上没有混合违约金的规定。

2. 惩罚性违约金与赔偿性违约金

根据违约金是否具有惩罚性,违约金可分为惩罚性违约金和赔偿性违约金。

惩罚性违约金是具有惩罚性质的违约金。适用惩罚性违约金时,违约当事人除按照约定或法律规定支付违约金外,还应当承担继续履行或者赔偿损失等违约责任。

赔偿性违约金是具有预定赔偿金性质的违约金。适用赔偿性违约金,违约当事人除按照约定或者法律规定支付违约金外,不再承担赔偿损失的违约责任。

对于《合同法》上规定的违约金为何种性质的违约金,学者中有不同的看法。有的认为,《合同法》规定的违约金只具有赔偿性,而不具有惩罚性。由于违约金的预先约定属性,不可能与事后发生的实际损失毫无差距,但高于实际损失时绝不是为了惩罚,否则低于实际损失就不好解释,或高或低取决于违约金的预定赔偿属性,而不是据此决定其是否具有惩罚性。有的人认为,违约金具有惩罚性和赔偿性双重属性。有的认为,《合同法》第 114 条规定的违约金,属于赔偿性违约金,即使第 3 款规定的"就迟延履行约定违约金",可与"履行债务"并用,亦不过是对于迟延赔偿的赔偿额预定,仍属于赔偿性违约金;在该项违约金属于替代赔偿额的规定时,则构成惩罚性违约金。① 我们赞同后一种观点。

3. 抵销性违约金、选择性违约金与排他性违约金

根据违约金与赔偿金的关系,违约金可分为抵销性违约金、选择性违约金及排他性违约金。

抵销性违约金,是得以抵销赔偿金的违约金。抵销性违约金,性质上属于预定的违约方赔偿对方损失的最低限额。对于抵销性违约金,不论违约是否给对方造成损失、造成损失大小,违约方均应向对方支付违约金,违约方支付违约金后,不再承担赔偿损失的违约责任。如果违约金低于违约造成的损失或者过分高于违约造成的损失,当事人可以请求人民法院或仲裁机构予以增加或减少,但不能请求违约方另行承担赔偿损失的责任。

选择性违约金,是一方违约后另一方可以要求违约方支付违约金或者要求赔偿损失的违约金。选择性违约金的特点在于,支付违约金与赔偿损失的责任不能并用。在有选择性违约金的约定或规定时,一方违约后另一方可以或者不必证明损失而要求支付违约金,或者证明自己的损失而要求赔偿损失,但不能既要求支付违约金又要求赔偿损失。

排他性违约金,是一方违约后仅支付违约金而不再承担赔偿损失的违约金。也就是说,在有排他性违约金的约定或者规定的情形下,一方违约后另一方只能要求违约方支付违约金。排他性违约金实际上是最高限额的赔偿金。

我国原《经济合同法》上规定的违约金属于抵销性违约金,而现行《合同法》第 114 条中规定的违约金属于排他性违约。《合同法》第 114 条第 2 款规定:"约定的违约金低于造成的损失的,当事人可以请求人民法院或者仲裁机构予以增加;约定的违约金过分高于造成的损失的,当事人可以请求人民法院或者仲裁机构予以适当减少。"这表明,一方违约后,当事人可以就违约金的数额请求增加或减少,但违约方支付违约金后不再承担赔偿损失的责任。这一规定也表明,违约金具有预定赔偿金的性质。依《关于合同法的解释(二)》第 28 条和第 29 条规定,当事人请求增加违约金的,增加后的违约金数额以不超过实际损失额为限。增

---

① 参见崔建远主编:《合同法》(第六版),法律出版社 2016 年版,第 274 页。

加违约金以后,当事人又请求赔偿损失的,法院不予支持。当事人主张约定的违约金过高请求予以适当减少的,法院应当以实际损失为基础,兼顾合同的履行情况、当事人的过错程度以及预期利益等综合因素,根据公平原则和诚实信用原则予以衡量并作出裁决。当事人约定的违约金超过造成损失的30%的,一般可以认定为"过分高于造成的损失"。

**（三）支付违约金的条件**

支付违约金作为一种违约责任,当然以违约行为为条件。也就是说,在没有违约行为的情形下,不发生支付违约金的违约责任。除此之外,违约方承担支付违约金的责任还须具备以下两个条件：

1. 合同中有关于违约金的约定或者法律上有关于违约金的规定

不论是约定违约金还是法定违约金,以合同中有约定或者法律有规定为发生条件。如果当事人在合同中没有预先约定违约金,法律上也没有规定违约金,则违约当事人就不能承担支付违约金的责任。当然,当事人关于违约金的约定须有效,约定无效的,违约金也不能成立。支付违约金属于从债务,以主债务的有效存在为前提：主债务无效的,违约金条款当然无效;主债务免除的,违约金的债务也随之免除。但是,主合同义务解除的,违约方支付违约金的责任不能免除。因为合同的解除不影响当事人要求赔偿的权利,而违约金本来就属于预定赔偿金。

2. 违约方的违约行为属于应支付违约金的情形

只有在发生应支付违约金的违约行为时,违约方才承担支付违约金的责任。当事人虽有违约行为但其违约不属于约定或者规定的应支付违约金的情形,则违约方也不承担支付违约金的责任。如当事人在合同中约定,迟延交付货物一日应支付违约金若干,若债务人在约定期限内交货,但交付的货物质量不符合约定,则违约方不承担支付违约金的违约责任,而只能承担其他违约责任。

支付违约金是否以违约方有过错为条件呢？对此有不同的观点。我们认为,支付违约金是否要求违约方有过错,决定于两个方面：第一是当事人的约定。因为违约金可由当事人约定,当事人既可约定违约金的数额或计算方法,也可以约定违约金的条件。如果当事人约定只有在一方过错违约的情形下,才应支付违约金,则支付违约金就以违约方有过错为条件。第二是法律的规定。如果法律规定违约方承担过错责任,则只有在违约方有过错的情形下,才能适用支付违约金的违约责任。因《合同法》未将过错责任原则作为一般的归责原则,因此,除当事人另有约定或者法律另有规定外,支付违约金不以违约方的过错为条件。

**（四）违约金与定金的关系**

违约金与定金都是一方应给付给对方的款项,但两者的性质和作用不同：违约金是一方违约后由违约方支付的,而定金只能是于合同履行前由一方当事人支付,且以实际交付为成立生效要件;定金有证约和预先给付的作用,在合同履行后可以抵作价款,而违约金却无证约作用,不是预先给付的,不可能抵作价款;定金为合同的担保方式,担保着双方债务的履行,而违约金虽有促使一方当事人履行债务的作用,但主要不是担保方式,而是违约责任形式。

定金的担保作用主要体现在定金罚则上,即：交付定金的一方不履行合同的,丧失定金;收受定金的一方不履行合同的,应双倍返还定金。因此,在适用定金罚则时,丧失定金或双倍返还定金也成为违约后的救济措施,定金罚则也可以说是一种违约责任。如果在当事人既采用定金担保又有违约金约定的情形下,违约金与定金是否可并用呢?对此,《合同法》第116条明确规定:"当事人既约定违约金,又约定定金的,一方违约时,对方可以选择适用违约金或者定金条款。"因此,违约金与定金两者不能同时并用,只可以选择适用。需要指出的是,违约金与定金条款的选择适用,是以同一违约行为既可以适用违约金条款又可以适用定金条款为前提的。如果违约方的违约行为属于应支付违约金的违约情形,但不属于适用定金罚则的违约情形,当然不发生两者的选择适用。但只要一方的违约情形既可适用违约金条款又可适用定金条款,则不论该违约金是否为惩罚性的,都不能与定金并用。因为依现行法规定,当事人选择适用违约金条款时,如果违约金低于违约造成的损失,当事人可以请求人民法院或者仲裁机构予以增加,而不必以合并定金来救济。况且,一般来说,只有在一方当事人根本违约,另一方当事人解除合同时,才应适用定金罚则。

### 四、其他补救措施

补救措施有广义与狭义之分。广义的补救措施,是指当事人一方违约后应采取的补救方式,也就是违约方应承担的违约责任的具体方式。狭义的补救措施,是与继续履行、赔偿损失等违约责任并列的一种违约责任方式,亦即广义补救措施中的一种。《合同法》第107条规定,当事人一方违约的,"应当承担继续履行、采取补救措施或者赔偿损失等违约责任。"可见,我国法上是将补救措施作为一种与继续履行、赔偿损失等并列的一种违约责任方式。依我国法上的规定,补救措施是矫正合同不适当履行的责任方式。

适用补救措施的条件是当事人一方履行合同义务不符合要求,且不属于量上的不适当。如果当事人一方不履行义务,或者不完全履行,则违约当事人应当承担继续履行的责任。只有在当事人的履行行为不适当且该履行行为又不属于量上不适当的,违约当事人应采取的矫正措施才属于补救措施这种违约责任方式。例如,履行地点不适当的,债务人应改为在适当地点履行。《合同法》第111条规定:"质量不符合约定的,应当按照当事人的约定承担违约责任。对违约责任没有约定或者约定不明确,依照本法第六十一条的规定仍不能确定的,受损害方根据标的的性质以及损失的大小,可以合理选择要求对方承担修理、更换、重作、退货、减少价款或者报酬等违约责任。"这里所规定的违约责任形式都属于补救措施。

《合同法》第112条规定,当事人一方违约的,"在履行义务或者采取补救措施后,对方还有其他损失的,应当赔偿损失。"依此规定,补救措施不能与继续履行并用,但可以与赔偿损失并用。

## 第四节 违约责任与侵权责任的竞合

### 一、责任竞合的含义

#### (一)责任竞合的含义与特征

广义上的责任竞合,是指同一法律事实的出现会产生两种以上法律责任的现象。狭义的责任竞合,是指同一法律事实的出现会产生两种以上的相互冲突的同一性质的法律责任的现象。

责任竞合的原因在于法律调整社会关系的多样性。法律是社会生活的调整器,法律调整社会关系是通过法律规范规定某种法律事实发生某种法律后果来实现的。由于法律是从各种不同角度规范社会生活,因而时常发生同一事实符合数个规范的要件,致使这些规范都可以适用的现象,学说上称为规范竞合。① 规范竞合可以发生在不同的法律领域,也可发生在同一法律领域。前者,如侵害他人生命,既可构成刑事犯罪,又可构成侵权行为,行为人既应承担刑事责任,又应承担民事责任。在这种情况下,由于不同法律领域的法律责任的性质不同,各种法律责任可以并存。后者,如违约行为人的违约行为同时又对债权人的人身造成损害,就会同时既发生违约责任,又发生侵权责任,但违约责任与侵权责任属于同一性质的民事责任。狭义的责任竞合仅指后一种情形,即在同一法律领域的规范竞合且引起的责任相互冲突。

狭义的责任竞合具有以下特征:

1. 同一不法行为会引起两种以上的责任

这里的不法行为,是指行为人违反其义务的行为。法律责任的本意是违反法律义务的不利后果。义务是责任的前提,责任是违反义务的后果。只有在同一行为同时违反数个法律规定,同时符合不同的责任的构成要件,会产生数种不同法律责任的情形下,才发生责任竞合。如果行为人分别实施不同的行为,分别违反不同的法律规定,因而应承担数种法律责任,则此种情形不属于责任竞合。

2. 同一行为引发的数种责任彼此相互冲突

这里所说的责任相互冲突,是指同一行为引发的数种责任是同一法律领域的又不能相互吸收、相互并存。如果不法行为人应当承担的数种责任属于不同法律领域的责任,因各种责任的法律属性不同,相互并不冲突,可以并存且应当并存。如果行为人应承担的责任虽然属于同一法律领域的责任但可以相互并存,也不属于责任竞合。例如,合同当事人一方没有完全履行合同义务,构成适用继续履行责任和赔偿损失的责任,在此情形下,继续履行责任与赔偿损失的责任同属于民事责任,但两者可以并用。对同一不法行为可以适用数种不同责任方式的现象,有学者称之为民事责任聚合。

狭义的责任竞合实际上是因行为人的同一行为违反了同一法律领域内的不同性质的义务而会发生数种法律责任。在民法上,当事人的义务主要可分为两大类:一类是当事人约定的相对义务;一类是法律直接规定不特定人负有的不得侵害他人财产、人身的不作为义务。违反前者发生违约责任,违反后者发生侵权责任。如果合同当事人的同一行为既构成违反合同又构成侵权行为,也就会发生违约责任与侵权责任,而违约责任与侵权责任又是民法上两类相互区别的独立责任,因此,在此种情形下也就发生违约责任与侵权责任的竞合。

民法上的责任竞合主要就是违约责任与侵权责任的竞合,这反映了合同法与侵权行为法既相互独立又相互渗透的状况。

(二) 发生违约责任与侵权责任竞合的情形

违约责任与侵权责任的竞合,是由于合同当事人实施的某一行为同时具有违约行为与侵权行为的双重特征,从而导致行为人既会承担违约责任又会承担侵权责任。发生违约责任与侵权责任竞合的情况主要有以下几种:

---

① 参见崔建远主编:《合同法》(第六版),法律出版社2016年版,第248—249页。

1. 合同当事人的违约行为,同时违反了法律规定的强行性义务

例如,当事人的违约同时违反了法律规定的保护、照顾、通知、保密、忠实等附随义务以及其他法定的不作为义务。

2. 当事人一方实施的侵权行为直接构成违约的原因

这就是所谓的"侵权性的违约行为"。例如,保管合同的保管人依保管合同占有对方的财产,保管人对该财产为非法使用造成财产的毁损、灭失,保管人侵害保管物的侵权行为也就直接造成违约。

3. 当事人一方的违约行为造成侵权的结果

这就是所谓"违约性的侵权行为"。例如,供电人违约中止供电,造成用电人的财产或人身损害。

4. 不法行为人实施故意侵害他人权利并造成损害的侵权行为,加害人与受害人之间事先存在着一定合同关系

于此情形下,加害人对受害人的损害行为,既可以作为侵权行为对待,也可以作为违约行为对待。例如,甲故意损坏乙的房屋,甲与乙之间就承租该房屋订有租赁合同。甲损坏乙的房屋的行为不仅可以看作为侵权行为,而且也可以看作违约行为

5. 一种违法行为虽然只符合一种责任要件,但法律从保护受害人的利益出发,要求合同当事人可根据侵权行为提出请求和提起诉讼,或者将侵权责任纳入合同责任的适用范围

例如,在瑕疵履行的情形下,当事人可以按照侵权行为提出请求;产品责任可纳入合同责任范围内。

## 二、违约责任与侵权责任竞合的处理

在发生违约责任与侵权责任竞合时应如何处理上,学说上主要有法条竞合说、请求权竞合说及请求权规范竞合说等主张。

法条竞合说认为,债务不履行行为是侵权行为的特殊形态,侵权行为系违反权利不可侵犯的一般义务,债务不履行行为系违反基于合同而发生的特别义务。因此,同一事实具备违约行为和侵权行为的构成要件时,按照特别法优于普通法的规则,只能适用债务不履行的规定,因而仅产生违约责任的请求权,权利人不能主张侵权行为的请求权。这种学说混淆了违约行为和侵权行为的区别,没有准确认识违约行为与侵权行为的性质。同时,依此种学说,只允许权利人行使违约责任请求权,这也不利于保护权利人的利益。

请求权竞合说认为,一个具体事实具备侵权行为和债务不履行的构成要件时,产生两个独立的请求权。这种学说又可分为请求权自由竞合说和请求权相互影响说。请求权自由竞合说认为,侵权行为请求权和债务不履行请求权各自独立存在,债权人可以择一行使:如果其中一项请求权的行使已达目的而消灭时,则另一个请求权也因此而消灭;如果其中一个请求权因已达目的以外的原因而无法行使时,则另一个请求权仍然存在。依请求权自由竞合说,由于两个请求权独立并存,因此,债权人可以将其分别让与不同的人,或者自己保留一项请求权而将另一项请求权让与他人。请求权相互影响说认为,侵权行为请求权与债务不履行请求权可以相互作用,合同法上的规定可适用于侵权行为请求权,反之亦然。请求权相互影响说的根本思想在于克服两个独立请求权所发生的不协调矛盾。请求权竞合说的最大贡献在于,承认债权人可以就侵权行为请求权与债务不履行请求权选择行使。

请求权规范竞合说认为,一个具体的生活事实若符合债务不履行和侵权行为双重要件,并不能产生两项独立的请求权,而只能产生一个请求权,但该请求权的法律基础有两个:一是合同关系;一是侵权关系。这种学说认为请求权只有一个,而权利基础却有两个,债权人可以依据对其有利的基础关系而行使权利。

在各国立法上对违约责任与侵权责任的竞合的处理主要有禁止竞合、允许竞合和有限制的选择诉讼三种模式。禁止竞合的立法不承认违约责任与侵权责任的竞合,只有在没有合同关系存在时才发生侵权责任,当事人原则上不得在合同责任和侵权责任之间进行选择。法国法基本采取此模式。允许竞合的立法承认违约责任和侵权责任的竞合并允许选择请求权。德国法即采此模式。依德国法,受害人基于双重违法行为而产生两个请求权,受害人可以行使违约责任请求权,也可以行使侵权责任请求权,但不能使两项请求权都获得实现。有限制的选择诉讼的立法认为,责任竞合问题只是某种诉讼制度,它主要涉及诉讼形式的选择权,而不涉及实体法请求权的竞合问题。英国法即采有限制的选择诉讼模式。

我国《合同法》第122条规定:"因当事人一方违约行为,侵害对方人身、财产权益的,受损害方有权选择依照本法要求其承担违约责任或者依照其他法律要求其承担侵权责任。"该规定说明我国法上承认违约责任与侵权责任的竞合,也就是说,在当事人的违约行为符合侵权责任的要件时,允许受害人选择行使请求权:或依照合同法规定请求行为人承担违约责任,或依照其他法律规定请求行为人承担侵权责任。需要说明的是,《合同法》第122条仅提到因一方违约行为侵害对方人身、财产权益时的违约责任与侵权责任竞合时的请求权选择,而如上所述,发生责任竞合的情形多样,在其他情形下,如一方侵害他人人身财产权益的行为同时构成违约行为,也会发生责任竞合,于此情形下,当事人也可以选择或要求行为人承担侵权责任,或要求行为人承担违约责任。例如,医疗事故案件中医院的行为就既构成侵权行为,又构成违约行为,应允许受害人就侵权责任请求权和违约责任请求权予以选择行使。当然,如果法律明确规定某特定情形下,行为人仅承担一种责任,排除侵权责任与违约责任的竞合,自应依照法律规定,不发生受害人的选择。

## 【思考题】

1. 违约责任有何特点?违约责任的一般构成要件和免责条件有哪些?
2. 违约的形态有哪些?
3. 违约责任的形式有哪些?各种违约责任形式的适用条件是什么?
4. 如何确定赔偿损失的责任范围?
5. 违约金与定金的适用如何处理?
6. 违约责任与侵权责任竞合的情形有哪些?发生责任竞合时如何处理?

## 【法律应用】

1. 甲与乙签订房屋买卖合同,将一幢房屋卖与乙。双方同时约定,一方违约应支付购房款35%的违约金。但在交房前甲又与丙签订合同,将该房卖与丙,并与丙办理了过户登记手续。下列说法中哪些是正确的?(2002年司考题)

A. 乙可以自己与甲签订的合同在先,主张甲与丙签订的合同无效

B. 乙有权要求甲收回房屋,实际履行合同

C. 乙不能要求甲实际交付该房屋,但可要求甲承担违约责任
D. 若乙要求甲支付约定的违约金,甲可以请求法院或仲裁机构予以适当减少

2. 合同当事人一方违约后,守约方要求其承担继续履行的违约责任,在下列哪些情况下法院对守约方的请求不予支持?(2004年司考题)

A. 违约方所负债务为非金钱债务
B. 债务的标的不适于强制履行
C. 继续履行费用过高
D. 违约方已支付违约金或赔偿损失

3. 甲公司与乙公司签订服装加工合同,约定乙公司支付预付款1万元,甲公司加工服装1 000套,3月10日交货,乙公司3月15日支付余款9万元。3月10日,甲公司仅加工服装900套,乙公司此时因濒临破产致函甲公司表示无力履行合同。下列哪一说法是正确的?(2009年司考题)

A. 因乙公司已支付预付款,甲公司无权中止履行合同
B. 乙公司有权以甲公司仅交付900套服装为由,拒绝支付任何货款
C. 甲公司有权以乙公司已不可能履行合同为由,请求乙公司承担违约责任
D. 因乙公司丧失履行能力,甲公司可行使顺序履行抗辩权

4. 孙女士于2004年5月1日从某商场购买一套化妆品,使用后皮肤红肿出疹,就医不愈花费巨大。2005年4月,孙女士多次交涉无果将商场诉至法院。下列哪些说法是正确的?(2009年司法考试题)

A. 孙女士可以要求商场承担违约责任
B. 孙女士可以要求商场承担侵权责任
C. 孙女士可以要求商场承担缔约过失责任
D. 孙女士可以要求撤销合同

5. 甲公司与乙公司签订商品房包销合同,约定甲公司将其开发的10套房屋交由乙公司包销。甲公司将其中1套房屋卖给丙,丙向甲公司支付了首付款20万元。后因国家出台房地产调控政策,丙不具备购房资格,甲公司与丙之间的房屋买卖合同不能继续履行。下列哪些表述是正确的?(2012年司考题)

A. 甲公司将房屋出卖给丙的行为属于无权处分
B. 乙公司有权请求甲公司承担违约责任
C. 丙有权请求解除合同
D. 甲公司只需将20万元本金返还给丙

6. 甲、乙签订一份买卖合同,约定违约方应向对方支付18万元违约金。后甲违约,给乙造成损失15万元。下列哪一表述是正确的?(2013年司考题)

A. 甲应向乙支付违约金18万元,不再支付其他费用或者赔偿损失
B. 甲应向乙赔偿损失15万元,不再支付其他费用或者赔偿损失
C. 甲应向乙赔偿损失15万元并支付违约金18万元,共计33万元
D. 甲应向乙赔偿损失15万元及其利息

7. 方某为送汤某生日礼物,特向余某定做一件玉器。订货单上,方某指示余某将玉器交给汤某,并将订货情况告知汤某。玉器制好后,余某委托朱某将玉器交给汤某,朱某不慎将玉器碰坏。下列哪一表述是正确的?(2014年司考题)

A. 汤某有权要求余某承担违约责任
B. 汤某有权要求朱某承担侵权责任

C. 方某有权要求朱某承担侵权责任　　D. 方某有权要求余某承担违约责任

8. 甲房产开发公司在交给购房人张某的某小区平面图和项目说明书中都标明有一个健身馆。张某看中小区健身方便,决定购买一套商品房并与甲公司签订了购房合同。张某收房时发现小区没有健身馆。下列哪些表述是正确的?（2014年司考题）

　　A. 甲公司不守诚信,构成根本违约,张某有权退房
　　B. 甲公司构成欺诈,张某有权请求甲公司承担缔约过失责任
　　C. 甲公司恶意误导,张某有权请求甲公司双倍返还购房款
　　D. 张某不能滥用权利,在退房和要求甲公司承担违约责任之间只能选择一种

9. 甲公司与乙公司签订了一份手机买卖合同,约定:甲公司供给乙公司某型号手机1 000部,每部单价1 000元,乙公司支付定金30万元,任何一方违约应向对方支付合同总价款30%的违约金。合同签订后,乙公司向甲公司支付了30万元定金,并将该批手机转售给丙公司,每部单价1 100元,指明由甲公司直接交付给丙公司。但甲公司未按约定期间交货。请回答以下问题:（2010年司考题）

（1）关于返还定金和支付违约金,乙公司向甲公司提出请求,下列表述正确的是:
　　A. 请求甲公司双倍返还定金60万元并支付违约金30万元
　　B. 请求甲公司双倍返还定金40万元并支付违约金30万元
　　C. 请求甲公司双倍返还定金60万元或者支付违约金30万元
　　D. 请求甲公司双倍返还定金40万元或者支付违约金30万元

（2）关于甲公司违约时继续履行债务,下列表述错误的是:
　　A. 乙公司在请求甲公司支付违约金以后,就不能请求其继续履行债务
　　B. 乙公司在请求甲公司支付违约金的同时,还可请求其继续履行债务
　　C. 乙公司在请求甲公司继续履行债务以后,就不能请求其支付违约金
　　D. 乙公司可选择请求甲公司支付违约金,或请求其继续履行债务

（3）关于甲、乙、丙公司间违约责任的承担,下列表述正确的是:
　　A. 如乙公司未向丙公司承担违约责任,则丙公司有权请求甲公司向自己承担违约责任
　　B. 如乙公司未向丙公司承担违约责任,则丙公司无权请求甲公司向自己承担违约责任
　　C. 如甲公司迟延向丙公司交货,则丙公司有权请求乙公司承担迟延交货的违约责任
　　D. 如甲公司迟延向丙公司交货,则丙公司无权请求乙公司承担迟延交货的违约责任

**【讨论案例】**

1. 甲公司从某银行贷款1 200万元,以自有房产设定抵押,并办理了抵押登记。经书面协议,乙公司以其价值200万元的现有的以及将有的生产设备、原材料、半成品、产品为甲公司的贷款设定抵押,没有办理抵押登记。后甲公司届期无力清偿贷款,某银行欲行使抵押权。法院拟拍卖甲公司的房产。甲公司为了留住房产,与丙公司达成备忘录,约定:"由丙公司参与竞买,价款由甲公司支付,房产产权归甲公司。"丙公司依法参加竞买,以1 000万元竞买成功。甲公司将从子公司筹得的1 000万元交给丙公司,丙公司将这1 000万元交给了法院。法院依据竞拍结果制作民事裁定书,甲公司据此将房产过户给丙公司。

法院裁定书下达次日,甲公司、丙公司与丁公司签约:"甲公司把房产出卖给丁公司,丁公司向甲公司支付1 400万元。合同签订后10日内,丁公司应先付给甲公司400万元,尾款

待房产过户到丁公司名下之后支付。甲公司如果在合同签订之日起半年之内不能将房产过户到丁公司名下,则丁公司有权解除合同,并请求甲公司支付违约金700万元,甲公司和丙公司对合同的履行承担连带责任。"

在甲公司、丙公司与丁公司签订房产买卖合同的次日,丙公司与戊公司签订了房产买卖合同。丙公司以1500万元的价格将该房产卖给戊公司,尚未办理过户手续。丁公司见状,拒绝履行支付400万元首付款的义务,并请求甲公司先办理房产过户手续,将房产过户到丁公司名下。甲公司则要求丁公司按约定支付400万元房产购置首付款。鉴于各方僵持不下,半年后,丙公司索性把房产过户给戊公司,并拒绝向丁公司承担连带责任。经查,在甲公司、丙公司和丁公司签订合同后,当地房地产市场价格变化不大。

请回答下列问题:(1)乙公司以其现有的及将有的生产设备等动产为甲公司的贷款设立的抵押是否成立?为什么?(2)某银行是否必须先实现甲公司的房产的抵押权,后实现乙公司的现有的及将有的生产设备等动产的抵押权?为什么?(3)甲公司与丙公司达成的备忘录效力如何?为什么?(4)丙公司与戊公司签订房产买卖合同效力如何?为什么?(5)丁公司是否有权拒绝履行支付400万元的义务?为什么?(6)丁公司是否有权请求甲公司在自己未支付400万首付款的情况下先办理房产过户手续?为什么?(7)丁公司能否解除房产买卖合同?为什么?(8)丙公司能否以自己不是合同的真正当事人为由拒绝向丁公司承担连带责任?为什么?(9)甲公司可否请求法院减少违约金数额?为什么?(2011年司考题)

2. 2000年2月,甲公司与乙公司订立了一份买卖20吨某型号钢锭的合同。按照合同约定,钢锭每吨1万元,合同总价款20万元,乙公司应当在2000年9月1日之前向甲公司提供钢锭。合同订立时,甲公司向乙公司预付10万元,其余价款货到付清。甲公司向乙公司交付5万元定金。如有违约,则违约方需要向对方支付合同总价款5%的违约金。合同订立后,甲公司交付10万元预付款与5万元定金。由于钢材市场价格不断攀升,乙公司便与甲公司协商加价,但甲公司不同意。于是乙公司便不想履行与甲公司的合同了。履行期届满后,乙公司未向甲公司交付钢锭。急于使用钢锭的甲公司不断派人催促乙公司履行合同,因此支出2000元费用。后甲公司威胁乙公司,如果不履行合同,便将此事公之于众。乙公司考虑到自己的商业信用,便同意继续履行合同。经过协商,双方同意于2000年11月1日之前将合同履行完毕。2000年10月6日,乙公司交付了10吨钢锭。2000年11月1日,钢锭价格已经上升至1.2万元/吨,乙公司便通知甲公司,拒绝交付剩下的钢锭。甲公司几次催促,但乙公司仍不履行,甲公司只好从丙公司购进了10吨钢锭,价值为1.2万元/吨。

请回答下列问题:(1)甲公司能否请求乙公司交付剩下的10吨钢锭?为什么?(2)甲公司有权请求乙公司返还多少定金?为什么?(3)甲公司能否解除合同?为什么?(4)甲公司有权要求乙公司赔偿多少损失?为什么?(5)甲公司在请求乙公司双倍返还定金之后,能否再要求乙公司支付违约金?为什么?(6)甲公司有权请求乙公司支付违约金的数额是多少?为什么?

# 第九章 买卖合同

**【学习指南】**

重点在于把握买卖合同的特性、当事人应承担的义务、标的物风险负担与利益承受;难点在于理解分期付款买卖、分批交货买卖、样品买卖、试用买卖、买回买卖等特种买卖合同的效力。

**【导入案例】**

8月3日,甲将自己的电视机借给乙使用。几天后,甲又买了一台新电视机。9月4日,甲、乙商定,甲以1 000元的价格将旧电视机卖给乙,9月10日之前,乙付清款项。但在9月6日,该电视机被雷电击坏。通过本章的学习,试分析甲、乙之间的买卖合同的成立时间、电视机的所有权转移时间、电视机的损失处理。

## 第一节 买卖合同概述

### 一、买卖合同的概念和特征

依《合同法》第130条规定,买卖合同是出卖人转移标的物的所有权于买受人,买受人支付价款的合同。

买卖是社会经济生活中最普遍、最基本,同时也是最复杂、最高级的交易形式。合同法乃至于民法的诸多理论与制度实际上均以买卖为中心构建,离开买卖谈风险负担、物权变动的模式、物权的公示制度、所有权保留、静态安全与动态安全等问题均无实际意义。买卖合同在各国合同法中处于基础和核心的地位,买卖合同的规则成为其他合同的准用规则。

买卖合同具有两大基本特征:

1. 买卖合同以转移标的物所有权为目的

在买卖合同中,出卖人转移标的物所有权给买受人,买受人接受标的物所有权并支付价金。买卖的目的归结到一点,就是标的物所有权由出卖人转移给买受人。这是买卖合同与租赁合同、运输合同等相区别的本质特征。但是,买卖合同本身是一种债权契约,买卖合同成立并不当然发生所有权转移的后果,只是赋予当事人转移标的物所有权或接受标的物所有权的义务。

2. 买卖合同是有偿合同

按照我国合同法的规定,以转移所有权为目的的合同除买卖合同外,还有赠与合同。较之同样以转移所有权为目的的赠与合同,买卖合同的特征在于,它是有偿合同,买受人接受所有权必须以支付价金为代价。同理,出卖人获得价金,必须以转移标的物所有权给买受人为代价。买卖合同的许多规则都是以买卖合同的有偿性为基点的。

除此以外,买卖合同还具有为诺成合同、双务合同、不要式合同等特征。

## 二、买卖合同的当事人和标的物

### (一) 买卖合同的当事人

买卖合同的当事人是指买卖法律关系权利义务的承受人,包括出卖人和买受人。买受人是取得所有权并支付价金之人;出卖人是指以自己的名义出卖标的物,将标的物所有权转移给买受人之人。能够以自己的名义出卖标的物的人,绝不仅限于对标的物享有所有权的人。在实务中,可以作为出卖人的主要有:

1. 标的物所有权人

所有权人对自己所有之财产享有占有、使用、收益、处分的权利,出卖财产是所有权的重要权能之一,所有权人是最常见、最正常的出卖人。

2. 经营、管理权人

经营、管理权人虽非财产的所有权人,但对财产享有经营管理权,有权以自己的名义,以出卖的方式对财产实施处分。例如,全民所有制企业对国家授予的财产享有经营权、基于信托合同受托人对信托财产享有经营管理权等,尽管各种经营管理权产生的基础权利不同,但处分权是相同的,他们完全可以作为出卖人,以自己的名义出卖财产。破产管理人对破产财产享有管理处分的权利,破产管理人在实施法律行为时,在实体法律关系中是否具有当事人的资格,学理上有争议,但在诉讼过程中,破产管理人所具有的当事人资格得到法律和理论的认可,似乎无争议。① 鉴于此,至少可以肯定,破产管理人作为当事人进行诉讼的,因诉讼上的需要,破产管理人须以买卖的方式处分破产财产的,破产管理人可以处于出卖人的地位,尽管处分后所得的价款,归入破产财团之中。

3. 留置权人

留置权人对留置的标的物不享有所有权,但依据法律的规定,留置权人于债务人不履行债务而得实现留置权时,有权变卖标的物,以价款优先实现自己的债权。留置权人以自己的名义而非所有权人的名义,即是以出卖人的身份而非代理人的身份实施买卖行为的,是买卖合同的当事人。

4. 行纪人

行纪人接受委托人的委托出卖财产,但是,行纪人是以自己的名义而非委托人的名义与买受人签订买卖合同的。因此,就买卖合同本身而言,行纪人是当事人,即出卖人而非代理人。

---

① 参见陈荣宗:《破产法》,台湾三民书局股份有限公司1982年版,第165—166页。

有学者以法院在执行程序中有权对查封扣押的财产进行变卖,以价金清偿债务为由,认为法院可以作为出卖人。① 对此,我们有不同的观点。法院依职权变卖标的物,只能说明法院对标的物可以进行处分,并不意味着法院可以作为买卖合同的当事人,买卖合同的权利义务承受人仍然是标的物的所有人和买受人。正如失踪人的财产代管人,为了失踪人的利益,他可以对失踪人的财产进行管理处分,但他本人不是当事人,仅仅是当事人的代理人,相当于指定代理人。②

### (二) 买卖合同的标的物

买卖合同的标的物是买卖合同双方当事人给付与接受给付行为所指向的对象,包括物与货币。但是,货币几乎不作为买卖合同的标的物予以研究,买卖合同中的标的物通常仅指物。在买卖合同中,并不是任何物都可以作为标的物的。而一个物是否可以作为买卖的标的物,又决定着买卖合同是否有效,或买受人能否取得标的物所有权。具体说,作为买卖合同的标的物,必须具有以下条件:

1. 买卖合同的标的物必须是出卖人所有或出卖人有权处分的物

出卖人无处分权的他人之物不可以作为买卖合同的标的物,尽管买卖合同并不会因此而无效。③

2. 买卖合同的标的物必须是法律允许流通的物

法律、行政法规禁止流通的物不可以作为买卖合同的标的物。当事人以禁止流通物为标的物签订买卖合同的,买卖合同无效。法律、行政法规限制流通的物只能在许可流通的范围内作为买卖合同的标的物,否则买卖合同无效。法律禁止或限制流通的物种类非常复杂,有土地、河流、山川,也有鸦片、伪造的货币、淫秽物品等。

## 第二节 买卖合同的效力

### 一、出卖人的义务

#### (一) 交付标的物

依据合同的约定将标的物交付给买受人,是出卖人的首要义务,出卖人的其他义务均以此为前提。

1. 交付标的物的形态

交付标的物是指标的物的转移占有,即标的物由出卖人转移给买受人占有。标的物交付的形态在实务中复杂多样,它不仅仅是出卖人义务履行的问题,还关系到所有权,乃至于风险负担转移的重要问题。交付标的物的形态主要包括以下几种:

(1) 现实交付。现实交付是标的物的现实转移占有,表现为出卖人丧失标的物的直接

---

① 参见崔建远:《合同法》(第二版),北京大学出版社2013年版,第435页。
② 参见王利明:《民法总则研究》(第二版),中国人民大学出版社2012年版,第243页。
③ 学者多认为,出卖人对标的物没有处分权,在逻辑上直接后果是出卖人不能依约履行自己转移所有权于买受人的合同义务,应因此而承担违约责任。故不能因为出卖人无法履行合同义务,就否认买卖合同的效力。参见王轶:《论一物数卖》,载《中国民法学精萃》,机械工业出版社2004年版,第301页。最高人民法院《买卖合同的解释》也持此观点。

占有,而买受人取得标的物占有。现实交付是实务中最常见的交付,是各类标的物的交付形态中,唯一的实物交付形态。依据合同约定,标的物需要运输方可实现交付的,也是实物的现实交付,但与一般的现实交付不同,出卖人不可能将标的物置于买受人的直接占有及控制之下,而是通过交付给承运人,再由承运人交付给买受人。依《合同法》第141条规定,出卖人将标的物交付给第一承运人的时间为交付的时间。

(2) 简易交付。买卖标的物已经为买受人占有,出卖人无须进行现实交付,仅将自主占有的意思授予买受人,使买受人从他主占有变为自主占有,以代替现实交付的,为简易交付。此种交付形态是建立在自主占有和他主占有的划分基础之上的,交付的时间以买卖合同生效时为准确定。《合同法》第140条规定:"标的物在订立合同之前已为买受人占有的,合同生效的时间为交付时间。"

(3) 指示交付。买卖标的物被第三人占有,出卖人与买受人约定,出卖人将其对第三人所享有的返还原物请求权转移给买受人,由买受人向第三人行使请求权,以代替现实交付的,为指示交付。指示交付的,标的物交付的时间以出卖人与买受人转移请求权的合意生效之时为准确定。

(4) 拟制交付。出卖人将标的物所有权的凭证如仓单、提单等交付给买受人,以代替标的物的现实交付的,为拟制交付。标的物交付的时间为交付凭证之时,而非实物交付给买受人之时。随着商品经济的发展,拟制交付越来越成为交付的重要形态,而拟制交付的发展又进一步加速了财产的流转。

(5) 占有改定。出卖人与买受人约定,由出卖人继续直接占有买卖的标的物,使买受人取得对标的物的间接占有的,为占有改定。标的物交付的时间以当事人双方占有改定的合意生效时为准确定。占有改定是建立在直接占有和间接占有的划分基础之上的,与简易交付相同,都没有现实的实物交付,但两者又有不同。作为交付的结果,在简易交付中,买受人直接占有标的物,并由他主占有变为自主占有;而在占有改定中,仅使受让人取得间接占有,而没有现实占有标的物。占有改定的成立,除当事人买卖合同的法律关系之外,还必须有其他法律关系的存在。例如,当事人签订买卖合同之后,又达成借用、租赁、寄存等法律关系,出卖人以借用人、承租人、保管人的身份继续占有标的物的,方发生占有改定的效果。如果没有上述关系,仅出卖人与买受人协议:"过几天我再给你吧",则不具有占有改定的效果。

上述五种交付的形态,除第一种现实交付以外,其他几种均为观念上的交付,因此,我们实际上可以将交付分为实物交付和观念交付两种。区分两者的意义在于交付成立的时间不同:实物交付,买受人实际、直接占有控制标的物的时间,为交付成立的时间;而观念交付,没有实物转移占有的过程,交付的时间不可以买受人直接、实际占有标的物为准确定。而交付成立的时间对所有权转移和风险负担等问题都具有重要的法律意义。

2. 交付标的物合格

出卖人交付标的物必须合格,即必须符合合同的约定或法律的规定,否则,不生交付的后果。

(1) 交付标的物的期限。当事人在买卖合同中约定交付期限的,出卖人应当在交付期限内为交付。出卖人提前交付的,须征得买受人的同意;否则,买受人有权拒绝。买卖合同没有约定交付期限或约定不明确的,可以协议补充;不能达成补充协议的,按照合同有关条款或交易习惯确定;仍不能确定的,出卖人可以随时交付,买受人也可以随时请求交付。如果合同约定出卖人分期分批交付的,出卖人应当在每一期限届至时交付该期限约定数量的标的物,某一期限届至时未交付应当交付的标的物,仅就该部分的不履行承担违约责任。

(2) 交付标的物的地点。依《合同法》第141条规定,出卖人应当在合同约定的地点为交付行为。当事人没有约定交付地点或约定不明确的,可以协议补充;不能达成补充协议的,按照合同有关条款或交易习惯确定;仍不能确定的,适用下列规定:第一,标的物需要运输的,出卖人应当将标的物交付给第一承运人以运交给买受人;第二,标的物不需要运输,出卖人与买受人订立合同时知道标的物在某一地点的,出卖人应当在该地点交付标的物;不知道标的物在某一地点的,应当在出卖人订立合同时的营业地交付标的物。

(3) 交付标的物的质量。出卖人应当按照约定的质量要求交付标的物,当事人对标的物的质量标准没有约定或约定不明确的,可以协议补充;不能达成补充协议的,按照合同有关条款或交易习惯确定;仍不能确定的,按照国家标准、行业标准确定。没有国家标准、行业标准的,按照通常标准或符合合同的目的的特定标准确定。

此外,出卖人还应当按照合同约定的数量、包装方式履行交付义务;依据合同约定或者交易习惯,出卖人须向买受人交付提取标的物以外的有关单证和资料的,或者出卖人须随同主物一同交付从物的,交付单证、资料,以及交付从物的义务也是出卖人交付标的物义务的组成部分。出卖人在诸如此类的问题上的交付不合格与期限、地点、质量上的交付不合格一样须承担违约责任。但有不同,遇有标的物毁损灭失场合,前者不会影响风险负担的转移,而后者会改变合同法对风险负担转移的常态规定。

### (二) 转移标的物所有权

转移标的物的占有与转移标的物的所有权,是两个不同意义上的概念。因此,出卖人的义务不仅要转移标的物的占有,还要转移标的物的所有权。《合同法》第133条规定:"标的物所有权自标的物交付时起转移,但法律另有规定或者当事人另有约定的除外。"对此规定,应从三个意义上理解:

1. *标的物所有权自出卖人交付标的物时起转移*

原则上,标的物所有权自出卖人交付标的物时起转移。但法律有特别规定的,依其规定;当事人有相反约定的,从其约定。出卖人交付标的物,同时具有转移占有与转移所有权双重意义。这就是法律为什么要对交付的形态以及交付成立的时间予以确定的原因。

2. *标的物所有权依法律的规定发生转移*

法律对买卖标的物所有权有另行规定的,主要限于不动产买卖,出卖人转移所有权给买受人须自行办理或协助办理所有权转移登记。法律规定自登记之时起所有权由出卖人转移给买受人的,非经登记,尽管出卖人已经将标的物交付给买受人,也尽管买受人已经支付价金,所有权仍没有发生转移。

3. *标的物所有权自当事人约定的时间或条件成就时起转移*

当事人的另行约定与法律的另行规定一样是对常态法交付意义的改变。改变的方式有两种:其一,当事人约定所有权自合同成立时起转移给买受人,即将标的物所有权转移时间置于交付之前,目的是避免出卖人于合同成立后再以该标的物为他人设定物权或出卖;其二,当事人约定买卖标的物交付之后,买受人支付全部价金之时转移标的物所有权给买受人,即将标的物所有权转移时间置于标的物交付之后,目的是出卖人以保留的所有权担保买受人支付全部价金。①

**(三) 担保标的物无品质瑕疵的义务**

1. 物的瑕疵担保义务与担保责任

品质瑕疵也称物的瑕疵,是指出卖人所交付的标的物的品质不符合法律规定或当事人约定的标准,致使该标的物价值降低或难以达到预定的用途。出卖人的瑕疵担保义务是保证交付标的物符合法律规定或当事人约定的质量标准,无品质上瑕疵。当事人未尽此项义务所应承担的法律后果,即物的瑕疵担保责任。《合同法》第155条规定:出卖人交付的标的物不符合质量要求的,买受人可以要求承担违约责任。

关于物的瑕疵担保责任与违约责任的关系,各国有不同的规定。许多国家民法将瑕疵担保责任区别于违约责任,或作为违约责任的特则规定在买卖合同法中。这样,瑕疵担保责任的规则、责任形式、诉讼时效等均有别于一般的违约责任。例如,在大陆法系各国,瑕疵担保责任的诉讼时效普遍适用特别短期时效,一般为6个月至1年。我国《合同法》第155条规定,出卖人交付的标的物不符合质量要求的,买受人可以依照本法第111条的规定要求承担违约责任。同时,合同法未对此类诉讼规定特别短期时效。这表明我国的合同法实际上没有将瑕疵担保责任与违约责任相区别,没有对标的物的瑕疵担保责任作特别规定,即将瑕疵担保责任等同于违约责任。

2. 物的瑕疵担保责任的要件

物的瑕疵担保责任是法定责任、无过错责任,无须当事人在合同中约定,也无须出卖人有主观过错,只要具备法律规定的要件,责任即成立。依据我国合同法的规定,物的瑕疵担保责任须具备以下要件:

(1) 出卖人交付的标的物存在瑕疵。物的瑕疵的判断有主观标准与客观标准两种。依主观标准,出卖人交付的标的物不符合当事人约定的品质,致使其价值或效用减少、丧失的,即具有物的瑕疵。按客观标准,出卖人交付之标的物不符合该种物所应具备的通常性能及客观上应有之物征的,即为物的瑕疵。② 在不同的历史时期,立法所采标准也不同,罗马法采客观标准,近代各国民法多兼采客观标准与主观标准。从我国《合同法》第111条、第153条、第154条、第155条的规定看,判断物的瑕疵标准包括主观标准和客观标准。出卖人交付的标的物不符合当事人约定的质量要求或者不符合法律确定的质量标准,均构成物的瑕疵。至于物的瑕疵是否于订立合同之前即已存在,则对瑕疵担保责任的构成没有影响。这是物的瑕疵担保责任和权利瑕疵担保责任的主要区别。

(2) 买受人善意且无重大过失。买受人于订立合同时知道物的瑕疵而仍订立买卖合同的,是买受人有意自愿承担物的瑕疵;买受人确实不知物的瑕疵,但一经观察、验证即可发现瑕疵,而买受人没有经观察验证发现瑕疵,便与出卖人订立买卖合同的,是买受人有重大过失。在上述情况下,出卖人不承担瑕疵担保责任,物的瑕疵由买受人自行承担。买受人不知道,也不应当知道物的瑕疵,而且买受人的不知是由出卖人故意隐瞒瑕疵,或对标的物的品质有特别保证所致的,买受人为善意且无过失,出卖人须承担瑕疵担保责任。

---

① 参见《合同法》第134条。
② 参见崔建远主编:《新合同法原理与案例评释》(下),吉林大学出版社1999年版,第943页。

(3) 买受人及时履行瑕疵通知义务。买受人接受标的物后,要检验标的物是否存在瑕疵,发现瑕疵应当在一定时间内及时通知出卖人,此为买受人的通知义务。出卖人瑕疵担保责任以买受人尽了及时通知义务为要件,买受人没有尽通知义务的,视为标的物的质量符合约定。于此情形下,尽管有物的瑕疵,出卖人也不负瑕疵担保责任。关于买受人尽通知义务的期间,《合同法》第158条规定:当事人约定检验期间的,买受人应当在约定的检验期间内将发现的瑕疵告知出卖人;当事人没有约定检验期间的,买受人应当在合理的时间内发现瑕疵并告知出卖人,或者自标的物收到之日起2年内通知出卖人。但是,对标的物有质量保证期的,适用质量保证期,不适用该2年的规定。依《买卖合同的解释》第17条规定,这里的"合理期间",应当综合当事人之间的交易性质、交易目的、交易方式、交易习惯、标的物的种类、数量、性质、安装和使用情况、瑕疵的性质、买受人应尽的合理注意义务、检验方法和难易程度、买受人或者检验人所处的具体环境、自身技能以及其他合理因素,依据诚实信用原则进行判断;这里规定的"两年"是最长的合理期间,该期间为不变期间,不适用诉讼时效中止、中断或者延长的规定。

3. 物的瑕疵担保责任的形式

出卖人瑕疵担保责任成立后,应当依据当事人约定的形式承担责任;当事人没有约定的,出卖人应当向买受人承担以下形式的责任。

(1) 修复、更换、重作。修复、更换、重作是补正标的物品质,除去物上瑕疵的一种责任形式。出卖人应当根据标的物的实际情况选择是修复、更换、还是重作。只要能够除去物上的瑕疵,买受人不得对出卖人的选择进行干预。经过修复、更换、重作达到当事人约定的质量标准的,买受人不得拒绝接受。修复一般适用于特定物买卖,而更换适用于种类物买卖。德国、法国、日本等国家民法认为瑕疵担保责任仅限于特定物买卖,因此,不会有更换的责任形式。我国合同法对物的瑕疵担保责任不限于物的特定性,修复与更换的责任形式均可适用,当事人根据具体情况可以予以选择。

(2) 减少价金。出卖人交付有瑕疵的标的物,没有办法通过修复等方式补正瑕疵,而有瑕疵的标的物又不足以影响买受人订约目的实现的,出卖人应当依据瑕疵标的物与符合质量要求标的物的品质差距,适当减少买卖的价金,减少的数额原则上以瑕疵标的物正常的合理价格与无瑕疵标的物合同价格之差为准计算。

(3) 解除合同。出卖人交付瑕疵标的物,以致使买受人订约目的不能实现的,买受人可以行使解除权。合同解除的,买受人将接受的标的物交还给出卖人,出卖人返还接受的价金。《合同法》第111条规定的"退货"实际上是对解除合同的规定。解除合同的,须由买受人行使解除权,解除权为形成权,无须出卖人为同意的意思表示。但是,为了维护交易的稳定性,避免交易成本的无意浪费,各国法均对解除权的行使条件及解除权形式的期限作了限定性规定。如《日本民法典》第570条规定:标的物有瑕疵,买受人不知有瑕疵,因此而不能达到订立契约目的的场合,买受人得解除合同。我国《合同法》第94条第4项也有相同内容的规定。关于解除权行使的期限,日本民法规定自买受人知道该事实时起1年内为之。根据我国《合同法》第95条和第158条的规定,当事人约定解除期限的,买受人应当在约定的解除期限内解除合同;当事人没有约定解除期限的,买受人应当在合理的期限内解除合同,但该合理时间最长不得超过自交付标的物之日起2年。

(4) 赔偿损失。出卖人因标的物瑕疵而给买受人造成损失的,应当负损害赔偿责任。

各国立法对物的瑕疵所致损害赔偿责任多有规定,但是否将赔偿损失作为一种独立的责任形式有不同的规定。法国民法将赔偿损失作为解除合同的一种辅助形式,即赔偿损失不是独立的责任形式。买受人因出卖人交付有瑕疵的标的物而解除合同,要求出卖人返还价款的同时,主张出卖人赔偿其所受损失。赔偿损失的范围因出卖人是否善意而有别。当出卖人明知标的物有瑕疵,即出卖人为恶意的,出卖人须赔偿买受人所遭受的全部损失;出卖人不知标的物有瑕疵,即出卖人为善意的,出卖人只赔偿因买卖契约而支出的费用。① 德国民法将赔偿责任作为一种独立的责任形式,于出卖人故意不告知瑕疵,并买受人不得主张解除合同场合适用损害赔偿责任。② 我国合同法对此尚无规定。我们认为,损害赔偿应当作为独立的责任形式。实际上,赔偿损失与减少价金是同一性质的责任,严格说都是赔偿损失,只是赔偿损失的范围不同而已。既然减少价金是一种独立的责任形式,赔偿损失也应作为独立的责任形式。

标的物瑕疵担保责任成立,上述四项责任形式应该如何适用,能否同时合并适用,是否应当有先后顺位?这是关涉责任承担合理性的重要问题,需要在法律上予以明确规定。我们认为,修复、更换、重作是第一顺位的责任形式。出卖人交付瑕疵标的物,买受人应当首先请求修复、更换、重作。因为这种形式是实施最简便、成本最低、效率最高,损失最小,而且最有利于交易关系稳定的责任形式。至于修复、更换、重作三者,哪一个处于优先顺位,则应当取决于标的物的实际情况,法律不宜作出确切规定。减少价金与赔偿损失是第二顺位并列的两种责任形式。标的物的瑕疵不可能经过修复、更换、重作予以补正,或者经过修复、更换、重作后,标的物的品质仍不能达到当事人约定的标准,但标的物虽有瑕疵,仍不至于使买受人订约目的不能实现的,买受人有权在减少价金和赔偿损失之间进行选择。但请求赔偿损失,必须有损失的客观存在,标的物有瑕疵,仅仅是标的物贬值的问题,尚不足以造成买受人期待利益损失的,则买受人只可以请求减少价金。另外,赔偿损失不可以与修复、更换、重作同时适用,经过修复、更换、重作已经使标的物的瑕疵得到补正,买受人仍会有损失发生,但这一损失不是标的物瑕疵造成的损失,而是符合品质要求的标的物给付迟延造成的损失,即便出卖人因此而承担的赔偿损失的责任,性质上也不属于瑕疵担保责任,而是迟延给付的违约责任。解除合同是最后顺位的责任形式,标的物的瑕疵不可通过修复、更换、重作予以补正,减少价金或赔偿损失虽未尝不可,但仍不可以排除标的物瑕疵所导致的买受人订约目的不能实现的后果,解除合同成为救济买受人损失的唯一可行的方法时,买受人方可以请求解除合同。解除合同使买受人摆脱合同的束缚,获得另订合同的机会,从而实现其订约目的,这是解除合同所追求的效果。但是,解除合同的负面效果——对交易成本造成的无益浪费,给整个社会交易安全带来的巨大威胁会与正面效果相伴而生,而且代价惨重,这是将解除合同作为最后顺位的原因。合同解除时,买受人可以同时请求损害赔偿,但这种损害赔偿不是瑕疵担保责任独立的责任形式,而是合同解除的效果之一。

**(四) 担保标的物无权利瑕疵的义务**

1. 权利瑕疵担保义务

第三人在买卖标的物上享有合法的权利,且该权利具有追及效力,以致使买受人无法取

---

① 参见《法国民法典》第 1645—1646 条。
② 参见《德国民法典》第 462—463 条。

得完整意义上的所有权的,为标的物的权利瑕疵。买卖合同的本质是出卖人转移所有权给买受人,由此决定,出卖人负有标的物权利瑕疵担保义务,即保证无任何第三人对标的物主张影响买受人取得所有权和行使所有权的任何权利,以使买受人取得纯净而完整的所有权。标的物上会存在各种各样的瑕疵,但出卖人权利瑕疵担保义务基本上有三种:第一,出卖人负有担保于合同约定的交付标的物的时间届至时标的物不被他人合法占有的义务,以使买受人可取得标的物的占有权、使用权;第二,出卖人负有担保买受人于合同约定的时间内一定能够取得标的物所有权的义务;第三,出卖人负有担保买受人取得的所有权上无任何负担的义务。关于权利瑕疵担保义务,《合同法》第150条规定:"出卖人就交付的标的物负有保证第三人不得向买受人主张任何权利的义务。"

2.权利瑕疵担保责任的构成

权利瑕疵担保义务为一种法定义务,无须当事人约定,出卖人当然负有。出卖人未尽担保义务,致使买受人无法取得纯净而完整所有权的,出卖人所承担的责任,为权利瑕疵担保责任。瑕疵担保责任的成立,须具备以下要件。

(1)买卖的标的物上存在权利瑕疵。权利瑕疵有几种情况:第一,买卖标的物为不动产的,出卖人非为所有权的登记名义人或唯一的登记名义人。具体又包括诸多情况,如继承人是出卖人,而不动产所有权的登记名义人是被继承人;出卖人依据法院的胜诉判决取得标的物所有权,但尚未取得所有权的变更登记,登记名义人是原所有权人;出卖人与所有权的登记名义人完全是毫不相干的两个人;出卖人与第三人共同为所有权登记的名义人等等。第二,标的物上存在第三人的抵押权、优先权等担保物权,而且债务人能否偿还债务不确定。例如,出卖人将房屋出卖给买受人,因为出卖人未依约支付建筑工程承包人工程费用,承包人对房屋享有优先受偿权,买方尚未支付全部或大部分价金的,买方的权利不得对抗承包人的优先权,买方的所有权难以取得。第三,标的物上存在第三人的地役权、居住权等用益物权。地役权、居住权等用益物权对买方所有权的取得没有影响,但是,标的物上存在的地役权、居住权等用益物权是买方所有权的沉重负担,将使其获得的不动产大大贬值。第四,标的物上存在第三人承租权等具有物权性的债权。承租权对买方所有权的取得不会造成威胁,但承租权的效力优先于买方的所有权,买方取得的所有权须受承租权的制约。第五,标的物上具有第三人的优先购买权。第三人一经行使优先购买权,买方的所有权便难以取得。第六,标的物上存在第三人的买回权。第七,他人就买卖标的物正在进行诉讼。例如,标的物本身侵犯他人专利权、商标权等,因他人行使侵权请求权,法院查封、扣留标的物;他人因为买卖纠纷或债务纠纷,以买卖标的物为诉讼标的物进行诉讼。第八,税务机关对买卖标的物享有税收优先权。

(2)权利瑕疵须在买卖合同成立之时已经存在。买卖标的物上的权利瑕疵可能于订立买卖合同之时即已存在,也可能于签订合同之后发生。例如,出卖人签订买卖合同后,又在标的物上为他人设定抵押权,或将标的物再度出卖给他人,并已经转移所有权。权利瑕疵无论发生在订立合同之前,还是订立合同之后,都会影响买受人所有权的圆满实现,而且出卖人因此而承担责任的后果无大的差别,但是承担责任的性质不同。权利瑕疵发生在订约之前的,出卖人与买受人签订买卖合同,违反了权利瑕疵担保义务,责任的性质为瑕疵担保责任;而权利瑕疵发生在订约之后,致使出卖人履行不能或履行不适当,违反了依约履行合同的义务,责任的性质为违约责任。所以,瑕疵担保责任的成立,要求权利瑕疵于订约之前即已存在。

(3) 须出卖人不能去除权利瑕疵。标的物上虽然存在权利瑕疵,但如果出卖人能够及时除去,买受人一定会取得纯净所有权的,出卖人可以不负瑕疵担保责任。例如,出卖人在房屋上为他人设定抵押权,后将房屋卖给买受人,但出卖人及时地偿还了债务,第三人的抵押权已经因为债务的清偿而消灭,买受人可以取得没有任何瑕疵的所有权的,出卖人无瑕疵担保责任。出卖人不能除去权利瑕疵的,瑕疵担保责任成立。关于瑕疵除去的时间,应依双方义务的履行顺序加以确定。如果合同约定买受人支付价金先于出卖人转移所有权,除去瑕疵的时间为合同约定的买受人支付价金的时间,买受人的价金支付时间届至时,出卖人仍未能除去瑕疵的,担保责任成立,以此避免发生买受人因为权利瑕疵的排除不能而丧失价金的风险;如果合同约定出卖人先于买受人履行给付义务的,则权利瑕疵去除的时间为出卖人履行给付义务的时间,出卖人于履行给付义务的时间届至时,仍不能去除权利瑕疵的,承担担保责任。

(4) 买受人须为善意。买受人知道或应当知道标的物上存在权利瑕疵,而仍与出卖人签订买卖合同的,视为买受人对权利瑕疵的认可,出卖人瑕疵担保责任不成立。对此,《合同法》第151条规定:买受人于订立合同时知道或应当知道第三人对买卖标的物享有权利的,出卖人不承担瑕疵担保责任。由此推论,买受人于订立合同时不知道或不应当知道标的物上存在瑕疵,方构成出卖人的瑕疵担保责任。客观上为买受人提供了可知的条件,即认定为买受人应当知道。但是,出卖人故意掩盖真实情况,一般人站在买受人的立场上都会对出卖人予以信赖的,尽管客观上有可知的条件,仍可认定为买受人不应当知道。

3. 权利瑕疵担保责任的形式

《合同法》第152条规定:"买受人有确切证据证明第三人可能就标的物主张权利的,可以中止支付相应的价款,但出卖人提供适当担保的除外。"该条实际上是关于责任形式的规定,但这样的规定因为太过简单而在实务中缺乏适用性。实务中权利瑕疵的情况非常复杂,由此导致买受人取得所有权的瑕疵程度不同,遭受损失的大小不同,挽回损失的方式及权利瑕疵担保责任的形式也应当不同。

标的物存在权利瑕疵,且在应当除去的时间内仍不能除去的,出卖人应当依以下的形式承担担保责任。

(1) 解除合同。标的物上的权利瑕疵导致买受人无法取得标的物所有权的,买受人可以解除合同。买受人签订买卖合同的目的是取得标的物的所有权,标的物上存在权利瑕疵导致的结果多半是买受人取得所有权不能,所以,各国法几乎都将解除合同作为权利瑕疵担保责任的主要形式或通常形式。

(2) 赔偿损失。各国法普遍将赔偿损失作为责任形式之一,但在赔偿损失与解除合同的关系问题上有不同的规定。第一,并列关系,即将赔偿损失作为一种独立存在的,与解除合同并列的责任形式,标的物存在权利瑕疵时,买受人可以在解除合同与赔偿损失之间进行选择,或者主张解除合同,或者主张赔偿损失,不可以在解除合同的同时要求赔偿损失,德国法采此观点。第二,并存关系,标的物存在权利瑕疵时,买受人解除合同的同时,可以要求出卖人赔偿损失,即赔偿损失与解除合同可以同时并存,两者不互相排斥。我国台湾地区民法典采此观点,而且认为赔偿损失的范围包括信赖利益的赔偿和履行利益的赔偿。①

(3) 减少价金或部分返还价金。标的物上的权利瑕疵不影响买受人取得所有权,只是

---

① 参见崔建远主编:《新合同法原理与案例评释》(下),吉林大学出版社1999年版,第952页。

使其取得的所有权须承受一定的负担,或者不影响买受人取得标的物的全部所有权,只能取得部分所有权,而且尚不足以使买受人订约目的不能实现的,于买受人尚未支付价金时,买受人可要求减少价金;于买受人已经支付价金时,可以要求出卖人部分返还价金。

## 二、买受人的义务

### (一) 支付价金

依约支付价金是买受人的主要义务。所谓依约支付,包括三层含义:依据合同约定的数额履行、依据合同约定的期限履行和依据合同约定的地点履行。价格条款是合同中的重要条款,当事人在买卖合同中应当约定买方支付价金的数额,并须按合同约定的数额履行。但价金条款并不必一定是明示的,合同中欠缺价金明示条款,或价金条款不明确,不影响合同的成立。当事人应当协议补充价格条款,不能达成协议的,按照合同的有关条款或交易习惯确定;仍无法确定的,依据订立合同时履行地的市场价格履行。依法应当执行政府定价或政府指导价的,须依政府定价或政府指导价履行。签订合同后至履行义务的期限届至时,政府定价或政府指导价有波动的,依交付时的价格为准履行。出卖人逾期交付货物的,遇价格上涨时按照原价格履行;遇价格下降时,按新价格履行。买方逾期提取标的物或逾期支付款的,遇价格上涨时,按照新价格履行;遇价格下降时,按原价格履行。合同价款的支付期限、支付地点、支付方式也是合同的重要内容,合同有约定的,买受人须按照合同的约定支付价款,合同没有约定或约定不明确的,依据与出卖人交付标的物相同的方法确定。

### (二) 接受标的物

买受人接受标的物及其所有权的行为具有双重属性:既是买受人的权利,又是买受人的义务。接受标的物是实现买受人订约目的的唯一途径,任何人妨碍、干扰买受人接受标的物,影响买受人订约目的实现的,买受人均可以权利人的姿态实施合法行为;出卖人多交付、提前交付、交付的标的物有瑕疵,或者合同约定分期分批交付,而出卖人在买受人不宜接受标的物的时期一次性全部交付(如出卖人将依合同约定2年内分8次交付的水泥,在一个雨季里全部交付给买受人)等等,买受人都有权拒绝接受标的物。但是,出卖人自动、适当履行到期的给付义务,买受人不积极地接受标的物,会给出卖人造成损失或不必要的负担的,接受标的物为买受人的义务;买受人不接受标的物的,性质为受领迟延,须承担违约责任。

受领迟延违约责任的具体形式有:第一,买受人受领迟延,出卖人因此而增加的保管费用、运输费用由买受人承担。第二,合同约定违约金的,买受人受领迟延的,须依合同的约定支付违约金。第三,合同约定,买受人于接受标的物后向出卖人支付价金,买受人受领迟延,影响出卖人依约接受价金,并因此而造成损失的,买受人应当承担损害赔偿责任。第四,买受人不接受标的物,影响出卖人订约目的实现的,出卖人可以解除合同。买受人除承担一定的违约责任外,还应当承担一定的不利后果。如在买受人迟延接受标的物期间,标的物意外毁损灭失的,由买受人承担风险。

## 三、风险负担与利益承受

### (一) 风险负担

1. 风险负担的立法例

买卖合同中的风险,是从事买卖交易的当事人所付代价的无益损失:对于买受人而言,丧失了价金却不能获得标的物；对出卖人而言，失去了标的物却得不到价金。导致风险发生有两大原因，即不可归责于当事人的原因和可归责于当事人的原因。在前者，风险非由任何一方当事人所能控制，理论上研究重心与合同法的核心不在于防范风险，而在于风险发生后损失的合理分配，损失的合理分配表现的是法的公平价值；在后者，风险掌控在对方当事人手中，法律的核心重在风险防范，而非损失的合理分配，风险的防范反映法的安全价值。买卖合同中的风险负担，是指标的物因不可归责于当事人的原因发生毁损、灭失的风险时，损失在买卖双方当事人之间的合理分配。

关于风险负担的分配，各国法有以下不同的标准和原则：

（1）合同成立原则，即以合同的成立作为风险负担转移的确定标志。合同一经成立，标的物意外毁损灭失的风险由出卖人转移给买受人，即买受人自合同成立时起承担标的物毁损灭失的风险。

（2）所有权原则，即以所有权转移作为风险负担转移的确定标准。所有权转移给买受人的，风险负担也转移给买受人。所有权转移给买受人之前，风险由出卖人承担。所有权人在享受权利的同时承受风险，这是损失分配的合理性所要求的。

（3）交付原则，即以标的物的实际交付作为确定风险负担的标准。标的物交付之前，出卖人承担风险；交付之后，买受人承担风险，而无论所有权是否发生转移。交付原则的理由是：标的物的占有人具有最大的方便防止财产的风险发生，而不占有财产的所有权人难以采取相当的措施保护财产的安全，以交付作为风险负担转移的界限，一方面有助于督促占有人积极地保护财产；另一方面，也能体现损失分配的合理性。

2. 我国合同法上规定的风险负担

《合同法》第142条规定："标的物毁损灭失的风险，在标的物交付之前由出卖人承担，交付之后由买受人承担，但法律另有规定或者当事人另有约定的除外。"对此，可以从以下几个方面理解：

（1）交付是我国合同法确定的风险转移的界限和标准。标的物交付后毁损灭失的，买受人承受风险，买受人仍然要向出卖人支付价金；标的物交付之前毁损灭失的，出卖人需要将已经收受的价金返还给出卖人。所以，标的物交付时间的认定具有非常重要的意义。《合同法》第133条规定："标的物所有权自交付时起转移，但法律另有规定或者当事人另有约定的除外。" 这是否意味着风险负担与所有权是相伴转移的呢？回答是否定的。法律特别规定、当事人特别约定所有权的转移时间，而没有同时规定或同时约定风险负担转移的时间，或者法律特别规定、当事人特别约定了风险转移，而没有同时规定或同时约定所有权转移的时间，风险负担与所有权并非相伴转移，只有在两者均没有法律的特别规定或当事人的相反约定的情况下，风险才伴交付同时发生转移。例如，在所有权保留场合，所有权自买受人交付了全部价金时转移给买受人。若当事人没有特别约定的，风险负担自标的物交付给买受人时转移；法律规定不动产物权的变动需要登记，所有权自登记之日起转移给买受人，但法律没有规定风险也自登记时起转移给买受人的，此时，所有权与风险负担于不同的时间转移。

（2）依法律规定确定风险负担。依法律特别规定确定风险负担，有以下两种情况：第一，风险于标的物实际交付之前即由买受人承担。例如，因买受人的原因致使迟延履行，在迟延履行期间发生的风险，虽未现实交付，但买受人承担风险（《合同法》第143条）；出卖人出卖交由承运人运输的在途标的物,除当事人另有约定的外,毁损、灭失的风险自合同成立时起由买受人承担(《合同法》第144条);出卖人按照合同约定将标的物置于交付地点,买受人违反约定没有收取的,标的物自违反约定时买受人承担风险(《合同法》第146条)。第二,风险于标的物交付之后仍由出卖人承担。例如,出卖人交付的标的物质量不合格,致使不能实现合同目的的,买受人可以拒绝受领或解除合同。在拒绝受领或解除合同期间,标的物发生毁损、灭失的风险由出卖人承担(《合同法》第148条)。

(3) 依当事人的约定确定风险负担。依当事人的约定确定风险负担也可以有两种情况:第一,约定风险于标的物的交付之前即由买受人承担。例如,买卖的标的物为特定物,买受人主张自合同成立时起所有权转移给买受人,以避免出卖人将标的物再度出卖他人。出卖人则主张既然所有权于合同成立时转移,标的物风险也应于合同成立时转移。双方为此就可以达成协议,约定标的物在交付前发生的风险由买受人承担;第二,约定风险于标的物交付之后仍由出卖人承担。例如,试验买卖的双方当事人约定,在试验期间内,标的物的风险由出卖人承担。总之,当事人可以根据合同的具体情况,进行符合个人意志的约定。但是,当事人的约定只能改变法律的一般规定,而不能改变法律的特别规定。

### (二) 利益承受

利益承受是指买卖合同成立后标的物所生孳息的归属问题。利益承受与风险负担是相对的两个概念:前者解决的是合同订立后标的物所生利益的合理分配问题;后者解决的是合同订立后标的物意外损失的合理分配问题。既然标的物的意外损失以标的物的交付作为合理分配的时间界限,根据权利、义务(责任)相一致原则,标的物所生利益也应以交付作为合理分配的标准和界限。为此,《合同法》第163条规定:"标的物在交付前产生的孳息,归出卖人所有,交付之后产生的孳息,归买受人所有。"

## 第三节　特种买卖合同

### 一、分期付款买卖

#### (一) 分期付款买卖的概念

分期付款买卖是指买受人将其应当支付的价款按照一定的期限分若干次向出卖人支付的买卖。① 分期付款买卖通常是在标的物价格过高,而买受人难以一次性支付的情况下适用的;买卖的标的物既可以是动产,也可以是不动产。分期付款买卖的特点在于,买受人在尚未支付全部价金的情况下,即先行获得标的物的使用权。

#### (二) 分期付款买卖中的所有权保留

分期付款买卖的初衷是利于买受人,因为买受人无需支付全部价金即可取得标的物占有、使用、收益等权利,而出卖人因此须承受买受人取得标的物后拒绝支付价金的风险。所有权保留制度是以避免此种风险,使分期付款买卖的双方当事人均安全实现其预期利益为

---

① 依最高人民法院《买卖合同的解释》第38条规定,"分期付款",系指买受人将应付的总价款在一定期间内至少分三次向出卖人支付。

目的而产生的。所谓所有权保留,是指于买受人全部价金支付前,标的物虽交付给买受人,出卖人仍保留其所有权,以保留的所有权担保其价金债权的实现,待买受人支付全部价金时,所有权再由出卖人转移给买受人的制度。所有权保留实际上是附条件的所有权转移,所附的条件是买受人支付全部价金,条件未成就,所有权不发生转移;条件成就,所有权自行转移给买受人。所有权保留不是分期付款买卖中法定的担保制度,需要由当事人的约定,当事人未约定的,所有权自交付时起转移。《合同法》第134条规定:"当事人可以在买卖合同中约定买受人未履行支付价款或者其他义务的,标的物所有权属于出卖人。"

### (三) 分期付款买卖违约的救济

在分期付款买卖中,出卖人标的物交付义务履行在先,买受人支付价金义务履行在后,违约多因买受人收受标的物后,迟延或拒绝支付价金而发生。对此,出卖人可以在买卖合同中特别约定买受人违约时的救济方式,在当事人没有约定的情况下,适用合同法的特别规定。

1. 解除合同

在分期付款买卖中,遇有买受人违约的,出卖人解除合同的权利,可以不受《合同法》第94条规定的"致使合同目的不能实现"条件的限制。而适用《合同法》第167条的特别规定,即"分期付款的买受人未支付到期价款的金额达到全部价款的五分之一的",出卖人可以解除合同。与一般合同的解除后果不同,分期付款买卖合同的解除,除具有买受人应当返还标的物给出卖人,出卖人返还价金给买受人的后果之外,尚须对买受人占有标的物期间因为占有、使用标的物而受之利益,出卖人因此而受损失,予以一定的处理。处理的方法是:出卖人可以在已经收受的价金中扣留一部分或者请求买受人支付一定金额作为对出卖人损失的补偿,数额相当于标的物的使用费。《合同法》第167条第2款规定:"出卖人解除合同的,可以向买受人要求支付该标的物的使用费。"依《买卖合同的解释》第39条第2款规定,当事人对标的物的使用费没有约定的,人民法院可以参照当地同类标的物的租金标准确定。

2. 支付全部价金

在分期付款买卖中,买受人须依约定于每一次支付价金的期限届至时履行支付价金的义务,仅某一次按时履行了义务,尚不能称其为守约。买受人某一次没有交付或迟延交付的,出卖人仅就该次违约有权向买受人主张承担违约责任,而不可以就合同的整体主张违约责任。但是,买受人几次违约累计不支付到期应当支付的价金达到全部价款的五分之一的,或者买受人一次未履行的数额已经达到全部价款的五分之一的,出卖人有权请求买受人支付全部价款,尽管要求支付的价款中有相当部分的价款履行期限尚未届至。

## 二、分批交货买卖

### (一) 分批交货买卖的意义

分批交货买卖是指出卖人将应当交付的标的物分若干期限几次交付给买受人的一种买卖。出卖人分批交付标的物在实践中应用非常普遍,情况也较复杂。根据分批交付的标的物之间的关联程度以及买受人支付价金的方式不同,分批交货买卖实际上可以分为两类:

第一,出卖人分批交付的标的物在性质上完全是各自相互独立的物,没有任何关联,买受人支付价金的方式是于每一次接受标的物时支付该部分的价金,即分期交付的标的物和价金均无关联。此类分批交货买卖合同实际上是若干个买卖合同的组合,每一部分都可以单独存在。严格地说,这种合同不属于特种买卖,而是一般的买卖,只是将一般的买卖组合在一起而已。如果发生违约,对于违约责任的认定、违约责任的方式乃至于当事人履行中的抗辩权等问题完全可以依据一般合同的原则或方式处理。

第二,出卖人虽然分批给付标的物,但分批交付的标的物不具有独立性,相互组合方构成有效用的物,或者虽出卖人分批交付的标的物没有关联,完全可以独立存在,但买受人须一次性支付价金,可能是于出卖人给付义务履行前一次性支付,也可能是出卖人全部义务履行后一次性支付,即当事人的给付具有关联,或者是标的物的关联,或者是价金的关联,这类合同是真正意义上的特种买卖——分批交货买卖。

### (二) 分批交货买卖的救济

作为特种买卖的分批交货买卖,遇有出卖人违约时,出卖人违约责任及其形式的认定较为复杂。

1. 解除合同

依《合同法》第166条规定,分批交货合同的解除有部分解除和全部解除之分,出卖人对其中某一批标的物拒绝交付,或者虽交付但不符合约定,致使该批标的物不能实现合同目的的,或者出卖人不交付其中一批标的物或交付不符合约定,致使今后其他各批标的物交付不能实现合同目的的,出卖人可以部分解除合同:或者在该批标的物范围内解除合同,或者在该批标的物及今后各批标的物范围内解除合同。但是,已经有效履行的部分不可以解除。出卖人分批交付的标的物互相依存的,某一批标的物的拒绝履行,或不合格履行,导致整个合同目的不能实现的,买受人可以解除全部合同。

2. 赔偿损失

出卖人没有依约交付到期货物,或交付不合格,给买受人造成的损失仅限于该批货物范围之内,买受人仅就此范围内的预期利益损失向出卖人请求损害赔偿;出卖人某一批货物的不履行或不合格履行,造成买受人整个合同预期利益损失的,出卖人须承担全部预期利益损失的赔偿责任。同理,出卖人某一批货物的不履行或不合格履行,使买受人全部预期利益不能实现的,买受人可以就全部价金行使同时履行抗辩权等权利。

## 三、样品买卖

样品买卖又称货样买卖,是指当事人特约出卖人担保交付的标的物与其展示的样品在品质上、性能上,乃至于在外观上完全相同的买卖。《合同法》第168条规定:"凭样品买卖的当事人应当封存样品,并可以对样品品质予以说明。出卖人交付的标的物应当与样品及其说明书的质量相同。"

样品买卖作为特种买卖,其特点在于:

### (一) 标的物的品质有特别的标准

当事人对标的物的品质、性能等的要求无须在合同中用语言描述,也无须以国家标准、行业标准认定,只以出卖人在签订合同时展示的样品为标准。这就要求:其一,在签订合同时样品已经存在,并且出卖人展示给买受人;其二,买卖合同中约定以样品为标准交付标的物。为避免当事人对样品的品质发生歧义,当事人应当对样品的品质作出说明;为检验出卖人交付的标的物是否与样品品质相同,当事人须将样品封存。

### (二) 出卖人有特别的担保责任

出卖人须担保将来交付的标的物无论在品质上、性能上乃至于在外观上均与样品一致,如果出卖人交付的标的物与样品不一致的,须负瑕疵担保责任,尽管标的物未有实质上的品质瑕疵。如果出卖人仅就标的物的品质瑕疵承担担保责任,则必须在合同中明文约定;未有明文约定的,出卖人须就标的物全部问题承担担保责任。《合同法》第168条规定:"出卖人交付的标的物应当与样品及其说明的质量相同。"依此规定,出卖人的担保责任仅限定在质量问题上,要求交付的标的物仅在质量上与样品一致,这未免太过局限。一些标的物的价值由其质量决定,还有相当多标的物的价值由其性能、外观决定。例如,衣服、艺术品等,仅工艺、质量好还不能完全满足买受人的需要,更重要的是它的外观。因此,出卖人不仅仅需要担保交付的标的物在质量上与样品相同,还应当担保标的物在性能、状态等问题上与样品一致。①

### (三) 出卖人一般的瑕疵担保责任不被排除

《合同法》第169条规定:"凭样品买卖的买受人不知道样品有隐蔽瑕疵的,即使交付的标的物与样品相同,出卖人交付的标的物的质量仍然应当符合同种物的通常标准。"也就是说,样品本身存在隐蔽瑕疵,订立合同时,买受人未发现样品具有隐蔽瑕疵,买受人接受出卖人交付的标的物后发现标的物的隐蔽瑕疵的,尽管标的物的隐蔽瑕疵与样品的瑕疵相同,出卖人对该隐蔽瑕疵仍要承担瑕疵担保责任。

出卖人对标的物负大于一般买卖合同的担保责任,对于出卖人而言是苛刻的,为了平衡双方当事人的利益,出卖人担保责任的举证责任应当由买受人承担,买受人不能证明标的物与样品不同的,出卖人不承担担保责任。

## 四、试用买卖

### (一) 试用买卖的概念

试用买卖是指依据合同的约定买受人在接受出卖人交付的标的物后的一定时间内对标的物予以检验或试验性使用,试验后对标的物认可方使合同生效的一种特种买卖。作为特种买卖,试用买卖的特别之处就在于:合同的成立与合同的生效是于两个时间段完成的。一般的买卖合同的成立与生效虽分别具有不同的要件,但除法律另有规定或合同约定外,合同依法成立之时即发生法律效力,即合同的成立与合同的生效在同一时间内完成。而试用买卖则不同,合同成立之时并不发生法律效力,只有待买受人试用后对标的物认可的条件成就时方发生法律效力。买受人对标的物不认可或拒绝的,买卖合同不生效力。对标的物的认可或者拒绝,完全由买受人依自己的意愿为之,不受任何条件的限制。买受人所作的认可或拒绝的意思表示,除包含对标的物表示满意或不满意的意思外,还包含对合同生效或不生效的认定,具有使法律关系发生、变更或消灭的意义,因此,其在性质上属于形成权。②关于买受人所为之认可或拒绝的意思表示的方式,依《合同法》第171条规定:买受人为拒绝的意思表示的,必须采用明示的方式,买受人未在合同约定的试用期间内作拒绝意思表示的,视为认可。买受人认可的意思表示的方式,既可以是明示的,也可以是默示的;既可以口头或书面的方式明示,也可以行为的方式明示。买受人全部或一部支付价款,或者对标的物实施了试用以外的行为,均视为对标的物的认可。关于试用期间,依《合同法》第170条规定,

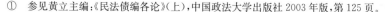

① 参见黄立主编:《民法债编各论》(上),中国政法大学出版社2003年版,第125页。
② 同上书,第120页。

由当事人在合同中约定,合同中没有约定或者约定不明确又不能达成补充协议的,依合同的有关条款或交易习惯确定,仍不能确定的,由出卖人确定。

依《买卖合同的解释》第42条规定,买卖合同存在下列内容之一的,不属于试用买卖:(1)约定标的物经过试用或者检验符合一定要求时,买受人应当购买标的物;(2)约定第三人经试验对标的物认可时,买受人应当购买标的物;(3)约定买受人在一定期间内可以调换标的物;(4)约定买受人在一定期间内可以退还标的物。

#### (二)交付标的物与所有权的转移

按照《合同法》第133条规定,标的物所有权自交付时转移为一般原则,除非法律另有规定或当事人另有约定。在此,我们仅以一般原则状态为背景论述试用买卖所有权的转移。在一般的买卖合同中,出卖人交付标的物发生所有权转移的后果。但试用买卖则不同,买卖合同成立后,出卖人须交付标的物给买受人,但因为交付标的物时合同尚未生效,出卖人交付标的物不生转移所有权的效力,它的意义仅在于转移占有及转移使用,标的物的所有权仍然归于出卖人。如果买受人经试用认可标的物,买卖合同因认可而生效的,标的物所有权自何时起发生转移?台湾学者认为,买卖合同因当事人的认可而生效力,生效时间可以溯及合同成立之时。① 依此观点推理,买受人认可之后,出卖人交付标的物的行为的性质由为试用而为之交付转变为履行合同义务性质的交付,那么,标的物所有权转移的时间也应具有溯及的效力,自标的物交付之时所有权转移给买受人。但是,如果认为合同的生效没有溯及效力,合同生效前标的物交付的性质仍为非履行合同义务之性质,则标的物所有权不可以自交付之时转移给买受人。

#### (三)交付标的物与风险负担的转移

采交付原则的各国民法,虽然所有权变动的模式各异,但买卖合同中的风险负担均于出卖人交付标的物时起转移给买受人。在试用买卖中,出卖人交付标的物给买受人,在试用期间内,标的物发生毁损灭失的意外风险应由何方承担?对此,我国《合同法》未有明文规定。有学者认为,出卖人为买受人试用而为之交付,在性质上有别于履行债务之交付,买受人认可标的物是合同生效的条件,买受人一经认可,买卖合同的生效时间应溯及至合同成立之时。原为试验而为之交付性质转变为履行债务之交付,既然交付的性质已经发生转变,且转变的时间也应与合同生效一样具有溯及效力,溯及至出卖人交付标的物之时,那么,只要买受人认可标的物的,标的物在试用期间内发生的意外损失的风险即应自出卖人交付标的物时起转移给买受人;买受人拒绝认可的,在试用期间内发生的风险仍由出卖人承担。② 此种观点在理论上说似乎没有不妥,但稍作一下实证分析,便会发现这种观点难以成立。买受人经过试用后认可,一经认可,合同生效,试用期间结束,尽管合同约定的试用期限尚未完全经过。所以,认可是试用期间的终止,"试用期间内"实际上是买受人"认可之前"的同义语。在认可之前发生标的物的毁损灭失,买受人出于自卫决不可能认可。因此,在试用期间内如果发生标的物的意外风险,可能的结果只有一种——买受人不认可。所以,以认可为据探讨交付性质的转变,并以此论证交付意义的溯及效力——风险负担自交付之日起转移是没有任何意义的。

---

① 参见黄立主编:《民法债编各论》(上),中国政法大学出版社2003年版,第122页。
② 同上。

### (四)试验与瑕疵担保责任

在买受人试用期间,买受人有足够的时间和机会发现标的物的瑕疵。若经过试验,买受人未提出瑕疵问题而同意购买,能否认为买受人对瑕疵的认可?这是决定出卖人瑕疵担保责任的成立与否的重要问题。如果买受人能够证明标的物的瑕疵经过通常的试用不能发现,即自己对标的物的瑕疵无重大过失的,出卖人的瑕疵担保责任成立;否则应认定为买受人有重大过失,或买受人对标的物瑕疵的认可,出卖人瑕疵担保责任不成立。

## 五、买回买卖

### (一)买回买卖的概念

买回买卖是指当事人在合同中赋予出卖人在将来某一时刻买回出卖的标的物的权利的一种特种买卖。买回买卖是各国民法普遍规定的一种制度,但关于买回的意义是对原有买卖合同的解除,还是再买卖合同所附之停止条件,各国法却有不同的认识。法国民法与日本民法认为,买回是原买卖合同所附的解除条件,出卖人行使买回权,买卖合同即解除。出卖人返还价金给买受人,买受人返还标的物给出卖人。德国民法与我国台湾地区民法认为,买卖合同成立时所附的出卖人得主张买回的约定是再买卖合同发生效力的停止条件,出卖人为买回的意思表示的,条件成就,再买卖合同生效;否则,再买卖合同不生效力。①

买回制度之所以成为各国法普遍规定的制度,是因为社会的经济生活为这种制度的存在提供了必要的环境和机会,它对于促进资金融通、物的利用及改良都有积极的作用。我国《合同法》中虽未明文规定,但实务中是承认的。

### (二)买回权

买回对于出卖人而言是权利,而非义务。买回权是指出卖人以自己的意思表示将已经出卖的标的物再行购买的权利。通说认为,买回权为形成权性质的权利,即一经出卖人为买回的意思表示,无须对方当事人为同意的意思表示,即在当事人之间发生再买卖的权利义务关系。出卖人行使买回权之前,再买卖合同未生效力,买受人对标的物享有处分权。

买受人将标的物出卖给第三人的,即便第三人已知买回权的存在,出卖人的买回权也不得对抗第三人,出卖人只能向买受人请求损害赔偿。但是,标的物是不动产的,出卖人欲保全自己买回权的对抗效力,出卖人可就自己的买回权予以预告登记,买受人将标的物出卖第三人的,在与预告登记相抵触的范围内,买卖无效。

出卖人行使买回权,为买回的意思表示时,无须于意思表示中提出买回的价金。买回的价金以当事人在买卖合同中约定的买回价金为准;当事人在买卖合同中没有约定的,应以出卖人受领的价金为准。

买回权的行使须受期限的限制,超过期限出卖人没有行使买回权的,买回权失效。关于买回的期限,应依当事人在买卖合同中的约定;当事人没有约定的,依据法律的规定。依据我国台湾地区"民法"第380条规定,当事人约定的行使买回权的期限最长不得超过5年,当事人约定5年以上的,缩短为5年。当事人在买卖合同中没有约定期限的,出卖人应当在5年之内行使买回权。

---

① 参见黄立主编:《民法债编各论》(上),中国政法大学出版社2003年版,第116页。

### (三) 买回的效力

出卖人行使买回权,产生当事人的如下权利义务。

1. 买回人的义务

买回人向买受人支付买回的价金,是买回人的主要义务。支付价金的数额,原则上依当事人原买卖合同的价金为准,当事人特别约定买回价金的,依其约定,但原价金之利息不必支付给买受人。标的物在买受人所有期间,因买受人实施改良而使标的物增值的,买回人应当偿还买受人实施改良措施所支出的费用,但数额不超过标的物增值的范围。

2. 买受人的义务

交付标的物及转移标的物所有权给买回人,是买受人的主要义务。买受人交付的标的物应当是原买卖合同的标的物,而不能是其他物;标的物有从物的,应连同从物交付给买回人。因为可归责于买受人的原因致使标的物不能返还,或标的物有重大变化的,买受人应当向买回人承担损害赔偿责任。买回人行使买回权后,标的物因为不可归责于买受人的原因发生给付不能,或标的物毁损灭失的,买受人不必向买回人负损害赔偿责任。

买受人对标的物的瑕疵不负瑕疵担保责任,因为买回人为原标的物的所有权人,对标的物是否有瑕疵了如指掌。如果标的物有瑕疵,而其作为买回人受领标的物,视为其对瑕疵的认可,当然不得向买受人主张瑕疵担保责任。

买回买卖是买卖合同的一种特殊形式,在所有权转移、风险负担转移等问题上仍可适用买卖合同的一般规定。

## 六、拍卖与标买

### (一) 拍卖

1. 拍卖的概念

《合同法》第173条规定:"拍卖的当事人的权利和义务以及拍卖程序等,依照有关法律、行政法规的规定。"

拍卖是指出卖人向众多竞买人发出竞买的邀请,并在众多竞买人的叫价中选择最高者与之订立买卖合同的一种特殊的买卖。出卖人向竞买人发出的竞买邀请,性质为要约邀请。竞买人提出竞买价格所为之应买的意思表示,性质为要约。该意思表示为出卖人和各竞买人了解时发生要约的效力,待有出价更高的应买的意思表示时,失去要约的效力。出卖人同意与竞价最高者订约的意思表示即卖定,性质为承诺。

2. 拍卖的种类

根据不同的标准,可以将拍卖划分为不同的种类。

(1) 法定拍卖和意定拍卖。拍卖因发生的原因不同,可分为法定拍卖和意定拍卖。法定拍卖是指基于法律的规定而发生的拍卖。法律规定拍卖的情形有:对抵押物的拍卖、对质物及留置物的拍卖、对提存物的拍卖、对罚没物品的拍卖、行纪人及保管人等对受托财产的拍卖等等。意定拍卖是指无法律规定的原因,完全基于出卖人自己的意志所为的拍卖。

(2) 公的拍卖和私的拍卖。拍卖因主持者身份的不同,可分公的拍卖和私的拍卖。公的拍卖又称强制拍卖,是指由人民法院依强制执行程序主持的拍卖。如为偿还债务,法院代替债务人将已经扣押的财产拍卖。私的拍卖又称任意拍卖,是指自然人、法人以出卖人的名义主持的拍卖。私的拍卖既可以由出卖人自己主持拍卖,也可以由出卖人委托拍卖机构主持拍卖。

（3）委托拍卖和自己拍卖。拍卖因为拍卖人与出卖人之间关系的区别，可分为委托拍卖和自己拍卖。委托拍卖是指受托人接受出卖人的委托而主持的拍卖。在委托拍卖中，出卖人与拍卖人之间的关系是委托代理关系；自己拍卖是指出卖人本人进行的拍卖。

3. 拍卖的效力

拍卖经拍卖人卖定后，出卖人与买受人之间的买卖合同成立，双方当事人基于合同产生权利义务关系。与一般的买卖合同相同，出卖人须交付标的物并转移标的物所有权给买受人，买受人须向拍卖人支付价金。但在瑕疵担保责任和合同解除等方面，拍卖存在一些特殊之处。

（1）瑕疵担保责任。《中华人民共和国拍卖法》（以下简称《拍卖法》）第16条规定：标的物瑕疵给买受人造成损失的，买受人有权向拍卖人要求赔偿；属于委托人责任的，拍卖人有权向委托人追偿。就瑕疵担保责任本身而言，拍卖与一般买卖并无区别，其区别主要在责任的主体上。一般买卖中的标的物的瑕疵担保责任由出卖人承担，而拍卖则由拍卖人承担。拍卖人应当于拍卖时向竞买人说明标的物的瑕疵，或者公开声明不能保证标的物无瑕疵或标的物的真伪，拍卖人未说明或声明的，是拍卖人有过错，理应由拍卖人向买受人承担瑕疵担保责任。如果拍卖人未说明或未声明标的物的瑕疵或标的物真伪是由委托人的原因造成的，拍卖人向买受人承担瑕疵担保责任后，可以向委托人追偿损失。当然，如果出卖人自己拍卖的，瑕疵担保责任的主体与一般买卖则无任何区别。

（2）解除合同。《拍卖法》第39条规定：买受人未按约定支付价款的，应当承担违约责任，或者由拍卖人解除合同，将标的物再行拍卖。在一般合同中，守约的一方当事人解除合同须以合同目的不能实现为条件，于对方当事人违约时，守约方须经催告程序方可解除合同。但是，拍卖无此诸多限制，只要买受人未按时支付价金的，拍卖人即可直接解除合同。但是，委托拍卖的，拍卖人在未征得委托人同意之前不得擅自解除合同，否则，对委托人不生解除合同的效力。

《拍卖法》第39条第2款规定，拍卖标的再行拍卖的，原买受人应当支付第一次拍卖中本人及委托人应当支付的佣金；再行拍卖的价款低于原拍卖价款的，原买受人应当补足差额。

**（二）标买标卖**

《合同法》第172条规定："招标投标买卖的当事人的权利和义务以及招标投标程序等，依照有关法律、行政法规的规定。"

招标投标买卖又称标买标卖，是指招标人向投标人发出招标通知或公告，在诸多投标人的投标中选择条件最好者与之订立合同的一种特种买卖。

招标通知或公告的性质为要约邀请，投标人在规定的时间内向招标人提出报价所为之意思表示，即投标的意思表示，性质为要约。招标人在召开的投标人大会上公开标书内容并验证标书的效力，称为开标和验标。经过验标，发现标书不符合招标文件的规定或超过了标书送达的截止日期，可以宣布标书无效。开标、验标不具有要约或承诺的法律意义，仅是标买标卖的必经程序而已。招标人在有效的标书中进行评判选择，最后决定一个最满意者作为买受人或出卖人，此为定标。定标的性质为承诺，一经承诺，买卖合同即告成立。

标买标卖与拍卖一样，都是众多买受人或出卖人参与竞买或竞卖，再由招标人最后卖定或买定。但是,在具体的操作方式上有很大的区别,由此导致要约的效力、当事人的违约责任等问题上也有不同。在拍卖场合,竞买人一经提出竞价,并被拍卖人所知晓,即生要约的效力,待更高竞价提起,要约失效;而在标买场合,诸多投标人发出的要约几乎于相同的时间内生效,于招标人定标之时,中标人以外的投标人发出的要约同时失效。另外,瑕疵担保责任的主体在两种特种买卖中也有明显的区别。

**【思考题】**

1. 交付的法律意义是什么?
2. 出卖人和买受人负有哪些主要义务?
3. 试对确定风险负担转移的三大原则进行评价与选择。
4. 几种特种买卖与一般买卖相比有何特点?
5. 瑕疵担保责任与违约责任的关系是什么?

**【法律应用】**

1. 在以下哪种情况下,出卖人应承担标的物毁损、灭失的风险?(2002年司考题)
   A. 合同约定卖方代办托运,出卖人已将标的物发运,即将到达约定的交付地点
   B. 买受人下落不明,出卖人将标的物提存
   C. 标的物已运抵交付地点,买受人因标的物质量不合格而拒收货物
   D. 合同约定在标的物所在地交货,约定时间已过,买受人仍未前往提货

2. 甲、乙签订一份试用买卖合同,但没有约定试用期。之后,双方对是否购买标的物没有达成协议。下列哪些说法是正确的?(2003年司考题)
   A. 试用买卖合同没有约定试用期的,应适用法律规定的6个月试用期
   B. 试用买卖合同没有约定试用期的,如果不能按照合同法的规定加以确定,应由出卖人确定
   C. 试用期间届满,买受人对是否购买标的物未作表示的,视为购买
   D. 试用期间,买受人没有对质量提出异议的,则应当购买标的物

3. 某商场在促销活动期间贴出醒目告示:"本商场家电一律试用20天,满意者付款。"王某从该商场搬回冰箱一台,试用期满后退回,商场要求其支付使用费100元。下列哪一种说法是正确的?(2005年司考题)
   A. 王某不应支付使用费,因为双方没有约定使用费
   B. 王某应支付使用费,因为其行为构成了不当得利
   C. 王某应支付按冰箱平均寿命折算的使用费
   D. 王某应与商场分摊按冰箱平均寿命折算的使用费

4. 2000年1月甲以分期付款的方式向乙公司购买潜水设备一套,价值10万元。约定首付2万元,余款分三期付清,分别为2万元、3万元、3万元,全部付清前乙公司保留所有权。甲收货后付了首付和第一期款,第二期款迟迟未付。2000年8月甲以2万元将该设备卖给职业潜水员丙。下列哪些选项是正确的?(2007年司考题)
   A. 乙可以解除合同,要求甲承担违约责任
   B. 乙解除合同后可以要求甲支付设备的使用费

C. 乙可以请求丙返还原物,但须支付丙2万元购买费用

D. 丙返还潜水设备后可以要求甲承担违约责任

5. 曾某购买某汽车销售公司的轿车一辆,总价款20万元,约定分10次付清,每次2万元,每月的第一天支付。曾某按期支付六次共计12万元后,因该款汽车大幅降价,曾某遂停止付款。下列哪些表述是正确的?(2009年司考题)

A. 汽车销售公司有权要求曾某一次性付清余下的8万元价款

B. 汽车销售公司有权通知曾某解除合同

C. 汽车销售公司有权收回汽车,并且收取曾某汽车使用费

D. 汽车销售公司有权收回汽车,但不退还曾某已经支付的12万元价款

6. 甲将其1辆汽车出卖给乙,约定价款30万元。乙先付了20万元,余款在6个月内分期支付。在分期付款期间,甲先将汽车交付给乙,但明确约定付清全款后甲才将汽车的所有权移转给乙。嗣后,甲又将该汽车以20万元的价格卖给不知情的丙,并以指示交付的方式完成交付。下列哪一表述是正确的?(2012年司考题)

A. 在乙分期付款期间,汽车已经交付给乙,乙即取得汽车的所有权

B. 在乙分期付款期间,汽车虽然已经交付给乙,但甲保留了汽车的所有权,故乙不能取得汽车的所有权

C. 丙对甲、乙之间的交易不知情,可以依据善意取得制度取得汽车所有权

D. 丙不能依甲的指示交付取得汽车所有权

7. 甲、乙约定,卖方甲负责将所卖货物运送至买方乙指定的仓库。甲如约交货,乙验收收货,但甲未将产品合格证和原产地证明文件交给乙。乙已经支付80%的货款。交货当晚,因山洪暴发,乙仓库内的货物全部毁损。下列哪些表述是正确的?(2013年司考题)

A. 乙应当支付剩余20%的货款

B. 甲未交付产品合格证与原产地证明,构成违约,但货物损失由乙承担

C. 乙有权要求解除合同,并要求甲返还已支付的80%货款

D. 甲有权要求乙支付剩余的20%货款,但应补交已经毁损的货物

【讨论案例】

1. 甲、乙订立了一份卖牛合同,合同约定甲向乙交付4头牛,分别为牛1、牛2、牛3、牛4,总价款为1万元;乙向甲交付购牛款3 000元,余下款项由乙在半年内付清。双方还约定:在乙向甲付清牛款之前,甲保留该4头牛的所有权。甲向乙交付了该4头牛。

请回答下列问题:(1)设在牛款付清之前,牛1被雷电击死,该损失由谁承担?为什么?(2)设在牛款付清之前,牛2生下一头小牛,该小牛由谁享有所有权?为什么?(3)设在牛款付清之前,乙、丙达成一项转让牛3的合同,在向丙交付牛3之前,该合同的效力如何?(4)设在牛款付清之前,丙不知甲保留了此牛的所有权,乙、丙达成一项转让牛4的合同,作价2 000元且将牛4交付丙,丙能否据此取得该牛的所有权?为什么?

2. 甲公司委派业务员张某去乙公司采购大蒜,张某持盖章空白合同书以及采购大蒜授权委托书前往。

甲、乙公司于2010年3月1日签订大蒜买卖合同,约定由乙公司代办托运,货交承运人丙公司后即视为完成交付。大蒜总价款为100万元,货交丙公司后甲公司付50万元货款,

货到甲公司后再付清余款50万元。双方还约定,甲公司向乙公司交付的50万元货款中包含定金20万元,如任何一方违约,需向守约方赔付违约金30万元。

张某发现乙公司尚有部分绿豆要出售,认为时值绿豆销售旺季,遂于2010年3月1日擅自决定与乙公司再签订一份绿豆买卖合同,总价款为100万元,仍由乙公司代办托运,货交丙公司后即视为完成交付。其他条款与大蒜买卖合同的约定相同。

2010年4月1日,乙公司按照约定将大蒜和绿豆交给丙公司,甲公司将50万元大蒜货款和50万元绿豆货款汇付给乙公司。按照托运合同,丙公司应在十天内将大蒜和绿豆运至甲公司。

2010年4月5日,甲、丁公司签订以120万元价格转卖大蒜的合同。4月7日因大蒜价格大涨,甲公司又以150万元价格将大蒜卖给戊公司,并指示丙公司将大蒜运交戊公司。4月8日,丙公司运送大蒜过程中,因山洪暴发大蒜全部毁损。戊公司因未收到货物拒不付款,甲公司因未收到戊公司货款拒绝支付乙公司大蒜尾款50万元。

后绿豆行情暴涨,丙公司以自己名义按130万元价格将绿豆转卖给不知情的己公司,并迅即交付,但尚未收取货款。甲公司得知后,拒绝追认丙公司行为,要求己公司返还绿豆。

请回答下列问题:(1)大蒜运至丙公司时,所有权归谁?为什么?(2)甲公司与丁、戊公司签订的转卖大蒜的合同的效力如何?为什么?(3)大蒜在运往戊公司途中毁损的风险由谁承担?为什么?(4)甲公司能否以未收到戊公司的大蒜货款为由,拒绝向乙公司支付尾款?为什么?(5)乙公司未收到甲公司的大蒜尾款,可否同时要求甲公司承担定金责任和违约金责任?为什么?(6)甲公司与乙公司签订的绿豆买卖合同效力如何?为什么?(7)丙公司将绿豆转卖给己公司的行为法律效力如何?为什么?(8)甲公司是否有权要求己公司返还绿豆?为什么?(2010年司考题)

# 第十章 供用电、水、气、热力合同

**【学习指南】**
　　重点在于把握供用电、水、气、热力合同的特性,理解供用电合同的当事人应承担的义务。

**【导入案例】**
　　某日下午,甲液化气站的锅炉值班人员发现线路停电,遂将有关情况电话通知乙供电公司。乙经沿线检查,发现供电线路被大风刮断掉落从而短路导致停电。乙虽及时组织抢修,但碍于修复工程量大,更加之冬季严寒、天气恶劣,短时间内未能修复。事后,甲以停电而导致其供暖设备冻裂造成损失为由,要求乙赔偿损失。通过本章的学习,试分析甲、乙之间法律关系的性质及损失的处理。

## 第一节　供用电、水、气、热力合同概述

### 一、供用电、水、气、热力合同的概念

　　供用电、水、气、热力合同统称为供用合同,是指一方提供电、水、气、热力供另一方利用,另一方支付报酬的合同。

　　供用合同的当事人包括供应人和利用人。提供电、水、气、热力的一方为供应人,包括电力公司、自来水公司、燃气公司和热力公司等;利用电、水、气、热力的一方为利用人,其范围较为广泛,既包括自然人,也包括法人和其他组织。在传统民法中,供用电、水、气、热力合同被归入买卖合同之列,因其用于交换的不是一般有体物,而是客观存在的特殊商品,故其属于一种特殊的买卖关系。① 这种交易关系具有连续性,属于连续买卖的范围。因此,合同法中有关买卖合同的有关规定,对此类合同具有参照适用的效力。

　　《合同法》第184条规定:"供用水、供用气、供用热力合同,参照供用电合同的有关规

---

① 参见陈小君主编:《合同法学》,中国法制出版社2002年版,第366页。

定。"《合同法》未对供用水、供用气、供用热力合同作出具体规定,由于其性质上与供用电合同具有共性,因此可以参照适用供用电合同的有关规定。

## 二、供用电、水、气、热力合同的特征

### (一)公用性

供用电、水、气、热力合同的标的物具有特殊性,属于国民经济和人民群众生产、生活的基本资源。凡现代社会中人,为保障其生活达至一定水平,均享有用电、水、气及热力的权利和必要。所以,在供用电、水、气、热力合同中,供应人提供的电、水、气、热力的消费者不是某些特殊阶层,而是一般的社会公众,包括自然人、法人和其他组织等。这就是供用合同的公用性。为使所有的自然人、法人和其他组织均能平等地与供应人订立合同,合理利用电、水、气、热力资源,法律赋予供应人以强制缔约义务:一般情况下,供应人不得拒绝与相对人订立合同,仅在有正当理由时,才可拒绝利用人的缔约请求。

### (二)合同目的的公益性

所谓公益性,是指这类合同的目的不仅仅是为了让供应人从中营利,更主要的是为了满足人们生活和生产的需要。公共供用企业并非纯粹是以营利为目的的企业,而是以促进社会的公共福祉或公益为主要目的的。供用合同标的物的收费标准皆有一定限度,国家对供用合同收费标准有严格的法律规定。如《电力法》第35条规定:"电价实行统一政策,统一定价原则。"电、水、气、热力的价格,双方当事人只能按照国家有关部门规定的标准或在国家有关部门规定的价格幅度范围内予以确定,供应人不得随意将收费标准提高。

### (三)计划性

电、水、气、热力属于特殊的商品,是影响国民经济和社会生活的重要物质和能源。在过去实行计划经济的集中管理模式下,电、水、气、热力主要以行政方式分配供应。随着经济体制改革的进一步深入,我国逐渐开放了此类能源市场,放弃了国家政府行政垄断经营的做法,电、水、气、热力的经营与供应方式已发生了显著的变化,并已推行合同制。但是,电、水、气、热力作为重要的能源,目前我国的供应能力还不能完全满足需要,也就是说,此类资源还具有短缺性,因此,其经营不可能完全推向市场,还具有一定程度的计划性。这主要体现在国家对供用电、水、气、热力市场实行宏观调控。但在市场交易领域,国家不再统一定量分配,而是由当事人平等协商。

### (四)履行时间的连续性

供用电、水、气、热力合同的生产、供应和使用一般同时完成,不能储存,故在供应人和利用人之间,电、水、气、热力合同不可能因一次给付而终止,具有长期稳定性。因而除了某些临时使用电、水、气、热力外,供应人与利用人一般会订立长期合同。对供应人来说,需要花费相当的代价铺设管道或架设电线,这显然不只是一时的利用。对于利用人来说,一般也是为了长期生产或生活的需要与便利才利用上述资源。

### (五)合同标的的非溯及性

由于供用电、水、气、热力合同的标的物均为可消耗物,在一次利用后,即产生标的物返还不能的后果,而不同于其他买卖合同那样,可以将标的物返还。因此在此类合同因各种原因解除时,其效力仅能向将来发生,而不能溯及过去。

## 第二节 供用电合同

### 一、供用电合同的概念和内容

**(一) 供用电合同的概念**

《合同法》第176条规定:"供用电合同是供电人向用电人供电,用电人支付电费的合同。"

供用电合同的标的物是电力,因此,它是一种特殊的买卖合同。供用电合同自当事人双方意思表示一致时成立,合同有效成立后,当事人双方即相互负有义务,且任何一方取得权利,均须支付相应对价,因此,供用电合同为诺成、双务、有偿合同。

**(二) 供用电合同的内容**

《合同法》第177条规定:"供用电合同的内容包括供电的方式、质量、时间、用电容量、地址、性质、计量方式,电价、电费的结算方式,供用电设施的维护责任等条款。"根据以上规定,供用电合同包括以下条款:

1. 供电的方式、质量和时间

供电的方式是由供用电双方约定的采用何种方法进行供电。一般由双方根据当地的供电条件、距离远近等协商确定。

供电质量是指供电人供电频率和供电额定电压。国家对供电质量有专门规定,供用电双方约定的供电质量必须符合国家规定的标准。

供电时间是指确定用电人的生产班次、上下班时间、休息日及大型用电设备开停的时间等。目前我国电力供求还不平衡,为保证合理用电,供电人应与用电人商定用电时间,避免用电人之间在同一时间集中用电或少用电。

2. 用电容量

用电容量是指供用电双方根据用电性质、电网负荷而确定的在单位时间内的最大用电量。

3. 用电地址、性质

用电地址是指供用电双方约定的用电人使用电力的起点。用电地址是确定供电方式、供电时间等的重要依据,也是在纠纷发生后确定诉讼管辖的依据。

用电性质是供用电双方确定的使用电力的目的。一般来说,用电性质是决定用电容量、时间、质量等的重要依据。

计量方式是指计算用电量的方法。一般用"度"(千瓦时)来表示。

4. 电价、电费的结算方式

电价是供用电双方依法律规定所商定的每度电的价格,电费则是由用电人依据电价和实际用电量向供电人支付的费用。供用电合同双方当事人对电价条款应当以国家电价制度为准,不得擅自变更或制定电价。

5. 供用电设施的维护责任

供用电设施的维护责任包括供电人和用电人在供用电设施方面各自的维护责任。一般来说,公用供电设施由供电人负责维护;受电设施和用电计量装置,由用电人负责维护。

## 二、供用电合同的效力

### (一) 供电人的义务

#### 1. 及时、安全、合格供电

用电人提出用电申请的,供电人应尽快确定供电方案,并在一定期间内正式书面通知用电人。合同订立后,供电人应当按照约定的时间向用电人供电。当事人对供电标准另有约定的,依其标准供应;当事人没有约定的,则根据用电人具体的用电意图可以推定的标准或国家规定的标准供电;国家未规定用电标准的,按照同类合同行业标准供电。

供电人必须安全、合格供电。《合同法》第179条规定:"供电人应当按照国家规定的供电质量标准和约定安全供电。供电人未按照国家规定的供电质量标准和约定安全供电,造成用电人损失的,应当承担损害赔偿责任。"

#### 2. 因限电、检修等停电的通知义务

《合同法》第180条规定:"供电人因供电设施计划检修、临时检修、依法限电或者用电人违法用电等原因,需要中断供电时,应当按照国家有关规定事先通知用电人。未事先通知用电人中断供电,造成用电人损失的,应当承担损害赔偿责任。"因此,在因限电、检修等原因停电时,供电人在停电之前,必须以通知的方式明确告知用电人,使之有所准备和安排。至于通知的方式,法律没有明确规定,目前的做法一般是除直接向具体用电人通知外,还在报纸或电视上刊登通知公告。通知必须在停电前的合理期限内为之。

#### 3. 对事故断电的抢修义务

《合同法》第181条规定:"因自然灾害等原因断电,供应人应当按照国家有关规定及时抢修。未及时抢修,造成用电人损失的,应当承担损害赔偿责任。"可见,在因不可抗力或意外事故造成供电设施毁损,以致电力无法继续正常供应的情况下,供电人有及时抢修的义务。所谓及时抢修,是指供电人自知道事故发生或接到事故发生通知之时起,应立即找寻事故发生地点,并投入相关设备进行快速修复,使供电设施以最快的速度恢复正常供电状态。因供电人未及时抢修造成用电人损失的,供电人应负赔偿责任。当然,在发生意外事故时,用电人也应当采取措施以尽力减少损失。

### (二) 用电人的义务

#### 1. 支付电费的义务

供用电合同是双务、有偿合同,用电人应对其使用供电人供应的电力支付费用。供电人为用电人的安全而为其检修用电设施的,用电人还有支付服务费的义务。《合同法》第182条规定:"用电人应当按照国家有关规定和当事人的约定及时交付电费。用电人逾期不交付电费的,应当按照约定支付违约金。经供电人催告用电人在合理期限内仍不交付电费和违约金的,供电人可以按照国家规定的程序中止供电。"

#### 2. 对用电设施的安全保持义务

保持用电设施处于安全状态,是保证用电安全的前提条件。因此,对于已经安全装设的用电线路和保险装置,用电人不应随意拆换。同时,用电人也不应在已经检修合格的用电设施中再随意拉线,连接用电设施。对于用电设施出现故障需要修理的,一般也要请电工修理,不应自己接拉电线或修理。否则,造成损失或发生危险的,供电人对此不负责任。

### 3. 对供电人正当检修、停电、限电的忍受义务

供电属于高度危险作业,因各种意外事故而需要对用电设施进行检修,或是因此而停电、限电,都是较为常见的现象,也是为防止危险发生的必要措施。用电人对此应当忍受,而不得随意主张除去。如果由于特定期间供电总量有限,需要限制用电人的用电量的,用电人也应负必要的忍受义务。同时,供电人检修供电设施时需要用电人协助的,用电人负有协助义务。

### 4. 依照约定安全用电的义务

依《合同法》第183条规定,用电人应当按照国家有关规定和当事人的约定安全用电。用电人未按照国家有关规定和当事人的约定安全用电,造成供电人损失的,应当承担损害赔偿责任。

**【思 考 题】**

1. 供用电、水、气、热力合同有哪些特征?
2. 供用电合同的效力有哪些?

**【法律应用】**

1. 九华公司在未接到任何事先通知的情况下突然被断电,遭受重大经济损失。下列哪些情况下供电公司应承担赔偿责任?（2007年司考题）
   A. 因供电设施检修中断供电　　　　B. 为保证居民生活用电而拉闸限电
   C. 因九华公司违法用电而中断供电　　D. 因电线被超高车辆挂断而断电

2. 甲公司与小区业主吴某订立了供热合同。因吴某要出国进修半年,向甲公司申请暂停供热未果,遂拒交上一期供热费。下列哪些表述是正确的?（2014年司考题）
   A. 甲公司可以直接解除供热合同
   B. 经催告吴某在合理期限内未交费,甲公司可以解除供热合同
   C. 经催告吴某在合理期限内未交费,甲公司可以中止供热
   D. 甲公司可以要求吴某承担违约责任

3. 老王乔迁新居,与供电公司签订了供用电合同,但合同对于履行地点没有明确约定。下列哪一选项是正确的?
   A. 供电公司应当将电线架设到老王家中
   B. 供电公司应当将电线架设到老王家的电线入口处
   C. 老王应当自己从供电公司架设电线
   D. 供电公司负责安装全部的供电设施,包括将老王家中的电线安装好

4. 某日雷雨天气,闪电击中供电公司的线路,引发电压瞬间上升,致使某用户家中的电视机被电流击坏。下列选项中哪一项是正确的?
   A. 供电公司应当向用户承担违约责任
   B. 供电公司应当向用户承担侵权责任
   C. 闪电击中线路属于不可抗力,供电公司不必承担用户的损失
   D. 供电公司应当负责维修用户被击坏的电视机

5. 某日暴发山洪,自来水公司的水管被冲毁,造成埠岚小区断水。小区内的一家工厂

被迫停工。由于自来水公司内部管理不善,数日内无人过问此事,工厂数次联系自来水公司维修管道,自来水公司均置之不理。下列选项中哪些是正确的?

A. 山洪暴发当日引发的工厂损失,自来水公司不必赔偿
B. 山洪暴发当日引发的工厂损失,自来水公司应予赔偿
C. 工厂因断水而引发的全部损失,自来水公司均应赔偿
D. 山洪暴发后,因自来水公司未及时抢修而造成工厂停工的损失,自来水公司应予赔偿

【讨论案例】

甲与供电公司签订了供用电合同。由于供电公司线路检修而经常出现电压不稳的现象,但供电公司在检修线路前并未通知甲。某日,甲在看电视的时候,电视机突然被电流击损。甲在知道供电公司检修线路导致电压不稳的情况之后,便找到供电公司,要求其赔偿损失,但供电公司并不理会甲的要求。于是,甲便不再交纳电费。供电公司几经催促,甲书面通知供电公司,称供电公司不赔偿电视机的损失,甲便行使同时履行抗辩权,拒绝交纳电费。之后,供电公司开始给甲家断电。甲从供电公司设在甲家楼旁边的供电设备上私接了一条线,给家中通电。

请回答下列问题:(1)甲的电视机损失是否应当由供电公司赔偿?为什么?(2)甲是否可以行使同时履行抗辩权?为什么?(3)供电公司给甲家断电是否合法?为什么?(4)甲私接电线的行为如何定性?为什么?

# 第十一章 赠与合同

【学习指南】

重点在于把握赠与合同的特性、效力、撤销事由；难点在于理解附负担赠与的特殊效力。

【导入案例】

甲买了一个新手机，便向乙表示愿意将旧手机送给她，乙也接受了。几日后，甲又告诉乙，她改变主意了，不想把旧手机送给乙了，并且她已经把旧手机送给了丙。乙不同意，要求甲将旧手机送给自己。通过本章的学习，试分析甲、乙、丙之间的赠与合同是否成立以及乙能否要求甲将手机送给自己。

## 第一节 赠与合同概述

### 一、赠与合同的概念与特征

#### （一）赠与合同的概念

《合同法》第185条规定："赠与合同是赠与人将自己的财产无偿地给予受赠人，受赠人表示接受赠与的合同。"

在赠与合同中，当事人约定一方将其财产无偿转让给另一方。转让财产的一方为赠与人，而无偿接受财产的一方为受赠人。赠与合同的主体，既可以是自然人，也可以是法人，在一定情况下国家也可以作为赠与人。不过，自然人作为赠与人时应当具有完全的民事行为能力，无民事行为能力人和限制民事行为能力人一般不能成为赠与人。赠与人赠给他人的财产，必须是自己有权支配的财产，其范围包括动产、不动产的所有权及定限物权、无体财产权、债权、占有、有价证券、股权等。赠与人所赠与的财产不以赠与人现时所有的财产为限，赠与人也可以将其将来所有的财产赠与受赠人。

赠与合同是一种双方法律行为，不仅要有赠与人将自己的财产无偿地给予他人所有的意思表示，而且要有受赠人愿意接受的意思表示，即双方的意思表示一致。如果一方提出向对方赠与某项财产,而另一方不作接受的意思表示,或者一方愿意接受,而另一方却没有赠与的意思表示,赠与合同均不能成立。赠与人将自己的财产无偿赠与他人,受赠人的财产必因赠与而有所增加,它既可以是受赠人财产的积极增加,即受赠人财产权利的增强或义务的消失、财产范围的扩大;也可以是受赠人财产的消极增加,即受赠人本应减少的财产而未减少。

### (二)赠与合同的特征

1. 赠与合同为财产权转移的合同

赠与合同是赠与人将其财产无偿转移给受赠人的合同。赠与的法律效果即为财产权的转移。因此,赠与合同与其他以转移财产为目的的合同,如买卖合同、互易合同等同称为转让财产的合同。凡是不以财产权的转移为目的的无偿合同,不为赠与合同。正是这一特征使赠与合同和借用合同区分开来。在借用合同中,借用人虽然可以无偿使用借与人的财产,但其取得的仅是借用物的使用权,而非财产所有权,因而它不是赠与合同。

2. 赠与合同为单务合同和无偿合同

在赠与合同中,仅赠与人负有向受赠人给付约定的赠与标的物的义务,而受赠人不负有对待给付的义务。即使在附负担的赠与中,受赠人履行所附的负担也不是赠与人履行赠与义务的对价,不是向赠与人为给付的履行行为。因此,赠与合同是单务合同,赠与人不享有双务合同的当事人所享有的履行抗辩权。当然,赠与合同为单务合同并不等于受赠人不承担任何义务。事实上,赠与合同的单务性并不排斥受赠人可能会负担一些附随义务,如受赠人协助赠与人履行赠与合同的义务等。

赠与合同是典型的无偿合同。在赠与合同中,由于受赠人取得赠与标的物不需支付任何对价,这与一般的财产转让合同明显不同。赠与合同的无偿性是赠与合同区别于买卖、互易合同的一个重要特征。例如,在买卖合同,买受人要支付相应的对价始能取得出卖人的财产。正是由于赠与合同为典型的无偿合同,如同买卖合同为有偿合同的典型一样,关于其他无偿合同,除性质所不许者外,得准用有关赠与的规定。①

赠与合同是单务、无偿的,对于不附负担的赠与,受赠人是纯受利益而不负任何义务的,因而即使无民事行为能力人、限制民事行为能力人作为受赠人所订立的赠与合同,同样有效,不需要其法定代理人的承认,赠与人不能以受赠人民事行为能力有欠缺为由主张赠与无效。

3. 赠与合同为诺成合同和不要式合同

在赠与合同中,只要双方当事人意思表示一致,合同即成立,不以赠与人赠与物的交付为合同的成立要件。因此,赠与合同为诺成合同。

在赠与合同的形式上,由于合同法未对其形式作出要求,当事人可采用书面形式订立,也可以采用口头形式订立。因此,赠与合同为不要式合同。不过,若赠与的财产依法需要办理登记手续的,应当办理有关手续(《合同法》第187条)。

## 二、赠与合同的分类

依照不同的标准,可以将赠与合同作不同的分类。常见的分类有以下几种。

---

① 参见郑玉波:《民法债编各论》(上册),台湾三民书局1986年版,第146页。

## (一) 一般赠与和特种赠与

根据赠与合同有无特殊情形,赠与合同分为一般赠与和特种赠与。一般赠与又称单纯赠与,是指不具有特殊情形,权利义务没有特别规定的赠与合同;特殊赠与则是具有特殊情形,权利义务具有特殊规定的赠与合同。

特殊赠与主要包括附义务的赠与、混合赠与、公益赠与、定期给付赠与以及死因赠与等类型。附义务的赠与也称附负担的赠与,是指赠与人在赠与时使受赠人对于赠与人或者第三人负担一定义务的赠与。混合赠与是指含有有偿行为的赠与,即受赠人负有一定的对待给付义务的赠与。如当事人双方约定一方将标的物以低于市场的价格售给另一方,低出的价格为出卖人的赠与,就属于混合赠与。公益赠与,是指为了公益或者公共目的而无偿给予他人以财产的行为。公益赠与不同于受赠人不特定的捐赠。定期给付赠与是指赠与人应当每隔一段时间无偿给与受赠人以财产的赠与。死因赠与是指因赠与人死亡而生效的赠与。死因赠与是一种双方法律行为,不同于单方法律行为的遗赠和有偿双务法律行为的遗赠扶养协议。

从《合同法》的规定来看,该法第186条第1款规定的赠与为一般赠与,第2款规定的具有救灾、扶贫等社会公益、道德义务性质的赠与或经过公证的赠与以及第190条规定的附义务的赠与,均为特种赠与。

区分一般赠与和特种赠与的法律意义在于:在法律适用的规则上有所不同。一般赠与为赠与的典型形态,而特种赠与有其特殊性。例如,一般赠与的赠与人通常情形下无须承担瑕疵担保责任,但对于特种赠与而言,赠与人要在一定的限度内承担瑕疵担保责任;一般赠与合同自成立时起生效,而特种赠与中的死因赠与,其效力的发生以赠与人的死亡为前提条件。

## (二) 现实赠与和非现实赠与

根据赠与合同的成立时间与履行时间的不同,赠与合同分为现实赠与和非现实赠与。现实赠与也称即时赠与,是指合同成立时赠与人即将赠与财产转移给受赠人的赠与。非现实赠与是指合同成立后,赠与人按照合同的约定将赠与财产转移给受赠人的赠与。

区分现实赠与和非现实赠与的法律意义在于:在确定赠与合同的履行期间,正确认定当事人的权利义务关系上存在着差别。

## (三) 附条件赠与和无条件赠与

根据赠与合同是否给受赠人附加特定的义务,赠与合同分为附条件赠与和无条件赠与。附条件赠与是指在赠与合同中附加一定条件的赠与。赠与合同一般是单务无偿合同,赠与人只有履行赠与的义务而无任何权利,受赠人只享有接受对方履行的权利而不必承担任何义务。但是,赠与可以附条件,不过附条件赠与不等于附义务赠与,因为赠与所附条件不一定就是受赠人的义务,也可能是赠与人要求自己方面在一定条件成就后才实施赠与。当然,附条件赠与也可能是附加一定负担于受赠人。因此,附条件赠与包括了附义务赠与,而且主要是附义务赠与,但却不限于附义务赠与。无条件赠与是赠与人的赠与既不给受赠人提出任何负担义务要求,也不对自己的赠与行为附任何条件的赠与。

区分附条件赠与和无条件赠与的意义在于:在无条件赠与中,赠与人在赠与财产的权利移转后,一般不享有撤销权(当然也有例外)。而附条件的赠与人,可以通过主张受赠人未履行其负担的义务而撤销赠与。根据《合同法》第192条规定,受赠人不履行赠与合同约定的义务,属于赠与人行使撤销权的原因之一。

### （四）履行道德义务的赠与和非履行道德义务的赠与

以赠与人赠与的目的是否为履行道德上的义务为标准，赠与可分为履行道德义务的赠与和非履行道德义务的赠与。如养子女对于生活困难的生父母约定赠与一定的财物，或者有人于灾难之际为慈善或公益之目的而为施舍等等，为履行道德义务的赠与；不以履行道德上义务为目的的赠与，则为非履行道德上义务的赠与。这种划分的意义在于：履行道德义务的赠与对赠与人的约束力较强，赠与人不得任意撤销；而对于非为履行道德义务的赠与，赠与人在赠与财产的权利移转前，一般可以任意撤销。①

根据当事人之间的赠与合同是否办理公证手续，可以将赠与区分为经过公证的赠与和未经过公证的赠与，其区分的法律意义与前者相同。

## 第二节　赠与合同的效力

赠与合同的效力即赠与双方当事人的权利义务及责任。赠与合同为单务无偿合同，赠与使赠与人一方负担义务与责任，而受赠人一方仅享有接受赠与的权利而不负担义务。因此，赠与合同的效力主要是指赠与合同对赠与人的效力，即赠与人必须履行的义务和责任。赠与人的义务和责任主要有以下几项。

### 一、移转赠与标的物

将赠与标的物按照合同约定移转于受赠人，是赠与人的主要义务。赠与人依照合同约定的期限、地点、方式、标准将标的物交付于受赠人，并将赠与财产上的权利移转给受赠人，赠与合同才为履行完毕。需要办理登记等手续方能发生转移财产法律效力的，赠与人须办理有关登记手续后，方可视为完成移转。赠与人未在约定的期间移转赠与财产，且赠与合同属于《合同法》第188条规定的具有社会公益、道德义务性质的赠与，受赠人可以依照合同的约定，请求赠与人向其交付赠与财产。如果因赠与人的故意或重大过失，造成具有救灾、扶贫等社会公益、道德义务性质的赠与财产毁损、灭失的，赠与人应当对受赠人承担损害赔偿责任。

### 二、瑕疵担保责任

在一般赠与合同中，赠与人对赠与财产的瑕疵不负担保责任，这是由赠与合同的单务性决定的。各国立法通常规定，赠与人仅以物的现状为赠与，对赠与物的瑕疵通常不承担担保责任，法律另有规定者除外。如《日本民法典》规定："赠与人对于赠与标的物或权利的瑕疵或欠缺，不负责任，但是赠与人知有瑕疵或欠缺而不告知受赠人的，不在此限。"与此相比，我国《合同法》的规定更为详尽和周密，根据该法第191条规定，在下列两种情况下，赠与人应当承担瑕疵担保责任。

第一，附义务的赠与，赠与的财产有瑕疵，赠与人应当在所附义务的范围内，对受赠人承担赠与财产瑕疵担保责任。

第二，赠与人赠与财产时，明知赠与财产有瑕疵而故意不告知受赠人的，或者赠与人向受赠人保证赠与财产无瑕疵的，赠与人负瑕疵担保责任，因赠与财产的瑕疵造成受赠人损失

---

① 参见崔建远主编：《合同法》（第六版），法律出版社2016年版，第325页。

的,赠与人应当负赔偿责任。赠与人赔偿损失的范围通常包括:因赠与人不告知赠与物为他人之物,受赠人对于他人的权利主张,提起确认之诉所需的诉讼费用;受赠人丧失取得同类物的机会所遭受的损失;信赖赠与物无瑕疵,对赠与物进行改善或利用,因赠与物的瑕疵使该物无用所遭受的损失。① 应当注意的是,受赠人的损失是指赠与财产之外的损失,对于赠与的财产本身的损失,赠与人不负赔偿责任。

## 第三节 赠与合同的撤销

赠与合同的撤销是指赠与人在赠与合同生效后,依法撤销该赠与合同,使之归于终止的行为。赠与合同在受赠人作出同意接受赠与的意思表示时生效,对双方当事人均有约束力。但由于赠与合同是单务无偿合同,为保护赠与人的利益,法律特赋予赠与人有撤销赠与合同的权利。根据撤销的性质不同,可将撤销分为任意撤销和法定撤销两种。

### 一、赠与合同的任意撤销

赠与合同的任意撤销,是指在赠与合同成立后,赠与财产的权利转移之前,赠与人基于自己的意思而撤销赠与的行为。《合同法》第186条第1款规定:"赠与人在赠与财产的权利转移之前可以撤销赠与。"但在下列情况下,赠与人不得任意撤销赠与:第一,标的物已经交付或已经办理登记等有关手续。但赠与物部分交付、部分未交付的,未交付的部分可以撤销;第二,具有救灾、扶贫等社会公益、道德义务性质的赠与合同和经过公证的赠与合同。

### 二、赠与合同的法定撤销

赠与合同的法定撤销,是指在具备法定事由时,赠与人或其继承人、法定代理人行使撤销权,依法撤销赠与合同。依赠与撤销权人的不同,法定撤销可分为赠与人的撤销和赠与人的继承人或法定代理人的撤销。

#### (一) 赠与人的法定撤销

根据《合同法》第192条规定,受赠人有以下三种情形之一的,赠与人均可行使法定撤销权撤销赠与:

1. 受赠人严重侵害赠与人或者赠与人的近亲属

该事由须具备以下要件:(1)须有受赠人的侵害行为;(2)须侵害后果达到严重的程度。侵害后果是否严重,可以从行为的情节和后果等各方面分析。至于受赠人的行为是否构成犯罪行为,不影响赠与人撤销权的行使;(3)受侵害的是赠与人或其近亲属。

2. 受赠人对赠与人有扶养义务而不履行的

此种行为的构成要件是:(1)须受赠人对赠与人负有扶养义务;(2)须受赠人拒不履行对赠与人的扶养义务;(3)须受赠人有扶养能力。

3. 受赠人不履行赠与合同约定的义务

赠与合同可以附义务,对于所附义务,受赠人应当按照约定履行义务,否则,赠与人可以

① 参见史尚宽:《债法各论》,中国政法大学出版社2000年版,第128—129页。

依法撤销赠与。

上述情形下,赠与人自知道或者应当知道撤销事由之日起1年内不行使的,撤销权消灭。

**(二)赠与人的继承人或其法定代理人的法定撤销**

在一般情况下,赠与合同只能由赠与人行使撤销权而撤销,这是由合同的相对性决定的。但在特殊情况下,赠与人不能行使撤销权时,可以由其继承人或者法定代理人来行使该权利。《合同法》第193条规定:"因受赠人的违法行为致使赠与人死亡或者丧失民事行为能力的,赠与人的继承人或者法定代理人有权撤销赠与。""赠与人的继承人或者法定代理人的撤销权,自知道或者应当知道撤销原因之日起6个月内行使。"

赠与人的继承人在因受赠人的违法行为造成赠与人死亡时,可以撤销赠与。赠与人的法定代理人,在因受赠人的违法行为造成赠与人丧失行为能力时,有权撤销赠与。

值得探讨的是,如果赠与人非因受赠人的违法行为造成死亡,且有赠与人可以撤销赠与的法定情形的,赠与人的继承人是否也可以撤销赠与?我们认为,一般不允许赠与人的继承人撤销赠与。但在下列两种情况下,赠与人的继承人可以撤销赠与:一是受赠人的行为严重违背赠与所附的义务和赠与的目的;二是受赠人的行为妨碍了赠与人撤销赠与的,赠与人死亡后,其继承人可以撤销赠与。妨碍赠与的撤销,是指因受赠人的行为使赠与人无法使撤销权。例如,受赠人对赠与人实施胁迫行为致赠与人不能撤销赠与;受赠人非法限制赠与人的人身自由,使赠与人不能行使撤销权等。在这种情形下,赠与人得行使撤销权,但因其死亡却不能行使,因此,赠与人的继承人可以撤销赠与。

撤销权的行使,可以通过向受赠人为明确的意思表示,也可以通过诉讼或者遗嘱的方式为之。赠与合同被依法撤销后,就合同尚未履行的部分,溯及地归于消灭,赠与人有权拒绝履行;已经履行的部分,可以依照所有物返还请求权或者不当得利请求返还。《合同法》第194条规定,撤销权人撤销赠与的,可以向受赠人要求返还赠与的财产。

**三、赠与人的法定解除权**

《合同法》第195条规定:"赠与人的经济状况显著恶化,影响其生产经营或者家庭生活的,可以不再履行赠与义务。"此处所言"不再履行赠与义务",是指赠与人有权解除合同,从而免除赠与义务。该合同解除不具有溯及力,赠与人就原已履行的赠与,无权要求受赠人返还。

赠与合同中的法定解除权与法定撤销权不同,其区别在于:第一,法定撤销权的行使具有溯及力,即使赠与人已经移转赠与物上的权利,也可以请求赠与人返还;法定解除权的行使则不具有溯及力;第二,法定撤销权行使的目的在于对受赠人的不义行为或者不履行义务的行为进行贬斥,而法定解除权行使的目的在于照顾确实已经处于穷困中的赠与人。

## 第四节 附负担赠与合同

**一、附负担赠与合同的概念**

附负担赠与合同即附义务赠与合同,是指受赠人对于赠与人或第三人负有一定给付义务作为附加条件的赠与。附义务赠与属于特种赠与。在一般赠与中,受赠人仅享有权利,不负担任何义务。但在附负担赠与中,赠与人对其赠与附加一定的条件,使受赠人负担一定的给付义务。例如,赠与人以其收藏品赠与博物馆,约定在5年内受赠人必须定期清洗。附负担赠与中的义务属于赠与合同的部分内容,是附加于赠与的,而非附随于赠与合同的另一单独的从合同。

附负担赠与合同具有以下法律特征:(1)附负担赠与所附的义务必须具有合法性,若违背公序良俗或者法律规定,赠与合同无效。(2)赠与所附的义务不是赠与的对价,赠与人不能以受赠人不履行义务为抗辩。原则上赠与人履行给付义务后,受赠人才发生履行其负担的义务。受赠人虽负担一定义务,双方之间的合同也属于单务无偿合同。(3)附负担赠与须使受赠人负担一定义务,如果赠与所附的不是使受赠人负担一定义务,而是为达到一定的结果,则该赠与也不属于附义务赠与,而属于目的赠与。所谓目的赠与,是指为实现一定目的、达到一定结果而为的赠与。(4)附负担赠与的受赠人履行其义务的受益人可以是本人,也可以是特定的第三人或者是一般公众。(5)附负担赠与所附的义务以受赠人负有一定的给付为内容,但该给付不以作为为限,也可以是不作为。

## 二、附负担赠与合同的特别效力

附负担赠与和一般赠与相比,其特殊效力主要表现在:

### (一) 受赠人应按照约定履行义务

附负担赠与的受赠人负有应当履行赠与合同所附的义务。在一般赠与中,受赠人是不承担合同义务的。而在附负担赠与合同中,赠与人向受赠人履行赠与财产的交付义务后,受赠人应当按照赠与合同的约定,履行其所承担的义务。受赠人若不履行其负担,赠与人有权请求受赠人履行义务或者撤销赠与。但是,如果受赠人未履行其义务或者履行义务不适当是因不可归责于受赠人的事由时,赠与人不得撤销赠与。若赠与所附义务因客观原因已经无法履行的,受赠人的义务被免除,不必再履行。赠与的财产价值不足以履行其义务的,受赠人只在赠与财产价值限度内履行其义务。如受赠人的义务超过赠与财产的价值,则超出部分受赠人可以拒绝履行。

除合同另有约定外,赠与人应先履行赠与义务后,才有权请求受赠人履行义务。如果约定的负担是由受赠人向第三人履行,则赠与人或其继承人只能请求受赠人向第三人履行给付义务。该义务如果是以公益为目的,在赠与人死亡后,赠与人的继承人或有关主管机关均有权请求受赠人履行负担。赠与人在其生存期间抛弃对受赠人履行义务的请求权,受赠人所负义务免除。

### (二) 赠与人负一定的瑕疵担保责任

在一般赠与中,赠与人一般不负赠与物的瑕疵担保责任,仅在赠与人故意不告知瑕疵或者保证无瑕疵时,赠与人对因赠与财产的瑕疵造成的受赠人损害承担赔偿责任。而在附负担赠与中,受赠人接受赠与,其财产的增加并不是无条件的,其同时负有一定的义务。这种义务虽不是赠与财产的对价,但对受赠人而言,同样也是一种负担。所以,对于附负担的赠与,赠与人在受赠人所附的义务的限度内承担与出卖人相同的瑕疵担保责任。赠与人的瑕疵担保责任,根据出卖人瑕疵担保责任的内容,为受赠人享有的减少义务请求权、合同解除权和损害赔偿请求权。赠与人在受赠人所附义务的范围内承担担保责任,其主要目的在于使受赠人不致因履行义务而受有损失。

【思考题】

1. 试述赠与合同的分类与特征。
2. 赠与合同有何效力？
3. 赠与合同撤销的事由包括哪些？
4. 附负担赠与合同有何特征？

【法律应用】

1. 甲曾表示将赠与乙 5 000 元，且已实际交付乙 2 000 元，后乙在与甲之子丙的一次纠纷中，将丙殴成重伤。下列说法哪些是正确的？（2003 年司考题）

   A. 甲可以撤销对乙的赠与         B. 丙可以要求撤销其父对乙的赠与
   C. 丙应在被殴伤 6 个月内行使撤销权   D. 甲有权要求乙返还已赠与的 2 000 元

2. 下列关于赠与合同的表述哪些是正确的？（2004 年司考题）

   A. 赠与合同是有名合同          B. 赠与合同是单务合同
   C. 赠与合同是诺成合同          D. 赠与合同是不要式合同

3. 甲欠丙 800 元到期无力偿还，乙替甲还款，并对甲说："这 800 元就算给你了。"甲称将来一定奉还。事后甲还了乙 500 元。后二人交恶，乙要求甲偿还余款 300 元，甲则以乙已送自己 800 元为由要求乙退回 500 元。下列哪种说法是正确的？（2006 年司考题）

   A. 甲应再还 300 元
   B. 乙应退回 500 元
   C. 乙不必退回甲 500 元，甲也不必再还乙 300 元
   D. 乙应退还甲 500 元及银行存款同期利息

4. 赵某将一匹易受惊吓的马赠给李某，但未告知此马的习性。李某在用该马拉货的过程中，雷雨大作，马受惊狂奔，将行人王某撞伤。下列哪一选项是正确的？（2007 年司考题）

   A. 应由赵某承担全部责任
   B. 应由李某承担责任
   C. 应由赵某与李某承担连带责任
   D. 应由李某承担主要责任，赵某也应承担一定的责任

5. 甲与乙签订协议，约定甲将其房屋赠与乙，乙承担甲生养死葬的义务。后乙拒绝扶养甲，并将房屋擅自用作经营活动，甲遂诉至法院要求乙返还房屋。下列哪一选项是正确的？（2007 年司考题）

   A. 该协议是附条件的赠与合同    B. 该协议在甲死亡后发生法律效力
   C. 法院应判决乙向甲返还房屋     D. 法院应判决乙取得房屋所有权

6. 甲将其父去世时留下的毕业纪念册赠与其父之母校，赠与合同中约定该纪念册只能用于收藏和陈列，不得转让。但该大学在接受乙的捐款时，将该纪念册馈赠给乙。下列哪一选项是正确的？（2007 年司考题）

   A. 该大学对乙的赠与无效，乙不能取得纪念册的所有权
   B. 该大学对乙的赠与无效，但乙已取得纪念册的所有权
   C. 只有经甲同意后，乙才能取得纪念册的所有权
   D. 该大学对乙的赠与有效，乙已取得纪念册的所有权

7. 神牛公司在 H 省电视台主办的赈灾义演募捐现场举牌表示向 S 省红十字会捐款 100 万元,并指明此款专用于 S 省 B 中学的校舍重建。事后,神牛公司仅支付 50 万元。对此,下列哪一选项是正确的?(2008 年司考题)

A. H 省电视台、S 省红十字会、B 中学均无权请求神牛公司支付其余 50 万元
B. S 省红十字会、B 中学均有权请求神牛公司支付其余 50 万元
C. S 省红十字会有权请求神牛公司支付其余 50 万元
D. B 中学有权请求神牛公司支付其余 50 万元

8. 甲将 300 册藏书送给乙,并约定乙不得转让给第三人,否则甲有权收回藏书。其后甲向乙交付了 300 册藏书。下列哪一说法是正确的?(2009 年司考题)

A. 甲与乙的赠与合同无效,乙不能取得藏书的所有权
B. 甲与乙的赠与合同无效,乙取得了藏书的所有权
C. 甲与乙的赠与合同为附条件的合同,乙不能取得藏书的所有权
D. 甲与乙的赠与合同有效,乙取得了藏书的所有权

9. 甲公司在 2011 年 6 月 1 日欠乙公司货款 500 万元,届期无力清偿。2010 年 12 月 1 日,甲公司向丙公司赠送一套价值 50 万元的机器设备。2011 年 3 月 1 日,甲公司向丁基金会捐赠 50 万元现金。2011 年 12 月 1 日,甲公司向戊希望学校捐赠价值 100 万元的电脑。甲公司的 3 项赠与行为均尚未履行。下列哪一选项是正确的?(2012 年司考题)

A. 乙公司有权撤销甲公司对丙公司的赠与
B. 乙公司有权撤销甲公司对丁基金会的捐赠
C. 乙公司有权撤销甲公司对戊学校的捐赠
D. 甲公司有权撤销对戊学校的捐赠

10. 宗某患尿毒症,其所在单位甲公司组织员工捐款 20 万元用于救治宗某。此 20 万元存放于专门设立的账户中。宗某医治无效死亡,花了 15 万元医疗费。关于余下 5 万元,下列哪一表述是正确的?(2014 年司考题)

A. 应归甲公司所有
B. 应归宗某继承人所有
C. 应按比例退还员工
D. 应用于同类公益事业

11. 甲公司员工魏某在公司年会抽奖活动中中奖,依据活动规则,公司资助中奖员工子女次年的教育费用,如员工离职,则资助失效。下列哪些表述是正确的?(2014 年司考题)

A. 甲公司与魏某成立附条件赠与
B. 甲公司与魏某成立附义务赠与
C. 如魏某次年离职,甲公司无给付义务
D. 如魏某次年未离职,甲公司在给付前可撤销资助

12. 郭某意外死亡,其妻甲怀孕两个月。郭某父亲乙与甲签订协议:"如把孩子顺利生下来,就送十根金条给孩子。"当日乙把八根金条交给了甲。孩子顺利出生后,甲不同意由乙抚养孩子,乙拒绝交付剩余的两根金条,并要求甲退回八根金条。下列哪些选项是正确的?(2015 年司考题)

A. 孩子为胎儿,不具备权利能力,故协议无效
B. 孩子已出生,乙不得拒绝赠与
C. 八根金条已交付,故乙不得要求退回

D. 两根金条未交付,故乙有权不交付

**【讨论案例】**

崔某为个体户,长期在外经商。2000年5月初,崔某返回家乡时发现街道幼儿园的房屋年久失修,且拥挤不堪,便主动提出捐款100万元为街道幼儿园盖一栋小楼,但街道幼儿园同时也必须为此投入一笔配套资金。街道幼儿园当即表示同意。同年5月25日,崔某又与街道幼儿园协商确定资金到位时间与开工时间,崔某提出其捐款将在9月底到位,在此之前请街道幼儿园作好开工准备,包括准备必要的配套资金。同年7月初,街道幼儿园开始将其原有5间平房拆除,并于7月底找到一家信用社贷款50万元,期限为1年。同年9月初,街道幼儿园找到崔某催要捐款,崔某提出因其生意亏本暂时无力捐款。街道幼儿园提出可减少捐款,但崔某表示仅能捐出数万元。双方不能达成协议,街道幼儿园遂向法院提起诉讼,要求崔某履行义务。崔某辩称双方并没有签订书面合同,他没有义务捐款。

请回答下列问题:(1)崔某与街道幼儿园之间的合同属于何类型的合同?为什么?(2)崔某称双方没有签订书面合同,其没有义务捐款,是否合法?为什么?(3)崔某是否可以不履行给付100万元的义务?为什么?

# 第十二章 借款合同

【学习指南】
重点在于把握借款合同的特性、金融机构借款合同与自然人间借款合同的差别;难点在于对自然人间借款合同效力的认定。

【导入案例】
甲银行与乙宾馆签订了 200 万元人民币的借款合同,贷款期限为 12 个月。合同签订后,甲依据其内部规定从贷款总额中扣除 10 万元作为贷款保证金。合同到期后,乙没有履行还本付息的义务。于是,甲以乙为被告向法院提起诉讼,要求乙偿还 200 万元及其利息。通过本章的学习,试分析甲、乙借款合同的效力。

## 第一节 借款合同概述

### 一、借款合同的概念

依《合同法》第 196 条规定,借款合同是借款人向贷款人借款,到期返还借款并支付利息的合同。在借款合同中,依合同借款的一方称为借款人,出借钱款的一方称为贷款人。

从借款合同的概念可以看出,《合同法》中所规定的借款合同与传统的借贷合同不同。传统的借贷合同是指当事人双方约定一方将金钱或物品移转于他方,他方在约定的期限内将同等种类、数量、品质的物返还的合同。根据借贷合同的客体不同,借贷合同一般分为使用借贷合同和消费借贷合同。使用借贷合同(即借用合同)是指出借人将一定的物无偿贷于借用人使用,借用人在使用后,依照约定返还该物的合同;消费借贷合同是指出借人将金钱或其他物品移转于借用人,借用人在约定的期限内将同等种类、数量、品质的物返还给贷与人的合同。可见,《合同法》中规定的借款合同,实际上是以货币为标的物的借贷合同,属于以借贷货币为内容的消费借贷合同。

## 二、借款合同的特征

《合同法》中规定的借款合同包括金融机构借款合同和自然人之间的借款合同。尽管这两种借款合同存在一定的差别，但总的说来，借款合同有以下特征：

1. 借款合同的贷款人包括金融机构和自然人

借款合同的当事人包括贷款人和借款人。其中，贷款人可以是金融机构，也可以是自然人。从《合同法》的规定来看，除金融机构和自然人外，其他的民事主体，如法人或其他经济组织也可以成为贷款人。

2. 借款合同是以货币为标的物的合同

借款合同是以货币为标的物的合同，而不包括其他消耗物的借贷。这是借款合同区别于传统的借贷合同的一个重要特点。

3. 借款合同是以转让货币所有权为目的的合同

由于货币是典型的代替物、消耗物，在任何情形下，货币的交付均发生其所有权的转移。因此，借款合同的目的就是由借款人取得所借货币的所有权。在借款合同中，借款人不仅有权占有、使用所借货币，而且有权处分所借货币。即使合同约定借款人不得随意处分所借货币，而只能用于特定目的，也不影响借款人对所借货币享有所有权，只是这种所有权的行使受到一定的限制而已。

## 三、借款合同的内容

依《合同法》第197条第2款规定，借款合同的内容常包括以下条款：

1. 借款种类

借款种类是指根据贷款性质、贷款项目、贷款期限等所确定的借款类型。如工业借款、农业借款、基本建设借款；短期借款、长期借款。在借款合同特别是金融机构为贷款人的借款合同中，贷款人对于不同的借款实行不同的政策，各种借款的利率、偿还方式等有所不同，因此，在金融机构借款合同中应当明确规定借款的种类。

2. 币种

币种是指借款人所借货币的种类。借款合同应明确借款是人民币还是某种外币。借款为人民币的，应以人民币偿还；借款为外币的，应偿还同种外币。

3. 借款用途

借款用途是指借款使用的目的。根据我国现行的金融政策，金融机构贷款实行专款专用原则，为监督借款人对借款的使用，保障借款的及时收回，以维护金融机构的利益，合同中应当明确约定借款用途。

4. 借款金额

借款金额是指借款的数量。对于分批支付借款的，当事人不仅应于合同中明确借款的总金额，而且应当明确每次提供借款的金额和时间。

5. 借款利率

借款利率是指贷款人应收的利息数额与所借本金的比率。贷款人为金融机构的，贷款人与借款人约定的借款利率应当根据中国人民银行规定的贷款利率的上下限确定（《合同法》第204条）。当事人约定的利率超过中国人民银行规定的利率上限的，其超过部分应为无效；低于中国人民银行规定的利率下限的，应当调至利率下限。自然人之间的借款合同的利率可以适当高于银行的利率，但不得违反国家有关限制借款利率的规定。

6. 还款期限

还款期限是指借款人使用借款的期限。借款期限由当事人根据借款的用途、借款人的还款能力和贷款人提供借款的能力等约定。《合同法》第209条规定："借款人可以在还款期限届满之前向贷款人申请展期。贷款人同意的，可以展期。"

7. 还款方式

还款方式是指借款人偿还借款的结算方式。

## 第二节 金融机构借款合同

### 一、金融机构借款合同的概念与特征

金融机构借款合同是指以金融机构为贷款人的借款合同。金融机构借款合同除具有借款合同的一般特征外，还具有如下特征：

1. 金融机构借款合同为诺成合同

《合同法》第201条第1款规定："贷款人未按照约定的日期、数额提供借款，造成借款人损失的，应当赔偿损失。"这一规定表明，在贷款人提供借款之前，双方当事人已经就借款的日期、数额等内容达成了合意，即合同已经成立，因此，借款人对贷款人未按照约定的日期、数额提供借款的，才有权要求赔偿损失。可见，金融机构借款合同的成立，并不以贷款人提供借款为条件，故金融机构贷款合同为诺成合同。

2. 金融机构借款合同为有偿合同

在金融机构借款合同中，贷款人为金融机构。金融机构是以发放贷款为营业的，而其发放贷款是要收取利息的。因此，金融机构借款合同为有偿合同。

3. 金融机构借款合同为双务合同

金融机构借款合同成立生效后，贷款人负有按合同的约定交付借款的义务，借款人负有按期偿还借款和支付利息的义务。因此，金融机构借款合同为双务合同。

4. 金融机构借款合同为要式合同

《合同法》第197条第1款规定："借款合同采用书面形式，但自然人之间借款另有约定的除外。"可见，金融机构借款合同应当采取书面形式，属于要式合同。这是因为，金融机构以贷款为营业，其发放贷款的数额较大，周期较长，采用书面形式有利于明确金融机构与借款人之间的权利义务，有利于保障借款人的用款计划和金融机构的信贷资金的安全。

### 二、金融机构借款合同的订立

金融机构借款合同由贷款人和借款人双方自愿订立，任何单位和个人不能强迫贷款人出借款项，也不能强迫他人必须借款。根据我国有关法律规定，金融机构借款合同的订立一般是先由借款人提出贷款申请，经贷款人审查后批准予以贷款时，双方才签订书面借款合同。在借款合同的订立中，除遵循合同订立的一般要求外，还应遵循以下两条特别要求：

### (一) 借款人有如实陈述的义务

《合同法》第 199 条规定："订立借款合同，借款人应当按照贷款人的要求提供与借款有关的业务活动和财务状况的真实情况。"可见，在订立金融机构借款合同时，借款人负有如实陈述的义务。这种义务应属于先合同义务而非合同义务。借款人违反如实陈述义务造成贷款人损失的，应当承担缔约过失责任。在金融机构借款合同中，借款人之所以负有如实陈述的义务，是因为借款人有关的业务活动的情况和财产状况如何，直接涉及借款人的还贷能力，反映着借款人的信用，所以为保障借款能够收回，保障贷款的安全，贷款人一般要对借款人的信用进行调查、了解。同时应贷款人的要求，借款人应如实陈述与借款有关的情况。当然，若贷款人不要求借款人提供有关情况的，借款人则无陈述的义务。

### (二) 借款人一般应提供担保

《合同法》第 198 条规定："订立借款合同，贷款人可以要求借款人提供担保。担保依照《中华人民共和国担保法》的规定。"依《担保法》规定，借款合同的贷款人可以要求借款人提供保证、抵押、质押等担保方式。贷款人要求借款人提供担保，是确保其债权实现，减少借款风险的最佳选择。

## 三、金融机构借款合同的效力

### (一) 贷款人的主要义务

贷款人的主要义务是按照合同的约定按时向借款人提供借款。因为金融机构借款合同订立后，借款人就要按照借款合同中约定的借款数额和时间来安排其用款计划。如果贷款人不能按照约定的时间和数额提供借款，就会打乱借款人的用款计划，会影响借款人的生产经营活动，甚至会影响整个资金的良性周转。因此，《合同法》第 201 条第 1 款规定："贷款人未按照约定的日期、数额提供借款，造成借款人损失的，应当赔偿损失。"

按照《合同法》第 200 条规定，贷款人提供给借款人的借款金额应当符合合同中约定的数额，而不得从中预先扣除借款利息。利息预先在本金中扣除的，借款数额按照实际借款数额计算。

### (二) 借款人的主要义务

1. 按照合同约定的时间和数额收取借款

金融机构借款合同是诺成合同，因此，借款合同成立后，借款人应当按照合同中约定的时间和数额收取借款。《合同法》第 201 条第 2 款规定："借款人未按照约定的日期、数额收取借款的，应当按照约定的日期、数额支付利息。"也就是说，不论借款人是否按照约定的日期和数额收取借款，都须按照合同中约定的借款日期和数额计算利息。

2. 接受贷款人的检查监督并向贷款人提供必要的资料

为保证贷款人能够按时收回借款，借款合同可以约定贷款人有权对借款的使用情况进行监督，要求借款人向贷款人提供财务会计报表等资料。因此，《合同法》第 202 条规定："贷款人按照约定可以检查、监督借款的使用情况。借款人应当按照约定向贷款人定期提供有关财务会计报表等资料。"当然，由于这项义务是基于合同约定产生的，因此，若借款合同没有约定，则借款人有权拒绝贷款人对借款使用情况进行检查、监督。

3. 按照合同约定的借款用途使用借款

借款用途是借款合同中的一项重要内容，直接影响着借款能否按期偿还。因为贷款人是根据借款用途来确定借款人的偿还能力而同意贷款的,如果借款人擅自改变借款用途,可能会导致贷款人到期不能收回借款。因此,借款人应当按照合同约定的借款用途使用借款。《合同法》第 203 条规定:"借款人未按照约定的借款用途使用借款的,贷款人可以停止发放借款、提前收回借款或者解除合同。"

4. 按合同约定的还款期限和方式及时偿还借款

《合同法》第 206 条规定:"借款人应当按照约定的期限返还借款。对借款期限没有约定或者约定不明确的,依照本法第六十一条的规定仍不能确定的,借款人可以随时返还;贷款人可以催告借款人在合理期限内返还。"依此规定,借款合同规定借款期限的,借款人自应在约定的期限按照约定的还款方式偿还借款。借款合同未明确规定还款期限的,当事人可以就还款期限进行协商,如不能达成协议,则按照合同的其他条款或者交易习惯确定还款期限;如果依上述办法都不能确定,则借款人可以随时偿还借款,贷款人也可以随时要求借款人偿还借款。但贷款人要求借款人还款的,应先向借款人发出还款的催告,给借款人一合理的期限。所谓的合理期限,应依借款的用途、借款的数额等具体情况而定,以使借款人在该期限内确能筹足应偿还的款项。

借款人未按照约定的期限返还借款的,应当按照约定或者国家有关规定支付逾期利息(《合同法》第 207 条)。如果借款人提前偿还借款的,除当事人另有约定外,应当按照实际借款的期间计算利息(《合同法》第 208 条)。

5. 按期支付利息

金融机构借款合同是有偿合同,因此,借款人的主要义务是向贷款人支付利息。借款人不仅应按照约定的数额支付利息,而且应在约定的期限支付利息。《合同法》第 205 条规定:"借款人应当按照约定的期限支付利息。对支付利息的期限没有约定或者约定不明确,依照本法第六十一条的规定仍不能确定,借款期间不满一年的,应当在返还借款时一并支付,借款期间一年以上的,应当在每届满一年时支付,剩余期间不满一年的,应当在返还借款时支付。"借款人未按规定期限支付利息的,应负违约责任。

## 第三节 自然人间的借款合同

### 一、自然人间借款合同的概念与特征

自然人间的借款合同是指合同双方都是自然人的借款合同。自然人间的借款合同与金融机构借款合同相比,具有如下特征:

1. 自然人间的借款合同为实践合同

金融机构借款合同为诺成合同,自双方当事人意思表示一致时成立。但自然人间的借款合同则不同,仅有双方当事人意思表示一致,合同并不能成立。《合同法》第 210 条规定:"自然人之间的借款合同自贷款人提供借款时生效。"可见,自然人间的借款合同只有在贷款人提供借款时,合同才能成立生效。因此,自然人间的借款合同为实践合同。

2. 自然人间的借款合同可以是有偿合同,也可以是无偿合同

金融机构借款合同为有偿合同,而自然人间的借款合同可以是有偿合同,也可以是无偿

合同。《合同法》第 211 条规定:"自然人之间的借款合同对支付利息没有约定或者约定不明确的,视为不支付利息。"可见,自然人之间的借款合同是否有偿,取决于双方当事人的约定。自然人之间没有明确约定利息的借款合同,应为无偿合同。

3. 自然人间的借款合同为单务合同

金融机构借款合同为双务合同,但自然人之间的借款合同则为单务合同。由于自然人间的借款合同属实践合同,只有贷款人将借款提供给借款人,合同才成立生效,而于合同生效后贷款人不再负担义务,仅有借款人一方负担返还借款的义务,因此,自然人之间的借款合同原则上为单务合同。

4. 自然人间的借款合同为不要式合同

金融机构借款合同为要式合同,须采取书面形式。《合同法》第 197 条第 1 款规定:"借款合同采用书面形式,但自然人之间借款另有约定的除外。"可见,自然人间的借款合同可以采取口头形式,也可以采取书面形式。因此,自然人间的借款合同为不要式合同。

## 二、自然人间借款合同的效力

自然人间的借款合同的效力可以参照金融机构借款合同的规定处理。例如,利息的支付、预扣利息的禁止、借款的返还等都可以参照金融机构借款合同的规定处理。但在自然人借款合同中,当事人约定支付利息的,借款的利率应当符合国家有关限制利率的规定。《合同法》第 211 条第 2 款规定:"自然人之间的借款合同约定支付利息的,借款的利率不得违反国家有关限制借款利率的规定。"2015 年最高人民法院《关于审理民间借贷案件适用法律若干问题的规定》第 26 条中规定:"借贷双方约定的利率超过年利率 36%,超过部分的利息约定无效。借款人请求出借人返还已支付的超过年利率 36% 部分的利息的,人民法院应予支持。"

【思 考 题】

1. 借款合同的概念和特征是什么?
2. 金融机构借款合同在订立上有何特殊要求?
3. 金融机构借款合同与自然人间借款合同有何区别?
4. 金融机构借款合同的效力有哪些?

【法律应用】

1. 公民甲与乙书面约定甲向乙借款 5 万元,未约定利息,也未约定还款期限。下列说法哪些是正确的?(2003 年司考题)

　　A. 借款合同自乙向甲提供借款时生效
　　B. 乙有权随时要求甲返还借款
　　C. 乙可以要求甲按银行同期同类贷款利率支付利息
　　D. 经乙催告,甲仍不还款,乙有权主张逾期利息

2. 甲与乙结婚后因无房居住,于 2000 年 8 月 1 日以个人名义向丙借 10 万元购房,约定 5 年后归还,未约定是否计算利息。后甲外出打工与人同居。2004 年 4 月 9 日,法院判决甲与乙离婚,家庭财产全部归乙。下列哪些说法是错误的?(2006 年司考)

A. 借期届满后,丙有权要求乙偿还 10 万元及利息
B. 借期届满后,丙只能要求甲偿还 10 万元
C. 借期届满后,丙只能要求甲和乙分别偿还 5 万元
D. 借期届满后,丙有权要求甲和乙连带清偿 10 万元及利息

3. 自然人甲与乙签订了年利率为 30%、为期 1 年的 1 000 万元借款合同。后双方又签订了房屋买卖合同,约定:"甲把房屋卖给乙,房款为甲的借款本息之和。甲须在一年内以该房款分 6 期回购房屋。如甲不回购,乙有权直接取得房屋所有权。"乙交付借款时,甲出具收到全部房款的收据。后甲未按约定回购房屋,也未把房屋过户给乙。因房屋价格上涨至 3 000 万元,甲主张偿还借款本息。下列哪些选项是正确的?(2015 年司考题)

A. 甲、乙之间是借贷合同关系,不是房屋买卖合同关系
B. 应在不超过银行同期贷款利率的四倍以内承认借款利息
C. 乙不能获得房屋所有权
D. 因甲未按约定偿还借款,应承担违约责任

4. 张某为办养猪场向王某借款 1 万元,没有约定利息。两年后,养猪场获利。张某归还借款时,王某要求其支付 1 000 元利息,为此双方发生争议。张某应否支付利息?

A. 张某不必支付利息
B. 张某应按照银行存款利率支付利息
C. 张某应按照银行贷款利率支付利息
D. 张某应在不超过银行存款利率四倍的范围内支付利息

5. 下列四份借款合同,双方对支付利息的期限均无约定,事后亦不能达成补充协议,依照合同法的规定,借款人支付利息的义务应当如何履行?

A. 甲合同的约定借款期限为 6 个月,则应当在返还借款时一并支付利息
B. 乙合同的约定借款期限为 1 年,则应当每满 6 个月时支付一次利息
C. 丙合同的约定借款期限为 30 个月,则应当分别在满 12 个月、24 个月和第 30 个月时支付利息
D. 丁合同的约定借款期限为 50 个月,则应当分别在满 12 个月、24 个月、36 个月和第 50 个月时支付利息

【讨论案例】

小张要盖房子,但资金不足,便向老刘提出借款。2013 年 10 月 6 日,双方达成口头协议,老刘借给小张 4 万元,借款期限为 5 年,年利率为 4%。10 月 12 日,双方签订了书面合同,约定老刘借给小张 4 万元,借款期限为 5 年,借款用途为盖房子,但没有约定利息。10 月 18 日,老刘将 4 万元交给了小张。

请回答下列问题:(1)小张与老刘间的合同何时生效?为什么?(2)如果老刘没有将 4 万元交给小张,小张是否有权要求老刘交付?为什么?(3)老刘是否可以要求小张支付利息?为什么?(4)若小张将所借的 4 万元用于购车,老刘享有什么权利?为什么?

# 第十三章 租赁合同

【学习指南】
　　重点在于把握租赁合同的特性、分类、形式、当事人应负担的义务、合同终止事由；难点在于理解买卖破租赁原则、承租人优先购买权的具体规则。
【导入案例】
　　甲急于找房子住，不顾乙的房子属于危房，急切之下与乙达成口头协议，约定甲以每月 100 元的价格租赁乙的房屋，租期为 3 年。合同签订后，甲要求乙修缮房屋，乙拒绝。通过本章的学习，试分析甲、乙之间租赁合同的成立与效力。

## 第一节　租赁合同概述

### 一、租赁合同的概念和特征

　　依《合同法》第 212 条规定，租赁合同是出租人将租赁物交付承租人使用、收益，承租人支付租金的合同。在租赁合同中，交付标的物供对方使用、收益的一方称为出租人，使用标的物的一方称为承租人，出租人应交付承租人使用的标的物为租赁物。
　　租赁合同具有以下特征：
　　**(一) 租赁合同是转移财产使用权的合同**
　　租赁合同是以承租人取得对租赁物的使用收益为目的的，因此，承租人所取得的仅是对租赁物为使用收益的权利，而不是租赁物的所有权。这是租赁合同区别于买卖合同等转移财产所有权合同的根本特征。同时，由于租赁合同转移的仅是对标的物的使用、收益权，因此，承租人对租赁物并无处分权。这是租赁合同与借贷合同的主要区别。
　　在一般情况下，承租人注重的是物的使用，即不改变物的形体和性质而对物加以利用。但在某些情况下，承租人不仅重视物的使用，而且重视取得收益，亦即使用的目的在于有收益。因此，在当事人无特别约定时，承租人承租权的内容包括使用和收益；当事人有特别约定时，如约定承租人仅得使用而不得收益，则应依其约定。《合同法》第 225 条规定："在租赁期间因占有、使用租赁物获得的收益,归承租人所有,但当事人另有约定的除外。"

### (二) 租赁合同为诺成合同、双务合同、有偿合同

租赁合同自当事人双方意思表示一致时起就成立,自成立时起当事人之间即可发生权利义务,而不以租赁物的实际交付为合同的成立生效要件,故租赁合同为诺成合同。租赁合同成立生效后,当事人双方都既负有一定义务,也享有一定权利,双方的权利义务具有对应性、对价性,一方的义务也正是对方的权利,故租赁合同为双务合同。租赁合同当事人的任何一方从对方取得利益,均须支付一定的代价:出租人以移转租赁物的使用收益权而取得租金,承租人以转移租金的所有权取得租赁物的使用收益,故租赁合同为有偿合同。

### (三) 租赁合同具有临时性

租赁合同只是出租人将其财产的使用收益权临时而非永久地转让给承租人,因此,租赁合同具有临时性的特征,不适用于财产的永久性使用。对此,《合同法》第 214 条第 1 款明确规定:"租赁期限不得超过二十年。超过二十年的,超过部分无效。"当事人约定的租赁期限超过最长限期的,应缩短为法定的最长期限。

### (四) 租赁合同具有继续性

在租赁合同中,承租人要实现对物的使用收益的目的,有赖于出租人在租赁期间内持续不断地履行合同义务。因此,租赁合同为继续性合同。

### (五) 租赁合同终止后承租人须返还原物

租赁合同是转移财产使用权的合同,且具有临时性,因此,在租赁合同终止后,承租人须将原物返还给出租人,而不能以其他物代替原物返还。也正是基于此,租赁物一般只能是特定的非消耗物。如以消耗物为租赁物的,则必须不能用于消费使用。

## 二、租赁合同的分类

### (一) 动产租赁合同与不动产租赁合同

根据租赁物的种类,租赁合同可分为动产租赁合同与不动产租赁合同。以动产为标的物的租赁合同为动产租赁合同;以不动产为标的物的租赁合同为不动产租赁合同。动产租赁合同主要包括一般动产的租赁合同、动物租赁合同、船舶租赁合同、汽车租赁合同等,而不动产租赁合同主要是房屋租赁合同。土地使用权租赁、农村土地承包经营权租赁也属于不动产租赁合同的范畴。

区分动产租赁合同与不动产租赁合同的主要意义在于:对于不动产租赁合同,法律有特别的要求,如有的要求进行登记,有的要求备案;而对于动产租赁合同,法律一般并无特别的程序上的要求。当然,对于一些适用不动产制度的动产的租赁,如船舶租赁、航空器租赁等,法律也有特别的要求,应依法律的特别要求办理。

### (二) 定期租赁合同与不定期租赁合同

根据租赁合同是否约定有租赁期限,租赁合同可分定期租赁合同与不定期租赁合同。定期租赁合同是指当事人双方约定有租期的租赁合同;当事人双方未约定租期的,则为不定期租赁合同。此外,在下列两种情况下,租赁合同也为不定期租赁合同:一是当事人在租赁合同中约定的租期为 6 个月以上而又未采取书面形式的,视为不定期租赁合同(《合同法》第 215 条);二是租期届满后,承租人继续使用租赁物,出租人没有提出异议的,原租赁合同继续有效,但租赁期限为不定期(《合同法》第 236 条)。

区分定期租赁合同与不定期租赁合同的主要意义在于,在不定期租赁合同中,除法律另有规定外,当事人的任何一方可随时终止合同。《合同法》第232条规定:"当事人对租赁期限没有约定或者约定不明确,依照本法第六十一条的规定仍不能确定的,视为不定期租赁。当事人可以随时解除合同,但出租人解除合同应当在合理期限之前通知承租人。"

### (三) 一般租赁合同与特殊租赁合同

根据法律对租赁合同有无特别规定,租赁合同可分为一般租赁合同与特别租赁合同。一般租赁合同是指法律没有特别规定的租赁合同;特别租赁合同是指法律有特别规定的租赁合同。法律的特别规定既包括合同法中的特别规定,也包括特别法中的规定。例如,房屋租赁合同在《合同法》和《城市房地产管理法》中都有特别规定,船舶租赁合同在《海商法》中有特别规定,航空器租赁合同在《航空法》上有特别规定等。

区分一般租赁合同与特殊租赁合同的主要意义在于,对于特殊租赁合同应首先适用法律的特别规定;法律没有特别规定的,才可适用有关租赁的一般法律规定。

## 三、租赁合同的形式和内容

### (一) 租赁合同的形式

《合同法》第215条规定:"租赁期限六个月以上的,应当采用书面形式。当事人未采用书面形式的,视为不定期租赁。"依此规定,租赁合同为不要式合同。因此,租赁合同采用何种形式,可由当事人自由选择,并不能影响合同的成立生效。

关于租赁合同的形式,须明确以下两个问题:

第一,租赁期限6个月以上的租赁合同应当采用书面形式,当事人未订立书面租赁合同的,该租赁合同为不定期租赁合同。可见,定期租赁合同不能以口头形式订立,当事人不能以书面形式以外的其他方式证明租赁合同的期限。

第二,对于特殊的租赁合同,法律规定应采用书面形式、依法办理其他手续的,应依法律的规定办理。例如,土地使用权租赁不论定期或不定期租赁均应采取书面形式并需要办理登记。依《城市房地产管理法》的规定,房屋租赁合同应签订书面租赁合同,并向房产管理部门登记备案。

### (二) 租赁合同的内容

依《合同法》第213条规定,租赁合同的内容包括租赁物的名称、数量、用途、租赁期限、租金及其支付期限和方式、租赁物维修等条款。

1. 租赁物条款

租赁物是出租人于合同生效后应交付给承租人使用收益的物。由于租赁合同是以移转标的物的使用收益权为目的的,没有租赁物,合同目的就不能实现,所以租赁物条款是租赁合同的主要条款。没有租赁物条款,租赁合同不能成立。在租赁物条款中,当事人应明确租赁物的名称、数量、用途等。

2. 租赁期限的条款

租赁期限是承租人可以使用租赁物的期限。租赁期限直接关系到租赁物的使用和返还时间、租金的收取期限,因此,租赁期限是租赁合同的重要条款。当事人在租赁合同中应明确约定租赁的期限。当事人在租赁合同中明确约定了租赁期限的,为定期租赁合同;当事人在租赁合同中未约定租赁期限或者约定不明确的,该租赁合同为不定期租赁合同。根据《合同法》第214条规定,租赁期限不得超过20年;超过20年的,超过部分为无效。在租赁期限届满时,当事人可以续订租赁合同,但约定的租赁期限自续订之日起不得超过20年。续订租赁又称为期限更新,是指在原租赁合同其他内容不变的情形下,延长合同的期限。当事人续订租赁合同有两种方式。一是约定更新(明示更新),即当事人在租赁合同期限届满后另续订租赁合同,约定延长租赁期限。当事人续订租赁合同的,约定的租赁期限自续订之日起不得超过20年。二是法定更新(默示更新),即在租赁期限届满后,当事人的行为表明其继续租赁关系。例如,租赁期限届满后,承租人仍对租赁物为使用收益,而出租人并不反对;承租人继续交付租金,而出租人接受之。

3. 租金条款

租金是承租人使用租赁物的对价,是承租人有偿使用租赁物的法律形式。由于收取租金是出租人订立租赁合同的目的,因此,租金条款是租赁合同的必要条款。当事人在租赁合同中必须约定租金条款,否则,该合同不为租赁合同。同时,当事人对于租金的约定也应明确具体,不仅应约定租金的数额和支付期限,还应约定租金的支付方式。

4. 租赁物维修条款

租赁物的维修是使租赁物保持正常状态以使其能为承租人使用、收益的必要措施,也是在租赁期间经常发生的问题。为避免发生争议,明确当事人双方的责任,当事人可以在合同中约定租赁物的维修义务及有关事项。但租赁物维修条款并非租赁合同的必要条款,即使租赁合同中没有约定租赁物维修条款,或者当事人就租赁物维修不能达成一致意见,也不影响租赁合同的效力。

## 第二节 租赁合同的效力

### 一、出租人的主要义务

#### (一)交付租赁物并在租赁期限内维持租赁物符合约定的用途

在租赁合同中,承租人的目的在于取得对租赁物的使用收益的权利,因此,出租人应当依合同的约定将租赁物交付给承租人使用收益,并于租赁关系存续期间保持租赁物合于约定的使用用途,这是出租人的基本义务。《合同法》第216条规定:"出租人应当按照约定将租赁物交付承租人,并在租赁期间保持租赁物符合约定的用途。"这一义务包括以下两个方面的内容:

1. 出租人应依合同约定交付租赁物

所谓交付租赁物,是指移转标的物的占有归承租人。出租人应当按照合同的约定将租赁物交付给承租人,并应使交付的标的物合于约定的使用收益状态。如果依合同约定的使用性质,不以标的物的交付为必要,则出租人应将租赁物作成适于承租人使用的状态。例如,出租房屋的墙壁张贴广告的,出租人虽不必交付房屋由承租人占有,但应将墙壁作成承租人适于张贴广告的状态。租赁物有从物的,出租人于交付租赁物的同时应交付从物。

2. 出租人应保持租赁物符合约定的用途

出租人交付的租赁物不仅应适于合同约定的使用收益状态,而且在租赁期间应保持租赁物合于约定的使用收益状态。因此，出租人不仅不得妨害承租人的使用收益，而且应当除去第三人的妨害。在标的物受到自然侵害而不适于约定的使用收益时，出租人应当予以恢复。

### (二) 瑕疵担保义务

租赁合同为有偿合同，出租人应当承担瑕疵担保义务。一般认为，出租人的瑕疵担保义务准用买卖合同的规定。出租人的瑕疵担保义务是出租人在租赁期间保持租赁物符合用途的义务的具体内容，包括物的瑕疵担保义务与权利瑕疵担保义务。

1. 物的瑕疵担保义务

所谓物的瑕疵担保义务，是指出租人应担保所交付的租赁物符合约定的用途，能够为承租人依约正常使用收益。如租赁物有不能使承租人为正常使用收益的瑕疵，出租人应承担物的瑕疵担保责任，承租人有权解除合同或者请求减少租金。一般地说，物的瑕疵担保责任的构成须具备以下条件：

（1）租赁物存有瑕疵。存有瑕疵亦即标的物的品质或数量不合约定的标准或者不合于标的物通常使用的状态即应有的使用价值。由于租赁关系为继续性的法律关系，出租人应保持租赁物在租赁期间符合用途，所以不仅交付的标的物存有瑕疵时，出租人应承担瑕疵担保责任；而且于租赁物交付后在租赁关系存续期间租赁物发生瑕疵的，出租人也应负瑕疵担保责任。《合同法》第232条规定："因不可归责于承租人的事由，致使租赁物部分或者全部毁损、灭失的，承租人可以要求减少租金或者不支付租金；因租赁物部分或者全部毁损、灭失，致使不能实现合同目的的，承租人可以解除合同。"

（2）承租人于合同订立时不知道标的物存在瑕疵，也不存在免除出租人担保责任的情形。承租人于订立合同时明知租赁物有瑕疵的，出租人不负瑕疵担保责任；出租人未对租赁物的品质作特别保证而双方又有关于瑕疵担保责任免除的特约，出租人并非故意或重大过失不告知租赁物的瑕疵的，出租人可免除瑕疵担保责任。但为了保证承租人的人身安全与健康，在租赁物危及承租人的安全或者健康时，即使承租人订立合同时明知该租赁物存在瑕疵，出租人仍应承担瑕疵担保责任，承租人仍可以随时解除合同。《合同法》第233条规定："租赁物危及承租人的安全或者健康的，即使承租人订立合同时明知该租赁物质量不合格，承租人仍然可以随时解除合同。"

2. 权利瑕疵担保义务

所谓权利瑕疵担保义务，是指出租人应担保不能因第三人对承租人主张权利而使承租人不能依约为使用收益。在第三人对承租人主张权利而致使承租人不能依约定为租赁物的使用收益时，出租人即应负瑕疵担保责任，承租人可以要求减少租金或解除合同，并可要求出租人赔偿因此所受到的损失。《合同法》第228条规定："因第三人主张权利，致使承租人不能对租赁物使用、收益的，承租人可以要求减少租金或者不支付租金。""第三人主张权利的，承租人应当及时通知出租人。"根据该规定，出租人的权利瑕疵担保责任的构成须具备以下条件：

（1）须第三人向承租人主张权利，并且该权利为妨碍承租人对租赁物为使用收益的权利。如第三人不向承租人主张权利，虽租赁物上存在第三人的权利，则也不发生权利瑕疵担保责任的问题。如果第三人主张的权利不妨碍承租人对标的物的使用收益，也不能构成权利瑕疵担保责任。例如，第三人主张租赁物上成立抵押权的，因抵押权人的权利不妨碍承租人为使用收益,因此第三人仅主张抵押权存在的,不发生出租人的权利瑕疵担保责任;但于抵押权实行时,第三人主张抵押权实现的,因抵押权的实现涉及对标的物实体的处置,则会妨碍承租人对租赁物为使用收益,故第三人主张抵押权实现的,可发生出租人的权利瑕疵担保责任。

(2) 须第三人的权利发生于租赁物交付前。如第三人的权利发生于租赁物交付后,则因承租人的权利具有对抗第三人的效力,不能满足第三人的请求,承租人仍得对租赁物为使用收益,自无权利瑕疵问题。例如,以出租财产抵押的,抵押权人于实现抵押权时,也不能对抗承租人的租赁权,承租人取得的租赁权也就不存在瑕疵。

(3) 承租人于合同订立时不知道权利存在瑕疵。如果承租人于合同订立时明知有权利瑕疵,则是承租人自愿承担了第三人主张权利的风险,出租人不负权利瑕疵担保责任。这里所谓的出租人不负权利瑕疵担保责任,只是说对承租人因第三人主张权利而受到的损失,出租人不负赔偿责任,而并非指合同不能解除或终止。因为即使承租人明知权利瑕疵的存在,在第三人主张权利而承租人不能继续为使用收益时,合同也发生履行不能,承租人仍得解除合同,而不再负支付租金的义务。

(4) 须承租人为通知后出租人未能为及时的救济。承租人于第三人主张权利时,应当及时通知出租人,以使出租人及时采取救济措施。当然,承租人的通知义务以有必要为限。如出租人知道第三人主张权利,则承租人可不为通知。如承租人怠于通知致使出租人能够救济而未能及时救济的,则出租人对承租人的损失不负赔偿责任。在承租人及时通知出租人后,出租人未能排除因第三人主张权利而妨碍承租人对租赁物为使用、收益时,承租人有权要求减少租金或不支付租金。

**(三) 租赁物的维修义务**

根据《合同法》第220条规定,除当事人另有约定外,出租人应当履行租赁物的维修义务。出租人维修租赁物是保持租赁物适于使用收益状态的一种具体方式,既是出租人的一项义务,也是出租人的一项权利。所谓维修,是指于租赁物不符合约定的使用收益状态时,对租赁物进行修理和维护,以使承租人得以按照约定对租赁物为正常使用收益。一般地说,出租人对租赁物的维修义务须具备以下成立条件:

1. 租赁物有维修的必要

所谓租赁物有维修的必要,是指租赁物出现影响正常使用收益的情况,如不对其进行维修则不能满足承租人依约定对租赁物为使用收益,不能发挥租赁物应有的效用。如果租赁物虽有损毁但并不妨碍承租人依约为使用收益的,则租赁物无维修的必要,出租人不负维修义务。

租赁物因可归责于出租人的事由或者因其他不可归责于承租人的原因而致租赁物损毁而有维修必要时,出租人自应有维修的义务。但是,在因可归责于承租人的事由而致租赁物损毁时出租人是否还有维修的义务上,有不同的观点。我们认为,对于因承租人过错造成的租赁物的损坏,出租人不负修理义务。这是因为,若在此情形下出租人也负维修义务,那么出租人不履行该义务的,就应负担违约责任;而承租人于出租人不为修缮的义务时得拒付租金,也得自行修理,由出租人承担费用。这样一来,需要维修的原因是由承租人造成的,负担反而加在出租人身上,这显然是不公平的,也不符合民法的诚实信用原则。

2. 租赁物有维修的可能

所谓租赁物有维修的可能,是指损坏的租赁物在事实上经过维修能够恢复并达到损坏前的状态,并且在经济上是合理的。若租赁物在事实上已不能修理好,或者虽能修理好,但花费极高,则为无维修的可能。例如,房屋漏雨,或一面墙壁倒塌,为有维修的可能;但若房屋完全倒塌则为不可能维修,只能重建。在租赁物没有维修的可能时,出租人不负维修的义务。

3. 在租赁期间承租人已为维修的通知

在租赁关系存续期间,租赁物发生损坏需要维修的,承租人应通知出租人。因为在租赁物交付承租人占有后,承租人对租赁物的情况最为清楚,而出租人并不能及时了解租赁物的状态。因此,如果租赁物有维修的必要,承租人应当通知出租人。如果出租人不知道租赁物有维修的必要,自不能维修。况且因租赁物为承租人占有,出租人对租赁物进行维修也需承租人协助。因此,租赁物由承租人使用期间,如有修理的必要,除出租人已知者外,承租人应当及时通知出租人。承租人应为通知而未为通知的,出租人不发生维修租赁物的义务。

4. 当事人无另外的约定

出租人的维修义务,并非法律的强行性规定,因此,当事人得以合同约定加以排除。因此,如果当事人约定租赁物由承租人负责维修的,出租人不负维修的义务。

租赁物的维修是出租人的义务,出租人不履行此项义务的,应当承担违约责任。《合同法》第221条规定:"承租人在租赁物需要维修时可以要求出租人在合理期限内维修。出租人未履行维修义务的,承租人可以自行维修,维修费用由出租人负担。因维修租赁物影响承租人使用的,应当相应减少租金或者延长租期。"据此,出租人发生维修义务后,应当及时履行维修义务。经承租人催告,出租人未在合理期限内履行维修义务的,承租人可以自行维修而由出租人承担维修的费用;出租人经催告无正当理由而在合理期限内不履行维修义务的,承租人也可解除合同并要求出租人赔偿损失。因维修影响了承租人对租赁物正常使用的,承租人有权要求减少租金或者延长租赁期限。

**(四) 负担税负及费用返还的义务**

当租赁物有税负等负担时,由于这些负担是由租赁物而发生的,而租赁物的所有权属于出租人。因此,出租人应当承担租赁物的税负负担。当然,如果当事人约定由承租人承担租赁物的税负的,该税负自应由承租人承担。出租人除应负担租赁物的税负外,对于承租人为租赁物支出的有益费用和必要费用也有偿还的义务。

所谓有益费用,是指承租人支出的使租赁物价值增加的费用。《合同法》第223条规定:"承租人经出租人同意,可以对租赁物进行改善或者增设他物。""承租人未经出租人同意,对租赁物进行改善或者增设他物的,出租人可以要求承租人恢复原状或者赔偿损失。"根据这一规定,出租人偿还有益费用须具备以下条件:(1)须该费用是在租赁期间所支出的费用;(2)该费用须为对租赁物进行改善或在租赁物上增设他物而支出的费用;(3)须因该费用的支出而使租赁物的价值增加;(4)须承租人所为的改善或增设行为已经出租人同意。对于承租人支出的有益费用,出租人应当依不当得利的规定偿还。这是因为,在租赁终止后,租赁物返还给出租人,出租人就享有了因承租人的改善行为而增加的租赁物价值的利益,承租人因此费用的支出而受有损失,而出租人取得该利益又没有法律上的根据,所以,出租人应将其所得的利益返还给受损失的承租人。出租人返还的有益费用的范围仅限于租赁合同终止时租赁物增加的价值额,而不能以承租人支出的数额为准。当然,承租人所增设的物能够拆除的,承租人可以拆除,而不要求出租人偿还有益费用,但承租人拆除时应恢复租赁物的原状。

所谓必要费用,是指为维护租赁物所不可缺少的费用。例如,租赁物的保管费、机器的养护费用、动物的饲养费用等等。必要费用一般包括两部分:一是维持租赁物的能力为承租人使用收益所支出的必要费用,如动物的饲养费用、汽车加油的费用、机器设备上润滑油的费用等,一般应由承租人承担;二是为维持租赁物的使用收益状态所支出的费用,如房屋的维修费用、汽车修补轮胎的费用、机器设备更换零件的费用等,应由出租人负担。如此项费用已为承租人支出,出租人则有偿还的义务。

#### (五) 在合同终止时接受租赁物和返还押金或担保物的义务

在租赁合同终止,承租人返还租赁物时,出租人应当及时接受租赁物。如果出租人收有押金或者其他担保物的,出租人应当返还押金或者其他担保物。

### 二、承租人的主要义务

#### (一) 按照约定的方式和范围对租赁物为使用收益

承租人在依租赁合同取得租赁物的使用收益的权利的同时,负有按照约定的方法对租赁物为使用收益的义务。《合同法》第 217 条规定:"承租人应当按照约定的方法使用租赁物,对租赁物的使用方法没有约定或者约定不明确的,依照本法第 61 条的规定仍不能确定的,应当按照租赁物的性质使用。"依此规定,承租人对租赁物的使用,有约定的,应按约定的方法使用。例如,约定房屋为居住用的,则不能用于营业。当事人没有约定或约定不明确的,当事人双方应就租赁物的使用方法进行协商,协商不成的,应依习惯的方法使用。例如,租赁汽车的,依习惯应用于交通运输。依习惯仍不能确定的,承租人应依租赁物的用途和性质所定的方法使用收益。

承租人是否依约定的方法使用租赁物,是确定租赁物的损耗是否为正常的标准,而租赁物的损耗是否为正常损耗又直接关系着承租人的责任。承租人对租赁物的使用符合约定或者法律的规定,租赁物损耗也是正常的,承租人不负责任,《合同法》第 218 条规定:"承租人按照约定的方法或者租赁物的性质使用租赁物,致使租赁物受到损耗的,不承担损害赔偿责任。"可见,承租人不依约定的方法使用租赁物致使租赁物受到损失的,应当承担违约责任。对此,《合同法》第 219 条规定:"承租人未按照约定的方法或者租赁物的性质使用租赁物,致使租赁物受到损失的,出租人可以解除合同并要求赔偿损失。"

#### (二) 妥善保管租赁物的义务

承租人作为租赁物的占有人,应当妥善保管租赁物。《合同法》第 222 条规定:"承租人应当妥善保管租赁物,因保管不善造成租赁物毁损、灭失的,应当承担损害赔偿责任。"所谓妥善保管,是指承租人应尽善良管理人的注意,亦即承租人应如同保管自己的财物一样保管租赁物。承租人保管租赁物,合同中约定有保管方法的,应依约定的方法保管;没有约定保管方法的,应依租赁物的性质所要求的方法保管。承租人对租赁物的保管既包括对租赁物的保存,也包括对租赁物的正常维护和维持。例如,租赁物需要日常维护的,要予以正常的维护;租赁物有生产能力的,要维持其生产能力。

#### (三) 支付租金

租金为承租人使用租赁物的代价。因此,支付租金是承租人的主要义务。《合同法》第 226 条规定:"承租人应当按照约定的期限支付租金。对支付期限没有约定或者约定不明确,依照本法第六十一条的规定仍不能确定的,租赁期间不满一年的,应当在租赁期间届满时支付;租赁期间一年以上的,应当在每届满一年时支付,剩余期间不满一年的,应当在租赁期间届满时支付。"依此规定,有约定期间的,依约定的期限支付租金;无明确约定支付期限,当事人又协商不成的,依习惯确定的期限支付租金;依习惯也不能确定租金支付期限的,则依该条规定的期限支付租金。

租金一般以金钱形式支付,但不限于金钱形式,当事人可以约定以租赁物的孳息或其他物充当租金。但是,当事人不得约定以承租人的劳务代租金,否则当事人之间的关系不为租赁关系。

租金的数额得由当事人自行约定,但法律对租金数额有特别规定者,则当事人应依法律的规定进行约定;当事人约定的租金高于法律规定的最高限额的,其超过部分应为无效。承租人交付租金,应依当事人约定的数额交付。依《合同法》第231条规定,在租赁物因不可归责于承租人的原因而部分灭失时,因承租人对租赁物的部分不能为使用收益,承租人可就灭失部分请求减少租金;若租赁物剩余部分不能实现租赁的目的,承租人可解除合同,从而免除交付租金的义务。

承租人迟延交付租金的,应负迟延履行的违约责任。《合同法》第227条规定:"承租人无正当理由未支付或者迟延支付租金的,出租人可以要求承租人在合理期限内支付。承租人逾期不支付的,出租人可以解除合同。"

### (四) 不得随意转租

转租是指承租人不退出租赁关系,而将租赁物出租给次承租人使用收益。在租赁合同中,承租人只有经出租人同意,才有权将租赁物转租。未经出租人同意的,承租人不得将租赁物转租第三人。可见,转租可分为合法转租与不合法转租两种情况。

所谓合法转租,是经出租人同意的转租。《合同法》第224条第1款规定:"承租人经出租人同意,可以将租赁物转租给第三人。承租人转租的,承租人与出租人之间的租赁合同继续有效。第三人对租赁物造成损失的,承租人应当赔偿损失。"可见,在合法转租时,当事人之间发生如下法律后果:第一,出租人与承租人之间的关系不因转租而受影响,承租人并应就因次承租人应负责的事由所生的损害向出租人负赔偿责任;第二,承租人为转租人,其与次承租人之间的关系与一般租赁关系并无区别;第三,在出租人与次承租人之间,两者之间并不存在直接的法律关系,但次承租人得直接向出租人履行承租人应当履行的义务,出租人也得直接向次承租人行使转租人得行使的权利;第四,转租是以承租人享有租赁权为基础的,在承租人的租赁权因合同终止等原因消灭时,次承租人不能向出租人主张租赁权。

所谓不合法转租,是指未经出租人同意的转租。《合同法》第224条第2款规定:"承租人未经出租人同意转租的,出租人可以解除合同。"因此,不合法转租时发生以下法律后果:第一,就转租人与次承租人之间关系而言,双方之间的租赁合同可以有效,转租人负有使次承租人取得对租赁物为使用收益权利的义务,因转租人不能使次承租人取得使用收益的权利,次承租人得向转租人请求损害赔偿。第二,就出租人与承租人之间的关系而言,承租人转租为严重的违约行为,出租人有权解除合同。出租人解除合同的,并得请求损害赔偿;出租人不解除合同的,租赁关系仍然有效,不因承租人的转租而受影响。① 第三,就出租人与

---

① 依最高人民法院《关于审理城镇房屋租赁合同纠纷案件具体应用法律若干问题的解释》(法律〔2009〕11号)第16条规定,出租人知道或者应当知道承租人转租,但在六个月内未提出异议,其以承租人未经同意为由请求解除合同或者认定转租合同无效的,人民法院不予支持。

次承租人之间的关系而言,次承租人的租赁权不能对抗出租人。在出租人终止租赁关系时,出租人有权直接向次承租人请求返还租赁物。在出租人不终止租赁关系时,因次承租人的租赁权系基于承租人的租赁权而发生,在承租人有租赁权期间,次承租人为租赁物的占有、使用收益并非不法,出租人不得向次承租人请求返还租赁物。

### (五) 返还租赁物

由于租赁合同是转移财产使用权的合同,因此,在租赁合同终止时,承租人应当将租赁物返还给出租人,且返还租赁物应当符合按照约定或租赁物的性质使用后的状态。《合同法》第235条规定:"租赁期间届满,承租人应当返还租赁物。返还的租赁物应当符合按照约定或者租赁物的性质使用后的状态。"可见,承租人返还租赁物的义务包括两个方面的内容:一方面,承租人应当返还租赁物。在租赁关系终止时,只要租赁物存在,承租人就应返还租赁物。只有在租赁物已不存在时,承租人才不负返还义务。另一方面,承租人返还的租赁物应当符合依约定方法或根据租赁物的性质所确定的方法为使用收益致租赁物发生变更或者损耗后的状态。承租人对租赁物为使用必会使租赁物有一定的损耗或变化,但只要承租人返还的租赁物符合合同约定的状态,或者符合承租人正常使用收益后合理损耗的状态,其返还义务的履行就是适当的。承租人在租赁期间未经出租人同意对租赁物改建、改装或者增加附着物的,于返还租赁物时,应当恢复原状。当然,承租人的上述行为如经出租人同意,承租人可不予以恢复原状,并得向出租人请求偿还有益费用。

承租人不及时返还租赁物的,应当负违约责任。出租人既可基于租赁关系要求承租人返还,也可基于所有权要求承租人返还。承租人不仅应当交付逾期返还租赁物的租金、偿付违约金或赔偿损失,而且还应承担租赁物于其逾期返还期间意外灭失的风险。

## 三、租赁合同的特殊效力

### (一) 租赁物所有权变动后合同的效力

在租赁合同中,出租人将租赁物交付承租人使用,并没有丧失对租赁物的所有权。因此,在租赁期间,出租人仍有权处分租赁物,将租赁物的所有权转移于第三人。那么,当租赁物所有权发生变动后,租赁合同是否受到影响呢?对此,《合同法》第229条规定:"租赁物在租赁期间发生所有权变动的,不影响租赁合同的效力。"这就是说,租赁物所有权在租赁期间内发生移转的,不影响承租人的权利,原租赁合同对租赁物的新的所有人仍然有效,租赁物的新的所有人不得解除租赁合同。这就是所谓的"买卖不破租赁"原则,又可称为"租赁权的物权化"。这一原则突破了合同相对性原理,使租赁权具有了对抗第三人的效力。

一般地说,租赁权物权化的效力主要包括以下四个方面:(1)租赁权的对抗力。租赁权虽然是债权,但为保护承租人的利益,法律赋予租赁权以对抗力。在租赁关系存续期间,承租人对于取得租赁物所有权或其他物权的人,仍得主张其租赁权。(2)对侵害租赁权的第三人所发生的效力。第三人侵害租赁权时,承租人得基于租赁权而请求损害赔偿和排除妨害。(3)租赁权处分的可能性。在租赁权转让和转租的问题上,租赁权的处分性逐渐被承认,出租人使承租人得为使用收益的积极债务,逐渐退化为容忍的消极债务。(4)租赁权的永续性。为保护承租人对租赁物的使用收益,法律规定了较长的租赁期限,并允许当事人予以延长,从而使得租赁权在一定程度上具有了永续性的特点。

### (二)承租人的优先购买权

承租人的优先购买权是指在租赁合同存续期间,于出租人出卖租赁物时,承租人在同等条件下所享有的优先购买租赁物的权利。《合同法》第 230 条规定:"出卖人出卖租赁房屋的,应当在出卖之前的合理期限内通知承租人,承租人在同等条件下享有优先购买的权利。"可见,我国合同法上的承租人优先购买权仅适用于房屋租赁合同。

承租人优先购买权属于形成权,只须有承租人购买租赁物的意思表示,即可形成与出租人之间的买卖关系,而无须有出租人同意出卖给承租人的意思表示。因此,承租人行使优先购买权,须具备如下条件:(1)须出租人在租赁期间内出卖租赁物。出租人不出卖出租房屋的,承租人无所谓的优先购买权;承租人只能在租赁合同存续期间主张优先购买权。若租赁合同已经终止,则承租人不再享有优先购买权。(2)须在同等条件下行使。所谓"同等条件",是指承租人与其他购买人在购买租赁物的价格、付款期限和方式等方面的条件相同。(3)须在合理期间内行使。承租人优先购买权只能在合理期限内行使,超过合理期限,则承租人优先购买权消灭。关于承租人优先购买权行使的合理期限,《合同法》没有规定,但根据司法解释,出租人出卖出租房屋的,应提前 3 个月通知承租人。因此,这 3 个月期限可以认定是合理期限。

依法释〔2009〕11 号文第 21 条规定,出租人出卖租赁房屋未在合理期限内通知承租人或者存在其他侵害承租人优先购买权的情形,承租人请求出租人承担赔偿责任的,人民法院应予支持。但请求确认出租人与第三人签订的房屋买卖合同无效的,人民法院不予支持。

### (三)房屋承租人的共同居住人的继续租赁权

在租赁合同中,与承租人共同居住的人享有在租赁房屋中居住的权利。而租赁权是与承租人人身有关的专属性权利,是不能继承的,在承租人死亡后,租赁合同应终止。但为保护特定人的利益,法律允许与承租人生前共同居住的人按照原租赁合同租赁该房屋。与承租人生前共同居住的人按照原租赁合同租赁房屋的,应当与出租人办理续租手续,变更承租人。《合同法》第 234 条规定:"承租人在房屋租赁期间死亡的,与其生前共同居住的人可以按照原租赁合同租赁该房屋。"

## 第三节 租赁合同的终止

### 一、租赁合同终止的原因

从《合同法》的规定来看,租赁合同终止的原因主要包括以下几种情况:

#### (一)租赁合同因期限届满而终止

在租赁合同中,当事人订有租期的,在租赁期限届满而当事人又没有续订租赁合同时,则租赁合同因期限届满而终止。

#### (二)租赁合同因租赁物灭失而终止

在租赁合同中,如果租赁物灭失,则承租人无法实现合同的目的,租赁合同也就归于消灭。

#### (三)租赁合同因当事人的解除而终止

在租赁合同期限届满之前,任何一方当事人都不得擅自解除租赁合同。但当出现法定

解除合同的事由时,当事人可以租赁合同,租赁合同也因此而消灭。在租赁合同中,法定解除的情形主要包括:

(1) 承租人未按照约定的方法或者租赁物的性质使用租赁物,致使租赁物受到损失的,出租人有权解除合同(《合同法》第219条)。

(2) 承租人未经出租人同意转租的,出租人可以解除合同(《合同法》第224条第2款)。

(3) 承租人无正当理由未支付或者迟延支付租金,在出租人给予的合理期限内仍不支付的,出租人可以解除合同(《合同法》第227条)。

(4) 因不可归责于承租人的事由而使租赁物部分或全部毁损、灭失,致使不能实现租赁合同目的的,承租人可以解除合同(《合同法》第231条)。

(5) 当事人对租赁期限没有约定或者约定不明确,依照《合同法》第61条的规定仍不能确定的,视为不定期租赁,当事人可以随时解除合同,但出租人解除合同时应当在合理期限之前通知承租人(《合同法》第232条)。

(6) 租赁物危及承租人的安全或者健康的,即使承租人订立合同时明知该租赁物质量不合格,承租人仍然可以随时解除合同(《合同法》第233条)。

## 二、租赁合同终止的效力

在租赁合同中,承租人是以支付租金为代价而对租赁物为使用收益的。因此,租赁合同是一种继续性合同。基于继续性合同的特殊性,在租赁合同终止后,虽然租金有返还的可能性,但承租人对租赁物的使用收益却不可能返还。因此,租赁合同的终止只能向将来发生效力,不具有溯及既往的效力。

【思 考 题】

1. 租赁合同有哪些特征?
2. 简述租赁合同的分类及其意义。
3. 租赁合同的效力有哪些?
4. 简述租赁合同终止的原因及其效力。

【法律应用】

1. 某甲将私房三间出租给某乙,租期为2年,在租期内,某甲又与某丙签订了私房三间的买卖合同。下列论述中正确的是:(2002年司考题)
   A. 某甲与某丙所签订的合同无效,因为某甲未取得某乙的同意
   B. 某甲应当提前三个月通知某乙房屋将要出售
   C. 某乙在同等条件下有权优先于某丙购买房屋
   D. 如果丙购得了房屋,则其有权决定原甲、乙之间的房屋租赁合同是否继续执行

2. 冯某与张某口头约定将一处门面房租给张某,租期2年,租金每月1 000元。合同履行1年后,张某向冯某提出能否转租给翁某,冯表示同意。张某遂与翁某达成租期1年、月租金1 200元的口头协议。翁某接手后,擅自拆除了门面房隔墙,冯某得知后欲收回房屋。下列选项哪些是正确的?(2004年司考题)
   A. 冯某与张某间的租赁合同为不定期租赁

B. 张某将房屋转租后,冯某有权按每月1 200元向张某收取租金

C. 冯某有权要求张某恢复原状或赔偿损失

D. 冯某有权要求翁某承担违约责任

3. 甲将自己的一套房屋租给乙住,乙又擅自将房屋租给丙住。丙是个飞镖爱好者,因练飞镖将房屋的墙面损坏。下列哪些选项是正确的?(2009年司考题)

A. 甲有权要求解除与乙的租赁合同

B. 甲有权要求乙赔偿墙面损坏造成的损失

C. 甲有权要求丙搬出房屋

D. 甲有权要求丙支付租金

4. 甲与乙订立房屋租赁合同,约定租期5年。半年后,甲将该出租房屋出售给丙,但未通知乙。不久,乙以其房屋优先购买权受侵害为由,请求法院判决甲丙之间的房屋买卖合同无效。下列哪一表述是正确的?(2013年司考题)

A. 甲出售房屋无须通知乙

B. 丙有权根据善意取得规则取得房屋所有权

C. 甲侵害了乙的优先购买权,但甲丙之间的合同有效

D. 甲出售房屋应当征得乙的同意

5. 孙某与李某签订房屋租赁合同,李某承租后与陈某签订了转租合同,孙某表示同意。但是,孙某在与李某签订租赁合同之前,已经把该房租给了王某并已交付。李某、陈某、王某均要求继续租赁该房屋。下列哪一表述是正确的?(2014年司考题)

A. 李某有权要求王某搬离房屋

B. 陈某有权要求王某搬离房屋

C. 李某有权解除合同,要求孙某承担赔偿责任

D. 陈某有权解除合同,要求孙某承担赔偿责任

6. 刘某欠何某100万元货款届期未还且刘某不知所踪。刘某之子小刘为替父还债,与何某签订书面房屋租赁合同,未约定租期,仅约定:"月租金1万元,用租金抵货款,如刘某出现并还清货款,本合同终止,双方再行结算。"下列哪些表述是错误的?(2014年司考题)

A. 小刘有权随时解除合同      B. 何某有权随时解除合同

C. 房屋租赁合同是附条件的合同   D. 房屋租赁合同是附期限的合同

7. 甲将房屋租给乙,在租赁期内未通知乙就把房屋出卖并过户给不知情的丙。乙得知后劝丙退出该交易,丙拒绝。关于乙可以采取的民事救济措施,下列哪一选项是正确的?(2015年司考题)

A. 请求解除租赁合同,因甲出卖房屋未通知乙,构成重大违约

B. 请求法院确认买卖合同无效

C. 主张由丙承担侵权责任,因丙侵犯了乙的优先购买权

D. 主张由甲承担赔偿责任,因甲出卖房屋未通知乙而侵犯了乙的优先购买权

8. 甲将其临街房屋和院子出租给乙作为汽车修理场所。经甲同意,乙先后两次自费扩建多间房屋作为烤漆车间。乙在又一次扩建报批过程中发现,甲出租的全部房屋均未经过城市规划部门批准,属于违章建筑。下列哪些选项是正确的?(2015年司考题)

A. 租赁合同无效

B. 因甲、乙对于扩建房屋都有过错,应分担扩建房屋的费用

C. 因甲未告知乙租赁物为违章建筑,乙可解除租赁合同

D. 乙可继续履行合同,待违章建筑被有关部门确认并影响租赁物使用时,再向甲主张违约责任

9. 甲将其所有的房屋出租给乙,双方口头约定租金为每年5万元,乙可以一直承租该房屋,直至乙去世。房屋出租后的第二年,乙为了经营酒店,经甲同意,对该房屋进行了装修,共花费6万元。一天晚上,一失控的汽车撞到该房屋,致使其临街的玻璃墙毁损,肇事司机驾车逃逸,乙要求甲维修,甲拒绝,乙便自行花费1万元予以维修。现甲、乙发生纠纷,均欲解除合同,但就如何解除意见不一。请回答如下问题:(2003年司考题)

(1) 该租赁合同的性质如何?

A. 附解除条件的合同  B. 附延缓条件的合同

C. 附始期的合同  D. 附终期的合同

(2) 对于乙对房屋的装修费用,若甲、乙达不成协商一致,应如何处理?

A. 由乙无条件拆除,费用由乙自理

B. 装修物归甲所有,且甲无需支付费用

C. 装修物归甲所有,且甲应当支付全部费用

D. 若装修物可以拆除则拆除,不能拆除的,可以折价后归甲所有

(3) 对于乙对玻璃墙的维修及其费用应如何处理?

A. 由甲承担维修费用

B. 由乙承担维修费用

C. 由甲、乙分担维修费用

D. 由甲承担大部分维修费用,乙承担小部分维修费用

(4) 若本案中双方未约定租赁期限,甲、乙双方又无法就租赁期限协议补充,下列关于合同解除的何种说法是正确的?

A. 甲无权随时解除合同

B. 甲可以随时解除租赁合同,但应在合理期限之前通知乙

C. 乙可以随时解除租赁合同

D. 若合同解除,乙仍应支付解除之前实际租赁期限的租金

【讨论案例】

1. 2005年1月1日,甲与乙口头约定,甲承租乙的一套别墅,租期为5年,租金一次付清,交付租金后即可入住。洽谈时,乙告诉甲屋顶有漏水现象。为了尽快与女友丙结婚共同生活,甲对此未置可否,付清租金后与丙入住并办理了结婚登记。

入住后不久别墅屋顶果然漏水,甲要求乙进行维修,乙认为在订立合同时已对漏水问题提前作了告知,甲当时并无异议,仍同意承租,故现在乙不应承担维修义务。于是,甲自购了一批瓦片,找到朋友开的丁装修公司免费维修。丁公司派工人更换了漏水的旧瓦片,同时按照甲的意思对别墅进行了较大装修。更换瓦片大约花了10天时间,装修则用了一个月,乙不知情。更换瓦片时,一名工人不慎摔伤,花去医药费数千元。

2005年6月,由于新换瓦片质量问题,别墅屋顶出现大面积漏水,造成甲一万余元财产

损失。

2006年4月，甲遇车祸去世，丙回娘家居住。半年后丙返回别墅，发现戊已占用别墅。原来，2004年12月甲曾向戊借款10万元，并亲笔写了借条，借条中承诺在不能还款时该别墅由戊使用。在戊向乙出示了甲的亲笔承诺后，乙同意戊使用该别墅，将房屋的备用钥匙交付于戊。

请回答下列问题：(1)甲、乙之间租赁合同的期限如何确定？理由是什么？如乙欲解除与甲的租赁合同，应如何行使权利？(2)别墅维修及费用负担问题应如何处理？理由是什么？(3)甲丁之间存有什么法律关系？其内容和适用规则如何？摔伤工人的医药费用、损失应如何处理？理由是什么？(4)别墅装修问题应如何处理？理由是什么？(5)甲是否有权请求乙赔偿因2005年6月屋顶漏水所受损失？理由是什么？(6)丙可否行使对别墅的承租使用权？理由是什么？(7)丙应如何向戊主张自己的权利？理由是什么？（2009年司考题）

2. 大学生李某要去A市某会计师事务所实习。此前，李某通过某租房网站租房，明确租房位置和有淋浴热水器两个条件。张某承租了王某一套二居室，租赁合同中有允许张某转租的条款。张某与李某联系，说明该房屋的位置及房屋里配有高端热水器。李某同意承租张某的房屋，并通过网上银行预付了租金。

李某入住后发现，房屋的位置不错，卫生间也较大，但热水器老旧不堪，不能正常使用，屋内也没有空调。另外，李某了解到张某已拖欠王某1个月的租金，王某已表示，依租赁合同的约定要解除与张某的租赁合同。

李某要求张某修理热水器，修了几次都无法使用。再找张某，张某避而不见。李某只能用冷水洗澡并因此感冒，花了一笔医疗费。无奈之下，李某去B公司购买了全新电热水器，B公司派其员工郝某去安装。在安装过程中，找不到登高用的梯子，李某将张某存放在储藏室的一只木箱搬进卫生间，供郝某安装时使用。安装后郝某因有急事未按要求试用便离开，走前向李某保证该热水器可以正常使用。李某仅将该木箱挪至墙边而未搬出卫生间。李某电话告知张某，热水器已买来装好，张某未置可否。

另外，因暑热难当，李某经张某同意，买了一部空调安装在卧室。

当晚，同学黄某来A市探访李某。黄某去卫生间洗澡，按新装的热水器上的提示刚打开热水器，该热水器的接口处迸裂，热水喷溅不止，黄某受到惊吓，摔倒在地受伤，经鉴定为一级伤残。另外，木箱内装的贵重衣物，也被热水器喷出的水流浸泡毁损。

请回答下列问题：(1)由于张某拖欠租金，王某要解除与张某的租赁合同，李某想继续租用该房屋，可以采取什么措施以抗辩王某的合同解除权？(2)李某的医疗费应当由谁承担？为什么？(3)李某是否可以更换热水器？李某更换热水器的费用应当由谁承担？为什么？(4)李某购买空调的费用应当由谁承担？为什么？(5)于黄某的损失，李某、张某是否应当承担赔偿责任？为什么？(6)对于黄某的损失，郝某、B公司是否应当承担赔偿责任？为什么？(7)对于张某木箱内衣物浸泡受损，李某、B公司是否应当承担赔偿责任？为什么？（2013年司考题）

# 第十四章 融资租赁合同

【学习指南】
　　重点在于把握融资租赁合同的特性、当事人应承担的义务、终止事由;难点在于理解融资租赁合同中出租人、承租人、出卖人三者之间的关系。

【导入案例】
　　甲炼油厂为扩大生产规模,决定引进乙机械厂生产的A型炼油设备10套。为节省资金,甲与丙租赁公司达成如下协议:由丙购买乙生产的10套设备,出租给甲。为此,丙与乙签订了设备买卖合同。合同签订后,丙、乙经过协商,丙改购A、B型炼油设备各5套。在乙向甲交货时,甲发现有5套B型炼油设备,便只接受了5套A型炼油设备,而拒绝接受5套B型炼油设备。通过本章的学习,试分析本案合同的性质及效力。

## 第一节 融资租赁合同概述

### 一、融资租赁合同的概念和特征

依《合同法》第237条规定,融资租赁合同是出租人根据承租人对出卖人、租赁物的选择,向出卖人购买租赁物,提供给承租人使用,承租人支付租金的合同。

融资租赁合同具有如下特征:

#### (一)出租人依照承租人的要求购买租赁物

融资租赁合同与租赁合同都是由出租人向承租人提供租赁物的合同,但两者在租赁物的购买上有所不同。在租赁合同中,租赁物并非是出于承租人的需要和依承租人的要求购买的,而是依出租人自己的需要和要求购买的,出租人购置物件与租赁合同无关;而在融资租赁合同中,出租人必须按照承租人的要求购买标的物,出租人的购置物件的行为与出租物件的行为是联系在一起的,共同构成融资租赁关系的内容。虽然融资租赁合同的出租人是依承租人的要求购买租赁物的,但它又不同于一般的买卖合同。在买卖合同中,买受人按自己的意愿购买物品,目的在于取得物的所有权,以满足自己生产经营或生活需要;而在融资租赁合同中,出租人虽须购买物件,但其购买的直接目的是为了满足承租人对物件的需求;在出卖人不履行义务时,承租人可以直接向出卖人索赔。在融资租赁合同中,承租人通过由出租人购买所需的标的物,以解决自己一次性购买标的物所需资金的不足,从而达到融资的目的。从这一点上说,承租人等于向出租人借贷。但是,承租人并不是从出租人取得租赁物或金钱的所有权,而是通过租赁的形式取得标的物的使用权,以租金的形式偿还出租人为购买租赁物所付出的代价等费用。所以,融资租赁合同与一般的借款合同也是不同的。

### (二)出租人对租赁标的物无瑕疵担保责任

在租赁合同中,出租人与买卖合同中的出卖人一样地负有瑕疵担保责任,须使租赁物合于合同中约定的使用收益的状态和保证第三人不能对租赁物主张权利。而在融资租赁合同中,由于出租人仅是依承租人的指示和要求去筹措资金购买物件,因此,除承租人依赖出租人的技能确定租赁物或者出租人干预选择租赁物的情况外,出租人对租赁标的物不符合约定或者不符合使用目的的情况不承担责任。

### (三)承租人于租赁关系终止后享有选择权

在租赁合同中,于租赁关系终止后,承租人须将租赁标的物原物返还给出租人。而在融资租赁合同中,当事人可以约定租赁期间届满租赁物的归属,承租人既可以按照约定支付租赁物残余的价值购买租赁物而取得其所有权,也可以将租赁物返还给出租人。因此,承租人于融资租赁合同终止后享有选择权。

### (四)出租人为专营融资租赁业务的租赁公司

融资租赁合同是以融资为目的,以融物为手段的合同。合同的融资性特点决定了出租人必须是经营融资租赁业务的租赁公司这种特殊主体,而不能是一般的自然人、法人或其他组织。这是融资租赁合同在主体上的特征。

### (五)融资租赁合同为诺成合同、双务合同、有偿合同、要式合同

融资租赁合同自双方当事人意思表示一致时起成立,不以出租人交付租赁物为合同的成立条件。合同成立后,当事人双方都既负有一定的义务,也享有一定的权利,双方的权利义务具有对价性,承租人取得租赁物的使用收益权,是以支付租金为代价的。因此,融资租赁合同为诺成合同、双务合同、有偿合同。《合同法》第238条第2款规定:"融资租赁合同应当采用书面形式。"因此,融资租赁合同为要式合同。

## 二、融资租赁合同的内容

根据《合同法》第238条规定,融资租赁合同应当采用书面形式,包括以下内容:

#### 1. 有关租赁物的条款

租赁物是承租人要求出租人购买的标的物,是出租人出租给承租人使用的物。有关租赁物的条款是融资租赁合同的主要条款,应当明确具体。合同应当订明租赁物的名称、数量、规格、型号、技术性能、检验方法等,还应订明租赁物的出卖人以及制造厂家等,租赁物的交付与验收等。

#### 2. 有关租赁期限的条款

租赁期限是承租人可以使用租赁物的期限,即租赁的起止时间。在融资租赁合同中,出租人与承租人不得随意地单方解除合同,当事人不得订立不定期融资租赁合同。因此,租赁

期限是合同的一项主要条款。关于租赁期限,合同中应当明确租赁合同的起止时间。

3. 有关租金条款

租金是租赁内容的主要组成部分。在融资租赁合同中,当事人不仅应规定租金的数额,而且还应说明租金的构成及支付期限;不仅应订明租金的支付地点和次数及每期的数额,还应订明租金的计算方法、租金的币种等。

4. 有关租赁期限届满后租赁物归属的条款

在融资租赁合同中,由于承租人对租赁物的处理享有选择权,因此,双方当事人应在合同中约定租赁期限届满后租赁物的归属,如留购、续租、退租。

5. 其他条款

除上述条款外,当事人还应在合同中订明租赁物的瑕疵担保责任及索赔,租赁物的保养、维修和保险,租赁物的使用,以及发生纠纷时的争议解决方式等。

## 第二节 融资租赁合同的效力

### 一、出租人的主要义务

#### (一) 按照承租人的要求订立买卖合同购买租赁物

在融资租赁合同中,出租人只有按照承租人对出卖人、租赁物的选择购买租赁物,才能实现融资租赁的目的。因此,出租人按照承租人的选择和要求购买租赁物,是出租人的一项义务。对此,《合同法》第239条规定:出租人应当根据承租人对出卖人、租赁物的选择订立买卖合同购买租赁物。如果出租人不与出卖人订立购买租赁物的买卖合同的,应当向承租人负违约赔偿责任。

由于出租人是按照承租人对出卖人、租赁物的选择而订立买卖合同的,因此,未经承租人同意,出租人不得变更与承租人有关的合同内容。《合同法》第241条明确规定:"出租人根据承租人对出卖人、租赁物的选择订立的买卖合同,未经承租人同意,出租人不得变更与承租人有关的合同内容。"依该条规定,出租人不仅须按照承租人的要求订立买卖合同,并且不得擅自变更与承租人有关的合同内容。这是因为,尽管买卖合同的当事人双方为出租人与出卖人,但买卖合同中购买标的物的目的是为提供给承租人使用的,买卖合同中的有关内容与承租人有着直接的利害关系。一般地说,与承租人有关的买卖合同内容包括主体、标的物以及标的物交付等事项。买卖合同的主体虽为出租人与出卖人,但出卖人是由承租人选择并在融资租赁合同中指定的,而承租人对出卖人的选择是出于对出卖人的产品、信誉等方面的信赖。所以,未经承租人同意,出租人不得擅自变更买卖合同的出卖人。买卖合同的标的物也就是融资租赁合同中的标的物,是根据承租人的选择在融资租赁合同中确定的,出租人只能根据承租人的要求购买承租人需求的租赁物。如果出租人变更买卖合同中的标的物,也就等于变更了租赁合同的标的物,实际上是违背了承租人的意思,也就无法满足承租人的需要。因此,未经承租人同意,出租人不得擅自将买卖的标的物变更为他物。由于在融资租赁合同中,出卖人是直接向承租人交付标的物的,出卖人能否按照约定交付标的物直接决定着承租人起租的时间以及承租人的使用收益。因此,未经承租人同意,出租人不得擅自变更标的物的交付时间、地点和方式等。

出租人未经承租人同意,擅自变更与承租人有关的买卖合同内容的,其行为构成对融资租赁合同的违反,应向承租人承担违约责任,承租人有权拒收标的物,解除合同,并有权要求出租人赔偿损失。

### (二) 保证承租人对租赁物的占有和使用

《合同法》第245条规定:"出租人应当保证承租人对租赁物的占有和使用。"依据该规定,为保证承租人对租赁物的占有和使用,出租人的这一义务包括以下内容:

1. 保证出卖人将标的物交付给承租人占有

在融资租赁合同中,承租人的目的在于取得对租赁物的使用收益,因此,出租人应当将租赁物交付给承租人。但融资租赁合同中的租赁物交付与租赁合同的租赁物交付有所不同。在租赁合同中,出租人负有现实地将租赁物交付给承租人的义务。而在融资租赁合同中,出租人只是负有保证出卖人交付租赁物给承租人的义务。可见,出租人对融资租赁物的交付采取的是观念交付而非现实交付的方式,即由出卖人直接将融资租赁物交付给承租人的,承租人于受领租赁物后将受领的事实通知出租人。因此,只要承租人向出租人发出了受领标的物的通知,则不论承租人是否确实受领了租赁物,出租人均为履行了保证交付义务。在出卖人未按时交付标的物给承租人时,出租人应当向出卖人请求交付,并且因承租人未受领租赁物,出租人不得向承租人请求支付租金。因出租人的过错致使租赁物不能交付或迟延交付的,承租人有权请求出租人采取补救措施;出租人逾期未采取补救措施的,承租人有权解除合同,并请求损害赔偿。

2. 保证承租人在租赁期间对租赁物的占有使用

在融资租赁合同中,承租人订立合同的根本目的是取得租赁物的使用权。尽管租赁物的所有权仍归出租人,但承租人接受出卖人交付的标的物后,在租赁期间对租赁物即享有独占的使用权。为保证承租人的使用收益权,出租人须保证承租人对租赁物的占有使用。承租人对租赁物的使用收益权,不仅得对抗出租人的所有权,而且得对抗对租赁物上存在的他物权。例如,出租人将租赁物转让所有权的,融资租赁合同对新的所有权人仍然有效;出租人将租赁物抵押时,承租人的使用收益权得对抗抵押权人的抵押权。

3. 不得妨碍承租人对租赁物的使用收益并排除他人的妨碍

出租人不仅应保证承租人在整个租赁期间对租赁物的占有,而且应当保证承租人能够按照合同约定的条件使用租赁物并收益。出租人妨碍承租人对租赁物为使用收益或者擅自变更承租条件的,应当承担违约责任。在第三人妨碍承租人对租赁物的占有、使用、收益时,出租人应当予以排除。

4. 向出卖人支付货款

由于融资租赁合同是由买卖合同和租赁合同两个合同关系所构成的,因此,出租人按照买卖合同约定向出卖人付款,不仅是对出卖人的义务,也是对承租人所负的义务。出租人不按照合同约定向出卖人支付货款,以致使承租人不能依照约定使用租赁物时,应向承租人承担违约责任。承租人可以解除合同,或者请求减少租金,或者相应地延长租期。

### (三) 协助承租人向出卖人索赔

按照买卖合同的一般规定,在融资租赁合同中,出卖人不履行合同义务的,出租人作为买受人应当向出卖人行使索赔的权利。但是,由于出租人是按照承租人的指定购买租赁物的,出租人对租赁物的技术性能和品质要求未必了解,并且出卖人又是将租赁物直接交付给承租人的,由承租人对标的物进行验收,所以,出租人、出卖人、承租人三方当事人可以约定,出卖人不履行买卖合同义务的,可由承租人行使索赔的权利。同时,为便于承租人索赔,出租人有义务协助承租人向出卖人索赔。对此,《合同法》第240条规定:"出租人、出卖人、承租人可以约定,出卖人不履行买卖合同义务的,由承租人行使索赔的权利。承租人行使索赔权利的,出租人应当协助。"当然,如果出租人、出卖人、承租人没有约定由承租人行使对出卖人的索赔权利的,则出租人于出卖人不履行买卖合同义务时,有权向出卖人索赔。

#### (四) 例外情况下的瑕疵担保义务

在融资租赁合同中,出租人是租赁物的所有人。按照一般原理,标的物的所有人应对其提供给他人租赁的物负瑕疵担保责任。但在融资租赁合同中,由于出租人仅是按照承租人的选择和要求购买租赁物,并不对租赁物实际占有、使用、收益,同时也缺乏关于租赁物是否存在瑕疵的知识和能力。因此,出租人对于租赁物一般不负瑕疵担保责任。但是,如果承租人依赖出租人的技能确定租赁物或者出租人干预选择租赁物的,出租人则应承担瑕疵担保责任。对此,《合同法》第244条规定:"租赁物不符合约定或者不符合使用目的的,出租人不承担责任,但承租人依赖出租人的技能确定租赁物或者出租人干预选择租赁物的除外。"一般地说,出租人应负瑕疵担保义务的情形包括:(1)由出租人选择决定标的物的种类、规格、型号、商标、出卖人等。但出租人仅是向承租人介绍、推荐出卖人和标的物而由承租人自己作出选择决定的,免责特约仍有效。(2)出租人干预选择租赁物,如出租人迫使承租人选择出卖人、标的物,出租人擅自变更标的物等。(3)出租人明知租赁标的物有瑕疵而不告知或者因重大过失而不知有瑕疵,其免责的特约由于违反诚实信用原则而无效,因为当事人不得免除故意或重大过失的违约责任。(4)出租人与出卖人之间有密不可分的关系,如租赁公司为出卖人的子公司。(5)因当事人间的约定使承租人不能或者无法直接向出卖人行使索赔的权利。[①]

### 二、承租人的主要义务

#### (一) 按时接受出卖人交付的标的物

在融资租赁合同中,出租人是买卖关系的当事人,但出卖人不是直接向出租人交付租赁物,而是直接向承租人交付标的物。因此,承租人负有按照合同的约定及时接受出卖人交付的标的物的义务。承租人在接受标的物时,应按照合同的约定对标的物验收。承租人于接受标的物并经验收后,应当将收到标的物的结果通知出租人。承租人通知出租人收到租赁物后,承租人就应向出租人交付租金。在融资租赁合同中,承租人通知出租人收到租赁物是其租金义务发生的唯一要件。也就是说,只要承租人已为收到租赁物的通知,就须负交付租金的义务。即使承租人虽通知出租人收到租赁物但实际上并未收到的,也不得拒付租金或请求返还已交的租金。

接受租赁物既是承租人的义务,也是承租人的权利。作为权利,在出卖人不交付时,承租人有权要求其交付;作为义务,承租人无正当理由不接受出卖人按合同约定交付的租赁物的,应当承担迟延履行的违约责任。

---

① 参见郭明瑞、房绍坤:《新合同法原理》,中国人民大学出版社2000年版,第544页。

## (二) 按照约定支付租金

在融资租赁期间,承租人应当按照合同约定向出租人支付租金,这是承租人的基本义务。《合同法》第 243 条规定:"融资租赁合同的租金,除当事人另有约定的以外,应当根据购买租赁物的大部分或者全部成本以及出租人的合理利润确定。"可见,融资租赁合同的租金不同于租赁合同的租金,它不是承租人使用租赁物的对价,而是出租人向承租人提供融资的对价,出租人是通过收取租金的形式而收回其向出卖人购买租赁物所支付的价款。因此,承租人支付价款的义务,以承租人通知出租人收到标的物的通知为生效条件,而不以承租人实际使用租赁物为条件。由于租金并非融物的对价而为融资的对价,所以,承租人支付租金的义务有以下主要特点:(1) 在租赁物存在瑕疵时,承租人不得拒付租金,因为融资租赁合同的出租人一般不负标的物的瑕疵担保责任;(2) 在租赁期间,承租人承担标的物灭失的风险责任,因此,在租赁期间,若租赁物因不可归责于双方的事由而发生毁损灭失时,承租人仍应支付租金;(3) 因承租人违约而由出租人收回租赁物时,承租人不能以租赁物的收回而拒绝履行支付租金的义务。

《合同法》第 248 条规定:"承租人应当按照约定支付租金。承租人经催告在合理期限内仍不支付租金的,出租人可以要求支付全部租金,也可以解除合同,收回租赁物。"根据这一规定,承租人不按照约定支付租金时,出租人可以确定一个合理期限要求承租人支付。经出租人催告,承租人在合理期限内仍不支付租金的,出租人可采取以下两种救济措施:一是请求承租人支付到期和未到期的全部租金。一般地说,对于未到期的租金,出租人无权请求承租人支付,这是承租人享有的一种期限利益。但是,在承租人不依约定按时交付租金,并且经催告在合理期限内仍不支付时,则承租人的期限利益丧失,出租人不仅有权请求承租人支付已到期的租金,而且得请求承租人交付未到期的全部租金。二是解除合同,收回租赁物。出租人不选择请求承租人支付全部租金的,有权解除合同而收回租赁物。出租人对于租赁物享有所有权,在因承租人违约而出租人解除合同时,出租人有权收回租赁物。

## (三) 保管和维修租赁物

《合同法》第 247 条规定:"承租人应当妥善保管、使用租赁物。""承租人应当履行占有租赁物期间的维修义务。"根据这一规定,承租人对租赁物不仅负有妥善保管的义务,并且负有维修的义务。

在融资租赁合同中,承租人为自己使用收益的需要,有权占有和使用租赁物。但为保护出租人的利益,承租人应负妥善保管租赁物的义务。承租人在租赁期间只得自己对租赁物为使用收益,而不得擅自将租赁物转租、抵押,更不得处分租赁物。承租人擅自转租的,出租人得解除合同,收回租赁物。承租人处分租赁物的,出租人得解除合同并取回租赁物,或者请求损害赔偿。在承租人破产时,租赁物不得列入破产财产,出租人可以解除合同取回租赁物。《合同法》第 242 条规定:"出租人享有租赁物的所有权。承租人破产的,租赁物不属于破产财产。"

在融资租赁合同中,出租人一般对租赁物不负物的瑕疵担保义务,因而出租人对租赁物亦无维修的义务。由于出租人享有于租赁期间届满后收回标的物加以使用或处分的期待利益,因此,为保障出租人期待利益的实现,承租人不仅须妥善保管租赁物,而且负有维修租赁物的义务。

## (四) 因租赁物致人损害的赔偿责任

《合同法》第 246 条规定:"承租人占有租赁物期间,租赁物造成第三人的人身伤害或者财产损害的,出租人不承担责任。"在融资租赁合同中,租赁物是由承租人选择决定的,承租人对物负有管理、维修的义务,而出租人并不负责租赁物的管理、维修,也不对租赁物为使用收益,所以,对于租赁物在承租人占有期间造成第三人的损害,出租人不承担赔偿责任。依反面解释,出租人不承担责任,承租人即应承担因租赁物致人损害的赔偿责任。

### (五) 合同终止时返还租赁物

《合同法》第250条规定:"出租人和承租人可以约定租赁期间届满租赁物的归属。对租赁物的归属没有约定或者约定不明确,依照本法第六十一条的规定仍不能确定的,租赁物的所有权归出租人。"可见,在融资租赁合同终止时,如果当事人对租赁期间届满租赁物的归属没有特别约定的,承租人应将租赁物返还给出租人。

## 三、出卖人的主要义务

### (一) 向承租人交付租赁物

《合同法》第239条规定:"出卖人应当按照约定向承租人交付标的物,承租人享有与受领标的物有关的买受人的权利。"依买卖合同,出卖人当然负有按照约定的时间、地点、方式、期限等交付租赁物的义务,并且在融资租赁中出卖人交付租赁物是其收取价款的前提。但在融资租赁合同中,出租人虽为买受人,但出卖人交付租赁物的义务却应向承租人履行。出卖人未按约定向承租人交付租赁物的,为违约行为,应负违约责任。承租人可以要求出卖人继续履行交付义务,也可以解除合同并要求赔偿损失。

### (二) 租赁物的瑕疵担保义务

在融资租赁合同中,出租人对租赁物一般不负物的瑕疵担保义务,但这并不意味着出卖人也不对租赁物负瑕疵担保义务。由于出卖人是向承租人交付租赁物并由承租人验收租赁物,出卖人和租赁物也是由承租人选择确定的,所以出卖人应对租赁物负瑕疵担保义务。因此,在出卖人交付的租赁物不合合同的约定时,出卖人应当承担瑕疵担保责任。如出卖人交付的租赁物虽不符合约定的条件但不影响使用,承租人愿意继续使用的,可以要求减少价金;若出卖人交付的租赁物不能利用,则承租人可以根据情况要求出卖人予以修理或者更换;如出卖人交付的租赁物无法实现合同的目的,承租人可以要求解除合同并要求赔偿损失。

# 第三节　融资租赁合同的终止

## 一、融资租赁合同终止的原因

融资租赁合同的终止原因主要包括两种情况:

### (一) 融资租赁合同因期限届满而终止

在融资租赁合同中,租赁期限届满而当事人又没有续租的,则融资租赁合同因期限届满而终止。

### (二) 融资租赁合同因当事人的解除而终止

在融资租赁合同期限届满之前,出租人和承租人都不得擅自解除租赁合同。但是,如果出现法定解除合同的事由时,当事人可以解除合同,融资租赁合同也因此而消灭。例如,在承租人未按约定支付租金,经催告在合理期限内仍未支付的,出租人可以解除合同。

应当指出的是,在租赁合同中,租赁物灭失是合同终止的一个原因。但在融资租赁合同中,租赁物的灭失并不导致融资租赁合同的终止。这是因为,在融资租赁合同中,除当事人另有约定外,租赁物毁损灭失的风险由承租人负担,因而当租赁物因不可归责于双方当事人的事由而灭失时,承租人仍应负担支付租金的义务,融资租赁合同并未消灭。

## 二、融资租赁合同终止的法律后果

关于融资租赁合同终止的法律后果,主要涉及以下两个方面的问题:

### (一) 租赁物的归属

在融资租赁合同中,出租人购买租赁物的目的并不是为了自己取得租赁物的所有权,出租人所关心的是如何以收取租金来收回成本和取得利润。而且出租人在租赁期间保有租赁物的所有权,其目的只是为了担保租金债权的实现。因此,在租赁期间届满后租赁物并非一定归出租人所有。《合同法》第250条规定:"出租人和承租人可以约定租赁期间届满租赁物的归属。对租赁物的归属没有约定或者约定不明确,依照本法第六十一条的规定仍不能确定的,租赁物的所有权归出租人。"在融资租赁合同中,当事人对租赁期间届满租赁物的处理可以有三种选择:一是留购租赁物,即由承租人支付一定的代价取得租赁物的所有权。二是续租,即由承租人继续承租租赁物,租赁物的所有权仍归出租人。承租人请求续租的,当事人双方应当更新租赁合同。在继续租赁时,租金的标准应以预计的租赁物残存的价值为基础来确定,而不应适用原来的租金标准。三是退租,即双方租赁关系终止,由承租人将租赁物返还给出租人所有。如果合同中无承租人留购或续租的约定,或者虽有约定而承租人不购买也不续租的,于租赁期间届满时,租赁物归出租人所有。

### (二) 承租人的价值返还请求权

在融资租赁合同中,当事人可以约定租赁期间届满,租赁物归承租人所有。在这种情况下,租金往往是根据购买租赁物的全部成本来确定的,出租人的全部利益也就是收到全部租金,而不包括租赁期间届满后租赁物的剩余价值。由于承租人负有交付租金的义务,因此在承租人不能按约交付租金时,出租人有权解除合同收回租赁物。在承租人已经支付大部分租金的情况下,若出租人解除合同收回租赁物,租赁物的剩余价值加上出租人已经收取的租金,就可能会超过出租人本应得到的利益,从而使承租人本可获得的利益(租赁物的剩余价值)完全丧失,这是不公平的。因此,如果出租人收回租赁物的价值超过承租人欠付的租金以及其他费用的,承租人则享有价值返还请求权,有权要求返还租赁物的价值与承租人欠付的租金及其他费用之间的差额。对此,《合同法》第249条规定:"当事人约定租赁期间届满租赁物归承租人所有,承租人已经支付大部分租金,但无力支付剩余租金,出租人因此解除合同收回租赁物的,收回租赁物的价值超过承租人欠付的租金以及其他费用的,承租人可以要求部分返还。"

【思 考 题】

1. 融资租赁合同的概念和特征是什么?
2. 融资租赁合同有哪些效力?

3. 融资租赁合同的租金有哪些特征？
4. 融资租赁合同终止发生哪些法律后果？

【法律应用】

1. 甲根据乙的选择，向丙购买了1台大型设备，出租给乙使用。乙在该设备安装完毕后，发现不能正常运行。下列哪些判断是正确的？（2006年司考题）
   A. 乙可以基于设备质量瑕疵而直接向丙索赔
   B. 甲不对乙承担违约责任
   C. 乙应当按照约定支付租金
   D. 租赁期满后由乙取得该设备的所有权

2. 甲按照乙的要求，选择了出卖人丙，签订了融资租赁合同，从丙处购买了一种机器设备，出租给乙使用。丙向乙交付设备后，因设备存在瑕疵，在使用过程中，致丁受到伤害。下列哪一选项是正确的？
   A. 乙应当向丙支付价款　　　　　B. 丁应当要求甲赔偿损失
   C. 丁应当要求乙赔偿损失　　　　D. 乙可以要求甲赔偿损失

3. 甲公司急需一种设备，苦于资金不足，便找到从事融资租赁业务的乙公司，说明了自己的要求，签订了融资租赁合同。乙公司派自己的专业人员，找到了丙公司，与之签订了买卖合同。按照约定，丙公司将设备交付给了甲公司。甲公司向乙公司、丙公司提交了验收合格通知书。下列选项中哪一项是错误的？
   A. 甲公司应当向丙公司支付货款
   B. 甲公司应当向乙公司支付租金
   C. 甲公司与乙公司间的合同应采取书面形式
   D. 丙公司向甲公司交付设备，完成了自己的交付义务

4. 甲与乙签订了一份租赁合同，约定甲向乙出租某型号的机器。随后，甲又与丙签订买卖合同，从丙处购买该种型号的机器。下列选项哪一项是正确的？
   A. 乙可以请求丙向自己交付机器
   B. 丙应当向甲交付机器
   C. 丙应当向乙交付机器
   D. 丙将机器交付给乙之后，乙承担机器意外损毁、灭失的风险

5. 在签订融资租赁合同之后，因租赁设备出现故障，承租人要求出租人修理，但出租人拒绝，承租人便拒绝支付租金。经出租人数次催告，承租人仍然拒绝支付月租金。下列选项中哪些是正确的？
   A. 应由承租人自己负责修理租赁设备　　B. 承租人应当继续支付租金
   C. 出租人可以解除合同　　　　　　　　D. 出租人可以要求承租人支付全部租金

【讨论案例】

甲公司需要乙公司生产的一套精密成套设备，双方找丙公司商议，由丙公司购买并直接租给甲公司。甲、乙、丙三方签订了如下合同：（1）由丙公司付给乙公司货款500万元；（2）乙公司负责将精密成套设备运送给甲公司；（3）甲公司承租该设备，期限为10年，每年

租金为60万元。该合同由甲、乙、丙公司的法定代表人签字,甲、乙、丙公司加盖了合同专用章。合同签订后,乙公司按约定将设备交付给甲公司。甲公司收到设备后,经过调试,甲公司开始使用设备,但在使用过程中,闪电击中电线,使设备损坏。

请回答下列问题:(1)甲、乙、丙之间的合同属于什么性质的合同?(2)若乙公司交付的设备质量不符合要求,甲公司可否向乙公司追究违约责任?为什么?(3)甲公司在使用设备的过程中,因闪电击中电线而令设备受损,损失应由谁承担?为什么?(4)甲公司在使用过程中部分部件需要维修,该维修费用应由谁承担?为什么?(5)租赁期满,设备所有权归属于谁?为什么?

# 第十五章 承揽合同

【学习指南】
重点在于把握承揽合同的特性、当事人应承担的义务、终止事由;难点在于理解承揽合同中的风险负担。

【导入案例】
甲提供 10 块木板给乙,要求乙加工一套衣柜、一个电视柜,并提出了具体要求。开工后,乙发现木板的虫眼很多,不适宜作衣柜,但乙没有理会,继续加工衣柜。由于自己的活儿多,乙将加工电视柜的活儿交由丙去做。乙在加工衣柜时,因吸烟不慎引起火灾,将剩余的 1 块木板烧毁。加工任务完成后,甲发现衣柜、电视柜的质量很差,不符合自己提出的质量要求。而乙认为,衣柜质量差是木板的质量差所致,而电视柜是由丙加工的,与己无关。同时,乙还告知甲剩余的 1 块木板被烧毁的事实。通过本章的学习,试分析本案合同的性质及效力。

## 第一节 承揽合同概述

### 一、承揽合同的概念和特征

依《合同法》第 251 条规定,承揽合同是承揽人按照定作人的要求完成工作,交付工作成果,定作人给付报酬的合同。在承揽合同中,应完成工作并交付工作成果的一方为承揽人,应接受承揽人的工作成果并给付报酬的一方为定作人,承揽人所应完成的工作成果为定作物。

承揽合同具有以下特征:

#### (一)承揽合同以一定工作的完成为目的

在承揽合同中,定作人订立合同的目的是取得承揽人完成的一定工作成果,因此,承揽人须依照定作人的要求完成一定的工作。由于承揽人完成一定工作须提供劳务,所以承揽合同属于提供劳务类的合同。但在承揽合同中,定作人所需要的并不是承揽人完成工作的过程,而是承揽人完成的工作成果。也就是说,定作人所需要的不是承揽人的单纯劳务,而是其劳务的结果,承揽人的劳务必须有物化的结果。因此,承揽人完成工作的劳务只有体现在其完成的工作成果上,只有与工作成果相结合,才能满足定作人的需要。承揽合同的这一特点,决定了承揽人的义务只能是作为义务,否则定作人就无法实现其合同目的。

### (二) 承揽合同的定作物具有特定性

承揽人应当按照定作人的要求完成工作并交付工作成果,这一工作成果就是定作物。这一工作成果既可以是体力劳动成果,也可以是脑力劳动的成果;可以是物,也可以是其他财产。但这种定作物的最终成果无论以何种形式体现,都必须符合定作人的特定要求,满足定作人的特殊需要。因此,定作物具有特定性,是不能通过市场任意购买的,只能由承揽人依定作人的要求通过自己的与众不同的劳动技能来完成。如果定作人所需要的标的物可以从市场上任意购买,则定作人也就没有必要通过订立承揽合同要求承揽人来完成。

### (三) 承揽合同的承揽人应以自己的风险独立完成工作

在承揽合同中,定作人所需要的是具有特定性的定作物,而这种定作物只能通过承揽人完成工作来取得。因此,定作人是根据技术、设备、能力等方面的条件来选择承揽人的,定作人注重的是特定承揽人的工作条件和技能,而不是其他一般人的工作条件和技能。所以,尽管在完成工作中承揽人须接受定作人的必要的监督和检查,承揽人却需要以自己的人力、设备和技术力量等条件独立地完成工作,不得擅自将承揽的主要工作交由第三人完成。由于定作人所最终需要的是承揽人的工作成果,所以承揽人应承担取得该工作成果的风险,对工作成果的完成负全部责任。承揽人不能完成工作和取得符合定作人要求的工作成果的,不能从定作人处得到报酬。

### (四) 承揽合同是诺成合同、双务合同、有偿合同

承揽合同自当事人双方意思表示一致即可成立生效,而不以当事人一方实际交付标的物为合同的成立生效要件。承揽合同一经成立,当事人双方均负有一定义务,双方的义务具有对应性,一方的义务亦即为他方的权利。承揽合同的定作人须为工作成果的取得支付报酬,任何一方从另一方取得利益均应支付对价。因此,承揽合同为诺成合同、双务合同、有偿合同。

## 二、承揽合同的种类

根据《合同法》第 251 条第 2 款规定,承揽合同主要包括以下几种。

### (一) 加工合同

加工合同是承揽人以自己的力量,按照定作人的要求,用定作人提供的原材料,为定作人加工成成品,定作人接受该成品并支付报酬的合同。在加工合同中,原材料只能由定作人提供,而不能由承揽人提供。例如,用定作人提供的材料加工成特定设备,用定作人提供的半成品加工成成品,用定作人提供的衣料加工成服装,用定作人提供的木料加工成家具,为定作人装裱字画等,都属于加工合同。

### (二) 定作合同

定作合同是指承揽人用自己的原材料和技术,按照定作人的要求为定作人制作成品,定作人接受该成品并支付报酬的合同。例如,定作设备、定作服装、定作家具、定刻印章等,都属于定作合同。定作合同与加工合同的区别在于,定作合同的原材料提供人是承揽人,而加

工合同的原材料提供人是定作人。

### (三) 修理合同

修理合同是指承揽人以自己的技术、工作为定作人修复损坏的物品,定作人接受该工作成果并向承揽人支付报酬的合同。例如,修理汽车、电视机、手表、自行车等,都成立修理合同。

### (四) 复制合同

复制合同是指承揽人按照定作人的要求,根据定作人提供的样品,为定作人重新依样制作若干份,定作人接受复制品并支付报酬的合同。承揽人按照定作人的要求,可以采取不同的方式进行复制,如对文稿的复印、对画稿的临摹等。

### (五) 测试合同

测试合同是指承揽人按照定作人的要求以自己的仪器、设备和技术为定作人完成某一特定项目的测试任务,定作人接受测试成果并支付报酬的合同。

### (六) 检验合同

检验合同是指承揽人依定作人的要求,以自己的技术和仪器、设备等为定作人提出的特定事物的性能、问题等进行检验,定作人接受检验成果并支付报酬的合同。

## 三、承揽合同的内容

依《合同法》第 252 条规定,承揽合同的内容包括以下条款:

### (一) 承揽的标的、数量、质量

承揽的标的是承揽人应完成的定作人所需要的工作成果,是承揽人和定作人双方的权利义务共同指向的对象。承揽的标的是承揽合同的必要条款,当事人没有约定承揽标的或者对承揽标的约定不明确的,承揽合同不能成立。

数量、质量,是确定承揽标的的具体条件,是同一种类承揽标的相互区别的标志。一般说来,区分同类承揽标的的具体特征是质量,因此,在承揽合同中当事人特别应当明确承揽标的的质量要求。

### (二) 报酬

报酬是指定作人为接受承揽人完成的工作成果应向承揽人支付的代价。承揽合同是有偿合同,因此,承揽合同中必须有报酬的条款。当事人对于报酬的约定可以是具体的数额,也可以是约定报酬的计算方法。

### (三) 材料的提供

材料是指承揽人完成工作所需要的原料。在承揽合同中,材料可由定作人提供,也可由承揽人提供。因此,承揽合同中应对材料的提供方作出约定。如果合同中未约定由何方提供材料的,则推定为由承揽人提供。合同中不仅应约定材料由何方提供,并且应明确材料的数量、质量以及提供的时间、地点。

### (四) 履行期限

履行期限是指当事人双方履行其义务的时间。就承揽人而言,履行期限是指完成工作并交付工作成果的时间;对定作人来说,履行期限主要是指支付报酬的时间。由承揽人提供材料的,合同中还应约定材料费以及其他费用的支付时间,如没有约定或者约定不明确,材料费及其他费用应当与报酬同时支付。

### （五）验收标准和方法

验收标准和方法是指检验材料、定作物的质量的标准和方法。承揽合同中明确约定验收标准和方法，有利于确定承揽人完成的工作是否符合定作人的要求，避免双方就工作质量发生纠纷。

## 第二节 承揽合同的效力

### 一、承揽人的主要义务

#### （一）按照约定完成工作

按照合同的约定完成承揽的工作，是承揽人的基本义务。这一义务包括以下两个方面：

1. 承揽人应当在约定的期限内完成承揽工作

一般地说，承揽人于合同成立后，应立即着手进行工作。合同若对承揽人开始工作的时间有约定的，承揽人应按照约定的时间开始工作。如果合同约定以定作人完成一定行为为开始工作的条件，如要求定作人首先提供材料、要求定作人预付一部分报酬或预付定金等，则在定作人完成所要求的行为后，承揽人即应开始进行工作。承揽人未在合同约定的期间着手完成工作的，定作人得请求承揽人着手完成工作。

承揽人不仅应在合同约定的时间开始进行工作，而且应当在规定的期限完成工作。因可归责于承揽人的事由致工作不能按期完成的，定作人有权请求减少报酬或者请求赔偿损失，也有权解除合同。当然，定作人解除合同造成承揽人损失的，定作人也应当赔偿损失。《合同法》第 268 条规定："定作人可以随时解除合同，造成承揽人损失的，应当赔偿损失。"据此，在承揽人不能如期完成工作时，定作人可以解除合同，并可以要求赔偿，但也应赔偿承揽人的损失。

2. 承揽人应当以自己的设备、技术、劳力完成工作的主要部分

承揽合同是建立在定作人对承揽人完成工作的条件和能力信任基础上的，所以承揽人应亲自完成自己所承揽的工作任务。所谓亲自完成承揽工作，是指承揽人应完成承揽的主要工作，而不是承揽的全部工作。对于承揽的辅助工作，承揽人可以交由第三人完成。《合同法》第 253 条规定："承揽人应当以自己的设备、技术和劳力，完成主要工作，但当事人另有约定的除外。""承揽人将其承揽的主要工作交由第三人完成的，应当就该第三人完成的工作成果向定作人负责。未经定作人同意的，定作人也可以解除合同。"根据这一规定，除当事人另有约定外，承揽人必须亲自完成承揽的主要工作。若承揽人擅自将承揽的主要工作交由第三人完成，将构成根本违约，定作人可以解除合同。

《合同法》第 254 条规定："承揽人可以将其承揽的辅助工作交由第三人完成。承揽人将其承揽的辅助工作交由第三人完成的，应当就该第三人完成的工作成果向定作人负责。"所谓"辅助工作"，是指主要工作以外的部分。由于辅助工作对工作成果的质量不起决定性作用，一般也不需要特殊的技能和设备等，所以承揽人不经定作人的同意，即可将辅助工作交由第三人完成。

无论是当事人约定承揽人可以将承揽的主要工作交由第三人完成，还是承揽人将承揽的辅助工作交由第三人完成，第三人仅为履行主体而非承揽的义务主体，因此，承揽人应当

就该第三人完成的工作成果向定作人负责。

**（二）按合同约定提供材料或接受定作人提供的材料**

1. 按照合同约定提供原材料

《合同法》第255条规定："承揽人提供材料的,承揽人应当按照约定选用材料,并接受定作人检验。"因此,合同约定应由承揽人提供材料的,承揽人应当按照合同约定的时间、地点、数量和质量提供材料。合同中没有约定材料的质量标准的,承揽人应当选用符合定作物使用目的的材料,而不能以次充好。承揽人选用材料,应当接受定作人检验。定作人对承揽人选用的材料质量提出异议的,承揽人应当调换。承揽人隐瞒材料的缺陷或者使用不符合合同规定的材料并使定作物质量不合格的,承揽人应当承担责任。定作人对承揽人选用的材料未及时检验的,则视为同意,不得再对材料的质量提出异议。

2. 接受定作人提供的材料

依《合同法》第256条规定,合同约定由定作人提供原材料的,承揽人应当及时接受并检验定作人交付的材料。承揽人经验收发现定作人提供的材料不符合合同约定的,应及时通知定作人更换、补齐或者采取其他补救措施。同时,承揽人不得擅自更换定作人提供的原料,不得更换不需要修理的零部件。承揽人对于定作人提供的材料负有保管的义务,因其保管不善造成定作人交来的材料毁损、灭失的,承揽人应承担损害赔偿责任（《合同法》第265条）。承揽人使用定作人的材料应符合合同中约定的损耗量,因承揽人原因造成浪费的,承揽人应当予以赔偿。

**（三）保密义务和通知义务**

《合同法》第266条规定："承揽人应当按照定作人的要求保守秘密,未经定作人许可,不得留存复制品或者技术资料。"根据这一规定,定作人要求承揽人对其完成的工作保密的,承揽人对其所完成的工作负有保密义务,不得泄露定作人的秘密。承揽人在完成工作后,应将复制品及定作人的技术资料一并返还给定作人,未经定作人许可,不得留存复制品或者技术资料。承揽人违反保密义务造成定作人损失的,应负赔偿责任。

承揽人在完成工作过程中,遇有下列情形时负有通知义务,应当将有关事项通知定作人：(1) 定作人提供的图纸或者技术要求不合理（《合同法》第257条）；(2) 定作人提供的材料不符合约定（《合同法》第256条）；(3) 可能影响工作质量或者履行期限的其他不可归责于承揽人的情形。承揽人怠于通知或者未经定作人同意擅自修改定作人的技术要求或调换定作人提供的材料的,对因此而造成的工作成果质量不合格仍应承担责任。

**（四）接受定作人必要的监督、检验**

《合同法》第260条规定："承揽人在工作期间,应当接受定作人必要的监督检验。定作人不得因监督检验妨碍承揽人的正常工作。"为保证承揽工作的质量,在承揽期间,承揽人应当如实地向定作人反映工作情况,不得故意隐瞒工作中存在的问题。对于定作人的指示和提出的技术要求的变更,承揽人应当接受并按定作人的指示进行工作。但是,定作人对承揽人工作的监督检验以"必要"者为限,应当依合同约定的监督范围和方法,或者依承揽的工作性质进行监督检验。定作人对承揽工作的监督检验不得妨碍承揽人的正常工作,否则给承揽人造成损失的,定作人应负赔偿责任。

**（五）交付所完成的工作成果**

《合同法》第261条中规定："承揽人完成工作的,应当向定作人交付工作成果,并提交必要的技术资料和有关质量证明。"承揽人按期将所完成的工作成果交付给定作人,并移转定作物的权利,是其基本义务。承揽人交付完成的工作成果应当按照合同中约定的方式和地点将工作成果移交定作人占有。合同中没有约定交付工作成果的时间、地点和方式的,应依合同的其他条款或者补充协议或者交易习惯确定,如仍不能确定的,则承揽人应在工作完成后通知定作人提取工作成果。按照合同约定的承揽工作的性质无须为特别交付的,例如,房屋的维修,墙壁的粉刷等,则于承揽人完成工作之日即为交付。为便于定作人的验收和检验,承揽人交付工作成果的同时,应提交必要的技术资料和有关质量证明。

定作人定作的目的是要取得工作成果的所有权,因此,承揽人在完成工作后应将工作成果的所有权移转给定作人。工作成果附有所有权凭证的,承揽人在交付工作成果的同时应一并交付所有权凭证。在实践中,承揽工作成果的所有权的转移主要有以下几种情况:(1)定作人提供材料由承揽人加工、定作的,如定作物为动产,工作成果的所有权归定作人,当事人无须进行所有权的转移。(2)由承揽人自己提供材料,定作物为动产的,工作成果的所有权归承揽人,当事人之间须进行工作成果所有权的转移。(3)由双方提供材料,定作物为动产的,若定作人提供的材料为工作成果的主要部分,则工作成果的所有权归定作人,当事人之间无须进行工作成果所有权的转移;若承揽人提供的材料为工作成果的主要部分,则工作成果的所有权归承揽人,当事人之间须进行工作成果所有权的转移。(4)定作物为不动产的,不论材料为何方提供,定作物的所有权均由定作人取得。

**(六)工作成果的瑕疵担保义务**

瑕疵担保义务包括物的瑕疵担保义务和权利瑕疵担保义务。但承揽合同中不存在权利瑕疵担保义务问题,承揽人对工作成果的瑕疵担保义务仅指物的瑕疵担保义务。就是说,承揽人应当保证其所完成的工作成果符合合同约定的质量要求。承揽人所完成的工作成果不符合合同中约定的质量标准和要求的,承揽人应负瑕疵担保责任,定作人有权要求承揽人承担违约责任。

一般地说,承揽人瑕疵担保责任的构成须具备以下两个条件:一是承揽人交付的工作成果不符合质量要求。承揽合同中约定了工作成果的质量标准和要求的,承揽人交付的工作成果应符合合同的约定。合同中未明确规定工作成果的质量标准和要求的,对工作成果的质量要求应依合同的其他条款或者补充协议或者交易习惯确定,如仍不能确定的,工作成果应当符合其通常的使用效用;二是定作人接受工作成果后在合理的期限内提出质量异议。为确定承揽人所完成的工作成果是否有瑕疵,定作人应当按照合同约定验收承揽人完成的工作成果。验收后发现工作成果有瑕疵的,定作人应当在合同约定的异议期限内向承揽人提出;合同中未约定异议期的,定作人应在合理的期限内将工作成果不合质量要求的情况通知承揽人。定作人未对工作成果进行验收或者验收后发现瑕疵在规定的期限内未通知承揽人的,视为承揽人交付的工作成果符合质量要求,承揽人不负瑕疵担保责任。

《合同法》第262条规定:"承揽人交付的工作成果不符合质量要求的,定作人可以要求承揽人承担修理、重作、减少报酬、赔偿损失等违约责任。"可见,承揽人的工作成果瑕疵担保责任成立的,承揽人应承担如下违约责任:(1)修理。工作成果的瑕疵轻微,定作人要求承揽人进行修理的,承揽人应对工作成果予以修理,以使其符合质量要求。因修理而造成工作成果迟延交付的,承揽人应承担逾期交付的违约责任。(2)重作。因工作成果瑕疵严重,定作人不同意修理而要求重作的,承揽人应依定作人的要求予以重作或者调换。因承揽人重作或调换而逾期交付的,承揽人仍应承担逾期交付的违约责任。(3)减少报酬。工作成果虽有瑕疵,但定作人同意利用的,应按质论价,承揽人应相应地减少报酬。(4)赔偿损失。因工作成果的瑕疵给定作人造成损害的,承揽人应当赔偿损失。

### (七) 共同承揽人的连带责任

共同承揽是数人共同承揽一项工作的承揽。承揽人共同承揽时,合同中应当明确约定各个承揽人的义务和责任。依《合同法》第267条规定,如合同中没有另外的约定或者约定不明确,共同承揽人对定作人负连带责任。

## 二、定作人的主要义务

### (一) 协助的义务

《合同法》第259条第1款规定:"承揽工作需要定作人协助的,定作人有协助的义务。"可见,在承揽合同中,定作人是否有协助的义务,应依合同的约定和承揽工作的性质决定。一般地说,协助义务包括如下内容:(1)依照合同的约定或承揽的工作性质应由定作人提供原材料的,定作人应按照约定的标准提供原材料。(2)由定作人提供设计图纸或者技术要求、技术资料的,定作人应按照约定的期限提供设计图纸或技术要求、技术资料。依《合同法》第257条规定,定作人提供的图纸或者技术要求不合理的,在接到承揽人的通知后应当及时答复并采取相应的措施;因定作人怠于答复等原因造成承揽人损失的,应当赔偿损失。(3)由定作人提供样品的,定作人应按照约定提供所需的样品。(4)按承揽人的通知,定作人应更换、补齐原材料的,定作人应及时更换、补齐。(5)由定作人提供工作场所或提供完成承揽工作所需要的生活条件和工作环境的,定作人应按照约定提供。

定作人不履行协助义务致使承揽工作不能完成的,承揽人可以催告定作人在合理期限内履行义务,并可以顺延履行期限;定作人逾期不履行的,承揽人可以解除合同。

### (二) 受领并验收承揽人完成的工作成果

定作人是否有受领工作成果的义务,《合同法》上未明确规定,但学者通说认为,定作人有受领承揽人所完成的工作成果的义务。定作人的受领既包括定作人接受承揽人交付的工作成果,也包括在承揽人无须实际交付时定作人对承揽人所完成的工作成果的承认。但是,定作人受领义务的履行是以承揽人完成的工作成果符合合同约定的标准或条件为前提的。若因承揽人完成的工作成果不符合合同的约定而定作人拒收的,则不为定作人受领义务的不履行。

依《合同法》第261条规定,定作人在受领工作成果时应当验收该工作成果。验收工作成果的费用负担,合同中有约定的,从其约定;如合同中无另外的约定,则定作人应承担验收的费用。验收时,定作人发现工作成果的质量不符合要求的,应当及时通知承揽人。

定作人无正当理由拒绝受领工作成果的,承揽人得请求定作人受领并支付报酬。定作人超过约定的期限受领工作成果的,不仅应负违约责任并应承担承揽人所支付的保管、保养费用,而且应当承担应受领的工作成果的风险。

### (三) 支付报酬、材料费等费用

承揽合同是有偿合同,因此,定作人应向承揽人支付报酬,并应支付材料费及其他有关费用,这是定作人的基本义务。

定作人支付的报酬、材料费等费用的标准,合同中有约定的,按照约定的数额支付;如当事人在合同中没有约定的,则依通常标准支付。所谓通常标准,是指工作成果交付的当地当时的同种类工作成果的一般报酬标准。

定作人应当按照合同约定的期限支付报酬。对支付报酬期限没有约定或者约定不明确的,依照合同的其他条款、补充协议或者交易习惯也不能确定的,定作人应当在承揽人交付工作成果的同时支付。完成的工作成果可以部分交付的,承揽人部分交付工作成果时,定作人应当相应地支付部分报酬(《合同法》第263条)。如果承揽人完成的工作成果无须交付,例如,为定作人粉刷墙壁的,则定作人应于工作完成之时支付报酬。定作人延期支付报酬的,应当承担逾期支付的利息。

按照《合同法》第264条规定,除当事人另有约定外,定作人未向承揽人支付报酬或者材料费等价款的,承揽人对完成的工作成果享有留置权。

**(四) 中途变更合同的赔偿责任**

《合同法》第258条规定:"定作人中途变更承揽工作的要求,造成承揽人损失的,应当赔偿损失。"可见,定作人有权中途变更承揽工作的要求,但变更承揽工作的要求造成承揽人损失的,定作人应当承担赔偿责任。

### 三、承揽合同中的风险负担

承揽合同中的风险负担是指在承揽工作完成中,工作成果或当事人提供的材料因不可归责于当事人任何一方的原因而毁损、灭失时,应由何方负担损失问题。因此,承揽合同中的风险负担包括工作成果的风险负担和材料的风险负担两个方面。

**(一) 工作成果的风险负担**

在承揽合同中,工作成果的风险负担应区分以下两种情况:

(1) 承揽的工作成果应当实际交付的,工作成果的风险在交付前由承揽人负担,在交付后由定作人负担,当事人另有约定或者法律另有规定的除外。

(2) 承揽的工作成果无须实际交付的,工作成果的风险在完成前由承揽人负担,在完成后由定作人负担,当事人另有约定或者法律另有规定的除外。

**(二) 材料的风险负担**

在承揽合同中,材料的风险负担遵循所有权负担风险的规则,即由材料所有权人承担材料的风险。因此,承揽人提供材料的,材料的风险由承揽人负担。定作人提供材料的,若当事人约定由承揽人付给费用或价款时,则材料的所有权自交付给承揽人时起转移归承揽人,承揽人应当负担材料的风险;若当事人未约定承揽人就定作人提供的材料支付费用或价款的,则材料的所有权仍归定作人,定作人应当负担材料的风险。

## 第三节 承揽合同的终止

### 一、承揽合同因当事人协议而终止

承揽合同成立后,承揽人和定作人可以协议解除承揽合同。在当事人双方协议解除合同时,承揽合同即因解除而终止。

## 二、承揽合同因定作人的任意解除而终止

《合同法》第268条规定:"定作人可以随时解除承揽合同,造成承揽人损失的,应当赔偿损失。"可见,定作人享有任意解除承揽合同的权利。在承揽合同成立后,定作人出于某种原因的考虑,可能不再需要承揽人继续完成工作。如果承揽人继续履行承揽合同,反而对定作人不利。因此,在这种情况下,法律允许定作人以赔偿损失为代价而解除承揽合同,以平衡当事人之间的利益关系。当然,定作人只能在承揽工作完成前提出解除承揽合同的请求。

## 三、承揽合同因当事人一方严重违约解除而终止

承揽合同在一方当事人严重违约致使合同不能继续履行时,另一方有权解除合同。例如,承揽人未经定作人同意将承揽的主要工作交由第三人完成的,定作人有权解除合同;定作人不履行协助义务致使承揽工作不能完成的,承揽人有权解除合同;在承揽人违反义务显然不能按期完成工作时,定作人有权解除合同。在有解除权的当事人一方行使解除权时,则承揽合同因解除而终止。

【思 考 题】

1. 承揽合同有哪些特征?
2. 承揽人和定作人承担哪些主要义务?
3. 承揽合同的风险负担应如何确定?

【法律应用】

1. 何女士提供三块木料给某家具厂订制一个衣柜,开工不久何女士觉得衣柜样式不够新潮,遂要求家具厂停止制作。家具厂认为这是个无理要求,便继续使用剩下两块木料,按原定式样做好了衣柜。下列说法哪些是正确的?(2004年司考题)

A. 家具厂应赔偿因此给何女士造成的损失　B. 何女士应支付全部约定报酬
C. 何女士应支付部分报酬　　　　　　　　D. 何女士应支付全部约定报酬和违约金

2. 甲公司经营空调买卖业务,并负责售后免费为客户安装。乙为专门从事空调安装服务的个体户。甲公司因安装人员不足,临时叫乙自备工具为其客户丙安装空调,并约定了报酬。乙在安装中因操作不慎坠楼身亡。下列哪些说法是正确的?(2005年司考题)

A. 甲公司和乙之间是临时雇佣合同法律关系
B. 甲公司和乙之间是承揽合同法律关系
C. 甲公司应承担适当赔偿责任
D. 甲公司不应承担赔偿责任

3. 育才中学委托利达服装厂加工500套校服,约定材料由服装厂采购,学校提供样品,取货时付款。为赶时间,利达服装厂私自委托恒发服装厂加工100套。育才中学按时前来取货,发现恒发服装厂加工的100套校服不符合样品要求,遂拒绝付款。利达服装厂则拒绝交货。下列哪些说法是正确的?(2006年司考题)

A. 育才中学可以利达服装厂擅自外包为由解除合同
B. 如育才中学不支付酬金,利达服装厂可拒绝交付校服

C. 如育才中学不支付酬金,利达服装厂可对样品行使留置权

D. 育才中学有权要求恒发服装厂承担违约责任

4. 老张的汽车被撞坏了,老张便将汽车送到修理厂大修。因汽车的车门毁坏严重,修理厂无法修理,便将车门送到某扳金厂进行修理。下列选项中哪一项是正确的?

A. 修理厂构成违约,因为其未经许可便将修理工作交由第三人完成

B. 修理厂不构成违约,因为其未将主要工作交由第三人完成

C. 老张可以要求修理厂承担违约责任

D. 老张将汽车交给修理厂时,汽车所有权转移至修理厂

5. 老王将家庭生活拍成录像,将录像带交给了数码冲印店,要求将录像带复制出十张VCD格式的光盘。数码冲印店购买了十张光盘,准备复制录像带。由于门口的自来水管网爆裂,使店内的许多物品被水冲毁,其中包括录像带与光盘。下列选项中哪些是错误的?

A. 数码冲印店应当赔偿老王的录像带损失

B. 老王应当赔偿数码冲印店的光盘损失

C. 老王应当按照约定向数码冲印店支付报酬

D. 老王有权要求数码冲印店按照约定交付复制好的十张光盘

【讨论案例】

甲有300立方米的木材要加工成家具,乙、丙一起找到甲,三方签订了合同,约定:乙、丙将300立方米的木材加工成家具,合同履行期为50天,加工费为30万元。乙、丙也签订了一份合同,约定:乙负责200立方米,丙负责100立方米,所取得的加工费以及所承担的责任也按此比例处理。在加工过程中,因为乙的工作人员抽烟,导致60立方米的木材被全部烧毁。合同履行期满后,乙、丙将全部木材加工成了家具,但乙交付的数量不足。甲要求乙、丙承担连带赔偿责任,遭到丙的拒绝。三方无法协商一致,甲要求丙交付家具,丙提出,甲不交付加工费,自己便拒绝交付家具。甲索性便通知丙解除合同。

请回答下列问题:(1)甲交付的木材被烧毁,能否适用风险负担规则加以处理?(2)乙、丙是否应当对甲承担连带责任?为什么?(3)丙能否在甲交付加工费之前拒绝交付家具?为什么?(4)甲能否解除合同?为什么?

# 第十六章 建设工程合同

【学习指南】
重点在于把握建设工程合同的特性、种类、订立方式,勘察设计合同、施工合同、监理合同当事人应承担的义务;难点在于建设工程价款优先受偿权的理解与适用。

【导入案例】
2012年8月18日,甲建筑工程公司与乙房地产开发公司签订了一份建筑工程施工合同,承包一栋豪华商务楼的建设工程。双方约定:乙于工程竣工1个月内,支付全部工程款。2013年12月18日,甲承建的工程全面竣工,并经验收合格,但乙却没有按约定支付工程款64万元。经甲多次催告,乙在规定的期限内仍没有支付工程款。2014年3月,甲得知乙在2013年2月已将该栋在建的商务楼抵押给丙银行。通过本章的学习,试分析甲可以通过何种方式保护自己的权益。

## 第一节 建设工程合同概述

### 一、建设工程合同的概念和特征

依《合同法》第269条第1款规定,建设工程合同是承包人进行工程建设,发包人支付价款的合同。

建设工程合同是承揽合同的一种特殊形式,因此,《合同法》第287条规定:"本章没有规定的,适用承揽合同有关规定。"建设工程合同除具有承揽合同的一般特征外,如建设工程合同也为诺成合同、双务合同、有偿合同,更具有与承揽合同不同的特殊性,这主要表现在:

1. 建设工程合同的标的物具有特定性

建设工程合同的标的物是基本建设工程。也就是说,只有承包基本建设工程,才能形成建设工程承包合同。个人为建造住宅而订立的合同,只能为承揽合同,而不为建设工程合同。所谓基本建设工程,是指土木建筑工程和建筑业范围内的线路、管道、设备安装工程的新建、扩建、改建及大型的建筑装饰活动,主要包括房屋、铁路、公路、机场、港口、桥梁、矿井、水库、电站、通讯线路等。①

**2. 建设工程合同的主体具有限定性**

基本建设工程具有投资大、周期长、技术要求高、涉及面广等特点，一般的民事主体很难完成。因此，建设工程合同的主体资格是受限制的，这不同于承揽合同的主体可以是自然人，也可以是法人或者其他组织。在建设工程合同中，发包人一般为建设工程的建设单位，即投资建设该项工程的单位。如果按照规定需要组建项目法人的，应当以该项目法人为发包人。承包人只能是具有从事勘察、设计、建筑、安装任务资格的法人，并且承包人是按照其拥有的注册资本、专业技术人员、技术装备和完成的建筑工程业绩等资质条件分为不同的资质等级，只有取得相应的资质等级，才能在其资质等级许可的范围内承包相应的工程。

**3. 建设工程合同的管理具有特殊性**

基于建设工程的特殊地位和作用，国家对建设工程合同实行严格的监督和管理制度。从合同的签订到合同的履行，从资金的投放到最终的成果验收，都受到国家的严格的管理和监督。例如，建设工程合同的签订应当采取招标投标的方式进行；合同的履行要实行监理制度等。

**4. 建设工程合同的形式具有要式性**

《合同法》第270条规定："建设工程合同应当采取书面形式。"因此，建设工程合同是要式合同。建设工程合同的要式性是国家对基本建设进行监督管理的需要，也是由建设工程合同履行的特点所决定的。同时，由于基本建设工程的建设周期长、质量要求高，当事人双方权利、义务和责任必须明确、具体，这只能以书面的形式加以确定。

## 二、建设工程合同的种类

根据《合同法》第269条第2款规定，建设工程合同包括勘察设计合同和施工合同。

### （一）勘察设计合同

勘察设计合同是发包人或总承包人与勘察、设计人之间订立的，由勘察人、设计人完成一定的勘察设计工作，发包人或总承包人支付价款的合同。《合同法》第274条规定："勘察、设计合同的内容包括提交有关基础资料和文件（包括概预算）的期限、质量要求、费用以及其他协作条件等条款。"据此规定，勘察设计合同的内容包括以下几项：(1) 工程项目的名称、规模、地点等；(2) 发包人提交勘察、设计的基础资料的内容、要求及期限；(3) 勘察人、设计人提交勘察、设计文件的期限和勘察、设计成果的质量要求；(4) 勘察、设计收费的依据、收费标准及支付方式、期限；(5) 双方其他协作条件。

### （二）施工合同

施工合同是指发包人与承包人之间订立的关于由施工人完成工程的建筑、安装工作，发包人接受该工程并支付价款的合同。根据《合同法》第275条规定，施工合同的内容包括以下条款：(1) 工程名称、地点、范围；(2) 建设工期及开工、竣工的时间；(3) 中间交工工程的开工、竣工时间；(4) 工程质量；(5) 工程造价；(6) 技术资料交付时间；(7) 材料和设备供应责任；(8) 拨款和结算；(9) 竣工验收的办法；(10) 质量保修范围和质量保证期；(11) 双方相互协作事项。

---

① 参见王利明、房绍坤、王轶：《合同法》（第四版），中国人民大学出版社2013年版，第330页。

### 三、建设工程合同的订立

建设工程合同的特殊性,决定了其订立程序不同于一般的合同。根据《合同法》的有关规定,建设工程合同的订立,应符合以下要求:

#### (一) 建设工程合同按照国家规定的程序订立

在建设工程合同中,各种建设工程合同的订立都要有一定的依据。例如,一个工程项目的确定,要经过立项、可行性研究、编制计划任务书、选定工程地址、批准计划任务书等不同的程序。建设工程合同只能按照这个程序,根据不同的依据订立。《合同法》第263条规定:"国家重大建设工程合同,应当按照国家规定的程序和国家批准的投资计划、可行性研究报告等文件订立。"

#### (二) 建设工程合同一般应采取招标投标的方式订立

《合同法》第271条规定:"建设工程的招标投标活动,应当依照有关法律的规定公开、公平、公正进行。"所谓公开,是指进行招标投标的信息要公开,招标投标的程序要公开;所谓公平,是指招标人对各投标人要一视同仁,投标人正当竞争,参与招标投标的各方不得采取不正当的竞争手段;所谓公正,是指在招标中严格按照公开的招标文件和程序进行,严格按照既定的标准进行评标、定标,不受与评标标准无关的其他因素的影响。

#### (三) 建设工程合同可以采取总承包和分别承包的方式订立

《合同法》第272条规定:"发包人可以与总承包人订立建设工程合同,也可以分别与勘察人、设计人、施工人订立勘察、设计、施工承包合同。发包人不得将应当由一个承包人完成的建设工程肢解成若干部分发包给几个承包人。""总承包人或者勘察、设计、施工承包人经发包人同意,可以将自己承包的部分工作交由第三人完成。第三人就其完成的工作成果与总承包人或者勘察、设计、施工承包人向发包人承担连带责任。承包人不得将其承包的全部工程转包给第三人或者将其承包的全部工程肢解以后以分包的名义转包给第三人。""禁止承包人将工程分包给不具备相应资质条件的单位。禁止分包单位将其承包的工程再分包。建设工程主体结构的施工必须由承包人自行完成。"可见,总承包是指发包人将建设工程的勘察、设计、施工等工程建设的全部任务一并发包给一个承包人;分别承包是指发包人将建设工程的勘察、设计、施工任务分别发包给不同的承包人。无论是总承包还是分别承包,承包人经发包人同意的,都可以将自己承包的部分工作交由第三人完成,即所谓的分包,并与该第三人对发包人承担连带责任。当然,法律禁止各种形式的转包,承包人不得将其承包的全部建设工程转包给第三人,也不得将其承包的全部建设工程肢解后以分包的名义分别转包给第三人。

依最高人民法院《关于审理建设工程施工合同纠纷案件适用法律问题的解释》(以下简称《关于施工合同的解释》)第1条规定,建设工程施工合同具有下列情形之一的,应构成违反法律、行政法规的强制性规定,认定无效:(1)承包人未取得建筑施工企业资质或者超越资质等级的;(2)没有资质的实际施工人借用有资质的建筑施工企业名义的;(3)建设工程必须进行招标而未招标或者中标无效的。依《关于施工合同的解释》第2、3、4条规定,建设工程施工合同无效,但建设工程经竣工验收合格的,承包人可以请求参照合同的约定支付工程价款。建设工程承包合同无效,且建设工程经竣工验收不合格的,修复后的建设工程经竣工验收合格,由承包人承担修复费用;经竣工验收不合格的,承包人请求支付工程价款的,法院不予支持。承包人非法转包、违法分包建设工程或者没有资质的实际施工人借用有资质的建筑施工企业名义与他人签订建设工程施工合同无效,法院可以收缴当事人已经取得的非法所得。

# 第二节　勘察设计合同的效力

## 一、发包人的主要义务

### (一) 按照合同约定提供开展勘察设计工作所需要的各种条件

勘察合同的发包人,在勘察工作展开前应当提供勘察工作所需要的勘察基础资料,勘察技术要求及附图;设计合同的发包人应当按照合同的约定提供设计的基础资料、设计的技术要求。例如,在初步设计前,发包人应当提供经批准的计划任务书、选址报告,以及原料、燃料、水、电、运输等方面的协议文件和能满足初步设计要求的勘察资料、需要经过科研取得的技术资料;在施工图设计前,应提供经批准的初步设计文件和能满足施工图设计要求的勘察资料、施工条件,以及有关设备的技术资料。为保证勘察设计工作的正常进行,在勘察设计人员入场工作时,发包人应当为其提供必要的工作条件和生活条件。依《合同法》第 285 条规定,因发包人变更计划,提供的资料不准确,或者未按照期限提供必需的勘察、设计工作条件而造成勘察、设计的返工、停工或者修改设计,发包人应当按照勘察人、设计人实际耗费的工作量增付费用。

### (二) 按照约定支付价款

发包人应当按照合同的约定向勘察、设计人支付勘察、设计费。发包人未按合同约定的方式、标准和期限支付勘察、设计费的,应负延期付款的违约责任。

### (三) 维护勘察、设计成果

发包人对于勘察人、设计人交付的勘察成果、设计成果,不得擅自修改,也不得擅自转让给第三人重复使用。发包人擅自修改勘察、设计成果的,对由此引起的工程质量责任,应由发包人自己承担;擅自转让成果给第三人使用的,应向勘察人、设计人负责赔偿。

## 二、承包人的主要义务

### (一) 按照合同约定按期完成勘察、设计工作

勘察合同的勘察人应当按照国家规定的或者合同约定的标准和技术条件进行工程测量、工程地质、水文地质等勘察工作。设计合同的设计人应当按照合同的约定根据发包人提供的文件和资料进行设计工作。勘察人、设计人应按合同规定的进度完成勘察、设计任务,未按期完成工作的,应承担违约责任。

### (二) 提交勘察成果、设计成果

承包人应在约定的期限内将勘察成果、设计图纸及说明和材料设备清单、概预算等设计成果按约定的方式交付给发包人。勘察人、设计人未按期交付工作成果的,应承担违约责任。

### (三) 勘察、设计成果的瑕疵担保义务

勘察人、设计人对交付的勘察设计成果负有瑕疵担保义务,应当保证交付的工作成果符

合法律、行政法规的规定,符合建设工程质量、安全标准,符合建设工程勘察、设计的技术规范,符合合同的约定。否则,该勘察成果、设计成果即为有瑕疵,勘察人、设计人应负瑕疵担保责任。《合同法》第280条规定:"勘察、设计的质量不符合要求或者未按照期限提供勘察、设计文件拖延工期,造成发包人损失的,勘察人、设计人应当继续完善勘察、设计,减收或者免收勘察、设计费并赔偿损失。"

**(四) 按合同约定完成协作的事项**

设计人应当按照合同的约定对其承担设计任务的工程建设配合施工,进行设计交底,解决施工过程中有关设计的问题,负责设计变更和修改预算,参加试车考核和工程竣工验收等。对于大中型工业项目和复杂的民用工程应派现场设计,并参加隐蔽工程验收。

## 第三节 施工合同的效力

### 一、发包人的主要义务

**(一) 做好施工前的准备工作**

施工前的准备工作,是整个工程建设过程的重要组成部分,是保证工程建设按期开工和保证工程质量的一个重要环节。发包人在施工前应当做好的准备工作主要包括:(1) 办妥正式工程和临时设施范围内的土地征用、租用;(2) 申请施工许可证和占道、爆破及临时铁道专用线接岔许可证;(3) 确定建筑物(或构筑物)、道路、线路、上下水道的定位标桩、水准点和坐标控制点;(4) 接通施工现场水源、电源和运输道路,依约定清除施工现场的障碍物;(5) 组织有关单位对施工图等技术资料进行审定,并按约定的时间和份数提供给承包人。

**(二) 按照约定提供材料、设备、场地、资金、技术资料等**

合同中约定由发包人提供材料、设备、场地、资金、技术资料的,发包人应按照约定的范围和时间向承包人提供。《合同法》第283条规定:"发包人未按照约定的时间和要求提供原材料、设备、场地、资金、技术资料的,承包人可以顺延工程日期,并有权要求赔偿停工、窝工等损失。"依《关于施工合同的解释》第12条规定,发包人具有下列情形之一,造成建设工程质量缺陷,应当承担过错责任:(1) 提供的设计有缺陷;(2) 提供或者指定购买的建筑材料、建筑配件、设备不符合强制性标准;(3) 直接指定分包人分包专业工程。

**(三) 为承包人提供必要的条件**

在施工过程中,发包人与承包人要相互配合,发包人只有按照合同的约定向承包人提供必要的条件,确实履行其承担的义务,才能保证工程建设的顺利进行。例如,在施工过程中,发包人应当派驻工地代表,对工程进度、工程质量进行必要的监督,检查隐蔽工程,办理中间交工工程的验收手续,负责签证、解决应由发包人解决的问题;发包人不得中途变更工程量,应保证其提供的材料、设备的质量。依《合同法》第284条规定:"因发包人的原因致使工程中途停建、缓建的,发包人应当采取措施弥补或者减少损失,赔偿承包人因此造成的停工、窝工、倒运、机械设备调迁、材料和构件积压等损失和实际费用。"

**(四) 组织工程验收**

在施工合同中,工程验收包括隐蔽工程的验收和工程竣工的验收。

《合同法》第278条规定:"隐蔽工程在隐蔽以前,承包人应当通知发包人检查。发包人没有及时检查的,承包人可以顺延工期,并有权要求赔偿停工、窝工等损失。"发包人在接到承包人检查隐蔽工程的通知后应及时检查;发包人未按期进行检查的,经承包人催告后应在合理的期限内检查。因发包人对隐蔽工程不予以检查,承包人就无法进行隐蔽施工,因此发包人接到承包人检查的通知未进行检查时,承包人有权暂停施工。因承包人未及时检查而造成工期拖延及承包人停工、窝工等损失的,发包人自应承担赔偿损失的责任。

《合同法》第279条规定:"建设工程竣工后,发包人应当根据施工图纸及说明书、国家颁发的施工验收规范和质量检验标准及时进行验收。""建设工程竣工经验收合格后,方可交付使用;未经验收或者验收不合格的,不得交付使用。"建设工程未经竣工验收,发包人擅自使用的,视为使用部分的质量合格。

### (五)接受建设工程并按约定支付工程价款

发包人于工程建设完成后,对竣工验收合格的工程应予以接受并应当按照合同约定的方式和期限进行工程决算,向承包人支付价款。依《关于施工合同的解释》第16条第2款规定,因设计变更导致建设工程的工程量或者质量标准发生变化,当事人对该部分工程价款不能协商一致的,可以参照签订合同时当地建设行政主管部门发布的计价方法或者计价标准结算工程款。发包人未按合同约定的期限支付价款的,应当负逾期付款的违约责任。依《关于施工合同的解释》第17、18条规定,当事人对欠付工程价款利息计付标准有约定的,按照约定处理;没有约定的,按照中国人民银行发布的同期同类贷款利率计息。利息从应付工程价款之日计付。当事人对付款时间没有约定或者约定不明的,应付款时间分以下情形:建设工程已实际交付的,为交付之日;未交付的,为提交竣工结算文件之日;未交付,也未结算的,为当事人起诉之日。

《合同法》第286规定:"发包人未按照约定支付价款的,承包人可以催告发包人在合理期限内支付价款。发包人逾期不支付的,除按照建设工程的性质不宜折价、拍卖的以外,承包人可以与发包人协议将该工程折价,也可以申请人民法院将该工程依法拍卖。建设工程的价款就该工程折价或者拍卖的价款优先受偿。"依此规定,在发包人不按约定支付价款时,承包人可催告发包人在合理期限内支付,发包人经催告在合理期限内仍不支付的,承包人有权从该建设工程的价款中优先受偿。承包人对建设工程价款所享有的优先受偿权,在性质上属于一种法定优先权。根据最高人民法院《关于建设工程价款优先受偿权问题的批复》的规定,承包人的优先受偿权优先于抵押权和其他债权,但如消费者交付购买商品房的全部或者大部分款项后,承包人就该商品房享有的工程价款优先受偿权不得对抗买受人。建设工程价款包括承包人为建设工程应当支付的工作人员报酬、材料款等实际支出的费用,但不包括承包人因发包人违约所造成的损失。建设工程承包人行使优先权的期限为6个月,自建设工程竣工之日或者建设工程合同约定的竣工之日起计算。

## 二、承包人的主要义务

### (一)按照约定开始施工

在开工前,承包人应当按照合同的约定做好开工前的准备工作,负责做好施工场地的平整,施工界区内的用水、用电、道路以及临时设施的施工;编制施工组织设计(或施工方案);按照约定做好材料和设备的采购、供应和管理;向发包人提出应由发包人供应的材料、设备的计划。在施工中,承包人须严格按照施工图及说明书进行施工。承包人对于发包人提供的施工图和其他技术资料,不得擅自修改。承包人不按照施工图和说明书施工而造成工程质量不合合同约定条件的,应当负责无偿修理或者返工。

### (二) 接受发包人的必要监督

《合同法》第 277 条规定:"发包人在不妨碍承包人正常作业的情况下,可以随时对作业进度、质量进行检查。"因此,承包人有义务接受发包人对工程进度和工程质量的必要监督,对于发包人不影响其工作的必要监督、检查应予以支持和协助而不得拒绝。为便于发包人的监督,承包人应当按照合同的约定,及时向发包人提出开工通知书、施工进度报告表、施工平面布置图等;在施工过程中按照约定向发包人提供有关作业计划、施工统计报表、工程事故报告等。

### (三) 按期按质完工并交付工程

承包人应当按照合同约定的期限完成工程建设,因可归责于承包人的原因显然不能按期完工会严重影响发包人使用,致使合同目的不能实现的,发包人应有权解除合同。承包人于工程竣工后,交工前应负责保管完成的工程并清理施工现场;按照合同的约定和有关规定提出竣工验收技术资料,通知发包人验收工程并办理工程竣工结算和参加竣工验收。

承包人完成的工程质量应当符合合同的约定。《合同法》第 281 条规定:"因施工人的原因致使建设工程质量不符合约定的,发包人有权要求施工人在合理期限内无偿修理或者返工、改建。经过修理或者返工、改建后,造成逾期交付的,施工人应当承担违约责任。"依《关于施工合同的解释》第 11 条规定,因承包人的过错造成建设工程质量不符合约定,承包人拒绝修理、返工或者改建的,发包人可以请求减少支付工程价款。

### (四) 建设工程的质量保修义务

在建设工程质量保证期内,工程所有人或者使用人发现工程瑕疵的,有权直接请求承包人修理或者返工、改建。关于质量保证期限,当事人可以在承包合同中约定,也可以在单独的保修合同中约定。质量保证期限应当与工程的性质相适应,不能过短。保证期限应当自发包人在最终验收记录上签字之日起算。依《关于施工合同的解除》第 27 条规定,因保修人未及时履行保修义务,导致建筑物毁损或者造成人身、财产损害的,保修人应当承担赔偿责任。保修人与建筑物所有人或者发包人对建筑物毁损均有过错的,各自承担相应的责任。

### (五) 对建设工程合理使用期限内的质量安全负担保责任

承包人不仅对建设工程保证期的质量负保修义务,而且应担保建设工程在合理的使用期限内不会因其质量造成人身和财产损失事故。《合同法》第 282 条规定:"因承包人的原因致使建设工程在合理使用期限内造成人身和财产损害的,承包人应当承担损害赔偿责任。"依《侵权责任法》第 86 条规定,建筑物、构筑物或者其他设施倒塌造成他人损害的,由建设单位与施工单位承担连带责任。建设单位、施工单位赔偿后,有其他责任人的,有权向其他责任人追偿。因其他责任人的原因,建筑物、构筑物或者其他设施倒塌造成他人损害的,由其他责任人承担侵权责任。

## 三、施工合同的解除

### (一) 发包人的解除权

依《关于施工合同的解除》第 8 条规定,承包人具有下列情形之一,发包人可以请求解除建设工程施工合同:(1) 明确表示或者以行为表明不履行合同主要义务的;(2) 合同约定的期限内没有完工,且在发包人催告的合理期限内仍未完工的;(3)已经完成的建设工程质量不合格,并拒绝修复的;(4)将承包的建设工程非法转包、违法分包的。

### (二) 承包人的解除权

依《关于施工合同的解除》第9条规定,发包人具有下列情形之一,致使承包人无法施工,且在催告的合理期限内仍未履行相应义务,承包人可以请求解除建设工程施工合同:(1)未按约定支付工程价款的;(2)提供的主要建筑材料、建筑构配件和设备不符合强制性标准的;(3)不履行合同约定的协助义务。

### (三) 施工合同解除后的处理

施工合同解除后,已经完成的建设工程质量合格的,发包人应当按照约定支付相应的工程价款;已经完成的建设工程质量不合格的,应由承包人以自己的费用负责修复。因一方违约导致合同解除的,违约方应当赔偿因此而给对方造成的损失。

## 第四节 监 理 合 同

### 一、监理合同的概念

建设工程监理是监理单位受发包人的委托,根据法律、行政法规、建设工程技术标准和建设工程合同,对建设工程的质量进行监督的专门活动。可见,监理合同是指建设工程合同中的发包人与监理人订立的,监理人对承包人的勘察、设计、施工质量进行全面监督,发包人为此支付报酬的合同。在监理合同中,建设工程合同的发包人为委托人,负责监督工程质量的人为监理人。

### 二、监理合同的形式和内容

根据《合同法》第276条规定,建设工程实行监理的,发包人应当与监理人采取书面形式订立委托监理合同。可见,监理合同应当采取书面形式订立,属于要式合同。

关于监理合同的内容,《合同法》没有明确规定,一般地说,监理合同应包括如下内容:(1)建设工程的名称,即发包人委托监理人实施监督的建设工程的名称;(2)建设工程的地点,即发包人委托监理的建设工程的具体位置;(3)监理人的职责,即监理人所承担的主要义务;(4)报酬的金额及支付期限和方式等;(5)其他约定的事项。

### 三、监理合同的效力

监理合同在性质上属于委托合同,是发包人委托监理人监督建设工程质量的一项重要措施。因此,《合同法》第276条中规定,发包人与监理人的权利义务以及法律责任,应当适用委托合同以及其他有关法律、行政法规的规定。

#### (一) 监理人的权利和义务

1. 监理人的权利

在监理合同中,监理人在委托人委托的工程范围内,享有以下主要权利:(1)选择工程总承包人的建议权、选择工程分包人的认可权;(2)对建设工程规模、设计标准、规划设计、生产工艺设计和使用功能要求等,有权向委托人提出建议;(3)对工程设计中的技术问题,有权向设计人提出建议;(4)审批工程施工组织设计和技术方案,并有权向承包人提出建议,并向委托人提出书面报告;(5)主持工程建设有关协作单位之间的组织协调,但重要协调事项应当事先向委托人报告;(6)征得委托人同意,监理人有权发布开工令、停工令、复工令,但应当事先向委托人报告;(7)建设工程上使用的材料和施工质量的检验权。对于不符合设计要求和合同约定及国家质量标准的材料、构配件、设备,有权通知承包人停止使用;对于不符合规范和质量标准的工序、分部分项工程和不安全施工作业,有权通知承包人停工整改、返工;(8)工程施工进度的检查、监督权,以及工程实际竣工日期提前或超过工程施工合同规定的竣工期限的签认权;(9)在工程施工合同约定的工程价格范围内,工程款支付的审核和签认权,以及工程结算的复核确认权与否决权;(10)在监理过程中如发现工程承包人人员工作不力,监理机构可要求承包人调换有关人员。

2. 监理人的义务

在监理合同中,监理人负有如下主要义务:(1)按合同约定派出监理工作需要的监理机构及监理人员,向委托人报送委派的总监理工程师及其监理机构主要成员名单、监理规划;(2)完成合同约定的监理工程范围内的监理业务,按合同约定定期向委托人报告监理工作;(3)为委托人提供与其水平相适应的咨询意见,公正维护各方面的合法权益;(4)在监理工作完成或中止时,监理人应将委托人提供的设施以及剩余物品按合同约定的时间和方式移交给委托人;(5)在合同期内或合同终止后,未征得有关方同意,不得泄露与本工程、本合同业务有关的保密资料。监理人不履行上述义务造成委托人损失的,应当承担赔偿责任,但赔偿总额不应超过监理报酬总额。

**(二) 委托人的权利和义务**

1. 委托人的权利

在监理合同中,委托人享有如下主要权利:(1)对工程规模、设计标准、规划设计、生产工艺设计和设计使用功能要求的认定权,以及对工程设计变更的审批权;(2)对监理人调换总监理工程师的同意权;(3)要求监理人提交监理工作月报及监理业务范围内的专项报告;(4)委托人发现监理人员不按监理合同履行监理职责,或与承包人串通给委托人或工程造成损失的,有权要求监理人更换监理人员。

2. 委托人的义务

在监理合同中,委托人负有如下主要义务:(1)按照合同约定,向监理人支付报酬;(2)负责工程建设的所有外部关系的协调,为监理工作提供外部条件;(3)在双方约定的期限内免费向监理人提供与工程有关的为监理工作所需要的工程资料;(4)在合同约定的时间内就监理人书面提交并要求作出决定的一切事宜作出书面决定;(5)派出工地常驻代表,负责与监理人联系。更换常驻代表的,要提前通知监理人;(6)将授予监理人的监理权利,以及监理人主要成员的职能分工、监理权限及时书面通知承包人;(7)在不影响监理人开展监理工作的时间内提供与本工程合作的原材料、构配件、机械设备等生产厂家名录、有关的协作单位、配合单位的名录;(8)免费向监理人提供办公用房、通讯设施、监理人员工地住房及合同约定的其他设施。委托人不履行上述义务的,应当承担违约责任,赔偿给监理人造成的经济损失。监理人处理委托业务时,因非监理人原因的事由受到损失的,可以向委托人要求补偿损失。

【思考题】
1. 建设工程合同有哪些特征?
2. 建设工程合同的订立有何特殊要求?
3. 勘察设计合同的效力有哪些?
4. 施工合同的效力有哪些?

【法律应用】
1. 甲大学与乙公司签订建设工程施工合同,由乙为甲承建新教学楼。经甲同意,乙将主体结构的施工分包给丙公司。后整个教学楼工程验收合格,甲向乙支付了部分工程款,乙未向丙支付工程款。下列哪些表述是错误的?(2006年司考题)

　　A. 乙、丙之间分包合同有效
　　B. 甲可以撤销与乙之间的建设工程施工合同
　　C. 丙可以乙为被告诉请支付工程款
　　D. 丙可以甲为被告诉请支付工程款,但法院应当追加乙为第三人

2. 甲公司将一工程发包给乙建筑公司,经甲公司同意,乙公司将部分非主体工程分包给丙建筑公司,丙公司又将其中一部分分包给丁建筑公司。后丁公司因工作失误致使工程不合格,甲公司欲索赔。对此,下列哪些说法是正确的?(2010年司考题)

　　A. 上述工程承包合同均无效
　　B. 丙公司在向乙公司赔偿损失后,有权向丁公司追偿
　　C. 甲公司有权要求丁公司承担民事责任
　　D. 法院可收缴丙公司由于分包已经取得的非法所得

3. 甲公司与乙公司签订建设工程施工合同,将工程发包给乙公司施工,约定乙公司垫资1 000万元,未约定垫资利息。甲公司、乙公司经备案的中标合同中工程造价为1亿元,但双方私下约定的工程造价为8 000万元,均未约定工程价款的支付时间。7月1日,乙公司将经竣工验收合格的建设工程实际交付给甲公司,甲公司一直拖欠工程款。关于乙公司,下列哪些表述是正确的?(2012年司考题)

　　A. 1 000万元垫资应按工程欠款处理
　　B. 有权要求甲公司支付1 000万元垫资自7月1日起的利息
　　C. 有权要求甲公司支付1亿元
　　D. 有权要求甲公司支付1亿元自7月1日起的利息

4. 甲公司与没有建筑施工资质的某施工队签订合作施工协议,由甲公司投标乙公司的办公楼建筑工程,施工队承建并向甲公司交纳管理费。中标后,甲公司与乙公司签订建筑施工合同。工程由施工队负责施工。办公楼竣工验收合格交付给乙公司。乙公司尚有部分剩余工程款未支付。下列哪一选项是正确的?(2015年司考题)

　　A. 合作施工协议有效　　B. 建筑施工合同属于效力待定
　　C. 施工队有权向甲公司主张工程款　　D. 甲公司有权拒绝支付剩余工程款

5. 2000年2月,甲公司与乙公司签订施工合同,约定由乙公司为甲建房一栋。乙与丙签订《内部承包协议》,约定由丙承包建设该楼房并承担全部经济和法律责任,乙收取丙支付的工程价款总额5%的管理费。丙实际施工至主体封顶。2004年1月,乙向法院起诉请求

甲支付拖欠工程款并解除施工合同。甲辩称乙起诉时已超过2年诉讼时效,要求法院驳回乙的诉讼请求。请回答以下问题:(2004年司考题)

(1) 下列关于乙与丙签订的《内部承包协议》的说法,何者正确?
A. 该《协议》为转包合同,有效
B. 该《协议》为转包合同,无效
C. 该《协议》为分包合同,有效
D. 该《协议》为违法分包合同,无效

(2) 下列关于合同解除的说法,何者正确?
A. 乙起诉请求解除合同时已超过诉讼时效
B. 乙起诉请求解除合同时未超过诉讼时效
C. 乙起诉请求解除合同不适用诉讼时效规定
D. 乙起诉请求解除合同适用特殊诉讼时效规定

(3) 下列关于丙在本案中的诉讼地位的说法,何者正确?
A. 可以作为原告以甲为被告提起诉讼
B. 法院应将其追加为共同原告
C. 法院应将其追加为共同被告
D. 可以作为无独立请求权的第三人申请参加诉讼

(4) 下列说法何者正确?
A. 乙有权对讼争楼房折价或拍卖的价款优先受偿
B. 乙无权对讼争楼房折价或拍卖的价款优先受偿
C. 丙有权对讼争楼房折价或拍卖的价款优先受偿
D. 丙无权对讼争楼房折价或拍卖的价款优先受偿

【讨论案例】

甲建筑工程公司与乙学校签订了一份建筑6层综合实验楼的建设工程合同,约定:甲包工包料,乙在工程完工后支付工程款。合同订立后,甲将实验楼的施工任务包给了丙工程队,乙方驻工地代表发现后未加阻止。工程完工后,甲、乙双方对实验楼进行验收,发现实验楼的多数水管漏水,很多房间没有接通电源,部分房间的地板出现裂缝。于是,乙要求甲返工,并赔偿损失。甲认为,实验楼已经包给丙施工,乙知道并未加以制止,应视为同意。因此,实验楼质量不合格的责任应由工程队承担。同时,甲认为,工程已经完工,乙应当按照合同约定支付工程款,否则将拍卖该工程以行使优先受偿权。请回答以下问题:

(1) 甲将实验楼的施工任务包给丙的行为是何种性质的行为,是否合法?(2) 甲应否对实验楼的质量不合格承担责任?为什么?(3) 乙能否解除合同?为什么?(4) 若甲仅将实验楼的水电工程包给丙且经过了乙的同意,这种行为是否合法?在此情况下,实验楼质量不合格的责任应由谁承担?(5) 甲能否就实验楼行使优先受偿权?为什么?

# 第十七章 运输合同

**【学习指南】**
重点在于把握运输合同的特性、种类,客运合同与货运合同的特性、当事人应承担的义务;难点在于理解运输合同的成立与生效时间、多式联运合同的特殊效力。

**【导入案例】**
甲为销售童装的个体工商户,乙为出租面包车的司机。双方约定,甲租用乙的面包车去北京进货。甲先去北京木樨园早市,购进了部分衣物存放于车上;之后,甲又去永外瑞安批发市场进货,所购货物也存放于车上;随后,甲又去永外广狮服装市场,甲进货后回到车上,乙告诉甲车上的货物丢失。通过本章的学习,试分析甲、乙合同关系的性质及甲的货物损失的处理。

## 第一节 运输合同概述

### 一、运输合同的概念与特征

依《合同法》第288条规定,运输合同是承运人将旅客或者货物从起运地点运输到约定地点,旅客、托运人或者收货人支付票款或者运输费用的合同。

运输合同具有以下特征:

#### (一)运输合同为双务有偿合同

运输合同的双方当事人为承运人与旅客或者托运人,当事人双方相互负有对待给付义务:承运人应将旅客或者货物按照约定的时间或合理的时间、约定的路线或者通常路线安全地运送到约定的地点,旅客、托运人或者收货人应当支付票款或者运输费用。因此,运输合同为双务合同。运输合同中任何一方取得利益均须向对方给付一定的对价:承运人取得运费以完成运送行为为对价,旅客、托运人享有的受承运人运送旅客或货物的利益以支付运费为对价。因此,运输合同为有偿合同。

## （二）运输合同为诺成合同

运输合同是否为诺成合同，理论上存在不同的认识。在现代社会中，诺成合同为合同的常态，实践合同为合同的特殊形态。一类合同是否为实践合同，应由法律特别规定。如果法律没有规定某类合同为实践合同，则该类合同就应属于诺成合同。我国《合同法》上未明确规定运输合同为诺成合同还是实践合同，故应认定运输合同为诺成合同。当然，如果其他法律、法规有另外规定，运输合同也可以为实践合同，但这只能属于例外。

## （三）运输合同的标的是运送行为

运输合同是以将旅客或者货物运送到约定地点为目的，因此，旅客、货物为运送的对象，而不属于合同的标的，运输合同的标的是承运人的运送行为。

运输合同是提供劳务类的合同，但在运输合同属于何种提供劳务类合同上，有不同的看法。有人认为，运输合同是委托他人处理运送事务，故应为委托；有人认为，承运人为运送工作的完成，不仅应执行运送事务，而且负有使运送标的安全到达目的地，并将货物交付于收货人的义务，因此，运输合同属于承揽合同；也有人认为，运输合同是承揽合同与委托合同的混合合同。[1]我们认为，从我国《合同法》以及各国法的规定看，尽管运输合同属于提供劳务类合同，但其属于一种独立的有名合同。运输合同不同于委托合同，两者的区别主要在于：运输合同的标的是运送行为，而委托合同的标的是处理事务；在运输合同中，承运人提供劳务体现为承运人以自己的名义和费用独立地将旅客或货物运送到目的地，而在委托合同，受托人提供劳务一般体现为受托人以委托人的名义和费用完成委托人交办的事务；运输合同可不涉及第三人，而委托合同必涉及第三人；运输合同为有偿合同，而委托合同可以为无偿合同。运输合同也不同于承揽合同，两者的根本区别在于：运输合同的标的是运送行为，而不涉及工作的物化结果，而承揽合同的标的是承揽人完成并交付工作成果，涉及劳务的物化结果。

## （四）运输合同多为格式合同

运输合同的承运人为从事客货运输业务的人。为便于订立合同，简便手续，承运人往往根据有关法规事先拟定出合同条款以重复使用。作为合同表现形式的客票、货运单、提单等都是统一印刷的，运费也是统一规定的，旅客或者托运人与承运人订立合同时，只能就已拟定好的合同条款作出同意或不同意的表示，双方一般不能就有关条款进行协商。因此，运输合同一般为格式合同。当然，运输合同也并非全为格式合同，有的运输合同也可由当事人双方相互协商合同的条款。

## （五）运输合同一般具有缔约强制性

一般合同的订立是由当事人自愿决定的，不能强迫当事人一方必须接受他人的订约要求。但运输合同一般具有缔约的强制性，承运人须接受对方的缔约要求。这是因为运输合同的承运人一般属于公用企业，其提供的服务具有一定的行业垄断，旅客、托运人除接受承运人提供的服务外，难有其他选择。为保护旅客、托运人的利益，满足公众的运输需求，《合同法》第289条规定："从事公共运输的承运人不得拒绝旅客、托运人通常、合理的运输要求。"依该条规定，运输合同的缔约强制须符合以下两个条件：

第一，承运人从事的运输业务属于公共运输。所谓"公共运输"，是对社会公众开放的、为社会公众提供运送服务的运输。在我国，航空运输、铁路运输、公交运输、出租车运输、班

---

[1] 参见史尚宽：《债法各论》，中国政法大学出版社2000年版，第584页。

轮运输等，都属于公共运输。公共运输的承运人是专业性的承运人，以运输为营业，其运输路线、运输价格、运输时间都是固定的，采用格式合同。旅游公司的旅游车、单位内部的班车等所从事的运输不属于公共运输。只有从事公共运输的承运人才负有强制缔约的义务，非从事公共运输的承运人无强制缔约义务。

第二，旅客或托运人的运输要求须为通常、合理的要求。运输合同的强制缔约性表现为承运人不得拒绝旅客、托运人的通常、合理的运输要求。也就是说，只要旅客、托运人的运输要求是通常、合理的，从事公共运输的承运人必须同意与之订立运输合同。但对于旅客、托运人非通常的、不合理的运输要求，承运人可以拒绝。旅客、托运人的运输要求是否为通常、合理的，应当从旅客、托运人的要求与承运人的运输范围、运输路线、运输时间、运输价格等客观情形予以认定。例如，公交车的运输路线、运输时间是固定的，如果旅客要求改变运输路线或者发车时间，则旅客的运输要求是不合理的。而市内出租车的运输路线是不固定的，旅客提出要求从某路线运行，其运输要求就是合理的，承运人不得拒绝。

## 二、运输合同的种类

运输合同的适用范围极广，种类甚多，依不同的标准从不同的角度，可对运输合同作不同的分类。常见的分类主要有以下几种。

### （一）旅客运输合同和货物运输合同

依据运输合同的运输对象，运输合同可分为旅客运输合同和货物运输合同。旅客运输合同简称为客运合同，是以旅客为运输对象的运输合同；货物运输合同简称为货运合同，是以货物为运输对象的运输合同。这种分类也是合同法上对运输合同的基本分类。

### （二）铁路运输合同、公路运输合同、航空运输合同、水路运输合同、海上运输合同与管道运输合同

依据运输合同的运输工具，运输合同可分为铁路运输合同、公路运输合同、航空运输合同、水上运输合同、海上运输合同、管道运输合同等。各种运输合同多在特别法中有规定。例如，《中华人民共和国铁路法》（以下简称《铁路法》）中规定了铁路运输合同，《民用航空法》中规定了航空运输合同，《海商法》中规定了海上运输合同。根据《合同法》第123条的规定，其他法律对运输合同另有规定的，应依照其规定；其他法律没有规定的，适用《合同法》关于运输合同的规定。

### （三）单式运输合同与多式联运合同

根据运输合同的运输方式，运输合同可分为单式运输合同和多式联运合同。单式运输合同是以一种运输工具进行运输的运输合同。单式运输合同的承运人可以是一人，也可以是多人，在承运人为多人时发生单式联运。多式联运合同是以两种以上的运输工具进行的运输，订立运输合同的承运人可以是一个，也可以是若干人。《合同法》上对于多式联运合同有专门规定。

### （四）国内运输合同与国际运输合同

根据运输合同的运输区域，运输合同可分为国内运输合同与国际运输合同。国内运输合同是起运点和到达点均在我国境内的运输合同；国际运输合同是起运点和到达点至少有一个不在我国境内的运输合同。由于国际运输合同会涉及不同的国家和地区，具有涉外因素，因此在法律上与国内运输合同的规定有所不同。

## 第二节 客运合同

### 一、客运合同的概念与特点

客运合同是指承运人将旅客及其行李从起运地点运送到约定地点,旅客支付票款的合同。

客运合同是以旅客为运输对象的运输合同,是与货物运输合同相对应的一种基本运输合同类型。依运输工具的不同,客运合同可进一步分为铁路客运合同、公路客运合同、水路客运合同、航空客运合同等,不同的客运合同各有自己的特点,应适用不同的专门法规定。但各种客运合同又具有相同的特点,在专门法没有另外规定时,适用《合同法》的规定。

客运合同具有以下特点:

**(一)客运合同以运送旅客的行为为标的**

客运合同是旅客与承运人签订的,以将旅客安全送达目的地为目的的合同。与货运合同不同的是,客运合同的标的是承运人运送旅客的行为。在客运合同中,旅客既是承运人承运的对象,又是合同的一方主体。

**(二)客运合同为格式合同,采用客票形式**

客运合同属于格式合同,合同的内容是由承运人一方事先拟定的并重复使用的。客运合同采用客票形式,如车票、船票、机票等。客票是由承运人一方制作、出售的,既是客运合同的书面表现形式,又是旅客要求承运人运送的凭证,持有客票的人有权要求承运人运送。但是,客票本身并非就是客运合同。如《民用航空法》第111条规定:"客票是航空旅客运输合同订立和运输合同条件的初步证据;旅客未能出示客票、客票不符合规定或者客票遗失,不影响运输合同的存在或者有效。"

**(三)客运合同包括运送旅客行李的内容**

客运合同的承运人不仅应将旅客安全送达,而且还应将旅客的行李送达目的地。承运人实施的对符合规定的旅客行李的运送行为属于履行客运合同。也就是说,关于旅客行李运送的内容是客运合同内容的组成部分,而不构成独立的运输合同。当然,对于超过规定数量的行李,旅客应当办理托运。在旅客凭票办理托运时,行李票是托运行李的货物运输合同的表现形式。

**(四)旅客得自行解除客运合同**

一般说来,合同成立后,任何一方当事人都不得擅自解除合同。但客运合同在成立后生效前,旅客可以任意解除合同,而不必征得承运人的同意。因为不能强制旅客必须接受承运人提供的运送服务。当然,旅客解除合同退票的,应按承运人的规定办理。

### 二、客运合同的成立与生效

**(一)客运合同的成立**

《合同法》第293条规定:"客运合同自承运人向旅客交付客票时成立,但当事人另有约定或者另有交易习惯的除外。"依此规定,客运合同的成立分为以下两种情形:

## 1. 通常情形下,客运合同自承运人向旅客交付客票时成立

通常情形下,旅客向承运人要求购买客票的行为属于要约,承运人向旅客交付客票的行为属于承诺。自承运人向旅客交付客票起当事人双方的意思表示一致,客运合同也就成立。

在订票的情形下,客运合同自何时起成立呢?对此有不同的观点。一种观点认为,在订票的情况下,客运合同在承运人承诺交付客票时成立。①另一种观点认为,在订票的情况下,客运合同也自客票交付时起成立。在采用取票制预订场合,预订行为为预约合同,旅客要求取票为要约,交付客票为承诺,合同自交付客票时成立;在采取送票制预订场合,预订行为系预约合同,承运人送票为要约,旅客签收为承诺,合同自售票机构将客票送达旅客所在单位或居所并由接受人签收时成立。②我们同意后一种观点。旅客的订票属于预约,但既然《合同法》中没有区分交付客票的不同情况,就应当认定在订票情形下,客运合同也是自交付客票时起成立。

## 2. 当事人另有约定或者另有交易习惯的,合同的成立时间依约定或者交易习惯

客运合同自交付客票时起成立,是以当事人没有另外约定或者无另外的交易习惯为条件的。也就是说,在当事人另有约定或者另有交易习惯时,客运合同不是自交付客票时起成立,合同的成立时间应依当事人的特别约定或者交易习惯确定。这里分两种情形:一是当事人对合同的成立时间有约定。允许当事人约定客运合同的成立时间,这也是合同自由原则的体现。如果当事人对合同的成立时间有约定,则应尊重当事人的约定。例如,若当事人约定,旅客订票时,承运人同意出票合同即成立,则客运合同的成立时间也就依其约定,而不是自交付客票时起成立;二是另有交易习惯。如果依交易习惯,客运合同不是从交付客票时成立的,客运合同也就不是从交付客票时起成立,而依交易习惯认定的合同成立时间为合同成立时间。例如,在出租车运输中,依交易习惯客运合同自旅客登上出租车时起合同就成立,在到达目的地后承运人才交付客票。在此情形下,客运合同就不是自交付客票时成立,而是自旅客乘上出租车时起成立。

除出租车客运外,在旅客先上车(船)后补票的情况下,客运合同自何时成立呢?对此有不同的观点。有的认为,在旅客先乘上运输工具后补票的情况下,应自旅客乘上车之时为合同的成立时间。有的认为,在旅客无票乘上运输工具后补票的情况下,客运合同应当自补票时成立。这些观点都有一定道理。实际上,在旅客先乘上运输工具后买票的情况下,合同的成立时间应当区分不同的情况而定:第一种情况是根据交易习惯旅客是先乘运输工具后购买客票,如城市公交车运输就是如此,此时应依交易习惯确定客运合同的成立时间;第二种情况是承运人同意无票旅客先乘运输工具而后补票。在这种情形下,旅客乘运输工具的要求为要约,承运人同意旅客乘坐为承诺,自旅客乘上运输工具时起双方的意思表示一致,客运合同也就成立;第三种情况是未经承运人同意无票旅客乘上运输工具,承运人发现后要求旅客补票。在这种情况下,只有在旅客同意补票时客运合同才成立。因为在此情形下,承运人于旅客乘上运输工具时并不知情,也就未作出是否同意旅客乘运的意思表示,双方的意思表示并不一致,只有在旅客同意补票时,双方当事人的意思表示才达成一致。依《合同法》第294条规定,旅客无票乘运或者持失效客票乘运的,应当补交票款,承运人可以按照规定加

---

① 参见龙翼飞主编:《新编合同法》,中国人民大学出版社1999年版,第355页。
② 参见江平主编:《中华人民共和国合同法精解》,中国政法大学出版社1999年版,第229页。

收票款;旅客不交付票款的,承运人有权拒绝运输。旅客不交付票款,说明旅客与承运人的意思表示不一致,客运合同也就不能成立。依《合同法》第302条规定,承运人对运输过程中旅客的伤亡所承担的赔偿责任,也适用于按照规定免票、持优待票或者经承运人许可搭乘的无票旅客。该规定将未经承运人许可搭乘的无票旅客排除在外,其原因也就在于这种情形的旅客与承运人之间尚不成立客运合同。

### (二) 客运合同的生效

关于客运合同的生效时间,有不同的观点。通说认为,客运合同自检票时起生效。但也有人认为,客运合同自成立起生效。如有学者指出,"不能认为,在检票之时真正的接受运输服务的旅客才能确定,此时客运合同才能生效;也不能认为因为旅客可以在约定的或者规定的期限内可以自由退票,所以此时合同尚未生效。旅客的退票是客运合同作为特殊的消费合同由法律规定的对购票人提供的一种特殊的保护措施,退票就是解除客运合同。如果退票表明合同只是成立而未生效,是没有看清楚退票能产生解除合同的效力,并且承运人只返还一部分而非全部票款。退票不仅是一种违约行为,而且退票还须承担相应的违约责任。"①我们认为,产生这种分歧的原因在于对合同生效的含义理解不同。不能将合同的生效等同于合同有效。合同生效指的是当事人双方的权利义务发生效力。一个有效的合同除法律、法规可以规定应当办理批准或登记手续外,当事人也可以对合同的效力约定附条件或附期限。就客运合同来说,在一般情况下,自交付客票时起合同成立,此时合同是有效的,但在检票即客票上载明的车次未到以前,旅客并没有要求承运人即提供运输服务的权利,也就是说,旅客依客运合同享有的权利仅是处于一种期待状态;承运人对于旅客也不负提供安全运输服务的义务和责任。如果认为自交付客票时起合同就生效,则旅客不接受承运人提供的运输服务,就是一种违约行为;承运人对于旅客在此后的期间内的安全也就承担责任。但实际上,于检票前旅客可以退票以解除合同,承运人也不对旅客的安全负责。旅客退票解除合同只能表明合同是有效的,但不意味着合同的效力已经发生,退票并非是旅客的违约责任,退票应交一定的手续费,该费用也不是旅客违约应交的违约金或赔偿金。因此,我们原则上同意客运合同自检票时起生效的观点。除当事人另有约定或者另有交易习惯外,客运合同自交付客票时起成立,自"旅客检票"这一期限到来时生效。

### 三、客运合同的效力

#### (一) 旅客的义务

**1. 持票乘运、支付票款的义务**

《合同法》第294条规定:"旅客应当持有效客票乘运。旅客无票乘运、超程乘运、越级乘运或者持失效客票乘运的,应当补交票款,承运人可以按照规定加收票款。旅客不交付票款的,承运人可以拒绝运输。"如前所述,客票是客运合同的表现形式。旅客持有有效客票表明旅客已履行支付票款的义务,有权要求承运人按客票规定的时间、运输工具等提供运输服务。旅客无票乘运、超程乘运、越级乘运或者持失效票乘运的,表明旅客没有履行支付票款或者没有完全履行支付票款的义务,承运人有权要求旅客履行义务即补交票款,并可以按照规定加收票款。加收票款是在应收的票款数额基础上额外收取一定的费用,只有在法律、法

---

① 参见龙翼飞主编:《新编合同法》,中国人民大学出版社1999年版,第355—356页。

规或者部门规章有规定的情形下,承运人才可以加收票款。如果旅客的行为不属于法律、法规或者部门规章所规定的可以加收票款的情况,则承运人不得加收票款。因为在通常情形下,旅客支付票款的义务先于承运人义务的履行,在旅客拒绝支付票款即表示不履行其义务时,承运人自然也就可以拒绝履行自己的运送义务,即可以拒绝运输。

2. 按规定携带行李和儿童的义务

《合同法》第296条规定:"旅客在运输中应当按照约定限量携带行李。超过限量携带行李的,应当办理托运手续。"旅客的行李是旅客为满足自己出行中生活需要的物品。随身携带行李是旅客的权利,但旅客只能携带一定量的行李,而不能随意携带行李。因此,按照约定的限量携带行李即携带的行李不得超过约定的限量,是旅客的义务。所谓"约定的限量",在实务中一般表现为根据有关行政规章所规定的数量。

旅客携带行李超过限量的,应当办理托运手续。旅客须持有效客票办理行李托运,领取行李时应出示客票。

旅客除可携带限量的行李外,还可以按规定携带一名符合免费条件的儿童一同乘坐客票载明的运输工具和班次。携带的儿童不符合免票条件的,应当另外购买相应的客票。

3. 不得携带危险物品和违禁品

《合同法》第297条规定:"旅客不得随身携带或者在行李中夹带易燃、易爆、有毒、有腐蚀性、有放射性以及可能危及运输工具上人身和财产安全的危险物品或者其他违禁物品。""旅客违反前款规定的,承运人可以将违禁物品卸下、销毁或者送交有关部门。旅客坚持携带或者夹带违禁物品的,承运人应当拒绝运输。"违禁物品主要是会危及运输工具上人身和财产安全的物品,稍有处置不慎的情形就会发生事故,因此,法律禁止旅客携带违禁物品,旅客也就有义务执行国家安全运输的有关规定,不携带法律禁止携带的违禁物品。为保证运输安全,承运人有权按照国家有关规定,对旅客携带的物品和托运的行李进行安全检查,旅客有义务协助检查。承运人在安全检查中发现旅客随身携带或者在行李中夹带违禁物品的,承运人可以将违禁物品卸下、销毁或者送交有关部门。旅客违反不得携带或夹带违禁物品的义务,坚持携带或夹带违禁物品的,如果旅客未登上运输工具,承运人有权利也有义务拒绝运输,不让该旅客乘坐运输工具;如果旅客已乘上运输工具,在运输过程中发现的,承运人也有权让携带或夹带违禁物品的旅客离开运输工具。

旅客违反规定,不履行不得携带或夹带违禁物品的义务,在运输过程中因其携带或夹带的违禁物品给承运人或者第三人造成损失的,应当承担损害赔偿责任。

4. 服从承运人的指挥并爱护运输设施

在运输过程中,旅客应当服从承运人的指挥,遵守承运人提出的安全运输应当注意的事项。特别是在发生事故时,旅客应当按照承运人的安排进行抢救和避险。在运输过程中,旅客有权使用承运人提供的运输设施,同时也有义务爱护各种运输设施,不得损坏。如果由于旅客的过错致使运输设施损害的,旅客应负赔偿责任。

(二) 承运人的义务

1. 按照约定运送旅客

按照约定运送旅客,是承运人的基本义务。承运人的这一义务主要包括以下内容:(1) 按照约定的或者通常的运输路线将旅客运输到约定的地点。依《合同法》第291条规定,承运人应当按照约定或者通常的运输路线将旅客运输到约定的地点。承运人未按照约定路线或者通常路线运输而增加票款的,旅客有权拒绝支付增加部分的票款。(2) 在约定的期间或合理期间内将旅客送达目的地。依《合同法》第 290 条规定,承运人应当在约定期间或者合理期间内将旅客安全运输到约定的地点。为保证按约定的期间送达旅客,承运人应按照约定的时间运输。《合同法》第 299 条规定:"承运人应当按照客票载明的时间和班次运输旅客。承运人迟延运输的,应当根据旅客的要求安排改乘其他班次或者退票。"因承运人迟延运输,旅客退票的,承运人不得收取手续费。(3) 按照约定的运输工具运输。《合同法》第 300 条规定:"承运人擅自变更运输工具而降低服务标准的,应当根据旅客的要求退票或者减收票款;提高服务标准的,不应当加收票款。"承运人不仅应将旅客按照约定的路线、时间和地点运输到目的地,而且应当按照约定的服务标准提供运输服务。承运人提供运输的服务标准与提供的运输工具密切相关,因此,为保证服务标准,在运输过程中承运人不得擅自变更运输工具。承运人变更运输工具,提高服务标准的,不得加收票款。承运人擅自改变运输工具降低服务标准,达不到合同约定的服务标准的,旅客不愿意接受低于约定的服务标准的运输服务的,可以解除合同,承运人应接受旅客的要求,退还给旅客全部票款;旅客同意接受承运人提供低于约定标准的运输服务的,旅客有权要求承运人减收票款,承运人应当按照变更后的服务标准收费,将多收的票款退还给旅客。

2. 重要事项的告知

《合同法》第 298 条规定:"承运人应当向旅客及时告知有关不能正常运输的重要事项和安全运输应当注意的事项。"依此规定,承运人有及时向旅客提供有关信息、说明有关情况的告知义务。承运人告知义务的内容主要是以下两方面:(1) 不能正常运输的重要事由。承运人应当按照约定的时间、运输工具提供运输服务。在发生不能正常运输的情形时,承运人应当将不能正常运输的重要事由及时告知旅客。例如,飞机不能正常起飞、列车不能正常运行的,承运人应当及时向旅客说明不能起飞、不能运行的原因、事由,以使旅客及早作出安排。承运人如不及时告知旅客有关不能正常运输的重要事由,致使旅客因此造成损失的,承运人应当承担赔偿责任;(2) 安全运输的注意事项。为保证运输的安全,承运人应当及时向旅客告知安全运输应当注意的事项,包括运输过程中可能发生的危险以及危险发生时应当采取的措施等。如因承运人未及时向旅客告知有关安全运输的注意事项致使旅客在运输中受到损害的,承运人应当承担损害赔偿责任。

3. 救助旅客

《合同法》第 301 条规定:"承运人在运输过程中,应当尽力救助患有急病、分娩、遇险的旅客。"依此规定,承运人在运输过程中对旅客负有救助义务。承运人对旅客的救助义务是其法定义务,而非约定义务。即使在合同中约定承运人不负救助义务,该约定也是无效的。当然,承运人对旅客的救助义务并非是无限制的,承运人仅对在运输过程中患急病、分娩和遇险的旅客负有救助义务。所谓患急病,是指旅客因体质等原因,在运输过程中突然发生疾病或原有疾病突然发作,如不及时加以救治,会严重损害其健康,甚至危及生命。如果旅客不是患急病而是患有一般的慢性病或没有危险的小病,则承运人对其无救助义务。所谓分娩,指的是从要分娩到分娩的整个过程。所谓遇险,指旅客在运输过程中遇到会损害其健康和生命安全的危险,而不论危险的来源为何,也不论承运人对危险的发生是否有责任。承运人履行救助义务,应充分利用相应的运输工具所能利用的设施和服务,尽力采取各种有效的措施。

### 4. 保证旅客的人身安全

承运人在运输过程中应当保证旅客的人身安全。《合同法》第302条规定:"承运人应当对运输过程中旅客的伤亡承担损害赔偿责任,但伤亡是旅客自身健康原因造成的或者承运人证明伤亡是旅客故意、重大过失造成的除外。""前款规定适用于按照规定免票、持优待票或者经承运人搭乘的无票旅客。"依此规定,承运人对于旅客在运输过程中的伤亡承担无过错的损害赔偿责任。也就是说,旅客只要与承运人有客运合同关系,不论其是否持有或持何种客票,也不论其因何原因发生伤亡,除承运人能够证明该伤亡是旅客自身健康原因造成的或者是旅客故意、重大过失造成的外,承运人均应负损害赔偿责任。即使承运人能够证明旅客的伤亡是因其一般过失而非重大过失造成的,承运人也不能免除赔偿责任。

### 5. 妥善保管和安全运输旅客的行李

承运人不仅应当将旅客安全运输到约定地点,而且应当将旅客的行李也安全送达目的地。因此,承运人负有妥善保管和安全运输旅客行李的义务。《合同法》第303条规定:"在运输过程中旅客自带物品毁损、灭失,承运人有过错的,应当承担损害赔偿责任。""旅客托运的行李毁损、灭失的,适用货物运输的有关规定。"依此规定,对旅客行李的安全运输分两种情况:一是旅客自身携带的物品。因旅客自带的物品直接处于旅客的看管下,因此,旅客有直接的管理责任。该物品发生毁损、灭失的,承运人只有在有过错的情况下才承担赔偿责任。于此情形下,承运人承担的是过错责任,承运人有无过错,应由旅客证明;二是旅客托运的行李。因托运的行李是在承运人的直接管理下,承运人同时负有妥善保管的义务,因此,托运行李毁损、灭失的,承运人应当按照货物运输合同的规定承担损害赔偿责任。于此情形下,承运人承担的是无过错责任。

## 第三节 货运合同

### 一、货运合同的概念与特点

货运合同是指承运人将货物从起运地点运输到约定地点并交付给收货人,托运人支付运输费用的合同。

货运合同依运输工具的不同,也可以分为铁路货运合同、公路货运合同、水路货运合同、航空货运合同等等。总的来说,货运合同除具有运输合同的一般特征外,还具有以下特点:

#### (一) 货运合同的标的是运输货物

货运合同是以将货物从约定地点运输到目的地为目的,承运人运输的对象是货物。运输对象是旅客还是货物是客运合同与货运合同的区分标准。所谓运输货物,是指以运送"物"而不是运送"人"为主要目的。这里的物既可以是固体,也可以是液体,还可以是气体。

#### (二) 货运合同往往有第三人参加

货运合同是由托运人与承运人签订的,除双方当事人即托运人与承运人外,往往有第三人参加。因为托运人可以以自己为收货人,也可以以第三人为收货人。在收货人与托运人不一致时,货运合同就涉及第三人。收货人虽不是货运合同的订约当事人,却享有相应的权利。依《合同法》规定,收货人虽不是订约当事人,但是合同利害关系人,收货人是依托运人与承运人订立的货运合同享受权利并为此负担相应义务的。因此,当托运人与收货人不一致时,货运合同属于为第三人利益订立的合同,即利他合同。

### (三) 货运合同的履行以货物交付收货人为终点

货运合同与客运合同一样,是以承运人的运输行为为标的。但是,在货运合同与客运合同的履行上对承运人的义务履行完毕的要求不同。对于客运合同,承运人将旅客运输到目的地,合同也就履行完毕;而对于货运合同,承运人仅将货物运输到约定的地点,合同履行并未完结,只有在承运人将货物交付给收货人,承运人的义务才履行完结。

## 二、货运合同的成立与生效

如前所述,运输合同为诺成合同,因此货运合同自当事人双方关于运输货物的意思表示达成一致时成立。订立货运合同,一般是由托运人向承运人提出运输货物的要约,承运人同意承运的意思表示即为承诺。如果承运人不同意托运人提出的运输货物的要求,则货运合同不成立。但是,如前所述,货运合同也存在强制缔约,依《合同法》第289条规定,从事公共运输的承运人,对于托运人通常的、合理的运输要求不得拒绝。

托运人托运货物时,应当办理托运手续。办理托运手续时,承运人要求填写托运单的,托运人应当按照要求填写托运单。关于托运单的性质,学者中有不同的看法。有人认为,托运单为托运人的要约,经过承运人签发后,合同即告成立。按照这种观点,货运合同自承运人签发托运单时起成立。有人认为,托运单为运送合同;还有人认为,托运单为合同的组成部分。我们曾提出,在一般情况下,托运单为合同的组成部分。托运单就其性质而言,应为证明货物内容的一种凭证。[①]正如有学者指出的,托运单系证明文件,但并非绝对且唯一证据,而仅有推定效力而已,双方当事人,特别是运送人,可随时举出反证来推翻。借由托运单可推定运送契约的成立及内容,且货物已由运送人收受,另外在运送人举出反证推翻前,托运单还可证明运送物在运送人收受时之包装、个数、标志及状态的良好。[②]因此,除当事人有另外的明确约定或者法律明确规定外,托运人办理货物托运手续只是履行合同的必要阶段,而不是合同的成立。

除当事人约定附有条件和期限外,货物合同自依法成立时起生效。

## 三、货运合同的效力

### (一) 托运人的义务

1. 支付运输费用

支付运输费用是托运人的主要义务。托运人应当按照合同约定的数额、时间、地点、方式等支付运输费用。在一般情况下,运输费用是在货物运输前支付的,但也可以在货物运输到目的地时支付。运输费用一般由托运人支付,但也可以由收货人支付。《合同法》第315条规定:"托运人或者收货人不支付运费、保管费以及其他运输费用的,承运人对相应的运输货物享有留置权。但当事人另有约定的除外。"

托运人支付运输费用是以承运人将货物运输到目的地为对价的。如果货物在运输过程

① 参见郭明瑞、房绍坤:《新合同法原理》,中国人民大学出版社2000年版,第615页。
② 参见黄立主编:《民法债编各论》(下),中国政法大学出版社2003年版,第657页。

中因不可抗力灭失,由于承运人未将货物运输到目的地,因此,承运人未收取运输费用的,不得要求托运人支付运输费用;承运人已收取运费的,托运人可以要求承运人返还运费。

2. 如实申报

《合同法》第304条第1款规定:"托运人办理货物运输,应当向承运人准确表明收货人的名称或者姓名或者凭指示的收货人,货物的名称、性质、重量、数量、收货地点等有关货物运输的必要情况。"托运人办理托运手续,承运人要求填写托运单的,应当按照要求如实填写托运单。除法律规定托运人应当如实向承运人告知的事项外,凡承运人要求托运人告知的事项,以及托运人基于运输货物的特性所知道的有可能影响正常运输的事项,托运人均应向承运人告知和说明。依《合同法》第304条第2款规定,因托运人申报不实或者遗漏重要情况,造成承运人损失的,托运人应当承担损害赔偿责任。

关于托运人的申报义务,在其他法律中也有明确规定。例如,《铁路法》第19条规定:"托运人应当如实填报托运单,铁路运输企业有权对填报的货物和包裹的品名、重量、数量进行检查。经检查,申报与实际不符的,检查费用由托运人承担;申报与实际相符的,检查费用由铁路运输企业承担,因检查对货物和包裹中的物品造成的损坏由铁路运输企业赔偿。"《民用航空法》第117条规定:"托运人应当对航空货运单上所填关于货物的说明和声明的正确性负责。因航空货运单上所填的说明和声明不符合规定、不正确或者不完全,给承运人或者承运人对之负责的其他人造成损失的,托运人应当承担赔偿责任。"

3. 交付货物运输并提交审批检验等文件

托运人应当按照约定的时间和数量,依照办理托运时的申报将货物交付承运人运输。同时,对于货物运输需要办理审批、检验等手续的,托运人应当依规定办理审批和检验等手续,并将取得的批准和检验的文件提交承运人,以便承运人及时运输。《合同法》第305条规定:"货物运输需要办理审批、检验等手续的,托运人应当将办理完有关手续的文件提交承运人。"托运人提交审批、检验等文件的义务,以货物运输需要办理审批、检验等手续的为限。如果托运的货物是不需要办理特别手续的,托运人在交付货物运输时也就不必向承运人提交有关的审批、检验等文件。由于对需要办理审批、检验等手续的货物运输,未经证明已经办理相关手续,承运人无法运输,因此,托运人违反交付货物运输并提交审批、检验等文件的义务,给承运人造成损失的,应负赔偿责任。如《民用航空法》第123条规定:托运人应当提供必需的资料和文件,以便在货物交付收货人前完成法律、行政法规规定的有关手续;因没有此种资料、文件,或者此种资料、文件不充足或者不符合规定造成的损失,除由于承运人或者其受雇人、代理人的过错造成的外,托运人应当对承运人承担责任。《海商法》第67条规定:托运人应当及时向港口、海关、检疫、检验和其他主管机关办理货物运输所需要的各项手续,并将已办理各项手续的单证送交承运人;因办理各项手续的有关单证送交不及时、不完备或者不正确,使承运人的利益受到损害的,托运人应当负赔偿责任。

4. 按照约定包装运输货物

《合同法》第306条第1款规定:"托运人应当按照约定的方式包装货物。对包装方式没有约定或者约定不明确的,适用本法第一百五十六条的规定。"货物包装是货物安全运输的基本保障,也是提高运输质量的重要基础,还是分清当事人责任的一个指标。当事人对货物包装有明确约定的,托运人应当按照约定的方式包装货物。当然,托运人按照约定的方式包装货物,一般也就是托运人所采用的包装方式经承运人认可;在承运人对货物包装有特别要求时,托运人应按照承运人的特别要求包装。如果当事人双方就货物包装没有明确约定,又不能达成补充协议的,托运人应当按照通常的方式包装货物。所谓通常方式,是某种运输工具运输某种货物惯常采用的包装方式。没有通常方式的,托运人应当采取足以保护货物的包装方式,即足以保证货物在运输过程中正常情形下不致发生损坏、散失、渗漏等情形的包装方式。

依《合同法》第306条第2款规定,托运人不按照约定的方式或者规定的方式包装货物的,承运人有权拒绝运输。

5. 危险物品的告知

《合同法》第307条第1款规定:"托运人托运易燃、易爆、有毒、有腐蚀性、有放射性等危险物品的,应当按照国家有关危险物品运输的规定对危险物品妥善包装,作出危险标志和标签,并将有关危险物品的名称、性质和防范措施的书面材料提交承运人。"危险物品因是具有使人身、财产遭受损害的危险性的物品,在运输中需要采取特别的安全措施,而托运人较之承运人更了解其交运的危险物品的情形,因此,托运人托运危险物品的,负有特别的告知义务,一方面托运人应按照国家的有关规定妥善包装,作出危险的标志和标签,以警示他人注意;另一方面应将有关危险物品的名称、性质和防范措施的书面材料提交承运人,而不能仅以口头形式告知。

依《合同法》第307条第2款规定,托运人违反托运危险物品的义务的,承运人可以拒绝运输,由托运人按规定处理后再行运输;承运人也可以直接采取相应的措施以避免损失的发生,因此产生的费用由托运人承担。

6. 对处置在运货物造成损失的赔偿

《合同法》第308条规定:"在承运人将货物交付收货人之前,托运人可以要求承运人中止运输、返还货物、变更到达地或者将货物交给其他收货人,但应当赔偿承运人因此受到的损失。"依此规定,托运人对于在运的货物有处置的权利。所谓在运的货物,是托运人已交付承运人由承运人签收,承运人还未将其交付给收货人的货物。所谓对货物的处置,指的是托运人对在运货物运输结果的处置,包括:(1)中止运输。即在运输到目的地前要求承运人暂时停止运输,待经过一定时间后再继续运输。(2)返还货物。即要求承运人将货物返还,一般来说,货物运输到何地点,托运人就可以要求在此地返还货物,但托运人不能要求将货物运回某地返还,于此情况后等于另订立一个货物运输合同。(3)变更到达地点。即要求承运人将货物运输到另外的地点。(4)变更收货人。即要求承运人将货物交付给其他收货人,而不是交给原约定的收货人。依货运合同的性质,托运人可以在合同履行完毕前变更或者解除合同,但是,托运人处置在运的货物而变更或者解除合同的,对承运人因此而受到的损失应当负赔偿责任。

(二)承运人的义务

1. 按照约定完成货物的运输

按照约定的期限和路线将货物运输到约定的地点,是承运人的基本义务。依《合同法》第290条规定,承运人应当在约定期间或者合理期间内将货物安全运输到约定的地点。为保证在规定期间内送达,承运人应当按照约定的期限接受托运人交运的货物。承运人应将货物运输到约定的地点,承运人错发到货地点的,应无偿将货物运输到约定的地点;承运人未在约定期间或者合理期间内将货物运输到目的地的,应当负迟延履行的责任。依《合同法》第291条规定,承运人应当按照约定的路线或者通常的路线将货物运输到约定地点。承运人未按照约定的路线或者通常路线运输而增加运输费用的,应自行承担,而不得向托运人加收。

2. 及时通知收货人提货并将货物交付收货人

《合同法》第309条中规定:"货物运输到达后,承运人知道收货人的,应当及时通知收货人,收货人应当及时提货。"依此规定,承运人有在将货物运输到约定地点后及时通知收货人的义务。承运人未及时通知收货人的,由此而使收货人未能及时提货发生的保管费用应由承运人自行承担。当然,承运人的通知义务以知道收货人并能够通知为限。若承运人不知收货人或者虽知道收货人但不能通知的,承运人不负通知的义务。承运人不仅应当将货物已运输到达的事实通知收货人,而且在收货人提货时,应将货物交付给收货人。

3. 保证货物安全

承运人应当依合同约定将货物安全运输到约定的地点并交付给收货人。因此,在运输过程中,承运人有义务采取各种措施妥善保管货物,保证货物的安全。在运输过程中,货物发生毁损、灭失的,承运人应当负赔偿责任。《合同法》第311条规定:"承运人对运输过程中货物的毁损、灭失承担损害赔偿责任,但承运人证明货物的毁损、灭失是因不可抗力、货物本身的自然性质或者合理损耗以及托运人、收货人的过错造成的,不承担损害赔偿责任。"依此规定,承运人对运输过程中发生的货物毁损、灭失的赔偿责任是一种无过错责任,承运人不能以证明自己没有过错为由不承担责任,承运人可不承担赔偿责任的免责事由只有以下三种:(1)证明货损是因不可抗力造成的。(2)证明货损是由货物本身的自然性质或者合理损耗造成的。货物本身的自然性质是货物本身发生的物理或化学变化等,如因货物本身性质引起的货物变质、生锈、自燃等。合理损耗是指货物的减损未超过有关主管部门颁布的自然减量标准或者规定范围内的尾差、磅差。(3)证明货损是因托运人、收货人的过错造成的,如托运人的押运人员未尽押运职责等。

《合同法》第312条规定:"货物的毁损、灭失的赔偿数额,当事人有约定的,按照其约定;没有约定或者约定不明确的,依照本法第六十一条的规定仍不能确定的,按照交付或者应当交付货物到达地的市场价格计算。法律、行政法规对赔偿额的计算方法和赔偿限额另有规定的,依照其规定。"依此规定,承运人对运输过程中发生货损的赔偿额,分以下三种情形:(1)法律、行政法规有特别规定的,依照特别规定。例如,依《民用航空法》第128条规定:民用航空运输承运人的赔偿责任限额由国务院民用航空主管部门制定,报国务院批准后公布执行。托运人在交运货物时,特别声明在目的地交付时的利益,并在必要时支付附加费的,除承运人证明托运人声明的金额高于托运货物在目的地交付时的实际利益外,承运人应当在声明金额范围内承担责任。(2)法律、行政法规没有特别规定,当事人在运输合同中对赔偿数额或赔偿计算方法有约定的,依照其约定。(3)法律、行政法规没有特别规定,当事人也没有明确约定,当事人不能就赔偿达成协议且依照合同有关条款或者交易习惯也不能确定赔偿数额的,按照交付或者应当交付时货物到达地的市场价格计算赔偿数额。

《合同法》第313条规定:"两个以上承运人以同一运输方式联运的,与托运人订立合同的承运人应当对全程运输承担责任。损失发生在某一运输区段的,与托运人订立合同的承运人和该区段的承运人承担连带责任。"两个以上承运人以同一运输方式联运的,称为相继运输,又称单式联运。相继运输的特点在于:与托运人订立运输合同是一个承运人,而实际承担运输任务的是几个承运人,各承运人在各自的区段内负责运输,且各承运人使用的是同一种运输方式。因此,订立合同的承运人应当对货物全程运输的安全负责,各个承运人又应当对各自区段内的货物安全运输负责,货物的毁损、灭失发生在某一区段的,订立合同的承运人与该区段的承运人对货损承担连带赔偿责任。

### (三) 收货人的义务

收货人依货运合同享有提取货物的权利,但同时也负有与此相关的义务。收货人的义务主要为以下几项:

1. 支付运输费用

按照货运合同的约定,收货人支付运费的,收货人应当支付运费。合同中虽没有明确约定收货人支付运费,但托运人未支付运费的,收货人只有于提货时代交运费才能提出货物。对于在运输过程中发生的其他运输费用,以及货物运输到达后的保管费用,收货人也应当支付。依《合同法》第315条规定,托运人或收货人不支付运费、保管费以及其他运输费用的,承运人对相应的运输货物享有留置权,但当事人另有约定的除外。

2. 及时提货

《合同法》第309条中规定:"收货人应当及时提货。收货人逾期提货的,应当向承运人支付保管费等费用。"依此规定,收货人有及时提货的义务。所谓及时提货,指的是收货人应于收到承运人的到货通知后在规定的期限内提取货物。收货人超过承运人通知中规定的时间提货的,应当向承运人支付保管费等费用。依《合同法》第316条规定,收货人不明或者收货人无正当理由拒绝受领货物的,承运人可以依法提存货物。

3. 检验货物

收货人在提取货物时,除须出示有效的提货凭证外,还应当对货物及时验收。《合同法》第310条规定:"收货人提货时应当按照约定的期限检验货物。对检验货物的期限没有约定或者约定不明确,依照本法第六十一条仍不能确定的,应当在合理期限内检验货物。收货人在约定的期限或者合理的期限内对货物的数量、毁损等未提出异议的,视为承运人已经按照运输单证的记载交付的初步证据。"依此规定,合同对检验货物的期限有约定的,收货人提货时应当在约定期限内检验;合同对检验期限没有明确约定的,当事人可以通过协商确定检验期限,协商不成的,可以依据合同的有关条款或者交易习惯确定检验期限,仍不能确定的,应当在合理的期限内检验。何谓合理期限?应依具体的运输方式、货物性质以及通常情况下检验所需的期限而定。收货人在检验内对货物进行检验,有异议的,应当在该期限内提出。收货人在检验期限内没有就货物的数量、毁损提出异议的,视为承运人已经按照运输单证的记载交付货物的初步证据。其后,在诉讼时效期间内收货人就货物的毁损请求承运人赔偿的,必须举证证明货物的毁损是因承运人的原因造成的。

## 第四节 多式联运合同

### 一、多式联运合同的概念与特点

多式联运合同,是由多式联运经营人与托运人或旅客订立的由多式联运经营人以两种以上的不同运输方式将货物或旅客从起运地运输到约定地点,由托运人或旅客支付运输费用的运输合同。

多式联运合同除具备一般运输合同的特征外,还具有以下特征:

**(一) 多式联运合同的主体为多式联运经营人与托运人或旅客**

多式联运合同的当事人双方为多式联运经营人和托运人或旅客。也就是说,多式联运合同是由多式联运经营人与托运人或者旅客订立的。多式联运经营人,是以自己的名义或者委托他人以自己的名义与托运人或旅客签订多式联运合同的当事人。多式联运经营人在多式联运中处于两种不同的地位:一是负责履行合同;二是组织履行合同。在多式联运经营人负责履行合同的情况下,多式联运经营人直接从事运输活动,它既是缔约承运人,又是实际承运人,也就是说代表着其他承运人与托运人或旅客订立合同。在多式联运经营人组织履行的情况下,多式联运经营人并不参加运输活动,它只是缔约承运人,它与实际承运人之间订立运输合同。后一种情况下的多式联运合同,实际上是承揽运输合同。但不论在何种情况下,多式联运经营人与实际承运人是有区别的。在多式联运中,多式联运经营人只有一人,而实际承运人须为两人以上。

**(二) 多式联运合同的承运人以相互衔接的不同运输方式承运**

多式联运合同不仅有两个以上的承运人,而且须以两种以上的不同运输方式运输。从语义上说,联运也就是联合运输,既可以是两个以上的承运人以同一运输方式所进行的联合运输,也可以是承运人以两种以上的不同运输方式所进行的联合运输。从《合同法》的规定看,两个以上的承运人以同一运输方式所进行的运输属于相继运输或称连续运输。这种运输合同的特点主要在于:承运人为两人以上;各承运人以同一运输方式运输;托运人或旅客仅与第一承运人订立运输合同,实行"一票到底制"。针对这种运输的特点,《合同法》第313条就承运人的责任承担专门作了规定。按照《合同法》的规定,只有在以两种以上的不同运输方式所进行的联运才属于多式联运。多式联运合同的承运人须以不同的运输方式运输,并且各种不同的运输方式须相互衔接,即各种不同运输方式的运输连接为一个整体,都是完成全程运输不可缺少的组成部分。

**(三) 多式联运合同的托运人或旅客一次交费并使用同一运输凭证**

多式联运合同的实际承运人虽为两人以上,但托运人或旅客仅与经营多式联运业务的多式联运经营人一人订立合同。托运人或旅客与多式联运经营人订立合同,只需一次交费,多式联运经营人只需出具一份运输凭证。因此,多式联运合同是一个合同,而不是若干合同的组合。在多式联运合同的履行中,货物由一个承运人转交另一承运人运输或者旅客由一种运输工具换乘另一种运输工具,都不需要另行交费,也不需要另行办理转运手续。

从运输对象上说,多式联运合同有货物多式联运合同与旅客多式联运合同之分。联合国于1980年5月24日在日内瓦签订了《联合国国际货物多式联运公约》,规定了国际货物多式联运。我国《合同法》第17章第4节也专门规定了多式联运合同,该规定主要调整货物多式联运关系,但多式联运不限于货物多式联运。

## 二、多式联运单据

《合同法》第319条规定:"多式联运经营人收到托运人交付的货物时,应当签发多式联运单据。按照托运人的要求,多式联运单据可以是可转让单据,也可以是不可转让的单据。"

依此规定,多式联运单据是证明多式联运合同以及证明多式联运经营人接受货物并负责按照合同条款交付货物的单据。多式联运单据既是多式联运合同的凭证,是确立当事人权利义务的重要依据,也是在多式联运的全程运输中指示各承运人运输的根据。

多式联运单据,由多式联运经营人签发。多式联运经营人于收到托运人交付的货物时,由托运人填写多式联运单据后,多式联运经营人就应当予以审核签发。多式联运单据的内容主要包括:货物品类、标志、包数或件数、货物的毛重、货物的外表现状、多式联运经营人的名称和主要营业所、托运人的名称和住所、收货人的名称和住所、多式联运经营人接管货物的地点和日期、交货日期、多式联运单据的签发地点和日期、运费、多式联运经营人或经其授权的人的签字等。

多式联运单据有可转让单据和不可转让单据两种。托运人根据需要可以选择让多式联运经营人签发何种多式联运单据。托运人要求签发可转让单据的,多式联运经营人应签发可转让单据。在可转让单据中应列明是"按指示"交付,还是向持票人交付。可转让单据可以转让,但列明按指示交付的,须经背书后转让;如列明向持票人交付的,无须背书就可转让。托运人要求签发不可转让单据的,多式联运经营人应签发不可转让单据。不可转让单据不得转让,单据中应指明记名的收货人。

### 三、多式联运合同的效力

多式联运合同除具有一般运输合同的效力外,还具有以下特殊效力:

**(一) 多式联运经营人对全程运输享有承运人的权利和负担承运人的义务**

如前所述,多式联运经营人是签订多式联运合同的当事人一方,在运输过程中,多式联运经营人可以是参与实际承运的承运人,也可以是仅组织履行合同而不参与实际承运的人。但不论多式联运经营人是负责履行还是组织履行运输合同的,都对全程运输享有承运人的权利,承担承运人的义务。多式联运经营人有权收取全程运输费用,有权请求违约的托运人承担违约责任;同时它也应当向托运人履行全部合同义务,承担全部责任。

**(二) 多式联运经营人与参与联运的承运人间可以约定责任承担**

多式联运合同的实际承运人为两人以上,且各区段的承运人是不同的。即使订立合同的多式联运经营人参加实际承运,也还会有其他承运人参加多式联运,因此,在多式联运合同中必然会发生多式联运经营人与各区段的实际承运人之间如何承担责任的问题。《合同法》第318条规定:"多式联运经营人可以与参加多式联运的各区段的承运人就多式联运合同的各区段运输约定相互之间的责任,但该约定不影响多式联运经营人对全程运输承担的义务。"依此规定,我国在多式联运合同上采取了统一责任制,而非分散责任制。多式联运经营人可以与各区段的承运人约定相互之间的责任,但该约定仅在多式联运经营人与各承运人之间有效力,而不能对抗托运人。也就是说,不论多式联运承运经营人与各区段运输的承运人如何约定相互间的责任,多式联运经营人均对全程运输承担责任,多式联运经营人在向运输合同的对方当事人承担责任后,可以依其与各区段承运人的约定向负有责任的承运人追偿。

**(三) 托运人就其过错造成的损失向多式联运经营人负赔偿责任**

《合同法》第320条规定:"因托运人托运货物时的过错造成多式联运经营人损失的,即使托运人已经转让多式联运单据,托运人仍然应当承担损害赔偿责任。"依此规定,托运人只要因其托运货物时的过错给多式联运经营人造成损失,不论其是否将多式联运单据转让,都应向多式联运经营人承担赔偿责任。这是因为,托运人托运货物时为合同当事人一方,因其过错造成对方损失,自然应向对方承担责任。托运人即使已经将多式联运单据转让而退出运输关系,但并不能将已经发生的自己应当承担的责任也转让给他人,因而,托运人对多式联运经营人的过错赔偿责任并不受多式联运单据是否转让的影响。

### (四)多式联运经营人的赔偿责任适用法律对发生货损的运输区段的运输方式的责任规定

《合同法》第321条规定:"货物的毁损、灭失发生于多式联运的某一运输区段的,多式联运经营人的赔偿责任和责任限额,适用调整该区段运输方式的有关法律规定。货物毁损、灭失发生的运输区段不能确定的,依照本章规定承担赔偿责任。"因为多式联运是以不同的运输方式进行运输的,法律对于各种不同的运输方式中承运人的赔偿责任和责任限额有不同的专门规定。因此,如果能够确定货物的毁损、灭失是发生于某一运输区段的,就应当按照调整该区段运输方式的有关法律规定来确定多式联运经营人的赔偿责任和责任限额,不论多式联运经营人是否为该区段运输的实际承运人。例如,货物的毁损、灭失发生的航空运输区段的,就应当按照《民用航空法》关于货物毁损、灭失的规定处理。如果不能确定货物的毁损灭失是发生于哪一运输区段,则多式联运经营人的赔偿责任应按照合同法关于运输合同的一般损害赔偿规则确定。

## 【思 考 题】

1. 何为运输合同?运输合同主要有哪些特征?
2. 客运合同有哪些特征?客运合同当事人的权利义务有哪些?
3. 货运合同有何特点?试述货运合同的效力。
4. 多式联运合同有何特点?多式联运合同的效力有何特殊性?

## 【法律应用】

1. 甲公司要运送一批货物给收货人乙公司,甲公司法定代表人丙电话联系并委托某汽车运输公司运输。汽车运输公司安排本公司司机刘某驾驶。运输过程中,因刘某的过失发生交通事故,致货物受损。乙公司因未能及时收到货物而遭受损失。现问,乙公司应向谁要求承担损失?(2002年司考题)

  A. 甲公司    B. 丙    C. 刘某    D. 汽车运输公司

2. 根据合同法的规定,承运人对运输过程中发生的下列哪些旅客伤亡事件不承担赔偿责任?(2004年司考题)

  A. 一旅客因制止扒窃行为被歹徒刺伤
  B. 一旅客在客车正常行驶过程中突发心脏病身亡
  C. 一失恋旅客在行车途中吞服安眠药过量致死
  D. 一免票乘车婴儿在行车途中因急刹车受伤

3. 甲、乙签订货物买卖合同,约定由甲代办托运。甲遂与丙签订运输合同,合同中载明乙为收货人。运输途中,因丙的驾驶员丁的重大过失发生交通事故,致货物受损,无法向乙按约交货。下列哪种说法是正确的?(2006年司考题)

A. 乙有权请求甲承担违约责任　　B. 乙应当向丙要求赔偿损失
C. 乙尚未取得货物所有权　　　　D. 丁应对甲承担责任

4. 张某毕业要去外地工作,将自己贴身生活用品、私密照片及平板电脑等装箱交给甲快递公司运送。张某在箱外贴了"私人物品,严禁打开"的字条。张某到外地收到快递后察觉有异,经查实,甲公司工作人员李某曾翻看箱内物品,并损坏了平板电脑。下列哪些选项是正确的?(2015年司考题)

A. 甲公司侵犯了张某的隐私权
B. 张某可请求甲公司承担精神损害赔偿责任
C. 张某可请求甲公司赔偿平板电脑的损失
D. 张某可请求甲公司和李某承担连带赔偿责任

5. 甲公司将一批货物卖给了乙公司,交货地点为乙公司所在地。甲公司将货物交给丙运输公司,由丙公司将货物运送至乙公司。在运输途中发生不可抗力,致使货物全部损坏。这笔损失应由谁承担?

A. 甲公司　　　B. 乙公司　　　C. 丙公司　　　D. 甲公司与丙公司

【讨论案例】

2013年4月15日,甲携带装有硫酸的塑料桶乘坐客车公司长途客车从A市至B市出差。客车在高速公路行驶途中,甲走到司机身边,说自己急着上厕所,要求停车。司机告之,高速公路上不能停车。甲不听,上前抓住方向盘向右猛打,导致客车失控撞上护栏,客车严重受损。同时,甲携带的塑料桶倾倒致硫酸流出,造成乘客乙、丙、丁受伤。

请回答下列问题:(1)乙是购票乘客,客车公司应否赔偿乙的损失?为什么?(2)丙是经司机同意的无票乘客,客车公司应否赔偿丙的损失?为什么?(3)丁是偷偷上车的无票乘客,客车公司应否赔偿丙的损失?为什么?(4)甲对乙、丙、丁是否应当承担赔偿责任?为什么?(5)客车公司能否要求甲赔偿客车的损失?为什么?

# 第十八章 技术合同

【学习指南】
重点在于把握技术合同的特性,不同种类技术合同的特性、种类、效力,难点在于技术合同中的风险负担和技术成果权益归属的认定。

【导入案例】
甲委托乙就甲原有产品的生产方法进行改进,乙依约完成了改进工作。随后,乙将取得的技术成果交付给了甲,并向国家专利局申请了方法发明专利权。通过本章的学习,试分析甲、乙之间的合同的性质、专利申请权的归属以及如何实施。

## 第一节 技术合同概述

### 一、技术合同概述

#### (一) 技术合同的概念与特征

技术合同是指当事人之间就技术开发、技术转让、技术咨询或者服务所订立的确立相互之间权利和义务的合同的总称(《合同法》第 322 条)。

一般说来,技术合同有以下特征:

1. 技术合同的标的物是技术成果

技术合同与其他合同相比较,其标的物不是一般的商品或劳务,而是一种特殊的商品——技术成果。技术成果是凝聚着人类智慧的创造性劳动成果。依最高人民法院《关于审理技术合同纠纷案件适用法律若干问题的解释》(以下简称《关于技术合同的解释》)第 1 条规定,技术成果,是指利用科学技术知识、信息和经验作出的新产品、工艺、材料及其改进等的技术方案,包括专利、专利申请、技术秘密、计算机软件、集成电器布图设计、植物新品种等。其中技术秘密,是指不为公众知悉、具有商业价值并经权利人采取保密措施的技术信息。在社会主义市场经济条件下,技术是特殊的商品,依技术合同的要求,无论是技术开发、技术转让,还是技术咨询和服务,当事人双方的权利义务指向的都是技术成果。若当事人的权利义务所共同指向的对象不为技术成果,虽合同中涉及技术成果,也不为技术合同。例如,在合伙中一方以技术投资的,虽也与技术有关,但不能以此认为该合伙合同为技术合同。

广义的技术包括公有技术与专有技术。其中公有技术由两部分构成:一部分是自始即属于公有的,如数学运算法则;另一部分则是最初属于专有,嗣后成为公有的,如权利保护期限届满的专利技术。专有技术又分为专利技术和非专利技术。[①] 凡是公有技术,任何人都可以自由地取得和运用,因此,技术合同中所谓技术,通常限于专有技术,仅在技术咨询和服务合同中方会涉及公有技术。

2. 技术合同的法律调整具有多样性

技术合同所反映的是技术成果在交换领域的债权关系,所以技术合同作为合同的组成部分,首先应当遵循民法中关于债的一般规定。其次,由于技术合同是基于技术的开发、转让、服务或咨询而产生的合同关系,因而其在许多方面,尤其是技术成果权利归属方面,要受知识产权法律制度的调整。

3. 技术合同是双务合同、有偿合同

在技术合同中,当事人双方都承担相应的义务,故为双务合同。技术合同当事人一方从对方取得利益的,须向对方支付相应的对价,因此技术合同为有偿合同。

4. 技术合同的主体具有特定性

技术合同当事人,通常至少一方是能够利用自己的技术力量从事技术开发、技术转让、技术服务或咨询的法人、自然人或其他组织。因此,技术合同的主体具有特定性。

**(二)订立技术合同的基本原则**

《合同法》第 323 条规定:订立技术合同,应当有利于科学技术的进步,加速科学技术成果的转化、应用和推广。在科学技术已成为现代经济发展主要动力的背景下,《合同法》将有利于科学技术进步、加速科学技术成果应用和推广作为一个基本原则来加以规定,其目的在于鼓励和引导当事人正确地运用技术合同这一法律形式,在科研与生产之间架起一座"桥梁"。

## 二、技术合同的内容

与其他合同一样,技术合同的内容是通过技术合同的条款体现出来的。而技术合同的特殊性也正是通过技术合同条款的特殊性来表现的。依《合同法》第 324 条规定,技术合同的内容由当事人约定,一般包括以下内容:

**(一)项目名称**

技术合同应当用简明、规范的专业技术用语准确给出合同项目的名称,力求在项目名称中反映出其技术特征和法律特征。因此,项目名称可以作为区分不同类型技术合同的标志。

**(二)标的的内容、范围和要求**

这是技术合同最核心的条款,是确定当事人权利、义务的依据。技术开发合同的该项条款应载明所属技术领域和项目内容,技术构成、科技水平和经济效益的目标以及提交技术开发成果的方式;技术转让合同的该项条款应载明技术成果所属领域和内容、实质性特征和实施效果,工业化开发程度以及知识产权的权属关系;技术咨询合同的该项条款应载明咨询项

---

① 参见陈小君主编:《合同法学》,高等教育出版社 2003 年版,第 383 页。

目的内容、咨询报告和意见的要求;技术服务合同的该项条款应载明技术服务合同的内容、工作成果和技术要求。①

### (三) 履行的计划、进度、期限、地点、地域和方式

履行的计划、进度是技术合同履行的具体安排,如技术开发合同的开发规划、工作进度等;履行的期限是当事人履行技术合同的时间,即当事人应在什么时间内履行合同义务;履行的地点是履行技术合同的具体地点和场所;履行的地域是履行技术合同所涉及的地区范围,如技术转让合同中技术成果的使用区域;履行的方式是当事人履行技术合同,以达到技术合同所要求的技术指标和经济指标的具体方法。

### (四) 技术情报和资料的保密

合同内容涉及国家安全和重大利益需要保密的技术合同,应载明国家秘密事项的范围、密级和保密期限以及各方的责任。当事人一方要求对方承担保密义务的事项,应列出涉及技术秘密的资料、样品、信息、数据和其他秘密事项的清单以及保密期限等。

### (五) 风险责任的承担

在技术开发合同履行的过程中,有可能会因为无法克服的技术困难等原因使当事人订立合同的目的无法实现,这就是技术合同中的风险。如何分配此类风险,就是风险责任的承担问题,当事人可以在平等协商的基础上作出约定。

### (六) 技术成果的归属和收益的分成办法

在技术合同履行的过程中,会涉及原有技术成果或新开发出的技术成果如何确定权利归属,以及如何进行收益分配的问题,当事人可以在平等协商的基础上作出约定。

### (七) 验收标准和方法

技术合同的履行是否符合合同的约定或法律的规定,即技术成果或提供的技术咨询和服务是否符合特定的标准,是否合格,应以验收标准和方法为依据。为明确当事人的责任,合同中应约定验收标准和方法。

### (八) 价款、报酬或者使用费及其支付方式

技术合同属于有偿合同,因此,合同中应对价款、报酬或者使用费及其支付方式作出明确约定。依《关于技术合同的解释》第14条规定,对技术合同的价款、报酬和使用费,当事人没有约定或者约定不明确的,人民法院可以按以下原则处理:(1)对于技术开发合同和技术转让合同,根据技术成果的研究开发成本、先进性、实施化和应用的程度,当事人享有的权益和承担的责任,以及技术成果的经济效益等合理确定;(2)对于技术咨询合同和技术服务合同,根据有关咨询服务工作的技术含量、质量和数量,以及已经产生和预期产生的经济效益等合理确定。技术合同价款、报酬、使用中包含非技术款项的,应当分项计算。

### (九) 违约金或者损失赔偿的计算方法

技术合同可以约定违约金,也可以约定损失赔偿的计算办法。在当事人违约,应承担违约责任时,可以按照约定的违约金或者约定的损失赔偿计算方法承担违约责任。

### (十) 解决争议的方法

解决争议的具体途径包括协商、调解、仲裁、诉讼等。当事人可以在技术合同中约定解决争议的方法,特别是选择用仲裁方法解决的,必须订明仲裁条款。

---

① 参见段瑞春:《技术合同》,法律出版社1999年版,第71页。

### （十一）名词和术语的解释

技术合同具有很强的专业性，常常包含有不少专业名词和术语。为避免当事人对名词和术语的理解产生分歧，合同中应对名词和术语作出解释。

当然，就以上条款而言，并非每项条款都是影响合同关系成立的必要条款。在通常情形下，技术合同欠缺项目名称、标的的内容、范围和要求的，合同不能成立。但当事人最好在订立技术合同时，就上述对当事人利益有重大影响的合同条款——协商，作出明确约定，以求维护自身利益。

在当事人有明确约定的情况下，与履行合同有关的技术背景资料、可行性论证和技术评价报告、项目任务书和计划书、技术标准、技术规范、原始设计和工艺文件，以及其他技术文档如图纸、表格、数据和照片等，可以作为合同的组成部分。在当事人就此没有约定时，以上内容仅能成为履行合同的参考。

技术合同涉及专利权的，应当注明发明创造的名称、专利申请人和专利权人、申请日期、申请号、专利号以及专利权的有效期限。之所以作此要求，最主要的目的是便于受让人向有关机关查询以及专利管理机关的管理，防止假冒专利的欺骗活动。

## 三、技术合同价款、报酬和使用费的支付

技术合同价款、报酬和使用费的支付方式多样，得由当事人自由约定。《合同法》第325条明确认可了在实践中技术合同的当事人经常采用的几种支付方式。

### （一）定额支付

定额支付就是一次总算，一次总付或者一次总算，分期支付。这种支付方式与实物形态商品交易的支付方式基本类似，即在当事人签订合同时，将所有合同价款一次算清，在合同中明确地规定出总的金额。该合同价款中除了技术商品自身的价格外，通常还包含技术指导、人员培训等技术服务报酬。

一次总算，并不意味着一次总付。在实践中，定额支付可以分为一次总付或者分期支付。以技术转让合同为例，一次总付的支付方式，其付款时间通常是在技术转让方的技术资料交付完毕，经受让方核对验收后进行。分期支付的支付方式就是把技术合同的价款总额按照合同履行的先后顺序分期分批地支付给转让方。支付的原则是要使合同价款与转让方完成的工作量挂起钩来，基本上形成"按劳付酬"的合同对价关系。即转让方履行了多少合同义务，受让方就支付多少合同价款，每次付款的金额根据具体的合同而定。

### （二）提成支付

所谓提成支付，是指将技术实施以后所产生的经济效益按一定的比例和期限支付给转让方，作为对转让方出让技术的经济补偿。提成支付的总额最终由受让方在实施技术中获得的实际经济效益的多少来决定。这种按照技术转让的实际效果进行分成的方法，已被国内外普遍采用。提成支付可以分为单纯提成和"入门费加提成"两种支付方式。

单纯提成支付，是指全部提成费仅在受让方的产品正式销售之后才向转让方支付，在此之前，受让方不需向对方进行任何支付。这种支付方式对受让方来说风险较小，而且该支付发生在受让方获得收益之后，没有预先支付而带来的资金负担。在国内外技术贸易活动中，单纯提成的支付方式并不常用，其主要适用于合同履行期限短、技术比较成熟、市场前景稳定的技术交易项目。

"入门费加提成"的支付方式,是将合同价款分为固定价款和提成价款两部分。固定价款部分的支付方法与一次总算的支付方法相同,即在合同生效后的一段时间内一次或者分期付清。通常人们把这部分固定价款称为"入门费"或初付费。其主要内容包括:复制图纸和准备资料的工本费;针对受让方的具体需要的改进设计、改进描图、改进资料的工本费;转让方人员前往受让方进行考察的差旅费;转让方提供的产品样本费;技术培训费;在该技术交易中,转让方支付的咨询费、谈判费、律师费、行政管理费等。提成部分的价款也称为非固定价款或浮动价款,支付的方法与一般的提成支付相同,即在项目投产后,根据合同产品的销售情况提成支付。

"入门费加提成"的支付方式,使合同双方共担风险,共享收益,有利于加强双方的密切合作以及技术商品价值的尽快实现。由于这种支付方式按实际产生的费用为基础,比较合理,易于为合同当事人双方所接受,因此它是国内技术交易活动中应用得最普遍的一种计价办法。

当事人约定采用提成支付的方式支付技术合同的价款、报酬或使用费的,其提成的具体数额可以按照产品价格,实施专利和使用非专利技术新增加产值、利润或者产品销售额的一定比例提成,当事人另有约定的,从其约定。无论采取何种提成方法,就提成支付的比例,当事人可以约定采取固定比例、逐年递增比例或者逐年递减比例。

为克服信息不对称可能给合同当事人利益带来的不利影响,当技术合同的双方当事人约定采用提成支付方式时,转让方、开发方或提供服务、咨询的一方(一般情况下是转让方),有权查核受让方或委托方的账目。双方当事人应当在合同中约定查阅有关会计账目的办法。

**四、技术成果相关权利的归属**

《合同法》将技术成果分为两类:一是执行法人或者其他组织的任务或者主要是利用法人或者其他组织的物质技术条件所完成的职务技术成果;二是职务技术成果以外的其他技术成果,或称之为非职务技术成果。

依照《合同法》第326条第2款的规定,职务技术成果主要包括两类:其一,执行法人或者其他组织的工作任务所完成的技术成果。所谓"执行法人或者其他组织的工作任务",既包括工作人员从事他的本职工作,也包括履行法人或者其他组织交付的本职工作以外的任务。依《关于技术合同的解释》第2条规定,履行法人或者其他组织的岗位职责或者承担其交付的其他技术开发任务;以及除法律、行政法规另有规定外,离职1年内继续从事与其原所在法人或者其他组织的岗位职责或者交付的任务有关的技术开发工作,都属于执行法人或者其他组织的工作任务。法人或者其他组织与其职工就职工在职期间或者离职以后所完成的技术成果的权益有约定的,应当从其约定。其二,主要是利用法人或者其他组织的物质技术条件完成的技术成果。依《关于技术合同的解释》第3条规定,这里所谓的物质技术条件,包括资金、设备、器材、原材料、未公开的技术信息和资料。依该解释第4条规定,所谓"主要利用",包括职工在技术成果的研究开发过程中,全部或者大部分利用了法人或者其他组织的资金、设备、器材或者原材料等物质条件,并且这些物质条件对形成技术成果具有实质性影响;还包括该技术成果实质性内容是在法人或者其他组织尚未公开的技术成果、阶段性技术成果基础上完成的情形。但下列情况除外:(1)对利用法人或者其他组织提供的物质技术条件,约定返还资金或者交纳使用费的;(2)在技术成果完成后利用法人或者其他组织的物质技术条件对技术方案进行验证、测试的。《合同法》所确认的属职务技术成果以外的技术成果,都属非职务技术成果。

为了合理兼顾职务技术成果所涉及的法人或者其他组织以及完成成果人的利益,鼓励科技发明和技术创新,调动各方的积极性,《合同法》一方面确认职务技术成果的使用权、转让权属于法人或者其他组织;另一方面又规定法人或者其他组织应当从使用和转让该项职务技术成果所取得的收益中提取一定比例,对完成该项职务技术成果的个人给予奖励或者向其支付报酬。

尤其应注意的是,《合同法》还确认了职务技术成果的完成人享有优先受让权:即当法人或者其他组织订立技术合同转让职务技术成果时,职务技术成果的完成人享有优先受让的权利。当然,职务技术成果的完成人只有在同等条件下,方可享有并行使该项优先受让权。该项优先受让权属形成权,它限制了转让方的合同自由。

至于非职务技术成果,其使用权和转让权属技术成果的完成人,该完成人可以就该项非职务技术成果订立相应的技术合同。

### 五、完成技术成果人的署名权和取得荣誉权

《合同法》第328条规定:"完成技术成果的个人有在有关技术成果文件上写明自己是技术成果完成者的权利和取得荣誉证书、奖励的权利。"这是《合同法》关于完成技术成果人的署名权和获取荣誉权的规定。完成技术成果的民事主体,享有相应的人身权利。法律对完成技术成果人的人身权利的确认,其根本目的是为了鼓励创新。

### 六、技术合同无效的特别规定

《合同法》第329条规定:"非法垄断技术、妨碍技术进步或者侵害他人技术成果的技术合同无效。"这是《合同法》关于技术合同无效的特别规定。

我国法律一方面采取必要的措施保障技术合同当事人在合法的范围内行使自己的权利;另一方面又不允许当事人滥用这种权利来损害国家利益和社会公共利益。为了防止技术合同当事人滥用技术合同的订立权来达到自己非法垄断和控制市场的目的,应认定此类技术合同为无法律约束力的无效合同。依《关于技术合同的解释》第10条规定,下列情形属于"非法垄断技术、妨碍技术进步":(1)限制当事人一方在合同标的技术基础上进行新的研究开发或者限制其使用所改进的技术,或者双方交换改进技术的条件不对等,包括要求一方将其自行改进的技术无偿提供给对方、非互惠性转让给对方、无偿独占或者共享该改进技术的知识产权;(2)限制当事人一方从其他来源获得与技术提供方类似技术或者与其竞争的技术;(3)阻碍当事人一方根据市场需要,按照合理方式充分实施合同标的技术,包括明显不合理地限制技术接受方实施合同标的技术生产产品或者提供服务的数量、品种、价格、销售渠道和出口市场;(4)要求技术接受方接受并非实施技术必不可少的附带条件,包括购买非必需的技术、原材料、产品、设备、服务以及接受非必需的人员等;(5)不合理地限制技术接受方购买原材料、零部件、产品或者设备等的渠道或者来源;(6)禁止技术接受方对合同标的技术知识产权的有效性提出异议或者对提出异议附加条件。技术合同当事人中有以上情形的,这种合同妨碍了技术进步,应属无效合同。侵害他人技术成果的技术合同,也应属

于无效合同。但依《关于技术合同的解释》第12条中的规定,侵害他人技术秘密的技术合同被确认无效后,除法律、行政法规另有规定外,善意取得该技术秘密的一方可以在其取得时的范围内继续使用该技术秘密,但应当向权利人支付合理的使用费并承担保密义务。

## 第二节 技术开发合同

### 一、技术开发合同概述

#### (一) 技术开发合同的概念与分类

技术开发合同是指当事人之间就新技术、新产品、新工艺和新材料及其系统的研究开发所订立的合同(《合同法》第330条第1款)。

《合同法》将技术开发合同区分为委托开发合同与合作开发合同两种。委托开发合同是指当事人一方即委托方委托另一方即研究开发方进行技术研究开发的合同;合作开发合同是指当事人各方就共同进行技术研究开发所订立的合同。

技术开发合同是双方当事人在基础研究的基础上,利用已有的基础理论、基础设施、技术情报资料等条件,研究开发出可直接用于生产、能作为商品进行流通的新技术成果而进行相互协作的法律形式。为鼓励规范先进科技成果的转化,《合同法》第330条第4款规定,当事人之间就具有产业应用价值的科技成果实施转化订立的合同,参照技术开发合同的规定。依《关于技术合同的解释》第18条规定,当事人之间就具有产业实用价值但尚未实现工业化应用的科技成果包括阶段性技术成果,以实现该科技成果工业化应用为目标,约定后续试验、开发和应用等内容的合同,属于"当事人之间就具有产业应用价值的科技成果实施转化订立的"技术合同。

#### (二) 技术开发合同的特征

技术开发合同有如下特征:

1. 技术开发合同的标的物是具有创造性的技术成果

技术开发合同的标的物是创造性技术成果,即新技术、新产品、新工艺、新材料及其系统。这种新技术成果是当事人在订立合同时尚不掌握的产品、工艺、材料及其系统等技术方案,只有经过研究开发方的创造性科技活动才能取得,但对技术上没有创新的现有产品的改型、工艺变更、材料配方调整以及对技术成果的验证、测试和使用除外。

2. 技术开发合同是双务合同、有偿合同、诺成合同、要式合同

技术开发合同当事人双方均负有一定义务,每一方从他方取得利益都须支付相应对价,因此技术开发合同为双务合同、有偿合同。技术开发合同自双方当事人意思表示一致时起即可成立,并不以一方当事人义务的实际履行为合同的成立要件,故为诺成合同。因为技术开发合同事关技术成果的研究开发,履行时间长,当事人之间的权利义务关系较复杂,所以《合同法》第330条第3款要求其应当采用书面形式,故技术开发合同为要式合同。

3. 技术开发合同的当事人共担风险

技术开发合同中的风险,主要是指在履行技术开发合同过程中,遭遇人类目前尚无法克服的技术难关,导致开发工作全部或部分失败。因为技术开发合同的成果是创造性的新成

果,这种成果的取得本身就具有相当的难度,蕴藏着开发不出的危险。如果开发研究方尽了自己的最大努力,仍因技术上的难度大而未能取得合同约定的预期成果时,就应按照风险负担规则确定由何方负担风险。依《合同法》第 338 条第 1 款规定,风险责任当事人双方有约定的,依其约定;没有约定或者约定不明确的,依照《合同法》第 61 条规定的确定规则解决;由此仍不能确定的,由当事人双方合理分担风险。

## 二、技术开发合同的效力

### (一) 委托开发合同的效力

1. 委托开发合同中委托人的义务

依《合同法》第 331 条规定,委托开发合同的委托方主要有以下义务:

(1) 按照合同约定支付研究开发费用和报酬。研究开发费用是指完成研究开发工作所必需的成本。除合同另有约定外,委托方应当提供全部研究开发费用。研究开发费用一般是在合同订立后,研究开发工作进行前支付,也可以根据情况分期支付。当事人在合同中约定研究开发费用按照实际需要支付的,委托方支付的研究开发费用不足时,应当补充支付;研究开发费用剩余时,由研究开发方如数返还。如合同中约定研究开发费用包干使用或未约定结算办法的,对于不足的费用,委托方无补充的义务;对结余的费用委托方也无权要求返还。研究开发报酬是指研究开发成果的使用费和研究开发人员的科研补贴。委托方应按合同约定按时支付报酬。

委托方迟延支付研究开发经费,造成研究工作停滞、延误的,研究开发方不承担迟延责任。委托方逾期经催告于合理期限内仍不支付研究开发费用或者报酬的,研究开发方有权解除合同,请求委托方返还技术资料、补交应付的报酬、赔偿由此所造成的损失。

(2) 按照约定提供技术资料、原始数据,完成协作事项。委托方应依合同的约定,向研究开发方提供研究开发所需要的技术资料、原始数据,并完成其他协作事项。在研究开发中,应研究开发方的要求,委托人应补充必要的背景材料和数据,但只以研究开发方为履行合同所必需的范围为限。委托方不依合同的约定及时提供技术资料、原始数据和完成协作事项或者所提供的技术资料、原始数据或协作事项有重大缺陷,导致研究开发工作停滞、延误、失败的,委托方应当承担责任;委托方逾期经催告于合理的期限内仍不提供技术资料、原始数据和完成协作事项的,研究开发方有权解除合同,并请求损害赔偿。

(3) 接受研究开发成果。委托方应当按期接受研究开发方完成的研究开发成果。委托方不及时接受研究开发方交付的已完成的成果时,应承担违约责任并支付保管费用。经研究开发方催告于合理期限内委托方仍拒绝接受的,研究开发方有权处分研究开发成果,从所得收益中扣除约定的报酬、违约金和保管费;如所得收益不足以抵偿上述款项,研究开发方有权请求委托方赔偿损失。

2. 委托开发合同中研究开发方的义务

依《合同法》第 332 条规定,委托开发合同的研究开发方主要应负担以下合同义务:

(1) 依约亲自制定和实施研究开发计划。计划的制定是开展研究开发工作的前提,因此,合同订立并生效后,研究开发人应尽快制定研究开发计划。

委托开发合同的标的是开发具有创造性的技术成果的行为,这决定了研究开发方具有主体上的限定性,亦即研究开发方必须有相当的研究开发能力。委托人之所以与特定的研究开发方签订委托开发合同,也正是着眼于研究开发方的研究开发能力。如果研究开发方未经委托人同意,擅自将技术研究开发工作的全部或主要部分交由第三人完成,则违背了委托人的信赖;而且也很可能因第三人的科研实力有限而影响研究开发工作的完成或质量。所以,研究开发方应当按照合同的约定亲自履行研究开发的合同义务,制定和实施研究开发计划。研究开发方不亲自履行研究开发义务的,委托方应有权解除合同,并请求返还研究开发经费和赔偿损失。

当然,在研究开发中对于研究开发工作的辅助部分,有的技术难度较小,或者其本身属于已被普遍掌握的技术,即使未经委托人同意,研究开发方也可以将其转由第三人完成。但于此种情形下,研究开发方也应对该第三人完成的工作负责。

(2) 合理使用研究开发费用。研究开发方在完成研究开发工作中应当依合同的约定合理使用研究开发费用。研究开发方将研究开发费用用于履行合同以外的目的的,委托方有权制止并要求其退还,以用于研究开发工作。由此而造成研究开发工作停滞、延误或失败的,研究开发方应赔偿损失;经委托方催告并经合理的期间,研究开发方仍不退还费用以用于研究开发工作的,委托方有权解除合同,并请求损害赔偿。

(3) 按期完成研究开发工作并交付成果。研究开发方应当按照合同约定的条件按期完成研究开发工作,及时组织验收并将工作成果交付委托方。研究开发方在完成研究开发工作中不得擅自变更标的内容、形式和要求。由于研究开发方的过错,致使研究开发成果不符合合同约定条件的,研究开发方应当赔偿损失;致使研究开发工作失败的,应当返还部分或全部研究开发费用并赔偿损失。

(4) 研究开发方的后续义务。研究开发方依照合同约定完成研究开发工作并交付工作成果时,还应当提供有关的技术资料,并给予必要的技术指导,对委托方人员进行技术培训,帮助委托方掌握该项技术成果。研究开发方不得向第三人泄露技术开发成果的技术秘密,不得向第三人提供该项技术成果,但当事人另有约定或法律另有规定的除外。

### (二) 合作开发合同的效力

依《合同法》第 335 条规定,合作开发合同的双方当事人应负担以下义务:

#### 1. 合作各方应当依照合同约定投资

合作开发合同当事人各方应依合同的约定投资。所谓投资,是指当事人以资金、设备、材料、场地、试验条件、技术情报资料、专利权、非专利技术成果等方式对研究开发项目所作的投入。以资金以外的形式投资的,应当折算成相应的金额,明确当事人在投资中所占的比例。

#### 2. 合作各方应依合同约定的分工参与研究开发工作并相互协作配合

合作开发合同的各方有共同进行研究开发工作的权利和义务。合作开发合同的当事人可以由双方代表组成指导机构,对研究开发工作中的重大问题进行决策,协调和组织研究开发工作。当事人各方均应按照合同中约定的分工参与研究开发工作,并在工作中相互协作,相互配合。若一方当事人仅是提供资金、设备、材料等物质条件,或者承担辅助协作事项,不能成为合作开发合同的当事人,只能是委托开发合同的委托人。合作开发合同的当事人必须分工参与研究开发工作。依《关于技术合同的解释》第 19 条中的规定,"分工参与研究开发工作",包括当事人按照约定的计划和分工,共同或者分别承担设计、工艺、试验、试制等工作。

此外,合作开发合同的当事人各方应保守技术情报、资料和技术成果的秘密。

依《合同法》第336条规定,合作开发合同中,任何一方违反合同,造成研究开发工作停滞、延误或者失败的,应当承担违约责任。合作开发合同当事人的违约行为主要表现为:(1) 不按照合同约定进行投资(包括以技术进行投资);(2) 不按照合同约定的分工参与研究开发工作;(3) 不按照合同约定与其他各方完成协作配合任务。

合作开发合同当事人在约定的期限内不履行义务的,另一方或其他各方有权解除合同。违约当事人一方应当赔偿因违约而给另一方或其他各方所造成的损失。

### (三) 技术开发合同中风险的负担

狭义的技术开发合同中的风险是指当事人一方的债务因不可归责于双方当事人的事由而不能履行时,由此所产生的损害状态。风险负担,即指上述风险应由哪一方当事人负担。

技术开发合同中的风险,可以由当事人约定负担原则。如果合同中没有对风险责任加以约定或者约定不明确,依照《合同法》第61条的规定仍不能确定的,根据《合同法》第338条的规定,风险由当事人合理分担。

当一方当事人在技术开发合同履行过程中发现,因出现无法克服的技术困难,可能导致研究开发失败或者部分失败的情况时,应当及时通知另一方并采取适当措施减少损失,如向委托方提供咨询报告和意见,建议改变研究开发内容或者全部放弃研究开发工作等。与此同时,研究开发方亦有权主动停止研究开发工作。如果当事人一方没有及时通知另一方并采取适当措施,致使损失扩大的,应当就扩大的损失承担责任。

### (四) 技术开发合同中技术成果权益的归属

在技术开发合同中,技术成果权益的归属应遵循以下规则:

其一,委托开发所完成的技术成果,如属可以申请专利的,则申请专利的权利在一般情况下归研究开发人,研究开发人取得专利权的,委托人可以免费实施该专利。但当事人约定申请专利的权利归委托人或由双方当事人共同行使的,从其约定(《合同法》第339条第1款)。为鼓励风险投资,推动技术进步,《合同法》第339条中规定:委托开发合同中,研究开发人取得专利权的,委托人有权免费实施该项专利;研究开发人员转让专利权申请权的,委托人有优先受让权。当然,此项优先受让权的享有和行使以同等条件为前提。对于履行委托开发合同所取得的技术秘密成果,委托开发的研究开发人不得在向委托人交付研究开发成果之前,将研究开发成果转让给第三人,违反此项义务,应承担相应的违约责任。

其二,合作开发所完成的技术成果,如属可以申请专利的,申请专利的权利属于合作开发的当事人共有。当事人约定归其中一方或几方所有的,从其约定(《合同法》第340条第1款)。当事人一方转让专利申请权的,其他各方当事人在同等条件下享有优先受让权,其他各方当事人都行使优先受让权的,得按原有份额共同受让(《合同法》第340条第1款)。此项优先购买权的行使,在本质上系属共有财产中共有人所享有的优先购买权的一种,其具体规则得参考优先购买权的一般规则执行。

合作开发的当事人一方声明放弃其所共有的专利申请权的,该专利申请权由其他当事人单独或共同享有并行使。经申请取得专利权的,声明放弃专利申请权的一方可以免费实施该专利(《合同法》第340条第2款)。

合作开发的当事人一方不同意申请专利的,另一方或其他各方不得申请专利(《合同法》第340条第3款)。

其三,委托开发或者合作开发完成的技术成果不属可申请专利的,对于技术成果秘密的使用权、转让权以及利益的分配办法,由当事人约定。没有约定或者约定不明确,依照《合同法》第61条的规定仍不能确定的,当事人均有使用和转让的权利,但委托开发的研究开发人不得在向委托人交付研究开发成果之前,将研究开发成果转让给第三人(《合同法》第341条)。所谓"当事人均有使用和转让的权利",依《关于技术合同的解释》第20条规定,包括当事人均有不经对方同意而自己使用或者以普通使用许可的方式许可他人使用技术秘密,并独占由此所获利益的权利。当事人一方将技术秘密成果转让权让与他人,或者以独占或者排他使用许可的方式许可他人使用技术秘密,未经对方当事人同意或者追认的,应当认定该让与或者许可行为无效。

### 三、技术开发合同终止的特别事由

《合同法》第337条规定:"因作为技术开发合同标的的技术已经由他人公开,致使技术开发合同的履行没有意义的,当事人可以解除合同。"这是关于技术合同终止的特别事由的规定。

在技术开发合同成立并生效之后,作为技术开发合同标的的技术被他人公开,致使技术开发合同的履行没有意义的,实践中主要包括两种情形:其一,他人业已开发出此项技术,并已申请专利;其二,他人已开发出此项技术,虽未申请专利,但人们已普遍掌握了此项技术。这两种情形,就当事人双方而言,无论何方解除合同均属不可归责于双方当事人的事由,系技术开发合同中的固有风险,因此给各方当事人所造成的损失,有约定时,根据约定;没有约定时,由各方合理分担。

## 第三节 技术转让合同

### 一、技术转让合同概述

#### (一) 技术转让合同的范围和特征

广义的技术转让合同,是指当事人就专利权转让、专利申请权转让、技术秘密转让和专利实施许可所订立的合同。狭义的技术转让合同不包括专利实施许可合同。《合同法》就技术转让合同的范围采广义的理解。

技术转让合同有以下特征:

1. 技术转让合同的标的技术是现有的技术成果

技术转让合同所转让的只能是现有的技术成果,而不能是待开发研究的成果。合同的标的技术是否为现有的技术成果,是技术转让合同与技术开发合同的区别所在。

2. 技术转让合同为双务合同、有偿合同、诺成合同、要式合同

在技术转让合同中,转让方须转让其技术成果、技术成果的使用权或专利申请权,受让方须向转让方支付价金或使用费,双方有对待给付义务,故其为双务合同。合同当事人任何一方取得利益均须支付相应对价,故为有偿合同。技术转让合同并不以技术成果的实际交付为成立要件,而是自当事人意思表示一致时起即成立,所以技术转让合同为诺成合同。技术转让合同应当以书面形式作成,有的还要求具备特定手续,因而技术转让合同应为要式合同。

### (二) 技术转让合同中的"使用范围"条款

《合同法》第343条规定:"技术转让合同可以约定让与人和受让人实施专利或者使用技术秘密的范围,但不得限制技术竞争和技术发展。"这就是关于技术转让合同中所谓"使用范围"条款的规定。此处所称的"范围",是指技术转让方与受让方在合同中约定的对实施专利技术或使用非专利技术的合理限制,它包含了当事人合法使用作为合同标的物技术的行为界限和活动领域。

在专利实施许可或专有技术转让的情况下,合同首先应当明确受让方是取得普通使用权、排他使用权,还是独占使用权。

除了确定技术许可合同的性质外,合同中还可以规定转让方对受让方实施专利技术和使用专有技术的若干限制。这类限制主要包括:

1. 期间范围

在专利实施许可合同中,当事人可以约定专利实施许可为整个专利存续期间,也可以约定专利实施许可为专利存续期间中某一段时间,但不得在专利权终止以后继续订立专利实施许可合同。合同没有约定实施期限的,应推定为是在整个专利存续期间的实施许可。依《关于技术合同的解释》第28条第2款规定,当事人对实施专利或者使用技术秘密的期限没有约定或者约定不明确的,受让人实施专利或者使用技术秘密不受期限限制。

2. 使用地区范围

在专利实施许可合同中存在的地域限制条款,并不等同于专利权本身的地域限制特征:即专利仅仅在批准它的国家境内有效,作为一条法定的原则,无须以合同条款加以赘述。这里的地域限制一般指的是受让方有权依专利实施许可合同的技术去从事产品制造或销售等活动的地域范围,它包括本国的不同地区或跨国的不同地区。

3. 实施方式的范围

当合同标的技术的实施表现为某种特定的工艺技术(方法),并且该技术可以用于多种用途和目的时,转让方可以在合同中规定受让方只能将其用于一种或几种目的和用途以及接触技术秘密的人员。

法律承认当事人在合同中约定一定的使用范围的合法性,并不意味着当事人可以滥用此项合同权利,以种种不合理的限制性条款妨碍技术竞争和技术发展。含有上述条款的技术转让合同,依《合同法》的规定,应属带有"非法垄断技术,妨碍技术进步"内容的无效技术合同。

### (三) 涉及专利权的技术转让合同的特别规定

专利权的一个主要特征,就是其期限性特征。一旦超过有效期限,该专利便进入公有领域,任何单位和个人都可以自由地无偿地使用。此时,专利权人自然不得就此项专利再行订立专利实施许可合同。

专利权在一定情况下可能被宣告无效。根据我国专利法的规定,宣告无效的专利权视为自始不存在。当事人自然也不得就宣告无效的专利权与他人订立专利实施许可合同。

## 二、技术转让合同的效力

### (一) 技术转让合同的一般效力

1. 技术转让合同中让与人的义务

依《合同法》第349条规定:在技术转让合同中,让与人应当保证自己是所提供技术的合法拥有者,并且保证所提供的技术完整、无误、有效,能够达到约定的目标。这是技术转让合同中让与人的权利瑕疵担保义务和物的瑕疵担保义务的具体体现。受让人按照约定实施专利,使用技术秘密侵害他人合法权益的,由让与人承担责任,当事人另有约定的除外。

让与人未按照约定转让技术的,应当返还部分或者全部使用费,并且应当承担违约责任;实施专利或者使用技术超越约定范围的,违反约定擅自许可第三人实施该项专利或者使用该项技术秘密的,应当停止违约行为,承担违约责任;违反约定的保密义务的,应当承担违约责任。

2. 技术转让合同中受让人的义务

技术转让合同的受让人应当按照约定的范围和期限,对让与人提供的技术中尚未公开的秘密部分,承担保密义务。在技术转让合同中,需要保密的那部分技术的技术资料,通常由最有价值的技术构成。转让方为了保护自身的利益,往往要在合同中对技术情报的保密作出规定,要求受让方承担不泄露有关技术情报的义务。在所有技术转让合同中,都有可能存在保密问题,在含有专有技术、计算机软件的转让中,此类问题更为突出。

受让人应当依约支付使用费,受让人未按照约定支付使用费的,应当补交使用费并按照约定支付违约金;不补交使用费或者支付违约金的,应当停止实施专利、使用技术秘密,交还技术资料,承担违约责任;实施专利或者使用技术秘密超越约定范围的,未经让与人同意擅自许可第三人实施该专利或者使用该技术秘密的,应当停止违约行为,承担违约责任;违反约定的保密义务的,应当承担违约责任。

3. 后续改进技术成果的权益分配

所谓后续改进,是指在技术转让合同的有效期内,一方或双方对作为合同标的技术的专利或技术秘密所作的革新和改良。在科学技术迅猛发展的今天,多数技术转让合同所包含的技术是双方都有可能进行新的改进和发展的。对于这种超出原有转让技术的新的改进和发展如何分享,当事人应在合同中明确约定,没有约定或者约定不明确的,依照《合同法》第61条的规定确定,仍不能确定的,一方后续改进的技术成果,其他各方无权分享(《合同法》第354条)。

**(二) 技术转让合同的特别效力**

1. 专利实施许可合同的效力

(1) 许可方的义务。专利实施许可合同的许可方应依合同约定许可被许可方在约定的范围、期限内实施专利技术。许可人应当保证其对专利技术享有许可他人使用的权利,并保证被许可人依合同约定使用其技术不会损害第三人权利。若合同中约定专利实施许可为排他实施许可,则许可人不得在已经许可被许可方实施专利的范围内,就同一专利与第三人订立专利实施许可合同;若合同中约定专利实施许可为独占实施许可的,许可人和任何第三人都不得在已经许可被许可方实施专利的范围内实施该专利。

许可人还负有在合同有效期内维持其权利的义务,并应当办理法律规定的必要手续,交付与实施技术有关的资料,提供必要的技术指导。

(2) 受让方的义务。专利实施许可合同受让方应当依照合同约定的范围、方式使用技术,未经许可人同意,不得允许第三人使用技术。支付使用费是受让方的主要义务,使用费可以理解为受让方对专利权人转让其专利使用权的报酬。

在实践中,转让方往往要求受让方承担实施专利的义务。尤其是在合同价款采取提成支付的情况下,通过受让方履行实施专利的义务,可以使转让方获得对方实施其专利的最大利润。此时,受让方的实施义务包括:在一定时间内将专利产品投入生产;行使合同所约定的权利;在一定范围内生产专利产品并作相应的推销工作。转让方如果想使受让方承担实施义务,应当与受让方在合同中达成明确的协议。

2. 技术秘密转让合同的效力

技术秘密转让合同又称为非专利技术转让合同或专有技术许可合同,是指双方当事人约定转让方将其拥有的技术秘密(非专利技术或专有技术)提供给受让方,明确相互之间对技术秘密的使用权、转让权,受让方支付约定使用费的合同。

在技术秘密转让合同中,双方当事人分别应负担以下义务:

就转让人而言,转让方应按照合同约定提供技术资料、进行技术指导;保证技术的实用性和可靠性;承担合同约定的保密义务。转让方未按照合同约定转让技术的,如转让方不按合同约定向受让方提供技术资料,或不按照合同约定向受让方提供技术指导的,除返还部分或全部使用费外,还应当赔偿损失。转让方超过一定期限未提供合同约定的非专利技术成果的,受让方有权解除合同,转让方应当返还使用费,并赔偿损失。转让方违反合同约定的保密义务,泄露技术秘密,使受让方遭受损失的,受让方有权解除合同,转让方应当赔偿损失。

就受让人而言,受让人应当在合同约定的范围内使用技术;按照合同约定支付使用费;承担合同约定的保密义务。

## 第四节 技术咨询合同和技术服务合同

### 一、技术咨询合同和技术服务合同概述

#### (一)技术咨询合同的概念和特征

依《合同法》第 356 条第 1 款规定,技术咨询合同包括就特定技术项目提供可行性论证、技术预测、专题技术调查、分析报告等合同。

技术咨询合同具有如下特征:

(1)技术咨询合同在技术交易领域内具有自己特定的调整对象,即合同当事人在完成一定的技术项目的可行性论证、技术预测、专题技术调查等软科学研究活动中产生的民事法律关系。

(2)履行技术咨询合同的目的在于:受托方为委托方进行科学研究、技术开发、成果推广、技术改造、工程建设、科技管理等项目提出建议、意见和方案,供委托方在决策时参考,从而使科学技术的决策和选择真正建立在民主化和科学化的基础之上。因此,技术咨询合同的履行结果并不是某些立竿见影的科技成果,而是供委托方选择的咨询报告。

(3)技术咨询合同中的受托人应当是具有知识和经验,能够对咨询问题给出答案、提出建议、拿出方案的专门机构和专门人才。[①]

#### (二)技术服务合同的概念和种类

依《合同法》第 356 条第 2 款规定,技术服务合同是指当事人一方以技术知识为另一方

---

① 参见段瑞春:《技术合同》,法律出版社 1999 年版,第 206 页。

解决特定技术问题所订立的合同,不包括建设工程合同和承揽合同。这里的所谓"特定技术项目",依《关于技术合同的解释》第 30 条规定,包括有关科学技术与经济社会协调发展的软科学项目,促进科技进步和管理现代化、提高经济效益和社会效益等运用科学知识和技术手段进行调查、分析、论证、评价、预测的专业性技术项目。

在实践中,技术服务合同包括技术辅助服务合同、技术中介合同和技术培训合同。所谓技术辅助服务合同,是指当事人一方利用科技知识为另一方解决特定专业技术问题所订立的合同。所谓技术中介合同,又称技术中介服务合同,是指一方当事人为另一方当事人提供订立技术合同的机会或者作为订立技术合同的媒介的合同。所谓技术培训合同,又称技术培训服务合同,是指一方当事人为另一方当事人所指定的人员进行特定技术培养和训练的合同。

## 二、技术咨询合同的效力

### (一) 委托人的义务

委托人的主要义务是:(1)阐明咨询的问题,并按照合同的约定向受托人提供有关技术背景资料及有关材料、数据,必要时还应当依合同的约定为受托人作现场调查、测试、分析等工作提供方便。(2)按时接受咨询顾问的工作成果并按约定支付报酬。委托人迟延支付报酬的,应当承担迟延履行的违约责任;不支付报酬的,应当退还咨询报告和意见,补交报酬,赔偿损失。

### (二) 受托人的主要义务

受托人应当按照合同约定按期提出咨询报告或者解答委托人提出的问题。受托人提出的咨询报告或解答可以采取多种形式,既可以由受托人在完成咨询课题后提交一次性报告;也可以由受托人针对咨询的问题,逐一提出建议;还可以由受托人在进行第一步调查研究和分析论证后先提交初步报告,在进一步开展工作之后,提交中期报告,在听取委托人要求和专家评析意见的基础上完成最终报告,交委托人验收。受托人提出的咨询报告或解答应达到约定的要求。

### (三) 违约责任的承担和实施风险的负担

1. 委托方违约责任的承担

(1)委托方迟延提供合同约定的数据和资料,或者所提供的数据资料有严重缺陷,影响工作进度和质量的,应当如数支付报酬,并应当赔偿损失。委托人提供的资料、数据等有明显错误或者缺陷,在接到受托人于合理期限内的补正通知后未在合理期限内答复并予以补正的,应承担由此发生的损失。

(2)委托方逾期不提供或者补充有关技术资料和数据、工作条件,导致受托方无法开展工作的,受托方有权解除合同,委托方应当赔偿损失。

2. 受托方违约责任的承担

(1)受托方未按期提出咨询报告或者所提出的咨询报告不符合合同约定的,应当减收或者免收报酬,赔偿损失。

(2)受托方迟延提交咨询报告和意见的,应当承担迟延履行的违约责任。咨询报告和意见不符合合同约定的条件的,应当减收或者免收报酬;不提交咨询报告和意见,或者所提交的咨询报告和意见水平低劣无参考价值的,应当返还报酬,赔偿损失。

(3)受托方在接到委托方提交的技术资料和数据之日起超过约定期限不进行调查论证

的,委托方有权解除合同,受托方应当赔偿损失。受托方发现委托人提供的资料、数据等有明显错误或者缺陷,未在合理期限内通知委托人的,视为其对委托人提供的资料、数据等予以认可,由此发生的后果应自行承担。

3. 实施风险的负担

当技术咨询合同的委托方采纳和实施受托方作出的符合合同约定的咨询报告和意见后,如果出现损失,这种风险应当由谁承担?对此,应当遵循的原则是:除合同另有规定外,委托方按照受托方符合约定要求的咨询报告和意见作出决策所造成的损失,应当由委托方承担。

### 三、技术服务合同的效力

**(一)委托人的义务**

(1) 委托人应按照约定提供工作条件,完成配合事项。

(2) 委托人应当按照合同的约定按期接受受托方的工作成果。在验收工作成果时,如发现工作成果不符合合同规定的技术指标和要求,应当在约定的期限内及时通知对方返工或改进。

(3) 委托人应当按照约定给付报酬。

**(二)受托人的义务**

受托人应当按照合同约定完成服务项目,解决技术问题,保证工作质量,并传授解决技术问题的知识。

**(三)违约责任的承担**

关于双方当事人的违约责任,《合同法》第362条规定:技术服务合同的委托人不履行合同义务或者履行合同不符合约定,影响工作进度和质量;不接受或者逾期接受工作成果的,支付的报酬不得追回,未支付的报酬应当支付。技术服务合同的受托人未按照合同约定完成服务工作的,应当承担免收报酬等违约责任。依《关于技术合同的解释》第35条第2款规定,技术服务合同受托人发现委托人提供的资料、数据、样品、材料、场地等工作条件不符合约定,未在合理期限内通知委托人的,视为其对委托人提供的工作条件予以认可。委托人在接到受托人的补正通知后未在合理期限内答复并予补正的,发生的损失由委托人承担。

### 四、新技术成果权益的归属

技术咨询合同、技术服务合同的履行过程,事实上也是一个当事人之间互通技术信息、交流工作成果的过程,这一过程为双方当事人创造出更新的技术成果提供了条件和机会。因此,依《合同法》第363条规定,在履行技术咨询合同、技术服务合同的过程中,受托方利用委托方提供的技术资料和工作条件所完成的新的技术成果,除合同另有约定外,属于受托方;委托方利用受托方的工作成果所完成的新的技术成果,除合同另有约定外,属于委托方。

### 五、技术中介合同和技术培训合同的法律适用

技术中介合同和技术培训合同属于技术服务合同的两个具体类别。

技术中介合同是指双方当事人约定中介人依据委托人的要求,为委托人与第三人订立技术合同提供机会或促成技术合同以及对履行合同提供专门服务订立,由委托人向中介人给付约定报酬的合同。可见,技术中介合同,其实就是技术居间合同。《合同法》关于居间合

同的规定对其有适用余地。此外,国家为规范技术中介市场,有一系列的规定出台,其中属法律或行政法规的,对技术中介合同也有适用余地。依《关于技术合同的解释》第 39、40、41 条规定,技术中介合同对中介人从事中介活动的费用负担没有约定或者约定不明确的,由中介人承担,有约定的依其约定。所谓中介费用,是指中介人在委托人和第三人订立合同前,进行联系、介绍活动所支出的通信、交通和必要的调查研究等费用。当事人对中介报酬数额没有约定或者约定不明确的,根据中介人所进行的劳务合理确定;仅在委托人与第三人订立的技术合同中约定中介条款,但未约定给付中介人报酬或者约定不明确的,应当支付的中介报酬由委托人和第三人平均承担。中介人未促成委托人与第三人之间技术合同成立的,不能要求支付报酬,但除当事人另有约定外,可以要求委托人支付其从事中介活动支出的必要费用。中介人不履行义务,隐瞒与订立合同的有关重要事实或者提供虚假情况,侵害委托人利益的,应当根据情况免收报酬并承担赔偿责任。但中介人对造成委托人与第三人之间的技术合同无效或被撤销无过错,并且该技术合同无效或者被撤销不影响有关中介条款或者技术中介合同继续有效的,中介人仍有权要求给付从事中介活动的费用和报酬。

技术培训合同是指双方当事人约定,受托方为委托方的指定人员进行特定项目的专业技术训练和技术指导的合同,但不包括职业培训、文化学习和按照行业、法人或者其他组织的计划进行的职工业余教育。技术培训合同是国际上公认的技术服务合同形式。就技术培训,其他法律、行政法规设有规定的,适用其规定。依《关于技术合同的解释》第 37 条规定,当事人对技术培训必需的场地、设施和试验条件等工作条件的提供和管理责任没有约定或者约定不明确的,由委托人负责提供和管理。委托人派出的学员不符合约定条件,影响培训质量的,应当按照约定支付报酬;受托人配备的教员不符合约定条件,影响培训质量,或者受托人未按照计划和项目进行培训,导致不能实现约定培训目标的,应当减收或者免收报酬。但受托人发现学员不符合约定条件或者委托人发现教员不符合约定条件,未在合理期限内通知对方,或者接到通知的一方未在合理期限内改派的,应当由负有履行义务的当事人承担相应的民事责任。

**【思 考 题】**

1. 简述技术合同的特征。
2. 简述技术开发合同的效力。
3. 简述技术转让合同的效力。

**【法律应用】**

1. 甲公司委托乙公司开发一种浓缩茶汁的技术秘密成果,未约定成果使用权、转让权以及利益分配办法。甲公司按约定支付了研究开发费用。乙公司按约定时间开发出该技术秘密成果后,在没有向甲公司交付之前,将其转让给丙公司。下列哪种说法是正确的?(2006 年司考题)

  A. 该技术秘密成果的使用权只能属于甲公司
  B. 该技术秘密成果的转让权只能属于乙公司
  C. 甲公司和乙公司均有该技术秘密成果的使用权和转让权
  D. 乙公司与丙公司的转让合同无效

2. 甲研究所与刘某签订了一份技术开发合同,约定由刘某为甲研究所开发一套软件。

3个月后,刘某按约定交付了技术成果,甲研究所未按约定支付报酬。由于没有约定技术成果的归属,双方发生争执。下列哪些选项是正确的?(2008年司考题)

A. 申请专利的权利属于刘某,但刘某无权获得报酬
B. 申请专利的权利属于刘某,且刘某有权获得约定的报酬
C. 如果刘某转让专利申请权,甲研究所享有以同等条件优先受让的权利
D. 如果刘某取得专利权,甲研究所可以免费实施该专利

3. 甲公司于2004年5月10日申请一项汽车轮胎的实用新型的专利,2007年6月1日获得专利权,2008年5月10日与乙公司签订一份专利独占实施许可合同。下列哪些选项是正确的?(2008年司考题)

A. 该合同属于技术转让合同
B. 该合同的有效期不得超过10年
C. 乙公司不得许可第三人实施该专利技术
D. 乙公司经甲公司授权可以自己的名义起诉侵犯该专利技术的人

4. 甲公司非法窃取竞争对手乙公司最新开发的一项技术秘密成果,与丙公司签订转让合同,约定丙公司向甲公司支付一笔转让费后拥有并使用该技术秘密。乙公司得知后,主张甲丙之间的合同无效,并要求赔偿损失。下列哪些说法是正确的?(2009年司考题)

A. 如丙公司不知道或不应当知道甲公司窃取技术秘密的事实,则甲丙之间的合同有效
B. 如丙公司为善意,有权继续使用该技术秘密,乙公司不得要求丙公司支付费用,只能要求甲公司承担责任
C. 如丙公司明知甲公司窃取技术秘密的事实仍与其订立合同,不得继续使用该技术秘密,并应当与甲公司承担连带赔偿责任
D. 不论丙公司取得该技术秘密权时是否为善意,该技术转让合同均无效

5. 甲、乙、丙三人合作开发一项技术,合同中未约定权利归属。该项技术开发完成后,甲、丙想要申请专利,而乙主张通过商业秘密来保护。对此,下列哪些选项是错误的?(2010年司考题)

A. 甲、丙不得申请专利
B. 甲、丙可申请专利,申请批准后专利权归甲、乙、丙共有
C. 甲、丙可申请专利,申请批准后专利权归甲、丙所有,乙有免费实施的权利
D. 甲、丙不得申请专利,但乙应向甲、丙支付补偿费

6. 甲公司与乙公司签订一份技术开发合同,未约定技术秘密成果的归属。甲公司按约支付了研究开发经费和报酬后,乙公司交付了全部技术成果资料。后甲公司在未告知乙公司的情况下,以普通使用许可的方式许可丙公司使用该技术,乙公司在未告知甲公司的情况下,以独占使用许可的方式许可丁公司使用该技术。下列哪一说法是正确的?(2011年司考题)

A. 该技术成果的使用权仅属于甲公司
B. 该技术成果的转让权仅属于乙公司
C. 甲公司与丙公司签订的许可使用合同无效
D. 乙公司与丁公司签订的许可使用合同无效

7. 甲公司与乙公司签订一份专利实施许可合同,约定乙公司在专利有效期限内独占实施甲公司的专利技术,并特别约定乙公司不得擅自改进该专利技术。后乙公司根据消费者

的反馈意见,在未经甲公司许可的情形下对专利技术做了改进,并对改进技术采取了保密措施。下列哪一说法是正确的?(2012年司考题)

  A. 甲公司有权自己实施该专利技术  B. 甲公司无权要求分享改进技术
  C. 乙公司改进技术侵犯了甲公司的专利权  D. 乙公司改进技术属于违约行为

  8. 甲公司向乙公司转让了一项技术秘密。技术转让合同履行完毕后,经查该技术秘密是甲公司通过不正当手段从丙公司获得的,但乙公司对此并不知情,且支付了合理对价。下列哪一表述是正确的?(2013年司考题)

  A. 技术转让合同有效,但甲公司应向丙公司承担侵权责任
  B. 技术转让合同无效,甲公司和乙公司应向丙公司承担连带责任
  C. 乙公司可在其取得时的范围内继续使用该技术秘密,但应向丙公司支付合理的使用费
  D. 乙公司有权要求甲公司返还其支付的对价,但不能要求甲公司赔偿其因此受到的损失

【讨论案例】

  1. 甲公司委托乙公司发明一种新型的日光灯,乙公司在与甲公司签订合同之后,派其负责日光灯开发工作的丙主持该项工作。经过研究开发,丙发明了一种新型的日光灯。同时,乙公司的另一工作人员丁在业余时间自行搜索资料进行研究,也发明了一种达到甲公司要求的新型日光灯,而丁并未利用甲公司与乙公司提供的资料与技术。

  请回答以下问题:(1)丙、丁完成的发明创造的专利申请权归属于谁?为什么?(2)若两项专利申请均获得批准,专利权应当归属谁?为什么?(3)专利权获批后,谁有权实施该专利?为什么?

  2. 甲公司想生产一种麻醉注射泵,便找到乙公司,双方签订了技术委托开发合同,约定由甲公司向乙公司提供技术资料,由乙公司组织专家进行研究,2年之内向甲公司提供符合甲公司所提出的技术要求的麻醉注射泵。如果遭遇不能克服的技术困难,乙公司无法完成合同,则甲公司只向乙公司支付实际支出费用的一半。合同总价款100万元,合同生效后,甲公司向乙公司预付20万元。乙公司不得将甲公司提供的技术资料提供给第三人。如果研发成功,乙公司不得向第三人转让或者许可第三人使用麻醉注射泵的生产技术。合同签订一年之后,甲公司检查乙公司的工作进程,认为乙公司在合同履行期内应当会研发成功,便与丙公司签订了买卖合同,约定一年之后,甲公司以每台5 000元的价格向丙公司出售1 000台麻醉注射泵,违约金为6万元。但是,乙公司在研发中遇到了目前技术条件无法克服的技术困难,于是便停止了工作,当时乙公司已经耗资60万元。虽然乙公司知道甲公司与丙公司签订了买卖合同,但乙公司并未通知甲公司。对于乙公司遇到技术困难一无所知的甲公司又与丁公司签订了买卖合同,约定一年之后,甲公司以每台5 000元的价格向丁公司出售1 000台麻醉注射泵,违约金为10万元。乙公司在合同履行期满后未能完成研发,无法向甲公司提供技术成果。与此同时,丙公司与丁公司均要求甲公司履行合同,否则支付违约金。

  请回答下列问题:(1)乙公司遇到无法克服的技术困难而不能完成研发,能否要求甲公司支付其实际耗资60万元?为什么?(2)甲公司向丙公司支付6万元违约金后,甲公司能否就该损失要求乙公司赔偿?为什么?(3)甲公司向丁公司支付10万元违约金后,甲公司能否就该损失要求乙公司赔偿?为什么?(4)如果乙公司研发成功,那么甲公司是否可以使用该技术?为什么?

# 第十九章 保管合同

【学习指南】

重点把握保管合同的特性、当事人应承担的义务；难点在于理解保管合同的无偿性。

【导入案例】

甲到某洗浴中心洗澡，将自己随身携带的物品和衣物一起放入衣柜中，用并洗浴中心提供的挂锁锁好。甲洗完澡后穿衣服时发现身上带的价值4 000元的手机及2 000元现金丢失。于是，甲要求洗浴中心赔偿。洗浴中心以已经在墙上挂出了"贵重物品请妥善保管，丢失概不负责"的告示牌为由，拒绝赔偿。通过本章的学习，分析甲与洗浴中心之间是否成立保管合同、洗浴中心应否赔偿甲的损失。

## 第一节 保管合同概述

### 一、保管合同的概念和特征

保管合同又称寄托合同、寄存合同，是指双方当事人约定一方当事人保管另一方当事人交付的物品，并返还该物品的合同(《合同法》第365条)。其中，保管物品的一方为保管人或称受寄托人，其所保管的物品为保管物，交付物品保管的一方为寄存人或称寄托人。

保管合同具有如下特征：

(1) 保管合同为实践合同

《合同法》第367条规定："保管合同自保管物交付时成立，但当事人另有约定的除外。"依此规定，保管合同的成立，除当事人另有约定外，不仅须有当事人双方的意思表示一致，而且须有寄存人将保管物交付于保管人的行为。也就是说，寄存人交付保管物是保管合同成立的要件，因此，除当事人另有特别约定外，保管合同为实践合同，而非诺成合同。

(2) 保管合同为无偿合同、不要式合同、双务合同

在我国，保管合同是社会成员相互提供帮助或服务部门为公民提供服务的一种形式，以

无偿为原则。但当事人也可以约定为保管而给付报酬,此时,保管则为有偿的。因此,保管合同为无偿合同。当然,当事人另有约定时,保管合同也可为有偿合同。

保管合同并不要求当事人采取特定形式,因此,保管合同为不要式合同。

保管合同为双务合同还是单务合同,学者中有不同的观点:一种观点认为,在无偿保管中,保管合同为单务合同;在有偿保管中,保管合同为双务合同。另一种观点认为,保管合同就是双务合同,而不以保管的有偿无偿为转移。我们认为,保管合同属于准双务合同,因为在无偿的保管中,寄存人仍有可能负担支付保管人为保管所支出的必要费用的义务。

(3) 保管合同以物品的保管为目的

保管合同订立的直接目的是由保管人保管物品,而非以保管人获得保管物品的所有权或使用权为目的,因此,保管合同的标的是保管人的保管行为,保管人的主要义务是保管寄存人交付其保管的物品。保管合同的这一特征使之与借用、租赁、承揽、运输等合同区分开来。

(4) 保管合同移转标的物的占有

如上所述,保管合同为实践合同,以标的物移交给保管人为成立要件,保管合同不是以保管人获得物品的所有权或使用权为目的,保管合同并不发生保管物的所有权或使用权转移,但因物品为保管人保管,保管人得取得占有。不移转标的物的占有,保管人无法履行保管义务。

## 二、保管合同与类似合同辨析

### (一) 保管合同与承揽合同

保管合同与承揽合同的相似之处在于:保管合同以保管保管物为主要内容,承揽合同中的承揽人也有保管对方交付物品的义务。但两者有明显的区别:保管合同的目的仅在于保管物品;承揽合同的目的则主要在于完成一定的工作,保管义务仅是附带的义务,属于手段性义务。

### (二) 保管合同与委托合同

保管合同与委托合同都属于提供一定服务的合同,但两者之间有明显区别:保管合同中保管人所提供的服务仅限于保管保管物,而委托合同中受托人所提供的服务则为范围广泛的事务处理。

# 第二节 保管合同的效力

## 一、保管人的义务

### (一) 给付保管凭证的义务

根据《合同法》第 368 条的规定,除非另有交易习惯,寄存人向保管人交付保管物的,保管人应当给付保管凭证。保管凭证的给付,并非保管合同的成立要件,也非保管合同的书面形式。保管凭证仅是证明保管合同关系存在的证据。

### (二) 保管保管物的义务

1. 妥善保管保管物的义务

在保管合同中,保管保管物是保管人依保管合同应负的主要义务。保管人对保管物的保管应尽相当的注意。一般说来,在保管合同为无偿时,保管人有重大过失的,方应对保管物的毁损、灭失负赔偿责任;在保管合同为有偿时,保管人应尽善良管理人的注意,即应负抽象轻过失的责任。为充分保护消费者的利益,应注意到特定场合下的保管合同所具有的间接的有偿性。例如,商业经营场所对顾客寄存的物品的保管,不论其保管是有偿还是无偿,保管人都应尽善良管理人的注意。①

作为保管人妥善保管保管物的义务的体现,对保管人保管物的方法和场所,当事人有约定的,应从其约定;无约定的,应依保管物的性质、合同的目的以及诚实信用原则确定。当事人约定了保管方法和场所的,保管人不得擅自更改。但为维护寄存人的利益,基于保管物自身的性质或者因紧急情况必须改变保管方法或场所的,保管人得予以改变。

保管人违反保管合同中的妥善保管义务,致保管物毁损灭失的,保管人应承担违约责任。当保管物的毁损、灭失是由于保管人自身的侵权行为所致时,还发生侵权责任与违约责任的竞合。当保管合同为无偿时,由于保管人的保管行为并未获取相应的报酬,为兼顾双方当事人的利益,仅在保管人有重大过失时,方就保管物的毁损、灭失承担赔偿责任,此时,违约责任的归责原则为过错推定。

2. 亲自保管保管物的义务

保管人须亲自为保管行为,除当事人另有约定,不得将保管义务转托给他人履行。所谓亲自保管,包括保管人自己保管,也包括使用履行辅助人辅助保管。保管人擅自让第三人代为保管的,为违法的转保管,对于保管物因此而发生的损害,保管人应负赔偿责任。例如,保管人将保管物擅自转由第三人保管时,即使保管物系因意外而毁损、灭失的,保管人也应负赔偿责任。但若保管人能够证明即使不让第三人代为保管仍不可避免损害发生的,保管人可不负责任。

在当事人另有约定,保管人使第三人代为保管的,保管人应就对第三人的选任和指示的过失承担责任。于此情况下,若保管人在对第三人的选任和指示上没有过错,则不承担责任。但保管人应就其选任和指示没有过错负举证责任。

**(三) 不得使用或许可他人使用保管物的不作为义务**

保管人有权占有保管物,但不得使用保管物,也不能让第三人使用,但经寄存人同意或基于保管物的性质必须使用(亦即保管物的使用属于保管方法的一部分)的情形除外。如果保管人未经寄存人同意,其使用也不为保管物的性质所必要,擅自使用保管物或者使第三人使用保管物的,则无论保管人主观上有无过错,均应向寄存人支付相应的报酬,以资补偿。报酬的数额可比照租金标准计算,保管物为金钱的,保管人应自使用之日起支付利息。

**(四) 危险通知义务**

所谓危险通知,是指在出现寄存人寄存的保管物因第三人或自然原因可能会失去的危险情形时,应通知当事人。依《合同法》第373条第2款规定,第三人对保管人提起诉讼或者对保管物申请扣押的,保管人应当及时通知寄存人。保管人的危险通知义务是与其返还义务相关的,因为在危险发生时会导致保管人不能返还保管物。

依据诚实信用原则,在保管物受到意外毁损、灭失或者保管物的危险程度增大时,保管人也应及时将有关情况通知寄存人。

---

① 参见郭明瑞、王轶:《合同法新论·分则》,中国政法大学出版社1997年版,第340页。

### (五) 返还保管物的义务

在保管合同期限届满或者寄存人提前领取保管物时,保管人应及时返还保管物。合同没有规定返还期限的,保管人可以随时返还,寄存人也可以随时要求返还。如果保管合同规定有返还期限,则保管人非因不得已的事由不得提前返还。寄存人可以在期限届满前随时要求返还,因此给保管人造成损失的,寄存人应予以补偿。

保管人返还的物品应为原物,原物生有孳息的,保管人还应返还保管期间的孳息。但在消费保管合同中,由于保管物为种类物,保管人得取得保管物的所有权,故而仅负以种类、品质、数量相同的物返还寄存人的义务。《合同法》第378条明确规定:"保管人保管货币的,可以返还相同种类、数量的货币。保管其他可替代物的,可以按照约定返还相同种类、品质、数量的物品。"

返还地点一般应为保管地,保管人并无送交的义务,当事人另有约定的除外。

基于合同的相对性原理,保管人返还保管物义务的履行应向保管合同的另一方当事人——寄存人为之。在第三人对保管物主张权利时,除非有关机关已经对保管物采取了保全或者执行措施,保管人仍应向寄存人履行返还保管物的义务。

## 二、寄存人的义务和责任

### (一) 支付保管报酬和偿还必要费用的义务

保管合同经当事人约定为有偿时,寄存人应当按照约定向保管人支付保管费,该保管费为保管人为保管行为的报酬。在一般情况下,保管人自得依合同的约定请求报酬全额。若保管合同因不可归责于保管人的事由而终止时,除合同另有约定外,保管人仍得就其已为的保管部分请求报酬。作为其反对解释,保管合同因可归责于保管人的事由而终止的,除非当事人另有约定,保管人不得就其已为保管的部分请求报酬,但仍可请求偿还费用。保管合同中的报酬给付采报酬后付原则,因此,保管人不得就报酬的未付与保管物的保管,主张同时履行抗辩权,但保管人得就报酬的给付与保管物的返还主张同时履行抗辩权。当事人对保管费没有约定的,保管合同为无偿合同。在无偿保管中,寄存人无给付报酬的义务。

就保管人因保管保管物所支出的必要费用,寄存人应予以偿还。当事人另有约定的,依其约定。

对于保管费的支付义务以及必要费用的偿还义务,寄存人应及时履行,否则保管人得就其寄存的物品行使留置权。就保管费用的支付期限,当事人得设明文予以确定。未设明文约定,且依《合同法》第61条的规定仍不能确定的,寄存人应当在领取保管物时同时支付。

### (二) 特定情形下的告知义务

寄存人交付的保管物有瑕疵或者按照保管物的性质需要采取特殊保管措施的,寄存人应当将有关情况告知保管人。依《合同法》第370条的规定,由于寄存人未告知致使保管物受损失的,保管人不承担损害赔偿责任。

由于保管物本身的性质或者瑕疵使保管人受到损害的,寄存人应当承担赔偿责任。其中,所谓保管物本身的性质,是指保管物为易燃、易爆、有毒、有放射性等危险物品或易腐物品的情形。所谓保管物本身的瑕疵,是指保管物自身存有破坏性缺陷的情形。依《合同法》第370条规定,在保管人于合同成立时已知或应知保管物有发生危险的性质或瑕疵并且未采取补救措施的情况下,寄存人得免除损害赔偿责任。保管人因过失而不知上述情形时,寄存人仍不能免责,于此情况下,应适用过失相抵原则。寄存人以保管人于合同成立时知道或应当知道保管物有发生危险的性质或瑕疵并且未采取补救措施而主张免责的,应负举证责任。因保管物的性质或瑕疵因而给第三人造成损害的,寄存人也应负赔偿责任,不过此种责任应为侵权责任,而非为合同责任。

(三) 特定情形下的声明义务

当寄存人寄存的物品为货币、有价证券或者其他贵重物品时,应向保管人履行告知义务,并经由保管人验收或封存。寄存人未尽告知义务的,保管人仅须按照一般物品的价值予以赔偿(《合同法》第375条)。

【思 考 题】

1. 简述保管合同的特征。
2. 简述保管合同的效力。

【法律应用】

1. 贾某因装修房屋,把一批古书交朋友王某代为保管,王某将古书置于床下。一日,王某楼上住户家水管被冻裂,水流至王某家,致贾某的古书严重受损。对此,下列说法哪一个是正确的?(2004年司考题)

   A. 王某具有过失,应负全部赔偿责任
   B. 王某具有过失,应给予适当赔偿
   C. 此事对王某而言属不可抗力,王某不应赔偿
   D. 王某系无偿保管且无重大过失,不应赔偿

2. 甲遗失其为乙保管的迪亚手表,为偿还乙,甲窃取丙的美茄手表和4 000元现金。甲将美茄手表交乙,因美茄手表比迪亚手表便宜1 000元,甲又从4 000元中补偿乙1 000元。乙不知甲盗窃情节。乙将美茄手表赠与丁,又用该1 000元的一半支付某自来水公司水费,另一半购得某商场一件衬衣。下列哪些说法是正确的?(2015年司考题)

   A. 丙可请求丁返还手表
   B. 丙可请求甲返还3 000元、请求自来水公司和商场各返还500元
   C. 丙可请求乙返还1 000元不当得利
   D. 丙可请求甲返还4 000元不当得利

3. 小王临时将摩托车放在小孙家中,由小孙保管,保管费为100元。几日后,小王前来提车,小孙索要保管费,小王说最近手头不宽绰,过几日再给,小孙便不让小王提车。下列选项中哪一项是错误的?

   A. 小王构成违约    B. 小王提车时便应交付保管费
   C. 小孙不让提车,构成侵权    D. 小孙可以留置摩托车

4. 甲欲将一部分货物寄存在乙处,为此向吴律师咨询。根据合同法的规定,吴律师的以下意见哪些是正确的?

   A. 甲在签订保管合同后交付货物前解除合同的,不承担违约责任
   B. 甲、乙双方没有约定保管费,乙有权依交易习惯请求甲支付
   C. 乙可以根据情况改变保管场所或方法

D. 在有第三人对甲寄存的货物主张权利时,除了依法对保管物采取保全或执行的以外,乙应当履行向甲返还寄存的货物的义务

5. 甲将一份重要文件交给乙,由乙负责保管,并约定了保管费用。由于甲被诉诸法院,对方要求法院采取证据保全措施,法院找到乙,宣布对其保管的甲的文件采取证据保全措施,取走了该文件。下列选项中哪些是正确的?

A. 乙应当将法院采取证据保全措施的情况及时通知甲
B. 乙应当向甲返还其保管的文件
C. 乙不必向甲返还其保管的文件
D. 甲应当向乙支付保管费

## 【讨论案例】

甲有两头母牛,分别交给乙与丙照管,期限为1年。甲与乙的保管合同为有偿保管合同,甲与丙的保管合同为无偿保管合同。乙在照管过程中,牛生下一头小牛。丙在照管过程中,未经甲同意将牛借给丁耕田。某日,乙买来草料喂牛,正好碰见丙也在喂牛,便给了丙一些草料,丙用这些草料喂了牛。由于草料有毒,两头牛均被毒死。乙与丙都未想到草料中会有毒。

请回答下列问题:(1)甲与乙、丙之间的保管合同何时成立?为什么?(2)乙所照管的母牛生下小牛,小牛所有权属于谁?为什么?(3)1年期限未到,甲能否要求返还母牛?为什么?(4)丙能否将牛借给丁耕田?为什么?(5)乙照管的牛死亡,甲能否要求乙赔偿损失?为什么?(6)丙照管的牛死亡,甲能否要求丙赔偿损失?为什么?

# 第二十章 仓储合同

**【学习指南】**
重点在于把握仓储合同的特性、当事人应承担的义务;难点在于理解保管合同与仓储合同之间的区别。

**【导入案例】**
甲贸易公司与乙仓储公司签订了一份保管桃子的仓储合同。合同约定:乙为甲存储桃子10吨,期限为1个月。合同订立后,甲按约定期限将桃子运至乙处,但乙未经验收就将桃子入库保存。合同到期后,甲接货时发现桃子少了1吨。为此,甲要求乙承担1吨桃子的损失。通过本章的学习,分析甲、乙之间合同的性质及桃子损失的处理。

## 第一节 仓储合同概述

### 一、仓储合同的概念及其沿革

仓储合同又称仓储保管合同,是指保管人储存存货人交付的仓储物,存货人支付仓储费的合同(《合同法》第381条)。

仓储营业是一种专为他人储藏、保管货物的商业营业活动。它发端于中世纪西方的一些沿海城市,随着国际和地区贸易的不断发展,仓库营业的作用日渐重要。在现代,仓库营业已经成为社会化大生产和国际、国内商品流转中一个不可或缺的环节。在我国社会主义市场经济条件下,商品的储存、运输、原材料的采购、中转等几乎都离不开仓库营业服务。仓储业务对于加速物资流通,减少仓储保管的货物的损耗,节省仓库基建投资,提高仓库的利用率,增强经济效益,无不具有重要意义。

关于仓库营业和仓储合同的立法例,大致有以下三种。其一为规定在商法典中,大陆法系采民商分立立法体例的国家,如日本、德国采之;其二为规定在民法典中,大陆法系采民商合一立法体例的国家,如瑞士采之;其三为制定有关单行法规,英美法系国家采之。我国民事立法系采民商合一立法体例,因此在归属于民事一般法的《合同法》中规定了仓储合同。

## 二、仓储合同的特征

### (一)保管人须为有仓储设备并专事仓储保管业务的民事主体

这是仓储合同主体上的重要特征。仓储合同的保管人可以是法人,也可以是个体工商户、合伙或其他组织,但必须具备一定的资格,即具有仓储设备,专门从事仓储保管业务。所谓仓储设备,是指能够满足储藏和保管物品需要的设施,既包括有房屋、有锁之门等外在表征的设施,也包括可供堆放木材、石料等原材料的地面。所谓专事仓储保管业务,是指经过仓储营业登记专营或兼营仓储保管业务。

### (二)仓储合同的保管对象为动产

依仓储合同,存货人交付保管人保管的只能是动产,存货人不能以不动产为保管对象而订立仓储合同。

### (三)仓储合同为诺成合同

仓储合同不同于保管合同,为诺成合同。这是由仓储合同的商事合同特性决定的。如上所述,仓储合同的当事人一方保管人是专门从事仓储保管业务的民事主体,也就是说,其营业目的就是从仓储保管营业中牟利。正因为保管人的专业性和营利性,在保管的物品入库前,保管人必然会做出一定的履行合同的准备,支出一定的费用。若认定仓储合同为实践合同,就意味着一旦存货人在交付货物前改变交易的意愿,不向保管人交存货物,保管人就其所受到的损失只能依缔约过失责任或侵权责任向存货人主张损害赔偿。这对保管人极为不利。因此,承认仓储合同为诺成合同,有助于使保管人于前述情况下,得基于违约责任主张损害赔偿责任。同时,在仓储合同中存货人一般也为营利性法人,若认仓储合同为实践合同,在存货人交存货物前合同不成立,那么在其交存货物时若保管人拒绝储存,存货人也不能依违约责任请求损害赔偿,这对存货人也是不利的。

### (四)仓储合同为双务、有偿合同、不要式合同

仓储合同的当事人双方于合同成立后互负给付义务:保管人须提供仓储服务,存货人须给付报酬和其他费用,双方的义务具有对应性和对价性,所以,仓储合同为双务、有偿合同。

对于仓储合同是否为不要式合同,有不同的看法。有的认为仓储合同为要式合同,应当采取书面形式;有的认为仓储合同并不要求具备特定的形式,因而为不要式合同。本书认为,认定仓储合同为要式合同是没有根据的,现行法上并未规定仓储合同应当采用特定形式。虽然仓储合同的保管人于接受储存的货物时应当给付存货人仓单或其他凭证,但仓单并非是合同的书面形式。所以,仓储合同应为不要式合同。①

### (五)存货人主张货物已交付或行使返还请求权以仓单为凭证

这是仓储合同的重要特征。仓单是表示一定数量的货物已交付的法律文书,属于有价证券的一种,其性质为记名的物权证券。仓储合同的存货人凭仓单提取储存的货物,存货人或者仓单持有人得以背书方式并经保管人签字或盖章将仓单上所载明的物品所有权移转给他人。

---

① 参见郭明瑞、王轶:《合同法新论·分则》,中国政法大学出版社1997年版,第350页。

## 第二节 仓储合同的效力

### 一、保管人的义务

#### (一) 给付仓单的义务

《合同法》第 385 条规定:"存货人交付仓储物的,保管人应当给付仓单。"向存货人给付仓单,这是保管人的一项合同义务。

从其他国家和地区的立法看,关于仓单有三种立法主义:其一为以法国为代表的两单主义,又称复券主义。采取这种立法主义的,仓库营业人应同时填发两仓单:一为提取仓单,用以提取保管物,并可转让;一为出质仓单,可用为担保;其二为以德国商法为代表的一单主义。采取一单主义,仓库营业人仅填发一仓单,该仓单既可用以转让,又可用于出质;其三为以日本商法为代表的两单与一单并用主义。采此种立法主义的,仓库营业人应存货人的请求填发两单或者一单。我国法上采取一单主义的立法主张。保管人应存货人的请求仅填发一仓单,而不须填发两个仓单。

仓单是保管人应存货人的请求而签发的一种有价证券。依《合同法》第 386 条规定,它应记载下列事项:(1) 存货人的姓名、名称及住所;(2) 储存货物的种类、品质、数量、包装、件数和标记;(3) 货物的损耗标准;(4) 货物的储存场所;(5) 货物的储存期间;(6) 仓储费;(7) 储存的货物交付保险的,应记载其保险金额、期间以及保险人的名称;(8) 仓单的填发人、填发地以及填发年、月、日。

从仓单的性质上看,由于仓单是以给付一定的物品为标的,故为物品证券;同时由于仓单上所载货物的移转,必须移转仓单始生所有权转移的效力,故仓单又称为物权证券或处分证券。因为仓单上记载的事项,须依法律的规定作成,故为要式证券。仓单的记载事项决定当事人的权利义务,当事人须依仓单上的记载主张权利义务,故仓单为文义证券、不要因证券。又因为仓单是由保管人自己填发的,由自己负担给付义务,所以仓单为自付证券。

仓单上所载明的权利与仓单是不可分离的,因此,仓单具有以下两方面的效力:第一,受领保管物的效力。保管人一经填发仓单,持单人对于保管物的受领,不仅应提示仓单,而且还应缴回仓单;第二,移转保管物的效力。仓单上所记载的货物,非由货物所有人在仓单上背书,并经保管人签名,不发生所有权转移的效力。

仓单的持有人,可以请求保管人将保管的货物分割为数部分,分别填发仓单,同时持有人须交还原仓单。这在学说上称为仓单的分割,其目的是为了便于存货人处分保管物。分割仓单所支出的费用,由存货人支付或偿还。

如因仓单损毁或遗失、被盗而灭失,存货人或仓单持有人丧失仓单的,得依《民事诉讼法》的规定,通过公示催告程序以确认其权利。

#### (二) 接收、验收仓储物的义务

保管人应按合同的约定,接受存货人交付储存的仓储物。保管人不能按合同约定的时间、品名(品类)、数量接受仓储物入库的,应承担违约责任。

依《合同法》第 384 条规定,保管人在接受存货人交存仓储物入库时,应当按照合同的约

定对入库仓储物进行验收。保管人验收时发现入库仓储物与约定不符合的,应当及时通知存货人。验收包括实物验查和样本验查。保管物有包装的,验收时应以外包装或仓储物标记为准;无标记的,以存货人提供的验收资料为准。保管人未按规定的项目、方法、期限验收或验收不准确的,应负责承担由此造成的实际损失。在双方交接仓储物中发现问题的,保管人应妥善暂存,并在有效验收期间内通知存货人处理,暂存期间所发生的一切损失和费用由存货人负担。仓储物验收时保管人未提出异议的,视为存货人交付的仓储物符合合同约定的条件。保管人验收后,发生仓储物的品种、数量、质量不符合约定的,保管人应当承担损害赔偿责任。

### (三) 通知义务

依《合同法》第389条规定,在储存的仓储物出现危险时,保管人有义务及时通知存货人或者仓单持有人。所谓仓储物出现危险,主要是指仓储物有变质或有其他损坏,例如,发现仓储物出现异状,仓储物发生减少或价值减少的变化,保管人应及时通知存货人或者仓单持有人;对于外包装或仓储物标记上标明或者合同中申明了有效期的仓储物,保管人应当提前通知失效期。遇有第三人对保管人提起诉讼或者对保管物申请扣押时,保管人也应及时通知存货人或者仓单持有人。

依《合同法》第390条规定,保管人对入库仓储物发现有变质或者其他损坏,危及其他仓储物的安全和正常保管的,应当催告存货人或者仓单持有人作出必要的处置。因情况紧急,保管人可以作出必要的处置,但事后应当将该情况及时通知存货人或仓单持有人。

### (四) 妥善保管义务

保管人应当按照合同约定的储存条件和保管要求,妥善保管保管物。保管人储存易燃、易爆、有毒、有腐蚀性、有放射性等危险物品的,应当具备相应的保管条件,应当按照国家或合同规定的要求操作和储存;在储存保管过程中不得损坏货物的包装物。如因保管或操作不当使包装发生毁损的,保管人应当负责修复或按价赔偿。

仓储合同的保管人对保管物负有较一般保管合同的保管人要重的保管责任。凡因保管人保管不善而非因不可抗力、自然因素或货物(包括包装)本身的性质而发生储存的仓储物灭失、短少、变质、损坏、污染的,保管人均应承担损害赔偿责任。因仓储物的性质、包装不符合约定或者超过有效仓储期造成仓储物变质、损坏的,保管人不承担损害赔偿责任。

### (五) 容忍义务

依《合同法》第388条规定,保管人根据存货人或仓单持有人的要求,应当同意其检查仓储物或者提取样品。这就是保管人的容忍义务。所谓检查仓储物,实际上就是仓储物的检点。存货人或仓单持有人可以进行何种程度的检查,应根据仓库的状况及习惯决定。存货人或仓单持有人请求样品的提取时,保管人可以请求其交付证明书或请求相当的担保。在存货人或仓单持有人请求对仓储物为一定的保存行为时,保管人除非有正当理由,应予允许。

## 二、存货人的义务

### (一) 存货人的说明义务

储存易燃、易爆、有毒、有放射性等危险物品或者易腐等特殊货物的,根据《合同法》第383条的规定,存货人应当向保管人说明货物的性质和预防危险、腐烂的方法,提供有关的保管、运输等技术资料,并采取相应的防范措施。存货人违反该义务的,保管人有权拒收该货物;保管人因接受该货物造成损害的,存货人应承担损害赔偿责任。

### (二) 提取仓储物的义务

当事人对储存期间没有约定或者约定不明确的,存货人或者仓单持有人可以随时提取仓储物,保管人也可以随时要求存货人或仓单持有人提取仓储物,但应当给予必要的准备时间。合同中约定有储存期间的,存货人或仓单持有人应当按照合同的约定及时提取仓储物。依《合同法》第 392 条规定,存货人或仓单持有人逾期提取的,应当加收仓储费。在仓储合同期限届满前,保管人不得要求返还或要求由存货人或仓单持有人取回保管物。在存货人或仓单持有人要求返还时,保管人不得拒绝返还,但不减收仓储费。

存货人或仓单持有人对于临近失效期或有异状的货物,应当及时提取或予以处理。于合同约定的期限届满,或者在未约定期限而收到保管人合理的货物出库通知时,存货人或仓单持有人应及时办理货物的提取。存货人或仓单持有人提取货物时须提示仓单并缴回仓单。由于存货人或仓单持有人的原因不能使货物如期出库造成压库时,存货人或仓单持有人应负违约责任。

## 三、关于仓储合同法律适用的特别规定

仓储合同系由一般的保管合同发展、演变而来,在法律对仓储合同有特别规定时,应适用法律的特别规定;在法律对其未设特别规定时,应适用法律关于一般保管合同的规定。因此,《合同法》第 395 条规定:"本章没有规定的,适用保管合同的有关规定。"

可见,法律关于保管合同的规定与法律关于仓储合同的规定,系一般法与特别法的关系。

【思 考 题】
1. 简述仓储合同的特征。
2. 简述仓储合同的效力。

【法律应用】
1. 关于保管合同和仓储合同,下列哪些说法是错误的? (2010 年司考题)
  A. 二者都是有偿合同
  B. 二者都是实践性合同
  C. 寄存人和存货人均有权随时提取保管物或仓储物而无须承担责任
  D. 因保管人保管不善造成保管物或仓储物毁损、灭失的,保管人承担严格责任
2. 甲将其持有的一张由某仓储公司签发的仓单合法转让给了乙,下列选项中哪一项是错误的?
  A. 甲只需要将仓单交付给乙即可
  B. 不仅需要在仓单上背书,还需要将仓单交付给乙
  C. 受让仓单后,乙成为仓单所载仓储物的所有权人
  D. 乙有权向仓储公司提出检查仓单所载仓储物
3. 甲公司与乙公司约定的仓储合同存储期为 100 天,仓储费为 2 万元。甲公司在第 50

天便要求提取仓储物。下列选项中哪一项是正确的?

A. 甲公司不能提前提取仓储物
B. 乙公司可以拒绝甲公司的提取要求
C. 乙公司应当按照实际仓储日期收取仓储费,即1万元
D. 乙公司应当按照原来的约定收取仓储费,即2万元

4. 甲公司将一批具有腐蚀性的货物交由乙公司存储,但未声明货物具有腐蚀性。乙公司并未拆开货物包装查看,便将货物放入仓库。数日后,甲公司的这批货物将周围的货物腐蚀,并且很快将危及其他货物。下列选项中哪些是正确的?

A. 乙公司应当及时通知甲公司　　B. 乙公司可以要求甲公司赶快处置货物
C. 乙公司可以紧急处置甲公司的货物　　D. 甲公司可以要求乙公司赔偿损失

5. 甲公司将一批具有腐蚀性的货物交由乙公司存储,但未声明货物具有腐蚀性。乙公司并未拆开货物包装查看,便将货物放入仓库。数日后,甲公司的这批货物将周围的货物腐蚀,并且很快将危及其他货物。下列选项中哪些是正确的?

A. 乙公司应当及时通知甲公司　　B. 乙公司可以要求甲公司赶快处置货物
C. 乙公司可以紧急处置甲公司的货物　　D. 甲公司可以要求乙公司赔偿损失

**【讨论案例】**

2015年2月1日,甲、乙订立了仓储合同,甲将一批货物存储在乙的仓库,存储期为12个月,仓储费为1万元。2月3日,乙收到货物,便向甲签发了仓单。6月1日,甲依法将仓单转让给了丙。8月1日,丙持仓单要求乙交付货物。乙提出该批货物的仓储费并未支付,从而拒绝交付货物。8月4日,丙向乙支付了1万元仓储费,取走货物。11月1日,甲、丙之间转让仓单的买卖合同被法院撤销。于是,甲主张乙向丙交付货物是无效的,要求乙赔偿损失。

请回答下列问题:(1)甲、乙之间的仓储合同何时成立?(2)甲依法转让仓单应具备什么条件?(3)乙可否拒绝向丙交付货物?为什么?(4)甲能否要求乙赔偿损失?为什么?

# 第二十一章 委托合同

【学习指南】
重点在于把握委托合同的特性、当事人应承担的义务、终止事由及法律后果;难点在于理解委托合同与代理之间的关系、间接代理的效力。

【导入案例】
甲委托乙以甲的名义出卖鲜鱼,并且指示鲜鱼销售价格不得低于每斤3元。乙在销售过程中,突发疾病。于是,乙与甲联系,但一直无法联系到甲。乙便找来丙,委托丙以甲的名义将鲜鱼售出,指示鲜鱼的销售价格不得低于每斤3元。丙接受委托后,因天色渐晚,便以每斤2.5元的价格售出了全部鲜鱼。事后,甲得知情况,要求乙赔偿损失。通过本章的学习,试分析甲、乙、丙之间的关系及法律效力。

## 第一节 委托合同概述

### 一、委托合同的概念和特征

委托合同又称委任合同,是委托人和受托人约定,由受托人处理委托人事务的合同(《合同法》第396条)。委托他方处理事务的人为委托人,允诺为他方处理事务的人为受托人。

委托合同有以下特征:

**1. 委托合同是以为他人处理事务为目的的合同**

委托合同是一种典型的以当事人特定的社会技能提供劳务以完成一定任务的合同。委托合同的目的是处理或管理委托人的事务。合同订立后,受托人在委托的权限内所实施的行为,等同于委托人自己的行为。受托人办理受托事务的费用由委托人承担。无论是民事行为,还是有经济意义的行为,或是单纯的事实行为,只要该事项不违背公序良俗或法律的禁止性规定,不是与委托人人身密不可分的、具有人身性的事务(如婚姻登记等),委托人都可经由委托合同委托他人处理。

需要指出的是,尽管合同法对于委托合同的法律调整,确立了以当事人特定的社会技能提供劳务以完成一定任务这一类合同法律适用的一般规则。但是合同法对于行纪合同、居间合同专门设置的法律规则，相对于委托合同的规定，属于特别规定。因此，对于行纪合同、居间合同的法律适用，仅在法律对其未设专门规定时，才适用委托合同的相关规定。

在委托方式上，委托人既可以特别委托受托人处理一项事务，也可以特别委托受托人处理数项事务，还可以概括地委托受托人处理一切事务。

2. 委托合同的订立以委托人和受托人之间的相互信任为前提

委托人之所以选定某人作为受托人为其处理事务，是以他对受托人的办事能力和信誉的了解、相信受托人能够处理好委托的事宜为基本出发点的。而受托人之所以接受委托，也是出于愿意为委托人服务，能够完成受托事务的自信，也是基于对委托人的了解和信任。没有相互信任和了解，委托合同关系难以成立。即使建立了委托关系，也难以巩固。因而在委托合同关系成立并生效后，如果一方对另一方产生了不信任，可随时终止委托合同。

3. 委托合同是诺成合同、不要式合同

委托合同的当事人双方意思表示一致时，合同即告成立，无须以物之交付或当事人的义务履行作为合同成立的要件。因此，委托合同为诺成合同，而非实践合同。

委托合同为不要式合同，当事人可以根据实际情况选择适当形式。

4. 委托合同为无偿合同

委托合同为无偿合同，当事人对受托人处理委托事务的报酬没有约定时，委托人无支付义务。尽管《合同法》规定，对于处理委托事务的费用，委托人应当预付或事后偿还，但委托人所负担的此项义务，并不构成委托合同关系中受托人处理委托事务的对价，我们只能因此判定委托合同为准双务合同，却不能据此认定委托合同为有偿合同。

## 二、委托合同与类似法律制度辨析

### （一）委托合同与委托代理制度

委托代理是指代理人在代理权限内以被代理人或自己的名义实施民事行为，被代理人对代理人的代理行为直接或间接承担民事责任的制度。委托代理是由代理人代本人为意思表示或受意思表示的，与委托合同中受托人为委托人处理事务一样，都是为他人服务的，这是两者的相似之处，但两者间有明显区别。

委托代理与委托合同的区别主要表现在：第一，代理人的代理行为不能包括事实行为；而受托人受托处理或管理的行为可以包括事实行为。第二，代理属于对外关系，存在于本人与代理人以外的第三人之间，不对外也就无所谓代理；而委托是一种对内关系，存在于委托人和受托人之间。第三，代理关系的成立，被代理人授予代理人代理权属于单方民事行为；而委托合同为双方民事行为，若受托人不允诺，则委托合同不能成立。

当然，如果委托人所委托的事务须对外为法律行为时，一般都有代理权的授予。于此情况下，委托合同也就成为代理的基础关系，委托代理仅是受托人处理委托事务的一种手段。

### （二）委托合同与雇佣合同

雇佣合同和委托合同都是一方当事人向对方当事人提供劳务的合同，但两者是不同的，其区别表现在：

（1）雇佣合同的订立目的是由受雇人向雇用人提供劳务；而委托合同订立的目的在于由受托人为委托人处理事务，受托人提供劳务无非是达到目的的手段而已。

(2) 受雇人依据雇佣合同提供劳务,必须服从雇用人的指示,自己一般不享有独立的酌情裁量的权利;而委托合同中的受托人虽然依委托人指示处理事务,但一般却享有一定的独立裁量的权利。

(3) 雇佣合同为有偿合同;而委托合同是无偿合同。

## 第二节　委托合同的效力

### 一、受托人的义务与责任

#### (一) 依委托人的指示处理委托事务的义务

在委托合同中,受托人的基本义务是依委托人的指示处理委托事务(《合同法》第399条)。受托人依委托人指示处理委托事务有以下含义:

首先,委托人有指示时,应尽可能地遵守委托人的指示处理委托事务。

委托人的指示分为三种:其一为命令性的指示。此时没有情势的巨大变化,受托人不得变更委托人的指示,纵使受托人的意见变更可能会更有利于委托人,也不得为之;其二为指导性的指示,即委托人虽有指示,但明示或者默示地给了受托人一定程度的酌情裁量权,即在关系变化或发出指示时真相未明而俟后需要对指示加以变更的,受托人得酌情予以变更;其三为任意性的指示。此时,受托人享有独立裁量的权利,对受托的事务处理得因势而定。

其次,受托人在情势紧急时得变更委托人的指示,妥善处理委托事务。

受托人在处理委托事务时,若情势发生了订立委托合同时没有预料到的变化,且情况紧急,受托人无法事先与委托人协商时,只要能够推定委托人若知有此情况也会允许变更指示的,受托人就可以变更委托人的指示,妥善处理委托事务。这是受托人依委托人指示处理事务的例外。许多国家和地区的民法都有此方面的规定。这一例外规定,旨在以委托人和受托人之间的相互信赖关系为依托,开辟特殊情况下实现委托合同目的的新途径。

再次,受托人在变更指示后,负有报告义务。

在变更时,受托人无法与委托人取得联系的,变更后应及时报告委托人。如果因受托人怠于报告而给委托人造成损失的,受托人应负赔偿责任。

#### (二) 亲自处理委托事务的义务

《合同法》第400条中规定,受托人应亲自处理委托事务。法律上之所以要求受托人亲自处理委托事务,意在防止出现受托人有负委托人信任致委托人利益受损的情形。

需要注意的是,《合同法》的这一规定,并不绝对排除转委托的发生。转委托又称复委托,是指受托人经委托人同意,将委托人委托的部分或全部事务转由第三人处理,在委托人与第三人之间直接发生委托合同关系的行为,其中由受托人负责选定第三人。在转委托关系中,该被委托的第三人称为次受托人。转委托的内容,得依原委托的内容。

依《合同法》第400条规定,转委托包括以下两种情况:

其一,转委托经委托人同意。对于由受托人所进行的转委托,委托人可以同意,也可以不同意。委托人同意的,委托人可以就委托事务直接指示转委托的第三人,即次受托人,由次受托人直接就委托事务向委托人负责。委托关系所生的权利义务也自然在委托人和转委托的第三人之间产生。委托人应向该次受托人支付报酬、发布指示、预付费用、赔偿损失;该次受托人也应对委托人本着诚信原则,尽力勤勉地履行义务。

受托人也可以向次受托人发布指示。因为受托人对次受托人的选任已经委托人同意,因而受托人仅对其对次受托人的选任及指示承担责任。因受托人选人不慎或指示有误而给委托人造成损失的,受托人应当承担赔偿责任。

其二,转委托未经委托人同意。受托人所为的转委托未报知委托人或虽报知但委托人未同意的,该转委托的第三人应视为是受托人的债务履行辅助人。转委托的第三人处理事务的行为,应视为受托人自己的行为。第三人的事务处理行为给委托人造成损失的,应视为是受托人的行为所造成的损失,受托人应对第三人的行为承担责任。

然而,在紧急情况下,受托人为了委托人的利益未经委托人同意所进行的转委托,应当在法律效果上视同委托人同意的转委托。所谓紧急情况,也可称不得已之事由,是指受托人自己处理委托事务受阻碍,而委托人将会因该委托事务处理的中断而受损害,且时机急迫,来不及或无法通知委托人的情况。此种情形下的转委托称为紧急的转委托。例如,受托人在为委托人与他人签约的前一天受了重伤,而该约定对委托人而言又至关重要,为不损及委托人的利益,受托人委托另外的人去替自己签约。对受托人的这种转委托,受托人仅就其对次受托人的选任的指示承担责任。但受托人应及时将这一情形告知委托人。

### (三) 报告义务

受托人应当按照委托人的要求,随时或者定期报告委托事务的处理情况。委托事务终了或者委托合同终止时,受托人应当将处理委托事务的始末经过和处理结果报告给委托人,并提交必要的证明文件,如各种账目、收支计算情况等(《合同法》第401条)。

在委托事务的处理过程中,如果委托人要求受托人履行报告义务,告诉事务处理的状况,受托人应当报告。委托人没有要求受托人汇报,但有报告的必要时,如进行有障碍、情事变更等,受托人亦应随时汇报。受托人因怠于报告所致损害,委托人有权请求受托人赔偿。受托人此项义务的具体内容一般不是由法律直接规定,而是由当事人约定。受托人作有关汇报,不以有委托人的请求为前提,尤其是事务终了的报告。

### (四) 财产转交义务

《合同法》第404条规定,受托人处理委托事务所取得的财产,应当转交给委托人。这些财产,包括金钱、物品及其孳息、权利等,不论是以委托人名义取得的,还是以受托人自己名义取得的;也不管是由次受托人取得的,还是由受托人自己在处理事务时直接取得的,受托人均应将其交还给委托人。委托人得请求受托人交付财产的这项权利,可以让与。

### (五) 受托人的赔偿责任

**1. 受托人因违反注意义务而应负的损害赔偿责任**

在有偿的委托合同中,受托人应尽善良管理人的注意义务,若欠缺此注意,即为有过错。对于委托人因此所受的损害,应负赔偿责任(《合同法》第406条第1款前段)。

在无偿的委托合同中,受托人仅就故意或重大过失而给委托人带来的损失负责任(《合同法》第406条第1款后段)。

**2. 受托人因越权所负的损害赔偿责任**

受托人在处理委托事务时,有一定的权限范围。当受托人超越该权限而处理事务时,若给委托人造成损失,则不论有无过错,均应对委托人负损害赔偿责任(《合同法》第 406 条第 2 款)。

在委托合同关系中,受托人有时不止一个,委托人委托两个以上的受托人共同处理委托事务,若其中一个受托人或数个受托人都违反了受托人的义务,而给委托人带来损失的,委托人可以向所有受托人或其中任何一个要求赔偿,即受托人为数个时,相互之间负连带责任(《合同法》第 409 条)。但如其中的一人或数人未与其他受托人协商而实施的行为,损害了委托人利益的,无过错的受托人可以在承担连带责任后向实施行为的受托人行使追偿权。负连带责任的受托人必须是委托人所委托的共同处理委托事务的人,若委托人分别委托不同受托人处理不同事务,则各受托人就各自处理事务向委托人负责,并不发生负连带责任的问题。

## 二、委托人的义务与责任

### (一) 支付费用的义务

不论委托合同是否有偿,委托人都有可能负担支付费用的义务。委托人履行支付费用的义务有两种方式:一是预付费用;二是偿还费用。

委托人应当向受托人预付处理委托事务的费用。委托人应预付费用的多少以及预付的时间、地点、方式等,应依据委托事务的性质和处理的具体情况而定。预付费用系为委托人利益而使用,与委托事务的处理并不成立对价关系,因此两者之间不存在适用同时履行抗辩权的问题。非经约定,受托人并无垫付费用的义务。因此,如果经受托人请求,委托人不预付费用的,即使受托人因此不履行处理受托事务的义务,受托人也不负履行迟延或拒绝履行的责任。同时,正因为预付费用是为了委托人的利益,因而,受托人并无申请法院强制委托人预付费用的权利。但在委托合同为有偿合同的场合,因委托人拒付费用以致影响受托人基于该合同的收益或给受托人造成损失时,受托人有权请求赔偿。

受托人无为委托人垫付费用的义务,一旦垫付,有请求委托人偿还的权利。与此相应,委托人也就负有偿还费用的义务。委托人偿还的费用一般应限于受托人为处理事务所支出的必要费用及其利息。所谓必要费用,是指处理受托事务不可缺少的费用,如交通费、住宿费、手续费等。当事人就必要费用的范围发生争议时,委托人应对其认为不必要的部分举证,以免使提前垫付费用的受托人处于不利地位,维系委托人和受托人之间利益的均衡。在确定必要费用的范围时,应充分考虑委托事务的性质、受托人的注意义务及支出费用的具体情况,实事求是地确定。在支付当时为必要的,即使其后为无必要的,也为必要费用;相反,在支付当时为不必要的,即使其后为必要的也不是必要费用。委托人偿还费用时,应加付利息,利息从垫付之日起计算。双方关于利息有约定的,从约定;没有约定的,应以当时的法定存款利率计算。

对于受托人在处理受托事务时所支出的有益费用,双方当事人没有约定或者约定不明确时,应根据无因管理或不当得利的规定,向委托人请求偿还。

### (二) 支付报酬的义务

委托合同是无偿的,委托人自然无支付报酬的义务。然而在现代社会,市场经济日渐发达,委托合同的当事人之间多约定报酬,即使当事人之间没有特别约定报酬,但依习惯或者委托的性质应当由委托人支付报酬的,委托人应支付报酬,受托人享有给付报酬请求权。

对于因不可归责于受托人以及委托人的事由,致委托合同解除或委托事务不能完成的,系属委托合同中的风险负担问题,对于此时的风险,依《合同法》第405条规定,由双方当事人合理负担,即此时委托人应当向受托人支付相应的报酬。对于因可归责于受托人的事由而致委托合同解除或委托事务不能完成时,受托人无报酬请求权。若报酬是分期给付的,对于受托人债务不履行前已支付的报酬,受托人无须返还。报酬的数额,由双方当事人自行约定,无约定的,依《合同法》第61条、第62条的相关规定确定。报酬的标的,不限于金钱,也可包括有价证券或其他给付。但当事人无约定时,应给付金钱报酬。

对于支付报酬的时间,各国民法大都采"后付主义",即除当事人另有约定事先付报酬的外,非于委托关系终止及受托人明确报告始末后,受托人不得请求给付。因此,受托人不得以委托人未付报酬为由,就委托事务的处理行使同时履行抗辩权。

### (三)赔偿责任

**1. 委托人应赔偿受托人在处理委托事务中非因自己过错所造成的损失**

首先,委托人应对自己的委托负责,如因其指示不当或其他过错致使受托人蒙受损失的,委托人应予以赔偿。其次,即使委托人自己没有过错,若受托人因不可归责于自己的事由受到损害时,受托人也得请求委托人赔偿其所受损失。

在受托人所受的损害系由第三人的加害行为造成时,受托人当然也得向第三人请求赔偿;但若该加害的第三人不明,或无资力或无过失时,受托人只能请求委托人予以赔偿。委托人在向受托人承担损害赔偿责任后,如有应负赔偿责任的第三人,委托人得请求受托人让与其对第三人的损害赔偿请求权。倘若受托人的损害并非由于他人的行为所致,也非因可归责于受托人的事由,则只能由委托人承担赔偿责任。

**2. 再委托第三人处理委托事务给受托人造成损失时的赔偿责任**

在委托人将所要处理的事务委托给受托人之后,基于信任关系所成立的委托合同关系在受托人允诺之时,对双方产生约束力。因而,在一般情况下,委托人不宜再将该委托事务委托给受托人以外的第三人处理。如果委托人欲把委托事务委托给受托人之外的第三人处理,必须经受托人同意,这实际上即是委托合同的协议变更。因合同变更致受托人遭受损失的,受托人可以向委托人要求赔偿损失。

## 第三节 间接代理制度

代理有直接代理与间接代理之分。所谓直接代理,即代理人必须是以被代理人的名义为民事行为,而不能以自己的名义与第三人进行民事行为。所谓间接代理,系指代理人以自己的名义,为本人计算,而为民事行为。

我国原有的民商立法及民法学说上,仅承认所谓的直接代理制度,并不认同间接代理。但在外贸经营活动中,却长期存在外贸代理制度。在该项制度中,作为代理人的外贸进出口公司,得以自己的名义,而非被代理人的名义进行代理行为,与直接代理明显不同。《合同法》以这种类型的外贸代理为实践基础,又借鉴了《国际货物销售代理公约》中的相关规定,正式承认了间接代理制度。

该制度在《合同法》上,主要包括以下内容:

## 一、委托人的自动介入

受托人以自己的名义,在委托人的授权范围内与第三人订立的合同,第三人在订立合同时知道受托人与委托人之间有间接代理关系的,该合同直接约束委托人和第三人。此时,委托人即自动介入到受托人与第三人所订立的合同中,取代了受托人的合同地位。

如果有确切证据证明该合同只约束受托人和第三人的,不发生委托人的自动介入。

委托人自动介入后,受托人在一般情况下即无须再承担任何合同义务,但合同另有约定或有特殊交易惯例时除外。

在委托人介入到受托人与第三人所订立的合同之后,受托人仍有权要求委托人按约定支付报酬。

## 二、委托人的介入权

当受托人因第三人的原因对委托人不履行义务,受托人应当向委托人披露第三人,委托人因此可以行使受托人对第三人的权利。这就是委托人的介入权。这种权利在性质上属于形成权。

如果第三人知道该委托人,就不会与受托人订立合同的,不产生委托人的介入权。

委托人的介入权与委托人的自动介入不同,其区别体现在:(1) 介入权以受托人因第三人的原因对委托人不履行合同义务为前提;而自动介入则以第三人知道受托人与委托人之间的间接代理关系为适用前提。(2) 介入权须经有委托人权利的行使;自动介入则不存在权利的行使问题,系当然发生。(3) 介入权产生的阻却事由为:一旦第三人于订立合同时知道该委托人就不会与受托人订立合同;自动介入的阻却事由为:有确切证据证明该合同只约束受托人和第三人。

在委托人行使介入权,从而得以行使受托人对第三人的权利时,第三人可以向其主张对受托人的抗辩。

## 三、第三人的选择权

代理制度的核心是委托人与第三人的关系。《合同法》为衡平委托人与第三人之间的利益,在承认了委托人的介入权的同时,也承认了第三人的选择权。

当受托人因委托人的原因对第三人不履行义务,受托人应当向第三人披露委托人,第三人因此可以选择受托人或者委托人作为相对人主张其权利。此即为第三人的选择权。

第三人一旦行使了选择权,即无权变更选定的相对人。

在第三人选择向委托人主张权利的,委托人可以向第三人主张其对受托人的抗辩以及受托人对第三人的抗辩。

## 四、受托人的披露义务

为了实现间接代理制度中委托人的介入权和第三人的选择权,作为间接代理人的受托人在下列情形下应负担披露义务:

(1) 在受托人与第三人订立合同时,第三人不知道受托人与委托人之间的间接代理关系的;

(2) 当受托人因第三人的原因不履行合同义务时,受托人应负担披露义务,向委托人披露第三人,从而使委托人得以行使介入权,对第三人主张受托人的权利;

(3) 在受托人因委托人的原因对第三人不履行合同义务时,为便利第三人选择权的行使,受托人也应负担披露义务,向第三人披露委托人。

## 第四节　委托合同的终止

### 一、委托合同终止的原因

委托合同终止的原因包括一般原因和特殊原因。

委托合同终止的一般原因是指一般合同共同适用的终止原因。例如,委托事务处理完毕,委托合同履行已不可能;委托合同中约定的合同存续期限届满;合同约定的解除条件成就等。

委托合同终止的特殊原因是指导致委托合同终止特有的原因,主要包括以下两种情况:

**(一) 当事人一方任意解除合同**

在委托合同中,合同的当事人双方均享有任意解除权,可任意解除合同。这是因为,委托合同以当事人之间的信任关系为前提,而信任关系具有一定的主观任意性,在当事人一方对对方当事人的信任有所动摇时,就应不问有无确凿的理由,均允许其随时解除合同。当然,双方当事人应遵循诚实信用原则的要求,不得滥用此项权利。

**(二) 当事人一方死亡、丧失民事行为能力或破产,致使委托合同终止**

当事人一方死亡、丧失行为能力或破产时,委托合同当然终止。但双方当事人另有约定,或依委托事务的性质在发生上述情况时不宜终止委托合同的除外。

受托人死亡、丧失行为能力或者破产,致使委托合同终止的,受托人的继承人、法定代理人或者清算组织应当及时通知委托人。

### 二、委托合同例外不终止时的法律后果

**(一) 受托人继续处理事务的义务**

当委托人死亡、丧失行为能力或者破产之后,在委托人的继承人、法定代理人或者清算组织承受委托事务之前,受托人有继续处理受托事务的义务。

**(二) 受托人的继承人、法定代理人或者清算组织在委托关系终止时采取必要措施的义务**

受托人死亡、丧失行为能力或者破产,致使委托合同终止,将损害委托人利益的,在委托人做出善后处理之前,受托人的继承人、法定代理人或者清算组织应当采取必要措施。对于所谓"必要措施"应做广义理解,既包括消极的保存行为,也包括积极的对委托事务的处理。

【思 考 题】

1. 委托合同有何特征?
2. 简述委托合同的效力。
3. 简述间接代理制度。

**【法律应用】**

1. 甲委托乙为其购买木材,乙为此花去了一定的时间和精力,现甲不想要这批木材,于是电话告诉乙取消委托,乙不同意。下列哪一论述是正确的?(2002年司考题)

   A. 甲无权单方取消委托,否则应赔偿乙的损失
   B. 甲可以单方取消委托,但必须以书面形式进行
   C. 甲可以单方取消委托,但需承担乙受到的损失
   D. 甲可以单方取消委托,但仍需按合同约定支付乙报酬

2. 甲委托乙购买一套机械设备,但要求以乙的名义签订合同,乙同意,遂与丙签订了设备购买合同。后由于甲的原因,乙不能按时向丙支付设备款。在乙向丙说明了自己是受甲委托向丙购买机械设备后,关于丙的权利,下列哪一选项是正确的?(2008年司考题)

   A. 只能要求甲支付　　　　　　　B. 只能要求乙支付
   C. 可选择要求甲或乙支付　　　　D. 可要求甲和乙承担连带责任

3. 甲委托乙销售一批首饰并交付,乙经甲同意转委托给丙。丙以其名义与丁签订买卖合同,约定将这批首饰以高于市场价10%的价格卖给丁,并赠其一批箱包。丙因此与戊签订箱包买卖合同。丙依约向丁交付首饰,但因戊不能向丙交付箱包,导致丙无法向丁交付箱包。丁拒绝向丙支付首饰款。下列哪一表述是正确的?(2011年司考题)

   A. 乙的转委托行为无效
   B. 丙与丁签订的买卖合同直接约束甲和丁
   C. 丙应向甲披露丁,甲可以行使丙对丁的权利
   D. 丙应向丁披露戊,丁可以行使丙对戊的权利

4. 某律师事务所指派吴律师担任某案件的一、二审委托代理人。第一次开庭后,吴律师感觉案件复杂,本人和该事务所均难以胜任,建议不再继续代理。但该事务所坚持代理。一审判决委托人败诉。下列哪些表述是正确的?(2013年司考题)

   A. 律师事务所有权单方解除委托合同,但须承担赔偿责任
   B. 律师事务所在委托人一审败诉后不能单方解除合同
   C. 即使一审胜诉,委托人也可解除委托合同,但须承担赔偿责任
   D. 只有存在故意或者重大过失时,该律师事务所才对败诉承担赔偿责任

5. 甲去购买彩票,其友乙给甲10元钱让其顺便代购彩票,同时告知购买号码,并一再嘱咐甲不要改变。甲预测乙提供的号码不能中奖,便擅自更换号码为乙购买了彩票并替乙保管。开奖时,甲为乙购买的彩票中了奖,二人为奖项归属发生纠纷。下列哪一分析是正确的?(2015年司考题)

   A. 甲应获得该奖项,因按乙的号码无法中奖,甲、乙之间应类推适用借贷关系,由甲偿还乙10元
   B. 甲、乙应平分该奖项,因乙出了钱,而甲更换了号码
   C. 甲的贡献大,应获得该奖项之大部,同时按比例承担彩票购买款
   D. 乙应获得该奖项,因乙是委托人

**【讨论案例】**

甲公司生产电器,其与乙公司订立了委托合同,由乙公司向丙公司销售甲公司所生产的

电器,并且乙公司应以自己的名义与丙公司订立合同。之后,乙公司以自己的名义与丙公司订立了买卖合同,丙公司以100万元购买100台电器,但双方没有约定履行顺序。由于甲公司生产出现了问题,一直未向乙公司交货。丙公司要求乙公司履行合同,交付100台电器,但乙公司不能对丙公司履行。丙公司要求乙公司赔偿损失,此时乙公司只得向丙公司披露其是受甲公司的委托而与丙公司订立合同的。由于甲公司生产出现问题,未将电器交给乙公司。丙公司便要求甲公司承担违约责任。同时,乙公司告诉甲公司,丙公司也没有履行合同。

请回答下列问题:(1)丙公司能否要求甲公司承担违约责任?为什么?(2)甲公司能否拒绝丙公司提出的交货要求?为什么?(3)丙公司向甲公司追究责任不成,又要求乙公司承担违约责任,乙公司是否可以拒绝承担违约责任?为什么?

# 第二十二章 行纪合同

**【学习指南】**
重点在于把握行纪合同的特性、当事人应承担的义务;难点在于理解行纪合同与委托合同、间接代理的区分。

**【导入案例】**
甲因搬家欲处理一批旧家具,故委托乙家具店代为销售,双方就最低出售价格及代售报酬作了约定。因乙销售有方,该批家具卖出了比原约定高出1倍的价格。在结算报酬时,乙扣除了比原约定报酬多1倍的数额。甲认为应按原约定的报酬额计酬,乙坚决不同意,双方就报酬问题无法达成一致。通过本章的学习,试分析甲、乙之间合同的性质、报酬应如何支付。

## 第一节 行纪合同概述

### 一、行纪合同的概念和特征

行纪合同又称信托合同,是指一方根据他方的委托,以自己的名义为他方从事贸易活动,并收取报酬的合同(《合同法》第414条)。其中,以自己名义为他方办理业务的人,为行纪人;由行纪人为之办理业务并向行纪人支付报酬的人,为委托人。

行纪合同具有如下特征:

(1) 行纪合同主体的限定性

在我国,行纪合同的委托人可以是自然人,也可以是法人或其他组织,并无太多限制。但行纪人只能是经批准经营行纪业务的法人、自然人或其他组织,未经法定手续批准或核准经营行纪业务的法人、自然人或其他组织不得经营行纪业务,不能成为行纪合同的行纪人,这表明行纪人的主体资格要受到限制。

(2) 行纪人以自己的名义为委托人办理业务

行纪人在为委托人办理业务时,须以自己的名义进行。行纪人在与第三人实施民事行为时,自己即为权利、义务主体,由该民事行为所产生的权利、义务均由行纪人自己享有或承担。

(3) 行纪人为委托人的利益办理业务

行纪合同的行纪人虽与第三人直接发生法律关系,但因该关系所生的权利、义务最终应归于委托人承受,因此,在行纪人与第三人为民事行为时,应充分考虑到委托人的利益,并将其结果归属于委托人。行纪人为委托人所购、售的物品或委托人交给行纪人的价款或行纪人出卖所得价金,虽在行纪人的支配之下,但其所有权归委托人。这些财产若非因行纪人原因而发生毁损、灭失的,风险也由委托人承担。

(4) 行纪合同的标的是行纪人为委托人进行一定的民事行为

行纪合同中行纪人为委托人提供服务,但是行纪人所提供的服务不是一般的劳务,而是须与第三人为民事行为。该民事行为的实施才是委托人与行纪人订立行纪合同的目的所在,该民事行为乃是行纪合同的标的。

(5) 行纪合同是双务合同、有偿合同、诺成合同和不要式合同

行纪人负有为他方办理买卖或其他商事交易的义务,而委托人负有给付报酬的义务,双方的义务相互对应;同时,行纪人完成事务须收取报酬,为有偿服务而不是无偿服务,双方的利益具有对价关系,故行纪合同为双务、有偿合同。行纪合同只需双方当事人之间的意思表示一致即告成立,无须一方当事人义务的实际履行,也无须具备特别的形式,因而它是诺成合同、不要式合同。

## 二、行纪合同与相关法律制度的关系

### (一) 行纪合同与英美法的信托制度

英美法的信托制度,源于英国中世纪的用益物权制度,其所称信托实质上是一种管理财产的法律关系。在此项关系中,一人拥有财产所有权,同时负有为另一方利益使用该财产的义务,该财产称信托财产。在信托关系中,有财产授予人(信托人)、受托人和信托受益人三方主体。

行纪合同与英美法的信托制度的区别在于:(1) 前者为合同关系;后者为财产管理关系,类似于大陆法中的某些他物权制度。(2) 前者有行纪人与委托人双方当事人;后者有信托人、受托人和信托受益人三方当事人。(3) 前者不以财产交付为成立要件,而且委托人的财产所得利益归委托人享有;后者以财产交付给受托人为成立要件,且取得财产所生利益的是受益人而非财产授予人。(4) 两者的法律责任不同。违反行纪合同,应承担违约责任;而在英美法的信托制度中则有完全不同于合同责任的信托责任。

### (二) 行纪合同与委托合同

行纪合同和委托合同有一些共同之处,如两者均为提供服务的合同;均以当事人双方的相互信任为前提;委托人都委托他人处理一定事务等。因此,许多国家的立法都明确规定:行纪合同除另有规定的,适用委托合同的有关规定。我国《合同法》也作了类似规定。

行纪合同与委托合同的区别在于:(1) 前者中所指的事务是特定的,仅限于买卖等贸易活动,一般为法律行为;而后者中所指的事务既可以有法律行为,也可以是事实行为。(2) 行纪合同的行纪人只能以自己名义进行活动,行纪人与第三人之间所为的民事行为并不能直接对委托人发生效力;而委托合同的受托人处理委托事务,可以以自己名义,也可以以委托人名义,所以受托人与第三人间订立的合同有时可对委托人直接发生效力。(3) 前者为有偿合同;后者为无偿合同。

### (三) 行纪合同与承揽合同

行纪合同与承揽合同都属于一方当事人为另一方当事人处理一定事务的合同。但在承揽合同中，承揽人只是完成一定工作并交付成果，承揽人完成一定工作的行为的性质是事实行为而不属于法律行为；而在行纪合同中，行纪行为属于法律行为，并且是动产和有价证券买卖等商事行为。

### (四) 行纪合同与直接代理、间接代理

行纪合同与直接代理都是发生于三方当事人之间的关系，并且都为他人从事活动，这是两者的相似之处。但在行纪合同中，行纪人以自己名义活动，其与第三人订立的合同，直接对自己发生效力，委托人并无直接权利、义务关系；而在直接代理中，代理人以被代理人名义活动，其与第三人订立的合同，由被代理人直接承受权利、义务关系，自己却不能承受。

行纪合同与间接代理的区别体现在：(1) 行纪人与第三人之间订立的合同，行纪人对该合同直接享有权利、承担义务；在间接代理制度中，代理人与第三人订立的合同，有时可以直接对被代理人产生合同效力，由被代理人，即委托人享有权利、承担义务。(2) 在行纪合同中，第三人不履行义务致使委托人受到损害的，除非有特约，由行纪人承担损害赔偿责任；在间接代理制度中，类似情形，经由间接代理人即受托人披露义务的行使，被代理人即委托人有介入权，其可基于介入权的行使，直接要求第三人承担损害赔偿责任，突破了合同的相对性原则。(3) 在行纪合同中，委托人不履行义务致使第三人受到损害的，除非有特约，由行纪人对第三人承担损害赔偿责任；在间接代理制度中，类似情形，经由间接代理人即受托人披露义务的行使，第三人有权选择被代理人即委托人来主张损害的赔偿，也突破了合同的相对性原则。

## 第二节 行纪合同的效力

### 一、行纪人的义务与行纪人的介入权

#### (一) 负担行纪费用的义务

行纪费用，是指行纪人在处理委托事务时所支出的费用。《合同法》第415条规定："行纪人处理委托事务支出的费用，由行纪人负担，但当事人另有约定的除外。"可见，在我国，行纪费用以行纪人负担为原则，但当事人另有约定的除外。我国之所以规定以行纪人负担行纪费用为原则，是因为在行纪实践中，双方多把费用包含于报酬之内，不单独计算行纪费用。

行纪费用不限于必要费用，还应包括有益费用。其中，寄存费、运送费等均属必要费用；代缴的税费，也为必要费用。

#### (二) 妥善保管委托物的义务

行纪人占有委托物的，应当妥善保管委托物（《合同法》第416条）。行纪合同为有偿合同，因而行纪人对物的保管应尽善良管理人的注意。当然，除非委托人另有指示，行纪人并无为保管的物品办理保险的义务，因此，对于物的意外灭失，只要行纪人已尽到善良管理人的注意，可不负责任。若委托人已指示行纪人为保管物品办理保险，行纪人却未予保险时，属于违反委托人的指示，行纪人应对此种情况下的保管物的毁损、灭失负损害赔偿责任。若委托人并未为投保的指示，但行纪人自动投保的，投保费用归为行纪费用。

### (三) 合理处分委托物的义务

委托物交付给行纪人时有瑕疵或者容易腐烂、变质的，经委托人同意，行纪人可以处分该物；和委托人不能及时取得联系的，行纪人可以合理处分（《合同法》第417条）。行纪人违反对委托物的合理处分义务的，应承担违约责任，并赔偿给委托人造成的损害。

### (四) 依委托人的指示处理事务的义务

根据《合同法》第418条的规定，对于委托人所指定的卖出价格或买入价格，行纪人有遵从指示的义务。该项义务可分解为以下三种情况来具体考察：

1. 行纪人以低于指定价格卖出或者高于指定价格买进的

《合同法》第418条第1款规定，行纪人低于委托人指定的价格卖出或者高于委托人指定的价格买入的，应当经委托人同意；未经委托人同意，行纪人补偿其差额的，该买卖对委托人发生效力。该款规定包含以下内容：

（1）须有委托人所指定的价格。是否有价格的指定，应依具体的情形来确定。必须有可以认为委托人表示的低于指定价格不卖出委托物或者高于指定价格不买进委托物的事实，才能认为委托人指定了价格。若委托人仅有希望性的指定，不能认为是此款中所谓的"指定价格"。即此时的指示只能是训示性的，不能是严格性的和希望性的。

（2）必须超越了指定价格卖出或买进。对出卖委托物而言，"超越"是指实际卖出价格低于指定价格；对买进委托物而言，"超越"是指实际买进价格高于指定价格。

（3）必须经委托人同意或行纪人同意补偿其差额。若行纪人以低于委托人的指定价格卖出或高于指定价格买进委托物的，委托人事先或事后表示同意的，则该买卖自然对委托人发生效力；如果未经委托人同意，行纪人又未补偿其差额的，则该买卖对委托人不生效力，由行纪人承担相应的责任；如果虽未经委托人同意，但行纪人同意补偿其差额的，该买卖对委托人发生效力。

2. 行纪人以高于指定价格卖出或低于指定价格买进委托物的

《合同法》第418条第2款规定："行纪人高于委托人指定的价格卖出或者低于委托人指定的价格买入的，可以按照约定增加报酬。没有约定或者约定不明确，依照本法第六十一条的规定仍不能确定的，该利益属于委托人。"对此条款可从以下几个方面理解：

（1）委托人指定了委托物的卖出价格或买进价格。这种指定，只能是训示性的指示。

（2）行纪人以对委托人更有利的价格卖出或买进委托物。

（3）行纪人可以按照约定增加报酬。如果行纪人和委托人约定的报酬是按委托物卖出或买进的价金的比例计算的，则行纪人因自己所为的有利于委托人的买卖而使自己增加的报酬数额就很容易计算出来。如果事先就增加报酬并无约定的，所增加的利益应归于委托人享有。

3. 委托人对价格有特别指示的

如果委托人对委托物的卖出或买进价格作了特别指定，即严格性的指定，不允许行纪人予以变更，行纪人只能依委托人指定的价格卖出或买进委托物。

### (五) 介入权

行纪人接受委托买卖有市场定价的证券或其他商品时，除委托人有相反的意思表示以外，行纪人自己可以作为出卖人或买受人的权利，称为行纪人的介入权，或称行纪人的自约权。

行纪人行使介入权的要件（又称介入要件）包括积极要件和消极要件。积极要件是指所受委托的物品须为有市场定价的有价证券或其他商品；消极要件包括：委托人未做出反对行纪人介入的意思表示;行纪人尚未对委托事务作出处理;行纪合同有效存在。

因为行纪人的介入,使委托人和行纪人之间产生了买卖合同。因此,民法上关于买卖的规定均可适用。行纪人行使介入权之后,仍有报酬请求权。委托人应按合同约定付给行纪人报酬。当然,报酬的给付时间应在买卖实行之后,即由行纪人所介入的买卖的实行是委托人给付报酬的前提,因委托人方面的原因而使买卖合同不能履行的除外。

## 二、委托人的义务

### (一) 支付报酬的义务

行纪人完成或者部分完成委托事务的,得请求报酬,委托人应向行纪人支付报酬。所谓报酬,系行纪人为行纪行为的对价,其数额应由双方当事人约定。习惯上行纪人的报酬,多以其所为交易的价额依一定的比率提取,这在证券交易中尤为常见。

一般认为,行纪行为的实行,为委托人支付报酬的条件。行纪人仅仅与第三人订立了合同,是不能够请求报酬的,因为行纪人自己的过失致使不能向委托人交付委托卖出物的价金或买进的物品的,行纪人丧失报酬请求权。如果行纪人和第三人间订立的合同因有瑕疵或其他法定原因,如受欺诈、胁迫、乘人之危等而导致该合同被撤销的,应相当于行纪人未履行行纪行为,自然不得请求报酬。但在第三人违约,而第三人对债务的不履行作出了损害赔偿,或者对方同意用其他物替代履行的,产生履行后果,行纪人可将行纪行为的结果转交委托人,并得以请求报酬。

因不可归责于行纪人的事由发生,致使行纪人不能完成行纪行为的,如果行纪人已做了部分履行,且该部分履行相对于全部委托事务来说可以独立存在,则行纪人有权就委托事务完成的部分请求委托人支付报酬。若虽然仅完成了部分委托事务,但委托人的经济目的已完全达到的,行纪人得请求全部报酬的支付。如果委托事务的不完成或不能全部完成,是委托人自己所造成的,行纪人仍得请求委托人支付报酬。

行纪人和委托人对行纪报酬另有约定的,依其约定。

行纪人全部完成或部分完成委托事务,委托人应当支付报酬却逾期不支付的,行纪人享有留置委托物,并依照法律规定以委托物折价或从拍卖、变卖该财产所得的价款中优先受偿的权利。留置权系属担保权,根据物权法定主义原理,非有相应的法律依据,不能发生留置权的适用。

### (二) 及时受领义务

行纪人按照行纪合同的约定为委托人买回委托物的,委托人应当及时受领。在经过行纪人催告,委托人无正当理由拒绝受领的,行纪人可以提存委托物(《合同法》第420条第1款)。

### (三) 及时取回处分义务

委托物不能卖出或者委托人撤回出卖时,委托人应该将委托出卖物取回或处分。若经行纪人催告后仍不取回或处分的,行纪人有权就该委托出卖物提存(《合同法》第420条第2款)。

## 【思 考 题】

1. 简述行纪合同的特征。
2. 行纪合同与委托合同有何区别?
3. 行纪合同与间接代理有何区别?
4. 简述行纪合同的效力。

【法律应用】

1. 甲将自己的一块手表委托乙寄卖行以200元价格出卖。乙经与丙协商,最后以250元成交。下列哪些选项是正确的?(2003年司考题)
   A. 甲只能取得200元的利益　　B. 甲可以取得250元的利益
   C. 乙的行为属于违反合同义务的行为　　D. 乙可以按照约定增加报酬

2. 甲将10吨大米委托乙商行出售。双方只约定,乙商行以自己名义对外销售,每公斤售价2元,乙商行的报酬为价款的5%。下列哪些说法是正确的?(2009年司考题)
   A. 甲与乙商行之间成立行纪合同关系
   B. 乙商行为销售大米支出的费用应由自己负担
   C. 如乙商行以每公斤2.5元的价格将大米售出,双方对多出价款的分配无法达成协议,则应平均分配
   D. 如乙商行与丙食品厂订立买卖大米的合同,则乙商行对该合同直接享有权利、承担义务

3. 甲委托乙寄售行以该行名义将甲的一台仪器以3 000元出售,除酬金外双方对其他事项未作约定。其后,乙将该仪器以3 500元卖给了丙,为此乙多支付费用100元。对此,下列哪些选项是正确的?(2010年司考题)
   A. 甲与乙订立的是居间合同
   B. 高于约定价格卖得的500元属于甲
   C. 如仪器出现质量问题,丙应向乙主张违约责任
   D. 乙无权要求甲承担100元费用

4. 甲与乙订立了行纪合同,由乙为甲购买10台电脑。乙与丙签订合同,购买了10台电脑。下列选项中哪一项是正确的?
   A. 甲应当向丙付款　　B. 乙与丙间的合同对甲具有约束力
   C. 丙应当向乙交付电脑　　D. 丙应当向甲交付电脑

5. 甲与乙签订了行纪合同,由乙为甲购买二手汽车。乙知道丙想转手卖掉自己的汽车,乙告诉了丙其与甲之间的关系,而与丙订立买卖合同。下列选项中哪一项是正确的?
   A. 买卖合同的当事人为乙与丙
   B. 买卖合同的当事人为甲与丙
   C. 买卖合同的当事人为甲与乙
   D. 乙已经向丙披露了甲,甲可以要求丙履行义务

【讨论案例】

甲、乙订立了行纪合同,甲将一批水果交给乙出售,要求在10天之内售完,价格不低于5元/斤,售完后乙可以按照销售款的5%提成。由于突发泥石流,使道路堵塞,乙根本没有办法将水果运出,水果发生腐烂。乙又无法同甲取得联系,便以3元/斤的价格处理了一部分水果,剩下的水果乙自掏腰包全部买下,从而处理了全部的水果。

请分析下列问题:(1)甲将水果交付给乙,水果的所有权归属于谁?(2)乙是否应就水果腐烂而向甲承担违约责任?为什么?(3)乙以3元/斤的价格处理了一部分水果,是否需要补足2元差额?为什么?(4)乙自己购买水果后,乙能否要求甲支付报酬?为什么?

# 第二十三章 居间合同

**【学习指南】**

重点在于把握居间合同的特性、当事人应承担的义务;难点在于理解居间合同与委托合同、行纪合同的区别。

**【导入案例】**

甲委托乙帮忙物色一套比较好的房屋,事成之后甲给乙2 000元的报酬。某日,丙委托乙帮忙将房屋卖出去,事成之后丙给乙3 000元的报酬。于是乙便从中牵线搭桥,使甲与丙订立了房屋买卖合同。通过本章的学习,试分析甲、丙与乙之间发生的合同关系的性质以及乙能否取得相应报酬。

## 第一节 居间合同概述

### 一、居间合同的概念和特征

居间合同是指双方当事人约定一方为他方提供、报告订约机会或为订立合同的媒介,他方给付报酬的合同。提供、报告订约机会的居间,称为报告居间;媒介合同的居间,称为媒介居间。在居间合同中,提供、报告订约机会或提供交易媒介的一方为居间人,给付报酬的一方为委托人(《合同法》第424条)。

居间合同具有如下特征:

(1) 居间合同是一方当事人为他方报告订约机会或为订约媒介的合同

在居间合同中,居间人为委托人提供服务,这种服务表现为报告订约的机会或为订约的媒介。所谓报告订约机会,是指受委托人的委托,寻觅及提供可与委托人订立合同的相对人,从而为委托人订约提供机会。所谓为订约媒介,是指介绍双方当事人订立合同,居间人斡旋于双方当事人之间,促使双方达成交易。

(2) 居间合同为有偿合同

居间合同中的委托人需向居间人给付一定报酬,作为对居间人活动的报偿。居间人以收取报酬的居间活动为常业,这一特征使居间合同有别于委托合同。

(3) 居间合同为诺成合同和不要式合同

居间合同只要双方当事人意思表示一致就可成立,为诺成合同。其成立也不需采用特定的形式,故为不要式合同。

(4) 居间合同的委托人一方的给付义务的履行有不确定性

在居间合同中,居间人的活动达到居间目的时,委托人才负给付报酬的义务。而居间人的活动能否达到目的,委托人与第三人之间能否交易成功,有不确定性,不能完全由居间人的意志所决定。因而,委托人是否付给居间人报酬,也是不确定的。

(5) 居间合同的主体具有特殊性

居间活动具有二重性,它既可以促进交易,繁荣市场,利于社会主义市场经济的发展。但如果处理不当,也可能会干扰正常经济秩序,造成社会经济秩序混乱,败坏社会风气。因而,法律应当对居间人的资格作出规定,只有具备从事居间活动条件的法人、自然人或其他组织才可以为居间人。具体可有如下限制:(1) 居间人须具有相应的知识、能力和从业条件,从事商事居间的须进行工商登记;(2) 规定机关法人、国家公务员等有特殊职权的人不得从事居间活动,以避免他们利用手中权力和社会关系,从中牟取暴利,严重危害社会经济秩序。①

## 二、居间合同与委托合同、行纪合同的区别

居间合同、委托合同、行纪合同都是一方受他方委托为他方办理一定事务的合同,都属于提供服务的合同。但它们之间有着显著的区别,主要表现在:

第一,居间人仅为委托人报告订约机会,或为订约媒介,并不参与委托人与第三人之间的关系。而在委托合同中,受托人可以代委托人与第三人订立合同,参与并可决定委托人与第三人之间的关系内容;在行纪合同中,行纪人以自己的名义为委托人与第三人完成交易事务,与第三人发生直接的权利义务关系。

第二,居间合同为有偿合同,但居间人只有在有居间结果时才得请求报酬,并且在为订约媒介居间时可从委托人和其相对人双方取得报酬;而委托合同原则上是无偿合同;行纪合同虽为有偿合同,行纪人却仅从委托人一方取得报酬。

第三,居间人没有将处理事务的后果移交给委托人的义务;而在委托合同和行纪合同中都有委托人取得事务处理结果的问题。

# 第二节 居间合同的效力

## 一、居间人的义务

### (一) 报告订约机会或媒介订约的义务

报告订约机会或媒介订约的义务是居间人的主要义务,居间人应忠实尽力地履行此项

---

① 参见郭明瑞、王轶:《合同法新论·分则》,中国政法大学出版社1997年版,第330—331页。

义务。在报告居间中,居间人对于订约事项,应就其所知,据实地报告给委托人。居间人对于相对人而言,并不负有报告委托人有关情况的义务。在媒介居间中,居间人应将有关订约的事项据实报告给各方当事人。无论居间人是同时接受合同当事人双方的委托,还是仅接受委托人一方委托的,居间人都负有向双方报告的义务。

**(二)忠实和尽力的义务**

居间合同的居间人就自己所为的居间活动,有忠实义务。居间人的忠实义务包括以下几方面的要求:其一,居间人应将所知道的有关订约的情况或商业信息如实告知给委托人。《合同法》第425条规定:"居间人应当就有关订立合同的事项向委托人如实报告。""居间人故意隐瞒与订立合同有关的重要事实或者提供虚假情况,损害委托人利益的,不得要求支付报酬并应当承担损害赔偿责任。"其二,不得对订立合同实施不利影响,影响合同的订立或者损害到委托人的利益。其三,居间人对于所提供的信息,成交机会以及后来的订约情况,负有向其他人保密的义务。

居间人在负有忠实义务的同时,还负有尽力义务。判断居间人是否有尽力义务及其范围如何,应依照诚实信用原则来解释。报告居间人的任务在于报告订约机会给委托人,媒介居间人的任务除向委托人报告订约信息外,应尽力促使将来可能订约的当事人双方达成合意,排除双方所持的不同意见,并依照约定准备合同,对于相对人与委托人之间所存障碍,加以说合和克服。

**(三)负担居间活动费用的义务**

居间人促成合同成立的,居间合同的费用,由居间人负担。居间人作为居间合同的一方主体,若欲为委托人了解相关的订约信息、商业信息及有关人的资信状况、信誉度、知名度等情况,必定会有一定的费用支出。对于此费用的支出,若委托人和居间人事先没有明确约定由哪一方负担,那么应当由居间人承担。这是因为在一般情形下,居间人支出的居间活动的费用都已计算在居间报酬内。

## 二、委托人的义务

**(一)支付报酬的义务**

在居间合同中,委托人的主要义务是支付报酬。就报酬的支付方式,从比较法的角度来看,各个国家和地区主要采约定报酬制。约定报酬制,是指报酬额的多少,原则上依委托人与居间人的合同约定。这是各个国家和地区立法上所确立的关于居间人报酬的基本制度。居间报酬完全由当事人自由约定,会产生诸如有失公平、触犯公认的伦理价值等一系列的社会问题。为了克服约定报酬制可能存在的弊端,其他国家和地区的立法上一般创设以下三种制度作为纠正机制:

一是约定报酬酌减制度。当约定报酬额大大超过居间人所提供劳务的价值致显失公平时,法院可以根据委托人的申请酌情降低报酬额。

二是婚姻居间约定报酬无效制度。根据德国民法典、瑞士债务法和我国台湾地区民法的规定,当事人就婚姻居间约定报酬的,约定无效。

三是法定报酬制。其他国家和地区立法极少就居间报酬规定法定报酬标准,但有时为了贯彻某项社会政策,也偶尔用之。

结合《合同法》关于居间报酬的规定以及居间实践,就居间报酬的给付,应注意以下问题：

第一，关于居间费支付的一般规定。从《合同法》第426条第1款的规定看，我国立法对居间报酬的确定主要采"约定报酬制度"，即居间人从事居间活动收取报酬的多少，主要依居间人和委托人的约定，在居间人促成合同有效成立后，委托人就应按约定支付报酬。

第二，报酬权利人的确定。居间人有请求报酬的权利。那么，当数个居间人受同一委托人就同种事务的委托时，报酬的确定应分如下情况：(1)若属报告居间，先向委托人报告订约信息并促成其订立合同者，享有收取居间报酬的权利。(2)若为媒介居间，如果委托人与相对人之间所成立的合同可归功于某个居间人时，此居间人享有收取居间报酬的权利，其他居间人无此项权利。如果是数居间人同心协力，致使不能确定其中哪个居间人为当事人与相对人交易的达成起了决定性作用时，如何确定居间报酬的权利人，要视情况而定：其一，如果委托人以数居间人为一整体，只给予一次报酬，那么最简单的方法就是各居间人平均分配该报酬；其二，如果委托人对各居间人分别委托同一事项，居间人也独立地开展产生居间结果的活动时，居间人各得请求报酬；其三，如果各居间人就同一事项分别受同一委托人的委托，但在为居间行为时，各居间人相互结合，为共同的媒介，那么各居间人只能共同地受一次报酬。(3)若交易双方各自委托居间人，双方委托的这两个居间人又共同协力促成委托人和交易相对人订立合同，则委托人和交易相对人分别对自己所委托的居间人支付居间报酬。

第三，居间报酬义务人的确定。在报告居间中，居间报酬由委托人负担；在媒介居间中，居间报酬由达成交易的双方当事人平均负担，即由委托人和交易相对人平均负担。但合同另有约定或另有习惯的除外。

**(二) 支付必要居间费用的义务**

居间人进行居间活动所支出的费用，为居间费用。居间费用一般包含于报酬之中。在居间成功时，即居间人促成合同成立的，居间费用未经约定不得请求委托人偿还，由居间人自己负担(《合同法》第426条第2款)。即使居间人已尽了报告或媒介义务，但仍不能使合同成立，达不到委托人的预期目的，其他国家和地区的立法都认为此时的居间费用不得请求委托人偿还。我国《合同法》第427条则规定居间人未促成合同成立的，可以请求委托人支付从事居间活动支出的必要费用。

**【思考题】**

1. 简述居间合同的特征。
2. 居间合同与委托合同、行纪合同有何区别？
3. 简述居间合同的效力。

**【法律应用】**

1. 刘某与甲房屋中介公司签订合同，委托甲公司帮助出售房屋一套。关于甲公司的权利义务，下列哪一说法是错误的？(2015年司考题)

   A. 如有顾客要求上门看房时，甲公司应及时通知刘某
   B. 甲公司可代刘某签订房屋买卖合同
   C. 如促成房屋买卖合同成立，甲公司可向刘某收取报酬
   D. 如促成房屋买卖合同成立，甲公司自行承担居间活动费用

2. 华利公司欲购买一批仪器,委托刘某提供媒介服务。华利公司和有关当事人对刘某提供媒介服务的费用承担问题没有约定,后又不能协商确定。在此情况下,对刘某提供媒介服务的费用应按下列哪个选项确定?
   A. 华利公司应当向刘某预付提供媒介服务的费用
   B. 在刘某促成合同成立时,华利公司应当承担其提供媒介服务的费用
   C. 在刘某未促成合同成立时,应当由刘某自己承担提供媒介服务的费用
   D. 在刘某促成合同成立时,应当由刘某自己承担提供媒介服务的费用

3. 7月6日,甲与乙就乙提供中介服务达成口头协议。7月7日,甲向乙预付了1/3款项。下列选项中哪一项是正确的?
   A. 合同于7月6日生效  B. 合同于7月7日生效
   C. 合同未采用书面形式,不能生效  D. 合同于乙接受全部款项时生效

4. 甲欲购买一批桌椅,委托乙提供媒介服务。最后在乙的服务之下,甲和丙订立了买卖合同。不过,甲与丙对于乙提供媒介服务的费用承担问题没有达成一致。下列选项中哪些是错误的?
   A. 若乙促成了合同成立,则由乙自己承担提供媒介服务的费用
   B. 若乙未促成合同成立,则由乙自己承担提供媒介服务的费用
   C. 若乙促成了合同成立,则甲应当向乙支付提供媒介服务的费用
   D. 不论如何,甲都应向乙支付提供媒介服务的费用

5. 关于居间合同,下列选项中哪些是错误的?
   A. 居间人促成合同成立的,居间活动的费用由委托人负担
   B. 居间合同既可以是有偿合同,也可以是无偿合同
   C. 居间人因故意或者过失向委托人提供虚假情况,损害委托人利益的,应当承担损害赔偿责任
   D. 因居间人提供订立合同的媒介服务而促成合同成立的,由该合同当事人平均负担居间人的报酬

**【讨论案例】**

甲公司与乙签订了中介合同,由乙为甲公司寻找机会,租赁一幢适合甲作办公之用的大楼。事成之后,甲支付给乙2万元的报酬,合同履行期为30天。签订合同后,乙四处奔波,为甲寻找适合的大楼,但一直未找到。甲的负责人很着急,经常打电话询问乙是否找到适合的大楼。乙担心若道出实情,甲很可能会另托他人,就不会向自己支付2万元,便一直说正在与对方协商,稍等几天便可以签合同了。甲信以为真,便一直等着乙传来好消息。合同履行期满,乙未找到合适的大楼。

请回答下列问题:(1)乙的行为是否属于违约行为?为什么?(2)乙能否请求甲支付活动费用?为什么?(3)甲能否要求乙赔偿损失?为什么?

# 参考书目

1. 王家福主编：《中国民法学·民法债权》，法律出版社1991年版。
2. 王利明：《合同法研究》(第二卷)，中国人民大学出版社2003年版。
3. 王利明、崔建远：《合同法新论·总则》(修订版)，中国政法大学出版社2000年版。
4. 王利明、房绍坤、王轶：《合同法》(第二版)，中国人民大学出版社2007年版。
5. 江平主编：《中华人民共和国合同法精解》，中国政法大学出版社1999年版。
6. 尹田：《法国现代合同法》，法律出版社1995年版。
7. 史尚宽：《债法总论》，中国政法大学出版社2000年版。
8. 史尚宽：《债法各论》，中国政法大学出版社2000年版。
9. 龙翼飞主编：《新编合同法》，中国人民大学出版社1999年版。
10. 杨桢：《英美契约法论》，北京大学出版社1997年版。
11. 崔建远主编：《合同法》(第三版)，法律出版社2003年版。
12. 崔建远主编：《新合同法原理与案例评释》(上、下)，吉林大学出版社1999年版。
13. 陈小君主编：《合同法学》，高等教育出版社2003年版。
14. 郭明瑞、房绍坤：《新合同法原理》，中国人民大学出版社2000年版。
15. 韩世远：《合同法总论》，法律出版社2004年版。
16. 黄立主编：《民法债编各论》(上、下)，中国政法大学出版社2003年版。
17. 房绍坤、郭明瑞、唐广良：《民商法原理》(三)，中国人民大学出版社1999年版。
18. 隋彭生：《合同法要义》，中国政法大学出版社2003年版。
19. [英] A·G·盖斯特：《英国合同法与案例》，张文镇等译，中国大百科全书出版社1998年版。
20. [德] 海因·克茨：《欧洲合同法》(上卷)，周忠海等译，法律出版社2001年版。

# 后　记

本书是复旦大学出版社"博学·法学系列"教材的一种,由郭明瑞任主编,由各位作者分工撰写。具体分工如下:

郭明瑞:第一、二、八、十七章。

李　霞:第三、四、十、十一章。

温世扬:第五、六章。

马新彦:第七、九章。

房绍坤:第十二、十三、十四、十五、十六章。

王轶:第十八、十九、二十、二十一、二十二、二十三章。

本书由房绍坤教授统稿,由郭明瑞教授最后修改、定稿。

由于我们能力有限,书中不足之处在所难免,望广大读者批评指正。

编　者

2005 年 3 月 10 日于烟台大学

# 第二版后记

本书在第一版的基础上,作了两方面的修订:一方面,根据新的法律和资料对相关内容作了修改、完善,以保持与现行法的一致性;另一方面,对原书中个别不妥之处作了修改。

本次修订工作由郭明瑞、房绍坤共同承担,并共同担任本书第二版的主编。

编　者

2009 年 6 月 10 日于烟台大学

# 第三版后记

本书自 2009 年出版第二版以来,我国合同法理论与实践均有了很大发展。为了反映合同法理论与实践的最新发展成果,我们对本教材进行了修订。本次修订主要做了如下工作:一是结合最新的司法解释,如最高人民法院《关于审理买卖合同纠纷案件适用法律问题的解释》《关于审理民间借贷案件适用法律若干问题的规定》《关于审理城镇房屋租赁合同纠纷案件具体应用法律若干问题的解释》,对相关内容做了修改和补充;二是对具体内容做了进一步精炼,删除了有关历史沿革的叙述;三是调整了体例设计,章前设置了学习指南和导入案例,章后设置了思考题、法律应用和讨论案例;四是根据读者的反馈意见对第二版中存在的不妥之处作了完善。

本书的修订工作由郭明瑞、房绍坤共同负担,学习指南、导入案例、思考题、法律应用、讨论案例由房绍坤负责编辑,各章作者与第一版相同。

主　编

2016 年 4 月 15 日于烟台大学

图书在版编目(CIP)数据

合同法学/郭明瑞,房绍坤主编. —3版. —上海:复旦大学出版社,2016.7(2019.12重印)
(复旦博学·法学系列)
ISBN 978-7-309-12313-5

Ⅰ.合… Ⅱ.①郭…②房… Ⅲ.合同法-法的理论-中国 Ⅳ.D923.61

中国版本图书馆 CIP 数据核字(2016)第 107083 号

合同法学(第三版)
郭明瑞 房绍坤 主编
责任编辑/张 炼
复旦大学出版社有限公司出版发行
上海市国权路 579 号 邮编:200433
网址:fupnet@fudanpress.com http://www.fudanpress.com
门市零售:86-21-65642857 团体订购:86-21-65118853
外埠邮购:86-21-65109143
上海春秋印刷厂

开本 787×1092 1/16 印张 23.75 字数 549 千
2019 年 12 月第 3 版第 2 次印刷

ISBN 978-7-309-12313-5/D·821
定价:42.00 元

如有印装质量问题,请向复旦大学出版社有限公司发行部调换。
版权所有 侵权必究

复旦大学出版社向使用本社《合同法学(第三版)》作为教材进行教学的教师免费赠送多媒体课件,该课件配有教学 PPT 和课后习题答案。欢迎完整填写下面表格来索取多媒体课件。

教师姓名:＿＿＿＿＿＿＿＿＿＿＿＿＿＿

任课课程名称:＿＿＿＿＿＿＿＿＿＿＿＿＿＿＿＿

任课课程学生人数:＿＿＿＿＿＿＿

联系电话:(O)＿＿＿＿＿＿＿ (H)＿＿＿＿＿＿＿手机:＿＿＿＿＿＿＿

E-mail 地址:＿＿＿＿＿＿＿＿＿＿＿＿＿＿＿＿

所在学校名称:＿＿＿＿＿＿＿＿＿＿＿＿＿＿＿邮政编码:＿＿＿＿＿＿

所在学校地址:＿＿＿＿＿＿＿＿＿＿＿＿＿＿＿＿＿＿＿＿

学校电话总机(带区号):＿＿＿＿＿＿＿＿学校网址:＿＿＿＿＿＿＿

系名称:＿＿＿＿＿＿＿＿＿＿＿＿＿＿系联系电话:＿＿＿＿＿＿＿

每位教师限赠多媒体课件一个。

邮寄多媒体课件地址:＿＿＿＿＿＿＿＿＿＿＿＿＿＿＿＿＿＿＿＿＿

邮政编码:＿＿＿＿＿＿＿＿＿＿

请将本页复印完整填写后,邮寄到上海市国权路 579 号

复旦大学出版社张炼收

邮政编码:200433　　联系电话:(021)65100229

E-mail:zhanglian2003@126.com

复旦大学出版社将免费邮寄赠送教师所需要的多媒体课件。